蒙學叢刊 狀元閣蒙學叢書

三字經 百家姓 千字文

王星 主編

浙江大學出版社

前言

王星

當今多數人對清末以前教育的印象，基本都停留在『科舉』兩字上。這種理解，相當于對眼下教育只知道『高考』，顯然是不全面的。因爲機緣巧合，我自一九八八年開始，到處搜羅各種清末、民國語文教科書，雖然自己從事高中教育，但對這些教科書的長期接觸和不斷深入了解，逐漸讓我意識到，啓蒙階段的教育對人的影響要遠甚于高中。我國歷史上出現了大量的名臣能人，他們往往文武雙全，智慧超卓。特別是隋唐開科考以來，歷朝歷代狀元郎的故事總在民間傳頌不息。他們的成長離不開傳統蒙學書籍的滋潤，但是到現在，我們對他們啓蒙階段的讀物瞭解甚少。

有人會説：『傳統蒙學麽，必然是從《三字經》、《百家姓》、《千字文》開始的。』事實上，在『三百千』之前，就已經出現了專門用于啓蒙的識字課本，如秦代《倉頡篇》、《爰歷篇》，漢代司馬相如《凡將篇》、史游《急就章》、蔡邕《勸學篇》，三國時期《埤倉》、《廣倉》、《始學篇》，南朝梁代《廣倉》等。這些書籍就内容和難度而言，都不如『三百千』那樣適合初入學的孩子閲讀、使用。有意思的是，三部作品中《千字文》出現最早，南朝梁武帝從王羲之書法中選取一千字，命周興嗣連綴成文。《百家姓》出現在北宋初年，《三字經》則出現在南宋。從時間順序來看，應該爲『千百三』。這三部蒙學書，由難到簡，越來越適應于低齡兒童識字認字，也正因此，『三百千』才成爲了我國教育史上的奇迹，影響大而流傳廣。

多年對蒙學類書籍的追索过程中，有一個現象一直令我感到遺憾和費解：我們很少能找到宋代及以前的蒙學書籍原件，即便能够找到，往往版本陋劣，紙張粗糙。更有甚者，直接印在使用過的紙張背面，聊以應付使用。這種現象直到明代後期方才有所改變。蒙學書籍往往出于坊刻，版本粗劣，爲歷代藏家所輕視。當然也有一些特例，比如皇家也曾刻有一些蒙學用書，可惜這類書籍往往印量極小，後世難得一見。古代刻書名家衆多，坊間刻書的名號很多，但很少見到專以出版蒙學類書籍爲業的機構。直到清代同治、光緒年間，才出現了一個另類，那就是『李光明莊』。據《中華印刷通史》、《明清江南私人刻書史略》、《江蘇藝文志》等資料記載，『李光明莊』是南京（時稱江寧）狀元境内的書肆，創辦人李光明，字椿峰，號曉星樵人。書肆的詳細地址是『金陵聚寶門三山街大功坊郭家巷内電線局西首秦狀元巷中』，由于業務興旺，其在狀元境口狀元閣設立了一個分肆。後來，這個分肆專門從事印刷、銷售蒙學書籍。『李光明莊』印刷的蒙學書前面一般都有一個紅印牌記，牌記正面一般是大字書名，且書名前都帶有『狀元閣爵印』字樣，這是『李光明莊』蒙學書籍響亮的品牌標誌。而牌記背面則印有推廣性的告白啓事，相當于現在的廣告。有的書中，還專附一頁書單，分類列出了『李光明莊』所刻印的各類書籍名稱，以供讀者選擇使用。

反復閱讀『李光明莊』的書單可以發現，幾乎所有傳統教育書籍都羅列其中，然而很多書，如今的普通讀者已經没有足够的學識去讀通、讀懂。本次影印，本着『傳古維新』的思想，着力將最基礎的傳統蒙學書介紹給讀者。所選底本皆爲『李光明莊』版本，每種書中都有紅印牌記爲證，具體信息記述如下：

《三字經》，實名狀元閣爵印《三字經訓詁》，歙西徐士業建動氏校刊。

《百家姓》，實名狀元閣爵印《百家姓考略》，歙西徐士業建動氏校刊。

《千字文》，實名狀元閣爵印《千字文釋義》，汪嘯尹先生纂輯，孫謙益先生恭注，江都葉敬義方氏書本文，歙西徐士業建勳氏校刊。

《幼學瓊林》，實名狀元閣印《幼學瓊林》，西昌程允升先生原本，霧閣鄒聖脉梧岡氏增補，清溪謝梅林硯傭氏、男鄒可庭涉園氏仝參訂。

《龍文鞭影》，實名《校補龍文鞭影》，明中楚蕭良有漢中纂輯，明龍眠楊臣諍古度增訂，京江後學李恩綬丹叔校補。

這些底本，較于普通坊間遺存的蒙學書，在版本雕刻、字迹清晰度等方面，已相當出色。惜世無十全十美，以《龍文鞭影》爲例，因字數較多，釋義部分小字修版後清晰度不如人意，是爲遺憾。讀者諸君如有更清晰底本，不妨向我们推薦。另外，囿于筆者收藏眼界，此次影印，僅選五種，『李光明莊』所出衆多，願能有更多種得以化一爲萬，爲世所知。

查閱清代出版史，『李光明莊』的興盛有着重要的政治因素，相傳李光明曾在曾國藩手下辦過差，且主要從事雕版印刷事務，隨着曾國藩軍隊攻破南京，飽受太平天國禁書之苦的江南地區迫切需要大量的各類書籍。李光明起先包辦了鄉試考場中的印題和文卷事務，後來開始印行蒙學書籍等。因爲所刻的書籍都是重新雕版，版本進行了嚴格的勘查，用紙考究，字迹清晰，銷售非常火爆。品質優良的『狀元閣爵印』蒙學書，不僅行銷江南，還拓展到今華北、東北和長江以南沿海各省。然而一九〇五年起，清政府停止科舉取士，新式教育興起後，這些蒙學書便一夜之間消失于人們的視野中，很難再找到了。

同治、光緒年間還非常興盛的『李光明莊』已然消逝于歷史長河中，但是可以肯定清末諸多名人賢達都是手捧『狀元閣爵印』蒙學書成長起來的。我們已經不再瞭解傳統教育的形式和方法，我們甚至已經很難瞭解傳統教育的內容。但是我們可以堅信，這些蒙學書裏，始終承載着中華文明的精華，從南北朝時期到晚清，上千年的時間跨度，一代又一代的中華仁傑從中汲取有益的精神食糧，從而擔負起民族精神傳承的重任。通讀這些蒙學書，可以發現它們對傳統教育的重要作用，或許這也是值得借鑒的教育秘訣：

其一，養正于蒙。從《三字經》中『人之初，性本善』開始，到《幼學瓊林》、《龍文鞭影》，無不以正面言行、積極態度、典型人物、優秀事迹激勵兒童。明代思想家吕坤曾説：『初入社學，八歲以下者，先讀《三字經》，以習見聞。《百家姓》，以便日用。《千字文》，亦有義理。』

這符合中國傳統教育『先入爲主』、『以豫爲先』的傳統，也符合兒童時期應當引正向善的現代教育理念。

其二，小學學事。朱熹曾説：『古者初年入小學，只是教之以事，如禮、樂、射、御、書、數及孝、悌、忠、信之事。』因此，傳統蒙學書中大多强調如何灑掃應對、事親敬長等行爲規範，敘述名人前賢的具體事例。除去部分極端的案例，以尊老愛幼、孝敬長輩的道德觀來看，事實上這些『小事』未必不是當今社會需要的道德『大事』。

其三，因材施教。傳統蒙學書基本繼承了孔子的教育思想，作爲基本的啓蒙教材，在編寫上儘量貼近兒童的實際。以《三字經》、《百家姓》、《千字文》、《幼學瓊林》、《龍文鞭影》五種書爲例，它們都以三言、四言爲主，采用淺顯通俗的文句，並且對偶押韻，方便兒童理解背誦。同時還將衆多經典儒家典籍中的内容提煉、簡化，以故事形式呈現。這種編輯體系，兒童喜聞樂見，教育事半功倍，值得現在的教科書學習。

本書得以順利面世，傳古樓陳志俊先生多有激勵，自知啓軒書室專藏清末民國語文教科書以來，陳志俊先生便多次催促挑選適宜于今日的書籍影印傳世，最終選定『狀元閣蒙學叢書』，玉成此事。在編輯出版過程中，浙江大學出版社王榮鑫老師費心良多。此書影印經歷一年有餘，張亞平女士負責整體進度協調，『愛在延長』基金會志願者潘少華先生參與了《千字文》、《幼學瓊林》兩部分的修圖工作，温華莉女士則承擔了《三字經》、《百家姓》、《龍文鞭影》三部分的修圖工作，最爲辛苦。過程中還有很多書友、學友幫助教誨鞭策，在此不一一記録，謹此表示衷心感謝。

二〇一九年五月于啓軒書室

蒙學叢刊

狀元閣蒙學叢書

三字經

王 星 主編

浙江大學出版社

傳古樓據啟軒書室藏清
代狀元閣刻本影印原書
板框高一八一毫米寬
三三〇毫米

江南城聚寶門三山街大
功坊郭家巷内秦狀元巷
中李光明莊自梓童蒙各
種讀本揀選重料紙張裝
訂又分鋪狀元境狀元境
口狀元閣發售實價有單

狀元閣爵印

三字經訓詁

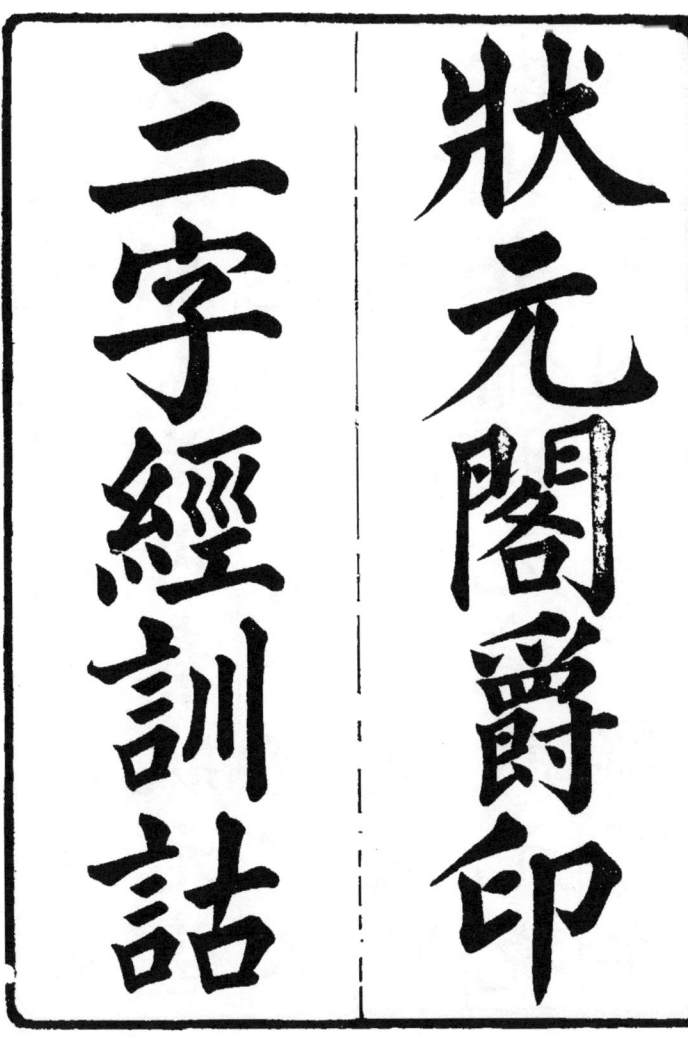

三字經訓詁

歙西徐士業建勳氏校刊

宋儒王伯厚先生作三字經以課家塾言簡義長詞明理晰淹貫三才出入經史誠蒙求之津逮大學之濫觴也予不揣荒陋謬為訓詁不無貽誚高明然於穉習之助庶或有小補云爾歲在康熙丙午嘉平之吉訒菴王相晉升甫識

李光明莊

人之初　性本善

此立教之初。發端之始故。本於人之初生而言之。天之所生謂之人。天之所賦謂之性。秉彝之良謂之善。人生之初。始有知則先識其母。始學語則先呼其親。孟子曰。孩提之童。無不知愛其親也。及其長也。無不知敬其兄也。朱子曰。人性皆善。不其然乎。

性相近　習相遠

此承上文而言。孔子曰。性相近也。習相遠也。言人初生時。智愚賢不肖皆同此性。本相近而無別也。及乎知識既開。氣稟各異。資之敏者則爲智。識之闇者則爲愚。循乎理者則爲賢。縱乎欲者則爲不肖。反之秉彝之善性。不既大相遠乎。此無他。習氣使然也。惟君子爲能有養正之功。而不使幼穉之性。移於不善也。

苟不教　性乃遷

教之道　貴以專

養正之謂何。謂能教也。人非聖人。豈能生知。非親不育。非教弗成。有子而不教。則昧

昔孟母　擇鄰處

其天賦之良。悖理縱欲日遷于不善矣。教之何如。古者婦人有娠。坐不偏。卧不側。立不跛倚。行不亂步。目不視惡色。耳不聽淫聲。不出亂言。不食邪味。嘗行忠孝友愛慈良之事。往往生子聰明。才智賢德過人。此未生之胎教也。子能食。教以右手。能言勿使嬌聲。能行。使知四方上下。能揖。教以禮讓尊親。此阿保母氏之教也。至於洒掃應對進退之節。禮樂射御書數之文。此父師之教也。然教之之道。又貴在專而無倦。蓋不專則學難成就。倦教則子益廢弛。非教之善道也。○娠音身母氏之教。本於慈。由巽而入。教之所宜先也。古之賢母。能教子以成大名者。惟孟母最著。孟子名軻。字子輿。戰國鄒人也。父早喪。母仉氏。居近屠肆。孟子幼嘗嬉戲其間。學爲屠人宰割之事。孟母曰。此非可以居子也。乃遷於郊。居近墳塋。孟子又學爲埋葬哭泣之戲。孟母曰。此亦非可以居子也。又遷於學宫之旁。孟子朝夕學爲揖讓之禮。進退周旋之節。孟母曰。此可以教吾子矣。遂安居焉。古語云。交必擇友。居必擇隣。孔子曰。里仁爲美。擇不處仁。焉得智。其此之謂乎。○仉音掌

子不學　斷機杼

杼者。織機之梭。孟母平居。以織紡爲事。孟子稍長。出從外傅。偶倦而返。孟母引刀自斷其機。孟子懼。跪而請問。母曰。子之學。猶吾之織也。積絲成寸。積寸成尺。尺寸不已。遂成丈疋。今子學爲聖賢。乃厭倦而求歸。猶吾織布未成。而自斷其機也。孟子感悟。乃往受業於子思之門。紹明聖學。皆母教也。○杼音暑

竇燕山　有義方

爲父之教。本於嚴。以正而訓。教之不可忽也。近代之嚴父。能教諸子皆成令名者。惟竇氏爲最。竇禹鈞。幽州人。以地屬燕。因號燕山。其爲訓也。家庭之禮。肅於朝廷。內外

之防。嚴於宮禁。父子之訓。凜於官師。左傳石碏曰。愛子教以義方。弗納于邪。如燕山之教。可謂義方也已。○碏音雀

教五子　名俱揚

燕山五子。儀。儼。侃。偁。僖。宋初皆爲名臣。鉅卿。世守其父之家法。奕葉貴顯。皆嚴親訓廸之功也。○偁音稱廸音惕

養不教　父之過

父母之於子。不患不慈。但患失教。

有子而不能教。豈非父之過乎。

教不嚴 師之惰

師長之於弟子。不患無教。但患不嚴。不嚴則弟子怠懈而不遵。志荒而業廢矣。此爲師之過也。

子不學 非所宜

幼不學 老何爲

古語云。養子不教父之過。訓導不嚴師之

惰。父教師嚴兩無外。學問無成子之罪。又曰。勿謂今日不學而有來日。今年不學而有來年。日復一日。年復一年。嗚呼老矣。是誰之愆。言悔之無及也。

玉不琢　不成器

人不學　不知義

義。道義也。禮經學記曰。玉不琢不成器。人不學不知道。雖有美玉。不琢不磨。不成器物。則無所用。猶人雖有美材。不勤學問。則不能知理義道德。終不可謂成人也。

爲人子　方少時
親師友　習禮儀

此言爲子弟之道也。凡爲人子弟。當少年無事之時。宜當親近明師。交結良友。講習禮節儀文之事。愛親敬長之道。進德修業。以爲立身之本。

香九齡　能温席

孝於親　所當執

百行之首。以孝為先。初學之士。不可不知也。昔漢時。有江夏黃香。年九歲。即知孝於親。每當夏日炎熱之時。則扇父母之帷帳。使枕席清涼。蚊蚋遠避。以待親之安寢。至於冬日嚴寒。則以身溫煖其親之衾裯枕席。以待親之煖臥。幼而行孝如此。雖云天性。然人子之道。昏定晨省。冬溫夏凊。禮當然也。○凊音靜

融四歲　能讓梨

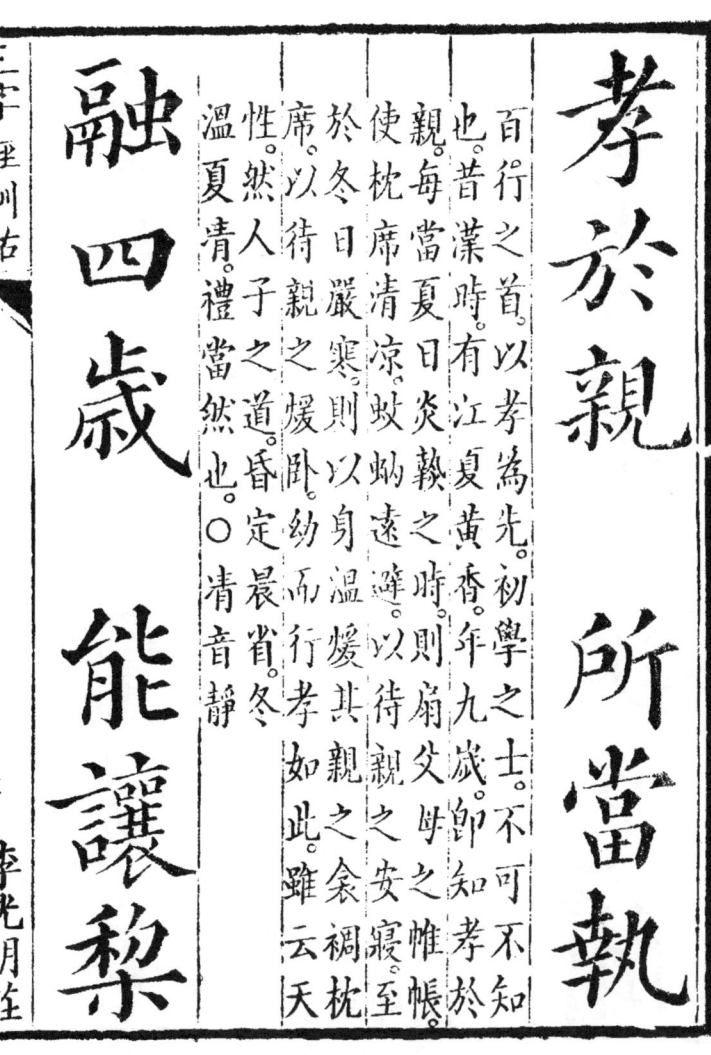

弟於長　宜先知

敦倫篤誼。友于爲重。兄弟之義。幼學所宜知也。漢時魯國孔融。年始四歲。即知友愛敬讓之道。時有饋送其家梨一筐。諸兄競取之。融獨後。又擇其最小者取之。人問爾何獨取小者。答曰。我本小兒。當取小者。即此可觀其謙恭敬讓之一端。日後罹鈎黨禍。兄弟一門爭死。其孝友之風。燦然千古矣。

首孝弟　次見聞

知某數　識某文

孝弟之道。人倫所當盡。見聞之理。幼學所宜知。子曰。行有餘力。則以學文。知其目。則爲數。識其義。則爲文。易曰。君子多識前言往行。日新其德。孔子曰。多聞闕疑。慎言其餘。多見闕殆。慎行其餘。及乎聞見既廣。知識既深。則言寡尤而行寡悔矣。

一而十　十而百

此以下。皆言知某數也。萬物之數。起於一。一者。數之始。十者。數之終。百者。十之盈也。

百而千　千而萬

十累而盈。滿十則爲百。百累而盈。滿十則爲千。千累而盈。滿十則爲萬也。過此以往。數無紀極。莫之能窮也。

三才者　天地人

混沌之氣。輕清者。上浮而爲天。重濁者。下凝而爲地。大地之間。萬物羣生。惟人最貴。人爲萬物之靈。氣禀陰陽。道敦化育。生生不息。與天地叅。故曰三才。

三光者　日月星

日本乎陽之精。照臨于晝。月本乎陰之魄。光明于夜。五星列宿。皆麗乎天。輝煌燦爛。布列森羅。配乎日月。謂之三光也。

三綱者　君臣義

父子親　夫婦順

綱者。統系也。天下之大綱有三。君正於朝

爲臣之綱。父正于家。爲子之綱。夫正于室。爲妻之綱。三綱既正。則君聖臣良。父慈子孝。夫和婦順。宇宙清寧。邦國平康矣。

曰春夏　曰秋冬

此四時　運不窮

此言歲時之序也。一歲之序。分爲四時。應乎北斗。斗柄東指。在寅卯辰。萬物發生。於時爲春。斗柄南指。在巳午未。萬物暢茂。於時爲夏。斗柄西指。在申酉戌。萬物收斂。於時爲秋。斗柄北指。在亥子丑。萬物閉藏。於時爲冬。四時之循還不已。運轉無窮。寒暑迭易。而歲功成焉。

曰南北　曰西東
此四方　應乎中

此言四方之位也。正東之方。其干甲乙。其帝太皞。其神句芒。盛德在木。於常爲仁。於時爲青陽。正南之方。其干丙丁。其帝炎帝。其神祝融。盛德在火。於常爲禮。於時爲朱明。正西之方。其干庚辛。其帝金天。其神蓐收。盛德在金。於常爲義。於時爲白藏。正北之方。其干壬癸。其帝顓頊。其神元冥。盛德在水。於常爲智。於時爲位英。中央之宮。其干戊己。其帝黃帝。其神勾龍。盛德在土。於常爲信。於時寄旺乎四季。四方。春夏秋冬。各有專司。惟土居中用事。而四方咸應之也。○薅音耨

曰水火　木金土

此五行　本乎數

天地之間。陰陽二氣。化生五行。天一生水。地二生火。天三生木。地四生金。天五生土。

此五行之生序也。水曰潤下。火曰炎上。木曰曲直。金曰從革。土爰稼穡。此五行之性之德也。水生木。木生火。火生土。土生金。金又生水。水尅火。火尅金。金尅木。木尅土。土又尅水。萬事萬物。無不有五行貫乎其間。而天下之理。皆由此出。天下之數。皆由此推。不可不知也。

曰仁義　禮智信

此五常　不容紊

五常之理。根於性生。一曰仁。仁者。人也。心之德也。寬裕溫柔。慈良惻隱。是之謂仁。二曰義。義者。宜也。心之契也。發强剛毅。奮決果敢。是之謂義。三曰禮。禮者。儀也。心之理也。齊莊中正。遜順謙恭。是之謂禮。四曰智。智者。知也。心之機也。聰明睿知。文理密察。是之謂智。五曰信。信者。厚也。心之主也。誠實正直。忠厚和平。是之謂信。仁義禮智信。謂之五常。不容紊亂也。

稻粱菽　麥黍稷

此六穀　人所食

此言穀可食者有六也。一曰稻。有秈稻。粳稻。晩稻。糯稻。二曰粱。北方高粱米。有黃粱。白粱。青粱。三曰菽。即諸豆之總名。有大小黃黑青白豇扁豌豆之類。四曰麥。夏穀也。有大麥。小麥。穬麥。蕎麥。五曰黍。北方之穀。又名小米。有粘。有粳。六曰稷。一名稆。祭祀之用也。有黃。有黑。凡此六穀。皆天生以養民者也。○粳音梗豌音灣穬音礦

馬牛羊　雞犬豕

此六畜　人所飼

此言人之所畜養者有六也。馬能負重致遠。牛能耕田。犬能守夜防患。則畜之以備用者也。雞羊與豕。則畜之孳生。以備食者也。六者。在人飼養。使得其宜。則生息蕃滋而爲利溥矣。

曰喜怒　曰哀懼
愛惡欲　七情具

此言七情之動也。人之有生。便有知識。纔有知識。則七情生焉。一曰喜。歡樂也。二曰怒。嗔恚也。三曰哀。傷感也。四曰懼。恐畏也。

五曰愛。眷戀也。六曰惡。憎嫌也。七曰欲。貪慕也。凡此七情。智愚賢不肖皆有之。惟聖賢能出之以正耳。出之以正。則爲君子。出之以邪。則爲小人。人當崇正而黜邪。循理而窒欲。可不慎乎。○恚音惠

匏土革　木石金

絲與竹　乃八音

此言八音之器也。樂所以配禮。凡奏樂者。八音備而後樂始全。八音維何。一曰匏。瓠瓜也。用爲笙竽。二曰土。瓦器也。用爲塤。三

曰革。牛皮也。用爲鼓。四曰木。木器也。用爲柷敔。五曰石。玉石之器。用爲磬。六曰金。鑄器也。用爲鐘鏞。七曰絲。絃索也。用爲琴瑟。八曰竹。用爲簫管。凡此八音。制自黃帝。五帝三王。各有樂。用以享上帝。祀鬼神。薦祖考。宴嘉賓。酬酢獻灌。非樂不宣。登降揖讓。非樂不和。迭奏宣通。調和敷暢。所以導誠敬。暢性情。昭感格。助威儀。所謂禮樂備而治功成。樂之爲用。其大也如此。古人禮樂不可斯須去身。此之謂也。○柷音竹敔音于塤音熏

高曾祖　父而身

身而子 子而孫

此言九族之倫也。九族云何。一曰高祖。高者。最上之名。祖之祖也。凡高祖所生以後均爲同族。所謂五服以內之親也。二曰曾祖。曾者。層疊而上也。謂父之祖也。三曰祖。一曰大父。一曰王父。謂父之父也。四曰父一曰家君。一曰嚴君。尊稱之也。父沒則稱考。母沒則稱妣。高曾祖父。皆考也。高曾祖母。皆妣也。五曰身。己身也。身之嫡配爲妻庶婦則爲妾。六曰子。妻妾之所生也。妻生爲嫡子。妾生爲庶子。七曰孫。子之子也。孫者。系也。統系相傳。有緒而不絕也。

自子孫　至元曾
乃九族　人之倫

己身之下。有子孫。子孫之所出。則有元曾。八曰曾孫。孫之子。九曰元孫。孫之孫也。自高祖至元孫。九世矣。九世之所出。謂之九族。族者。衆也。其間生育繁庶。各有親疎遠近之分。倫。序也。尊卑之序。定而不紊。凡此。親族。兄弟。諸父。子姪。諸孫。皆出天倫。一本之源。所當敦篤敬愛而不衰者也。

父子恩　夫婦從

兄則友　弟則恭

自人倫言之。九族之次。又有十義。一曰父子。生我者父。我生者子。父子之道。慈孝之理。皆由天性之恩。一曰夫婦。男則有室。女則有家。夫妻好合。和翕順從。是謂刑于之化。一曰兄弟。先生爲兄。後生爲弟。同根一本。兄則友愛其弟。弟則恭敬其兄。是謂手足之誼。人能如是。則誠天倫之美德。家庭之至樂也。

長幼序　友與朋

君則敬　臣則忠

一曰朋友。同德爲朋。同類爲友。感契以情
周旋以禮。序分長幼。誼同手足。義共死生。
情均苦樂。朋友之道。如是而已。非此則不
過一時聚散之浮交。非所謂友也。一曰君
臣。君者。臣之主。臣者。君之輔。爲君之道聰
明睿知。以臨其民。莊嚴恭肅。以居其位。恩
威寬惠。以御其臣。爲臣者。光明正大。以持
其心。公廉敏信。以盡其職。忠良醇謹。以事

其上。如此則邦國和平。治化大行。
非此則君驕臣諂。日趨於亂矣。

此十義　人所同

父子。夫婦。兄弟。朋友。君臣。是謂五倫。父慈
子孝。夫和。婦順。兄愛。弟恭。朋誼。友信。君敬
臣忠。所謂十義也。人同者。人
具此理。皆人道之所當爲也。

凡訓蒙　須講究

自一而十至。此皆屬於數。所謂知某數矣。
後此皆發明識某文之義。凡此皆所謂訓

蒙之道也。蒙者。如草之初生。蒙昧未明也。訓蒙之義。以講究爲先。講者。講其字義之詳。究者。究其精微之奧。

詳訓詁　明句讀

詁。考證也。既詳究其義理。又考證其所出之源。凡經書之義。一句爲句。半句爲讀。如字句太長。則於斷續之中。畧爲點斷。以便童蒙誦習也。○讀音豆

爲學者　必有初

凡爲學之道。須要由漸而進。初學者。須由

淺而入深。不可躐等。則易入而無礙。鮮扞隔不通之患矣。○躐音獵扞音汗

小學終　至四書

古者人生八歲。先入小學。教以洒掃應對進退之節。禮樂射御書數之文。使知其義而識之於心。故朱子著爲小學之書。其要以立教。明倫。敬身。爲內綱。稽古。嘉言。善行。爲外目。立教者。立言以教子弟也。明倫者。皆所以明人倫也。敬身者。恭敬此身無敢怠惰也。朱子既詳明備悉三者之條。又益之以稽古者。稽古人立教明倫敬身之法。曰嘉言者。集古人立教明倫敬身之言。曰善行者。集古人立教明倫敬身之事。以實

之也。幼學須是講得朱子小學明白。然後講習四書。自不難矣。四書者。論孟學庸。古有其書。唐宋以來。論孟與孝經。爾雅。公羊穀梁二傳。周禮。儀禮。并五經。爲十三經。論孟二書。專習者尚少。中庸大學二書。又載入禮記篇中。至朱子始採先儒雜說而折衷之。爲論孟集註。又本程子之意。取學庸分章釋句。通名之爲四書。自有四書之名。學者始知專習。而識孔曾思孟聖賢授受之源流矣。

論語者　二十篇

論語。孔門傳道之書。有齊論。魯論。齊論不見於世。今所行者。魯論也。上下凡二十篇。

羣弟子　記善言

論語。乃孔子弟子、子夏。子張。子游。及曾子。閔子。之門人。記聖人之言行訓誨荅述之語。朱子集註。爲四書之首。

孟子者　七篇止

講道德　說仁義

孟子當戰國之時。游於齊梁。其道不行。退

居鄒國。與弟子公孫丑萬章之徒。著孟子七篇。道者。天下古今所共由。德者。聖賢躬行所心得。仁與義。乃本於天而具於性。惻隱羞惡其見端。而撫世長民其功用也。如闢異端。貴天爵。尊王賤霸。距邪放淫。道性善。言必稱堯舜。是也。

作中庸　子思筆

中不偏　庸不易

子思。孔子之孫。伯魚子。名伋。學者尊之爲述聖。作中庸三十三章。程子曰。不偏之謂中。不易之謂庸。所言皆人生日用不可須臾離之道。所謂放之則彌六合。卷之則退藏於密者也。舊本云。作中庸乃孔伋。斥言大賢之名。今僭改子思筆三字爲當。

作大學 乃曾子

自修齊 至平治

曾子。名參。字子輿。孔子弟子。傳孔子一貫之道。學者尊之爲宗聖。作大學一書。大學者。大人之學也。其綱在明明德新民止於至善。其目在格物。致知。誠意。正心。修身。齊家。治國。平天下。乃作聖之功。學者之先務也。朱子分爲一經十傳。所謂初學入德之門。○按孔子之道。曾子獨得其宗。子思之學。本於曾子。孟子受業於子思之門。此書乃先論孔孟。而后及子思。曾子反爲最後者。何歟。蓋此書。但據當時之次序而言。論語孟子。先有成書。中庸大學。則出於禮記之篇名。中庸。爲禮記之第三十一。大學爲禮記之第四十二。朱子取而章句之。以列於四書。作者故以爲次也。

孝經通 四書熟

如六經　始可讀

此言讀書之序也。孝經爲古十三經之一。曾子叙孔子問荅之言。爲經十八章。以明孝道。學者四書旣熟之後。宜先讀孝經。以知爲子之禮。然後循序而讀六經。

詩書易　禮春秋　號六經　當講求

此言六經之目。易。書。詩。春秋。周禮。禮記。是名六經。學者所當講習而研求者也。當時周禮列于六經。今則去周禮爲五經矣。○研音嚴。有磋磨之意。

有連山　有歸藏

有周易　三易詳

易之書有三。一曰連山。伏羲之易。以艮爲首。山之象也。二曰歸藏。炎帝之易。以坤爲首。地之象也。三曰周易。文王之易。以乾爲首。天之象也。連山歸藏二易。學者鮮通其羲。今所行者周易。六十四卦之彖。始于伏羲。卦辭彖辭。文王所著。卦之爻辭。周公所著。卦彖爻象。文言。上下繫辭。則孔子之所著。經四聖人而後成全易也。註易之儒。多不可紀。今惟用程子易傳。朱子本義。秦焚詩書。惟易為卜筮之書。得以不毀。

有典謨　有訓誥

有誓命　書之奧

書經者。虞夏商周。四代之書也。典謨訓誥誓命。皆書之篇名。典者。常也。典常而不可易。為帝王受命之書。如堯典舜典是也。謨者。謀也。大臣匡贊謀猷以襄聖治。如大禹益稷之謨是也。訓者。誨也。大臣訓迪其君以匡不逮。如伊訓是也。誥者。告也。王者渙發號令。詔誥天下。以布維新之政。如仲虺之誥。大誥。康誥。召誥。酒誥。是也。誓者。信也。人君恭行天討。命將誓師。信賞必罰之辭。如甘誓。湯誓。泰誓。費誓。秦誓。是也。命者。令也。人君申布命令于大臣。如說命。微子之命。顧命。蔡仲之命。文侯之命。是也。昔孔子刪書。斷自唐虞。凡百篇。至秦焚詩書。漢文帝時。濟南有伏生名勝者。年九十。口授鼂錯二十八篇。以其上古之書。故謂之尚書。又河內女子獻泰誓一篇。武帝時。魯恭王壞孔子舊宅。於壁中得其所藏古文虞夏商周之書。孔安國考論增多伏生二十五

篇。朱子門人蔡
沈。爲之集註。

我周公　作周禮
著六官　存治體

周禮。周公所作。公姓姬氏。文王子。武王弟
也。周禮一書。爲周家一代設官分職之制
有天官冢宰。地官司徒。春官宗伯。夏官司
馬。秋官司寇。冬官司空。故謂六官。猶六卿
也。天子垂拱于上。六官分職于下。紀綱周
布。制度分列。事無不治。政無不理。而天下

平矣。秦毀詩書。不用周禮。至漢求書始出。而亾其冬官。漢儒以考工記補之。宋代用以取士。今不用。

大小戴　註禮記
述聖言　禮樂備

禮記一書。不稱經者。五經皆聖人親製。此則後儒纂述先聖之言以成書。故稱記而不稱經也。大戴。漢儒戴德。小戴。則德兄子戴聖也。戴德集古禮樂諸書。一百八十篇。刪定爲八十五篇今名大戴禮記。小戴更爲裁定成書。四十九篇。大學中庸亦附于篇之數。元儒陳澔。註爲禮記集說。大戴禮。今不行。惟小戴禮記。列于五經。

曰國風　曰雅頌

號四詩　當諷詠

詩經之體有四。一曰國風。民俗歌謠之詩。諸侯采之以貢於天子。天子受之而列于樂官。於以考其風俗之美惡。而知其政治之得失焉。二曰小雅。諸侯卿大夫。朝見天子。及列國之君。迎勞王臣使客之作。三曰大雅。天子宴享諸侯卿士。及王朝公卿。會宴陳述之作。謂之雅者。其體端嚴典雅。以別於風也。四曰頌。天子享祀郊廟。頌美先王先公之樂章。魯頌商頌附焉。通爲四詩。學者所當諷誦而詠歎之也。秦火之後。漢儒毛萇。考定成書。或謂之毛詩。朱子集註

詩既亡　春秋作

孟子曰。王者之迹熄而詩亡。詩亡。然後春秋作。王者之迹。文武之道也。如文之謨。武

寓褒貶　別善惡

之烈。成康之盛世。周召之宏勳。以及豳風
肇業。宣王中興。皆見於四詩之篇。是王者
之迹。因詩以存也。自東遷以來。樂師不陳
詩而風亾。諸侯不覲天子而小雅亾。天子
不享諸侯而大雅亾。諸侯不助祭而頌亾。
詩既亡。而王者之迹熄矣。故孔子生於東
周之末。傷王政之不行。諸侯專恣。於是自
衛反魯。作春秋以正王化。春秋者。魯史之
舊名也。四時皆備。舉春秋以爲名者。取春
生秋殺之義。寓王者之大權也。周衰于東
遷。春秋起魯隱公元年。當平王之末。東周
之始王也。歷隱。桓。莊。閔。僖。文。宣。成。襄。昭。定
哀。至獲麟而絕筆。傷非時而麟見。悲王道
之不復也。凡紀二百四十二年之事。一字
之褒。榮於華袞。一字之貶。肅於斧鉞。孟子
曰。孔子成春秋而亂臣賊子懼。謂其賞罰

章。而善惡明。亂臣賊子。無所逃罪於天地之間也。

三傳者　有公羊　有左氏　有穀梁

傳者。所以釋春秋之義也。傳春秋者不一。而三傳最著。一曰左氏傳。左邱明。魯之賢人也。其傳春秋。川編年紀事之體。而詳著於每年之後。凡天子諸侯之事。兵革禮幣之交。興衰存滅之故。賢奸淑慝之分。非左氏則不詳也。二曰公羊傳。公羊高。魯人也。

三曰穀梁傳。穀梁赤。子夏弟子也。二傳各有短長同異。皆論斷春秋之大義。表章善惡之微辭也。左傳有晉杜預註。公羊有漢何休註。穀梁有晉范甯註。春秋言簡意深。非傳不明。故并存之。列於十三經之數。今者考時紀事。則折衷於三傳。斷制取法。則用宋儒胡安國傳。

經既明　方讀子

撮其要　記其事

四書六經。皆經也。固不可不熟讀而考其

義理之精微矣。若經學既明。又不可不旁採諸子而讀之。但諸子之書。醇疵互見。必當撮取其簡要之言。以裨正學。記憶其事跡之實。以備叅考。則所學日進於淹博。而不至流於邪僻矣。

五子者　有荀揚

文中子　及老莊

子書百家。浩繁不可勝紀。就其最善者而讀之。則有五子。曰老子。姓李。名耳。字伯陽。亳邑人。東周時爲柱下史。作道德經五千

經子通　讀諸史

言。莊子。名周。字子休。楚蒙城人。爲漆園令。作南華經。荀子。名卿。楚蘭陵人。作荀子上下二篇。揚子。名雄。漢成都人。作太元經法言。二書。文中子。姓王。名通。字仲淹。隋龍門人。作元經。中說。二書。謚文中子。五子大義。老子不矜名。不炫德。以清靜無爲爲尚。莊子寓言訛世。以離羣絕俗爲高。荀子言性命之學。擇焉而不精。揚子擬易立言。大醇而小疵。文中中說擬論語。而人非其倫。元經比春秋。尊纂晉。帝北魏。非春秋之旨。學者但翫文取義。而不泥於辭可也。

考世系　知終始

六經諸子既通。然後諸史可讀也。史書紀一代治亂興亡之事。君之聖狂。臣之賢奸。世系之傳授。始終之歲年。可得而考也。史書之體有二。曰通史。曰國史。國史紀一朝之事。如漢書晉書之類。通史紀古今之事。如通鑑綱目之類。國史。君有本紀。臣有列傳。政事有志有表。通鑑則編年叙事而已。其事則本於國史也。

自羲農　至黄帝

號三皇　居上世

洪荒之始。混沌之初。伏羲以前。雖有君長。不可得而詳也。故司馬遷作史記。以伏羲爲始。太昊伏羲氏。始制文字。首畫八卦。爲萬世文明之祖。炎帝神農氏。始爲耒耜。樹藝五穀。立生民養育之源。黃帝有熊氏。制衣裳。定禮儀。文明大備。品物咸亨。作萬國具瞻之表。後世首崇祀典。以羲農黃帝爲三皇。史記列於前編。爲千古帝王之冠。

唐有虞　號二帝

相揖遜　稱盛世

黃帝之子。少昊金天氏。在位八十四年。黃帝之孫。顓頊高陽氏。在位七十五年。金天之孫。帝嚳高辛氏。在位七十年。並堯舜爲五帝。作者但言堯舜者。以其功德最高也。帝堯陶唐氏。高辛少子。兄帝摯無道。諸侯廢之。而立堯。自唐侯而爲天子。其始封于陶。故號陶唐氏。堯之爲君也。其仁如天。其智如神。巍巍蕩蕩。民無能名。在位七十二年。有子弗肖。求賢而禪於虞。是爲帝舜有虞氏。舜。黃帝之裔孫。父頑母嚚。克諧以孝。耕稼陶漁。日彰其德。四岳薦之於堯。妻以二女。俾總百揆。後遜以位。舉用九官十二牧八元八愷之賢。誅四凶之不肖。使禹治水成功。在位六十一年。而禪於禹。唐虞之際。世樂雍熙。揖遜而有天下。可謂盛矣。蓋自黃帝以來。始有年甲可紀。自黃帝至舜。凡六世。四百八十年。○顓頊音專旭。嚚音銀。揆音葵

夏有禹　商有湯

周文武　稱三王

二帝之盛。爲君道立極。繼其盛者。則有三王。夏后氏之君。首稱禹王。禹者受禪成功

之謂。繼夏者商。則有湯王。湯者除殘去虐之謂。繼商者周。則有文武二王。文者武之父。經天緯地曰文。武者文之子。代暴救民曰武。是皆三代受命之始祖。故曰三王。堯舜禹湯文武。二帝三王。所謂繼天立極。爲萬世之君師者也。

夏傳子　家天下　四百載　遷夏社

前通論三王。此則各言其終始。三皇五帝。以天下爲公。傳賢而授位。謂之官天下。若夫家天下。則自夏后氏始。禹姓姒氏。顓頊之後也。平治洪水。聖德神功。及民悠久。復生賢子曰啟。賢能誠敬。繼禹之道。禹崩之日。讓位於其臣伯益。天下之民。不從益而從啟。曰吾君之子也。自禹之傳子。後世以天下為家。故曰家天下。夏歷十七世。至桀躭酒嗜色。無道虐民。而國以亡。凡四百五十八年。

湯伐夏　國號商

六百載　至紂亡

繼夏爲君者商也。湯。姓子氏。名履。高辛之子。契之後也。世封於商。伐桀而有天下。傳祚二十八世。六百四十四年。至紂無道而失其國。

周武王　始誅紂

紂爲商王帝乙之子。言足拒諫。智足飾非。寵嬖妲己。炮烙庭臣。刳剔孕婦。以觀男女。斫人脛骨。驗髓盈枯。剖叔父比干之心。西伯周武王。興師伐紂。而遷殷社焉。

八百載　最長久

周自文武開其基。都於酆鎬。成康繼世。天下乂寧。傳昭王穆王。以及共懿孝夷厲。凡十二世。而厲王以無道失國。宣王中興。至幽王復無道。而見殺於西戎。其子平王東遷于洛。是爲東周。傳桓莊僖惠襄頃匡定簡靈景悼敬元貞定哀思考威烈安烈顯慎靚至赧王而周亡。凡東西周。共三十八世。八百七十四年。有國之最長者也。

周轍東　王綱墜

逞干戈　尚遊說

周自東遷。諸侯強大。王令不行。列國日尋干戈。互爲侵伐。游說之士。逞口舌爲縱橫之言。以與戰鬭而已。

始春秋　終戰國

五霸强　七雄出

平王東遷之始。則爲春秋。孔子絕筆之後。則爲戰國。春秋諸侯。有齊桓公。晉文公。宋襄公。秦繆公。楚莊王。迭爲雄長。盟會諸侯。謂之五霸。至於威烈以後。諸侯強橫。僭恣稱王。憑陵小國。吞食殆盡。而七雄出焉。七雄者。秦楚齊燕韓趙魏也。各逞兵戈。互相吞并。當五霸時。雖云詐力。猶假仁義。尊王伐叛。有扶傾濟弱之功。及乎七雄自主。周室衰微。下同小國。周祚雖長。猶一線之僅延而已。

嬴秦氏　始兼并

傳二世　楚漢爭

嬴。秦國之姓也。秦。伯益之後非子。起自西戎。事周孝王。牧馬蕃庶。封國於秦。至襄公而國日富。繆公而國日強。惠文稱王。蠶食列國。昭襄益大。吞并諸侯。赧王獻土而周室亡。傳孝文。莊襄。滅東周君而姬祚盡。迨及始皇帝。爲莊襄子。其母先有娠而生始皇。實呂氏之子。冒繼秦祚。而嬴氏亡矣。始皇席彊大之業。翦六國而成一統。威武彊暴以臨天下。銷兵革。築長城。焚詩書。尚律令。除謚號。自稱始皇。欲傳國於萬世。在位三十七年。東廵狩而崩於沙邱。宦者趙高矯詔殺太子扶蘇。而立少子胡亥。是爲二世。酷暴厚斂。斬絕宗枝。大興土木。户口逃亾。天下大亂。楚人陳勝起兵不成而敗。繼之者項梁項羽。立楚後。以代秦。漢高祖劉季。爲泗上亭長。因民之亂。合楚興兵。入關滅秦。二世已爲趙高所弒。三世子嬰。素車白馬而降。秦有天下。才三世。四十三年而亾。項羽封高祖爲漢王。國於西蜀。恐其東

歸。立雍塞翟三王。以阻之。未幾。漢王出定
三秦。與楚戰于成皋。凡七十餘戰。互有勝
負。終會兵于垓下。以破楚。
項王勢窮自剄。而漢興矣。

高祖興　漢業建

至孝平　王莽篡

史記之書。始于三皇。終于漢武。班氏作前
漢書。以紀西京十二帝。前漢高祖。姓劉氏
名邦。字季。沛人也。誅秦滅楚而有天下。都
長安。傳惠文景武昭宣元成哀平孺子。凡

十二世。而王莽篡位。王莽者。孝元王皇后之兄子也。以謙恭竊名。而致宰相。鴆殺平帝。假立孺子。復廢之而自立。凡十八年。炎漢復興而誅莽。

光武興　爲東漢

四百年　終於獻

後漢光武皇帝。名秀。景帝七世孫。以布衣起兵。誅王莽。滅羣盜。而復興漢室。都洛陽。是爲東漢。傳明章和殤安順冲質桓靈獻凡十二世。而禪于魏。兩漢共歷二十四世。

四百二十五年。

魏蜀吳　爭漢鼎

號三國　迄兩晉

兩漢書後有三國志。三國者何。魏蜀吳是也。魏國曹氏。名操。譙人也。當董卓之亂。天子蒙塵。操迎駕都許。挾天子。令諸侯。削平僭亂。威德日盛。子丕繼立。受漢禪位而有天下。國號曰魏。傳子叡。孫芳。髦。以及姪璜而禪於晉。凡五世。四十六年。蜀劉氏。名備。景帝之後。起兵討賊。據有荊蜀。漢亡稱帝。

傳子禪。二世四十三年。○吳孫權。父堅。兄
策。積累世之業。跨有江表。傳子亮。休。孫皓。
四世五十九年而滅于晉。○三國之祚。皆
歸于晉。晉司馬氏。名炎。祖懿。伯師。父昭。四
世執魏政。受禪而有天下。都於洛陽。是為
武帝。傳子惠帝。懷帝。孫愍帝。懷愍俱見殺
於前趙。而西晉亡。凡四世五十三年。○東
晉牛氏。司馬懿孫。瑯琊恭王妃夏侯氏通
牛氏之子。而生子睿。冒襲王爵。據有江表。
值晉失國。遂稱帝于金陵。是為東晉元帝。
傳子明帝。孫成帝。康帝。曾孫穆帝。哀帝。帝
奕。以及元帝少子簡文。孫孝武帝。曾孫安
帝。恭帝。凡十一世百二年。右兩晉共十五
世。一百五十四年。○兩晉之間。前後僭偽
于北方者。凡十八國。總計二趙。三秦。五燕。
五涼。蜀。魏。夏。而拓拔之代魏不與焉。前趙

劉淵。單于左賢王。惠帝時。據平陽。稱漢帝。傳子劉聰。陷長安。執晉二帝。傳子和。淵姪曜。曜子熙。凡五世二十六年滅於後趙。○後趙石勒。淵之將。元帝時。據襄國。傳子弘。弟虎。虎子世。遵。鑒。祗。七世二十三年。滅于冉閔。○前燕慕容廆。鮮卑部長。子皝。懷帝時。據鄴稱王。歷皝子儁。稱帝。儁子暐。四世六十三年。滅於秦。○後燕慕容垂。皝子。孝武時。叛秦稱帝。歷子寶。孫盛。寶弟熙。四世二十四年。滅于高雲。○西燕慕容泓。儁子。據華陰。歷弟冲。冲姪顗。冲子瑤。泓子忠。泓弟永。六世十年。滅於後燕。○南燕慕容德。垂弟。據滑臺。歷子超。二世十三年。滅于晉。○北燕馮政。慕容垂臣。據龍城。歷弟弘。二世二十八年。○前秦苻洪。穆帝時。據長安。歷洪子健。孫生。健弟堅。堅子丕。登。登子崇。

七世四十六年。滅於後秦。○後秦姚萇。叛
秦據長安。歷子興。孫泓。三世三十四年。滅
于晉。○西秦乞伏國仁。秦將。據金城。歷弟
乾歸。孫熾磐。磐子暮末。四世四十七年。滅
於夏。○前涼張軌。晉臣。惠帝時。據平涼。傳
子寔。孫茂。茂子駿。駿子重華。華子曜靈。華
弟祚。曜靈弟元靚。祚弟天錫。九世七十八
年。滅于秦。○後涼呂光。秦將。據涼。傳子紹。
纂。隆。四世十九年。滅于後秦。○南涼禿髮
烏孤。涼將。據樂都。歷弟利鹿孤。傉檀。三世
十九年。滅於西秦。○西涼李暠。北涼段業
臣。據晉昌。傳子歆。恂。三世十九年。滅於北
涼。○北涼段業。後涼將。據張掖。稱王五年。
其臣沮渠蒙遜弒之自立。傳子牧犍。兩姓
三世。四十三年。滅於魏。○蜀李特。惠帝時。
據廣漢。傳子雄。稱成帝。歷姪班。期。期叔壽。

改號漢。傳子勢。六世四十七年。滅於晉。○魏冉閔。石虎養孫。殺虎子自立。三年。燕人誅之。○夏赫連勃勃。劉淵之族。據統萬。傳子昌。定。三世二十五年。滅於土谷渾。○北燕高雲。弑慕容熙而自立。三年。爲其下所殺。馮跋繼立。雲與冉閔弑逆不終。西燕六主。自相戕殺。三者不成國。餘十六國。俱附見晋書。○廆音巍鼂音晁傉儃音辱壇

宋齊繼　梁陳承

爲南朝　都金陵

北元魏　分東西

此言南朝之史也。凡四朝。一曰宋。高祖劉裕。彭城人。受晉禪。傳子少帝。文帝。文子孝武。武子廢帝。武弟明帝。明子蒼梧。順帝。凡八世六十年。○二曰齊蕭氏。太祖道成。蘭陵人。受宋禪。傳子武帝。孫二少帝。姪明帝。明子東昏。和帝。七世二十三年。○三曰梁蕭氏。武帝蕭衍。齊之族。受齊禪。傳子簡文。元帝。元子敬帝。四世五十六年。○四曰陳陳氏。武帝霸先。長興人。受梁禪。傳兄子文帝。文子廢帝。文弟宣帝。宣子后主。五世三十三年。以上四朝。俱都金陵。南史之外各有國史。四朝連吳與東晉。又號六朝。

宇文周　與高齊

北史三朝。一曰魏。姓拓拔氏。起於朔漠。始聖武帝詰汾。神元帝力微。世爲君長。臣服中國。至拓拔猗盧。入討内叛。始有中國。自稱代王。傳弟子鬱律。律子什翼犍。犍子珪。以孝武時稱魏帝。都平陽。是爲道武帝。子明元。元子大武。武孫高宗。高子獻文。獻子孝文。始改姓爲元氏。傳子宣武。武子孝明。孝文孫孝莊。節閔。孝武。孝武爲其相高歡所逼。奔於長安。是爲西魏。傳從弟文帝。文子廢帝。恭帝。而禪於周。○東魏靜帝善見孝文之孫。高歡所立。都於鄴。分魏爲二。立十二年。而禪於齊。自道武至恭帝。凡十六主。百七十年。恭帝上至聖武。三百三十餘年。○二曰齊高氏。始高歡。立靜帝。世執其政。至子洋而受禪。是爲齊文宣帝。傳子廢帝。弟孝昭。武成。成子後主。五世二十八年。滅於周。○三曰周宇文氏。宇文泰。擁魏孝武帝於長安。世執其政。其子孝閔帝覺。受魏禪。改號周。傳弟孝明。孝武。武子孝宣。宣子孝靜。五世二十五年。禪於隋。

迨至隋　一土宇

不再傳　失統緒

四曰隋。楊氏。高祖楊堅。相周受禪。國號曰隋。南平陳國。而一天下。傳子煬帝。荒淫無度。天下大亂。不再傳而李氏立恭帝。隋亡矣。右隋三世三十八年。以上四朝。謂之北史。魏齊周隋亦各有史書。

唐高祖　起義師

除隋亂　創國基

繼隋者唐也。是爲唐書。唐高祖姓李氏。名淵。隴西人。仕隋爲太原守。威望素著。隋帝忌之。帝東巡不反。關中大亂。詔高祖盡討羣賊。高祖懼。乃因子太宗之計。倡義起兵。入關立煬帝孫恭帝。號名天下。未幾遂創業而移隋祚矣。

二十傳　三百載

梁滅之　國乃改

唐有天下。高祖開基。皆由其子太宗戡定禍亂。削平僭僞之功也。太宗子高宗。高子中宗。爲母武氏所廢。武氏稱制二十年。然後復位。中弟睿宗。睿子明皇。寵楊妃而亂國。安祿山犯京師。帝遷西蜀。幾亾天下。明子肅宗。肅子代宗。代子德宗。德子順宗。順子憲宗。憲子穆宗。穆子敬宗。文宗。武宗。穆弟宣宗。宣子懿宗。懿子僖宗。昭宗。昭子昭宣。凡傳國二十世。歷年二百八十九。而滅於梁。唐之國祚。遂改移為梁矣。

梁唐晉　及漢周

稱五代　皆有由

繼唐者。梁唐晉漢周。是為五代。史官作五代史。共為一書。一曰梁。太祖朱溫。始為賊將。歸唐為節鎮。遂篡唐。都於汴。貪淫無道爲子友珪所弒。三子友貞殺珪自立。凡二世十七年。滅於後唐。○二曰後唐。莊宗李存勗。本姓朱邪。沙陀人。先世有功於唐。賜姓李氏。封晉王。朱氏篡唐。與晉世仇。滅後梁而有天下。好遊戲而失國。父之養子嗣源代位。是爲明宗。傳子愍帝。養子王從珂。又奪其位。凡四世十五年。而滅於晉。○三曰後晉。高祖石敬瑭。明宗之壻。借遼兵而滅唐。傳子齊王。爲契丹所滅。凡二世十年。○四曰後漢。高祖劉知遠。逐遼而代晉。傳子隱帝。殺戮大臣。兵變而亡。二世凡四年。○五曰後周。太祖郭威。仕漢鎮鄴。兵變癈漢而代之。傳養子世宗柴榮。威定南北。傳子恭帝。禪于宋。凡三世十年。右五代共十三主五十三年。附十國紀年。五代三世。各據一方。吳王楊行密。南唐李昇。蜀王建。後

蜀孟知祥。閩王審知。楚馬殷。吳越錢鏐。南
漢劉隱。北漢劉崇。荊南高季興。凡十僭國。
至宋初。南北漢唐蜀荊南吳越
皆入於宋。惟契丹與宋并立。

炎宋興　受周禪

十八傳　南北混

繼五代者宋也。宋以火德王。故稱炎宋。太
祖趙氏。名匡允。受周禪而都於汴。傳弟太
宗。太宗子眞宗。眞子仁宗。太宗曾孫英宗。
英子神宗。神子哲宗。徽宗。徽子欽宗。凡九

帝。金人克汴。徽欽父子皆降於金。○南宋
高宗。徽宗子。都杭州。無子。傳太祖八世孫
孝宗。孝子光宗。孫寧宗。無子。傳太祖十一
世孫理宗。理子度宗。度子恭帝。端宗。弟昺。
凡九世而亾於元。兩宋十八世。三百二十
年。○北方之國。前乎宋者有遼。太祖耶律
氏。名阿保機。傳太宗。世宗。穆宗。景宗。聖宗。
興宗。道宗。天祚。滅於金。德宗自立。號西遼。
傳仁宗。末主。凡十二世。百七十餘年。滅于
乃蠻。○後遼而王有金。姓完顏氏。太祖名
旻。滅遼而都於燕。傳太宗。熙宗。廢帝。世宗。
章宗。衛王。宣宗。哀宗。末主。凡十世。一百二
十年。滅於元。○元太祖姓奇渥温氏。名鐵
木真。興自蒙古。傳太宗。滅金。都於燕。太宗
子定宗。太祖孫憲宗。憲弟世祖。滅宋而南
北混一。傳孫成宗。成姪武宗。仁宗。仁子英

宗。成姪泰定。武子明宗。文宗。明子寧宗。
順帝。凡十四世。百六十五年。而滅於明。

十七史 全在茲

十七史。當時正史之數也。一曰史記。三皇
五帝。三王。秦。楚。以至漢武帝之史。漢司馬
遷著。二曰前漢書。漢班固著。三曰後漢書。
劉宋范蔚宗著。四曰三國志。晉陳壽著。五
曰晉書。唐太宗著。六曰宋書。梁沈約著。七
曰齊書。梁蕭子顯著。八曰梁書。九曰陳書。
俱唐姚思廉著。十曰北魏書。北齊魏收著。
十一北齊書。唐李百藥著。十二北周書。唐
令狐德棻著。十三隋書。唐魏徵著。十四宋
齊梁陳南史。十五魏齊周隋。北史。俱唐李

延壽著。十六唐書。宋宋祁歐陽修著。十七五代史。歐陽修著。作者言十七史之大畧。全在于兹也。繼此又有宋史。遼史。金史。俱元脫脫歐陽元揭徯斯著。又有元史。乃明宋濂等著。共稱二十一史。

載治亂　知興衰

史者。經國之大典。所載者。朝廷治亂之由。國祚興衰之理。得其道則治。失其道則亂。千古如一轍也。

讀史者　考實錄

通古今　若親目

言凡讀史。須要細心考較。君臣紀傳之實錄。與稗官小說。眞僞不同。賢奸治亂。彰明較著。通達古今。如親眼所見。則微辭奧義。可得而明。彼短此長。可得而評也。

口而誦　心而惟

朝於斯　夕於斯

此以下通言讀書之法。惟。思也。凡讀經史子集諸書。要心口相應。口誦而心不惟。則扞格而不入。心惟而口不誦。則神志不專。朝或於斯。而夕或不然。則所學有時而廢。所得有時而亾。非時習之道也。

昔仲尼　師項橐

古聖賢　尚勤學

此以下雜引古人。以勸勉小子之讀書勤學也。仲尼。孔子之字。孔子之母。禱於尼山。而生孔子。故孔子字仲尼。項橐。魯之聖童也。七歲而爲孔子師。言聖人生知。尚且辛勤好學。師傚賢聖之童以自勵。況乎今之小子。可不勉歟。

趙中令　讀魯論

彼既仕　學且勤

此言既貴而好學也。宋趙普。相太祖太宗爲中書令。故曰中令。嘗曰吾以半部論語相太祖。以半部相今皇。凡世治民安。皆讀論語之功也。彼既仕。且貴爲宰相矣。而勤學好讀。尚且如此。況未仕之小生。可不勉歟。

披蒲編　削竹簡

彼無書　且知勉

此言無書而好學也。漢以先。非世家無書。非鈔錄傳寫則無書。又無紙。非絹帛皮幣簡冊不能鈔錄。貧而無資者。不能得書。漢有路溫舒。牧羊於大澤。取蒲草編織成席。借尙書鈔錄。而讀之。公孫弘年五十矣。爲人牧豕。於寒竹林中。乃以刀削去竹青。借取春秋鈔錄而讀之。二子由是名顯當時貴爲卿相。夫二子貧賤而好學如此。今之讀書者。易求易辨輕便精良。如此而不好學。豈非自誤乎。

頭懸梁　錐刺股

彼不教　自勤苦

此言苦讀之勤也。晉有孫敬。讀書夜深。常恐眈倦。乃以頭髻懸於梁上。以妨困睡。蘇秦不遇而歸。爲骨肉所賤。乃勵志讀書。每值懶惰昏倦之時。將利錐刺其股以自警夫二子之刻苦自勵如此。固無父兄之教威嚴課督之也。爾輩小生。享安居温飽之樂。又有賢父兄以教率之。安得不思勉勵以自奮哉。

如囊螢　如映雪　家雖貧　學不輟

此言貧不廢學也。晉車允好學。家貧夜讀無油。乃取螢火囊之。而藉其光以照讀書孫康寒夜讀書無油。乃出庭前。映雪光而讀。夫二子不以貧而廢學。終成大名。况爾輩有父兄資給。可不勉歟。

如負薪　如挂角

身雖勞　猶苦卓

此言身勞而好學也。漢朱買臣。貧而採樵不廢讀書。方砍柴時。置書於林下而讀。負薪而歸。懸書於擔頭。誦而出行。後仕武帝。爲會稽守。隋李密好學。乘牛而讀漢書。將餘本挂兩角之上。楊越公見而奇之。後襲爵爲蒲山公。二子身旣勤勞。而猶勞苦堅卓如此。況爾輩飽食終日。無所事事者乎。

蘇老泉　二十七
始發憤　讀書籍

此言年長而好學者也。老泉名洵。字明允。宋眉山人。蘇東坡之父也。老泉幼而失學。至二十七歲。始悟其非。發憤攻書。以成大名。兩子皆大儒。世號三蘇。

彼既老　猶悔遲

爾小生　宜早思

二十七歲雖不爲老。以人生八歲當入小學。十五當入大學計之。則已老矣。夫老泉年既長。有室家之累。又初不好學。而一旦悔向學之遲。發憤以成大名如此。至爾輩小生。當未老之時。宜早思上進。黽勉以成功。莫待老而後悔之無及。又安能如老泉天資之高也乎。

若梁灝　八十二

對大廷　魁多士

此言好學之心。至老而彌篤也。大廷。天子之廷。魁多士。狀元也。宋之梁灝。苦學。一生未遇。及乎年八十有二矣。尚能奮發有爲。對策大廷。而爲多士之首。

彼既成　衆稱異

爾小生　宜立志

彼指梁灝也。言灝年高而才筋力健。又能成此大名。眞古今之獨異者也。爾輩讀書。宜以此爲法。不以未遇而自荒。不以不遇而自廢。一心向學。至老而不倦。以灝自期。無怠其志可也。

瑩八歲　能咏詩

此言幼而早成也。北齊祖瑩。年八歲。即能咏詩成章。後爲著作郎。

泌七歲　能賦棊

唐李泌。年始七歲。姑子員半千九歲舉神

彼頴悟　人稱奇

童。明皇問曰。外庭尚有如卿者乎。對曰。舅子李泌七歲。才勝於臣。帝令入見。時帝方與張說奕棋。帝問曰。小子能賦乎。對曰。能。帝命賦方圓動靜。泌請問其旨。張說曰。方若棋盤。圓若棋子。動若棋生。靜若棋死。泌對曰。方若行義。圓若運智。動若騁材。靜若得意。帝大奇之。賜以衣。後歷相位。爲社稷臣。

爾幼學　當效之

言祖李二人。童年穎悟。才能動主。早取卿相。人稱奇異如此。爾幼學之人。當以爲法而效之可也。

蔡文姬　能辨琴

謝道韞　能咏吟

言古不獨男子好學。雖女子。亦有聰明才智過人者。蔡伯喈女。名琰。字文姬。父方操琴。遇猫捕鼠。文姬知其琴聲帶殺。董卓擅政。邕有憂時之心。方操琴。而文姬傷其父琴聲焦殺。危難將至。父因卓之誅。得罪而歿。流文姬於胡地。文姬作胡笳十八拍之曲。流入中國。幽怨哀傷。曹孟德聞之。以千金贖回。而配士人董祀。謝道韞。晉宰相謝安之兄女。幼能咏詩。庭中大雪。安問諸子姪云。大雪紛紛何所似。姪琰對曰。撒鹽空中差可擬。道韞對曰。未若柳絮因風起。安大奇之。後嫁王右軍子凝之。夫死。以節著。

彼女子　且聰敏

爾男子　當自警

言文姬道韞。不過女子耳。且能聰明敏捷
審音如此。其精明應對。如此其穎異。況爾
輩皆男子也。豈可不如女子。而自頹
其志乎。當以此自警而自惕可也。

唐劉晏　方七歲
舉神童　作正字

此又引神童之事。以明穎悟之才。唐有劉
晏。年方七歲。值明皇幸華清宮。晏攔駕上
書。帝大奇之。謂之神童。授翰林正字。一日
詔見。楊妃愛之。命坐於膝上。親為綰髻。帝

問之曰。卿爲正字。正得幾字。晏俯伏對曰。諸字皆正。惟有朋字不正。蓋朋字似兩月字而體不正。且以諷當時讒臣用事。寵倖多門。朋比而爲奸也。明皇大異之。後歷仕明肅代德。官至戶部尚書平章事。晏不惟聰穎。而崇正黜邪之心。已見於此矣。○綰音挽。髻音計黜音出

彼雖幼　身已仕

爾幼學　勉而致

言晏雖七歲幼童。然已身入仕林矣。爾等幼學。當勉力以效之可矣。

有爲者　亦若是

人但不能奮發有爲耳。彼劉晏亦人也。效之何難。

犬守夜　雞司晨

苟不學　曷爲人

爾曷不下觀於物類以自警乎。犬與雞皆畜也。犬則有守夜之能。使人不敢犯。雞則有司晨報曉之能。使人知早起。夫雞犬之微。尚有可取之處。況人爲萬物之靈。豈可晏然自安乎。自古大聖大賢。皆由學而後成。人苟不學。則終歸下流。反不及雞犬之可取。則亦何以爲人哉。

蠶吐絲　蜂釀蜜

人不學　不如物

又不觀之於蜂與蠶乎。彼蠶蜂至微之物也。無求於人。爲人所畜。蠶則有吐絲結繭以成幣帛之功。蜂則有採花釀蜜以資服食之用。爲物也小。成功也大。汝等堂堂男子。倘如不學而荒其業。是昆蟲之不如也。

幼而學　壯而行

人之生也。非徒事於誦讀而已。幼而學聖賢之言。將以壯而行聖賢之行也。若徒學而不行其行。又何取於學也。

上致君　下澤民

壯行云何。士君子得志而行其道也。上以致其君。爲堯舜之君。下以澤其民。如堯舜之民。所謂窮則獨善其身。達則兼善天下。

揚名聲　顯父母

光於前　裕於後

學爲大儒。聲名達於四方。仕爲名臣。褒寵加於父母。或全忠盡孝。百世流芳。或正直公廉。一時頌德。俱揚名顯。親之事也。人能以道德勳猷揚顯於世。則盛德大業。光耀於祖宗。積慶鍾祥。垂裕於後世。豈非讀書之大效我。

人遺子　金滿籯

我教子　惟一經

此總結上文。言凡人遺留與子孫者。但重金銀。我則惟以一經教子。使學爲聖賢而已。語云。黄金滿籯。不如教子一經。是也。

勤有功　戲無益

戒之哉 宜勉力

此總戒後學之辭。言凡人殷勤向學。則有日進之功。若怠惰嬉戲。則無益而有損也。爾輩宜戒之戒之。不可不勉力勵志於學。以成大儒也。

蒙學叢刊

狀元閣蒙學叢書

百家姓

王星 主編

浙江大學出版社

傳古樓據啟軒書室藏清代狀元閣刻本影印原書板框高二〇五毫米寬三六〇毫米

江南城聚珤門三山街大功坊郭家巷內秦狀元巷中李光明莊自梓童蒙各種讀本揀選重料紙張裝訂又分鋪狀元境狀元境口狀元閣發售實價有單

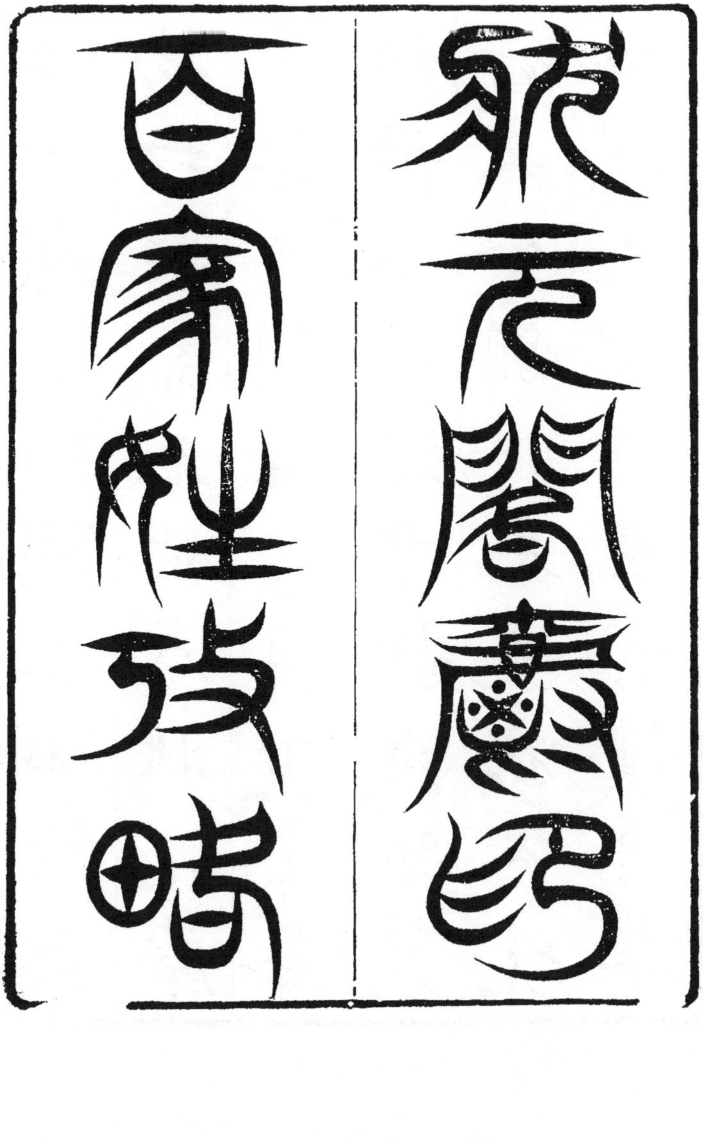

百家姓考略

歙西徐士業建勳氏校刊

百家姓出兔園集乃宋初錢唐老儒所作時錢俶據浙故首趙次錢孫乃俶妃李謂南唐主也次則國之大族隨口叶韻挂漏實多識者訾之然傳播至今童蒙誦習奉爲典冊乃就其所載粗爲箋註方諸古今姓苑氏族諸書其猶射者之嚆矢也夫琅邪王相題

趙錢孫李周吳鄭王

趙角音。天水郡。伯益裔孫。造父事周穆王。以功封於趙城。子孫因氏焉。其後叔帶仕晉。至趙夙世爲晉卿。傳趙籍始滅晉爲諸侯。漢有趙廣漢。爲京兆尹。宋太祖之遠祖。

錢徵音。彭城郡。系出籛氏。彭祖姓籛名鏗。支子去竹而爲錢氏。

孫宮音。樂安郡。系出姬姓。衛武公子惠孫之孫。以祖字爲氏。世爲衛卿。又楚有孫氏。蔿姓之後。孫叔敖爲楚相。又齊有孫氏。陳姓之後。陳無宇子子占有功。賜姓孫氏。其後有孫武子。爲吳將。武子之裔。世居富春。漢末有孫權。爲吳帝。

武子之裔也。李 徵音。隴西郡。系出理氏。皐陶之後。代爲理官。子孫以官爲氏。有理利貞避紂居李樹下。改爲李氏。老子之祖也。其後李牧仕趙。李廣仕漢。唐祖李淵。廣之裔也。又晉有里克。衛有禮至。皆理氏之後。與李同源。周 角音。汝南郡。系出姬姓。周平王少子烈之後。以國爲氏。周有周任。戰國有周霄。吳 羽音。延陵郡。系出姬姓。武王封太伯弟仲雍曾孫於吳。其後子孫以國爲氏。戰國有吳起。漢有吳芮。世爲長沙王。鄭 徵音。滎陽郡。系出姬姓。周厲王少子友封於鄭。支子以國爲氏。孔子弟子有鄭國。秦有鄭安平。漢有鄭子眞。裔孫鄭露。避晉亂徙閩莆。興立學校。化行七閩。宋鄭樵鄭俠。

皆其後。王 商音。太原郡。系出姬姓。周靈王太子晉之後。周有王翦。齊有王蠋。秦將王翦子賁生離。離子元。居瑯琊郡。元弟威。居太原郡。又田齊之後。避難改爲王氏。又魏信陵君子孫改姓王氏。又殷王子比干後亦曰王氏。凡二十一望。惟太原瑯琊二郡最著。○籛音尖 鏗音坑 蒍音委

馮陳褚衛蔣沈韓楊

馮 宮音。始平郡。系出姬姓。文王子畢公高支子。食采於馮。子孫去邑爲馮氏。戰國有馮亭。漢有馮異。陳 徵音。潁川郡。虞舜之後胡公滿。封於陳。子孫以國爲氏。孔子弟子

陳亢。漢有陳寔。為太邱長。裔孫陳霸先。代齊有天下。國號陳。〔褚〕羽音。河南郡。系出子姓。宋共公子段食采於褚。號曰褚師。子孫因以為氏。漢有褚少孫。補史記。〔衛〕羽音。河東郡。系出姬姓。文王子康叔封。封於衛。其後以國為氏。漢有大將軍衛青。丞相衛綰〔蔣〕商音。樂安郡。系出姬姓。周公子伯齡。封於蔣。子孫以國為氏。漢有蔣詡。吳有蔣子文。蔣欽。〔沈〕宮音。吳興郡。系出姬姓。文王子聃季食采於沈。其後以邑為氏。楚有沈尹戌。子沈諸梁。為令尹。封於葉。號葉公。〔韓〕商音。南陽郡。系出姬姓。武王少子封於韓。晉滅之。封桓叔子萬於韓原。世為韓氏。至韓虔。分晉國為諸侯。漢有韓信。〔楊〕商音。弘農郡。系出姬姓。周宣王子尚父。封於楊。晉滅之。晉武公子伯僑。食采於羊舌。後爲羊舌氏。至叔向更封於楊。子孫爲楊氏。戰國有楊朱。漢有楊喜。封赤泉侯。孫楊敞爲丞相。後裔楊寶生震。震生秉。秉生賜。賜生彪。四世爲三公。隋文帝楊堅之遠祖也。又有揚氏。從手不從木。周有揚侯。失國後爲揚氏。漢有揚雄是也。○鄷音馮嬀音圭

朱秦尤許何呂施張

〔朱〕角音。沛郡。顓頊之後。周武王封曹挾於邾。其後子孫去邑爲朱氏。戰國有朱亥。漢有朱買臣。朱雲。〔秦〕徵音。天水郡。系出嬴姓。

伯益之後。有嬴非子仕周孝王。牧馬於汧渭。有功封附庸之國於秦。至孫秦仲。始列爲諸侯。支子以國爲氏。孔子弟子有秦祖。秦非。周有醫師秦緩字越人。〔尤〕徵音。吳興郡。系出沈氏。五代王審知稱閩王。國人姓沈者避審音。去水爲尤。宋有尚書尤袤。〔許〕羽音。高陽郡。系出姜姓。神農之裔。周武王封文叔於許。以主太岳之祀。其後以國爲氏。〔何〕角音。廬江郡。系出韓姓。韓王安爲秦所滅。其子孫避難。轉音爲何氏。漢有何休。何進。〔呂〕羽音。河東郡。系出姜姓。神農後伯夷仕堯掌禮。佐禹治水。封於呂。世主太岳祀。周有呂尚。封齊。秦有呂不韋。其妾有娠。獻莊襄王。而生始皇帝。〔施〕徵音。吳興郡。系出姬姓。魯惠公子施父之後。五代孫施伯。以高祖字為氏。孔子弟子施之常。[張]商音。清河郡。黃帝第五子青賜生揮。觀弧星始制弓矢。為弓正。主祀弧。遂為張氏。周有張仲。漢有張良。

孔曹嚴華金魏陶姜

[孔]角音。魯郡。系出子姓。武王封商微子於宋。至閔公捷生弗父何。何位孫嘉字孔父。孔父孫罼夷父。以祖字為孔氏。夷父子防叔。仕於魯國防叔孫叔梁紇生孔子。又衛有大夫孔文子圉。[曹]角音。譙郡。顓頊五世孫陸終。第五子安。大禹賜為曹姓。邾國黎

郎皆其後也。又姬姓。文王子曹叔振鐸封國於曹。其後以國爲氏。魯有曹劌。邾國之曹。世居譙郡。漢有曹參。後裔曹騰爲中常侍。養蝪夏侯氏之子嵩爲子。生操。爲漢相。子丕。代漢爲魏文帝。〔嚴〕宮音。天水郡。楚莊王庶孫。以王父謚爲氏。後避漢明帝諱。改莊爲嚴。凡漢書嚴青翟。嚴助。嚴遵。嚴光。皆生時姓莊。歿後史官改其姓爲嚴也。〔華〕角音。武陵郡。系出子姓。宋戴公孫督。食采於華。以邑爲氏。世爲宋卿。齊有華周。漢有華佗。華歆。〔金〕角音。彭城郡。少昊金天氏之後。又漢滅休屠國。以王子日磾。入侍大庭。後以功封侯。賜姓金氏。〔魏〕宮音。鉅鹿郡。系出畢公高裔孫畢萬。仕晉爲大夫。食采於魏。

世爲晉卿。至魏斯分晉爲諸侯。以國爲氏。秦有魏冉。漢有魏無知。魏相。〔陶〕徵音。濟陽郡。系出陶唐氏。唐堯始封於陶。支子因氏。周有陶荅子。漢有陶青。〔姜〕商音。天水郡。系出神農氏。神農生於姜水。因姓姜氏。黃帝時。神農氏子孫。世主太岳之祀。周武王封呂望於齊。以主太岳。復賜姓姜氏。漢有姜詩。姜維。○罼音亦圍音語顓音專項音旭戲音貴休屠音朽除日磾音密低

戚謝鄒喻　柏水竇章

〔戚〕商音。東海郡。衛大夫孫林父。食采於戚。支子以邑爲氏。漢有戚鰓。高祖戚夫人父。

封臨轅侯。【謝】商音。陳留郡。周宣王封舅申伯於謝。支子以地爲氏。晉有謝安。【鄒】商音。范陽郡。周曹挾封於邾。戰國時改國號鄒。支子以國爲氏。周有鄒衍。齊有鄒忌。漢有鄒陽。【喻】羽音。江夏郡。鄭之公族。漢蒼梧守諭猛。改姓喻氏。【柏】商音。魏郡。系出柏皇氏。上古有柏招。爲炎帝師。柏同。爲帝嚳師。封國於柏。漢有大鴻臚柏英。【水】宮音。吳興郡。系出姒姓。明鄞縣有水甦民。其先世以禹王庶孫。留居會稽。以水爲氏。科第甚蕃。又有水邱氏。覆姓。【竇】徵音。扶風郡。系出姒姓。夏帝相后有仍氏。遭寒浞之難。逃出自竇而生少康。少康次子龍留。居有仍。以竇爲氏。晉有竇鳴犢。漢有竇嬰。【章】商音。河間郡。

系出姜姓。齊太公支子。封於鄣。子孫去邑爲章氏。齊有章子。秦有章邯。

雲蘇潘葛奚范彭郎

〔雲〕徵音。瑯琊郡。系出雲陽氏。隋有雲定興。

〔蘇〕羽音。武功郡。顓頊裔孫陸終子樊。封於昆吾。世爲夏伯。支子封於蘇。蘇蘇公忿生。爲周司寇。戰國有蘇秦。漢有蘇武。

〔潘〕羽音。滎陽郡。周畢公高支子食采於潘。以邑爲氏。楚有潘崇。吳有潘璋。

〔葛〕商音。頓邱郡。系出嬴姓。顓頊之後。封於葛。其後以國爲氏。秦有葛嬰。晉有葛洪仙翁。

〔奚〕商音。譙郡。黃帝子禺陽封於任。裔孫仲爲夏車正。食采於奚。故曰奚仲。支子以邑爲氏。孔子弟子奚容箴。漢功臣奚涓。〔范〕宮音。高平郡。堯後劉累裔孫杜隰。仕晉爲士師。子蔿以官姓士氏。後食采於范。世爲晉卿。以邑爲氏。秦有范睢。楚有范增。〔彭〕宮音。隴西郡。系出籛氏。顓頊裔孫陸終氏第三子籛鏗。封於彭。是爲彭祖。歷唐虞夏商。壽八百歲。子孫世爲諸侯。即大彭氏。與豕韋氏。作商二伯。其後孟子弟子彭更。漢有彭越。封梁王。〔郎〕商音。中山郡。魯懿公孫費伯。城郎邑以居。子孫因氏焉。漢有郎顗。唐有郎士元。○箴音點

魯韋昌馬苗鳳花方

魯羽音。扶風郡。系出姬姓。周公元子魯公伯禽。封於魯。支子以國爲氏。戰國有魯仲連。漢有魯恭。韋羽音。京兆郡。系出豕韋氏。世爲夏商侯伯。子孫以國爲氏。漢有韋賢。韋元成。父子皆爲丞相。昌商音。汝南郡。系出有熊氏。黃帝子昌意。昌意子帝顓頊高陽氏。高陽支子。以王父字爲氏。漢有昌豨。馬羽音。扶風郡。系出趙姓。趙王子趙奢。封馬服君。子孫以爲氏。漢有馬援。苗羽音。東陽郡。楚令尹鬭椒之子賁皇。仕晉。食采於苗。因氏焉。漢有苗訢。唐有苗晉卿。相肅宗。鳳宮音。邰陽郡。系出蒙氏。南詔主。閣羅鳳之裔。唐南詔國君。姓蒙氏。尋羅閣生閣羅鳳。閣羅鳳生鳳迦異。鳳迦異生異牟尋。其長子。名重父下一字。其支子即以父名下一字爲姓。故閣羅鳳庶子即姓鳳氏。滇黔之人多有此姓。〔花〕宮音。東平郡。系出華氏。古無花字。通作華。後專用花爲花草之花故華姓亦有改爲花者。唐有花敬定。蜀大將。明有花雲。〔方〕商音。河南郡。系出方雷氏。周有方叔。爲宣王卿士。

俞任袁柳酆鮑史唐

〔俞〕角音。河間郡。黄帝臣俞伯名跗。注素問。周有俞伯牙。〔任〕宮音。東安郡。系出有熊氏。黄帝子禺陽封於有任。以國爲氏。文王妃太任。任國之女。魏有任座。秦有任囂。〔袁〕羽音。汝南郡。系出嬀姓。陳大夫莊伯轅孫濤塗。以祖字爲氏。後世去車爲袁。或作爰。實同出一源也。漢有袁盎。

柳　商音。河東郡。系出展氏。魯公子夷伯孫無駭子展獲。字禽。食邑柳下。後世以爲氏。戰國有柳莊。漢有柳隗。爲齊王相。

酆　宮音。京兆郡。系出姬姓。文王少子封於酆。其後有酆舒。相潞國。

鮑　宮音。上黨郡。系出姒姓。禹王之後有敬叔。仕齊食邑於鮑。後有鮑叔牙。

史　徵音。京兆郡。系出史皇氏。倉頡之後史佚。爲周太史。漢有史高。

唐　徵音。晉昌郡。系出陶唐氏。堯封堯子丹朱於唐。其後子孫以國爲氏。漢有東園公唐雎。四皓之一。

費廉岑薛雷賀倪湯

費羽音。江夏郡。系出嬴姓。伯益治水封於大費。裔孫昌仕商。以國爲氏。紂臣有費仲。魯有費伯。廉角音。河東郡。顓頊曾孫大廉之後。以祖字爲氏。趙有廉頗。岑宮音。南陽郡。系出姬姓。周武王封叔耀子渠於岑。子孫以國爲氏。後漢有岑彭。封武陽侯。薛徵音。河東郡。系出任姓。黃帝裔孫奚仲封於薛。歷夏商周。世爲諸侯。後世子孫以國爲氏。宋有薛居州。趙有薛公。雷商音。馮翊郡。系出黃帝子雷公之後。漢有雷義。晉有雷煥。賀商音。廣平郡。系出慶氏。齊公子慶父

之後。漢侍中慶純。避安帝父清河王諱。改
賀氏。晉有賀循。唐有賀知章。〔倪〕宫音。千乘
郡。周有黎郎附庸小國。後號小邾。子孫去
邑為兒氏。漢有兒寬。後加人為倪。〔湯〕商音。
中山郡。系出子姓。宋公子蕩意諸。後
去草為湯氏。晉有湯休。○費音秘

滕殷羅畢郝鄔安常

〔滕〕宫音。南陽郡。系出姬姓。武王封弟叔繡
於滕。其後以國為氏。戰國有滕更。漢有滕
嬰。〔殷〕宫音。汝南郡。系出子姓。商自盤庚遷
國。改號曰殷。其後以國為氏。晉有殷浩。唐
有殷開山。〔羅〕徵音。豫章郡。系出祝融氏。春

樂于時傅皮卞齊康

秋有羅國。子孫以國爲氏。晉有羅結。唐有羅藝。〔畢〕徵音。河南郡。系出姬姓。周文王子畢公高之後。以國爲氏。晉國有畢萬。晉朝有畢卓。〔郝〕徵音。太原郡。系出太昊氏。太昊弟郝省封於郝。漢有郝賢。晉有郝隆。〔鄔〕商音。太原郡。晉大夫鄔藏之後。孔子弟子有鄔單。〔安〕商音。武陵郡。系出有熊氏。昌意子安。居於西戎。是爲安息國。後魏時世子入侍。賜姓名安同。唐有安金藏。〔常〕商音。平原郡。黄帝相常先之後。漢有常惠。晉有常璩。明有開平忠武王常遇春。

樂角音。南陽郡。系出子姓。宋戴公子衍字樂父。其後以王父字爲氏。燕有樂毅。又有樂正。樂羊。皆覆姓。又藥姓出河內郡。漢有藥崧。于羽音。河內郡。系出姬姓。武王子封於邘。後世去邑爲于氏。漢有于定國。相宣帝。時徵音。隴西郡。宋大夫公子來。食采於時。齊有時子。漢有時苗。傅商音。清河郡。商有傅說。爲武丁相。漢有傅介子。皮羽音。天水郡。周卿士樊仲皮之後。以字爲氏。北齊有皮景和。唐有皮日休。卞羽音。濟陽郡。曹叔振鐸之後。仕魯爲卞邑大夫。有卞莊子。楚有卞和。東晉有卞壼。齊徵音。汝南郡。系出姜姓。太公封齊。其後以國爲氏。唐有齊映。齊抗。族兄弟同時爲相。康商音。京兆郡。

衛康叔之後。以謚爲
氏。漢有康衡。康穆。

伍余元卜顧孟平黄

伍羽音。安定郡。系出芊姓。楚公族有伍氏
伍舉伍奢世爲楚卿。伍員之祖與父也。余
商音。下邳郡。秦穆公伐西戎。獲其臣由余
以爲上卿。其後以王父字爲氏。宋有余靖。
余玠。元商音。河南郡。衛大夫元咺之後。又
出北魏拓拔氏。孝文帝改姓元氏。唐有元
稹。卜羽音。西河郡。周有太卜之官。其後以
官爲氏。晉有卜偃。孔子弟子卜商。漢有卜
式。顧羽音。武陵郡。夏有顧國。後以爲氏。吴

有顧雍。晉有顧愷之。〔孟〕羽音。平陸郡。系出姬姓。魯桓公子慶父。世爲卿。號孟孫氏。孟子其裔也。漢有孟敏。孟嘗。〔平〕商音。河内郡。韓哀侯少子婼。食采於平。後以邑爲氏。漢有丞相平當。〔黄〕商音。江夏郡。顓帝曾孫陸終之後封於黄。子孫以國爲氏。楚有春申君黄歇。漢有丞相黄霸。孝子黄香。○咺諠上聲婼音綽

和穆蕭尹姚邵湛汪

〔和〕商音。汝南郡。堯臣和仲後。以官爲氏。北齊有和士開。五代有和凝。〔穆〕羽音。河南郡。系出子姓。宋穆公支孫。以謚爲氏。漢有穆

生。蕭角音。蘭陵郡。系出子姓。微子支孫封於蕭。爲宋附庸。子孫以國爲氏。漢有丞相蕭何。裔孫道成爲南齊高帝。傳七世。道成族孫衍。受齊禪。爲梁武帝。傳四世。尹徵音。天水郡。系出少昊裔孫尹壽。爲帝堯師。周有尹吉甫。老子弟子尹喜。漢有尹賞。姚商音。吳興郡。系出有虞氏。瞽瞍生舜於姚墟。故姓姚氏。帝堯降二女於舜。賜姓嬀氏。禹封商均於虞城。武王封虞舜之後胡公滿爲陳國。皆以國爲氏。又胡公支子姓胡氏。陳敬仲奔齊。子孫姓田氏。田齊失國。居元城。又姓王氏。凡七姓。皆舜之後。邵商音。博陵郡。系出姬姓。名康公。封於燕。其次子世爲畿內諸侯。作王卿士。號曰召公。因爲召氏。後世子孫。增邑爲郃氏。秦有郃平。漢有召信臣。同出一祖。【湛】商音。豫章郡。系出姒姓。夏同姓諸侯斟灌氏。其後子孫去斗去灌。合二字爲湛氏。漢有湛重。明有湛若水。【汪】商音。平陽郡。汪芒氏之後。又魯桓公庶子滿。食采於汪。因邑爲氏。魯有汪錡。唐有汪華封越公。世居於歙。○嬀音規

祁毛禹狄米貝明臧 具

【祁】徵音。太原郡。帝堯伊祁之後。晉有祁彌明。祁奚。【毛】羽音。西河郡。系出姬姓。文王子毛伯之後。世爲周卿士。因國爲氏。趙有毛公。漢有毛萇。【禹】羽音。隴西郡。系出妘姓。雲

夢之間有鄖國爲楚附庸後去邑爲氏【狄】徵音天水郡系出姬姓周康王封弟孝伯於狄城其後以地爲氏唐有狄仁傑宋有狄青【米】徵音京兆郡系出西域米國漢有米楷宋有米芾【貝】宮音清河郡系出姬氏召康公支子食采於鉅野之浿水後爲郥國子孫去邑爲貝氏漢有貝瑗【明】宮音吳興郡系出譙明氏其後明由爲燧人相南齊有明僧紹唐有明崇儼元有明玉珍【臧】商音東海郡系出姬姓魯孝公子彄食采於臧其後僖伯哀伯文仲武仲世爲魯卿漢有臧宮臧洪○妘音云鄖音禹芾音費彄口

平聲

計伏成戴談宋茅龐

計商音。京兆郡。系出姒姓。越大夫計倪。計然。越之公族也。伏商音。太原郡。系出風姓。伏羲子孫。因號爲氏。漢有伏勝。伏湛。成商音。上谷郡。系出姬姓。文王子郕叔武之後。去邑爲成氏。齊有成覸。戴徵音。譙郡。系出子姓。宋戴公支孫。以謚爲氏。宋有戴盈之。戴不勝。漢有戴德。戴聖。談徵音。廣平郡。系出籍氏。周大夫籍談之後。避項籍諱。爲談氏。宋宮音。京兆郡。系出子姓。周武王封紂庶兄微子啟於宋。後世子孫。以國爲氏。楚有宋玉。宋義。漢有宋昌。茅商音。東海郡。系出姬姓。周公支子封於茅。其後以國爲氏。秦有茅焦。〔龎〕宮音。始平郡。系出高陽氏。高陽才子龎降之後。魏有龎涓。漢有龎德公。○郕音成

熊紀舒屈項祝董梁

〔熊〕宮音。江陵郡。系出高陽氏。顓頊孫陸終第六子季連爲芊姓。子附敘封於熊。後有鬻熊。爲文王師。武王封其曾孫熊繹於楚。至熊渠僭稱王。更姓芊氏。漢有熊喬。熊尚。〔紀〕徵音。平陽郡。姜姓。四岳之後。封國於紀。後以國爲氏。楚有紀昌。漢有紀信。〔舒〕徵音。京兆郡。顓頊之後。封於舒。後以國爲氏。唐

有舒元輿。〔屈〕宮音。臨淮郡。系出芊姓。楚武王子瑕封於屈。後以爲氏。楚有屈原。又有屈突。覆姓也。〔項〕商音。遼西郡。系出芊姓。楚公子燕。封項城。姓項氏。又姬姓。齊桓公滅項。子孫以國爲氏。楚有項羽。〔祝〕商音。太原郡。系出有熊氏。周武王封黃帝之後於祝。後以國爲氏。衛有祝鮀。鄭有祝聃。〔董〕角音。隴西郡。系出有熊氏。黃帝孫飂叔安子董父之後。晉有董狐。漢有董仲舒。〔梁〕商音。安定郡。顓頊之後。封於梁。後以國爲氏。漢有梁松。又梁卯。覆姓也。○聃音耽飂音留

杜阮藍閔席季麻强

杜商音。京兆郡。帝堯之後。封於唐。周滅之。處其族於唐杜之間。居杜者姓杜氏。周有杜伯。晉有杜原款。漢有杜延年。阮角音。陳留郡。商有阮國。後以國爲氏。魏有阮籍。藍徵音。汝南郡。系出芊姓。楚公子亹封於藍。謂之藍尹。後以邑爲氏。閔宮音。隴西郡。系出姬姓。魯公族閔馬父封於閔鄉。因以爲氏。後有閔子騫。席商音。安定郡。系出籍氏。周大夫籍談。後世避項籍名。改姓席氏。談氏。季徵音。渤海郡。系出姬姓。魯桓公子季友之後。又隨國大夫季梁。漢有季布。麻商音。上谷郡。系出熊姓。楚公族熊嬰奔齊。更姓麻氏。隋有麻叔謀。强商音。天水郡。系出姜姓。齊大夫公孫彊之後。彊與强相近。後

以爲氏。鄭有大夫强
鉏。○亹音尾鉏音徂

賈路婁危江童顔郭

賈商音。武威郡。系出姬姓。唐叔虞少子封
於賈。後以爲氏。晉有賈華。漢有賈誼。賈復。
路商音。内黄郡。系出高辛氏。封於路。其後
以國爲氏。漢有路博德。婁商音。譙郡。系出
姒姓。杞東樓公後。去木爲婁。漢有婁敬。唐
有婁師德。危宮音。汝南郡。系出三危氏。唐
有危仔昌。後賜姓元氏。江商音。濟陽郡。系
出嬴姓。國於江漢之間。支子以國爲氏。漢
有江革。童宮音。雁門郡。系出胥氏。晉大夫

胥童。後以王父字爲氏。漢有童恢。顏商音。
魯郡。系出姬姓。魯公伯禽少子顏之後。
以字爲氏。有顏路。顏淵。郭商音。太原郡。系
出姬姓。武王封王季次子號仲於東號。號
叔爲西號。號曰二號。後號叔之國改號郭。
支子以國爲氏。漢有郭解。郭泰。唐有郭子
儀。五代有郭威。爲周太祖。

梅盛林刁鍾徐邱駱

梅羽音。汝南郡。系出子姓。殷王太丁封弟
於梅。是爲梅伯。後以國爲氏。漢有梅鋗。梅
福。盛羽音。汝南郡。系出姬姓。召公奭支孫
封於盛。爲燕附庸。姓奭氏。後避漢元帝諱。

更以國爲臧氏。林宮音。西河郡。系出子姓。王子比干子堅。避亂居長林山。因姓林氏。魯有林放。孔子弟子。刁徵音。弘農郡。系出姬姓。文王同姓有雕國。後更爲刁氏。齊有豎刁。晉有刁協。鍾角音。潁川郡。系出芊氏。楚公族鍾建封於鍾吾。其後爲鍾吾氏。或爲鍾氏。楚有鍾儀。鍾期。魏有鍾繇。徐商音。東海郡。系出嬴姓。伯益子若木。生調。封於徐。歷夏商周爲諸侯。後以國爲氏。漢有徐穉。吳有徐盛。邱宮音。河南郡。系出姜姓。太公封於營邱。支子以地爲邱氏。又有閭邱梁邱。俱覆姓也。駱商音。內黃郡。系出嬴姓。非子父大駱。大駱長子成世居大邱。國號大駱。厲王時滅於西戎。餘子以國爲氏。唐

有駱賓王。○按原本邱字不
從邑近以孔子聖諱增之

高夏蔡田樊胡淩霍

〔高〕角音。渤海郡。系出姜姓。齊文公子子高
後以字爲氏。高傒世爲齊卿。孔子弟子高
柴。漢有高鳳。〔夏〕羽音。會稽郡。系出姒姓。夏
后氏子孫以國爲氏。又陳公子夏徵舒。秦
有夏無且。〔蔡〕徵音。濟陽郡。系出姬姓。文王
子叔度封蔡。後以國爲氏。晋有蔡墨。秦有
蔡澤。漢有丞相蔡義。〔田〕徵音。鴈門郡。系出
陳氏。陳桓公子完。仕齊爲卿。姓陳氏。至陳
恒更姓田氏。孫田和代有齊國。漢有田延

年。〔樊〕商音。上黨郡。系出仲氏。仲山甫封樊
侯。以國爲氏。孔子弟子樊遲。漢有樊噲。〔胡〕
羽音。安定郡。系出嬀姓。陳胡公滿支子。以
謚爲氏。齊有胡齕。漢有胡廣。〔凌〕徵音。河間
郡。系出姬姓。衛公子仕于周。爲凌人。以官
爲氏。吳有凌統。〔霍〕羽音。太原郡。系出姬姓。
文王子霍叔之後。以
國爲氏。漢有霍光。

虞萬支柯昝管盧莫

〔虞〕商音。陳留郡。系出嬀姓。舜後封虞。以國
爲氏。又姬姓。太伯弟虞仲雍之後。魏有虞
邱子。漢有虞詡。〔萬〕商音。扶風郡。畢萬之後。

經房裘繆干解應宗

孟子弟子萬章。〔支〕徵音。邰陽郡。漢宣帝時郅支單于世子入侍。其裔留於京師。遂姓支氏。漢有支雄。晉有支遁。〔柯〕商音。濟陽郡。系出姬姓。吴王柯盧之後。〔昝〕徵音。太原郡。系出咎氏。商相咎單之後。咎。古音高。又音灾。咎之咎。故增一畫爲昝氏。〔管〕徵音。晉昌郡。系出姬姓。文王第三子管叔鮮。後齊有管仲。漢有管寧。〔盧〕商音。范陽郡。系出姜姓。齊文公子高之孫。食采於盧。因氏焉。漢有盧綰。〔莫〕商音。鉅鹿郡。系出高陽氏。封於鄚。子孫去邑爲氏。漢有莫藏用。○鄚音莫經徵音。滎陽郡。系出京氏。鄭公子京叔段之後。有京氏。漢京房子孫。避仇改經氏。房商音。清河郡。系出陶唐氏。舜封丹朱於房陵。國號唐。又封支子於房竹。其後以國爲氏。漢有房植。唐有房元齡。裘角音。渤海郡。衛大夫食采於裘。後以邑爲氏。漢有裘仲友。繆羽音。蘭陵郡。系出嬴氏。秦繆公之後。以謚爲氏。漢有繆肜。干徵音。潁川郡。系出子姓。宋大夫干犨之後。晋有干寶。又段干氏。支子亦爲干氏。解商音。平陽郡。唐叔虞子良。食采於解。因氏焉。後有解揚。應宮音。汝南郡。系出姬姓。武王第四子封於應。其後以國爲氏。漢有應劭。宗宮音。京兆郡。周大夫宗伯之後。以官爲氏。漢有宗資。○犨

音抽應
平聲

丁宣賁鄧郁單杭洪

丁徵音。濟陽郡。系出姜姓。齊太公子丁公之後。以謚爲氏。漢有丁公。丁固。宣徵音。始平郡。系出姬姓。魯大夫宣伯之後。以謚爲氏。漢有宣秉。賁徵音。宣城郡。系出苗氏。晉大夫苗賁皇之後。以祖字爲氏。鄧徵音。南陽郡。商武丁封叔曼季於鄧。後以國爲氏。漢有鄧彭祖。鄧禹。郁宮音。黎陽郡。魯相郁黃之後。單徵音。南安郡。系出姬姓。周成王封少子臻於單。爲畿內諸侯。世相王室。號單伯。杭商音。餘杭郡。系出姒姓。禹王治水。所餘舟航。以支子統之。因封國爲餘航。其後去舟加木爲杭氏。洪角音。豫章郡。舊傳共工之後。避仇改爲洪。又云衛大夫弘演之後。至唐始避高宗子弘之諱爲洪氏。三國有洪矩。宋有洪皓。

包諸左石崔吉鈕龔

包羽音。上黨郡。楚大夫申包胥後。以祖字爲氏。漢有包咸。諸徵音。瑯琊郡。系出姒姓。越國之裔。閩粵王無諸之後。因祖字爲氏。左商音。濟陽郡。系出熊氏。鬻熊之後倚相。爲楚威王左史。後爲左氏。魯有左邱明。漢有左雄。晉有左思。〔石〕徵音。武威郡。系出姬姓。衛公族大夫石碏之後。漢有石建。〔崔〕角音。博陵郡。系出姜姓。齊丁公子居崔。因氏焉。後有崔杼。漢有崔寔。魏有崔浩。〔吉〕徵音。馮翊郡。周尹吉甫之後。以王父字爲氏。漢有吉平。〔鈕〕宫音。吴興郡。世系未詳。晉有鈕滔。〔龔〕羽音。武陵郡。系出共工氏。黄帝臣共工司水上。子句龍繼其職。其後爲龔氏。漢有龔遂。○

碏音鵲

程嵇邢滑裴陸榮翁、

〔程〕商音。安定郡。系出高陽氏。顓頊孫重黎。

爲堯南正司火之官。世封程伯。周有程伯休父。晉有程嬰。嵇商音。譙郡。夏少康封子於會稽。遂爲稽氏。漢初徙譙。改爲嵇氏。晉有嵇康。邢商音。河間郡。系出姬姓。周公第四子封於邢。以國爲氏。齊有邢子才。滑商音。下邳郡。系出姬姓。滑國之後。漢有滑興。裴商音。河東郡。系出嬴姓。伯益之裔蜚廉之後。封於蜚邑。後嗣裴陵。去邑从衣爲裴氏。漢有裴潛。宋有裴松之。陸角音。河南郡。齊宣王封少子季達於平陸。即古陸終氏之墟。其後以陸爲氏。漢有陸賈。晉有陸機陸雲。榮商音。上谷郡。周文王臣榮公之後。孔子弟子有榮旂。魯有榮啟期。翁商音。錢塘郡。周昭王庶子食翁山。因氏焉。漢有翁

若。翁伯。〇
[illegible]音裴

荀羊於惠甄麴家封

荀徵音。河內郡。系出姬姓。文王子郇伯之
後。去邑加草。爲荀氏。晉荀寅世爲卿。周有
荀卿。漢有荀淑。羊商音。京兆郡。系出祁氏。
晉大夫祁盈之後。封於羊舌。其嗣去舌爲
羊氏。漢有羊仲。晉有羊祜。於羽音。京兆郡。
系出有熊氏黃帝孫。封於商於。其後爲於
氏。惠商音。扶風郡。系出姬姓。周惠王之後。
有周大夫惠施。甄徵音。中山郡。系出庭堅
氏。皋陶少子仲甄。仕夏。封於鄄。後以王父

字爲氏。漢有甄邯。【麴】宮音。汝南郡。系出周官麴氏。以官爲氏。漢有麴義。【家】角音。京兆郡。系出姬姓。周孝王子家父之後。世爲周卿。姓家氏。宋有家鉉翁。【封】宮音。渤海郡。系出姜姓。炎帝裔孫封鉅。爲黃帝師。後爲封氏。漢有封茇。唐有封倫。○郇音荀。鄄音堅

芮羿儲靳、汲邴糜松、

【芮】徵音。平原郡。周司徒芮伯之後。有芮良夫。【羿】羽音。齊郡。系出有窮后羿之裔。【儲】羽音。河東郡。齊儲子之後。【靳】徵音。西河郡。系出芊姓。楚公族大夫靳尚之後。漢有靳歙。【汲】羽音。清河郡。系出姬姓。衛宣公太子汲

之後。姓汲氏。漢有汲黯。[邴]商音。平陽郡。晉
大夫食采於邴。因氏焉。漢有邴原。[糜]宮音。
汝南郡。夏同姓。諸侯有糜氏之後。漢有糜
竺。[松]宮音。東莞郡。世系未詳。隋有松贇。

井段富巫、烏焦巴弓

[井]徵音。扶風郡。虞大夫井伯之後。以字爲
氏。晉滅虞。以井奚入秦。秦穆公以爲大夫
封邑於百里。號百里奚。支子爲井氏。[段]徵
音。京兆郡。系出李氏。老子孫李宗仕晉。食
邑於段干。世爲段干氏。魏有段干木。子孫
爲段氏。又爲干氏。晉有段匹磾。唐有段文
昌。[富]羽音。齊郡。系出姬姓。周同姓大夫富

父。後有富辰。世爲周卿。宋有富弼。〔巫〕宫音。平陽郡。系出高辛氏。高辛支子巫人封於巫。姓巫氏。商巫咸。巫賢。父子爲相。〔烏〕商音。潁川郡。系出金天氏。少昊以鳥名官。有烏鳥氏。主山陵。其後爲烏氏。周有烏獲。唐有烏承玼。〔焦〕角音。中山郡。系出神農氏。周武王封神農之後於焦。後以國爲氏。漢有焦先。〔巴〕徵音。高平郡。系出姬姓。楚附庸國。後爲巴氏。〔弓〕羽音。太原郡。魯大夫叔弓之後。以王父字爲氏。漢有光祿勳弓阯。

牧隗山谷車侯宓蓬

〔牧〕商音。弘農郡。黃帝相力牧之後。以字爲氏。周有牧仲。牧皮。**隗**宫音。餘杭郡。系出夏后氏。商封桀后於隗國。其后白翟。赤狄。皆隗姓也。漢有隗囂。**山**商音。河南郡。系出列山氏。周山師掌山林之官。以官爲氏。晋有山濤。**谷**羽音。上谷郡。系出夾谷氏。齊公子子尾孫。封於炊谷。後姓谷氏。漢有谷永。又有谷那。覆姓也。**車**角音。京兆郡。系出子車氏。秦公族。子車仲行之後。爲車氏。又漢丞相田千秋。乘車入朝。人號車丞相。因氏焉。**侯**角音。上谷郡。系出史皇氏。倉帝史皇姓侯。名剛。字頡。後爲侯氏。魏有侯嬴。漢有侯霸。**宓**角音。平昌郡。系出太昊氏。伏羲字古作宓犧。宓與伏。古同音。孔子弟子宓子賤。**蓬**宫音。長樂郡。周封支子於蓬州。因以爲

氏。漢有
蓬球。

全郗班仰秋仲伊宮

〔全〕商音。京兆郡。系出泉氏。周官泉府掌錢。後改全氏。吳有全琮。〔郗〕角音。山陽郡。系出已姓。少昊之後封於郗。晉有郗詵。郗鑒。〔班〕商音。扶風郡。系出鬭氏。楚公族鬭穀於菟之後。令尹子文。少棄於野。有虎乳之。楚人謂虎爲於菟。謂乳爲穀。故名穀於菟。字子文。文者虎之斑。後姓斑。又姓班氏。漢有班彪。長子固。次超。〔仰〕宮音。汝南郡。系出嬴姓。秦惠文王子公子卬之後。卬古仰字。子孫

甯仇欒暴甘鈄厲戎

以祖字。增人爲仰氏。唐有仰仁詮。〔秋〕商音。天水郡。系出姬姓。魯大夫仲孫湫之孫。有名胡者。仕於陳。以祖字。去水爲秋氏。〔仲〕宮音。中山郡。系出任氏。湯左相仲虺之後。周有樊侯仲山甫。魯仲孫支子。亦姓仲氏。孔子弟子仲由。〔伊〕宮音。陳留郡。系出陶唐氏。莘生於伊水。故姓伊。伊祁氏。其後支子爲伊氏。商有伊尹。伊摯。漢有伊籍。〔宮〕宮音。太原郡。系出姬氏。魯孟僖子之子韜。食邑南宮。即孔子弟子南宮适。其後支子爲宮氏。又虞仲支子封於上宮。其後有宮之奇。

甯徵音。齊郡。系出姬姓。衛武公子季亹。食
采於甯。世爲衛卿。後有甯俞。仇宮音。平陽
郡。系出仇吾氏。夏諸侯。在商爲九國。紂殺
九侯。其後爲仇氏。宋有仇牧。漢有仇香。欒
徵音。西河郡。系出姬姓。晉靖侯孫賓封於
欒。世爲晉卿。漢有欒布。欒巴。暴商音。魏郡。
系出姬姓。周公族有暴公。世爲王卿。其後。
姓暴氏。漢有暴勝。甘宮音。渤海郡。夏有甘
國。其後甘盤爲武丁師。又周惠王弟叔帶
封於甘。後以爲氏。秦有甘羅。漢有甘延壽。
鈄宮音。遼西郡。系出姜姓。田和篡齊。遷康
公於海上。穴居野食。以鈄爲釜。支子別姓
鈄氏。鈄音偷上聲。厲角音。南陽郡。系出姜
姓。齊厲公之後。戎羽音。江陵郡。周有戎國

姜姓。又山戎允姓。共後俱爲戎氏。唐有戎昱。

祖武符劉景詹束龍

〔祖〕羽音。范陽郡。系出任姓。奚仲之後。別姓祖氏。祖己。祖伊。皆商相。晉有祖逖。〔武〕羽音。太原郡。系出姬姓。周平王少子。有文在手曰武。遂賜武氏。世爲周卿。秦有武涉。唐有武士彠。武后之父也。〔符〕羽音。瑯琊郡。系出姬姓。魯頃公孫。掌秦符璽。以官爲氏。漢有符融。又氐王蒲洪。改孫堅姓爲符氏。从草不从竹。號後秦。別一族也。〔劉〕宮音。彭城郡。系出陶唐氏。堯後有劉累。至周爲唐杜氏杜隰仕晉爲士師。又爲士氏。士氏之後。復姓劉氏。又周定王母弟劉康公之後。亦爲劉氏。漢高祖。乃士會之後也。〔景〕角音。晉陽郡。系出芊姓。楚公族關蔿。昭。屈。莊。景。皆芊姓之後。有景差。景丑。〔詹〕羽音。河間郡。系出姬氏。周宣王支子封於詹。世爲周大夫。楚有詹尹。〔束〕羽音。南陽郡。系出田氏。齊之疎族。自爲疎氏。漢有疎廣。廣之裔又去足別爲束氏。晉有束皙。〔龍〕羽音。武陵郡。黃帝孫飂叔安子董父。好畜龍。爲豢龍氏。其後以官爲氏。項羽將有龍且。○䕶音穫蔿音委

葉幸司韶、郜黎薊薄

印宿白懷蒲邰從鄂

〔葉〕羽音。南陽郡。系出沈氏。楚沈諸梁封於葉。號葉公。子孫以邑爲氏。〔辛〕宮音。鴈門郡。世系未詳。晋有辛靈。〔司〕宮音。頓邱郡。鄭司臣之後。宋有司超。明有司韜。〔韶〕宮音。太原郡。系出有虞氏。舜之樂官。後以爲氏。〔郜〕角音。京兆郡。系出姬姓。文王子封於郜。後以國爲氏。〔黎〕徵音。京兆郡。系出高陽氏顓頊孫北正黎之後。封黎陽爲黎國。子孫以國爲氏。又有黎邱氏。〔薊〕宮音。内黄郡。系出有熊氏。周封黄帝之後於薊。以國爲氏。〔薄〕宮音。鴈門郡。系出古薄姑氏。漢有薄昭。

印角音。馮翊郡。系出姬姓。鄭穆公子印段之後。爲印氏。宿徵音。東平郡。系出風姓宿國之後。以國爲氏。白商音。南陽郡。系出嬴姓。秦文公子白之後。有白乙丙。又楚平王孫勝封白公。後亦有白氏。唐有白居易。懷角音。河内郡。無懷氏之後。又系出姬姓。唐叔虞。初食采於懷。後封晉國。支子別姓懷氏。蒲角音。河東郡。系出有虞氏。夏封舜後於州蒲。後以爲氏。晉有蒲洪。別一族。邰商音。平盧郡。堯封后稷於邰。其後居邰號周。支子以舊國爲氏。從角音。東莞郡。系出姬姓。周平王封少子精英爲樅侯。後爲樅姓。漢有樅公。子孫改從氏。鄂商音。武昌郡。系出姬姓。晉侯光居於鄂。號鄂后。子孫以爲

氏。又楚子熊紅僭
稱鄂王。後爲鄂氏。

索咸籍賴卓藺屠蒙

【索】商音。武威郡。系出子姓。殷之公族也。世居於魯。晉有索靖。【咸】徵音。汝南郡。系出高陽氏。高辛臣咸邱黑之後。後姓咸氏。【籍】商音。廣平郡。系出伯氏。晉大夫世司典籍。以官爲氏。後有籍談。【賴】宫音。潁川郡。系出姜姓。周有賴國。後以國爲氏。漢有賴宣。【卓】徵音。西河郡。系出芉姓。楚威王子公子卓後。漢有卓茂。【藺】商音。中山郡。晉韓厥支孫康封於藺。以邑爲氏。趙有藺相如。【屠】宫音。陳

菑郡。系出子姓。商有鄘國。去邑爲氏。晉公族。又有屠岸氏。蒙宮音。安定郡。系出東蒙氏。秦有蒙恬。世爲上將。○鄘音屠

池喬陰鬱胥能蒼雙

池徵音。西河郡。系出嬴姓。秦司馬公子池之後。漢有池仲魚。喬角音。梁郡。系出有熊氏。黃帝葬於橋山。支子守陵者爲橋氏。漢有橋元。後去木爲喬氏。唐有喬知之。陰宮音。始興郡。系出陶唐氏。唐有陰國。後以國爲氏。漢有陰子方。鬱宮音。太原郡。系出鬱林氏。楚伐鬱林。遷其民於郢。爲鬱氏。胥羽

音。瑯琊郡。系出華胥氏。晉有胥臣。〔能〕商音。
太原郡。系出熊姓。熊繹子摯封於夔。支子
別姓能氏。能音奈。〔蒼〕商音。武陵郡。系出史
皇氏。蒼帝之後。爲蒼氏。〔雙〕宮音。天水郡。顓
頊之後。封於雙蒙城。
因以命氏。晉有雙漸。

聞莘党翟，譚貢勞逄

〔聞〕宮音。吳興郡。系出聞人氏。改聞氏。〔莘〕徵
音。天水郡。系出高辛氏。夏啟封帝摯之後
於有莘。後以國爲氏。〔党〕商音。馮翊郡。夏后
氏之後。支裔世居党項。遂姓党氏。宋有党
進。〔翟〕徵音。南陽郡。黃帝之後。居於翟。以地

爲氏。漢有翟方進。〔譚〕角音。齊郡。系出嬴姓。顓頊之後。周有譚國。後以爲氏。〔貢〕宮音。廣平郡。系出端木氏。孔子弟子子貢之後。因財避亂。以祖字爲氏。漢有貢禹。〔勞〕徵音。武陽郡。東海勞山之民。至漢始通中國。賜姓勞氏。〔逄〕宮音。譙郡。系出姜姓。炎帝孫逄伯陵始封於齊地。爲逄國。武王滅之。以封太公。逄伯之後。以國爲氏。漢有逄萌。逄从丰音龐。不音馮。音馮者。从丰。爲相逢之逢。

姬申扶堵冉宰酈雍

〔姬〕徵音。南陽郡。系出有熊氏。黃帝之先姓公孫。生於姬水。故姓姬氏。高辛氏立。以長子后稷繼黃帝之後賜姓姬氏。爲周始祖。漢有姬嘉。周公之裔。封周子南君。〔申〕商音。瑯琊郡。系出姜姓。太岳之後。封於申。以國爲氏。周有申不害。漢有申公。〔扶〕羽音。京兆郡。系出巫氏。漢有巫嘉。事高祖。善禱祀。所求輒應。帝以嘉能感台神祇。扶翊漢室。賜姓扶氏。〔堵〕羽音。河東郡。系出姬姓。鄭大夫堵叔師之後。爲堵氏。楚堵敖之後。亦有堵氏。〔冉〕宫音。武陵郡。系出姬姓。文王少子冉季載。封於冉。後世去邑爲冉氏。孔子弟子冉雍。冉耕。冉有。〔宰〕徵音。西河郡。系出姬姓。周大夫宰孔之後。以官爲氏。孔子弟子宰我。〔酈〕徵音。新蔡郡。系出姜姓。古國名。以國爲氏。漢有酈食其。魏有酈道元。〔雍〕角音。京兆郡。系出姞姓。雍糾仕鄭。封於雍。以邑爲氏。齊有雍巫。漢有雍齒。封什邡侯。○酈食其音歷異。

基姞音吉

郤璩桑桂濮牛壽通

（郤）商音。濟陰郡。系出姬氏。晉大夫郤獻子之後。本封於郤。遂以爲氏。世爲晉卿。漢有郤正。郤音隙。與郄字通。（璩）羽音。豫章郡。世系未詳。唐有璩瑗。宋有璩重。（桑）商音。黎陽郡。系出嬴姓。秦大夫公孫枝字子桑。後以字爲氏。晉有桑欽。（桂）羽音。天水郡。系出炅氏。漢城陽炅橫四子避難。一子居幽州。改姓桂氏。〔濮〕商音。魯郡。系出陸終氏。陸終之後。別居於濮。姓濮氏。〔牛〕宮音。隴西郡。宋微子之後。司寇牛文。以字爲氏。晋有牛金。唐有牛僧孺。〔壽〕商音。京兆郡。系出姬姓。吳王壽夢之後。漢有壽良。〔通〕商音。西河郡。系出姬姓。巴國之裔。邑於通江。因姓通氏。又有轍氏。避漢武諱。改通氏。

邊扈燕冀郟浦尚農

〔邊〕徵音。隴西郡。系出子姓。商有邊國。周大夫邊伯。其後也。漢有邊韶。〔扈〕羽音。京兆郡。系出有扈氏。夏有扈國。以國爲氏。吳有扈稽。〔燕〕羽音。范陽郡。系出姬姓。召公封於燕。

支子以國爲氏。隋有燕榮。〔冀〕角音。渤海郡。晉郤芮之子缺。封於冀。支子以邑爲氏。〔鄭〕徵音。武陵郡。系出姬姓。文王定鼎於郟鄏。支子以地爲氏。〔浦〕羽音。京兆郡。晉大夫浦躒之後。〔尚〕商音。上黨郡。系出姜姓。周太師尚父之後。或又與向氏相混。秦有尚平。亦曰向平。〔農〕宮音。雁門郡。系出神農氏。○鄖音向

温別莊晏柴瞿閻充

〔温〕商音。平原郡。系出姬姓。周畿内諸侯。以國爲氏。晉有温嶠。〔別〕徵音。京兆郡。世系未詳。古諸侯卿大夫長子。世爲宗子。宗子之

次子。世爲小宗。小宗之次子。爲別子。不敢姓祖父之姓。而別爲一族之祖。以祖父之官爵字謚。別爲姓氏。凡別氏之義。但不知其所出耳。〔莊〕徵音。天水郡。系出芈姓。楚莊王之裔。以謚爲氏。後有莊周莊蹻。齊有莊賈。〔晏〕宮音。齊郡。系出陸終氏。陸終子晏安之後。高國鮑晏四姓。世爲齊卿。齊有晏嬰。〔柴〕商音。平陽郡。系出姜姓。齊之公族。孔子弟子有柴高。漢有柴武。〔瞿〕徵音。松陽郡。系出子姓。商大夫瞿父之後。漢有瞿茂。〔閻〕宮音。太原郡。系出姬姓。太伯曾孫仲奕封於閻鄉。以邑爲氏。漢有閻未央。〔充〕宮音。太原郡。系出姜姓。齊公族大夫充閭之後。齊有充虞。孟子弟子。

慕連茹習宦艾魚容

慕商音。燉煌郡。系出慕容氏。慕容廆公族。有慕輿根。別爲慕氏。連徵音。上黨郡。系出姜姓。齊公族大夫連稱之後。茹羽音。河内郡。系出如氏。魏有如姬。漢有如淳。其後加草爲茹氏。南齊有茹法珍。習商音。東陽郡。系出西梁氏。西梁州有管爨節脂宕竺髳習。皆巴蜀之民也。又漢息夫躬之後。改爲習氏。晉有習鑿齒。宦商音。東陽郡。世系未詳。艾商音。天水郡。系出夏后氏。少康臣女艾之後。田齊有艾子。封於艾山。亦姓艾氏魚羽音。鴈門郡。系出子姓。宋司馬子魚之

後。以王父字爲氏。唐有魚朝恩。〔容〕宮音。燉煌郡。系出大容氏。黃帝臣容援作鍾。容成作樂。○箬音謫笷音窮宕音蕩髩音謀

向古易慎戈廖庾終

〔向〕宮音。河南郡。系出子姓。宋桓公後。食采於向。遂爲向氏。世爲宋卿。向魋又稱桓氏。弟向犂字牛。又別姓司馬氏。孔子弟子。又姜姓之國。以國爲氏。向本音尚。訛音作曩

〔古〕羽音。新安郡。系出古皇氏之後。魏有古弼。

〔易〕徵音。太原郡。系出雍氏。齊嬖臣雍巫。字牙。食采於易。故稱易牙。後爲易氏。

〔慎〕徵

音。天水郡。系出芊姓。白公勝之後。封於慎。爲慎氏。曾有慎子。宋孝宗諱慎。慎德秀改爲眞氏。〔戈〕宮音。臨海郡。系出古寒國。伯明子浞篡夏。封子豷於戈。後爲戈氏。〔廖〕角音。汝南郡。系出有熊氏。黃帝孫。飂叔安之裔。飂古廖字。後爲廖氏。漢有廖化。〔庾〕羽音。濟陽郡。周有司倉庾庾廩之官。世司其職。遂以倉氏庫氏廩氏庾氏爲姓。衛有庾公之斯。晉有庾亮。〔終〕徵音。南陽郡。系出陸終氏。陸終支孫。別爲終氏。漢有終軍。〇浞音觸

豷音戲

曁居衡步都耿滿弘

暨宮音。渤海郡。越大夫諸暨郢之後。漢有
暨豔。居宮音。渤海郡。晉公族大夫先且居
之後。以祖字爲氏。衡商音。鴈門郡。系出伊
氏。伊尹爲商阿衡。後以官爲氏。步羽音。平
陽郡。系出郤氏。晉大夫郤步揚之後。吳有
步隲。都宮音。黎陽郡。系出公都氏。齊公族
大夫公都子之後。爲都氏。鄭公子闕字子
都。後亦爲都氏。耿宮音。高陽郡。系出姬姓。
周有耿國。晉趙氏滅耿以爲邑。後以國爲
氏。漢有耿弇。滿宮音。河東郡。荆蠻有瞞氏。
改爲滿氏。又王孫滿之後。亦姓滿氏。漢有
滿寵。弘角音。太原郡。衛公族大夫弘演之
後。漢有弘恭。○
且平聲闕音惡

匡國文寇廣祿闕東

匡角音。晉陽郡。系出子姓。宋大夫封於匡。後以邑氏。漢有匡衡。國角音。下邳郡。系出姬姓。鄭公子子國之後。有國僑。即鄭子產。又齊有世卿國姓。文商音。鴈門郡。系出姜姓。許文叔之後。別爲文氏。越有文種。魏有文聘。又宋初諱敬。改爲文。文彥博。文天祥。其先皆敬氏。寇宮音。上谷郡。系出己姓。昆吾之後。封蘇。蘇公忿生。爲周司寇。支子以官爲氏。漢有寇恂。廣宮音。丹陽郡。廣成子之後。祿徵音。扶風郡。系出子姓。紂子武庚。字祿父。後以祖字爲氏。闕宮音。下邳郡。系出闞里氏。魯有闞黨邑。封於是者。以邑爲氏。〔東〕徵音。平原郡。系出東户氏。虞有東不訾。爲舜之友。

歐殳沃利蔚越夔隆

〔歐〕商音。平陽郡。系出歐冶氏。歐冶。歐陽。皆複姓。後又改爲歐氏。〔殳〕羽音。武功郡。系出有虞氏。舜臣殳斨之後。〔沃〕羽音。太原郡。系出子姓。商王沃丁之後。〔利〕徵音。河南郡。系出理姓。理利貞之後。以祖字爲氏。〔蔚〕羽音。瑯琊郡。系出姬姓。鄭公子翩。封邑於蔚。後以邑爲氏。〔越〕羽音。晋陽郡。系出姒姓。夏后

少康少子季余之後。封國於越。後以國爲
氏。〔夔〕羽音。京兆郡。系出熊氏。楚熊摯之後。
封於夔。子孫以國爲氏。〔隆〕
宮音。南陽郡。世系未詳。

師鞏厙聶晁勾敖融

〔師〕徵音。太原郡。系出姬姓。周師尹之後。又
晋公族大夫師服之後。〔鞏〕宮音。山陽郡。系
出姬姓。周公族大夫鞏伯之後。〔厙〕商音。括
蒼郡。系出厙狄氏。宇文周有厙狄部長。其
後單姓厙氏。〔聶〕徵音。河東郡。系出姜姓。齊
丁公封支子於聶城。爲齊附庸。後以國爲
氏。衛有聶政。〔晁〕角音。京兆郡。系出姬姓。晁

古作鼂。即朝暮之朝。周景王子朝之後。爲鼂氏。漢有鼂錯。〔勾〕宮音。平陽郡。系出勾芒氏。金天之後。勾芒土青陽。行春令。世爲勾芒氏。後單姓勾氏。又改爲句氏。又改爲鉤氏。絇氏。苟氏。又增爲勾龍氏。累世之後。不復别矣。〔敖〕宮音。譙郡。顓頊師大敖之後。又系出芊姓。楚國之君。凡被廢弑不成君者曰敖。如若敖堵敖之類。其後爲敖氏。〔融〕宮音。南康郡。系出祝融氏之後。○庫音舍

冷訾辛闞那簡饒空

〔冷〕徵音。京兆郡。黃帝臣伶倫氏之後。改爲

冷氏。周有冷州鳩。漢有冷苞〔訾〕徵音。渤海郡。系出訾陬氏。帝嚳妃家之後。漢有訾順。宋有訾虎〔辛〕徵音。隴西郡。系出姒姓。夏大夫辛甲。周大夫辛有。漢將軍辛武賢。辛慶忌〔闞〕商音。天水郡。系出姞姓。南燕伯之裔。封於闞。後以邑爲氏。又齊卿闞止之後。吳有闞澤〔那〕商音。天水郡。系出子姓。權國之後。楚滅權。遷其族於那處之邑。後以邑爲那氏。音那移之那〔簡〕宮音。范陽郡。系出狐氏。晉大夫續簡伯狐鞫居之後。以謚爲氏。漢有簡雍〔饒〕羽音。平陽郡。系出嬀姓。商均支子封於饒。後以國爲氏。漢有饒威〔空〕宮音。孔邱郡。系出古空侯氏。以國爲姓。○嚳音哭

曾毋沙乜養鞠須豐

【曾】徵音。魯郡。系出姒姓。夏少康少子戍烈。封於鄫。宋滅鄫。子孫去邑爲曾氏。孔子弟子有曾參。【毋】羽音。鉅鹿郡。系出田氏。齊宣王封弟於毋邱。以紹胡公之祀。賜姓胡毋氏。其後分三姓。一曰胡毋。一曰毋邱。一曰毋氏。毋音無。【沙】宮音。汝南郡。系出沙隨氏。古諸侯公爵。後失國。爲公沙氏。漢有公沙穆。子孫去公爲沙氏。【乜】宮音。晉昌郡。系出宇文部。後周賜部族費也頭爲也氏。音滅平聲。【養】羽音。山陽郡。系出姬姓。鄭大夫養甥之後。楚有養由基。【鞠】宮音。汝南郡。系出姬姓。燕公族大夫鞠武之後。〔須〕羽音。渤海郡。系出密須氏。燕附庸國。以國爲氏。魏有須賈。〔豐〕宮音。松陽郡。系出姬姓。文王子封於酆。後去邑爲氏。

巢關蒯相查後荆紅

〔巢〕商音。彭城郡。系出有巢氏。楚滅巢。後以國爲氏。〔關〕商音。隴西郡。系出龍氏。夏龍逢封於關。後爲關氏。〔蒯〕商音。襄陽郡。系出姬姓。衛莊公蒯聵之後。以字爲氏。漢有蒯通。又古國名。以國爲氏。〔相〕商音。西河郡。系出子姓。夏后帝相所都爲相里。商河亶甲都於相。宗族留居於相里氏。梁有相里金。相去聲。〔查〕商音。齊郡。系出姜姓。齊頃公子。食采於櫨。後以邑爲氏。櫨古查字。〔後〕羽音。東海郡。系出太史氏。齊太史敫之女。爲襄王后。后族賜姓後氏。後。古后字通用。齊有後勝。亦曰后勝。〔荆〕角音。廣陵郡。系出芈姓。楚國之後。以國爲氏。避秦莊襄王諱。改荆氏。荆州楚之分也。燕有荆軻。〔紅〕宮音。平昌郡。系出熊氏。楚子熊渠長子熊摯紅。爲鄂王。其支子。以父字爲氏。

游竺權逯蓋益桓公

〔游〕宮音。廣平郡。系出姬姓。鄭穆公子游吉之後。又晉桓莊之族。亦爲游氏。竺徵音。東海郡。系出天竺。其人入中國。稱竺氏。漢有竺晷。權徵音。天水郡。顓頊之後。封於權。楚武王滅之。子孫以國爲氏。又楚若敖之孫鬬緡。尹權。其後以邑爲氏。唐相權德輿。逯徵音。廣平郡。系出嬴姓。秦公族大夫封於逯。因以爲氏。漢有逯石。逯並。逯音祿。蓋商音。汝南郡。齊蓋邑大夫之後。以邑爲氏。音盍。不音槩。漢有蓋寬饒。益商音。馮翊郡。系出庭堅氏。皋陶子伯益。支子以祖字爲氏。桓宮音。譙郡。系出子姓。宋桓公之後。以謚爲氏。後有桓魋。漢有桓榮。公羽音。括陽郡諸公族。如公西。公子。公孫。公叔之類。其後單以公字爲氏。今不可考其世系矣。

万俟司馬上官歐陽

万俟商音。蘭陵郡。系出拓拔氏。後魏獻帝兄之後。賜姓万俟氏。万俟。音木其。司馬徵音。河内郡。周程伯休父爲周司馬。以官爲氏。秦有司馬卬。漢有司馬遷。上官羽音。天水郡。系出芊姓。楚公族大夫上官子蘭之後。漢有上官桀。歐陽宫音。渤海郡。系出姒姓。越王無疆孫。封於歐餘山之陽。後爲歐陽氏。漢有歐陽生。

夏侯諸葛聞人東方

〔夏侯〕商音。譙郡。系出姒姓。楚滅杞國。其後奔魯。以杞侯爲夏后氏之後。故以夏侯爲姓。漢有夏侯嬰。東漢曹騰。以甥夏侯氏之子爲嗣。其孫是爲魏武帝曹操。〔諸葛〕徵音。瑯琊郡。系出夏殷時葛國。漢葛豐。始居瑯琊。自稱諸葛氏。以别同姓。後有諸葛瑾。諸葛亮。〔聞人〕商音。河南郡。左邱明古之聞人也。後以爲氏。又風俗通云少正卯魯之聞人。後以聞人爲氏。未知孰是。〔東方〕羽音。濟南郡。系出太昊氏。其裔羲仲。世掌東方青陽之令。後爲東方氏。漢有東方朔。

赫連皇甫尉遲公羊

赫連　商音。渤海郡。系出南匈奴。右賢王劉豹子後。劉勃勃據統萬稱夏帝。自製姓爲赫連氏。曰王者輝赫。與天相連。

皇甫　羽音。京兆郡。宋戴公之子名充若。字皇父。子孫以祖字爲氏。又周卿士皇父。封於向。後亦稱皇父氏。父與甫通。漢有皇甫嵩。皇甫規。

尉遲　徵音。太原郡。魏孝文時賜尉遲部之後爲氏。又系出万俟氏。宇文周氏功臣万俟兜。賜姓尉遲氏。後有尉遲迥。唐有尉遲恭。

公羊　宫音。頓邱郡。系出姬姓。魯公孫羊孺之後。爲公羊氏。子夏弟子有公羊高。

澹臺公冶宗政濮陽

〔澹臺〕商音。太原郡。孔子弟子滅明。居澹臺
爲澹臺氏。澹音談。〔公冶〕宮音。魯郡。系出姬
姓。魯大夫季公冶後。以字爲氏。孔子弟子
公冶長。〔宗政〕羽音。彭城郡。系出劉氏。漢劉
德。楚元王後。爲宗正。子孫以官爲宗正氏。
後改作宗政。〔濮陽〕商音。博陵郡。系出姬姓。
鄭公族大夫。居濮水之陽。
以濮陽爲氏。吳有濮陽興。

淳于單于大叔申屠

〔淳于〕羽音。河内郡。系出姜姓。州國州公寔
失國。居於淳于。號淳于公。後爲淳于氏。齊
有淳于髡。漢有淳于意。〔單于〕羽音。千乘郡。

系出東戎。左賢王去卑單于降漢。爲單于
氏。單音蟾。〔大叔〕宮音。東平郡。系出姬姓。鄭
穆公孫。大叔儀。後姓大叔氏。大音泰。〔申屠〕
徵音。京兆郡。系出姜姓。四岳之後。始封于
申。夏時申侯封弟於屠原。別姓申
屠氏。商有申屠狄。漢有申屠嘉。

公孫仲孫軒轅令狐

〔公孫〕宮音。高陽郡。系出公族。春秋之時。諸
侯之子爲公子。公子之子爲公孫。公孫之
諸子。無封邑爵號者。皆以公孫爲氏。如周
吳越楚及戰國諸王子孫。以王子王孫爲
氏之例。秦有公孫枝。漢有公孫淵〔仲孫〕商

音。高陽郡。系出姬姓。魯桓公子慶父之後。慶父曰共仲。稱爲孟孫氏。又號爲仲孫氏。〔軒轅〕商音。郃陽郡。系出有熊氏。黃帝子孫。別爲軒轅氏。唐有軒轅彌明。〔令狐〕商音。太原郡。系出姬姓。周文王子畢公高之後畢萬。仕晉。其孫魏犨子顆。別封令狐。其孫文子頡。因爲令狐氏。漢有令狐邁。唐有令狐楚。

鍾離宇文長孫慕容

〔鍾離〕商音。會稽郡。系出伯氏。楚大夫伯宛封於鍾離。後以邑爲氏。漢有鍾離意。鍾離權。〔宇文〕商音。趙郡。系出鮮卑氏。東戎鮮卑單于葛烏菟。得玉璽於河。國人稱天爲宇。謂天賜文璽也。其後宇文泰子孫。號後周。凡四世。〔長孫〕商音。濟陽郡。系出拓拔氏。後魏大武帝什翼犍。長兄沙漠雄。子嵩賜姓長孫氏。唐有長孫無忌。長。上聲。〔慕容〕羽音。燉煌郡。系出鮮卑氏。涉歸單于。自稱慕容氏。謂慕二儀之德。繼三光之容也。其子慕容廆。自稱燕王。凡四燕。十二主。後漢有慕容延釗。

司徒司空百家姓終

〔司徒〕徵音。趙郡。契爲司徒。支子以官爲氏

〔司空〕徵音。頓邱郡。禹爲司空。平水土。治山

川。支子以官爲氏。唐有司空曙。

蒙學叢刊

狀元閣蒙學叢書

千字文

王星 主編

浙江大學出版社

傳古樓據啟軒書室藏清
代狀元閣刻本影印原書
板框高二〇五毫米寬
三六〇毫米

江南城聚寶門三山街大
功坊郭家巷内秦狀元巷
中李光明莊自梓童蒙各
種讀本揀選重料紙張裝
訂又分鋪狀元境狀元境
口狀元閣發售實價有單

狀元閣蒙學
千字文釋義

千字文釋義

汪嘯尹先生纂輯

孫謙益先生叅注

江都葉敬義方氏書本文

歙西徐士業建勳氏校刊

梁勅員外散騎侍郎周興嗣

次韻

梁郡名。即今歸德府。武帝初封梁公。進爵爲王。後篡齊位。因以爲國號。敕者。君令臣之辭。員外者。官有常員。於常員之外。又設是官。比於正員。故云員外也。散騎侍郎。官名。隸門下省。其官始於秦時。在乘輿左右。騎而散從。無常職。漢因之。以爲加官。有常侍侍郎等號。至魏時。始插貂璫。掌規諫。又置員外焉。梁初自爲散騎省。後仍隸門下。乃文學侍從之臣也。周姓。興嗣名。次。比也。韻。聲之諧者。蓋以此千字。編集成文。而比之於韻。使讀者諧於口也。○按梁史。興嗣字思纂。陳郡項人。上以王羲之書千字。使興嗣次韻爲文。奏之稱善。加賜金帛。太平廣記

云。梁武帝教諸王書。令殷鐵石。於大王
書中。搨一千字不重者。每字片紙。雜碎
無序。帝名興嗣謂曰。卿有才思。爲我韻
之。興嗣一夕編綴進上。鬢髮皆白。賞賜
甚厚。

天地元黃宇宙洪荒

易乾卦云。天元而地黃。淮南子云。四方上
下謂之宇。往古來今謂之宙。洪。大也。荒。草
昧也。楊子云。洪荒之世。言天地開闢之初。
其時則草昧也。○此一節。爲下十二節之
綱領。○首句第三字謹避
聖祖仁皇帝廟諱改作元

日月盈昃辰宿列張

天地既開闢。則有日月星辰。垂象於上矣。日。陽精。月。陰精。盈者。月光滿也。昃者。日西斜也。月至望則盈。日過午則昃。辰者。日月所會之次。公周天爲十二宮。子丑寅卯辰巳午未申酉戌亥是也。宿者。日所躔之星也。蓋日行於天。其所當度之星。取而識之。名之曰宿。凡二十有八焉。東方七宿角亢氐房心尾箕。北方七宿斗牛女虛危室壁。西方七宿奎婁胃昴畢觜參。南方七宿井鬼柳星張翼軫。是也。列。陳也。張。布也。謂辰宿陳布於天也。淮南子云。天設日月列星辰。調陰陽。

張四時。

寒來暑往秋收冬藏

閏餘成歲律呂調陽

日月運行於天。而辰宿紀其次舍度數。於是日行一週天。而爲一日。月行二十九日有奇。與日相會。而爲一月。積三月而成時。積四時而成歲焉。冬之氣寒。夏之氣暑。易云。寒往則暑來。暑往則寒來。言四時相代也。萬物生於春。長於夏。收於秋。藏於冬。言秋冬。而春夏在其中矣。四時既定。又以其餘日。置而爲閏。蓋三十日爲一月。十二月爲一歲。是每歲有三百六十日也。然而天氣一週。則不止於此。自今歲立春之日。至来歲立春之日。共三百六十五日有奇。是每歲餘五日有奇。此謂之氣盈。又謂之大餘。至於三十日爲一月。則又不足。自今月合朔之時。至來月合朔之時。約二十九日有半。故有小盡之月。積至終歲。則少五日有奇。此謂之朔虛。又謂之小餘。合二者計之。則每歲餘十日有奇。三歲約餘一月。五歲約餘二月。八歲約餘三月。而春入於夏矣。積至十七歲約餘六月。而夏反爲冬。冬反爲夏。寒暑變易。而歲不成矣。於是唐堯置爲閏月以歸其餘。書堯典云。以閏月定四時成歲。是也。歲時既成。而春夏得陽氣。秋冬得陰氣。又恐其有差錯。於是用律管以候之。漢書律歷志云。候氣之法。爲室三重。户閉。塗釁必周密。布緹縵室中。以木爲案。每律各一。内庳外高。從其方位。加律其上。以葭莩灰抑其内端。案律而候之。氣至者灰去。若此則節令不爽。而陰陽之氣和矣。是律呂者。所以調和陰陽。言陽而不言陰者。省文以就韻也。律呂始於黃帝。命其臣伶倫取嶰谷之竹。截以爲筒。陰陽各六。六陽管爲律。黃鐘。太簇。姑洗。蕤賓。夷則。無射。是也。六陰管爲呂。大呂。夾鐘。仲呂。林鐘。南呂。應鐘。是也。黃鐘長九寸。應十一月。大呂長八寸三分有奇。應十二月。太簇長八寸應正月。夾鍾長七寸四分有奇。應二月。姑洗長七寸一分。應三月。仲呂長六寸五分有奇。應四月。蕤賓長六寸二分有奇。應五月。林鍾長六寸。應六月。夷則長五寸五分有奇。應七月。南呂長五寸三分。應八月。無射長四寸八分有奇。應九月。應鍾長四寸六分有奇。應十月。

雲騰致雨、露結爲霜

陰陽之氣既調。於是陽氣則蒸而爲雲雨。陰氣則凝而爲霜露。說文云。雲。山川氣也。騰。升也。致者。使之至也。釋名云。雨。水從雲下也。蓋雲升於天。所以致雨。禮記云。天降時雨。山川出雲是也。蔡邕月令云。露者。陰之液也。結。凝也。易坤卦云。履霜堅冰。陰始凝也。蓋霜露本一物。其潤澤則為露。其凝結則爲霜。詩秦風云。白露爲霜。是也。此言四時之中。有陽氣爲雲雨。以生萬物。有陰氣為霜露。以成萬物。而後歲功乃成。上句言陽。下句言陰也。

金生麗水玉出崑岡

劍號巨闕珠稱夜光

上文言天時備矣。然後地利興焉。地生萬物。而莫貴於寶。故先言之。金。黃金也。麗水。在今雲南麗江府。一名金沙江。金生水底沙中。土人淘而出之。崑。崑崙山也。在今西番。爾雅云。山脊曰岡。又云。西北之美者。有崑崙之墟。璆琳琅玕焉。則此山出玉者也劒。兵器。巨闕。寶劍之名。越王允常。令歐冶子。鑄寶劒五。巨闕。次純鉤。湛盧。莫邪。魚腸。珠者。蚌之精。珠之美者。入夜有光。搜神記云。隋侯見大蛇傷。救之。後蛇銜珠以報。夜光可以燭堂。故歷世稱焉。

果珍李柰菜重芥薑

至於草木之美者。則有李柰芥薑之屬。舉一二以該其餘也。木實之可食者。曰果。珍重也。本草云。李味酸甘。去痼熱。調中。柰味苦。補中焦。和脾。皆果之美者。草之可食者曰菜。本草云。芥味辛。除腎邪。利九竅。明耳目。薑味辛。通神明。去臭氣。皆菜之美者也。

海鹹河淡鱗潛羽翔

至於水之大者。則有河海。而蟲魚鳥獸不可勝舉。總以見地之廣生也。海者。衆水所歸之壑。博物志云。天地四方。皆海水相通。地在其中。總而言之。謂之四海。海水味鹹。故曰海鹹。河。水名。出今西番朶甘思西鄙有泉百餘泓。名星宿海。此其源也。東北流至積石山。始入中國。又東北出塞外。又轉而南入中國。至今河間府界。分爲九河。而入於海。此古道也。今則南徙。與淮合流。至淮安府界入海。河水味淡。故曰河淡。鱗。魚甲也。潛。藏也。羽。鳥毛也。翔。飛也。言魚藏於淵。鳥飛於天也。

龍師火帝鳥官人皇

始制文字乃服衣裳

上言天地變化。無不具備。於是人生其間，
備三才之位。自洪荒之世。三皇五帝。傳至
三代。而後爲極備也。師。官也。太昊伏羲氏
時。龍馬負圖出於河。因以龍紀官。爾雅云。
帝。君也。上古之世。燧人氏爲君。始鑽木取
火。教民烹飪焉。少昊氏時。有鳳鳥至。因以
鳥紀官。春秋左傳云。太昊氏以龍紀官。爲
龍師而龍名。少昊氏以鳥紀官。爲鳥師而
鳥名。按史春官爲青龍氏。夏官爲赤龍氏。
秋官爲白龍氏。冬官爲黑龍氏。中官爲黃
龍氏。又命其臣朱襄爲飛龍氏。昊英爲潛
龍氏。大庭爲居龍氏。渾沌爲降龍氏。陰康
爲土龍氏。栗陸爲水龍氏。此太昊之官也。
鳳鳥氏。歷正也。元鳥氏。分司也。伯趙氏。司

至也。青鳥氏。司啓也。丹鳥氏。司閉也。祝鳩氏。司徒也。睢鳩氏。司馬也。鳲鳩氏。司空也。爽鳩氏。司寇也。鶻鳩氏。司事也。五雉爲五工正。九扈爲九農正。此少昊之官也。皇。大也。言其爲天下之大君也。上古之世。有天皇氏。地皇氏。人皇氏。是謂三皇。言人皇而不及天地。舉一以該其二也。始。初也。制。造也。上古結繩而治。伏羲始造文字。其制有六。象形。會意。假借。指事。轉注。諧聲。是也。乃者。繼事之辭。服。身之飾也。上曰衣。下曰裳。白虎通曰。衣。隱也。裳。障也。所以隱形。自障蔽也。上古之民。衣鳥獸之皮。至黃帝命其臣胡曹。始作衣裳。

推位讓國有虞陶唐

嗣是而堯舜。則以禪讓而有天下。推。使之去己也。讓。以之與人也。位。君位也。國。土地也。虞舜氏。因以爲有天下之號。堯初封陶。後封唐。故稱陶唐氏。陶。今兖州府定陶縣。唐。今平陽府。堯在位七十載。而禪於舜。舜在位五十載。而禪於禹。此言堯舜以天子之位。土地之富。推讓以與人也。

弔民伐罪周發殷湯

嗣是而湯武，則以征誅而得天下。吊，慰也。伐，正其罪而討之也。周，武王有天下之號。發，武王名。殷，亳都也。契封於商，其後成湯滅夏，因以爲有天下之號。至盤庚遷於殷，則兼稱殷。此言殷湯也。禹受舜禪而有天下，傳四百餘年。其後王夏桀無道，成湯放之南巢，而代其位，傳六百餘年。其後王殷紂無道，武王誅之，而代其位。此言湯武慰安夏商無罪之民，而誅伐有罪之桀紂也。○坊本作商，今從古本作殷。

坐朝問道垂拱平章

承上三節而言。朝，朝廷也。道，理也。自上至下曰垂。拱。斂手也。書武成云。垂拱而天下治。言垂衣拱手而治也。平者。正之使不傾。章者。明之使不昧。堯典云。平章百姓。此總言上文。諸君皆坐於朝廷。訪問治道。垂衣拱手。平正章明。以治天下。言其有道之形容也。○按古之人君。皆立朝以聽政。至秦尊君抑臣。始有坐朝之禮。此云坐朝。亦據後世而言之耳。○朝平聲

愛育黎首　臣伏戎羌

遐邇壹體　率賓歸王

此言其德澤之及於人者。育。養也。黎。黑也。首。頭也。人首皆黑。故稱民曰黎首。臣。事之也。伏。屈服也。戎者。四裔之一。羌者。西戎之一種。言上文有道之君。皆愛養中國之民。至於外裔。亦能屈服而臣事之。使不叛也。上句言中國。下句言外裔。遐。遠也。承上文戎羌而言。邇。近也。承上文黎民而言。體。身體也。率。偕也。賓。服也。歸。往也。王。君也。說文云。天下所歸往也。言遠而外裔。近而中國。有道之君。視之如一身然。無遠無近。皆被其澤。故民相率服從。而歸往於我王也。

鳴鳳在竹白駒食場

化被草木賴及萬方

此言其德澤之及於物者。鳥出聲曰鳴。鳳靈禽也。有道則見。孔演圖云。鳳非竹實不食。駒。馬之小者。白。言其色。場。治穀之地。詩小雅云。皎皎白駒。食我場苗。仁風動物曰化。被。及也。賴。利也。春秋傳云。萬。盈數也。方。謂東西南北。萬方。則盡乎天下矣。極言有道之君。仁德及物。如鳳如駒。盡得其所。至於草木。亦皆被化。而利賴萬方。無一物不蒙其澤也。○古本作在樹今作在竹從之

右第一章

此章言天地人之道。爲千字文之發端。首節從天地初闢之時說起。見自有天地之由來。第二節。至第四節。承首節天道而言。天有日月星辰。雲雨霜露。以成四時二氣。見天道之大也。第五節。至第七節。承首節地道而言。地之生物。有金玉珠寶之異。山川草木之鍼。鳥獸蟲魚之蘩。見地道之廣也。第八節。至第十三節。承首節宇宙而言。洪荒以來。三皇五帝三王。開物成務。以前民用。仁民愛物。以廣德澤。見人事之盛也。

蓋此身髮四大五常

恭惟鞠養豈敢毀傷

此以下言學者修身之事。盖發語辭。四大。地水火風也。圓覺經云。此身四大和合。毛髮爪齒。皮肉筋骨。腦髓垢色。皆歸於地。唾涕膿血。涎沫津液。痰淚精氣。大小便利。皆歸於水。煖氣歸火。動轉歸風是也。五常。仁義禮智信也。恭。恭敬也。惟者。專辭。鞠即養也。豈敢。猶云不敢。毀。壞也。傷。損也。孝經云。身體髮膚。受之父母。不敢毀傷。言此身髮。乃父母所鞠養。而不敢損壞也。此將言修身之事。故先言身之至重。以見其不可不修。外而形體。則有四大。內而心性。則有五常修身者。惟修其五常之德。而後能不虧四大之體。蓋不敢毀傷者。在四大。而所以不毀傷者。在修其五常也。

女慕貞潔男效才良

雖男女有異。而五常之修一也。慕。愛也。貞潔。正而靜也。效。法也。才。有能者。良。有德者。

知過必改得能莫忘

罔談彼短靡恃己長

此與下節皆言修五常之事。改更也。得求
而獲之也。能有諸已者也。忘失也。言於五
常而有過失則必改之。於五常而有所能
必守而勿失也。罔者戒之之辭。談言也。彼
者對已而言。短即過也。靡無也。恃者矜誇
之意。長即能也。言人於五常而有過則不
詆之。已於五常而有所能則不矜之也。

信使可覆器欲難量

信實也。覆復驗也。言與人約信務爲誠實
使可以復驗則言不妄矣。器器量也。量度也。
言人之器量欲其廣大使人難以度量。
恃已之長則人得而測之矣。○量平聲

墨悲絲染詩讚羔羊

此言修五常者。欲其純一而不雜也。墨姓。名翟。悲。痛而泣之也。絲。蠶所吐也。以色加素曰染。墨翟見染絲者而泣曰。染於蒼則蒼。染於黃則黃。不可不愼也。詩。召南羔羊之篇。讚。美之也。羔。羊之小者。羊。畜名。詩云。羔羊之皮。素絲五紽。按詩本義。美大夫之節儉正直。此引詩。則但取羔羊素絲。其色之純一耳。

景行維賢克念作聖

德建名立形端表正

景。仰也。行者。事之迹也。詩小雅云。景行行止。維與惟同。賢者。能修五常之善人也。言此善人。當景仰而效法其行事也。克。能也。念。思也。作。爲也。聖者。不思不勉。自合於五常之人也。書多方篇云。惟狂克念作聖。言人能以五常之道。思之於心。而力行之。則可以造於聖人之域也。德。即五常之德。建。即立也。名。賢人聖人之名也。形。體也。端。即正也。立木以示爲表。形端則影亦端。表正則影亦正。言此賢聖之人。惟能建立五常之德。因以有聖賢之名。如形表之端正。則

影自隨之而不爽。蓋修德者。必有名譽。而人不可以不效法之也。○行去聲

空谷傳聲　虛堂習聽

空。即虛也。谷。兩山中之相夾處。傳。續也。堂屋之高大者。習。重也。聽者。耳所聞也。言聲在空谷之中。則相傳續而不已。在虛堂之中。則聲發於此。響應於彼。使聽者重複也。

禍因惡積　福緣善慶

禍。灾殃也。惡。悖於五常之事也。積。累也。言惡非一端也。緣。即因也。善者。修五常之事

也。慶者。善之著也。言天之降禍於人。必因其悖於五常。爲惡多端而然。天之降福於人。必因其能修五常。善著於身而然也。○上節言人事之不爽。修德必獲令名。如影之隨形表。此節言天道之不爽。爲惡得禍。爲善得福。如響之赴聲也。

尺璧非寶寸陰是競

天道人事。不爽如此。而人當力行其五常矣。尺。度名。十寸爲尺。璧。玉之圓者。寶。貴之也。寸。亦度名。陰。日影也。競。爭也。昔禹惜寸陰。淮南子云。聖人不貴尺之璧。而重寸之陰。此言尺璧至重。而不以爲寶。惟以寸陰

當爭。而孜孜然修其
五常。惟日不足也。

資父事君曰嚴與敬

上言五常之當修。而所謂五常者。在於人
倫之內。蓋仁爲父子之德。義爲君臣之德。
長幼之有序。即禮之德。夫婦之有別。即智
之德。而信又爲朋友之德也。此下十四節。
皆言人倫。而人倫之中。莫大於父子君臣。
故又別而言之。資。藉也。事。奉也。嚴者。畏懼
之意。敬。心無所慢也。孝經云。資於事父以
事君而敬同。又云。孝莫大於嚴父。言用事
父之道。即可以事君。其嚴憚恭敬之心則

同。蓋移孝以作忠也。

孝當竭力忠則盡命

善事父母爲孝。當。合也。謂理合如是也。竭亦盡也。論語云。事父母能竭其力。盡已之心爲忠。論語云。臣事君以忠。言忠臣之事君。有死無二。盡已之命而不惜也。孝。承上資父而言。忠。承上事君而言。

臨深履薄夙興溫凊

上言忠孝之道。而事君即資於父。故此又專言孝也。臨。涖也。深。深淵也。履。踐也。薄。薄氷也。詩云。戰戰兢兢。如臨深淵。如履薄氷。夙。早也。興。起也。詩云。夙興夜寐。無忝爾所生。溫者。使之暖也。凊者。使之凉也。曲禮云。凡爲人子之禮。冬溫而夏凊。此言嚴敬之實。子之事親。謹畏小心。如臨深淵。而踐薄氷。夙興夜寐。冬溫夏凊。而後爲孝也。

似蘭斯馨如松之盛

川流不息淵澄取映

孝爲百行之原。能孝於親。則爲有德之人矣。故設喻以贊美之。似。如。皆比也。蘭。香草也。易繫辭云。其臭如蘭。斯。語辭。馨。香也。松。木名。盛。茂也。松至冬而不凋。故云盛。川。水之流者。流。行也。息。止也。淵。水之止者。澄。清也。暎。照也。水清而可以照物也。言其德之馨香。則如蘭。其德之茂盛。則如松。其德純常而不間斷。則如川之流而不止。其德潔清而無汙染。則如淵之清而可照也。

容止若思言辭安定

容。貌也。止者。對作而言。一身之舉動也。心所運曰思。人有思者。貌必沉靜。若思者。喻其容之肅也。言。語也。辭。說也。言之成文者也。安定。亦沉靜之意。曲禮云。毋不敬。儼若思。安定辭。言有德之人。其貌言如是也。

篤初誠美愼終宜令

篤。厚也。初。始也。誠。信也。美。令。皆善也。愼。謹也。終。終者。事之成也。宜。當也。言人有德者。能厚之於始。信爲善矣。又當謹之於終。而後爲德之成也。盖人少。則慕父母。誠厚於始也。及知好色。則慕少艾。有妻子。則慕妻子。仕則慕君。善於終者鮮矣。惟終身慕父母者。乃爲大孝。故勉人修德。當終如其始也。

榮業所基　籍甚無竟
學優登仕　攝職從政

上言孝成而德備。事父之道盡矣。然後可資之以事君焉。此以下。言事君之事。榮。顯榮也。業。事業也。卽下攝職從政。仕者之事也。基。本也。籍者。有聲譽也。甚。太過也。漢書陸賈傳云。名聲籍甚。竟。已也。學。講習討論也。優。有餘也。登。升也。仕。爲官也。攝。治也。職。官所掌之事也。從。就也。政。國政也。言能孝而有德。則異日事君。顯榮之業。皆本於此。

盖孝德之人。必有名譽以聞於上。籍甚而不已焉。又必俟學古有獲之後。知所以致君。知所以澤民。然後可升於朝。而爲官。而治理政事也。論語云。學而優則仕。

存以甘棠去而益詠

存。留也。甘棠。木名。草木疏云。今棠梨也。去。離也。而。轉語辭。益。增也。詠。歌也。昔召公循行南國。嘗止於甘棠樹下。後人思其德。因愛其樹。而不忍伐。其詩云。蔽芾甘棠。勿翦勿伐。召伯所茇。言人臣之事君。必當體君心以愛民。亦如召公之去南國。而人思慕之。留所止之樹而不伐。愈歌詠於無窮也。

樂殊貴賤禮別尊卑

上言父子君臣之倫。至此又推其類而盡言之。因以此二語爲發端。言五倫之中。有貴有賤。有尊有卑。而先王制禮作樂。所以殊異而分別之也。

上和下睦夫唱婦隨

上。即尊貴者。下。即卑賤者。和。諧也。睦。親也。言五倫雖有貴賤尊卑上下之不同。而皆以和諧親睦爲善也。五倫之中。始於夫婦。夫者。男子之稱。爾雅曰。女子已嫁曰婦。婦

之言服也。服事於夫也。唱。導也。隨。從也。夫
理外事。導之於前。婦爲内助。從之於後也。

外受傅訓入奉母儀

諸姑伯叔猶子比兒

此推父子之倫而廣言之。外者。出而在鄉
黨之間。受。承也。傅。師也。訓。教也。入。進也。進
於家内也。奉。亦承也。儀。範也。言外而在鄉
黨。則承師之教訓。入於其家。則奉母之儀
範也。諸。衆也。父之姊妹曰姑。父之兄曰伯。
父之弟曰叔。猶。同也。比。並也。禮檀弓篇云。

孔懷兄弟同氣連枝

兄弟之子猶子也。言兄弟所生之子。與已子同。而得比並於兒也。上文止言資父。而父子之倫。有所未盡。與父同尊者。有師焉與父同親者。有母焉。以及諸姑伯叔。皆從父以推者也。至於兄弟之子。則從子以推者也。而父子之倫全矣。○古者民生於三。事之如一。父生之。師教之。君食之。是也。禮檀弓篇云。事親服勤至死。致喪三年。事君服勤至死。方喪三年。事師服勤至死。心喪三年。蓋師與父並重。後世師道不講。唐韓愈作師說。舉世皆非之。風之不古也久矣此言兄弟之倫。孔。大也。懷。憂也。爾雅云。男子先生為兄。後生為弟。同。共也。氣。父母之氣也。連。合也。木生條曰枝。言兄弟當大相友愛。蓋形雖分。而同受父母之氣。猶木有歧枝。而合於一本也。

交友投分切磨箴規

此言朋友之倫。交。相合也。友。朋友也。投。托也。分。情分也。切。割也。磨。礪也。治骨角者。既切而復磋之。治玉石者。既琢而復磨之。詩衛風云。如切如磋。如琢如磨。喻為學者。已精而益求其精也。有所諷諭以救其失者

爲箴。規。戒也。言朋友之合。以情相托。平日
爲學。則切磋琢磨。相勉以求其精。至於有
過。則諷諭規戒。相救以
正其失也。○分去聲

仁慈隱惻造次弗離

上言五倫備矣。而五常之德。猶未明指之
也。故於此詳言之。此言仁之德也。仁者。心
之德。愛之理。慈。愛也。隱。痛之深也。惻。傷之
切也。孟子云。惻隱之心。人皆有之。造次。急
遽苟且之時。弗者。禁止之辭。離。去也。言仁
主於愛。而遇不忍之事。則傷之切而痛之
深。此乃人之本心。雖當急遽苟且之時。而

不可舍去也。按仁義禮智信。爲五常之德。而仁義爲大。故明指之。猶上文五倫。亦以君臣父子爲大也。然仁義二者。而仁包四德。尤大於義。故又別而言之。猶上文君父並重。而事君之道。資於事父。又以孝爲本也。雖其文有詳畧。而理實貫通。先後差次。截然不紊。讀者宜孰玩之。

節義廉退顛沛匪虧

此言義禮智信之德。有所守而不變。謂之節。信之德也。義者。心之制。事之宜也。廉。有分辨。智之德也。退。謙讓也。禮之德也。顛沛。

傾覆流離之際。匪。非也。亦禁止之辭。虧。缺
也。言義禮智信之德。皆人所不能無。雖當
傾覆流離之際。而不可虧缺也。論
語云。造次必於是。顛沛必於是。

性靜情逸心動神疲

此總上文五常之德而言。蓋天以仁義禮
智信之德。賦之於人爲性。情者。性之發也。
心。載性者也。神者。心之靈也。靜者。止於五
常而不動也。逸。安也。反於靜者爲動。疲。勞
之極也。言人之修五常者。其性止於仁義
禮智信。而所發之情皆安。其不修五常
者反是。心爲外物所動。而勞敝其神也。

守眞志滿逐物意移

守。操守也。眞者。性之正也。言仁義禮智信乃人之眞性也。心之所之謂之志、滿。足也。逐。引之而去也。物。外物。聲色嗜欲之類。所以動其心者。意者。心之所發也。移。即動也。此申上節而言。性靜情逸者。守其仁義禮智信之眞性。爲能充滿其志。而無所虧欠。心動神疲者。蓋爲聲色嗜欲外物所動。引之而去。而意以移。因不能守其五常也。

堅持雅操好爵自縻

此又總承上文而結言之。堅。固也。持。即守也。謂之堅持。必性靜情逸。守其眞而志滿不逐於外物。而心動神疲也。雅。常也。操者。所守之德。即五常也。好。美也。爵。位也。縻。繫也。言人能固守五常。則爲有德之人。王者必舉而用之。而美位自繫於其身矣。易中孚卦云。我有好爵。吾與爾縻之。此言自縻謂己之修德所致。即自求多福之意。所以深勉乎人也。○操去聲

右第二章

此章言君子修身之道。惟修其五常。則不毁傷其身。因推類而舉君臣父子兄弟夫婦朋友之倫。爲五常所屬。終則指

仁義禮智信之五德。而勉人固守之也。

都邑華夏東西二京

背邙面洛浮渭據涇

此以下。言王者之事。此言王者京都之大也。帝王世紀云。天子所宮曰都邑。縣也。又王都亦稱邑。詩商頌云。商邑翼翼。此所謂邑。乃王都之邑也。華。文明之象。夏。大也。中國謂之華夏。言其文明而大也。京。亦大也。王者所居之國也。周之成王。營洛邑爲王城。及乎平王東遷居焉。東漢光武亦都之。謂之東京。即今河南府是也。周之武王。都於鎬京。秦都於咸陽。西漢都於長安。謂之西京。即今西安府是也。背後也。在國之北。面。前也。在國之南。邙。山名。北邙山也。在今河南府城之北。洛。水名。源出今商州洛南縣冢嶺山。東流經河南府城之南。又東至鞏縣入河。此句承上東京而言。邙山在東京城北。洛水在東京城南也。浮。汎也。據。依也。渭。水名。出今臨洮府渭源縣鳥鼠山。東流至西安府華陰縣入河。涇。水名。出今平涼府岍頭山。東南流至西安府高陵縣入渭。此句承上西京而言。西京左汎渭流而右依涇水也。蓋言王者之都。以二京爲最。

而二京之山川形勝如此此也。

宮殿盤鬱樓觀飛驚
圖寫禽獸畫綵仙靈
丙舍傍啓甲帳對楹
肆筵設席鼓瑟吹笙

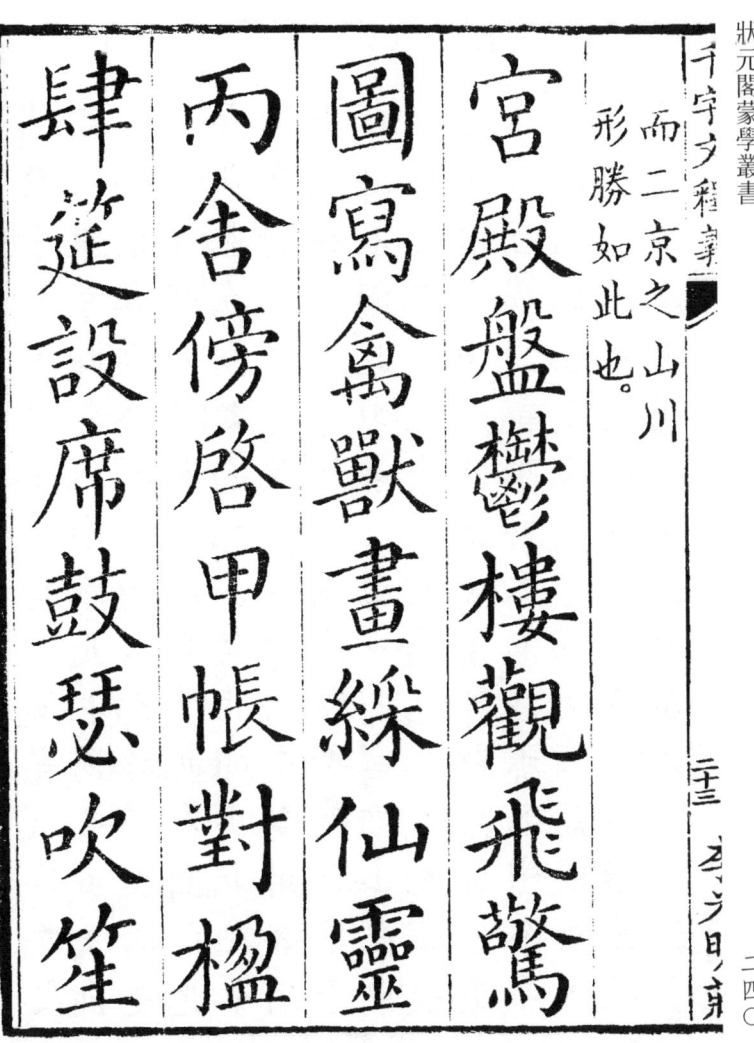

陞階納陛弁轉疑星
右通廣內左達承明

此言王者宮室之壯。爾雅云。宮謂之室。古者以宮爲室之通稱。後世專以稱天子之室焉。殿。堂之高大者。秦始皇始作之。盤。屈曲之貌。鬱。茂盛之貌。樓。說文云。重屋也。爾雅云。觀。謂之闕。釋名云。觀者。於上觀望也。皆屋之最高者也。飛。鳥飛也。詩小雅云。如翬斯飛。驚。駭也。言樓觀之高。勢若飛然。而駭人之目也。圖。寫。皆畫也。飛曰禽。走曰獸。

以五色狀物之形曰畫。彩。色也。釋名云。長生不死曰仙。靈。神也。言此宮殿樓觀之中。皆以彩色圖畫飛禽走獸。及神仙之形於内也。丙。干名。舍。屋也。天官書云。亥爲天門。巳爲地户。丙舍於巳。故凡地户。俱稱丙舍。魏鍾繇帖云。墓田丙舍。傍。側也。啓。開也。言丙舍之門開於其側也。甲者。干之首。帳。釋名云張也。張施床上也。漢武故事云。上以琉璃珠玉明月夜光。雜錯珍寶爲甲帳。其次爲乙帳。對。當也。楹。柱也。肆。陳也。設。置也。重曰筵。單曰席。古人籍地而坐。筵席皆坐之具也。鼓。動之也。瑟。樂器。狀如琴。有二十五絃以口嘘氣曰吹。笙。亦樂器。以匏爲之列管於匏之中。又施簧於管端。以出其聲也。陞。登也。階。級也。納。入也。陛。即階也。堂之高者去地遠。故設階陛。所以升堂者也。弁。冠名。白虎通云。弁之爲言。攀持髮也。有爵弁。韋弁。皮弁等制。轉。動也。疑。似也。詩衛風云。會弁如星。此句承上階陛而言。登階入陛者。其弁動移如星之多。則階陛之廣可知。甚言以形容之也。言舍之以丙爲次者。其門開於側。當柱則施甲帳。又陳設筵席而作樂於其間。其階陛之廣。登納者弁若星然。不可勝數也。東爲左。西爲右。通。即達也。廣内。承明。皆殿名。三輔黃圖云。建章宮中。西則廣内殿。又云。未央宮有承明殿。此二句。總上文而言宮室之大。其右則直通於廣内。其左則直達於承明也。○觀去聲

既集墳典亦聚羣英

言此宮殿樓觀之中。墳典藏焉。羣英會焉。既者。已事之辭。集。即聚也。墳。三墳也。典。五典也。三墳載三皇之事者也。五典。載五帝之事者也。春秋左傳云。楚左史倚相。能讀三墳五典。書莫古於墳典。故舉此以該羣書也。亦。又也。羣。衆也。才德出衆之人謂之英。○此節爲下六節綱領。○按古三墳。已不可考。至宋元豐中。張商英得於唐州北陽民家。其書爲山墳氣墳形墳三篇。言多誕妄。蓋僞書也。五典。即書經堯典舜典大禹謨皋陶謨益稷五篇。

杜稾鍾隸漆書壁經

此節承上文墳典而言。見書籍之多也。杜。杜度也。鍾。鍾繇也。稾。草稾也。凡作文稾。多用草書。故謂草書爲稾。漢章帝時。杜度善作草書。隸。賤者之稱。秦始皇時。程邈始變古文篆書爲隸。以其簡捷。便於徒隸。故謂之隸。魏鍾繇善作此書。漆。木液可飾器者。古人無墨。以漆書字於竹簡之上。書者。載籍之通稱。壁。牆也。經。六經。易書詩禮樂春秋是也。此所謂經。乃書經也。始皇焚書時。孔子八世孫騰。藏書經於壁中。至漢時。魯共王壞孔子舊宅得之。謂之古文尚書。言書籍之多。有草書者。有隸書者。有漆書者。有若壁中之古文者。蓋篆書不可勝數也。〇按隸書。即今眞書。書苑云。割程邈隸。取二分。割李斯篆。取八分。爲八分書。則今之稱隸者。八分書也。古之稱隸者。乃眞書也。又唐六典校書郎正字。體有五。四曰八分書。石經碑碣所用。五曰隸書。典籍表奏公私文疏所用。則隸之爲眞書無疑矣。

府羅將相路俠槐卿

戶封八縣家給千兵

高冠陪輦　驅轂振纓

世祿侈富　車駕肥輕

自此以下五節。俱承上文羣英而言。此節言羣英祿位之尊富也。府。風俗通云。聚也。公卿牧守之所聚也。羅。列也。將相文武臣也。路。道路也。俠。與夾同。周禮六卿。冡宰司徒宗伯司馬司寇司空也。漢九卿。太常光祿勳衛尉太僕廷尉鴻臚宗正司農少府也。周禮建外朝之法。面三槐。三公位焉。左九棘。孤卿大夫位焉。言槐而不言棘。言卿而不言公孤大夫。省文也。户。民家也。封者。使食其所入也。縣。釋名云。懸也。懸於郡也。家。將相公卿之家也。給。予也。兵。士卒也。陪。侍也。輦。天子之車也。驅。馳之也。轂。車輪也。振。動也。纓。冠系也。驅轂。承上陪輦而言。振纓。承上高冠而言。父子相繼爲世。祿。俸也。言此將相公卿之子孫。皆得食祖父之祿。而世世相承也。侈。奢也。富者。饒於財也。駕。説文云。馬在軛中也。肥。説文云。多肉也。輕。疾也。肥言其馬。輕言其車也。言此羣英。在將相公卿之位者。其所封之户。有八縣之廣。而給其家者。有千兵之多。出則驅其車輪。以侍天子之輦而行。而所戴之高冠。以車馳而振動其纓。其冠服之美盛如此。至於子孫。亦得世食其祿。奢侈富足。駕肥馬而乘輕車也。○按自秦罷封建。漢初。復分王子弟。後懲七國之禍。膺封爵者。止食其邑之户。然東漢吳鄧之功。所封不過四縣。晋惟羊祜。得封五縣。兹云八縣。未知何所指也。又重臣之有勳德者。給兵以爲從衛。其數多寡不同。如晋衛瓘陸玩等。皆給千兵。恩禮之盛。無踰此矣。○將相並去聲

策功茂實勒碑刻銘

磻溪伊尹佐時阿衡

奄宅曲阜微旦孰營
桓公匡合濟弱扶傾
綺迴漢惠說感武丁
俊乂密勿多士寔寧

此下四節。亦承上羣英而雜舉其人以實之。策。謀畫也。說文云。以勞定國曰功。茂。盛也。實者。對名而言。謂實有其功也。勒。即刻也。碑。說文云。豎石以紀功德也。銘。紀也。釋名云。紀名其功也。此所謂銘。即碑銘也。蓋敘述其功。而爲文以刻於碑。於文之末。又爲韻語以贊美之。是謂之銘。言此羣英。不但祿位尊富。其所謀畫。實有定國之功。勒於碑而刻於銘。如下文諸人是也。磻溪。太公望所釣之處。在今鳳翔府寶雞縣東南。旁有太公石室存焉。伊。姓。尹。字也。成湯之相。佐。輔也。時。世也。阿衡。商之官名。伊尹爲之。阿。倚也。衡。平也。言天下倚賴以平治者也。詩商頌云。實惟阿衡。實左右商王。奄。取也。宅。居也。曲阜。地名。周公之所封。即魯國也。今兗州府曲阜縣。微。無也。旦。周公名。孰。

誰也。營。造也。言取曲阜而居之。非周公旦之功。誰能造此。魯國之封也。桓公。齊君。名小白。謚法。辟土服遠曰桓。匡。正也。正天下之亂也。合。會諸侯也。論語云。桓公九合諸侯。一匡天下。濟。救也。弱。兵力少也。扶。持也。綺。傾危也。諸侯之弱者救之。危者持之也。綺。四皓之一。迴。還也。秦時有四皓避亂於商山。漢高祖招之不至。後高祖欲易太子。張良乃聘四皓。與太子游。高祖見之曰。羽翼已成。難以動矣。由是得不易。及高祖崩。太子立。是爲漢惠帝。謚法柔質慈民曰惠。四皓者。綺里季。東園公。夏黃公。甪里先生。舉一以該其三也。言漢惠將廢。以四皓而得還太子之位也。說。傅說也。感。格也。武丁。商

之賢君。夢上帝子以良弼。覺而圖其形。以
旁求天下。於傅巖之野得說。貌與夢符。乃
舉爲相。商道中興。言傅說之賢。感武丁於
夢中也。千人之英曰俊。百人之英曰乂。書
臯陶謨云。俊乂在官。密勿。黽勉之意。詩小
雅云。黽勉從事。漢書劉向傳引之云密勿
從事。多。衆也。漢志云。學以居位曰士。寔。韻
會云。是也。與實不同。寧。安也。詩大雅云濟
濟多士。文王以寧。言羣英之策功者。亦如
太公伊尹。有輔世平治之功。周公有佐周
肇封之功。齊桓有濟弱扶傾之功。四皓有
定儲之功。傅說有中興之功。此皆千人之
俊。百人之乂。黽勉輔治。而君賴是
多士以寧也。○阿平聲說音悅

晉楚更霸趙魏困橫

假途滅虢踐土會盟

此亦承上羣英而言。五霸不獨齊桓。又有晉文與楚莊焉。晉楚皆國名。晉今山西。楚今湖廣。皆其地。更代也。霸者。諸侯之長。言晉楚繼齊桓之後。相代而爲諸侯之長也。五霸有齊桓。晉文。秦穆。宋襄。楚莊。言晉楚。而不言秦宋。省文也。趙魏。皆國名。趙都邯鄲。今趙州。魏都大梁。今開封府。困病甚也。橫。連橫也。戰國時。蘇秦說六國諸侯。合從以拒秦。後張儀又説六國諸侯。連横以事秦。言六國諸侯。爲合從連横所困也。言横而不言從。省文也。六國有趙魏韓齊楚燕舉二以該其餘也。假。借也。途。路也。滅。亾也。虢。國名。今陝州。晉獻公欲伐虢。道經於虞用謀臣荀息計。以垂棘之璧。屈産之馬。遺虞君。假道於虞以滅虢。師還。并襲虞滅之。踐土。地名。在今開封府滎澤縣西北。有踐土臺。會者。合諸侯也。盟。誓約也。歃血以結信也。曲禮云。諸侯相見於郤地曰會。涖牲曰盟。僖公二十八年。晉文公會諸侯盟於踐土。此舉晉事以該五霸六國。言皆用詐謀以勝人也。此節言五霸有謀臣。七雄有策士。亦羣英之可槩見者也。○更平聲

何遵約法韓弊煩刑

此言羣英之任名法者。何。蕭何也。遵。奉也。約。要約也。法。即刑也。漢高祖初入關。定秦。與父老約法三章。曰殺人者死。傷人及盜抵罪。餘悉除秦苛法。後以爲不足禦奸。又令蕭何摭秦法。作律九章。言蕭何之制漢律。奉高祖之約法而爲之也。韓姓。名非。弊。困也。煩。苛也。韓非爲刑名之學。李斯譖之。死於秦獄。言以煩刑而自困也。

起翦頗牧用軍最精

宣威沙漠馳譽丹青

此言羣英之建武功者。起。白起也。翦。王翦也。皆秦良將。頗。廉頗也。牧。李牧也。皆趙良將。軍。兵也。萬二千五百人爲軍。最。極也。精。善也。宣。布也。威。兵威也。沙。説文云。水散石也。漠。廣大也。北方之地皆沙。不生草木。一望廣大。故謂之沙漠。馳。馬疾行也。左傳杜注云。馬曰馳。步曰走。譽。聲名也。丹青。皆采色。圖畫之所用也。言其聲名馳於圖畫之間。如漢宣畫功臣於麒麟閣。漢明畫功臣於雲臺之類。言此四人。極善用兵。而布威於北方沙漠之地。其名譽之遠馳。至於圖畫其像而不忘也。○以上四節。皆言羣英之盛。如殷之有伊傅。周之有旦望。漢之有四皓。而又廣而言之。如五霸七雄之有謀臣策士。任名法者。如蕭何韓非。建武功者。如起翦頗牧。亦不可勝數也。

九州禹跡　百郡秦幷

嶽宗泰岱　禪主云亭

鴈門紫塞　雞田赤城

昆池碣石鉅野洞庭
曠遠緜邈巖岫杳冥

此節言王者土地之廣。九州。冀兗青徐揚荊豫梁雍也。禹。夏王。跡。足跡也。書立政云。以陟禹之迹。自黃帝始分天下爲九州。至虞舜又分爲十二州。及禹平水土。復爲九州。而三代因之。言九州爲夏禹所立。皆其足跡之所至也。百郡。京兆。左馮翊。右扶風。弘農。河東。河內。河南。潁川。汝南。沛。梁。魯。魏。鉅鹿。常山。清河。趙。廣平。眞定。中山。信都。河

閭東陳留山陽濟陰太山城陽淮陽東平
瑯琊東海臨淮楚泗水廣陵六安平原千
乘濟南齊北海東萊淄川膠東高密南陽
南江夏桂陽武陵零陵長沙廬江九江會
稽丹陽豫章漢中廣漢蜀犍爲越巂益州
牂牁巴武都隴西金城天水武威張掖酒
泉燉煌安定北地太原上黨上西河五原
雲中定襄鴈門朔方涿渤海代上谷漁陽
右北平遼西遼東玄菟樂浪廣陽南海鬱
林蒼梧交趾合浦九眞日南凡百有三言
百郡者舉大數也秦國名今陝西皆其地
并者合爲一也上古至三代皆封建諸侯
以分治天下至秦始皇時滅六國并天下
爲一於是罷封建分天下爲三十六郡至

漢時。又分爲百郡。言漢之百郡。乃秦所并
也。嶽。五嶽。東岳太山。西岳華山。南岳衡山。
北岳恒山。中岳嵩山也。宗。尊也。泰岱即太
山。在今泰安州北。五岳太山爲尊。書舜典
云。至於岱宗。禪。封禪也。於太山上。築土爲
壇以祭天。謂之封。又於太山之下小山上。
除地。爲墠以祭地。謂之禪。主。依也。云亭。皆
山名。云云山。在今泰安州東南。亭亭山在
今泰安州南。皆太山之下小山也。言封太
山者。其禪則依於云亭兩山也。史記封禪
書云。昔無懷氏封太山。禪云云。伏羲氏封
太山。禪云云。神農氏封太山。禪云云。炎帝
封太山。禪云云。黄帝封太山。禪亭亭。顓頊
封太山。禪云云。帝嚳封太山。禪云云。堯封

太山。禪云云。舜封太山。禪云云。湯封太山。禪云云。鴈門。關名。在今大同府馬邑縣東南。紫塞。即長城也。秦始皇築長城。西起臨洮。東至朝鮮。其長萬里。土色皆紫。故稱紫塞。鷄田。驛名。在今冀州赤城。古蚩尤所居之處。在今宣府。昆池。即滇池。在今雲南府城南。一名昆明池。碣石。山名。在今永平府昌黎縣西北。鉅野。澤名。在今兗州府鉅野縣東。今已涸。洞庭。湖名。在今岳州府城西南。曠。濶也。緜邈。遠貌。石窟曰岩。山穴曰岫。杳。深也。冥。昏暗也。言王者土地廣大。九州百郡。皆其所有。而於其中。又舉土地之顯著者以言其盛。如封禪之有太山云亭。關有雁門。城有紫塞赤城。驛有鷄田。池有昆明。山有碣石。澤有鉅野。湖有洞庭。皆曠濶遥遠。緜邈而無窮極。其山之岩岫。亦深杳昏冥。而不可測也。

○幷平聲禪音善

右第三章

此章言王天下者。其京都之大。宮闕之壯。典籍之盛。英才之衆。土地之廣如此。

治本於農務茲稼穡

俶載南畝我藝黍稷

税熟貢新勸賞黜陟

此以下。言君子治家處身之道。此節言治家者以本富爲重也。治。治生也。本。根本也。於。語辭。農。治田也。漢志云。闢土植穀曰農。務。致力也。兹。此也。種五穀曰稼。斂五穀曰穡。俶。始也。載。事也。南。方名。司馬法云。六尺爲步。步百爲畞。秦制以二百四十步爲畞。今因之。我。自己也。藝。種植也。黍稷。皆穀名。穀有五。稻黍稷麥菽也。此二句。皆詩詞。而作者引之也。自上取下曰税。自下獻上曰貢。熟者。穀之成也。孟子云。五穀熟而民人育。初成曰新。論語云。新穀既升。勸。勉也。盖勸農也。賞。褒而賜之也。黜。退之也。陟。進之也。言治生者。必以力田為根本。而專務於稼穡。其始也。有事南畝。而種植黍稷。及其成熟。以之輸納貢稅。勸農而賞勞之。因以計其歲功。而退其惰者。進其勤者。使之各勉於農事也。俶載二句。主稼穡而言。稅熟二句。主穡而言。

孟某敦素　史魚秉直

庶幾中庸　勞謙謹勑

聆音察理鑑貌辨色
貽厥嘉猷勉其祗植

此節言處身者以敬慎爲要也。孟子名軻字子輿。敦。尚也。素。精純也。史。官名。魚。衛大夫名鰌字子魚。秉。執也。論語云。直哉史魚。庶幾。近辭。不偏之謂中。不易之謂庸。勞。勤也。謙。恭遜也。易曰。勞謙。君子有終吉。謹。慎也。勑。戒也。聆。聽也。音者。人聲。謂言也。察。審之也。鑑。觀也。貌。容貌也。辨。別也。色。顏色也。貽。遺也。嘉。善也。猷。謀也。祗。敬也。植。立也。言處身者當如孟子之精純。史魚之正直。庶幾近乎中庸。而勤勞謙遜。謹慎戒勑。聽言則審其是非。觀人則辨其邪正。皆以致其慎也。如是則可以無過。而所遺者皆善謀。勉於敬畏。而此身植立於不傾矣。此與上節。爲一章之主。以下十七節。或言處身。或言治家。皆推廣此意。○元本斥書孟子之名。後學讀之未安。今僭改曰某。而於分注中著之。

省躬譏誡寵增抗極

殆辱近恥林皐幸卽

兩疏見機解組誰逼

此節言見幾之哲，亦處身之道也。省，即察也。躬，身也。譏，訕誚也。誡，儆戒也。寵，尊榮也。增，益也。抗者，並於上也。極，至也。殆，即近也。辱，即耻也。皆羞媿之意。爾雅云：野外謂之林。皐，漢書賈山傳註云：水邊地也。幸，僥倖也。即，就也。疏，姓也。兩疏，疏廣、疏受也。漢太子太傅疏廣，太子少傅疏受，以年老辭位而歸。人皆高之。目有所覩曰見。機，幾，古通用。微也。易繫辭云：幾者動之微，君子見機而作，不俟終日。解，脫之也。組，綬類，印紱也。誰，何也。逼，迫之也。言人當以訕誚儆戒之事。以自省察其身。而可誚可戒者。莫甚於尊榮之過。以上抗於至極。蓋位高者身危。必至貶斥削逐。而耻辱之事將及矣。及此時而退就林皋。則可以幸免於禍。如漢之兩疏。見幾而作。觧脱組綬。辭位而去。何人迫之而使然哉。良由其自甘恬退故耳。則君子當鑒於止足之分。以遠耻辱也。此亦無道則隱之意。

索居閒處　沈默寂寥

求古尋論　散慮逍遥

欣奏累遣慼謝歡招

索。蕭索。獨處也。居。即處也。禮記檀弓云。離羣而索居。閒。有餘暇也。沉。晦也。默。靜也。寂寥。空虛之貌。皆所以形容其閒索也。求。覓也。古。往世也。尋。即求也。論。辨議也。散。解也。慮。思也。逍遙。游息也。詩小雅云。於焉逍遙。欣。喜也。奏。進也。累。罣繫也。遣。驅之使去也。慼。憂也。謝。絕之也。歡。亦喜也。招。召之使來也。承上節而言。甘恬退而即林臯者。處於蕭索閒散之地。沉靜晦默。虛空無人。蓋遠於朝市之喧雜也。乃以其暇日。考求往世典籍。搜尋辨論。以解散其思慮。而逍遙自適其心則日進於欣喜。而凡可歡者。皆召之而使來。至於可憂之事。一無罣繫於中。皆驅之使去而謝絕之。蓋辭位。則無憂國憂民之衷。而但有林泉可悅之趣也。○此一節。又爲下二節之綱領。○聞音𡡉

渠荷的歷園莽抽條

枇杷晚翠梧桐蚤凋

陳根委翳落葉飄颻

游鵾獨運淩摩絳霄

此承上索居閒處而言。乃林皋之景物也。渠。溝也。荷。芙蕖也。爾雅云。其莖茄。其葉荷。其本蔤。其華菡萏。其實蓮。其根藕。其中的。的中薏。的歷。光彩爛灼之貌。吳蘇彥芙蕖賦云。映的歷於朱霞。說文云。樹果曰園。莽。茂草也。抽。拔也。條。枝也。枇杷。果名。其葉四時不凋。晚。歲暮也。翠。鳥名。其羽青。故以青色爲翠。梧桐。木名。凋。葉落也。梧桐應秋之候。立秋節至。一葉先墜。故云早凋。陳。故也。根。草木之本也。委。棄也。翳。自斃者也。詩大雅云。其菑其翳。落。衰謝也。飄颻。風動物也。

爾雅云。四風為飄颻。鳥名。運。轉動也。淩。出其上也。摩。迫也。絳。赤色。霄。爾雅云。近天氣也。言林皋之中。渠有的歷之荷。園有抽條之莽。枇杷則歲暮而猶茂。梧桐則當秋而先零。根之陳腐者。委棄而自翳。葉之衰謝者。隨風而飄颻。至於鵾鳥之游。獨運轉於天際。淩虛摩空而在絳霄之上。其草木禽鳥之美如此。見索居閒處之樂也

耽讀翫市　寓目囊箱

此承上求古尋論而言。耽。溺也。讀。習其文也。翫者。熟觀之也。市。說文云。買賣之所也。漢王充家貧無書。嘗游洛陽書肆。閱所賣

書。一見輒能記憶。寓。寄托也。囊說文云。槖也。有底曰囊。無底曰槖。箱。竹器。皆所以貯書者也。言求古尋論者。其志之所好。如王充之躭於讀書。至適市以翫其文。而目所寄托。惟囊箱中所貯之書籍也。

易輶攸畏屬耳垣墻

此言言語之謹。亦處身之道也。易。忽也。輶。輕也。詩大雅云。德輶如毛。攸。所也。畏。懼也。屬。進也。垣。即墻也。詩小雅云。君子無易由言。耳屬於垣。言勿以言語爲輕忽。此正所當畏者。雖隔垣墻。而聽者連屬其間矣。出我之口。即入人之耳。可不畏哉。○易去聲

具膳飡飯適口充腸
飽飫烹宰飢厭糟糠
親戚故舊老少異糧

此下十節。皆言治家之道。蓋推其類而廣言之。此言飲食之節也。具。辦也。膳。食也。飡。吞也。熟穀而薦之爲飯。適。便也。充。滿也。飽。食多也。飫。即厭也。烹。煮也。以物調和食味也。宰。屠殺也。饑。餓也。厭。足也。糟者酒之滓糠者米之皮。漢書食貨志云。貧者食糟糠。親戚。姻眷也。故舊。昔所知識之人也。老。年長者。少。年幼者。異。分别之也。粮。食也。言膳以爲食者。惟欲適於口。以滿其腹而已。故飽則雖有肥甘。亦厭飫而不能食。饑則雖糟糠之粗。亦自以爲足。然則親戚故舊之老者少者。當分别其食。蓋老者。非肉不飽。少者粗糲可充。不可無節也。○少去聲

妾御績紡侍巾帷房

紈扇圓絜銀燭煒煌

晝眠夕寐藍筍象牀

此言寢處之安。妾次於妻者。禮記內則篇云。聘則爲妻。奔則爲妾。六書正譌云。从立从女。侍側之義。御即侍也。績緝麻也。紡說文云。網絲也。巾者。蒙首之衣。釋名云。二十成人。士冠庶人巾。春秋左傳。嬴氏對晉太子曰。寡君使婢子侍執巾櫛。帷。釋名云圍也。以自障圍也。說文云。在旁曰帷。在上曰幕。房。室也。齊地之絹曰紈。扇者。搖風之物。方言曰。自關而東謂之箑。自關而西謂之扇。紈扇。以紈爲扇也。圓。言其形。絜。與潔同。又約束之義。爾雅云。白金謂之銀。燭。蠟炬也。穆天子傳云。天子之寶。璿珠燭銀。郭璞云。銀有精光如燭也。煒煌。火光炫燿之貌。晝。日中也。眠。臥也。夕。暮也。寐。眛也。目閉而神藏也。莊子云。其寐也魂交。藍。染青之草。筍。竹萌也。書顧命云。敷重筍席。蓋以蒻竹爲席也。象。獸名。其牙可以飾器。牀。說文云。身之安也。釋名云。人所坐臥曰牀。言妾御之職。以績麻紡絲爲事。而執侍巾櫛於帷幕房室之內。以紈爲扇。而團圓約束。有燭如銀。而光焰煒煌。晝之所臥。夕之所寢。有藍色之筍席。與象牙所飾之牀。其美如此。

弦歌酒讌接杯舉觴

矯手頓足悅豫且康

此言宴會之樂。弦。絲樂也。琴瑟之屬。歌。唱也。論語云。聞弦歌之聲。戰國策云。帝女儀狄作酒。醼。置酒以會客也。接。受也。杯觴。皆酒器。舉。動也。矯。高舉之貌。以足著地曰頓。悅豫。皆喜也。且。語辭。康。安樂也。言作樂置酒。以宴賓客。而捧杯觴者。則高舉其手。聞弦歌者。則以足頓地而爲之節。其心喜樂而安康也。

嫡後嗣續祭祀烝嘗

稽顙再拜悚懼恐惶

此言祭祀之禮。嫡妻所生之子也。後。承祖父之宗者也。嗣。繼也。續。接也。詩小雅云。似續妣祖。以飲食享其先人曰祭祀。烝。嘗。皆祭祀之名。禮記王制云。春曰礿。夏曰禘。秋曰嘗。冬曰烝。言烝嘗而不言礿禘。省文以就韻也。顙。額也。稽顙。以額至地也。再。重也。拜。以手伏地也。禮記檀弓云。稽顙而後拜。頎乎其至也。悚懼恐惶。皆畏怖之意。甚言其敬之至也。言嫡子而爲後者。以繼續其祖父。而修四時祭祀之禮。其祭必敬。以首叩地。重之以拜。所以深致其敬畏也。

牋牒簡要顧答審詳

此言應酬之方。牋，說文云。表識書也。書版曰牒。說文云札也。簡畧也。要約也。顧回視也。答對也。審熟察也。詳備也。言與人酬接者。以筆札對人。則撮其要畧。使覽者不煩。以言語對人。則熟察其理而備言之。使聽者周知也。雖詳畧不同。而各有其方如此。

骸垢想浴執熱願涼

此言人情之宜。骸身體也。莊子云。百骸九竅六藏。賅而存焉。垢汗穢也。想思也。浴澡

身也。執。持也。熱。釋名云。爇也。如火所燒爇
也。願。欲也。涼。寒氣也。詩大雅云。誰能執熱。
逝不以濯。言身之汙穢者。則思澡洗以潔
之。執持熱物者。則欲寒氣以解之。皆人情
之所同然者也。

驢騾犢特　駭躍超驤

此言畜産之蕃。曲禮云。問庶人之富。數畜
以對。即此意也。驢。説文云。似馬長耳。騾。説
文云。驢父馬母也。犢。説文云。牛子也。特。牛
父也。駭。驚也。躍。跳也。超。躍而過也。驤。騰躍
也。言此四畜。驚駭跳躍。其材
可用。居家者所不可無也。

誅斬賊盜捕獲叛亡

此言禦患之術。誅。戮也。斬。殺也。春秋左傳云。殺人不忌曰賊。又云。竊賄爲盜。捕。擒也。獲。得也。叛。背也。亡。逃也。言禦患者。於攻劫竊盜。則必誅戮斬殺之。有背叛而逃亡者。則必追擒而得之。然後可無患也。

布射僚丸嵇琴阮嘯

恬筆倫紙鈞巧任釣

釋紛利俗竝皆佳妙

此言器用之利。伎藝之精。處家者皆不可不備也。布。呂布也。射。發矢也。劉備與袁術相攻。呂布曰。布不喜合鬪。但喜解鬪耳。令樹戟於營門。言諸君觀布射戟小支。一發中者。諸君當解去。即舉弓射戟。正中小支。僚。熊宜僚也。丸。彈也。宜僚善弄丸。八者常在空中。一者在手。嵇姓。名康。本姓奚。以避怨。移家於譙國銍縣嵇山之側。因以爲姓。琴。樂器。嵇康善彈琴。嘗遊洛西。遇異人授以廣陵散。聲調絕倫。阮姓。名籍。嘯。蹙口。出聲也。阮籍善嘯。陳留有阮公嘯臺。恬。蒙恬

毛施淑姿工嚬妍笑

也。筆。釋名云。述也。述事而書之也。博物志云。蒙恬造筆。倫。蔡倫也。紙。釋名云。砥也。平滑如砥石也。漢和帝時常侍蔡倫作紙。鈞。馬鈞也。扶風馬鈞。性巧。造指南車。又作木人。能跳舞。與人無異。任。姓。以餌取魚曰釣。莊子曰。任公子爲大鈎。巨緇。五十犗爲餌。投於東海。得大魚而腊之。自淛河而東。莫不厭若魚者。釋。觧也。紛。煩亂也。利。便也。俗。世俗也。並。并也。皆。俱也。佳。善也。妙。好也。言此數者。皆可以觧煩理亂。而便於世用。佳善而好妙也。

此言美色之宜遠。亦處身之道也。毛。毛嬙也。施。西施也。皆古之美人。愼子云。毛嬙西施。天下之至姣也。淑。美也。姿。容也。工。善也。顰。蹙額也。莊子云。西施病心而顰。人見而美之。妍。好也。笑。喜而解顏也。詩衛風云。巧笑倩兮。言婦容之美。如古毛嬙西施。而又善自修飾。工於顰而巧於笑。足以迷惑人也。

年矢每催曦暉朗曜

璇璣懸斡晦魄環照

指薪修祜永綏吉劭

此言爲善之宜勤。亦處身之道也。年。歲也。矢。漏矢也。漢書云。孔壺爲漏。浮箭爲刻。每頻也。催。促也。曦暉。皆日之光。朗。明也。曜。即照也。璇。美珠也。璣。機也。書舜典云。在璿璣玉衡。懸。繫於空處也。斡。轉也。蓋以美珠綴於璣上。以象列宿次舍。而懸空轉動。以應天之運行。晦。月盡也。魄。月體之黑者。環。還也。言月至晦則無光。而但有體魄。至於來月。又復生明。循環相照也。於年矢則言日暉。於璇璣則言月魄。亦互文也。指。示也。薪。柴也。莊子云。指窮於爲薪。火傳也。不知其盡也。修。治也。自治其身也。祜。福也。永。長也。綏。安也。吉。祥也。劭。勸勉也。言人當力於爲善。惟日不足。年歲之去。有漏矢以頻催。璿璣之運動者。晝夜相迫。晝則日光朗照。夜則月魄循環。日月逝而老將至。不可以不修也。因舉莊子指薪之喻。言薪雖盡而火則傳。惟勤修以獲福。則其身長安。不與年而俱盡。其以吉祥之事。自爲勸勉可也。

矩步引領俯仰廊廟

束帶矜莊徘徊瞻眺

此言威儀之宜慎。亦處身之道也。矩。爲方之器。步。足蹈也。禮記玉藻篇云。折旋中矩。引。延也。領。頸也。孟子云。引領而望。垂首爲俯。舉首爲仰。廊。廡也。廟者。棲神之處。束。繫也。帶。說文云。紳也。矜者。持守之嚴。莊者。容貌之端。徘徊。徬徨不進之貌。瞻。仰視也。眺。望也。言慎其威儀者。其行步必合於矩。而舉首延頸。一俯一仰之間。如在廊廟之中。有束帶端嚴之象。而徘徊瞻眺。無不中禮也。蓋入廟則思敬。而束帶乃盛服。舉此以見動容之恭。猶論語如承大祭。如見大賓之意。俯。承上矩步而言。仰。承上引領而言。徘徊。亦承上矩步。瞻眺。亦承上引領也。

孤陋寡聞愚蒙等誚

此節總承上文而結言之。以致其儆戒之意。孤。獨也。陋。鄙也。寡。說文云。少也。聞。知識也。愚者。無知之人。蒙。昧也。等。類也。誚。譏也。言處身治家。其道多端。所當博考而詳識之。若孤獨鄙陋。少所聞識。則與愚昧無知之人。同類而共譏矣。可不戒哉。

右第四章

此章言君子窮而在下。惟盡其處身治家之道。蓋與上章對待言之。處身者。以小心為要。因推其類。而言見幾之哲。美色之遠。爲善之勤。以及言語之謹。威儀之慎。無之可忽。治家者以本富爲重。因推其類。以及飲食之節。寢處之安。安會之樂。祭祀之禮。應酬之方。人情之宜。禦患之術。畜産之蕃。器川之利。伎藝之精。亦無之可忽也。末則總言以深戒之。

謂語助者焉哉乎也

謂。稱也。語。言也。助。輔益之也。凡語意已全。而辭未足則以通用之字益之。謂之語助。哉乎。疑辭。焉也。決辭。言焉哉乎也四字。乃助語之辭也。此與通篇文不相蒙。蓋作者爲文既終。而尚存數字。乃復爲韻語以終

傳古樓景印

圖書在版編目（CIP）數據

三字經、百家姓、千字文 / 王星主編. -- 杭州 : 浙江大學出版社, 2020.7（2024.6 重印）
（狀元閣蒙學叢書）
ISBN 978-7-308-20255-8

Ⅰ. ①三… Ⅱ. ①王… Ⅲ. ①古漢語－啟蒙讀物 Ⅳ. ①H194.1

中國版本圖書館 CIP 數據核字 (2020) 第 093609 號

蒙學叢刊 狀元閣蒙學叢書

幼學瓊林

王星 主編

浙江大學出版社

傳古樓據啟軒書室藏清代狀元閣刻本影印原書板框高一九六毫米寬三〇四毫米

欣逢
至治擢取鴻才時藝之外兼命賦詩使非典籍先悉
於胸中未有揮毫不窘於腕下者然華子之類賦姚
氏之類林卷帙浩繁艱於記憶惟程允升先生幼學
一書誠多士饋貧之糧而制科度津之筏也但碎金
積玉原屬無多則摘豔熏香應增未補度幾文人足
供驅使奈坊刻所補殊不雅馴在老成能知去取固
誚續貂若初學未識從違反云全璧一經習染俗不

可醫即用針砭難痊痼疾矣爰採彙書各增編末文必絕佳片箋片玉語期可誦一字一縑並汰舊註之支離易新詮之確當詳所當詳而不厭其繁略所當畧而不嫌其簡務歸明晰一閱了然如藍田之琬琰元圃之琳琅能令見者寶之各欲私為枕秘因顏之曰瓊林覽是書者其以余言為不謬否昔

乾隆二十五年歲在庚辰仲春上浣

霧閣鄒聖脈梧岡氏書於寄傲山房

寄傲山房塾課新增幼學故事瓊林卷之首目錄

西昌 程允升先生原本　清溪 謝梅林硯傭氏
霧閣鄒聖脈梧岡氏增補　男 鄒可庭涉園氏仝參訂

書信便覽

致

客秋金陵聚晤備荷盛情銘戢五內自睽雅教又易寒暄久擬蕭椿中候馳詢起居祇以俗塵莫浣致阻裁牋抱歉何似邇值春光明媚花柳爭妍伏稔台綏加盛覃祉倍增曷勝顒慰茲有某舍親來楚爲乃孫完娶素仰 老台翁盛德雅慕登龍囑弟走柱先通幸推情照拂足仞高懷耑候

一卷

新增故事瓊林　卷之首　一　李光明莊

吉祺臨書翹切

復

夏初接讀手書如親雅教回憶金陵暢聚屢易階蓂言念高情曷能已已晨下金風乍拂溽暑頓消遙憶北窗逸致與古人素履同臻旋吉快贊何既某令親夙德高踪令人恨相見之晚文郎妙年儁品亦徵家範諸凡自當遵諭一磬地主之情空函奉覆即候近安臨楷依依

致

清晨造候文帷適逢貴西賓李先生云台駕連日公冗辰出

西旋難獲面晤弟奉商之事定須而罄方得詳審而又迫不及待明早務望撥冗於尊齋少憩片時弟郎肩輿就教幸毋靦同惡客避之惟恐不速也公郎試文清空一氣不染俗塵足徵陶汰功深案發定列前茅是採芹之先兆也頭目裴几攜歸謬加便語希高明鑒之順候佳祉不一

覆

近日適抱佛腳匆匆不遑辱承枉駕致失趨陪並奉諭言悵仄無似某君昨已旋旆兄台示云云想因此

新增古事瓊林

舉詰朝拱竢賁臨一
嚳顛末可耳小兒初
學操觚未敢就試
來示奬譽過實令汗
顏耳　兄台在此道
內爲金粟如來正當
爲後生小子一指迷
津稍遲命小兒幣金
登堂幸勿以不足教
棄之也藉詢吉履並
復不宣
致

不奉　教言及今數
月遙想興居福履欣
慰何如弟株守經年
迫于生計訂于三月
下旬買舟過武林是
役也一以希遇合于
新交一以呼將伯于
舊雨無如空囊羞澁

天文圖

星宿四時晝夜運轉無定形而有定位攷諸圖衆不同茲拘一說以備便覽其三垣可定南北而二十八宿則反視逆布勿泥方位視之

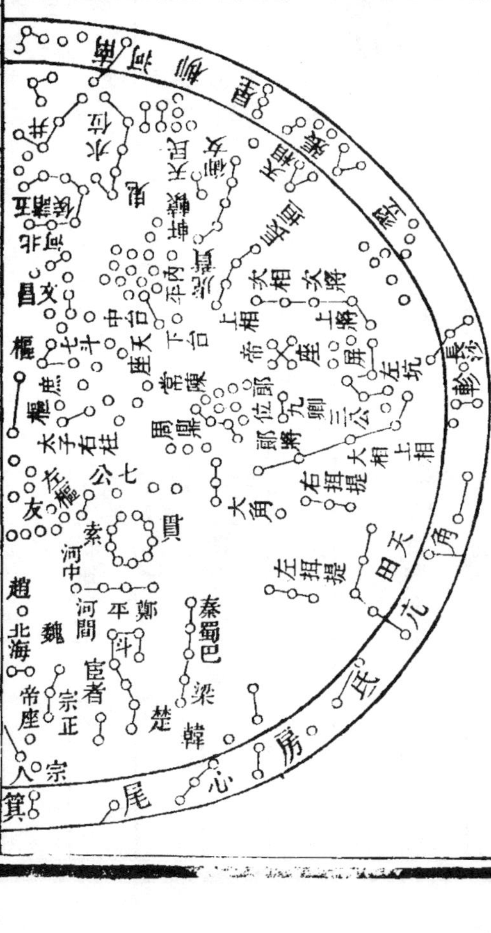

資斧缺如貢令設措
無地特叨愛末逕遣
价趨叩　台府代銀
百兩半存家用半載
行囊如荷俯俞足叨
雲誼年餘郵項奉償
決無或爽且特良友
信我平時故亦不署
務爲　質也肅此奉懇
不宣

覆

昨日抵省接讀翰示
知駕詠于春杪赴杭
爾時新綠漾波落紅
盈埜途次景物宜人
信可樂也承諭之項
理應如數奉上第客
冬既無遺意外之虞
而揹掮復發夙恙坤
吟咻褥狠狽不堪藥

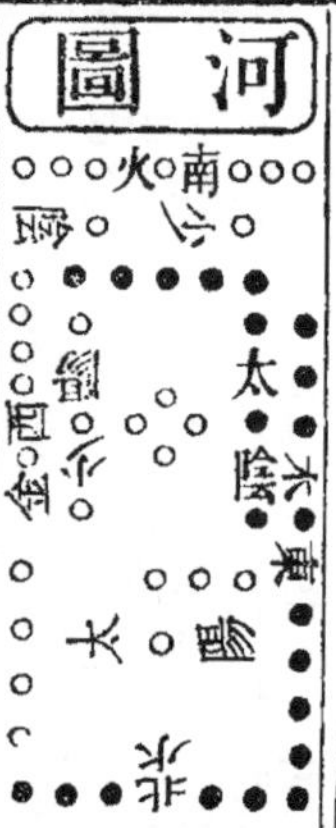

天文圖

三

餌之需典叙以應刻下實抱此苦情並非飾詞推卸其力不從心之處　台翁知必信我也附具若干用申微忱希莞存之

致

不奉芝標睽及二載酉秋在省承惠甚深久欲布謝盛情並候禔福祇以寄人廡下日夕弗遑寸芹莫展邇者日行北陸節屆藏冰伏審近禧順時增暢欣忭何極風便藉詢起居附將不腆用表微忱希莞存暨令弟均此敬候吟安臨穎不盡依依

覆

地輿圖

每方五百里山只五岳水只五湖四瀆府州備載州太稠者缺之縣並不載四彝惟載附近者

舊臘承惠雲函並拜
厚貺比以年終歲事
匆匆又兼乏便動致
遲奉覆茲際首春三
陽啟瑞正潭福榮臻
鴻猷丕振之候欣賀
欣賀自西秋一別株
守經年舍弟往來楚
中無從覓棲止之地
今于春王八日治裝
復適黔州遠道奔馳
實因飢迫耳叨在愛
末便一及之肅此奉
覆

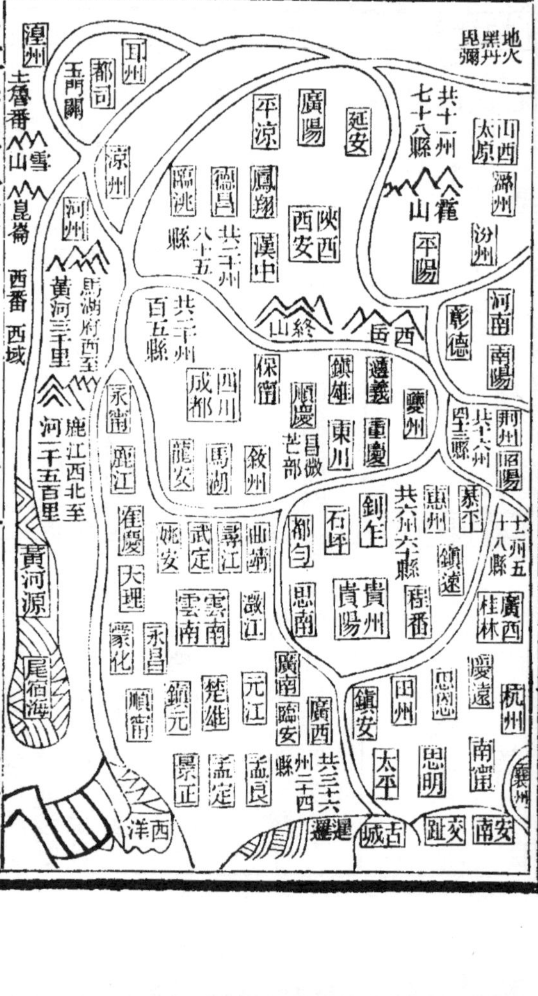

五岳真圖

此五岳圖乃地理中大法象載於性理故附之非必如抱朴子之說也

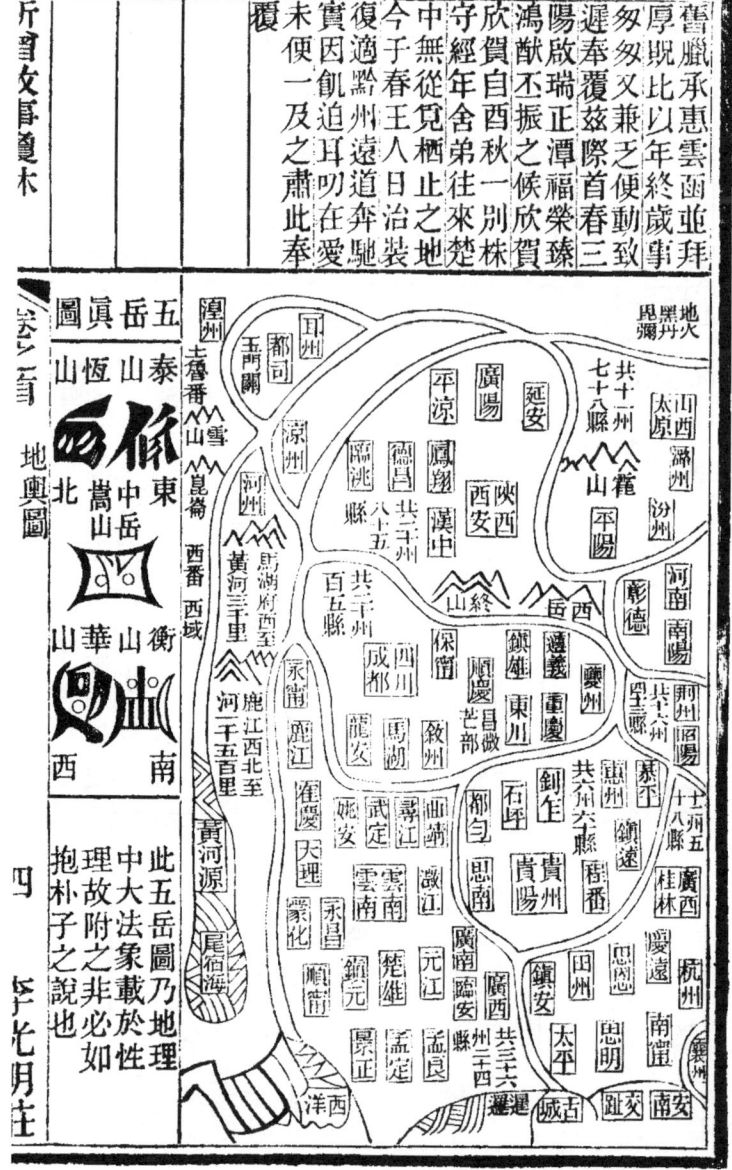

初冠祝詞
吉月令日始加元服
棄爾初志順爾成德
壽考維祺以介景福
再冠祝詞
吉月令辰乃申爾服
謹爾威儀淑慎爾德
眉壽永年享受景福
三冠祝詞
以歲之正以月之令
咸加爾服兄弟俱在
以成厥德黃耇無疆
受天之慶
配禮祝詞
旨酒既清嘉肴合芳
拜受祭之以定爾祥
承天之休壽考不忘
命字祝詞
禮儀既備言月令日
照告爾字爰字孔嘉

冠禮

男子年十五至二十皆可冠身及父母無期功以上喪始可行之

請戒賓啟式

眷某生某姓名頓首拜
奉啟
某官執事
某有子某或某親之子某年及成
人將以某月某日加冠於其首求
所以教之者僉曰以德以齒咸莫
君子宜至日不棄
寵臨以惠教之則某之父子感荷無
極矣未及躬詣
門下尚冀
亮照不宣
稱呼隨宜
某生某再頓首啟

男冠請帖

某日小兒加冠奉迓
台駕祇聆
誨伏祈
鴻賚臨曷勝欣忭之至
右啟

戒賓復啟帖式

奉覆
某官執事
吾子不棄召為冠賓深恐
嚴命有加敢不勉從至日
謹當躬造弗逭餘容
面既不宣
具名稱呼同上

速宿賓啟

某上
某官執事
某特以來日加冠於子
吾子既許以惠臨矣
某拜上

宿賓復啟

某復
某官執事承
命以來日行禮既蒙見宿
敢不夙
某拜上

髦士攸宜宜之於嘏
永保受之字某甫某
對曰某不敏敢不夙
夜祗奉

見廟祝文

禮儀三百莫重於冠
某之長子某今日冠
畢用敢率見伏惟鑒
格俯垂庇佑俾之成
人勿墜先志謹告

男家納采祝文

某之子某年漸長成
未有伉儷議擇某郡
某親之女爲配卜以
今日納采謹告

女家納采祝文

某之女年漸長成議
許某郡某親之男作
配茲以今日敬受納
采謹告

婚禮 納采問名者卽今具采擇之禮以求庚帖納吉納徵者卽今之卜吉而下禮幣請期親迎者謂選擇成婚之期

（男家納采啟式）

敬啟
大德望某翁某老親翁老先生
大人門下
忝眷侍教弟某頓首拜
伏承
尊慈不棄寒陋曲從媒議許以
令愛賜室僕之次男某茲遵
成典敬涓良辰用修
納采之敬以定百年之盟所有
菲儀具如禮目
伏惟
親慈俯賜
鑒納不宣
龍飛碟歲次瞇穀旦晪頓首

稱呼卽榮封大儲封大大倫或大
名世有官者或大台柱大人戎名大
隨其官其禮目男家書納采之敬

（女家復納采啟）

伏承
尊慈不棄寒陋過聽媒言擇僕
之次女作配
令嗣茲當納采更辱
盛儀永諧伉儷之盟愧乏瓊瑤
之報其庚帖菲儀具如禮目
伏惟
親慈俯賜
鑒納不宣
前後照上其禮書旋吉之敬

（女家復納徵啟）

伏承
嘉命委禽寒宗顧惟弱息教訓
無素竊恐弗堪過辱厚幣更
示吉期敢不惟
命是聽敬備以須伏惟
親慈俯賜
鑒納不宣
其禮目女家書旋吉之敬

親迎祝文
某之子某將以今日
親迎於某處某氏謹
以酒果用伸虔告

女嫁祝文
某之長女將以今日
歸于某氏謹以酒果
用申虔告

奠雁祝文
男室女家人之大倫
禮重婚姻嗣續所繫
某以父命迎娶某氏
共承宗祀卜以今日
成婚特伸昭告伏願
頤歆垂佑俾之宜室
宜家謹告

入棺祝文式
維年月日不孝某
等致奠於
顯妣某孺人之靈曰

（男家納徵啟式）
伏承
嘉命許以
令愛既室僕之男某茲將迎
娶敢涓吉日某明實惟婚
期謹具不腆之儀用申
納徵之敬伏惟
親慈俯賜
鑒允不宣
前後稱呼具名俱如納采式

（請親家帖）
謹卜具日潔觴奉扳
台從祇聆
清誨伏惟
俯臨不勝光寵之至
右啟
稱呼具名如納采式

（請女婿帖）
謹詹某日潔名奉迎
台駕借小女歸甯仰冀
惠臨不勝忻忭
大德配某號賢婿
忝岳某頓首拜

（禮帖式）
謹具
婚書成通
啟書成封
聘金成封
盒儀成封
奉申
納采之敬
忝眷侍弟某頓首拜

其禮目男家書納采之敬納徵之
敬女家俱書旋吉之敬○凡送聞
常禮則曰微敬送賀儀則曰賀敬
送壽儀則曰祝敬送初見禮則曰
贄敬送東脩儀則曰束敬四時八
節禮均曰節敬送人出行禮則曰
贐敬謝人禮物則曰謝敬送喪禮
則曰奠敬須隨事取用此俱用紅
簽惟奠敬則用藍簽其禮物多端
不及具載隨事用某物多寡列寫
其物名隨其指處具姓名

不孝罪孽深重禍
延我
殁一夢不還百事已
畢茲值入棺號痛
慘發父耶天耶何
忍永訣再覩無從
終天飲泣謹告

設靈祝文
痛維吾殁奄忽棄世
於茲吉日敬設靈座
於正寢謹以牲醴果
品用申哀獻謹告

成服祝文
嗚呼吾殁奄忽棄世
音容莫覩憂心如醉
哀奠一觴惟祈福萃
謹告

朔望祝文
日月易邁爰及初朔
夙興夜寐哀慕不甯

（全領帖以禮答式）

眷侍教弟某頓首拜
領
謝
附具
家鵝四翼
粗果二封
聊申
回敬

或盡受了以物答之照此式
如無物回答不用附具回敬
等字只用紅簽寫領謝二字

（半領帖）

姻教弟某頓首拜
某物拜嘉餘珍
璧
謝

（定聘請答啟）

某日爲小婉新聘奉迓
台駕祗聆
大誨伏祈
早臨曷勝榮幸之至
有啟
大三元某翁老先生台下
眷侍教生某頓首拜

喪禮
祖殁曰祖妣繼母曰繼妣生母曰生妣妻妾曰亡室兄弟
以上稱字稱公以下稱名妻以上稱孺人係以氏餘稱氏

（訃狀式）

不孝某等罪孽深重不自殞
滅禍延
顯考妣不幸於某年某月某日某
時卒於正寢敬此訃
聞 孤哀子某等泣血稽顙
期服功服孫某稽首

（門外訃式）

不孝某等罪孽深重不自殞
滅禍延
顯考妣某翁孺人享年幾歲距生於
某年某月某日時不幸於某年
某月日時壽終正寢謹此狀
聞 稱名同上

喪禮帖式

音容莫接痛悼傷情
謹以牲醴庶羞之儀
用伸哀薦之禮謹告

開地祝文

涓兹吉日卜窆佳城
形體從歸神返室庭
謹卜牲品照鑒微誠
謹告

柎祥祝文

日月不居奄及柎祥
夙興夜寐哀慕不違
謹以果品薦此柎祥
謹告

禫祭祝文

日月易邁親恩靡窮
謹以清酌庶羞之儀
祗薦禱事謹告

敗忌辰祝文

歲序流易諱日復臨
追遠感時不勝哀慕

（齋狀式）

不孝某罪孽深重不自殞
滅禍延
某親兹卜某月日扶柩出某
門詣某處繃塋竣穮向蒙
尊
慈垂郵哀感不勝謹具粗齋
申謝以
聞某日治喪
稱名同前

（齋狀式）

謹擇某月某日命孫某扶
家子某由某某門詣某處請
繃塋安穮向蒙
尊
慈垂郵不勝銘感謹具粗齋
申謝以
聞
稱謂隨宜
或冢子或季子及妻室用此式

（復啟期帖）

倏聞
令先尊大人卜葬佳地以襄大
事屬在戚未如期赴臨謹
復
眷教弟某頓首拜

（請祀土）

謹涓某日
先塋安葬奉屈
台從藉光
祀典增輝泉壤伏冀
俯俞曷勝哀感
右啟
大德望某翁某老先生門下
孤哀子某等泣血稽顙

（請題主）

謹涓某日肅治几筵奉扳
台從借重
鴻題
榮光宗祏伏冀
俯俞曷勝哀感
右啟
大德望某翁某老先生門下
孤哀子某泣血稽顙
祏音石廟中藏木主石室也

（行狀）

先嚴行狀奉
覽
孤哀子某泣血稽顙

謹以清酌庶羞之儀
用伸奠獻謹告

清明祭墓祝文

歲序流易雨露既濡
清明節屆撫景興思
仰瞻拜掃虔薦陳詞
神其庇佑鑒納禮儀
克昌厥後世代宏禧
謹告

祭后土祝文

維年月日某官某名
敢昭告于土地之神
曰某躬修歲事于某
親某官府君之墓維
時保佑實賴神休敢
以酒饌敬申奠獻謹
告

時祭祝文

歲序流易時維仲春
追感先靈不勝永慕

（訃帛帖）

謹具
粗帛幾端
奉申
台前
孤子某泣血稽顙
眷教弟某揮淚拜

（復帛帖）

謝
倏聞
訃音不勝哀悼帛紬暫領
尚俟躬奠不既
綜事子某等拜

（大小祥帖）

某日先嚴小大祥煩
駕指教敢希
賁臨無任哀感之至
小祥曰常事大祥曰祥事

（祔主請）

謹涓某日先妣入廟恭迎
台駕祇聆
鴻誨伏祈
光臨不勝榮幸之至
若請宗族廟宇提高居中添附配二字凡長者旁加煩駕指教

（親朋助賻）

謹具賻儀若干端入馳上
某親某公靈前伏乞
欣納無任感切
大孝某翁老先生苫次
眷教弟某頓首拜

（謝助賻帖）

家纍辭世慘哉此情幸
蒙憐念賻以
厚儀存歿均感揮淚裁
謝
孤哀子某泣血拜

（喪家請帖）

翼午菲酌奉扳
過敘移玉是望
大德望某號某老大人臺下
制侍教生某稽顙拜
凡孝子請客百日內父則曰孤
子泣血拜母則曰哀子父母俱
歿則曰孤哀子百日外用制某
稽顙拜

謹以牲醴庶羞之儀
祗薦歲事冀求景福
爰及旁親某公某焉
人耐食
如夏秋冬伏臘歲
暮將仲春二字改
易

敦請碎錦

日辰類
祭卜某日○吉卜某
日○謹詹某日○謹
卜某日○謹擇某日
○寅祭某日○郎辰
○郎午○郎刻○郎
暮○明辰○來日○
翌午○明午

陳設類
敬潔杯茗○肅值豆
觴○薄治蔬酌○特

（請尊長全帖）
謹卜某日敬具杯茗奉迓
高軒祗聆
鴻誨伏惟
貴臨不勝榮幸之至
右啟
大封君某翁某老先生臺下
眷晚生某頓首拜
稱尊長必曰大德望
有子讀書則曰大儲君又曰大
徵君

（請平交全帖）
郎午寅具蔬酌奉迓
高軒祗聆
大游伏惟
早賜惠臨勿御幸甚
右啟
大德望某翁某老大人閣下
眷教弟某頓首拜
稱平交又眷侍教弟
稱平交又曰大時望大鄉望有
讀書者稱大封君

（請晚輩帖）
翌午治茗屈
王一敘伏冀
早臨勿外幸甚
右啟
大時傑某翁某老先下執事
侍生某頓首拜
請晚輩今通用眷生自謙稱侍
教生或通家生○稱晚輩曰大
英毀大英傑大英望大茂才讀
書者曰大三元

（請讀書全帖）
郎午潔觴敬迓
文旌祗聆
德教伏冀
貴臨無任欣仰
右啟
大三元某翁某老先生文几
眷侍教生某頓首拜
讀書者用文從文旌自名因分
而書○又稱大春元大秋元貢
監生大京元大部元童生郎祓

具小酌○翦春韭酌
春醪○汲新泉煮春
茗○博園蔬酌村醪
○煮蔓青傾竹葉
奉屈類
灩膳奉迓文從○敢
扳文旆○敬迓文旆
○敢屈文駕
紆翠迓華軒○敬扳
車駕○敢屈玉趾○
奉扳華驂
館祇扳台駕○奉扳
台旌
新奉迓行旌○祇迎
行驄○奉迎行旆
膳奉迓法駕
隨奉扳鶴駕

請妻父伯叔

翌午敬治草酌奉迎
台駕祇聆
巨誨希惟
寵臨不勝榮幸之至
右啟
尊外舅某號某老大人座下
愚壻某頓首拜
如請妻伯叔稱呼易姻外舅
自稱愚姪壻
如請妻之姑夫姨夫亦因人

請姊夫外甥

翌午備觴奉邀
高車兼聆
台教即冀
光臨掃門拱候
右啟
大封君尊姊丈大人侍下
愚弟某頓首拜
請姊妹之子稱英長賢甥自稱
愚舅氏親不用頓首疎用姊妹
之子自稱眷生妻姪襟姪姻姪

請妻舅連襟外姪

卽午治茗敢屈
車從祇聆
清誨伏乞
賜臨勿卻為愛
右啟
某號賢內兄某老先生門下
愚眷弟某頓首拜
請妻兄弟之子稱大英長自稱
愚姑丈妻兄弟之壻自稱眷侍
教生妻姊妹之夫自稱愚襟弟

請姻伯叔帖

翼午薄治蔬酌奉迓
台駕祇聆
清誨伏冀
光臨不勝榮感之至
右啟
大封君某翁某親家大人閣下
姻眷弟某頓首拜
請姻伯叔稱姻伯台姻叔台自
稱姻眷教弟伯叔之子郎兒之
舅稱尊舅自稱姻世弟

請外祖母舅

翌辰潔觴奉迓
玉趾祗聆
鼎蒞伏祈
賁臨不勝欣躍
右　啟
尊舅氏某號老大人座右
愚甥某頓首拜
請外公稱曰
尊外祖老大人座前
愚外孫某頓首拜

請業師全帖

翌午寅具小酌奉迓
台從祗聆
鐸教仰祈
蚤賜寵臨曷勝感荷
右　啟
大業師某號老夫子文几
門生某頓首拜
凡請先生又稱大恩師大宗師
帖右函丈自稱受業或門人

表兄叔姪

翌午具觴奉迓
玉趾伏冀
蚤臨勿卻為愛
右　啟
大德望尊表兄某老先生台下
愚表弟某頓首拜
請表姪稱賢表姪自稱愚表叔
某拜○請表叔因人而稱自稱
愚表姪○請表弟稱賢表弟某
先生執事自稱愚表兄某拜
詰旦寅設非席奉邀

請同會朋友

文駕賁舍
清敘伏祈
光顧勿外幸甚
右　啟
大三元某號某老會丈詞壇
會教弟某頓首拜
凡同會朋友又稱會友會兄自
稱會愚弟

卷之首終

寄傲山房塾課新增

歷代帝王總紀

三皇紀【史記】以天地人爲三皇【通鑑】以宓羲神農黃帝堯舜爲五帝

盤古氏爲開闢首君，生於太荒，莫知其始，又曰混沌氏。天皇氏取天開於子之義，始制干支之名，以定歲之所在。地皇氏取地闢於丑之義，爰定三辰，是分晝夜，以三十日爲一月。人皇氏取人生於寅之義，政教君臣所

幼學故事瓊林卷之一

西昌　程允升先生原本　清溪謝梅林硯傭氏
霧閣鄒聖脈梧岡氏增補　男　鄒可庭涉園氏　仝參訂

天文　新增文十一聯

混沌音渾豚初開，乾坤始奠。混沌，元氣也。陰陽未分之象。乾，天也。坤，地也。奠，定也。【易】太極生兩儀。兩儀未分，其氣混沌，如雞子。盤古氏出，則天地之道達，陰陽之理，於是伏者爲天，偃者爲地。天尊地卑，乾坤定矣。【釋】兩儀，天地也。雞子，即雞卵。盤古，猶言盤固。

氣之輕清上浮者爲天，氣之重濁下凝者爲地。【說文】天地者，陰陽之祖也。神者，天之陽精；鬼者，地之陰氣。天統開於子，輕清之氣，一萬八百年，浮而爲天。天之精華，凝結而爲日月星辰，成象既著，功用乃行。地統闢於丑，重濁之氣，一萬八百年，凝而爲地。地之靈氣，融結而爲山川河嶽，成形既定，肸蠁攸召。【釋】氣，元氣也。凝，結也。

日月五星，謂之七政；天地與人，謂之三才。五星，金木水火土，合日月爲七政。【書】在璿璣玉衡，以齊七政。○天能覆物，地能載物

自起。飲食男女所自始。**有巢氏**上古穴居野處。構木為巢。教民居之。**燧人氏**上古皆茹毛飲血。鑽木取火。教民烹飪。

五帝紀【史記】以伏羲神農黃帝堯舜為五帝。【通鑑】以少昊顓頊帝嚳堯舜為五帝。

太昊伏羲氏以木德王。故風姓。有聖德。象日月之明。在位一百十五年。**炎帝**神農氏。姓姜。以火德王。始教民耕稼。

聖人裁成輔相。以助天地之所不及。而能成物。故天地閒萬物羣生。惟人最貴。人為萬物之靈。氣稟陰陽。道教化育。生生不已。與天地參。故曰三才。【釋】才。能也。

日為眾陽之宗。月乃太陰之象。【天文志】日為太陽之精。主生養恩德。人君之象也。人君有瑕。必露其慝。以告示焉。月乃太陰之精。以之配日。女后之象也。以之比象。刑罰之義。列之朝廷。諸侯大夫之類也。

虹音洪**名䗖**音帝**蝀**音凍**乃天地之淫氣。月著蟾**音蟬**蜍**音除**是皓魄之精光。**虹乃陰氣所為。陽氣下而陰氣應。則為虹。天地之淫氣。隨日所映。朝西暮東。雄曰虹。其色赤白。雌曰霓。其色青白。常雙出。○蟾蜍似蝦蟇。背黑。壽三千歲。頭有肉角。頷下丹書八字。后羿請不死之藥於西王母。其妻嫦娥竊而食之。奔月宮。遂化為蟾蜍。○月之光為魂。月之質為魄。

風欲起而石燕飛。天將雨而商羊舞。【地輿志】零陵山多石燕。遇風雨起而羣飛。雨止。仍復為石。○【家語】齊有一足鳥。遺使問孔子。子曰。此商羊也。昔有童子屈其一足。展臂而跳歌曰。天將大雨。商羊鼓舞。今齊有之。將大雨矣。

旋風名為羊角。閃電號曰雷鞭。旋風。屈曲上行之風。【莊子】有鳥名鵬。翼若垂天之雲。摶扶搖羊角而上者九萬里。○【淮南子】雷以電為鞭。電光照處。謂之列缺。○陰氣凝聚。陽在內不得出。則奮擊而為雷霆。電乃陰陽激躍。與雷同氣。發而為光。

青女乃霜之

在位一百四十年。黃帝有熊氏，姓公孫，名軒轅，國於有熊，以水德王，在位百年。少昊金天氏，姓己，名摯，黃帝次子，以金德王，能修太昊之法，在位八十四年。顓頊高陽氏，黃帝孫，始作厤，在位七十八年。帝嚳高辛氏，姓姬，名夋，少昊之孫，有四子，曰稷，曰契，曰堯，曰子摯，在位七十年。帝堯陶唐氏，帝嚳之子。又曰伊祁氏，在位一百年。帝舜有虞氏，黃帝八代孫，生於姚墟，故又姓姚。

神。素娥即月之號。[淮南子]秋七月，青女乃出，降以雪霜。霜者，喪也，陽氣所凝，其氣慘毒，物皆喪也。○素娥即嫦娥。

雷部至捷之鬼曰律令，雷部推車之女曰阿香。[搜神記]律令，周穆王時人，善走，死為雷部小鬼。○儀與周姓者出郭，日暮至道傍草舍中。一女子出見，周求宿。時及二更，聞門外有一小兒呼曰：阿香，官喚汝推雷車。女去，忽然雷雨。明朝視宿處，乃一新塚。

雲師係是豐隆，雪神乃是滕六。雲，山川氣也。地氣上為雲，天氣下為雨。[淮南子]季春豐隆乃出，以雲行雨。○[幽怪錄]唐蕭志忠為衡州刺史，欲出獵，有樵者見羣獸哀請於九冥使者。使者曰：若令滕六降雪，巽二起風，蕭使君不復出矣。日未明，風雪大作，忠果不出。

欻音忽火謝仙俱掌雷火，飛廉箕伯悉是風神。欻，風音，所吹起也。雷火之作，因風而起，故雷部之鬼曰欻火。[國史]祥符中，巨州玉仙觀為大火所焚，惟存一柱，上有謝仙火三字。謝仙，雷部之鬼。○飛廉，神禽，能致風，鹿身，頭如雀，有角，蛇尾豹文。[文苑]風伯名方道彰。一曰即箕星也。

列缺乃電之神，望舒是月之御。列缺注詳上雷鞭。○[淮南子]月御曰望舒。

甘霖甘澍音樹俱指時雨，玄穹音窮彼蒼悉稱上天。[爾雅]小雨曰霢霂，疾雨曰驟，徐雨曰零，久雨曰苦，曰霪，三日已上曰霖，久旱而雨曰甘霖，久雨不止曰愁霖，時雨澍生萬在位五十年。

夏紀 起大禹甲戌。盡桀甲午。凡十七王。并羿浞共四百四十年。

大禹 姒姓。名禹。字高密。顓頊孫。鯀之子。舜禪位與之。以金德王。治水有功。鑄九鼎以象九州。在位八年。○**帝啟** 禹之子。在位九年。**太康** 啟之子。不理國政。畋於洛水。有窮之君后羿。距於河。不得歸。在位二十九年。**仲康** 太康之弟。即位。羿爲相。在位十三年。**帝相**

物曰甘澍。與雪雜下曰霰。○郭璞云天形穹窿。其色蒼蒼。釋玄。黑色。蒼。青色。穹。高也。詩彼蒼者天。

雪花飛六出。先兆豐年。日上已三竿。乃云時晏。 冬月雪花六出。春月雪花五出。韓詩云江南三尺雪。人道十年豐。○天地積陰溫則爲雨。寒則爲雪。皆由地發。非從天降者也。雪爲五穀之精。凡花皆五出。惟雪花六出。蓋五者陽數。六者陰數。○天文志日出三竿。黃色赤暈。釋言日出三竿之高。初出色黃。到午色赤。將入色暈。

蜀犬吠日。比人所見甚稀。吳牛喘月。笑人畏懼過甚。 韓文蜀國山高少日。日出則羣犬吠之。○世說滿奮素畏風。侍魏武帝。坐北窗下。作琉璃屏。實密似疎。奮有寒色。帝笑之。奮曰。臣猶吳牛。見月而喘。○吳牛。水牛也。生江淮間南地多暑。此牛畏熱。見月疑是日。所以喘也。喘。氣急也。

望切者若雲霓音逆**之望。恩深者如雨露之恩。** 孟子民望湯。若大旱之望雲霓也。○雲興而雨至。霓見而雨止。言望雨者。喜雲興而恐霓見。以比望人者。望其至。而又恐其去也。○夜氣爲露。陰之液也。言受恩如萬物之受雨露也。

參商二星。其出沒不相見。牛女兩宿。惟七夕一相逢。 高辛氏。有二子。長閼伯。次實沈。二人爭鬬不已。帝遷閼伯於東方商丘。主商。實沈於西方大夏。主參。彼出則此沒。○齊諧記天河之東。有織女。天帝之孫也。勤習女工。容貌不暇整理。帝仲康之子。爲羿所逐。羿篡位。其臣寒浞殺羿自立。夏統中絕者。共四十年。**少康**帝相之子。寒浞殺羿滅夏。時相后方娠。奔有仍而生少康。後衆兵滅浞而少康立。在位六十一年。**帝杼**少康之子。在位十七年。**帝槐**帝杼之子。在位二十六年。**帝芒**帝槐之子。在位十八年。**帝泄**帝芒之子。在位十六年。**帝不降**泄子。在位五十九年。**帝扃**不降之弟。在位二十一年。**帝廑**之

憐其獨處。許嫁河西牽牛郎。嫁後竟廢女工。帝怒。令歸河東。惟七夕一會。

后羿妻奔月宮而爲嫦娥。傅說死其精神託於箕尾。○后羿嫦娥注詳上。○傅說。高宗相。【莊子】傅說乘東維。騎箕尾。而比於列星。蓋言說死。其精神託於箕尾二宿之間也。

披星戴月。謂早夜之奔馳。沐雨櫛音職**風。謂風塵之勞苦。**【呂春秋】宓子賤名不齊。爲單父宰。彈琴而理。不下堂而單父治。巫馬子期亦爲單父宰。戴星出。戴星入。日夜不居。以身親之。而單父亦治。期問於賤。曰子鳴琴而單父治。不見其勞。何也。賤曰。我任人。子任力。任人者逸。任力者勞。期曰是施之未至也。○【唐書】狄仁傑對武后曰。文皇帝櫛風沐雨。冒鋒鏑以定天下。傳之子孫。先帝以二子託陛下。今乃移之他族。無乃非天意乎。【釋】沐雨。雨濯其頭。櫛風。風梳其髮。風塵道途也。

事非有意。譬如雲出無心。恩可徧施。乃曰陽春有腳。【歸去來辭】雲無心以出岫。○【唐】宋璟。能愛惜民物。人號爲有腳陽春。【釋】言恩之所及。如春及物也。

餽物致敬。曰敢效獻曝音僕**之忱。託人轉移。曰全賴回天之力。**【列子】宋有田父。冬曝於日。不知天下之有廣廈隩室。綿纊狐貉。謂妻曰。負日之暄。人莫知者。當以獻吾君。必有重賞。里之富人謂曰。昔人有美莖芹萍子者。對鄉豪稱之。鄉豪取嘗。旨於口。慘於腹。哂而怨。此子類也。○

子。在位二十一年。**帝孔甲** 不降之子。在位三十一年。**帝皋** 孔甲之子。在位十一年。**帝發** 帝皋之子。在位十九年。**履癸** 發之子。卽桀也。暴虐無道。湯從而伐之。放於南巢三年。死於亭山。在位五十二年。

商 起湯乙未。盡紂戊寅。凡二十八主。共六百四十四年。

成湯 子姓。名履。契十二代孫。伐夏救民。天下歸之。以水德王。國號商。在位十三

【唐】太宗欲修洛陽宮。以備巡幸。張玄素諫曰。未有巡幸之期。而預修宮室。非今急務。且役瘡疾之人。襲亡隋之弊。恐又甚於煬帝矣。上卽罷之。魏徵聞之。嘆曰。張公論事。有回天之力。

感救死之恩曰再造　誦再生之德曰二天

【唐】郭子儀克復東京。肅宗勞之曰。朕之國家。由卿再造。【釋】再造。再生也。○【漢】蘇章爲冀州刺史。有故人任清河太守。章行部按其奸贓。守設酒。陳平生之好。喜曰。人皆有一天。我獨有二天。章曰。今日飲酒者。私恩也。明日案事者。公法也。遂正其罪。州境肅然。

勢易盡者若冰山　事相懸者如天壤

音讓【唐】楊國忠爲相。恃寵恣橫。人爭附之。或勸進士張彖謁之。曰。見之可圖富貴。彖曰。君輩以楊右相爲泰山。吾以爲冰山耳。若皎日出。君輩得無失所恃乎。遂隱嵩山。○陸厥與沈約書。一人之思。遲速天懸。一家之文。工拙壤隔。【釋】壤。地也。事之相懸絕者。如天與地隔絕之遠也。

晨星謂賢人寥落　雷同謂言語相符

晨星。早晨星也。或存或沒。寥落。寥寂冷落也。劉禹錫送張盥赴舉序。所謂同年友當其盛時。連轡舉鑣。亘絲九衢。今來落落。如晨星之相望。○【曲禮】毋雷同。【釋】符。合也。人言而附和之曰雷同。如雷之發聲。物無不同時應者。

心多過慮何異杞人憂天　事不量力不殊夸父追日

音誇【列子】杞人有憂天墜者。身無所寄。廢於寢食。有曉之者曰。天積氣耳。奈何而崩墜乎。

年。太子太丁早卒。湯崩。太子外丙二年。仲壬四年。太丁之子太甲立。**太甲**太丁死。外丙方二歲。仲壬方四歲。太甲湯之嫡孫。故立之。不明厥德。伊尹放之於桐宮。三年。太甲悔過。伊尹以冕服迎之。號爲太宗。在位三十三年。**沃丁**太甲之子。在位二十九年。**太庚**沃丁之弟。在位二十五年。**小甲**太庚之子。在位十七年。**雍己**小甲之弟。在位十二年。**太戊**雍己之弟。大修商湯之政。商道復興

其人曰。天果積氣。日月星辰。不當墜也。曉者曰。日月星辰。亦積氣之有光曜者。雖墜亦不中傷。其人始釋。○夸父欲追日影。逐之於暘谷之際。渴欲飲。赴河飲不足。將走北飲大澤中。未至渴死。棄其杖。膏雨所浸。生鄧林。竹廣數十里。**如夏日之可畏是謂趙盾如冬日之可愛是謂趙衰**【左】晉大夫趙盾。衰之子也。爲晉正卿。狄相酆舒問於狐射姑曰。趙盾趙衰孰賢。對曰。衰冬日之日可愛。盾夏日之日可畏。**齊婦含冤三年不雨鄒衍下獄六月飛霜**【漢】東海孝婦竇氏養姑甚謹。夫死不嫁。姑曰。我老累汝。乃自縊死。姑女告婦殺母。婦誣服罪。獄吏于公爭之不得。郡守竟殺之。郡旱三年。後郡守至。于公白其冤。曰咎在是矣。郡守致祭其墓。乃雨。○【周】鄒衍聞燕昭王下士。自梁至燕。燕昭王擁篲前驅。築碣石宮。師事之。昭王崩。惠王信讒。下衍於獄。衍不能白。仰天而哭。夏月天降霜。**父之仇不共戴天子道須當愛日**【曲禮】父之仇不與共戴天。兄弟之仇。不反兵。交遊之仇。不同國。○【揚子】事父母自知不足者。其舜乎。不可得而久者。事親之謂也。故曰。孝子愛日。【纂】愛日義如惜陰。**盛世黎民嬉遊於光天化日之下太平天子上召夫景星慶雲之祥**黎民。黑髮之民。【書】俞哉帝光天之下。至於海隅蒼生。【潛夫論】化國之日。舒以長。亂國之日。促以短。○舜時景星出。卿雲生。一曰德星

號曰中宗。在位七十五年。**仲丁**太戊之子。在位十三年。**外壬**仲丁之弟。在位十五年。**河亶甲**外壬之弟。在位九年。**祖乙**河亶甲之子。諸侯賓服。商道復興。在位十九年。**祖辛**祖乙之子。在位十六年。**沃甲**祖辛之弟。在位二十五年。**祖丁**祖辛之子。在位三十二年。**南庚**沃甲之子。在位二十五年。**陽甲**祖丁之子。在位七年。**盤庚**陽甲之弟。時商道寖衰。耿都又復河

形如半月。助月爲明。王者政教無私。則景星見。慶雲。其雲五色。王者德合於山陵則慶雲生。

夏時大禹在位。上天雨金。春秋孝經既成。赤虹化玉。【史記】大禹平治水土。功齊天地。是時天雨金三日。雨稻三日三夜。○孔子修春秋孝經既成。告于天。赤虹自天而下。化爲黃玉。長三尺。上有刻文。孔子跪而受之。

箕好風。畢好雨。比庶人願欲不同。風從虎。雲從龍。比君臣會合不偶。【書】庶明惟星。星有好風。星有好雨。【疏】箕。東北之木宿也。風乃土之沖氣。以木剋土。則飛騰上浮之象。自感之。故箕不與風期。而好風也。畢。西南之金宿也。雨乃水之精氣。以金生水。則蒸溼下降之象。自感之。故畢不與雨期而好雨也。○【易】雲從龍。風從虎。聖人作而萬物覩。【清暑筆談】龍。陽也。然爲陽中之陰。故龍之興。雲陽召陰也。虎。陰也。然爲陰中之陽。故虎之生。風陰召陽也。○不偶。非適然也。

雨暘音羊**時若。係是休徵。天地交泰。斯稱盛世。**【書】曰休徵。曰肅時雨若。又時暘若。【釋】暘。日出也。若。順也。休。美也。徵。驗也。○【易】泰。小往大來。吉亨。則是天地交而萬物通也。上下交而其志同也。【釋】小。小人。大。君子。天地以氣交。而萬物化生通泰也。上君下臣以心交。而興道致治。其志同也。

【增】**大圜乃天之號。陽德爲日之稱。**【文選】恢恢大圜。○【類書】日爲陽德。又曰陽景。

涿音泥**鹿野**

決復遷於亳。改商曰殷。能行商道。復興。在位二十八年。小辛盤庚之弟。是時殷道又衰。在位二十一年。小乙小辛之弟。在位二十八年。武丁小乙之子。傳說為相。殷道復興。號曰高宗。在位五十九年。祖庚高宗之子。在位七年。祖甲祖庚弟。時殷衰。在位三十三年。廩辛祖甲之子。在位六年。庚丁祖甲次子。在位二十一年。武乙庚丁之子。射天。暴雷震死。在位四年。太丁武乙

中之雲彩分華蓋。柏梁臺上之露。潤逼金莖。音恆史記黃帝與蚩尤戰於涿鹿之野。有五色雲氣。金枝玉葉。結花葩之象。覆於帝上。因作華蓋。○漢武帝起柏梁臺。作金莖。上有仙人掌。擎玉杯。承露。和玉屑飲之。可長生。欲知孝子傷心。晨霜踐履。每見雄軍喜氣。晚雪銷融。尹吉甫聽後妻言。逐子伯奇。奇自傷無罪。清晨履霜。按琴鼓之。因作履霜操。○唐李紳鎮揚州。章孝標賦春雪詩云。朱門到晚難盈尺。盡是三軍喜氣銷。紳覽而奇之。鄭公風。一往一來。御史雨。既沾既足。會稽錄射的山南有白鶴山。此鶴為仙人取箭。鄭弘嘗採薪於此。得一遺箭。頃有人來覓。弘還之。問何所欲。乃曰。患若耶溪載薪為難。願旦南風。暮北風。後果然。至今如故。呼為鄭公風。○唐顏真卿為御史。平原有寃獄。久不決。天大旱。真到郡。決獄而雨。時人呼為御史雨。赤電繞樞而附寶孕。白虹貫日而荊軻歌。帝王世紀黃帝之母附寶。見電光繞北斗樞星。感之而孕。二十四月生帝。日角龍顏。○燕荊軻入秦。刺秦王。太子丹送於易水。軻為歌曰。風蕭蕭兮易水寒。壯士一去兮不復還。精誠感天。白虹貫日。太子庶子之名。星分前後。旱年澇年之占。雷辨雌雄。晉天文志三星。天王正位也。中星曰明堂正位。此名前星。太子星。後星庶子星。○師曠雷初發其音

之子。在位三年。帝乙太丁之子。在位三十七年。受辛帝乙之子。即紂也。暴虐無道。武王伐之。紂衣寶玉自焚而死。在位三十二年。

周紀起武王己卯。至赧王乙巳。凡三十五世。八百六十七年。至東周壬子。八百七十四年。武王姬姓。名發。后稷十五代孫。文王昌之子。伐紂而有天下。以木德王。國號周。以太公望爲師。周公旦爲輔。在位十九年。成王武王

格格霹靂者。乃雄雷旱氣也。其音依依不大霹靂者。乃雌雷水氣也。中台爲鼎鼐音奈之司。東壁是圖書之府。三台星中台爲公卿。○東壁星主天下圖書。明則人君好文圖書集。張說詩東壁圖書府。西園翰墨林。魯陽苦戰揮西日日返戈頭。淮南子韓搆難。戰酣日暮。魯陽公與援戈揮之。日返三舍。○周瑜欲破曹。冬月間無東風。瑜患之。諸葛亮乃登壇以祭。瑜覩旗纛皆飄而西。因大驚。諸葛神機祭東風風迴纛音導下。東先生精神畢至。可禱三日之霖。張道士法術頗神。能作五里之霧。晉東皙。天旱。禱雨雨降。民歌曰。東先生通神明。請天三日甘雨霖。我黍以育。我稷以生。何以酬之。報東先生。○後漢張楷字公超。隱居弘農。學者隨之。所居成市。能爲五里霧。後華山南有公超霧市。兒童爭日如盤如湯。辯士論天有頭有足。孔子出遊。見兩小兒辨日。一曰日初出如車輪。其中時乃如盤。此遠者小近者大。一曰日初出時蒼蒼涼涼。其中時如探湯。此近者熱而遠者涼。孔子不能決焉。○蜀志吳使張溫來聘。溫問秦宓曰。天有頭乎。宓曰。有頭。在西方。詩云。乃睠西顧。溫曰。天有耳乎。宓曰。天處高而聽卑。詩云。鶴鳴於九皋。聲聞於天。溫曰。天有足乎。宓曰。詩云。天步艱難。若無足何以能步。溫曰。天有姓乎。宓曰。姓劉。溫曰。何以知之。宓曰。天子姓劉。以此

之子。年幼。周公相之。在位三十七年。**康王** 成王之子。天下太平。在位二十六年。**昭王** 康王之子。南巡漢濱。人以膠舟載王。至中流膠液王溺死。在位五十一年。**穆王** 昭王之子。得八駿馬。欲周行天下。周德始衰。在位五十五年。**共王** 共王穆王之子。在位十二年。**懿王** 懿王共王之子。在位二十五年。**孝王** 孝王懿王之弟。在位十五年。**夷王** 夷王孝王之子。在位十六年。**厲王** 厲王夷王之子。在位五十

知之。

月離畢而雨候將徵星孛辰而火災乃見 [詩]月離於畢。俾滂沱矣。[釋]蓋畢宿喜雨故云。○[左]昭公十八年。有星孛於辰。申須曰。諸侯其有火災乎。鄭裨竈曰。鄭若用瓘斝玉瓚。鄭必不火。子產曰。天道遠。人道邇。非爾所及也。

地輿

新增文十聯○附職方紀略

黃帝畫野始分都邑夏禹治水初奠山川 [史]黃帝畫野分州。得百里之國萬區。遂經土設井。立步制畝。使八家為井。井開四道而分八宅。井一為鄰。鄰三為朋。朋三為里。里五為邑。邑十為都。都十為師。師十為州。○[書]禹敷土。隨山刊木。奠高山大川。[管子曰]洪水橫流。不辨區域。禹自冀之西。分為荊豫梁雍。冀之東。分為兗青徐揚。為九州之地。定其山之高者。與其川之大者。以為之紀綱。

宇宙之江山不改古今之稱謂各殊 宇宙音。上下四方曰宇。往古來今曰宙。謂宇宙江山雖不改移。古今稱說其名不一也。

北京原屬幽燕金臺是其異號南京原是建業金陵又是別名 [附職方紀略] 北京古遼東地。號三韓。今曰北直。別號金臺。古燕冀域。領九府。二十州。一百二十縣。首府順天。別號燕山。乃禹貢冀州之域。周曰幽州。漢曰燕國。○南京今曰江南。別號金陵。古徐揚地。領十四府。十七州。九十六縣。首府江甯。別號

一年。**宣王**厲王之子。能修政事。法文武成康之遺風。卒成中興之名。在位四十六年。**幽王**宣王之子。寵褒姒。廢申后及太子宜臼。立爲犬戎所殺。在位十一年。**平王**幽王之子。遷都於洛邑。王室衰微。號令不行。在位五十一年。**桓王**平王之孫。在位二十三年。**莊王**桓王之子。在位十五年。**釐王**莊王之子。在位五年。**惠王**釐王之子。在位二十五年。**襄王**惠王之子。在位三十三年。

建康。乃禹貢揚州之域。楚威王以其地有王氣。埋金鎮之。故名金陵。厥後至吳自京口徙都於此。曰建業。**浙江是武林之區。原爲越國。江西是豫章之郡。又曰吳皋。**附職方紀略 浙江。有江其源發自歙縣王山。曲折而東入海。故曰浙江。別號兩浙。古會稽地。領十一府。一州。七十六縣。首府杭州。別號武林。乃禹貢揚州之域。春秋屬吳越。西南有虎林山。因避唐諱。改曰武林。○江西。別號豫章。古柴桑郡地。三面距山。背沿江漢。領十三府。一州。七十七縣。首府南昌。別號豫章。乃禹貢揚州之域。春秋戰國。爲吳楚之交。**福建省屬閩**音民**中。湖廣地名三楚。**附職方紀略 福建。別號閩中。古閩粵地。領九府。一州。六十縣。首府福州。別號三山。乃禹貢揚州之域。周七閩地。秦曰閩中。漢封無諸。爲閩越王。都此。晉曰晉安。○湖廣。別號三楚。古荊州。領十五府。十七州。一百九縣。首府武昌。別號鄂渚。乃禹貢荊州之域。淮北北沛陳汝南郡。此西楚也。彭城以東海吳廣陵。此東楚也。九江。江南豫章長沙。此南楚也。故曰三楚。**東魯西魯。即山東山西之分。東粵**員入聲**西粵。乃廣東廣西之域。**附職方紀略 山東。別號東魯。禹貢青兗之域。後爲三齊地。領六府。十五州。八十九縣。首府濟南。別號臨淄。漢爲濟南。唐曰臨淄。○山西。別號西魯。禹貢冀州之域。領五府。十九州。七十八縣。首府太原。別號晉陽。○廣東。別號東粵。禹貢揚州之南頃王襄王之子。在位六年。匡王頃王之子。在位六年。定王匡王之弟。在位二十一年。簡王定王之子。在位一十四年。靈王簡王之子。在位三十七年。景王靈王之子。在位二十五年。悼王景王之子。在位七月。敬王悼王之子。在位四十四年。元王敬王之子。在位七年。貞定王元王之子。在位二十八年。哀王貞定王之子。在位三月。思王哀王之弟。弒哀王。而

境。領十府。九州。七十八縣。首府廣州。別號羊城。春秋爲百粤地。又爲南楚。○廣西。別號西粤。禹貢荊州之域。領十二府。三十七州。四十六縣。首府桂林。別號建陵。春秋爲百粤地。戰國爲楚粤之交。

河南在華夏之中。故曰中州。陜西即長安之地。原爲秦境。

附職方紀略河南。別號中州。禹貢兗豫二州之域。領八府。十二州。九十五縣。首府開封。別號汴州。戰國曰大梁。五代曰東京。中國曰華夏。○陜西。別號關中。禹貢雍州之域。領八府。二十二州。一百六縣。首府西安。別號京兆。周王畿地。漢武帝立京兆馮翊扶風。爲三輔。北有長安故城。即秦宮跨渭處。

四川爲西蜀。雲南爲古滇。

音顛 附職方紀略四川。別號西蜀。禹貢梁州之域。領十府。二十二州。九十二縣。首府成都。別號益州。古蜀國。晉曰成都。曰錦城。○雲南。別號古滇。禹貢梁州之界。領十九府。二十九州。二十七縣。首府雲南。別號滇南。古徼外西南蠻所居。唐南詔地。南有滇池。周五百餘里。產千葉蓮。楚威王命莊蹻略定滇池。會秦擊楚道絕。因自王於滇。號滇國。漢曰益州。武帝朝彩雲見南中。故曰雲南。○史記滇水源廣末狹。有似倒流。故曰滇。

貴州實近蠻方。自古名爲黔今音鉗地。

附職方紀略貴州。別號貴竹。禹貢荊梁二州之南境。領十府。十二州。二十五縣。古西南蠻羅施鬼國地。漢屬牂牁郡。宋置大萬谷樂總管府。元改順元路。隸湖廣。明設貴州宣慰使司。永樂閒田首拒命。倒奪其地

自立。考王思王之弟，弒王而自立。在位十五年。威烈王考王之子。周室寖微，在位二十四年。安王威烈王之子。在位二十六年。顯王安王之子。在位四十八年。慎靚王顯王之子。在位六年。赧王慎靚王之子。在位五十九年。東周君惠公少子也。秦使相國呂不韋帥師滅之，周遂不祀。春秋戰國自癸丑至己卯，無統二十七年。

開設郡縣，號黔陽。

東嶽泰山。西嶽華山。南嶽衡山。北嶽恆音衡山。中嶽嵩山。此爲天下之五嶽。饒音堯州之鄱音婆陽。岳州之青草。潤州之丹陽。鄂音諤州之洞庭。蘇州之太湖。此爲天下之五湖。又曰天孫，又曰岱宗，爲五嶽之長。王者受命，恆封禪之。高四十餘里。山頂東南巖名曰觀雞，一鳴時見日始出。○華山在陝西西安華陰縣。上有石池，生千葉蓮花，服之羽化。高五千仞，井石壁立，如削成。昔李白登華山落雁峯，曰：此山最高，呼吸之氣想通帝座矣。恨不攜謝朓驚人詩來，搔首問青天耳。○衡山在湖廣衡州衡山縣，周八百里，名岣嶁山，軒翔聳拔九千餘丈。其峯最高者祝融。葬祝融於此，故名。常有鐵腳道人夜半登此觀日出，仰天大叫曰：雲海盪吾心胸。○恆山在山西大同府渾源縣。水經謂之玄嶽。高三千九百丈七尺。有太玄泉，神草十九種，服之可度世。○嵩山在河南府登封縣。有三十六峯，有玉女擣帛石立。秋前一日，中夜常聞有杵聲，有吹笙聲，世傳王子晉吹笙處。○鄱陽湖在江西南康府東南，一名彭蠡，一名揚瀾，闊四十里，長三百里，巨浸瀰漫，西抵南昌，東抵饒州，北流入於海。○青草湖在湖廣嶽州府，一名包巳。北連洞庭，南接瀟湘，東納汨羅之水。南有青草山，故名。○丹陽湖又曰練塘，在鎮江，周三百餘里，自應天溧陽縣接太平當塗縣界。○

吳姬姓。太伯之後。傳二十五主。滅於越。魯姬姓。周公旦之後。傳三十四主。燕姬姓。召公奭之後。傳四十二主。滅於秦。齊姜姓。太公望之後。傳三十主。滅於田和。陳媯姓。虞舜之後。傳二十五主。滅於楚。蔡姬姓。蔡仲之後。傳二十四主。滅於楚。宋子姓。微子之後。傳三十一主。齊楚魏滅之。楚芊姓。熊繹之後。傳四十二主。滅於秦。衛姬姓。康叔之後。傳四十二主。滅於秦。曹姬姓。武王弟之後。傳二十

洞庭湖。在湖廣岳州。相傳湖中有巨蚌。夜深展一殼如帆。吞吐明珠。與月爭色。太湖。乃禹貢河之震澤。**金城湯池。謂城池之鞏**音拱**固。礪**音例**山帶河。乃封建之誓盟。**城堅如金。則敵不可破。池熱如湯。則敵不敢近。北齊唐邕有治世才。文宣帝登童佛寺。問并州城池。或曰金城湯池。帝曰唐邕是金城湯池。此非也。○漢書高祖封功臣。盟曰黃河如帶。泰山如礪。國以永寧。爰及苗裔。**帝都曰京師。故鄉曰梓里。**都者。天子畿內官民聚會之處也。公羊傳京師者。天子之居也。○詩維桑與梓。必恭敬止。按梓楸屬。古者五畝之宅。樹桑梓二木於牆下。以遺子孫。給蠶食具器用。**蓬萊弱水。惟飛仙可渡。方壺圓嶠**音橋**。乃仙子所居。**蓬萊在海中。高千里。仙女謝自然泛海來蓬萊。一道士曰。蓬萊弱水三千里。非飛仙不可到。○西海之山。有水無力。不能負芥。故曰弱水。○拾遺記渤海東有大壑。中有五山。岱輿員嶠方壺瀛洲蓬萊。臺觀皆金玉。所居皆仙聖之種。**滄海桑田。謂世事之多變。河清海晏**音燕**。兆天下之昇平。**韻府海上三老人相遇。問年。一曰。吾憶少時與盤古有中外。一曰。滄海變桑田。吾輒下一籌。今已滿十屋矣。一曰。吾師食蟠桃。棄其核崑崙之下。今與崑崙齊矣。○秦莊襄王三年甲寅。黃河清。是年生漢高祖於豐沛。○海晏。安也。**水神曰馮夷。又曰陽**

六主滅於宋。**晉** 姬姓唐叔虞之後傳三十六主韓趙魏共滅之。**鄭** 姬姓桓公友之後傳二十三主滅於韓。**秦** 嬴姓伯益之後傳三十四主滅於漢。**韓** 姬姓武王子之子後傳十十主滅於秦。**魏** 姬姓畢公高之後傳九主滅於秦。**趙** 嬴姓飛廉之後傳十一主滅於秦。**田** 本在齊安至紂田和為諸侯傳七主齊主建滅於秦。**杞** 禹之後。**秦紀** 秦昭襄王併西周。子孝文

侯。火神曰祝融。又曰回祿。說文 軒轅之子馮夷為水官死為水神曰水夷。又曰無夷。博物志 華陽人八月上庚日渡河溺死。天帝署為河伯。故稱陽侯。○荒史 伏羲時有祝融氏都於鄶。以火為紀。名曰赤帝。左 鄭子產禳火於水神玄冥。火神回祿。

海神曰海若。海眼曰尾閭。博物志 天地四方皆海水相通地在其中。蓋無幾也。故海曰百谷王。神曰海若。○金華子 北海縣因發地得五銖錢。取之不盡。中一石云。此是海眼。以錢填之。眾懼復掩之。十洲記 海中沃焦山即尾閭。一石方圓四萬里。海水悉從其下而洩之。

望人包容曰海涵。音含 謝人恩澤曰河潤。文選 漢君天下涵之如海。○列女傳 漆室之女過時未適人。倚柱而哭。鄰婦曰。汝能嫁乎。曰非也。予憂者魯君老。太子幼。鄰婦曰。此丈夫之憂也。女曰。不然。昔有客過繫馬園中。馬逸踐予葵。使予終歲不飽葵。鄰婦奔使予兄追之。逢水溺死。使予終身無兄。予聞河潤九里。漸洳三百步。魯國有患。君臣父子皆被其辱。婦人將安所逃乎。

無繫累者曰江湖散人。負豪氣者曰湖海之士。唐 陸龜蒙字魯望。時乘小舟。載書一束。茶竈筆牀釣具。往來煙波上。號曰江湖散人。○三國志 漢陳登字元龍。許汜嘗與劉備共論人物。汜曰。元龍湖海之士。豪氣未降。備曰。君言豪。寍有事耶。汜曰。昔遭亂過下邳。見元龍無主客之禮。自上大牀臥。使客臥下牀。備曰。君有國士之名。今四海

立三日而薨，子莊襄王立，併東周。納呂不韋有娠之姬，而生政，爲始皇。起庚辰，盡二世甲午，凡十五年。

始皇帝 本姓呂，名政，以水德王。併吞六國，暴虐無道，焚書坑儒，在位十二年。

二世 始皇子，名胡亥，在位三年，爲趙高所弒。立子嬰，在位四十日，降漢，後爲項羽所殺，秦遂滅。

漢紀 高祖以壬辰起兵，乙未入關滅秦，己亥滅羽，盡獻帝庚子，凡二

橫流，帝王失所，而無救世之意。求田問舍，言無可採，是元龍所諱也。何緣與君語？如我自臥百尺樓上，臥君於地，何但上下牀之間耶。

問舍求田，原無大志；掀（音軒）**天揭地，方是奇才。**問舍，問安居之宅；求田，求取腴美之田。注詳於上。○掀揭者，言天地閒事，人皆廢墜，而我獨建豎，乃奇才也。

平空起事，謂之平地風波；獨立不移，謂之中流砥（音抵）**柱。**【黃山谷詩】一日風波十二時。○【文苑】昌國縣海中有砥柱，屹立中流，望之如人拱立。

黑子彈丸，極言至小之邑；咽喉俱言要害之區。黑子，痣也。【宋】趙普對太祖曰：大原既下，邊郡我獨當之，不如姑俟削平諸國，則黑子彈丸之地，安所逃乎。【文苑】城爲彈丸，地猶黑子。○【三國志】劉備率諸將進兵漢中，不利，令發益州兵。孔明問楊洪，洪曰：漢中，益州咽喉，若無漢中，則無蜀矣。發兵何疑。○張儀說趙王曰：今楚與秦皆昆弟之國，而韓梁稱東藩之臣，齊進魚鹽之地，是斷趙之右臂也。欲求無危，得乎。

獨立難持，曰一木焉能支大廈（音下）**；英雄自恃，曰丸泥亦可封函關。**【宋】袁粲與劉秉謀誅蕭道成，褚淵知之，以告道成，遂使戴僧靜攻粲。粲謂其子最曰：本知一木不能支大廈之崩，但以名義至此。僧靜踰城獨進，最以身衛粲，粲謂最曰：我不失忠臣，汝不失孝子。父子俱死，百姓哀之，謠曰：寧爲袁粲死，不

十四帝，四百年。并呂氏新莽，共四百二十二年。

高祖姓劉，名邦，字季。以布衣起兵，破秦滅楚，遂即帝位，以火德王。在位十二年。**惠帝**高祖太子。在位七年。**呂后**名雉。臨朝稱制，立諸呂爲王。后崩，大臣誅諸呂，迎立文帝。**文帝**高祖中子。親賢愛民，在位二十三年。**景帝**文帝之子。在位十六年。**武帝**景帝之子。興禮樂，立學校，在位五十四年。**昭**

作褚淵生，秉父子亦被殺。○【後漢書】王元謂隗囂曰：請以一丸泥封函關，此萬世一時也。囂甚壯其言。

事先敗而後成，曰失之東隅，收之桑榆；（榆音于）**事將成而終止，曰爲山九仞，**（仞，忍去聲）**功虧**（虧音奎）**一簣。**【漢】光武勞馮異書：始雖垂翅回谿，終當奮翼澠池，可謂失之東隅，收之桑榆。○【書】不矜細行，終累大德，爲山九仞，功虧一簣。

以蠡（蠡音螺）**測海，喻人之小見；精衛啣石，比人之徒勞。**【東方朔傳】以管窺天，以蠡測海。【釋】蠡，蚌殼也。○【山海經】炎帝之女，遊東海，溺死，化爲禽，名曰精衛，常啣西山木石，以塡東海。

跋涉謂行路艱難，康莊謂道途平坦。【詩】大夫跋涉，我心則憂。○【爾雅】五達謂之康，六達謂之莊。

磽（音敲）**地曰不毛之地，美田曰膏腴之田。**【賈山傳】地之磽者，雖有善種，不能生焉。【出師表】故五月渡瀘，深入不毛。○張瑀內殖貨財，及富貴，買田至四百頃，皆涇渭灌漑極膏腴。

得物無所用，曰如獲石田；爲學已大成，曰已登道岸。【左】吳將伐齊，越子率眾以朝焉，王及列士皆有饋賂。吳人皆喜，惟伍子胥懼曰：是豢吳也。乃諫曰：越在我，心腹之疾也。壤地同而有欲於我。夫其柔服，求濟其欲也，不如早從事焉。得志於齊，猶獲石田，無所用。也，越不爲沼，吳其泯矣。○【詩】誕先登於岸。【釋】岸指道之極至而言。

帝武帝少子。霍光爲輔。在位十三年。宣帝武帝曾孫。信賞必罰。在位二十五年。元帝宣帝之子。在位十六年。成帝元帝太子。耽於酒色。王莽專權。在位二十六年。哀帝元帝庶孫。在位六年。平帝元帝庶孫。王莽以毒酒投之。在位五年。孺子嬰宣帝玄孫。王莽踐祚。居攝。遂篡其位。在位三年。莽自立。改國號曰新。在位十八年。淮陽王景帝之後。起兵。諸將立爲帝。在位三

音滋澠音成之滋味可辨。涇音京渭之清濁當分。梁父俗傳禹治水功畢。土石黑數里之中。波若漆。故曰澠水。在臨淄。其水味極甘。齊易牙嘗調滋味。能辨二水。○詩涇以渭濁。按涇水出陜西平涼府。鎮原縣。笄頭山。東南至西安府高陵縣。入渭。渭水亦出陜西鳥鼠山。涇水濁。渭水清。合流三百里。清濁不雜。泌兵媚切水樂饑。隱居不仕。東山高臥。謝職求安。詩泌之洋洋。可以樂饑。晉謝安字安石。少有重名。徵辟皆不至。樂室會稽之東山。以山水文籍自娛。人皆曰。安石不出。如蒼生何。嚴命屢臻。勢不獲己。始就桓溫爲司馬。聖人出則黃河清。太守廉則越石見。經曰。黃河五百年一清。聖人出焉。此聖人受命。王者革命之象。○福州府城南海邊。有越王石。嘗隱雲霧中。太守貪者。不得見。惟五代宋虞愿字士恭。爲晉安守。節儉愛民。以廉能著。獨見之。淳音純俗曰仁里。惡俗曰互音護鄉。論語里仁爲美。○湻質樸也。二十五家爲里。仁里。里有仁厚之俗也。○論語互鄉難與言。○互鄉交相爲惡之鄉也。今河南商水縣。里名勝母。曾子不入。邑號朝歌。墨翟音宅回車。墨子水名盜泉。尼父不飲。邑號朝歌。顏淵不舍。里名勝母。曾子還駢。亭名柏人。漢高宵遁。以其名害義也。而鄒陽以朝歌不入爲墨子。未知孰是。按墨子宋人。姓翟。其母夢烏而生。因名曰烏。以墨爲號。今以墨爲姓。

年。光武帝景帝玄孫。起兵誅莽。復興漢室。帝恢廓大度。才明勇略。在位三十三年。明帝光武太子。壞光武制度。在位十八年。章帝明帝太子。凡事務從寬厚。在位十三年。和帝章帝第四子。在位十七年。殤帝和帝太子。在位一年。安帝章帝孫。在位十九年。順帝安帝太子。在位十九年。沖帝順帝太子。在位一年。質帝章帝曾孫。梁冀毒殺之。在位一年。桓帝

以翟爲名。釋朝歌以歌不及時。勝母則不孝。擊壤而歌。堯帝黎民之自得。讓畔而耕。文王百姓之相推。史堯遊於康衢。有老人含餔鼓腹。擊壤而歌曰。日出而作。日入而息。鑿井而飲。耕田而食。帝力何有於我哉。○虞芮二國爭田。連年不決。相謂曰。西伯仁人也。盍往質之。入其境。耕者讓畔。行者讓路。乃歎曰。吾儕小人也。退而以所爭田爲閒田。費長房有縮音蹜地之方。秦始皇有鞭石之法。神仙傳費長房學術於壺公。公問所欲。曰。欲觀盡世界耳。公與之以縮地鞭。欲至其處。縮之卽在目前。○三齊略秦始皇欲渡海。觀日出處。有神人鞭石作橋。石行不速。鞭之流血。堯有九年之水患。湯有七年之旱災。按堯使鯀治水。九載。績用弗成。禹乃嗣興。三過其門而不入。此乃洪荒一向未平之水。○史記湯時大旱七年。太史占之。曰。當以人禱。湯曰。禱爲民耳。若以人。請自當。遂剪髮斷爪。身嬰白茅。以爲犧牲。禱於桑林。大雨數千里。商鞅音央不仁。而阡音千陌音麥開。夏桀無道。而伊洛竭。蔡澤傳商鞅爲秦孝公。決裂阡陌。乃廢其經界。而壞井田。計畝起科。稅以病民。○老子伊洛竭而夏亡。河竭而商亡。今川源塞。塞必竭。大國必依山川。山崩川竭。亡之徵也。道不拾遺。由在上有善政。海不揚波。知中國有聖人。家語孔子初仕

章帝曾孫。在位二十一年。**靈帝** 章帝玄孫。在位二十二年。**獻帝** 靈帝少子。曹操遷帝於許。政歸於操。帝守位而已。在位三十一年。

三國紀 起漢昭烈辛丑。盡後主癸未。二帝四十三年。甲申至己亥無統者十六年。魏五主。四十六年。吳四主。五十九年。

漢昭烈 中山靖王之後。名備。字玄德。因曹丕篡漢。備遂即位於蜀。與魏吳鼎

為魯中都宰。長幼異食。強弱異任。男女別途。道不拾遺。器不雕飾。○周成王時。交趾越裳氏重三譯來獻白雉。周公曰。德澤不加。君子不享其質。政令不施。君子不臣其人。譯曰。吾受命吾國之黃耇曰。天無烈風淫雨。海不揚波。三年矣。意者中國有聖人乎。盍往朝之。使者還迷歸路。周公錫以指南車。常為先導。

增出 **神州曰赤縣。邊地曰穹廬。** 地輿志 崑崙東南方五千里。曰神州。中有和美鄉。帝王之宅。聖人所居。**白鷺洲二水中分。吳壯麗金牛路。五丁鑿破蜀空虛。** 李白詩 三山半落青天外。二水中分白鷺洲。○史記 秦欲吞蜀。詭言牛能糞金。欲獻蜀無路。蜀使五丁力士開路。秦得伐蜀。故史詩云。五丁不鑿金牛路。秦惠何由得併吞。**瀑布嶺頭懸。看碧空中垂白練。君山湖內翠。水晶盤裏擁青螺。** 李白咏廬山瀑布泉詩 日照香爐生紫煙。遙看瀑布掛晴川。飛流直下三千丈。疑是銀河落九天。○劉禹錫詩 湖光秋色兩相和。潭面無風鏡未磨。遙望洞庭山水翠。白銀盤裏一青螺。**浩蕩吳江。險稱天塹。** 塹鑱去聲 **嵯峨秦嶺。高謂坤維。** 文藝志 長江之險。曰天塹。釋 言若天設坑塹。界限域中也。○李白秦嶺賦 為天之樞。為坤之維。**雪浪湧鞋山。洗清步武**

立。在位三年。**後主**昭烈太子。在位四十年。降於晉。○魏曹丕。操之子。逼漢禪位。傳叡芳髦奐。○吳孫權。自立爲帝。傳亮休皓。

兩晉紀起武帝庚子。盡恭帝庚申。凡十五帝。一百五十四年。

武帝司馬炎。襲封晉王。廢魏主爲陳留王。遂篡魏滅吳。始紹大統。以金德王。在位二十五年。**惠帝**武帝太子。在位十七年。**懷帝**武帝第二十五子。爲

彩雲籠筆岫。絢出文章。鞋山。在鄱陽湖中。宋人有詩云。飛瓊乘醉出天闍。墮下弓鞋千古存。若使當年添一隻。雪花浪裏浴雙鳧。○涿郡有筆山。宛然若筆。宋人詩云。紫霧凝成應濡墨。彩雲籠處便生花。一天星斗晴光瞧。絢出文章自一家。**金谷園中。花卉**音毀**俱備。平泉莊上。木石皆奇。**石崇金谷園。在河陽。去洛城六十里。○唐李德裕平泉莊。花石俱奇。而醉石醒石尤珍重。自作記云。以平泉莊與人者。非吾子弟也。以一木一石與人者。非佳子弟。**灘之凶無如虎臂。路之險莫若羊腸。**水經注江水東流魚腹縣南。又經羊腸虎臂灘。漢楊亮爲益州刺史。至此而覆舟。蜀人又名爲使君灘。○羊腸狹小之徑。**煙樹晴嵐。**音南。**瀟湘可紀。武鄉文里。漢郡堪誇。**瀟湘有八景。謂山市晴嵐。漁村落照。江天暮雪。煙寺晚鐘。平沙落雁。遠浦歸帆。瀟湘夜雨。洞庭秋月。○南史范柏年。漢中人。宋明帝因與論廣州貪泉。適問曰。卿鄉中有此水否。對曰。臣漢中惟有文里武鄉廉泉讓水。帝問卿之居何在。對曰。臣在廉讓之間。**七里灘。是嚴光樂地。九折坂。乃王陽畏途。**七里灘在浙江。嚴光隱釣之處。○九折坂最險。王陽爲益州刺史。至其處。歎曰。奉先人遺體。柰何數乘此險。後王尊過其處。叱御進曰。此非王陽所畏處耶。人謂王陽孝子。王尊忠臣。**將軍征戰之場。雁門**

漢王劉聰所弒，在位六年。**愍帝**武帝之孫，亦爲聰所弒，在位四年。**元帝**宣帝曾孫，愍帝遇害，即位建康，爲東晉，在位六年。**明帝**元帝長子，克復大業，在位三年。**成帝**明帝長子，在位十七年。**康帝**成帝之弟，在位計二年。**穆帝**康帝太子，在位十七年。**哀帝**成帝長子，在位四年。**帝奕**哀帝之弟，在位五年。**簡文**元帝少子，在位二年。**孝武**簡文第三子，在位二十四

紫塞仙子遨遊之境，玄圃閬風。秦築長城，其土亦曰紫塞。○崑崙山有閬風苑，神仙所居，有玉樓十二，玄室九層，左瑤池，右翠水，環以弱水九重，非飆車羽輪不可到。

歲時　新增文十聯

爆音報**竹一聲除舊，桃符萬戶更新。**【異聞錄】李畋居山中，鄰人仲叟家爲山魈所祟，畋令旦夕在於庭中用竹著火中，鬼乃驚遁，至曉寂然安帖。故後人用爆竹，是其遺俗。○【山海經】東海渡朔山，有大桃樹，蟠曲三千里，其卑枝向東北，曰鬼門，萬鬼出入也。有二神，曰神荼，曰鬱壘，主領鬼之害人者，執以飼虎。黃帝法而象之，乃用桃板畫二神於門，以禦凶鬼。

履端是初一元旦，人日是初七靈辰。【左】先王之正時也，履端於始，舉正於中，歸餘於終。履端於始，序則不愆；舉正於中，民則不惑；歸餘於終，事則不悖。○【東方朔占歲書】天地初開，一日雞，二日狗，三日豬，四日羊，五日牛，六日馬，七日人，八日穀。其日晴，主所生之物盛，陰則災。[illegible]【嶠詩】七日最靈辰。

元日獻君以椒花頌，爲祝遐齡；元日飲人以屠蘇音徒**酒，可除癘**音例**疫，**音域【晉】劉臻妻陳氏，元日獻椒花頌，頌云：璇穹周迴，三朔肇建，青陽散輝，澄景載煥，美哉靈花

年。**安帝**孝武之子。被劉裕縊殺之。在位二十二年。**恭帝**安帝之弟。在位二年。為劉裕所弒。

南北朝紀南宋八主。五十九年。○齊七主。二十四年。○梁四主。五十五年。○陳五主。三十三年。○北隋三主。三十年。

宋武帝劉裕。小字寄奴。仕晉封宋王。受晉禪。在位三年。**少帝**武帝太子。在位一年。**文帝**武帝三子。在位三十

爰採爰獻。聖容映之。永壽千萬。○【唐】孫思邈除夕遺里人藥。令浸井中。元日取水置酒飲之。不病疫。名屠蘇酒。**新歲曰王春。去年曰客歲。**春秋之世。王者懦弱。人臣幾不知有王。故孔子作春秋書曰。元年春王正月。元年。乃魯隱公元年。正月。則周王定麻之正月也。傳曰。係王於春。大一統也。○客歲即舊歲。

火樹銀花合。指元宵燈火之輝煌。星橋鐵鎖開。謂元夕金吾之不禁。【唐】睿宗元夕作燈樹。高二十丈。燃燈五萬盞。號為火樹。【蘇味道元夕詩】火樹銀花合。星橋鐵鎖開。暗塵隨馬去。明月逐人來。遊妓皆穠李。行歌盡落梅。金吾不禁夜。玉漏莫相催。○李冰守蜀。作橋畫斗魁七星。名曰星橋。○金吾。漢戒夜行之官也。天子出行。執金革以禦非常。惟正月十五。敕金吾弛禁。前後各一日。謂之放夜。

二月朔為中和節。三月三為上巳辰。【唐】德宗。以寒食與上巳同時。欲以二月別為令節。李泌請以二月朔為中和節。取居春之中而和緩也。令民以絲囊盛百穀瓜果相遺問。曰獻生子。閭里釀宜春酒。以祭勾芒。祈豐年。百官進農書。以示務本。上悅。乃令與上巳九日為三令節。

冬至百六是清明。立春五戊為春社。【歲時記】冬至一百五日。有疾風暴雨。謂之寒食。【按】寒食前清明一日。則清明去冬至是百有六日。○麻官以立春後五戊為春社。立秋後五戊為秋社。

寒食節是清明

年。爲太子劭所弑。**孝武帝**文帝二子。起兵誅劭。遂立。在位十一年。**廢帝**孝武太子。在位十八月。**明帝**文帝十一子。在位八年。**蒼梧王**明帝長子。在位四年。爲蕭道成所弑。**順帝**明帝三子。在位三年。**齊高帝**蕭道成。仕宋封齊王。受宋禪。在位四年。**武帝**高帝太子。在位十一年。**明帝**高帝兄子。在位五年。**東昏侯**明帝太子。在位二年。**和**

前一日。初伏日是夏至第三庚冬至後百五日。謂之寒食節。又謂禁煙節。【晉】文公出亡。介子推從之。公飢。推割腕股。以啖公。公復國。推獨無所得。推作龍蛇之歌。隱於綿山。公求之不出。乃燔左右木。推抱木焚死。公哀之。令民禁火一日。故名寒食。○【麻忌釋】伏者。金氣伏藏之日也。四時代謝。皆以相生。立春木代水。水生木。立夏火代木。木生火。立冬水代金。金生水。惟立秋以金代火。金畏火。故至庚日必伏。庚者金也。從夏至第三庚爲初伏。四庚爲中伏。立秋後逢庚爲三伏。**四月乃是麥秋。端午却爲蒲節。**【月令】孟夏麥秋至。【釋】麥熟四月。故曰麥秋。○端午日午時。切菖蒲以泛酒中。飲之可辟瘟氣。故曰蒲節。**六月六日。節名天貺。**貺音況。**五月五日。節號天中。**【宋】哲宗元符四年六月六日。天書降。詔以此日爲天貺節。【釋】貺。賜也。○【提要錄】五月五日午時。爲天中節。**端陽競渡。弔屈原之溺水。重九登高。效桓景之避災。**楚屈原事懷王。被讒。貶於江南。五月五日。投汨羅江而死。楚人傷之。乃於是日造龍舟競渡以救。又於是日用竹筒貯米祭之。○【齊諧記】汝南桓景隨費長房遊。房曰。九月九日。汝家當有災。急令家人縫囊。盛茱萸繫臂上。登山飲菊酒。可免。景從其言。舉家登山。晚還。見牛羊雞犬盡死。房曰。代矣。**五戊雞豚宴社。處處飲治聾之酒。七夕牛女渡河。**

帝明帝第八子。在位一年。梁武帝蕭衍。仕齊。封梁公。受齊禪。在位四十八年。簡文帝武帝第二子。在位二年。爲侯景所弒。孝元帝武帝七子。在位三年。敬帝元帝九子。在位三年。陳武帝陳霸先。仕梁。封陳代梁。在位三年。文帝武帝兄子。在位七年。臨海王文帝太子。在位二年。宣帝文帝弟。在位十四年。後主宣帝

家家穿乞巧之針十。五戊立春五戊也。【韓詩】願爲同社人。雞豚宴春社。【李濤社日寄李文公詩】社翁今日沒心情。爲送治聾酒一瓶。○【天寶遺事】唐宮中每遇七夕。宮女各執九孔針。五色線向月穿之。過者爲得巧。○牛女。詳天文。中秋月明皇親遊於月殿。九日風高孟嘉帽落於龍山。【逸史】羅公遠有道術。中秋夜侍唐明皇玩月。取拄杖擲之化爲大橋。至一大城闕。遂曰。此月宮也。○【晉】孟嘉爲桓溫參軍。九日遊龍山。賓僚畢集。風吹落嘉帽。嘉不覺。溫敕左右勿言。嘉良久如廁。溫令取還之。時孫盛在座。溫令孫作文嘲嘉。嘉亦作文答之。秦人歲終祭神曰臘。故至今以十二月爲臘。始皇當年御諱曰政。故至今讀正月爲征。歲終合祭諸神之名。夏曰嘉平。殷曰清祀。周曰大蜡。漢因秦曰臘。○始皇名政。秦避其諱。改正月讀征月。東方之神曰大皞。首昊乘震而司春。甲乙屬木。木則旺於春。其色青。故春帝曰青帝。日行東方青道。曰東陸。盛德在於木位。其日甲乙。屬木。其神句芒。其帝太皞。乘震執規司春。蓋君之主時令者。曰帝。臣之佐時令者。曰神。南方之神曰祝融。居離而司夏。丙丁屬火。火則旺於夏。其色赤。故夏帝曰赤帝。日行南方

太子。在位六年。隋文帝楊堅仕北周。封隋。纂後周。滅陳。混一南北。國號隋。以火德王。在位二十四年。煬帝文帝第二子。弑兄。謀爲太子。弑父。自立。在位十二年。恭帝文帝之孫。在位二年。禪位於唐。

唐紀以己卯滅隋。癸未滅梁。甲申始正大統。終昭宣丁卯。凡二十帝。二百八十九年。

高祖李淵。冊唐公。受隋禪。在位九年。

赤道。曰南陸。盛德在於火位。其日丙丁。屬火。其神祝融。其帝炎帝。居離執衡司夏。**西方之神曰蓐**音肉**收。當兌而司秋。庚辛屬金。金則旺於秋。其色白。故秋帝曰白帝。**日行西方白道。曰西陸。盛德在於金位。其日庚辛屬金。其神蓐收。其帝少皞。當兌執矩司秋。**北方之神曰玄冥。乘坎而司冬。壬癸屬水。水則旺於冬。其色黑。故冬帝曰黑帝。**日行北方黑道。曰北陸。盛德在於水位。其日壬癸屬水。其神玄冥。其帝顓頊。乘坎執權司冬。**中央戊己屬土。其色黃。故中央帝曰黃帝。**無定位。無專氣。寄旺四時。與木火金水各七十二日。其日戊己屬土。其神后土。其帝黃帝。**夏至一陰生。是以天時漸短。冬至一陽生。是以日晷**音軌**初長。**【[illegible]】挈壺氏以百刻分晝夜。每時八刻。惟子午二時各十刻。冬至晝漏四十刻。夜漏六十刻。夏至晝六十刻。夜四十刻。春秋二分各五十刻。陰生於午。終於子。夏至爲一陰。大暑爲二陰。輪至小雪爲六陰。陽生於子。終於午。冬至又爲一陽。輪至小滿爲六陽。蓋小滿爲累日而進。陽在上者有一分之消。陰在下者有一分之長。是乾卦之初。已有三分之陰。積三十日爲夏至。則三十日分足。而一陰始成焉。其日道斂北。與極漸近。故天時漸短。小雪後累日而進。陰在上者有一太宗高祖次子。在位二十三年。高宗太宗子。立太宗才人武氏爲后。在位三十四年。中宗高宗太子。即位三月。爲母武后廢爲廬陵王。后改國號曰周。位二十一年。而死。狄仁傑迎帝復位。凡六年。睿宗中宗之弟。在位三年。玄宗睿宗三子。在位四十三年。肅宗玄宗太子。在位七年。代宗肅宗太子。在位十七年。德宗代宗長子。在位二十五年。順宗德宗太子。有疾傳位

分之消。陽在下者有一分之長。是坤卦之初。已有三分之陽。積三十日爲冬至。則三十日分足。而一陽始生焉。其日道發南。與極漸遠。故日晷初長。晷。日影也。禮冬至到而葭音加灰飛立秋至而梧葉落律曆志候氣之法。爲室。周密。布緹縵室中。以木爲案。從其方位。加六律管於其上。以葭灰抑其兩端。候陽氣至則灰飛。○金井梧桐。立秋時至則落一葉。上弦謂月圓其半係初八九下弦謂月缺音闕其半係廿音念二三弦。月半之名也。其形若張弓施弦也。月光都盡謂之晦三十日之名月光復蘇謂之朔初一日之號月與日對謂之望十五日之稱晦。灰也。火死爲灰。月盡似之。故爲月盡之名。○朔。蘇也。月死復蘇。故爲月初之名。○望。月滿之名也。月大十六。月小十五。日在東。月在西。遙相望也。初一是死魄初二旁死魄初三哉生明十六始生魄書維一月壬辰旁死魄。又厥四月哉生明。又維四月哉生魄。○月之質爲魄。月之光爲魂。初一無光。故曰死魄。十六稍虧光。故曰生魄。翼曰詰音乞朝皆言明日穀日吉旦悉是良辰翼明也。詰朝。平旦也。穀。善也。吉旦。令旦也。書越翼日癸巳。左詰朝相見。詩穀旦於差。片晌音賞即謂片時日曛音熏乃

太子。在位八月。憲宗順宗太子。在位十五年。穆宗憲宗太子。在位四年。敬宗穆宗太子。在位二年。文宗敬宗之弟。在位十四年。武宗文宗之弟。在位六年。宣宗憲宗十三子。在位十三年。懿宗宣宗太子。在位十四年。僖宗懿宗太子。在位十五年。昭宗懿宗第七子。在位十六年。昭宣昭宗太子。在位三年。朱溫篡之。唐遂亡。

云日暮。晌卽晌午之晌。曛日入餘光也。疇音田酬昔曩乃黨切者。俱前日之謂。黎明昧爽。皆將曙音樹之時。赤壁賦疇昔之夜。飛鳴而過我者。非子也耶。檀弓曩者爾心或開予。漢紀黎明圍宛城三匝。書時甲子昧爽。王朝至於商郊牧野。乃誓。○曙。天曉也。月有三浣。初旬十日爲上浣。中旬十日爲中浣。下旬十日爲下浣。學足三餘。夜者日之餘。冬者歲之餘。雨者晴之餘。唐制朝臣十日一給俸。爲浣沐之資。一月三給。以十日爲浣沐之期。○魏略董遇好學。謂人曰。學者當以三餘。夜者日之餘。冬者歲之餘。雨者晴之餘。以術愚人。曰朝三暮四。爲學求益。曰日就月將。列子宋有狙公。養狙。計食日與若茅。朝三暮四。衆狙怒。公曰。朝四暮三。衆狙悅。其實皆一也。釋茅。粟也。狙。猿屬。○詩日就月將。焚膏繼晷。日夜辛勤。俾晝作夜。晨昏顛倒。韓文焚膏油以繼晷。○詩式號式呼。俾晝作夜。自愧無成。曰虛延歲月。與人共話。曰少敘寒暄。虛延。空淹也。謂一事無成。空淹時日而已。○王獻之與兄徽之操之俱詣謝安。徽與操多言俗事。獻敘寒暄而已。客問王氏優劣。安曰。少者佳。吉人之詞寡也。釋暄。日暖也。可憎者人情冷暖。可厭者

五代紀 始後梁丁卯，終後周庚申，五代共五十四年。

後梁太祖 朱溫，仕唐，封梁王，弒昭宣，自稱帝，在位六年。末帝 太祖第三子，在位十一年。

後唐莊宗 李存勗，本姓朱邪，先世有功於唐，賜姓李。起兵滅梁，稱帝，在位三年。明帝 李克用養子，在位八年。閔帝 明宗太子，在位四月。廢帝 明宗養子，在位二年，自焚死。

世態炎涼謂世俗情態，皆羨富嫌貧，趨權附勢，冷落貧賤，爲可憎可厭。周末無寒年，因東周之懦音糯弱；秦亡無燠音郁歲，由嬴音盈氏之兇殘。【五行志】周失之舒，秦失之急，故周衰無寒歲，秦亡無燠年。【釋】燠，煖也。泰階星平曰泰平，時序調和曰玉燭。【東方朔傳】六星之符，上階爲天子，中階爲諸侯卿大夫，下階爲士庶人。六星平，則世治；斜，則世亂。○鍾山之神曰燭龍，視爲晝，瞑爲夜，吹爲冬，呼爲夏，身長千里。天關西北無陰陽消息，故以龍銜玉燭照天門。世治則火明，亂則火暗。【文膾】上治則四時調於玉燭。歲歉曰饑饉音謹之歲，年豐曰大有之年。【爾雅】穀不熟爲饑，蔬不熟爲饉。○【喜雨亭記】其占爲有年。唐太宗之大有年，斗米錢一文，外戶不閉，行旅不齎糧。唐德宗之饑年，醉人爲瑞；梁惠王之凶歲，野莩音殍堪憐。【周書】德宗播遷，年值飢饉，無釀酒者，偶市有一醉人，人人皆聚觀，以其爲祥瑞。○孟子謂梁惠王曰：野有餓莩。豐年玉，荒年穀，言人品之可珍；薪如桂，食如玉，言薪米之騰音縢貴。【世說】庾亮、庾翼並有才能，時稱亮爲豐年玉，翼爲荒年穀，言皆可貴也。○【國策】蘇秦之楚，三日乃見王。秦辭行。王曰：曾不少留？對曰：楚國食貴如玉，薪貴如桂。春祈秋報，農夫之常後晉高祖石敬塘。明宗壻。篡唐。在位七年。齊王高祖姪。在位四年。爲契丹所執。

後漢高祖劉智遠。逐契丹而代晉。在位二年。隱帝高祖太子。在位二年。

後周太祖郭威。仕漢。將士擁立。在位三年。世宗太祖養子。在位六年。恭帝世宗太子。在位六月。禪位於宋。

規夜寐夙興。吾人之勤事。月令孟春之月。天子乃以元日。祈穀於上帝。季秋之月。大享帝。嘗犧牲。告備於天子。○詩夙興夜寐。釋言早起夜臥。無有少閒。韶華不再。吾輩須當惜陰。日月其除。志士正宜待旦。春色曰韶光。若一失去。不復再來。人當少年。亦正如此。史大禹不寶尺玉。而惜寸陰。晉陶侃曰。大禹聖人。乃惜寸陰。吾人尤當惜分陰。○除。去也。言日月將舍我而去。當效周公坐以待旦。而急於行也。

增寒暑代遷。居諸迭運。詩日居月諸。釋居諸。日月也。九秋授禦寒之服。自古已然。詩七月流火。九月授衣。○歲時記唐人上巳日禊飲水濱。謂之踏青。盧公儀紀三月三日。上踏青鞋。三月上踏青之鞋。於今不改。雙柑斗酒。雅稱春遊。對影三人。儘堪夜飲。世說唐戴顒字仲若。春日攜雙柑斗酒。人問其故。答曰。往聽黃鸝聲。此俗耳鍼砭。詩腸鼓吹。○李白夜飲詩舉杯邀明月。對影成三人。五月孤軍渡瀘水。蜀丞相何等忠勤。上元三鼓奪崑崙。狄將軍更多妙算。諸葛亮前出師表受命以來。夙夜憂慮。恐付託不效。以傷先帝之明。故五月渡瀘。深入不毛。○宋狄青宣撫廣西。敵將儂智高守崑崙關。青至賓州。值上元節。

宋以庚申受周禪乙亥滅江南始正大統終帝昺己卯凡十八帝三百二十四年。

太祖趙匡胤仕周衆將擁立之以火德王在位十七年。**太宗**太祖之弟在位二十二年。**眞宗**太宗第三子在位二十五年。**仁宗**眞宗第六子在位四十一年。**英宗**安懿王子在位四年。**神宗**英宗長子在位十八年。**哲宗**神宗第六子在位十五年。**徽**

令大張燈燭首夜宴從將樂飲徹曉次夜復飲二鼓時靑忽稱疾暫起如內使孫元規暫主席少服藥乃出數使人勸勞坐客至曉客未敢退忽有馳報云是夜三鼓狄將軍已奪崑崙矣

二月撲蝶之會洵可樂焉元正磔雞之朝必有取爾○[歲時記]長安二月間士女相聚撲蝶爲戲名曰撲蝶會○[晉書]歲朝殺羊懸首於門又磔雞以副之者或問伏滔何義滔答曰是月土氣上升草木萌動羊嚙百草雞啄五穀故殺之以助生氣耳[釋]磔裂也

吳質浮瓜避暑陂塘九夏爲秋葛仙吐火驅寒戶牖三冬亦暖[吳質]夏月間與賓朋避暑魏文帝與質書云浮甘瓜於淸泉沉朱李於寒水○[晉]葛仙翁於冬月洹寒時請客口中吐火一室如春坐客皆袒衣

豪吟釋子夜敲咏月之鐘勝賞君王春擊催花之鼓[僧如滿詠月詩]團圓離海角漸漸出雲衢此夜一輪滿淸光何處無乃喜極撞鐘○[開元遺事]明皇二月旦遊上苑呼高力士取羯鼓臨軒縱擊奏一曲名春光好回顧柳杏皆發笑謂妃子曰不喚我作天工乎

淸秋汾水歌傳漢武之詞上巳蘭亭事記右軍之記[漢]武帝遊汾水秋風起歌曰秋風起兮白雲飛草木黃落兮雁南歸○[晉]永和九年三月三日王羲之與諸士子宴於會稽之蘭亭爲流觴曲水之樂因作蘭亭記

八

宗神宗第十一子。在位二十五年。金人逼之北去。欽宗徽宗長子。為金人逼之北行。殂於五國城。在位二年。高宗徽宗第九子。因徽欽北狩。即位南京。號南宋。在位三十六年。孝宗秀王之子。在位二十七年。光宗孝宗第三子。在位五年。甯宗光宗第三子。在位三十年。理宗太祖十四孫。史彌遠矯詔立之。在位四十年。度宗理宗之姪。在位十年。恭宗度宗次子。為元兵執

日臥含章簷下。壽陽試學梅妝。中秋過牛渚磯頭。謝尚細吹竹笛。南宋武帝壽陽公主。人日臥含章簷下。梅花落額上。成五色。拂之不去。宮中學梅花妝。○晉謝尚秋夜汎牛渚。會袁宏在舟中笑詠。謝問之曰。袁臨汝郎。遂過袁舟談論達旦。

寇公春色詩。真可喜也。歐子秋聲賦。何其悽歟。寇平仲春色詩。波瀲瀲。柳依依。孤村芳草合。斜日杏花飛。輕煙淡靄青山外。卻有人家懸酒旆。○歐陽永叔作秋聲賦。

朝廷 新增文十聯

三皇為皇。五帝為帝。雙峯胡氏曰。以孔子易大傳。以伏羲神農黃帝堯舜為五帝。不信傳而信經。其論始定。然三皇之號。不可泯也。則亦以天皇地皇人皇言之。

以德行仁者王。以力假仁者霸。陸贄傳。德合仁者謂之王。○以力。以土地甲兵之力也。賞善誅惡。諸侯朝事謂之王。興兵約盟。以信義矯世。謂之霸。

天子天下之主。諸侯一國之君。曲禮。君天下曰天子。洪範傳。天者君之父。地者君之母。○諸侯有公侯伯子男五等。王制。天子之田方千里。公侯田方百里。伯七十里。子男五十里。不能五十里者。不達於天子。附於諸侯。曰附庸。

官天下。乃以位讓賢。家天下。是

帝北狩。殂於沙漠。在位一年。端宗 度宗長子。爲元兵追崩於碙州。在位三年。帝昺 度宗太子。溺於海。在位一年。

元紀 始己卯。終丁未。凡十帝。八十九年。

世祖 姓奇渥溫。名忽必烈。初號蒙古。居鳥桓之北。滅宋承正統。在位十六年。成宗 世祖之孫。在位十二年。武宗 成宗之姪。在位四年。仁宗 武宗之弟。在位九年。英宗 仁宗嫡子。在位

以位傳子【湘山野錄】宋眞宗問李仲容。何謂官家。對曰。五帝官天下。三王家天下。兼五帝三王之德。故曰官家。陛下尊稱天子。殿下尊重宗藩。音煩。應劭曰。王者執兵。必陳於階陛之下。羣臣與至尊言。不敢斥指。故呼在陛下者告之。○殿下。猶陛下之義。宗藩。天子同姓諸侯。皇帝即位曰龍飛。人臣覲君曰虎拜。【易】飛龍在天。利見大人。○【詩】虎拜稽首。天子萬年。皇帝之言。謂之綸音。皇后之命。乃稱懿旨。【禮】王言如絲。其出如綸。王言如綸。其出如綍。○【曲禮】天子之妃曰后。【按】商之前稱妃。周始立后。秦始號皇后。帝命稱聖旨。后命稱懿旨。椒房是皇后所居。楓宸音風辰乃人君所蒞。【漢官儀】后宮以椒塗壁。取溫煖。辟惡氣也。○帝居曰宸。漢殿前多植楓木。故曰楓宸。蒞。臨也。天子尊崇。故稱元首。臣鄰輔翼。故曰股肱。【書】元首明哉。股肱良哉。舜曰。臣哉鄰哉。鄰哉臣哉。龍之種。麟之角。俱譽宗藩。君之儲。國之貳。皆稱太子。【文選】高帝子孫。龍之種。文王公族。麟之角。【詩】麟之角。振振公族。○【北魏】高允曰。國之儲貳。四海屬心。帝子爰立青宮。帝印乃是玉璽。音洗【神異經】東明山有宮。青石爲牆。門有銀榜。曰天地長男之宮。故太子所立宮。曰青宮。又曰儲闈。○璽。玉刻印也。

三年。泰定英宗長子。在位四年。明宗武宗長子。在位八月。文宗明宗之弟。在位五年。寧宗明宗次子。七歲在位二月崩。順帝明宗長子。在位三十五年。明興兵逐之。

明紀以壬辰倡義起兵。戊申始正大統。終懷宗甲申。凡十六帝。二百七十七年。

太祖朱元璋。布衣起兵。即位南京。在位三十一年。惠宗太祖孫。燕王兵

三代以前無璽。秦始皇得藍田玉。刻之。李斯篆文曰受命于天旣壽永昌。**宗室之派**音湃**演於天潢**音黃。**皇帝冑**音宙**之譜名為玉牒**。魏曹冏表王孫公子。疏派天潢。宜親宗室。強幹弱枝。文稱宗室曰玉幹金枝。○韓文明德鏤白玉之牒。釋牒冊也。

前星耀彩。共祝太子以千秋。嵩嶽效靈。三呼天子以萬歲。天文志心三星天王正位也。中星天子位。前星太子位。後星庶子位。唐明皇為太子時。八月五日生辰。宴百官於花萼樓。張說等表請是日為千秋令節。布告天下。咸令宴樂。○又漢武帝登嵩山。帝與左右咸聞呼萬歲者三。

神器大寶。皆言帝位。妃嬪媵嬙音貧孕妝**總是宮娥。**文中子證天命以正帝位。以明神器有歸。易天地之大德曰生。聖人之大寶曰位。○周禮天子后立六宮。一后三夫人。九嬪二十七世婦。八十一御妻。一宮凡百二十人。白虎通夏殷以前后妃之制。其文甚略。大率皆稱妃。故黃帝帝嚳俱有四妃。至周立后。正嫡曰后。次曰妃。公羊傳諸侯一娶九女。二國媵之。

姜后脫簪而待罪。世稱哲后。馬后練服以鳴儉。共仰賢妃。列女傳周宣王嘗宴起。姜后脫簪珥待罪於永巷。使傅母通言於王曰。妾不才。致君樂色而忘德。失禮而宴起。其罪在妾。王曰。寡人不德。非夫人罪也。遂勤於政事。○漢書明帝明德馬皇后。馬援之女也。曰為天下母

入帝被髮出亡。在位四年。**成祖**太祖第四子。初封燕王。即帝位。二十二年。**仁宗**成祖之子。在位未及一年。**宣宗**仁宗之子。在位十年。**英宗**宣宗太子。十四年。親征北敵。敵擁之去。乃立郕王。是爲景帝。即位八月。帝歸居於南宮。尊爲上皇。**景帝**宣宗次子。在位七年。不豫。上皇復位。八年。**憲宗**英宗長子。在位二十三年。**孝宗**憲宗太子。在位十八年。**武宗**孝宗太子。在位十六年。

而身服大練食不求甘欲率下也。

唐放勳德配昊天。遂動華封之三祝。漢太子恩覃音潭**少海。乃興樂府之四歌。**【通鑑】堯帝巡狩於華。華封人祝曰。願聖人多富多壽多男子。○放至也。勳功也。言堯之功。無所不至也。本史臣贊堯之詞。而孟子因以爲堯號焉。○【文選】恩覃少海之波。象著前星之耀。【漢書】明帝爲太子時。樂人作歌四章。賀太子之德。一曰日重光。二曰月重輪。三曰星重輝。四曰海重潤。

【增】**德奉三無。功安九有。**【宋儒表】德奉三無。功安九有。【釋】三無謂天無私覆。地無私載。日月無私照。九有九州。

陳橋驛軍兵欲變。獨日重輪。春陵城聖哲挺生。一禾九穗。【宋書】周使趙太祖帥師征漢。循陳橋驛。石守信等共謀欲立太祖爲帝。軍士遂以黃袍加身。獨日重輪見天文。○【東觀漢紀】光武父欽生帝於春陵。是歲嘉禾生一莖九穗。欽以爲異。於是名帝曰秀。

祥鍾漢代。禁中臥柳生枝。瑞謁宋廷。榻下靈芝生葉。【漢】昭帝時。上林有柳樹臥於地。一朝起立。生枝葉。有蟲食其葉成文曰。公孫病已立。即漢宣帝也。○【宋】仁宗母臥榻下。生靈芝四十一葉。後生仁宗。有天下四十四年。

設鼓懸鐘。千古仰夏王之樂音。釋旄音毛**結襪。萬年**

世宗武宗從弟。在位四十五年。穆宗世宗太子。在位六年。神宗穆宗太子。在位四十八年。光宗神宗太子。在位一月。熹宗光宗太子。在位七年。懷宗熹宗弟。爲李闖陷京城。上登萬壽山壽皇亭自縊。在位十七年。

大清

世祖順治元年甲申。凡十八年。

聖祖康熙元年壬寅。六十一年。

雍正元年癸卯。在位十三年。

欽西伯之尊賢。【史記】禹之治天下也。懸鐘鼓鐸磬鞀。曰。教以義者擊鐘。敔以憂者擊磬。諭以道者擊鼓。告以事者振鐸。有訟獄者搖鞀。○【韓非子】文王伐崇。襪繫解。自結之。太公曰。何爲也。王曰。上皆其師。中皆其友。下皆其使也。今皆先君之臣。無可使者。信天命攸歸也。三王驟。驟音湊。帝。知人心愛戴。冠道履仁。【孝經鉤命訣】三皇步。五帝驟。三王馳。五霸驚。○【王充論衡】人君冠道德履純仁。帝堯用心。哀孺子又哀婦人。武王伐暴。廉貨財。遠廉女色。【莊子】舜問於堯曰。天王之用心何如。堯曰。吾不敖無告。不廢窮民。若死者。嘉孺子。而哀婦人。此吾所以用心也。○【史記】武克商。上堂見玉。曰。此諸侯之玉。取而歸之諸侯。天下曰。武王廉於財矣。入室見女。曰。此諸侯之女也。取而歸之諸侯。天下曰。武王廉於色矣。六宮無麗服。玄宗罷織錦之坊。萬姓有餘糧。周祖建繪農之閣。【唐書】玄宗幼年。詔后妃以下。皆無得服珠玉錦繡。於是罷兩京織錦之坊。○【五代史】周世宗留心農事。嘗畫農夫蠶女狀於閣中。欲均定境內田租。詔散騎常侍艾穎等三十四人分行諸郡。均定田租。仁宗味淡而徹羹。武尚樸而焚裘。【宋書】仁宗食新蟹。有二十八枚。問左右曰。費錢幾何。對曰。二十八千。帝曰。一下箸費二十八千。朕不忍也。遂命撤去不食。○【晉書】程據獻雉頭乾隆元年丙辰。在位六十年。

始太昊終明懷宗。

共四千五百八十六年。

六部律限

吏部律

信牌。役違限則笞。官不發則杖。官員襲廕。支庶雜承。必徒杖而改廕。異姓詐冒。當褫職以戍邊。封掌印

裘武帝命焚之於殿前。詔天下無得獻異服。漢文除肉刑。仁昭法外。武王分寶玉。恩溢倫中。【漢紀】三代以前有肉刑。文帝詔除之。以髡鉗代黥。笞三百代劓。笞五百代斬趾。○【書經】武王分寶玉於伯叔之國。時庸展親。【釋】展重也。吏知唐主須成功舞揚七德。且仰漢高須令典約法三章。【唐書】秦王破之樂名七德舞。○【史記】秦法苛刻。沛公乃約法三章。殺人者死。傷人者及盜抵罪。餘悉除秦法。

新增文十三聯○附文武食祿須知

文臣

帝王有出震向離之象。大臣有補天浴日之功。【易】帝出乎震。相見乎離。○【宋史】趙鼎上疏曰。張浚出使小陝。國勢百倍於今。浚有補天浴日之功。陛下有礪山帶河之誓。君臣相信。古今無二。三公上應三台。郎官上應列宿。【天文志】魁下六星。兩兩而比者。曰三台。在人爲三公。按周官以太師太保太傅爲三公。前漢以大司馬大司徒大司空爲三公。【漢紀】館陶公主爲子求郎。明帝不許。謂羣臣曰。郎官上應列宿。苟非其人。民受其殃。宰相位居台鉉。音弦吏部職掌銓音詮衡。台。三台星也。鉉。貫耳以舉鼎者。賢之用舍。君王之舉錯耳。舉之台鉉。如星之台。鼎之鉉也。【潘岳西征

信不封則杖。失掌皆同。**漏使印信**失鈐則杖。失機則誅。**官文書稽程**吏典量日而笞。首領酌等而減。**增減官文書**一字官私五刑議辟。**棄毀制書印信**事有重輕。罪分斬杖。

戶部律

鹽法商販皆流。拒捕皆斬。**錢法**杖徵其贓。絞律其私。**私茶**情同盜鑄。法擬私節。**匿稅**笞五十而半入官。

賦納弓旌於台銓。○銓衡所以量度人物者。成周凡邦國三歲稽群臣之事。行而進退其爵祿。曰銓選。即今吏部。

吏部天官大冢宰。戶部地官大司徒。稱吏部尚書曰大冢宰。又曰天卿。曰太宰。曰太師。列其侍郎曰少宰。名曰天官者。以其總御眾官。猶天道統理萬物也。○稱戶部尚書曰大司徒。又曰地卿。曰農師。其侍郎曰少司徒。曰地官者。以其安撫萬民。猶地長養萬物也。

禮部春官大宗伯。兵部夏官大司馬。稱禮部尚書曰大宗伯。又曰春卿。其侍郎曰少宗伯。曰春官者。禮文繁縟。象春發生。天子立宗伯。使掌邦典禮。○稱兵部尚書曰大司馬。又曰夏卿。曰司戎。太常伯。其侍郎曰少司馬。曰夏官者。兵威震肅。象夏長盛。天子立司馬。其掌邦政。

刑部秋官大司寇。工部冬官大司空。稱刑部尚書曰大司寇。又曰秋卿。曰士師。其侍郎曰少司寇。曰秋官者。刑罰嚴厲。象秋肅殺。○稱工部尚書曰大司空。又曰冬卿。其侍郎曰少司空。曰冬官者。奠民攸居。象冬斂藏。

都憲中丞。都御史之號。內翰學士。翰林院之稱。稱巡撫都御史曰大中丞。曰大司憲。曰開府。曰副相。○稱翰林曰大內翰。曰大學士。又曰太史。曰詞臣。曰國史。曰中秘。曰翰撰。

天使稱行人。司成尊稱祭酒。稱行人曰天使。又曰皇華。曰上介。○稱祭酒曰大司成。又曰國雍。[illegible]祭酒之義。古人飲酒。必使長者先祭。

三分以貲告者。**出妻**無應出義絕而擅出者杖。犯義絕應離而不離者同。背逃者杖。自嫁者笞。**脫漏戶口**合計口以加杖。仍附籍而當差。**賦役不均**放富差貧。官吏皆杖。受財枉法。上司計贓。**隱蔽差役**豪民必校而科贓。功臣止免於初犯。**逃避差役**回籍充役。縱匿皆杖。**別籍異財**親告則杖。遵命不科。**欺隱田糧**罪計畝而加笞。田入官而追贓。**功臣**

始為飲食之人祭酒為國監之師表。凡釋奠必使先之主祭故曰祭酒。**稱**者**都堂曰大撫臺。稱巡按曰大柱史。**撫臺者以為欽差巡撫也。又曰大都憲。○稱巡撫曰大柱史。又曰侍御。曰總馬。曰執法大夫。曰繡衣使者。**方伯藩侯。左右布政之號。憲臺廉憲。提刑按察之稱。**布政掌通省戶版賦役之數。方伯藩侯者。即古屏藩之諸侯。一方之牧伯也。又稱大方岳。大岳牧。大節度。○按察掌通省刑名按劾之事。憲臺廉憲者。以其為執法之官也。又稱大總憲。大觀察。又曰天牧臬司。**宗師稱為大文衡。副使稱為大憲副。**文衡謂主持文運之衡也。又稱大文宗。○憲副謂其為廉憲之副也。又稱大經略。大中憲。**郡侯邦伯。知府名尊。郡丞貳侯。同知譽美。**秦滅諸侯。以其地為郡。郡置一守。其地廣大。等於方伯諸侯。唐改郡為州。改太守為刺史。開元復舊。又稱曰黃堂。曰五馬大夫。○同知。今清軍廳是也。秦制每郡置一丞。為郡守之副貳。又稱曰刺郡。曰司馬大夫。**郡宰別駕。乃稱通判。司李廌**音柴**史。贊美推官。**通判。即今督糧廳。稱曰監郡侯。曰郡宰。隋煬帝置郡贊治。即郡宰也。漢制通判從刺史行郡。別乘一佐車。謂之別駕。亦謂半刺史。○推官。即今理刑廳。稱曰司李。曰廌史。曰士師。曰司刑大夫。**刺史州牧。乃知州之兩號。廌史**

土田計畝遣杖收用入官。罪坐莊人糧輸新籍。盜賣田宅侵占者笞徒計產加等收入者杖徒與受皆同。典賣田宅匿稅者笞杖而半入官重複者坐贓。而僅免刺。荒蕪田地全分荒蕪必笞。正官佐貳減等。把持行市。買賣爲姦者杖任旁惑亂者笞。收糧違限兩稅之期敢後六十之杖宦家攬納稅糧攬於豪强杖而罰半攬於監守等則議加。私借

臺諫師知縣之尊稱[周禮]司制掌三刺。一刺訊羣臣。再刺訊羣吏。三刺訊萬民。刺史漢官名也。[曲禮]九州之長入於天子之國曰牧。取養物之義。又稱知州曰明使君。○稱知縣曰郎廌史曰大臺諫[宋制]凡知縣兩任考滿稱最得陞御史。又稱曰明府。曰邑侯。曰邑宰。鄉官曰鄉紳。農官是田畯音俊。古之仕者身衣朝服束以大帶。鄉紳。一鄉中之束大帶者也。○[周語]云周禮無田畯之職蓋六遂中鄉里鄙鄰縣遂之長。高者爲大夫卑者爲士。通稱爲田畯。鈞座台座皆稱仕宦。帳下麾音灰下。並美武官。[詩]尹氏太師維周之底秉國之鈞。○台三台也。○帳者帷也。大將行軍則張帷居之。故稱帳下。麾者旗也。兵卒進退以此指麾。故稱麾下。[史記]麾下將士。秩音姪官既分九品。命婦亦有七階。秩序也。○附文武食祿須知。正一品初授特進榮祿大夫陞授特進光祿大夫。加授特進光祿大夫左右柱國。月俸八十四石。○從一品初授榮祿大夫。陞授光祿大夫。加授光祿大夫相國。月俸七十二石。○正二品。初授資善大夫。陞授資政大夫。加授資德大夫。正治上卿。月俸米六十一石。○從二品。初授中奉大夫。陞授通奉大夫。加授正奉大夫。正治卿。月俸米四十八石。○正三品。初授嘉議大夫。陞授通議大夫。加授正議大夫。資治尹。月俸米三十五石。○從三品。初授亞中大夫。陞授正中大夫。加授大中大夫。資治少卿。月俸米三十二石。○

錢糧監守者坐以自盜，借支者罪與皆同。私借官物暫則計物加笞，久則坐贓減等。挪移出納懲監守杖以一百，若自盜流以三年。冒支官糧已入科贓，放支兒刺。收支留難無故停留，計日遣杖；所司越次按序加笞。轉解官物勒縣解司杖則在府勒府解部杖則在司。阻壞鹽法中途展轉則杖，懲牙保通同則減等。男女婚姻許嫁而輒悔者

正四品。初授中順大夫，陞授中憲大夫，加授中議大夫資治尹。月俸米二十四石。○從四品。初授朝列大夫，陞授朝議大夫，加授朝請大夫資治少尹。月俸米二十一石。○正五品。初授奉議大夫，陞授奉政大夫，加授奉政大夫修政庶尹。月俸米十六石。○從五品。初授奉訓大夫，陞授奉直大夫，加授奉直大夫協正庶尹。月俸米十四石。○正六品。初授承直郎，陞授承德郎。月俸米十石。○從六品。初授承務郎，陞授儒林郎，儒士出身宣德郎，吏員材幹出身。月俸米八石。○正七品。初授承事郎，陞授文林郎，儒士出身宣議郎，吏員材幹出身。月俸米七石五斗。○從七品。初授從仕郎，陞授徵仕郎。月俸米七石。○正八品。初授迪功郎，陞授修職郎。月俸米六石五斗。○從八品。初授迪功佐郎，陞授修職佐郎。月俸米六石。○正九品。初授將仕郎，陞授登仕郎。月俸米五石五斗。○從九品。初授將仕佐郎，陞授登仕佐郎。月俸米五斗。○未入流月俸米三石。○武官正從一品與文官同。○正二品。初授驃騎將軍，陞授金吾將軍，加授龍虎將軍上護軍。○從二品。初授鎮國將軍，陞授定國將軍，加授奉國將軍護國。○正三品。初授昭勇將軍，陞授昭毅將軍，加授昭武將軍上輕車都尉。○從三品。初授懷遠將軍，陞授定遠將軍，加授安遠將軍輕車都尉。○正四品。初授明遠將軍，陞授宣威將軍，加授廣威將軍騎都尉。○從四品。初授宣武將軍，陞授顯武將軍，加授信武將軍騎都尉。○正五品。初授武德將軍，陞授武節將軍，加驍騎尉。○從五品。初授武備將軍，陞授武

笞。及主婚知定而定娶者。罪分已未。同姓爲婚。主婚與男女各杖。婦女歸宗。禮入官。良賤爲婚。以賤取良者杖。冒良妾娶者同。僧道娶妻。明娶者。加之杖。假託者。坐以姦。居喪嫁娶。子女居父母喪。與妻妾居夫喪。身自嫁娶者必杖。命婦夫亡再嫁。知情共爲婚姻。既追奪而禮入官。妻妾失序。以妻爲妾。杖而加禁。妻在以妾爲妻者杖而改正。有妻更娶妻者。杖而離異。

毅將軍。加飛騎尉。○正六品初授昭信校尉。陞授承信校尉。加雲騎尉。○從六品初授忠顯校尉。陞授忠武校尉。加武騎尉。○正七品。初授忠翊校尉。陞授忠勇校尉。○從七品初授毅武校尉。陞授修武校尉。○正八品初授進義校尉。陞授保義校尉。○從八品。初授進義副尉。陞授保義副尉。月俸米俱與文官同。○命婦。受誥命之婦。凡爲官者。母妻皆授誥命階級也。**一品曰夫人。二品亦夫人。三品曰淑人。四品曰恭人。五品曰宜人。六品曰安人。七品曰孺人。**夫扶也。淑善也。恭敬也。宜當也。安和也。孺稚也。各有取義。不敢强解。解此七階也。與品級封贈同。父歿母存。加太宗。**婦人受封。曰金花誥。狀元報捷。曰紫泥封。**【唐明皇遣朝錄】官誥院勅郡夫人。使金花羅紙七張。錦綵賜以湯沐邑。乃奉親之榮也。○【盧氏雜記】唐進士及第。以泥金帖報喜信。**唐玄宗以金甌**音謳**覆宰相之名。宋眞宗以美珠箝**音鉗**諫臣之口。**【唐書】玄宗將命相。先書宰相名。以金甌覆之。會太子入謁。此宰相名。汝自意之誰乎。太子曰。非崔琳盧從愿乎。帝曰。然。蓋二人早有重望。故知之。○王欽若勸宋眞宗封禪。上曰。王旦得毋可乎。欽曰。臣諭以聖意。宜無不可。乃乘閒爲旦言。旦從之。上召旦飲。甚歡。賜以尊酒。曰。此酒極佳。歸與妻孥共之。及歸發封。則皆美珠。旦自後不敢異議。**金馬玉堂**

舶商匿貨不先報者杖。不盡報者同。物則入官。告則有賞。違禁取利過取計贓。羨餘給主。見親屬妻妾同宗雖無服亦杖。緦功有斬絞徒之分。有服卽被出亦杖。斬絞別父祖嫂之親。私借官車船笞。而計贓。守者同罪。市司平物價增減者。其價計贓。入己者其刑同罪。入戶以籍爲定避重就輕則杖在役。準免更變則杖在官。夫差遣

漢翰林之聲價朱轓音翻車皁音曹去聲蓋仰郡首之威儀金馬門。宦者處也。在未央宮。漢武帝得大宛馬。以銅鑄象。立於署門。因名金馬。宋太宗時蘇易簡累官翰林。上飛帛書玉堂之署四字賜之。又稱翰林曰蘭臺。曰祕閣。○漢官儀。太守朱轓皁蓋。五馬行春。承寵也。台輔曰紫閣明公知府曰黃堂太守台輔。三公也。曰紫禁。曰紫閣。古詩平明登紫閣。日晏下彤闈。○黃堂猶天子之黃闥。三公之黃閣。給事舍人之黃扉也。府尹之祿二千石太守之馬五花驄音聰。府尹京府之尹也。稱曰師表。曰大京兆。漢書宣帝曰。庶民所以安其田里而無愁怨者。由政平訟理也。與我共此者。其爲良二千石乎。○禮天子六馬。左右驂。三公九卿駟馬左驂。漢制。九卿則二千石亦右驂。太守駟馬而已。其加秩中二千石。乃右驂。故以五馬爲太守美稱。代天巡狩贊稱巡按指日高陞豫賀官僚古者天子巡行諸侯之守土。察其政事。後以巡按代之。故曰代天。○指日。謂陞遷之日。可指而定也。初到任曰下車告致仕曰解組音祖。後漢劉寵爲會稽守。及內徵。有五六老叟齎百錢以送寵曰。明府下車以來。犬不夜吠。民不見吏。今聞棄去。故自扶送。○歐陽修致仕表。俾其解組公廷。還車故里。藩垣屏翰方伯猶古諸侯之國墨綬銅章令尹

不平。一人則笞。五人則杖。禁革主保里長擾民者杖。流濫充者杖革。私役部民夫匠設役而加杖笞。按日以追僱值。檢踏災傷田糧失檢者杖而覆值。因循者罪而計贓。收留迷失子女良則徒杖有加。賤則徒杖減等。任所置買田宅笞而解任。產則入官。多收稅糧斛面以杖徵負計贓。加滿所餘給主。并坐知情。虛出

即古子男之邦。詩介人維藩。大師維垣。大邦爲屏。大宗維翰。○綬者印之組也。章者。刊印之文也。古有金印銀印銅印之別。其刻曰。某官之印。揚雄傳今之墨綬。猶古之諸侯。岑參送李舍人出宰詩縣花迎墨綬。關柳拂銅章。○今俗稱縣令曰令尹。太監掌閹音奄門之禁令。故名閹宦。朝臣皆搢笏音進忽於紳間。故曰搢紳。周禮閹人掌守宮中門之禁。閹門禁門也。○凡朝臣皆搢笏於紳而後乘馬。獨張九齡體弱。常使人持之。因爲笏囊。自齡始。蕭曹相漢高。曾爲刀筆吏。汲黯乙減切相漢武。眞是社稷臣。漢史蕭何曹參爲沛吏。率沛子弟歸高祖。立爲沛公。乃起兵。拜何爲相。史遷贊曰。蕭何曹參。起秦刀筆吏。○汲黯字長孺。面折人過。多病。莊助爲請休假。武帝曰。汲黯何如人。助曰。使黯任職居官。無以愈人。其輔少主守城深堅。招之不來。麾之不去。雖自謂賁育。亦不能奪之矣。上曰。然。古有社稷臣。如黯近之矣。召伯布文王之政。嘗舍甘棠之下。後人思其遺愛。不忍伐其樹。孔明有王佐之才。嘗隱草廬之中。先主慕其令名。乃三顧其廬。按召公奭周同姓。食采於召。謂之召康公。又稱召伯。嘗布政南國。偶舍甘棠樹下。及卒。後人思之。爲之賦甘棠詩。蔽芾甘棠。勿剪勿伐。召伯所茇。○諸葛亮字

通關硃鈔，監守坐以自盜官吏罪其知情。庫秤雇役侵欺役人發配竊詐雇主止杖，科同錢糧。互相覺察，失察減杖，故縱同刑。出納官物有違計價之所餘所缺，定罪之，爲杖爲徒。起解金銀足色，必計數責償，仍加笞示罰。官吏皆坐工匠維均。損壞倉庫財物，既以杖懲，還須金贖。擬斷臓罰不當，罰一不當，杖百無辭。

孔明避亂，耕南陽，自比管仲、樂毅，好爲梁父吟。徐庶曰：孔明臥龍也。先主三顧茅廬乃見。魚頭參政魯宗道秉性骨鯁音梗，伴食宰相盧懷慎居位無能。拾遺記宋魯宗道爲參政，剛正嫉惡，遇事敢言。時貴戚用事者莫不憚之，人目爲魚頭參政。○唐盧懷慎爲人清儉，與姚崇同相玄宗，自以才不及崇，每事推讓，不敢自專，人議之爲伴食宰相。王德用人稱黑王相公，趙清獻世號鐵面御史。宋史王德用習知軍中情僞，以恩撫下，未嘗親督攻戰，而名聞四方。雖婦人女子，亦呼爲黑王相公。○趙抃諡清獻，宋神宗時爲殿中侍御史，彈劾不避權倖，聲凜京師，咸目爲鐵面御史。漢劉寬責民，蒲鞭示辱；項仲山潔己，飲馬投錢。漢劉寬爲南陽太守，歷典三郡，爲人溫仁多恕，吏民有過，但用蒲鞭罰之，示辱而已。○世說安陵人項仲山，清節不妄取，每飲馬渭水，必投錢三文。郝廉亦然。李善感直言不諱，競稱鳴鳳朝陽；漢張綱彈劾音核無私，直斥豺狼當道。唐李善感爲監察御史，帝欲封五岳，善力諫。蓋自褚遂良、韓瑗之已死，中外忌諱，凡二十年，及善始諫，天下謂之鳴鳳朝陽。詩：鳳凰鳴矣，于彼高岡；梧桐生矣，于彼朝陽。○漢張綱爲御史，按行風俗，埋其車輪於洛陽都亭，曰：豺狼當道，安問狐狸。遂入朝劾奏大將軍梁冀兄弟不法。

攘食田園瓜果。他人則徒杖。計坐贓而加等。官物則私取與給與而罪同。私充牙行埠頭。私充者杖。容隱者笞。收掌在官財物。出而不給。準自盜。供而不入。準坐贓。監臨執要中鹽。貨令入官。律擬徒杖。入戶勸兒課程。歲終不足。笞杖有加。費用受寄財物。濫用則計費科贓。詐匿則準盜。免刺。盜耕種官民田。在民

民愛鄧侯之政。挽之不留。人嫌謝令之貪。推之不去。吳錄晉鄧攸爲吳郡太守。爲人清廉。離郡之日。百姓攀其船。不得進。夜中乃遁去。先任謝令守此。民苦其貪。吳人歌曰。統知打五鼓。雞鳴天欲曙。鄧侯挽不留。謝令推不去。

廉范守蜀郡。民歌五袴。音庫張堪守漁陽。麥穗音遂兩歧。音奇漢廉范爲蜀郡太守。舊制禁民夜作。以防火災。范乃毁削先令。嚴使儲水而已。民以爲便。歌曰。廉叔度。來何暮。不禁火。民安作。昔無襦。今五袴。○漢張堪爲漁陽太守。開稻田八十餘頃。勸民耕稼。以致殷富。民歌曰。桑無附枝。麥穗兩歧。

魯恭爲中牟令。桑下有馴雉之異。郭伋爲并州守。童兒有竹馬之迎。漢魯恭爲中牟令。蝗不入境。河南尹袁安遣使往察之。值恭息桑陰下。雉雛馴擾。使者謂小兒曰。何不捕之。兒曰。雉將雛。不可。使者以之告安曰。恭爲政有三異。蝗不入境。化及禽獸。童子有仁心。不捕將雛之雉。遂表薦恭爲大司徒。○漢郭伋前爲并州守。素結恩德。後行部到西河。童兒數百騎竹馬。迎拜道次。伋爲大中大夫。

鮮于子駿甯非一路福星。司馬溫公眞是萬家生佛。宋子駿名洗爲京中轉運使。司馬光語人曰。以洗之賢。不宜使居外。顧齊魯之區。凋殘已甚。須洗往救之。此一路福星也。○司馬光爲相。封溫國公。德惠及人。咸稱之爲萬家

者杖笞。在官者加等。私造斛斗秤尺，增減皆杖，工匠同科。棄毀器物稼穡等，悞毀則按數追償。故毀則計贓免刺。若用布絹不如法，用笞欺市，以物入官。隱匿費用稅糧課物，故隱肥私，刑則同盜詐；稱損失，杖則加流。附餘錢糧私下補數，外庫計贓，不分首從。內府加重，不論多寡。私剏庵院及私度僧道

生佛。鸞鳳不棲枳棘，詠仇香之為主簿；河陽偏種桃花，乃潘岳之為縣官。漢仇香初任蒲亭長，有陳元者，母訟其不孝。香曰：守寡養孤，奈何致子於法。母感悟去。香因親至其家，諭元以大義，卒成孝子。邑令王渙署為主簿，曰：不罪陳元而化之，得毋少鷹鸇之志乎？香曰：與為鷹鸇，不如鸞鳳。渙曰：枳棘非鸞鳳所棲，乃以月俸為資，使入太學。其名大振。○晉書潘岳字安仁，為河陽尹。民有逋負者，令植桃一株，官為之輸。及任滿去，一縣皆花。人號曰花縣。劉昆宰江陵，昔日反風滅火；龔（音恭）遂守渤（音孛）海，令民賣刀買牛。漢劉昆為江陵令。有火災，昆向火叩頭，反風滅火。○漢渤海郡歲飢，盜起，宣帝敕龔遂為守，往撫輯之。遂至郡界，傳令勿捕盜，盜喜，竟佩劍帶刀來迎。遂勸其賣刀買犢，賣劍買牛，力農務本，改過遷善。此皆德政可歌，是以令名攸著。

增 太守稱為紫馬，邑宰地號雷封。晉書謝靈運出守永嘉。人語曰：騎紫馬者，太守也。今稱太守曰紫馬。初學記雷震百里。古者制縣地止百里，故曰雷封。槐位棘垣，三公及孤卿異秩棱（冷平聲）；官騶職拾遺，與御史別稱。周禮秋官朝士掌建邦外朝之法，面三槐，三公位焉。左九棘，孤卿位焉。釋棘取其心赤外刺義

司其建制。杖彼緇黃。

禮部律

喪葬。荒故不葬者杖。燒化棄水者同。褻瀆神明。私家告拜者應杖。僧道拜奉者罪同。鄉飲酒禮。有乖讓揖之文。用示朴刑之教。僧道拜父母。拜祭喪服同常。違者杖而還俗。禁止私誣邪術。長亂者則投之繯。脇從者則編之戍。術士妄言禍福。言既不經。法惟有杖。

○【漢官儀】御史執法稱棱官。【西京雜記】拾遺功緊。以其在北省之次。獻可替否。故名緊職。給事謂之夕郎。黃門批敕翰林名爲仙掖。紫禁宣麻。【漢官儀】黃門屬黃門令日暮入對青瑣門拜謂之夕郎。○【東軒事錄】翰林清要。謂之仙掖。【唐書】太宗用黃麻紙。爲詔敕。玄宗別置學士院掌內命。凡拜免將相。皆用白麻。【唐書】拜受官免罷官。飽卿睡卿名號自別。詮部詞部。政事攸分。【蘇長公詩注】衛尉爲煖卿。宗正爲冷卿。光祿爲飽卿。鴻臚爲睡卿。○【晉】有六曹尚書。【隋】改吏部曰銓部。戶曰版部。兵曰武部。禮曰詞部。刑曰憲部。工曰起部。至唐武德三年復舊。俗美化淳。尹翁歸去思蜀郡。名高望重。汲長孺臥治淮陽。【漢】循吏傳。黃霸治潁川。龔遂治渤海。尹翁歸治蜀郡。召信臣治南陽。所居民富。所去見思。生有榮號。死有奉祀。○【漢書】文帝拜汲黯爲淮陽太守。黯謝不肯行。上曰。君薄淮陽耶。顧淮陽吏民不相得。吾欲得君重。臥而治之。張魏公作沖天羽翼。李長吉爲瑞世瓊琚。【翰苑新書】朱晦庵集云。張魏公除禮部侍郎。召對便殿。上慰勞宣諭曰。朕將有爲。正欲一飛沖天。而無羽翼。卿爲朕留意。當專任用。○【唐書】李賀字長吉。爲承旨。韓昌黎美之。曰瑞世之瓊琚也。士仰直聲。漢世嘗多二鮑。民歌善政。江東聞有三岑。

兵部律

越城 計皇城京邑之遠近定斬流徒杖之重輕 夜禁 因早晚而加笞在郡邑則減等 關津留難 罪在守者笞以懲之 盤詰奸細 得實皆斬縱匿同誅 詐冒給路引 軍以逃論民以杖懲 私越冒度關津 越境者責以杖刑越邊者罰之城旦 私出境外及違禁下海 通貨與失察者皆杖洩機與故縱者

音潔〔漢〕鮑永鮑恢爲御史抗直貴戚斂手時號二鮑○〔唐書〕岑羲爲金壇令弟仲翔爲長洲令仲休爲溧水令皆有治績世號三岑宰相宗楚客語本道巡察御史曰好遊江東三岑 棠棣理政多能劉氏弟兄守南郡橋梓治縣有譜傳家父子宰山陰〔南史〕劉之遴除南郡太守有惠愛及民遴死弟之亨代亦仁愛吏民愛之因呼曰大南郡小南郡○〔南宋〕傅僧祐子傅琰相繼爲山陰令尹父子並著奇績人稱其父子有治縣譜 政簡刑清蕃音模號太平官府身修行潔裴俠稱獨立使君〔唐書〕崔蕃爲秦州刺史吏民喜曰不意今日見太平官府○〔五代史〕裴俠守河北入朝周太祖命獨立曰裴俠清慎奉公爲天下最有如俠者與之俱立眾默然時號爲獨立使君○袁尚書學問深宋不愧魏朝杜預冠丞相事功彪炳眞爲宋代謝安〔北史〕後魏肅宗舉觴謂羣臣曰袁尚書朕之杜預故以杯屬元凱侍坐者莫不仰羨〔按〕晉杜預字元凱預爲尚書損益萬幾不可勝數號曰杜武庫○〔宋書〕寇公澶淵之役契丹不得志而歸時人以其功比晉之謝安 熙甯三舍人乃一朝碩彥厤四諫士實千古良臣〔宋〕李定附王安石除御史知制誥宋敏求蘇頌李大臨封還制書執奏不已並落職世稱爲熙甯三舍人○〔東

同誅。

刑部律

越訴。輒赴必笞。登聞加杖。誣告。事有一誣。罪加三等。賭博。計杖科贓。有官加等。失火。悞失者責之小杖。故失者罰以鬼薪。其或傷人，則分悞故。違令。昧於草偃。警以蒲鞭。淹禁。當該皆由笞而杖。致死則由杖而徒。聽訟。迴避。聽斷者以報德怨者，加笞增減者以故出入者論罪。教唆詞訟。

[都事略]仁宗朝，余靖、歐陽修、王素、蔡襄，其為諫官，皆善於其職，號慶曆四諫。

宰相必用讀書人，舍竇可象誰當鼎軸。[宋書]太祖踐位，詔無得用舊代年號。建元乾德。一日見宮人有鏡，曰乾德四年鑄。臣下無一驗者，問於竇儀。儀曰：此宮人必蜀女也。蜀王有乾德年號。太祖歎曰：宰相須用讀書人。

狀元曾是渴睡漢，惟呂文穆乃占魁名。[歸田錄]呂蒙正未達時，作詩云：挑盡寒燈夢不成。胡旦笑曰：一渴睡漢耳。次年呂及第，因寄聲於胡曰：渴睡漢今中狀元矣。胡大慚。

誰云公種生公，或謂相門有相。[晉書]王況云：公門有公，卿門有卿。○[梁書]王訓召見，帝曰：可謂相門出相。

武職

新增文十二聯

韓柳歐蘇，固文章之最著；起翦頗牧，乃武將之多奇。[唐]韓愈字退之，南陽人。七歲知書，日記數百言。夢人與丹篆一卷，吞之，傍一人附掌而笑，覺胸中如物噎。後見孟郊，乃夢中笑者。及長，通六經百家之學。○[唐]柳宗元字子厚，河東人。幼有奇名，登進士，為御史，坐貶永州司馬，又徙柳州刺史。及卒，柳人立廟於羅池。○[宋]歐陽修字永叔，廬陵人。遊隨州，得韓文公遺稿，苦心探賾，至忘寢食。登進士，為直諫，出知滁州，復為翰林學士，自號六一居士。○[宋]蘇洵字明允，眉山人，年二十七始發憤為罪與原告同條。贓以枉法從重。**官吏受財**。以兩數計贓。以同科定罪。**淩虐罪囚**。毆傷剋減者。驗傷計物定罪。因而致死者。主謀知情並絞。**事後受財**。斷則準枉。財則科贓。**因公科斂**。輕必計贓定杖。重必枉法議刑。**詐為制書**。已行必誅。未行則絞。**詐傳詔旨**。親王而上。斬絞有差。大臣以下。杖徒有別。**詐為瑞應**。常人行詐則杖徒。臺官失對又加等。**私**

學通六經百家之說。長子軾。次子轍。同舉進士。名擅天下。神宗歎曰。天下奇才。○白起善用兵。攻趙。行反間計。罷廉頗兵權。斬趙兵四十萬。坑於長平。○王翦事秦始皇。為上將。舉兵滅六國。佐秦以定天下。○〔趙〕廉頗事惠王。為上將。用兵如神。每食斗米秤肉。○〔趙〕李牧事襄王。為上將。滅襜襤。破東胡。降林郡。破匈奴。又破秦。封武安君。**范仲淹胸中具數萬甲兵。楚項羽江東有八千子弟**。〔宋〕范仲淹字希文。趙元昊寇延州。仁宗以淹兼知延州。既至。閱兵蓄銳。戒毋輕動。夏人相戒曰。小范老子胸中有數萬甲兵。不比大范老子可欺也。○項羽名籍。年二十四歲。起兵殺會稽守殷通。奪其印綬。收吳中子弟八千人。渡江而西。**孫臏吳起將略堪誇。穰苴**音壤疽**尉繚**音了**兵機莫測**。〔齊〕孫臏與龐涓同師鬼谷。後因有隙。領兵攻魏。用減竈計。涓曰。入境三日。逃者過半矣。臏故意佯退。涓追至馬陵。日暮見大樹橫路。舉火照之。見書曰。龐涓死此樹下。萬弩齊發。因自刎。○〔魏〕吳起。文侯使為西河守。與士卒同衣食。分勞苦。以故北卻三晉。西伐強秦。著兵書六卷。○〔齊〕晏子言於景公曰。穰苴文能附眾。武能威敵。願君試之。公召與語。大悅。因以為將。著有兵書。世謂司馬法。○〔魏〕尉繚。鬼谷之高弟。與弟子隱於夷山。惠王聘之。陳兵書二十四編。**姜太公有六韜**音叨**黃石公有三略**。姜太公字子牙。文王遇於渭陽。載之以歸。六韜者。謂文武龍虎鑄同錢。朋謀者分首從。而議絞流。知情者視告。匿以行賞罰。囑託公事。事成而瀆。責以負荊。私和公事。輕則就事加笞。重則依律減等。盜賊捕捉。兵則按月加笞。官則按季減俸。辨明冤枉。在原告原問皆坐。與故出故入同科。斷罪不當。必分笞杖以加懲。較故出入而減等。造妖書妖言。造傳者斬。隱匿者徒。盜內府財物。不分首從皆斬。

豹太。○三略者。謂上略中略下略也。亦太公所著。黃石公推演之。以授張子房。韓信將兵。多多益善。毛遂譏眾。碌碌音六無奇。漢高祖。謂韓信曰。如我能將兵幾何。信曰。陛下可將十萬。如君何如。信曰。臣多多益善。○趙毛遂為平原君門下士。秦攻趙。趙王使平原君求救於楚。平原君選門下文武備具者二十人。只得十九人。毛遂自薦以備數。君許之。以俱往。及至楚。楚王久不決。遂按劍而前。曰。秦奪楚之鄢郢。燒夷陵。辱王之先人。此楚國之辱。趙之所羞也。今合從為楚。非為趙也。楚王始許盟。遂以手招十九人上殿。曰。公等碌碌。所謂因人成事者也。

大將曰干城。武士曰武弁。詩赳赳武夫。公侯干城。○弁者巾也。士為眾卒之頭目。猶巾為一身之首服也。

都督稱為大鎮國。總兵稱為大總戎。稱五府都督曰大鎮國。又曰上將。曰元戎。曰大都尉。○稱外總兵。曰大總戎。又曰元帥。曰總制。

都閫即是都司。參戎即是參將。稱都司。曰大都閫。曰大總兵。○稱參將。曰大參戎。又曰副總戎。

千戶有戶侯之仰。百戶有百宰之稱。稱千戶。曰大戶侯。曰千夫長。今千總是也。○稱百戶。曰大百宰。曰百夫長。今把總是也。

以車為戶曰轅門。顯揭戰功為露布。王者出行於外。次車為藩。復仰兩乘。車轅相向。以表門。故曰轅門。○隋志後魏每征伐戰勝。欲天下聞之其在監守充邊。告狀不受理。常事甫杖而減。變事甫徒而增。故使坐贓斷而從重。老幼不考訊。加半百之笞。準故人之例。依告狀鞫獄。坐故入之條。覽不著之律。決罰不如法。失律必笞。致死則杖使贖。疑不赦。以鍰坐其贓。斷獄引律令。審斷既已失律。出入自爾加笞。詐欺官私取財。濟私以公。必計贓準竊與盜。僅免刺。軍民約會

乃書其功於旗上。名曰露布。下殺上謂之弑。上伐下謂之征。弑伺也。伺間而復得其便。○征正也。伐下所以正其罪也。交鋒爲對壘。音雷上聲。求和曰求成。【宋史】畢再遇常與金人對壘。數有其功。○【左】楚武王侵隨。使薳章求成焉。戰勝而回謂之凱旋。戰敗而走謂之奔北。【禮】王師大捷奏凱樂。【見聞錄】凱風。天地之怒氣散矣。奏凱樂。人之怒氣已焉。○李衛公曰。奔北不追。【釋】兵以敗走爲北。爲君洩音府恨曰敵愾。音概。爲國救難曰勤王。【宋】魏杞使金。見金主。具言人有敵愾。金之君臣。環聽拱竦。○駱賓王討武氏檄。其立勤王之勳。膽破心寒。比敵人懾服之狀。風聲鶴唳。驚士卒敗北之魂。【宋】韓琦與范仲淹力欲收復。西夏邊上謠曰。軍中有一韓。西賊聞之心膽寒。軍中有一范。西賊聞之驚破膽。○【東晉】秦苻堅寇晉。謝玄謝石大破之。其秦兵奔走者。聞風聲鶴唳。皆以爲晉兵。漢馮異當論功。獨立大樹下。不誇已績。漢文帝嘗勞軍。親幸細柳營。按轡音媿徐行。【漢】馮異爲光武偏將軍。諸將並坐論功。異獨立大樹下。因號爲大樹將軍。○【漢】文帝至周亞夫細柳營勞軍。門士請曰。將軍約軍中不得馳驟。上乃按轡徐行。至營以軍禮見。上歎曰。此眞將軍也。苻堅自誇將

詞訟（失約必笞擅受同罪）有事以財請求（受財枉法則坐贓科就易避難則從重論）知情藏匿罪人（故匿者同罪捕獲則免罪）故禁故勘平人（挾讐必杖致死必刑）同行知有謀害（知而不阻杖則有加）鞫獄停囚待對（同伴異處待對勾取違限不發者計日笞杖同起與發移重就輕因到不受者罪亦如之）主守教囚反異

虜投鞭可以斷流毛遂自薦才奇處囊便當脫穎（苻堅將大舉南伐苻融諫曰福德在吳伐之必有天塹且彼據長江之險民為之用殆未可伐也堅曰吾百萬之眾投鞭於江足斷其流何險之足恃至淝水為謝玄所敗○毛遂為平原君門下士遂自薦以備二十人之數君曰士處世如錐處囊中其末立見先生處門下三年未有所聞焉遂曰使臣得處囊中將脫穎而出非但末見而已）羞與噲等伍韓信降作淮陰無面見江東項羽羞歸故里（史韓信淮陰人佐漢高得天下上見信威勢盛於朝廷遂用陳平之計擒信歸朝降為淮陰侯信羞與絳灌同列稱病不朝嘗過樊噲噲迎送稱臣信笑曰生乃與噲等為伍耶○史項羽為漢兵所迫至烏江亭長曰江東雖小亦足以王請急渡羽曰昔與江東人千子弟渡江而西今無一人還有何顏面見江東父老乎遂自刎）韓信受胯（音誇去聲）下之辱張良有進履之謙（韓信傳信幼好佩劍淮陰屠中少年有侮信者辱之曰信能死刺我不能死出我胯下信熟視之俛出胯下後信封王召少年為楚中尉○史張良遊下邳有一老人墮其履於圯下顧謂良曰孺子取履良愕然乃強忍下取老人曰履我良跪以進老人以足受老人曰孺子可教矣授書一編且曰讀此可為帝王師）衛青為牧豬之奴樊噲（音快）為屠狗之輩

教令反異於罪有所
增減坐同故人入罪
縱容外入入獄傳通
言語罪無增減皆笞
長官使人有犯部屬官吏
不行申覆輒便主守
推問違者加笞
不覺失囚守者減囚二等主者
論罪有差
囚應禁而不禁收禁及散禁罪別重
輕疏縱與故縱責加
笞杖官司出入人罪出全
全入按罪同科作
重作輕致死同坐赦
當斷罪不當誤輕重者因赦

漢史衛青少孤貧其父使牧豬羊兄弟皆奴畜之有鉗徒相之曰此
子官至封侯及壯從軍征伐匈奴武帝拜爲大將軍關內侯○漢史
樊噲沛人少時家貧以屠狗爲業呂公善相知二女大
貴以長女妻劉邦次女妻噲噲從邦滅項羽封武陽侯求士莫求全
毋以二卵音鸞上聲棄干城之將用人如用木毋以寸朽棄連抱之材史子
思薦苟變於衛侯曰其材可將五百乘公曰吾知其可將然變也嘗
爲吏賦於民而食人二雞子故弗用也思曰夫聖人之官人也猶匠
之用木取其所長棄其所短故杞梓連抱而有數尺之朽良匠不棄今
君處戰國之世選爪牙之士而以二卵棄干城之將此不可使聞於
鄰國也。總之君子身可小可大丈夫志能屈能伸老聃曰君子得時則
駕不得時則蓬藟而
行此君子之身可小可大也○孟子曰窮則獨善
其身達則兼善天下此丈夫之志能屈能伸也。自古英雄難以枚
舉欲詳將略須讀武經武經七子之書也所言皆爲將之略如孫子
詭譎奧深窮幽極渺吳子醇正簡要恕已近
情司馬穰苴縝密謹嚴詳核周至姜太公規模闊大本末兼該黃石
公機權敏捷智術淵閎尉繚子敦本務實峻法明刑李衛公辨析精
微考據典
確是也。

改正。故出入者會赦不原。官吏贓許財物。雖授受之無徵。必計數而減等。吏典代寫招草。與擅增減同科。以故出入論罪。僞造印信曆日等。造者服上刑。告首僞上賞。應捕人追捕罪人。上推故不行。減等坐罪。受財而縱。從重科贓。聞有恩赦而故犯。倖恩加等。會赦不原。投匿名代書告人罪。虛必坐絞。實亦同誣。在

書曰。桓桓武士。詩云。矯矯虎臣。【尚書】桓桓如虎如貔如熊如羆。【註】桓桓。威武貌。○【詩】矯矯虎臣。在泮獻馘。黃驄少年。登先陷陣。白馬長史。殿後摧鋒。【周書】裴果。勇冠諸軍。常乘驄馬。白袍。登先陷陣。時號黃驄少年。○【漢史】公孫瓚爲遼東屬國長史。常與善射之士。乘白馬。爲左右翼。烏桓語曰。止止。避白馬長史。天子遣趙將軍。眞得禦邊之策。路人問霍去病。速收絕漠之勳。【漢】趙充國擊羌。上問用兵幾何。荅曰。百聞不如一見。願馳至金城。圖上方略。○【梁】曹景宗破魏軍。還。武帝於華光殿。開宴聯句。令沈約分韻。景宗請韻。韻已盡。止惟競病二韻。景云。去時兒女悲。歸來笳鼓競。借問行路人。何如霍去病。帝奇之。【綱】霍去病。漢武之將也。北敵勢方強。婁師德八遇八克。南蠻心未服。諸葛亮七縱七擒。【唐書】武后募壯士討土蕃。婁師德戴紅抹額應詔。後遇邊敵與戰。凡八戰八克。○【蜀志】孟獲爲南蠻之首。孔明欲服其心。七縱七擒。獲泣曰。丞相天威也。南人不復反矣。衛將軍一舉而朔庭空。伏劍洗劉家日月。薛總管三箭而天山定。彎弓造李氏乾坤。【漢】武帝用衛青爲大將軍。征邊。邊人遠遁。故謂朔庭空。○【唐書】太宗時。九姓爲亂。薛仁貴爲總管禦之。三箭殺魁首三人。敵氣懾皆

官求索借貸人財物。所取計贓。以物給主。

工部律

修理橋梁道路。農隙不舉。官吏皆笞。

帶近緞疋。監守有違。入官議杖。掌局不舉與匠同笞。

織造違禁龍鳳文緞疋。民則杖而物入官。匠則杖而家充局。

降。軍中歌曰。將軍三箭定天山。壯士長歌入漢關。韓信用木罌音英渡軍。機謀叵測。田單以火牛出陣。勢誰當。史記韓信擊魏。魏王盛兵蒲坂。以塞臨晉。信為疑兵。陳船欲渡臨晉。而伏兵從夏陽。以木罌渡軍。襲夏陽。擒王豹。魏地悉平。○史記燕騎劫攻齊。田單以創病之夫。乘城約降。因伺其少懈。以牛數千頭。畫龍文。束刃於角。爇火以尾。牛奔敵陣。死者甚眾。遂復齊七十餘城。太史慈乃猿臂英雄。班定遠實虎頭豪傑。吳志太史慈猿臂善射。吳將之特也。○漢書班超有奇相。相者曰。君虎頭燕頷。飛而食肉。當封侯萬里。後超以三十六人。平西域諸國。乃封定遠侯。尉遲音鬱敬德避矟音朔而復奪矟。膽略過人。張遼音聊出陣而復入陣。唐書尉遲敬德驍勇善避矟。賊雖羣刺之。不能傷。又能奪賊矟。還刺之。上問曰。避矟與奪矟孰難。曰奪矟難。試使與齊王敵。王三失矟。乃服。○魏志張遼守合肥。為孫權所圍。領數十人潰圍而出。眾號呼曰。將軍棄我乎。復入圍。拔出餘眾。狄天使可例雲長。高敖曹堪比項籍。宋朝狄青。人呼狄天使。節鎮涇原。上欲一見之。詔令入朝。會寇逼平涼。乃令往禦。俾圖像以進。上觀其儀表。歎曰。朕之關張也。○北史齊高昂。字敖曹。父以其昂曹。故名。為高歡將。善弓馬。人比之項籍。紫髯會稽振耀吳軍

武烈黃鬚驍騎奮揚曹氏威聲[吳志]張遼問吳降人曰尚有紫髯將軍便馬善射是誰曰孫會稽遼歎服
○[漢]烏桓反曹操以子彰為驍騎將擊烏之大勝操喜捋彰鬚曰黃鬚兒大奇也音亞鴉鴉軍雁子軍鬼神號
音耻白飛將銳將熊虎將草木知名[五代]李克用將兵賊憚之曰鴉軍至粲[?]鴉軍皆衣黑者○[唐]鄭畋
節度鳳翔募兵五百號疾雷軍所向披靡○[五代]梁朱瑾募兵驍雙雁於頰號雁子軍○[唐]單雄信極勇李密號飛將○馬燧武藝絕
倫為中興銳將○周瑜與孫權書劉備以梟雄之姿又得關張為熊虎將有飲馬長江之志圻父王之爪牙詩曰
眞可味也將軍國之心膂音呂人言其不謬乎[詩]圻父王之爪牙[釋]圻父掌封疆之臣○[漢]李
廣斬霸陵尉上書自陳上報曰將軍國之心膂

幼學故事瓊林卷之二終

寄傲山房塾課新增幼學故事瓊林卷之二

西昌　程允升先生原本　清溪謝梅林硯傭氏

霧閣鄒聖脈梧岡氏增補　男　鄒可庭涉園氏　仝參訂

交接稱呼　小引

與世相酬務期恰當。一有錯悞人便譏談。節如稱呼。雖屬淺近吾見白首茫然者。亦不乏人。則非洞悉於平時。得不差訛於頃

祖孫父子　新增文十二聯

何謂五倫。君臣父子兄弟夫婦朋友。何謂九族。高曾祖考己身子孫曾玄。舜使契爲司徒。教以人倫。父子有親。君臣有義。夫婦有別。長幼有序。朋友有信。○自高祖至玄孫。凡九族。亦云九源。爾雅子之子爲孫。孫之子爲曾孫。曾孫之子爲玄孫。玄孫之子爲來孫。來孫之子爲昆孫。昆孫之子爲仍孫。仍孫之子爲雲孫。雲孫之子爲耳孫。

始祖曰鼻祖。遠孫曰耳孫。楊子方言人懷胎。鼻先受形。故謂鼻祖。○漢惠紀耳孫言高祖甚遠。但耳聞之也。

父子創造。曰肯構肯堂。父子俱賢。曰是父是子。書若考作室。旣底法。厥子乃弗肯堂。矧肯構。○楊子石奮石建。父子之美。無是父無是子。無是子。無是父。

祖稱王父。父曰嚴君。爾雅父之考曰王父。父之妣曰

刻乎。爰採類書附篇入此加以註釋俾識由來當不僅爲童子有小補助矣覽是録者其以爲何如。

凡向人自稱尊輩冠一家字。自稱卑幼輩冠一舍字。家舍同義舍則加謙耳稱兒女孫亥僕婢等冠一小

王母。○易家人有嚴君焉父母之謂也。父母俱存。謂之椿萱並茂。子孫發達。謂之蘭桂騰音滕芳。莊子山中有椿樹以八千歲爲春八千歲爲秋故稱父椿庭博物志萱草食之令人好歡樂忘憂思故謂忘憂草婦人有孕佩其花則生男亦名宜男草故稱母萱堂○謝玄以芝蘭喻子姪竇鈞五子號五桂顯榮曰桂子蘭孫爲家之寶橋木高而仰。似父之道。梓木低而俯。如子之卑。世說伯禽與康叔見周公三見三笞之伯莫知其故問於商子商子曰南山之陽有木名橋南山之陰有木名梓何不往觀之二子往見橋木高而仰梓木低而俯還告商子商子曰橋者父道也梓者子道也。不痴不聾。不作阿家音姑阿翁。得親順親。方可爲人爲子。唐郭子儀子名曖尚昇平公主琴瑟不調曖曰汝倚父爲天子耶吾父薄天子而不爲耳主入奏代宗曰此非汝所知彼誠如是彼欲爲天子天下豈汝家所有也慰諭令歸儀因曖待罪上曰不痴不聾不作阿家阿翁兒女閨幃之言勿聽。○孟子不得乎親不可以爲人不順乎親不可以爲子。蓋父愆名爲幹蠱。音古育義子乃曰螟蛉。音明陵易幹父之蠱。○詩螟蛉有子蜾蠃負之。釋螟蛉青蜾蠃細腰蜂無雌運土作房負螟蛉置於其中。祝曰似我似我七日而化爲己子。生子當如孫仲謀。曹操歎

字。言不敢與大人之列。益加謙也。稱師友及外親如妻兄弟連襟等。冠一敝字。敝敗也。惡也。亦謙詞。稱亡過尊輩冠一先字。先始也。又故也。尊輩不敢斥言亡也。稱亡過卑幼則冠一亡字。凡稱人親戚師友不

孫權之語。生子須如李亞子。朱溫歎存勖音旭之詞。曹操見孫權軍伍整齊。歎曰。生子當如孫仲謀。如劉景昇兒子。豚犬耳。○【五代】李存勖小名亞子。破梁夾寨。梁祖歎曰。生子須如李亞子。吾兒豚犬耳。

菽水承歡。貧士養親之樂。義方是訓。父親教子之嚴。【檀弓】子路曰。傷哉貧也。生無以為養。死無以為禮也。孔子曰。啜菽飲水。盡其歡。斯之謂孝矣。斂手足形。還葬而無槨。稱其財之謂禮。貧何傷乎。【左】衛莊公之子州吁。嬖人之子。有寵而好兵。公弗禁。石碏諫曰。愛子教之以義方。弗納於邪。

紹箕裘。子承父業。恢先緒。子振家聲。【記】良冶之子。必學為裘。良弓之子。必學為箕。○恢。大也。先緒。先人之業也。

具慶下。父母皆存。重慶下。祖父俱在。慶者。父母在堂。皆可歡也。若母亡父在。曰嚴侍下。父亡母在。曰慈侍下。父母俱亡。曰永感下。

燕翼詒謀。乃稱裕後之祖。克繩祖武。是稱象賢之孫。【詩】詒厥孫謀。以燕翼子。○【詩】繩其祖武。【書】殷王元子。惟稽古崇德象賢。統承先王。

稱人有令子。曰麟趾呈祥。稱宦有賢郎。曰鳳毛濟美。【詩】麟之趾。振振公子。【釋】此文王后妃德修於身。皆化於善也。○【宋】謝鳳有才名。子超宗作殷淑妃誄。孝武歎賞曰。超宗殊有鳳毛。

弒父自立。隋楊

分尊卑存殁總冠一令字。令，善也，誇美之詞。

凡稱呼無別名者，但須分別尊卑，加家舍等字，不復一一詳列。

凡婦女稱呼，大概從質，不復多列異稱。

凡釋義之下，間載一二故事，以入口中常

廣之天性何存，殺子媚君，齊易牙之人心奚在。〔隋史〕文帝之子楊廣出就別室，餓而上崩，中外頗有議論。○〔史記〕易牙名巫，善調味。齊桓公北伐中山還，歎曰：天下異味皆嘗，但未得食人肉耳。巫歸，斷兒兩手以啖公，自是有寵於公，所言多從。分甘以娛目，王羲之弄孫自樂；問安惟點頷，郭子儀厥孫最多。〔王羲之書〕率諸子，抱弱孫，一味之甘，割而分之，以娛目前。○〔唐〕郭子儀七子八婿，皆顯官，孫數十，每問安，儀不能盡辨，但點頷而已。和丸教子，仲郢音顯母之賢；戲彩娛親，老萊子之孝。〔唐〕柳公綽妻韓氏，訓其子仲郢，嘗和熊膽爲丸，使夜嚼以助勤苦。○〔高士傳〕老萊子，楚人，行年七十有二，其親尚存，言不稱老，嘗著五色斑斕衣，作嬰兒戲，爲親取食堂上，佯跌臥地，爲兒啼，時取雛鷄弄於親側，以取親悅。毛義捧芳勇切檄音隙，爲親之存；伯俞泣杖，因母之老。〔漢〕毛義以孝行稱，府檄至，以義守安陽，義捧檄而喜，張奉薄之，及義母亡，遂不仕，奉歎曰：義往日之喜，爲親也。○〔漢〕韓伯俞至孝，有過，母笞之，忽然下泣，母曰：往者杖汝，悅受之，今何以泣？俞曰：往日杖痛，知母康健，今母力衰，不能使痛，是以泣。慈母望子，倚門倚閭；遊子思親，陟岵胡上聲陟屺音起。〔史記〕王孫賈事齊湣王，齊爲燕破，湣談使知所由來。

祖父母。[釋義]祖本也。物本於天。人本於祖。祖或曰祖祢也。祢先也。措詞祖父母在堂曰重慶。謂慶及兩世也。○羨人祖業曰詒謀。詒遺也。謀謨也。[詩]詒厥孫謀。○羨人祖孫並賢曰德星聚於一門。陳太邱荀朗陵無僕使。了元方將車。季方持杖載孫。長文車中以侍祖。於時太史

王奔莒。齊將淖齒作亂弒之。賈失王之處。其母曰。汝朝出而晚來。則吾倚門而望。汝暮出而不還。吾倚閭而望。○[詩]陟彼岵兮。瞻望父兮。陟彼屺兮。瞻望母兮。

愛無差等。曰兄子如鄰子。分有相同。曰吾翁即若翁。

[孟子]曰。夫夷子信以爲人之親其兄之子。爲若親其鄰之赤子乎。○[史記]項羽圍漢高祖於滎陽。王之父太公從閒道求王。爲羽所獲。羽使人告漢王曰。今不急下。吾烹太公。王曰。吾與若俱北面受命懷王。約爲兄弟。吾翁即若翁。

長男爲主器。令子可克家。

[易]革物者莫若鼎。故受以鼎。主器者莫若長子。故受之以震。○[易]子克家。[唐]鄭餘慶子澣爲右補闕。直言不諱。憲宗謂慶曰。澣卿之令子。而朕之直臣也。可更相賀。

子光前曰充閭。子過父曰跨竈。

[晉]賈充始生。其父曰。後當有充閭之慶。因名充。字公閭。○[彙集]竈上有馬足跡也。駒行每越老馬之跡。故子勝父曰跨竈。[吳崇賀生子詩]寄語王渾防跨竈。阿戎清賞祗須臾。

甯馨音甯勳**英畏。皆是羨人之兒。國器掌珠。悉是稱人之子。**

[晉]王衍少時。山濤見其丰姿如瑤林瓊樹。既出。目而送之曰。何物老嫗。生此甯馨兒。然誤天下蒼生者。未必非此人。[晉]桓溫生。溫嶠見之曰。此兒有奇骨。可使之啼。及聞其聲。曰。眞英物也。○英畏者。言英俊可畏也。○[隋]高孝基見房玄齡曰。僕閱人多矣。未有如此郎者。當爲國器。[杜甫寄漢中王詩]掌中豢見一

奏德星聚。

〔自稱〕家祖父。又曰家大父。

○家祖母。又曰家大母。

〔人稱〕令祖父。又曰令大父。

○令祖母。又曰令大母。

〔顏氏家訓〕侯霸之子孫稱其祖父曰家公。潘尼稱其祖曰家祖。漢高帝紀婁敬曰外孫敢與大父抗禮哉。鄭莊

珠 可愛者子孫之多。若螽音斯之蟄蟄。直尺切 甚羨者後人之盛。如瓜瓞先音經之緜緜。〔詩〕螽斯羽。揖揖兮。宜爾子孫。蟄蟄兮。〔詩〕緜緜瓜瓞。

一經遺世訓。韋玄成樂有賢父兄。書擅時名。王羲之卻是佳子弟。〔漢〕韋賢。字長孺。子玄成。俱以明經位至丞相。人語曰。遺子黃金滿籝。不如教子一經。○〔晉〕王羲之。自幼能文章。且善隸書草書。深爲從伯敦所器。嘗謂羲曰。汝是吾家佳子弟。當不減阮主簿。按阮即阮裕。

敬則應得鳴鼓角。母覘占平聲 子榮。宗武更勿帶羅囊。父規兒怠。〔南齊〕王敬則。母嘗謂人曰。敬則應得鳴鼓角。人笑之曰。汝子得爲人鳴鼓角可矣。後果封侯給鼓吹。○〔杜甫示宗武詩〕覓句新知律。攤書解滿床。詩吟青玉案。莫帶紫羅囊。

朱之問能分父絕作述。重光狄兼謨綽有祖風。後先輝映。〔唐〕朱之問。父令文。富文辭。且工書。有力絕人。世謂之三絕。後之問以文章名。弟之悌以驍勇聞。之遜精草隸書。世謂皆得父之一絕。○〔唐〕狄仁傑孫兼謨有祖風。遷御史中丞。帝曰。卿狄梁公後。能不墜家聲。

焚裘伏劍。羅母與陵母俱賢。躍鯉殺雞。姜生及茅生並孝。〔晉書〕桓玄既破

知友皆大父行。李少君言與大父共游射處一。坐甚驚。其稱大父或本此。

[歿後自稱]先祖，又曰先大父。又曰先祖考。○先祖母，又曰先大母。又曰先祖妣。

[歿後人稱]令先祖，又曰令先大父，又曰令祖考。○令先祖母，又曰令先大母，又曰令祖妣。

殷荊州羅企生遂見殺。訃聞於母，母泣曰：忠臣也，死復何恨。桓先曾以羔裘贈羅母，母哭畢，即自焚裘。[漢書]王陵以兵屬漢，項羽取陵母置軍中，欲以招陵。陵母私送使者曰：願為老妾語陵：漢王長者，吾兒毋以老妾故生二心。遂伏劍而死。陵卒從漢。○姜詩事母孝，母愛飲江水，忽舍旁湧出江水，而雙鯉躍出。○郭泰留寓茅容家，容殺雞作饌，泰意為已設，既而供母，自以草蔬與客同飲。泰起拜曰：卿賢乎哉。因勸令學，卒以成德。

靈運子孫多是鳳，豈是阿私；僧虔後嗣半為龍，原非自侈。

[蘇東坡答馬忠玉詩]靈運子孫多是鳳，荀明兄弟孰非龍。○[王僧虔][戒子書]吾門中優者為龍鳳，劣者為虎豹，失蔭之後，豈龍虎之謂哉。正宜各自努力耳。

馬援得璘能耀武，畢竟孫賢；祁奚舉午不避親，皆因子肖。

[後漢]馬璘，馬援之孫，嘗讀援傳，至大丈夫死於邊，以馬革裹屍，慨然曰：令吾祖勳業墜地下乎。遂奮發而為名將。○[左傳]祁奚請老，晉侯問其所嗣，曰：午也可。

觸讋詹入聲猶憐少子之情，要於君前；蕭儆見曾孫，效傳呼於階下。

[戰國策]趙左師觸讋見太后曰：老臣賤息舒祺最少，臣竊憐之，願補黑衣之數。太后曰：丈夫亦愛少子乎。對曰：甚於婦人。○[五代]周蕭愿，梁宰相頎之子，曾孫儆唐時入相，愿為兒戲，效傳呼之聲。儆語客曰：我不以得相為喜，所幸壽考，又見曾孫。

（虞書）如喪考妣。（爾雅）父曰考，母曰妣。（禮）皇考。（註）考，成也，言德行之成也。（胡傳）考者，始成而祀也。妣，比也，謂與父合德也。

（訃狀行實自稱）**先王父**。○**先王母**。王，尊稱。（曲禮）逮事王父母則諱。（爾雅）父之考為王父，父之妣為王母。

伯叔祖父母

（自稱）**家伯祖**。○**家叔祖**。

霸則會慙（音蠶）**貴客，張憑則戲說佳兒。**（逸民傳）王霸少立高節，與令狐子伯為友。後子伯為楚相，令子奉書於霸。霸子方耕於野，投耒而歸，見令狐，俯作不能仰視。霸目之，有愧容。客去，有愧容。妻曰：子伯之貴，孰與君之高？奈何忘宿志而慙兒女子乎。霸笑曰：有是哉。○（世說）張蒼梧是張憑之祖，嘗語憑父曰：我不如汝。憑父不解。梧曰：汝有佳兒。憑時年數歲，斂手曰：阿翁詎宜以子戲父。**李嶠貽譏，甘羅堪羨。**（松窗雜錄）蘇瓌、李嶠子俱童年，入見。上命誦書。頲應曰：木從繩則正，后從諫則聖。嶠子曰：斮朝涉之脛，剖賢人之心。上曰：蘇瓌有子，李嶠無兒。○（史記）呂不韋言於始皇曰：昔甘茂之孫甘羅，一少年耳，然自是名家之子孫。**公才公望，喜說寔禰；率祖率親，實云委蛻。**（蛻音退）（南史）王儉作宰相，賓客盈門，見其孫暕，年數歲，而風神聳拔，曰：公才公望，復在此乎。○（禮）自仁率親，等而上之至於祖，名曰輕；自義率祖，順而下之至於禰，名曰重。一輕一重，其義然也。（釋）用恩則父母重而祖輕，用義則祖重而父母輕。（莊子）子孫非吾有，天地之委蛻也。**杜氏之寶田斯在，薛家之磐石猶存。**（合璧）（宋）四川杜孟遊太學，因蔡京用事，幡然而歸，曰：忠孝吾家之寶，經史吾家之田。時人號為寶田杜氏。○（唐書）薛元超轉中書舍人，省中有磐石，祖道衡為侍郎時，常據以草制。元超每見石思祖，輒泫然流涕。**詞辨既見淵源，強項亦**

○家伯祖母。○家叔祖母。

稱人 令伯祖。○令叔祖○令伯祖母。○令叔祖母。

外祖父母

稱自 家外祖。○家外祖母。

稱人 令外祖。○令外祖母。

徽風烈【合璧事類】員俶九歲升坐。詞辨注射。帝異之曰。半子孫固當然。○【漢書】靈帝謂楊震孫奇曰。卿强項。眞楊震子孫。有祖風烈。

兄弟

天下無不是底父母。世間最難得者兄弟。【宋】羅仲素論舜盡事親道。曰只爲天下無不是底父母。陳了翁聞而善之。須貽同氣之光。毋傷手足之雅。同氣者。謂同稟父母血氣所生也。○【弔古戰場文】誰無兄弟。如足如手。玉昆金友。羨兄弟之俱賢。伯塤音喧仲篪音池。謂聲氣之相應。【宋】王銓與弟錫。皆可羨孝行齊名。人曰銓錫二王。玉昆金友。○【詩】伯氏吹塤。仲氏吹篪。【釋】塤篪皆樂器也。兄弟既翕謂之花萼相輝。兄弟聯芳。謂之棠棣競秀。唐玄宗素友愛。爲長枕大被。與兄弟同寢。設五幄帳。與諸王同處。題其西樓曰花萼相輝之樓。○【詩】棠棣之華。鄂不韡韡。患難相顧。似鶺音積鴒陵之在原。手足分離。如雁行音杭之折翼。【詩】鶺鴒在原。兄弟急難。○【禮】兄之齒雁行。元方季方俱盛德。祖太邱稱爲難弟難兄。宋郊宋祁俱中元。當時人號爲大宋小宋。【漢】陳寔爲太邱令長因家有祖父母，加一外字以別之。

外伯叔祖父母

自稱 家外伯祖。○家外叔祖。○家外伯祖母。○家外叔祖母。

人稱 令外伯祖。○令外叔祖。○令外伯祖母。○令外叔祖母。

父母 釋義 父甫也，始生已者。母慕也，嬰兒所慕也。措詞，父

子元方，次子季方。元方子長文，與季方子孝先，爭論其父優劣，詰於其祖太邱。曰：元方難爲兄，季方難爲弟。○宋史 宋郊與弟祁，少時遇胡僧相曰：小宋他日當魁天下，大宋亦不失科甲。及後兄弟並及第。祁中狀元，及謝恩，章憲太后曰：弟可先兄乎，亦賜狀元。

荀氏兄弟得八龍之佳譽，河東伯仲有三鳳之美名。漢 荀淑泣事明理，稱爲神君。其子儉、緄、靖、燾、汪、爽、肅、敷，八人並有才名，人謂荀氏八龍。○唐 薛收與從兄元敬、族兄德音齊名，世稱河東三鳳。

東征破斧，周公大義滅親；遇賊爭死，趙孝以身代弟。詩 既破我斧，又缺我斨。周公東征，四國是皇。○疏 武王克商，使弟管叔鮮、蔡叔度監紂子武庚之國，而二叔以武庚叛，故周公東征三年，乃得二叔而誅之。○漢 趙禮，當王莽末年，爲賊所執，欲殺而食之。禮叩頭曰：母未得食，乞命少待，歸家供訖，即來就死。兄孝聞之，自縛於賊所曰：禮瘦不如孝肥，願代弟命。禮曰：禮本遇賊，何得殺兄。賊義之，俱放。

煮豆燃萁音箕，謂其相害；斗粟尺布，譏其不容。世說 曹丕欲害弟植，令七步成詩，不成定行大法。植即吟曰：煮豆燃豆萁，豆在釜中泣。本是同根生，相煎何太急。丕感而釋之。○漢 文帝之弟淮南厲王長謀反，廢置蜀郡，不食而死。民歌曰：一尺布，尚可縫。一斗粟，尚可舂。兄弟二人不相容。

兄弟鬩音隙牆，即兄弟之鬩很；天生羽翼

毋比椿萱。（莊子）上古有大椿樹。以八千歲爲春秋。萱。釋後。○父母在堂。曰具慶。具。俱也。謂父母俱有可慶幸也。○孝養曰承歡膝下。（檀弓）啜菽飲水。盡其歡。斯之謂孝。承。奉也。（孝經）親生之膝下。○得親心曰戲彩娛親。老萊子年七十。身著五色斑斕衣。爲嬰兒戲親前。欲親之喜。○承父業曰紹箕裘。（禮記）良弓之子。必學

謂兄弟之相親。（詩）兄弟鬩於牆。外禦其侮。○（唐）玄宗賜五王書。魏文帝詩云。西山一何高。高高殊無極。上有兩金童。不飲亦不食。賜我一丸藥。光輝有五色。服之三五日。身體生羽翼。朕每言。盌如我兄弟。天生之羽翼乎。

姜家大被以同眠。宋君灼艾而分痛。（漢）姜肱與弟仲海季江。甚友愛。雖各娶。不忍別寢。作大被而共寢。○（宋）太祖友愛弟匡義。疾灼艾。太祖灼艾分痛。

田氏分財。忽瘁庭前之荊樹。夷齊讓國。共採首陽之薇。（隋）田真。田廣。田慶。兄弟重義。欲分財。堂前紫荊。議分三株。曉即憔悴。由是不復分。荊花復茂。○伯夷叔齊。孤竹君之子。其父將死。遺命立叔齊。父卒。齊讓夷。夷曰。父命爲尊。齊曰。天倫爲重。遂各逃去。武王滅商。天下宗周。夷齊恥之。不食周粟。隱於首陽山。採薇而食。因餓死。

雖曰安寧之日。不如友生。其實凡今之人。莫如兄弟。（詩）喪亂既平。既安且寧。雖有兄弟。不如友生。○（詩）棠棣之華。鄂不韡韡。凡今之人。莫如兄弟。

詩歌綽綽。聖訓怡怡。（詩）此令兄弟。綽綽有裕。○（論語）兄弟怡怡。

羯末封胡。俱稱彥秀。醍醐酪（音體。平洛。）乳並屬珍[?]（晉書）謝氏九彥秀者。稱封胡羯末。封謂謝韶。胡謂謝朗。羯一作遏。謂謝玄。末謂謝川。皆其

為箕，良冶之子必學為裘。紹，繼也。箕，弓服。冶，鑄器者。○喪父母曰失怙失恃。【詩】無父何怙，無母何恃。怙，依也；恃，賴也。○【禮】父歿遺書曰手澤，母歿遺器曰口澤。

【自稱】家父。又曰家嚴。又曰家君。又曰家尊。又曰家大人。○家母。又曰家慈。

【人稱】令尊。又曰尊公。又曰尊翁。○令堂。又曰尊堂。

小字也。韶朗川皆早卒，惟玄以功名終。【世說】謝道韞曰：一門叔父則有阿大中郎，羣從兄弟則有封胡羯末。○【唐書】穆贊兄弟皆和粹，世以珍味目之。贊少俗，然有格，為酪；贊美而多文，為酥；員為醍醐；賞為乳腐。言家法者稱之。

陸機陸雲，名其喧於洛邑；季心季布，氣蓋於關中。【晉書】陸機與弟雲，華亭人。晉滅吳，兄弟俱入洛，並以才名藉盛一時。○【漢書】季心以勇，季布以諾，聞關中。

劉孝標之綬方青，馬季常之眉本白。【梁】劉孝標家園別陽羨，始興詩四鳥，怨離羣。三荊悅同處，如今腰艾綬，東南各殊舉。○【蜀志】馬良字季常，眉閒有白毫。兄弟五人並有才名，鄉里俗諺云：馬氏五常，白眉最良。

文采則眉山軾轍，才名則秦氏暐通。【宋史】蘇洵子軾字子瞻，轍字子由，眉州眉山人。兄弟同登進士科，又同策制舉，文采粲然，救一時磔裂詭異之弊，時號大蘇小蘇。○【唐書】秦景通與弟暐皆有才名，精漢書，號大秦君小秦君。

欲成弟名，雖擇肥美而何咎；中分財產，甯取荒頓以為安。【白帖】許武，第五倫舉為孝廉。武以二弟普晏未顯，欲成之，乃謂曰：禮有別居。乃剖財為三，自取肥田強奴婢。鄉人皆稱二弟義讓，普晏等已得舉。武乃會宗族泣曰：吾盜聲位，二弟未立，所以自取大譏。今地產所增三培於前，悉推二弟，一無所留。○【小學】薛包好學術，弟求分財異居，包不能止，乃中分其財。

又曰尊堂。父體尊嚴。故以稱父。【孝經】嚴父莫大於配天。○君尊也。父尊於家。故稱君。【易】家人有嚴君焉。○謝安問王獻之曰。君書何如家尊。答曰故當不同。○大人。尊者通稱。漢霍去病曰。去病不早自知爲大人遺體。父稱大人本此。○【家訓】陳思王稱其父爲家父。母爲家母。○凡尊且老皆曰公。今稱人父亦同用。○翁長老通稱。漢高祖答項

奴婢引其老病者。曰與我其事久。若不能使也。田廬取其荒頓者。曰吾少時所治。意所戀也。器物取其朽敗者。曰我服食久。身口所安也。

一家之桐木稱榮。千里之龍駒誰匹。【合璧】韓子華兄弟皆爲宰相。所居第有梧桐。京師稱桐木韓家。以別康公其一家之中。呼子華爲三相公。持國爲五相公。○【北史】盧思道小字釋奴。從弟昌衡小字龍子。宗中俱稱英妙。時人語曰。盧家千里釋奴龍子。【晉書】陸雲神悟速成。五六歲與兄機齊名。人奇之曰。此兒若非龍駒。即是鳳雛。

上留田何如廉讓江。閉戶撾亦當唾面受。【古樂府】有上留田。言不恤兄弟也。【交州記】李祖仁兄弟十人。並慈孝廉讓。因名其江。曰廉讓江。○【後漢書】繆肜兄弟四人皆同財業。及各娶妻。諸婦遂求分異。又數有爭鬬之言。肜深懷忿歎。乃掩戶自撾曰。繆肜。汝修身謹行。學聖人之法。將以齊整風俗。奈何不能正其家乎。弟及諸婦聞之。悉叩頭謝罪。遂更爲敦睦之行。【唐書】婁師德弟守代州。辭之官。師德教之耐事。弟曰。人若唾面。潔之乃已。師德曰。潔之是違其怒。正使自乾耳。

推田相讓。知延壽之化行。泣淚息爭。感蘇瓊之言厚。【漢書】韓延壽爲左馮翊。行縣至高陵。有昆弟訟田。延壽傷曰。骨肉興訟。是教化不至。乃閉閤自思過。於是訟者相責讓。內袒願以田相和。終死不爭。○【北史】蘇瓊爲清河太守。有乙普明兄弟爭田。訟於官。連年不決。瓊召普明兄弟諭之曰。天下難

羽曰吾翁即若翁父稱翁本此○母最慈子故以稱母慈母多恪男○詩焉得諼草言樹之背諼萱同忘憂草也亦號宜男故比母爲北堂也稱堂本此。

殁後自稱 **先父** 又曰**先嚴** 又曰**先君** 又曰**先尊** 又曰**先大人**○**先母** 又曰**先慈**

殁後人稱 **令先君**○**令先**

難得者兄弟易求者田地假令得田地失兄弟心何如晉兄弟因而下淚叩頭謝罪

三孔既推鼎立五張亦號明經

詩話孔文仲經甫孔武仲常甫孔平仲毅甫兄弟俱以才名播天下黃魯直有詩云二蘇上連璧三孔分立鼎天不墜斯文俱來集臺省○合璧張知謇兄弟五人知玄知晦知泰知默皆明經高第

愛敬宜法溫公恭讓當師延壽

小學司馬溫公與其兄伯康友愛尤篤伯康年將八十公奉之如嚴父保之如嬰兒每日少頃則問曰得無飢乎天少冷則拊其背曰衣得無薄乎○北史楊播家世純厚並敦義讓昆季相事有如父子椿津恭謙兄弟旦則聚於廳堂終日相對未嘗入內有一美味不集不食廳堂間往往幃幔隔障爲寢息之所時就休偃還共笑談。

夫婦 新增文八聯

孤陰則不生獨陽則不長故天地配以陰陽男以女爲室女以男爲家故人生偶以夫婦

禮男娶女嫁而陰卑不能自專就陽而成之故傳曰男三十而娶女二十而嫁陽數奇陰數偶合爲五十應大衍之數生萬物也○陰氣能生物有陰無陽亦不能生陽氣能長物有陽無陰亦不能長必陰陽配合方能生長。

陰

堂。

〔訃狀行實自稱〕先考。又曰先人。

○先妣。〔詩〕有懷二人。二人指父母。稱人本此。

父妾。

〔自稱〕家庶母。

〔稱人〕令庶母。

正室曰嫡。側室曰庶。○有子方用是稱。又諸母。〔曲禮〕不漱裳。〔注〕諸母父妾之有子者。漱浣也。裳賤服。不使漱裳

陽和而後雨澤降。夫婦和而後家道成。〔易辭〕曰密雲不雨。蓋必陰陽相和。而雨方降。不可以雲之盛遂為有雨。雲不盛遂為無雨也。人之夫婦不能和合。而欲家道之成也。罕矣。夫謂妻曰拙荊。又曰內子。妻稱夫曰藁砧。音稿 斟 又曰良人。拙而無能。以荊為釵。皆謙言妻也。○嫡妻曰內子。○〔古樂府〕藁砧今何在。山上復見山。〔釋〕藁砧。今之打柴石。○〔詩〕今夕何夕。見此良人。賀人娶妻曰榮諧伉儷。音抗例 留物與妻曰歸遺細君。〔左〕齊侯請繼室於晉。韓宣子使叔向對曰。寡君未有伉儷。君有辱命。惠莫大焉。○〔漢史〕武帝將以肉賜從臣。東方朔先割以歸。有司奏之。上命自責。朔曰。受賜不待詔。何無禮也。拔劍割肉。一何壯也。割之不多。一何廉也。歸遺細君。又何仁也。〔釋〕細君謙詞也。受室即是娶妻。納寵謂人娶妾。〔左〕齊僖公欲以文姜妻鄭太子忽。忽固辭。人問其故。忽曰。人各有耦。齊大國。非吾偶也。受室而歸。是以師婚也。〔禮〕妻者。齊也。與夫敵體也。妾。接也。承接於夫也。○寵愛也。正妻謂之嫡。眾妾謂之庶。嫡。敵也。妾之子。稱曰嫡母。庶。多也。嫡之子。稱曰庶母。稱人妻曰尊夫人。稱人妾曰如夫人。〔左〕齊桓公好內。多內寵。內嬖如夫人者六。結髮係是初婚。續絃乃是再娶。〔蘇武詩〕結髮為夫婦

敬父之道也。

父子

自稱 愚父子。

稱人 賢橋梓。家語南山有橋。高而仰。父道也。北山有梓。卑而俯。子道也。稱人父子本此。

伯叔父母。釋義伯長也。叔俶也。見嫁俶然御退也。○又伯父曰世父。伯母曰世母。父子相代為一世。言伯為承祧之

恩義兩不疑。○漢書武帝令鈎弋夫人趙氏彈琴。絃忽斷。趙泣曰。斷絃者凶兆。帝曰可續以外國所進鸞血作膠續之。婦人重婚曰再醮子少切。男子無偶曰鰥音關居。禮父醮子。命之迎婦。按再醮始自漢光武姊湖陽公主。○孟子老而無妻曰鰥。如鼓瑟琴。夫妻好合之謂。琴瑟不調。夫妻反目之詞。詩妻子好合。如鼓瑟琴。○易夫婦反目。不能正室也。牝婢忍切。雞司晨。比婦人之主事。河東獅吼。譏男子之畏妻。書牝雞司晨。為家之索。釋牝雌也。司晨報曉也。○陳季常飽參禪學。其妻柳氏妒悍。客至。或聞訴罵聲。東坡戲之曰。誰似龍邱居士賢。談空說法夜不眠。忽聞河東獅子吼。拄杖落手心茫然。殺妻求將。吳起何其忍心。烝梨出妻。曾子善全孝道。史吳起仕魯。齊伐魯。魯欲拜起為將。起妻齊女。魯疑不果。起遂殺妻。示信。求為之將。○家語曾參事後母至孝。其妻蒸梨不熟。因出之。張敞為妻畫眉。媚態可哂。董氏對夫封髮。貞節堪誇。漢張敞為京兆尹。夫妻相敬如賓。常為妻畫眉。○唐賈直言坐事貶嶺南。與妻董氏訣曰。生死不可期。吾去汝可嫁。妻不答。引繩束髮。封以帛。使直書曰。非君手不解。直貶二十年乃還。書帛宛然。及以湯沐。髮墮無餘。冀郤音隙缺夫妻相敬如賓

主叔父曰季父
叔母曰嬸母季
少也嬸俗迺稱
○又稱伯叔父
曰諸父諸衆也
詩旣有肥羜以
速諸父亦稱曰
從父從從也言
與父類從也或
曰伯把也把持
家政也父弟爲
仲仲中也位在
中也仲父之弟
曰叔叔者少也
叔父之弟曰季
季癸也甲乙之
次癸在
下也

[illegible]家伯○家叔○家

陳仲子夫婦灌園食力[左]曰季出使他國過冀邑見郤缺耕於野妻饋食相敬如賓季言於晉文公曰能敬必有
德德以治民君請用之公以缺爲下軍大夫○於陵陳仲子齊人也
楚王遣使持金百鎰聘以爲相夫婦相逃去爲人灌園自食其力以
終身不棄糟糠宋弘回光武之語舉案齊眉梁鴻配孟光之賢[漢]光武姊湖陽
公主新寡帝與論羣臣以微觀其意主曰宋弘威儀羣臣莫及試圖
之令主坐屏風後帝召弘問曰富易交貴易妻人情乎弘曰貧賤之
交不可忘糟糠之妻不下堂帝顧謂主曰事不諧矣○[漢]孟光貌醜
而黑力能舉石曰德行高雅擇對不嫁年三十矣父問其故答曰欲
節操如梁鴻者鴻聞遂娶之每進食舉案齊眉蘇蕙織迴文樂昌分破鏡是夫婦之生離張
瞻炊吹音臼夢莊子鼓盆歌是夫婦之死別[晉]竇滔戍流沙妻蘇蕙善文詞織錦作迴文詩勸歸五
綵鮮麗縱横反復詞極悽惋名璿璣圖○[陳]太子舍人徐德言尚樂
昌公主陳政衰謂主曰國破伊必入權豪家倘情緣未斷尚冀相見
乎乃破鏡各分其半約他日以元宵日賣於都市○[雜俎]江淮王生
善卜賈客張瞻將歸夢炊臼中問王生生曰君歸不見妻矣臼中炊
無釜也釜與婦同音及歸妻果卒○莊子妻死惠王弔之莊子箕踞鼓盆而歌鮑宣之妻提甕翁去聲出汲雅

補入

伯母。家叔母。令伯。令叔。令伯母。令叔母。

妻父母。釋義 妻之父曰外舅。母曰外姑。後世易稱曰岳父母。歐陽永叔云。今人呼妻父爲岳公。以泰山有丈人峯。呼妻母爲泰水。不知出何書也。○今俗呼妻父爲丈人。丈人長老通稱。易丈人吉。論語遇丈人。俗專

得順從之道。齊御之妻。窺御激(音戟)夫。可稱內助之賢。漢 鮑宣就學於桓少君父。父奇其清苦。以少君妻之。嫁資甚厚。宣謂之曰。汝生富驕。吾貧賤。不敢當少君。卽更布衣。共挽鹿車。歸鄉里。拜姑禮畢。提甕出汲。以修婦道。○齊 晏子爲相。其御者之妻。窺見其夫揚揚自得。既而夫歸。責之曰。晏子長不滿六尺。身相齊國。名顯諸侯。其志嘗有以自下。子長八尺。乃爲人僕御。揚揚若此。宜乎卑且賤也。妾恥之。其夫後自抑損。晏子怪而問之。御以實對。晏子薦以爲大夫。

可怪者買臣之妻。因貧求去。不思覆水難收。可醜者相如之妻。夤(音寅)夜私奔。但識絲桐有意。漢史 朱買臣家貧。負薪讀書。其妻求去。臣曰。吾至五十。必富貴。妻怒曰。從君終餓死。臣不能留。竟去。後臣爲會稽守。妻求復合。臣曰。能收覆水。方許復合。妻遂自縊死。○漢 司馬相如與臨邛令王吉善。有富人卓王孫。召令並相如飲酒。酣。吉請相如鼓琴。時王孫女文君新寡。知琴音。相如操鳳求凰曲以挑之。文君心悅。夜奔相如。相如乃與馳歸成都。解所服鷫鸘裘。貰酒與文君爲歡。

要知身修而後齊家。夫義自然婦順。

增 詩稱偕老。易著家人。詩 君子偕老。又 及爾偕老。○易 家人利女貞。

或穿墉以窺寶。或斷

以呼妻父，或本之於丈人峯之說。至呼妻母為丈母，殊屬牽強，然通俗亦不復論。措詞美翁婿，曰冰清玉潤。晉衛玠妻父樂廣，皆有重名，評者以為婦翁冰清，女壻玉潤。

自稱 家岳父，又曰妻父。○家岳母，又曰妻母。

人稱 令岳翁，又曰令岳丈。○令岳母，又曰令丈

機而勖學。世說 山公與嵇阮契合金蘭，山妻韓氏覺公與二人異於常交，謂公曰：負羈之妻亦親觀狐趙，意欲窺之，可乎？他日二人來，飲公留宿，具酒食，夜穿墉以視之，達旦忘返。公入曰：二人何如？妻曰：君才殊不如，正當以度量相友耳。公曰：伊輩亦常以我度為勝。○雜路集 樂羊子遠尋師學，一年來歸，妻跪問故，曰：久行懷思，無他異也。妻乃引刀趨機曰：君子尋師，中道而歸，何異斷斯機乎？羊子乃發憤，卒業。賈大夫之射雉，未足歡娛；百里奚之烹雌，何嫌寂寞。左 賈大夫惡，娶妻而美，三年不言不笑，御以如皋，射雉獲之，其妻始笑而言。○風俗通 百里奚為秦相，堂上作樂，所賃澣婦自言知音，呼之援琴撫絃而歌曰：百里奚，五羊皮，臨別時，烹伏雌，炊扊扅，今富貴忘我為？百里奚因尋問之，乃其妻也。仍求故劍，宣帝不忘許后於多年；忽著新衣，桓沖頓化成心於一旦。漢書 宣帝初聘許廣漢女，即位後求微時故劍，大臣知旨，乃立許后。○世說 桓沖不好著新衣，浴後婦故送新衣與沖，大怒，摧使持去。婦傳語云：衣不經新，何由得故？沖大笑著之。吳隱之得淑女，甯惜負薪；司馬懿有賢妻，勿辭執爨。合璧 吳隱之為晉陵太守，妻自負薪。及為左衛將軍，冬月無被，嘗澣衣，乃披絮，勤苦同於士庶。○晉書 初司馬懿辭仕，以風痺不能起居。曝書遇雨，懿起收，家惟一婢見之，妻

張氏懼言泄，乃手殺之，而自執爨焉。**募死士以拒敵，誰同楊氏之堅持；提數騎以拔圍，孰比邵姬之勇往。**【合璧】建中末，李希烈謀襲陳州，李侃為項城令，以城小欲逃歸。楊氏曰：縣不守則地皆賊地也，倉廩府庫皆其積也，百姓皆其戰士也。請募死士，賊遂去，遷侃為太平令。○【自帖】劉遐妻邵續女，驍果有父風，遐為石季倫所圍，妻單將數騎，拔出劉遐於萬人之中。

李益設防妻之計，常撒冷灰；志堅摛音鴟**送婦之詞，任撩新髮。**【合璧】李益有妒病，防妻過甚，有撒灰扃戶之談，時謂之妒癡。【雲溪友議】楊志堅居貧，其妻索書求去，志以書送之云：金釵任爾撩新髮，鸞鏡從他別畫眉。此去更同行路客，相逢即是下山時。其妻持詣州，刺史顏魯公，求別適，公判妻笞二十，任自改嫁。志堅秀才餉粟帛，仍著隨軍。聞者悅服。

苟內則之無忝，自中饋之稱能。【易】女正乎內，男正乎外。○內則，禮記篇名，婦道備焉。○【易】無攸遂，在中饋，安貞吉。史箴：施衿結褵，虔恭中饋。

叔姪　新增文六聯

曰諸父，曰亞父，皆叔伯之輩；曰猶子，曰比兒，俱姪兒之稱。【詩】既有肥羜，以速諸

母。翁雖長老通稱，但世稱翁壻，則翁亦可屬之妻父。王適曰：吾求婦久矣，惟此翁可人，且聞其女賢，不可失也。

【歿後自稱】**外考。○外妣。**

【自稱】**妻伯。○妻叔。○妻**伯叔**父母。伯母。○妻叔嬸。**

【人稱】**令伯岳，**又曰**令伯丈。○令叔岳，**又曰**令叔**

文
亦俗稱。○稱人妻
伯母妻叔母隨俗
母舅舅母【釋義】長曰
伯舅少曰叔舅
措詞甥舅曰渭
陽之戚【詩】我送
舅氏曰至渭陽
舅晉文公也出
舅氏秦康公之
亡在秦將歸國
康公送之渭陽
作此詩渭水名
○美甥舅曰此
舅此甥王忱弱
冠知名其舅范
甯謂曰卿風流
俊望眞後來之

父【記】伯叔亞父也【釋】亞次也○【禮記】兄弟
之子猶子也○比並也謂姪與兒並也
阿大中郎道韞雅稱叔父
吾家龍文楊素比美姪兒【晉】謝齊之女道韞適王凝之不樂而還叔
父謝安曰王郎逸少子不惡汝何恨也答
曰一門叔姪惟有阿大中郎羣從兄弟則有封胡羯末不意天壤之
間乃有王郎【釋】中郎指謝安○【北齊史】楊愔幼聰慧絕人六歲授史
書叔楊素奇之曰此兒駒齒未落已是吾家龍
文更十年當求之萬里之外【釋】龍文龍馬也
烏衣諸郎君江東稱
王謝之子弟吾家千里駒苻堅羨苻朗爲姪兒【晉】王謝子弟多居烏
衣巷一時貴盛人稱
曰烏衣子弟○【晉】苻朗乃堅從兄
子也堅嘗目之曰吾家千里駒也
竹林叔姪之稱蘭玉子姪之譽【晉】
阮
咸阮籍嵇康山濤向秀王戎劉伶有竹林之樂時號竹林七賢二阮
是叔姪故稱叔姪曰賢竹林○【晉】謝玄爲叔父安所器因戒約子弟
曰子弟亦何豫人事正欲使其佳
玄曰如芝蘭玉樹使其生於庭階
存姪棄兒悲伯道之無後視叔猶
父羨公綽之居官【晉】鄧伯道當避石勒作亂擔兒與其姪綏同逃伯
謂妻曰吾兒與綏不能兩全吾弟早亡惟有此子
理不可絕當棄己子後復有生妻泣從之乃棄己子其妻不復孕卒
至無嗣謝太傅哀之曰天道無知使伯道無兒○【唐】柳公綽身處富

秀忱曰不有此舅焉有此甥類舅陸杲少好學工書畫其舅張融有高名杲風韻舉止頗與相類

【自稱】家母舅○家舅母

【人稱】令母舅○令舅母

姑父姑母【釋義】父之姊妹曰姑姑故也言與已爲親故之人也【爾雅】父之姊妹爲姑王父之姊妹爲王姑曾祖王父

貴而事叔如父公卒其子仲郢事叔公權如父爲京兆尹時出遇公權下馬端笏而立

盧邁無兒以姪而主身之後張範遇賊以子而代姪之生【孔帖】盧邁進中書侍郎再娶無子或勸畜姬媵邁曰兄弟之子猶子也可以主後○【魏】張範子陵及姪戩俱爲賊所執範求還二子賊以子還範曰吾憐姪小請以子代之賊義之俱還焉

【增】謝密能成佳器劉孺可號明珠【南史】謝密字弘微童幼時精神端審時然後言叔父混見而異之曰此兒深中夙敏方成佳器有子如此足矣○【宋書】劉孺七歲能屬文叔父悛嘗置坐側謂賓客曰此吾家明珠

或獻泛湖之圖或稱招隱之寺【倦遊錄】陳恭公判亳州生日親戚多獻老人星圖姪世修獨獻范蠡遊五湖圖公即日納節○【圖畫錄】李綱於叔錡坐讚招隱寺標致錡曰何如州中對曰納所賞疎野耳若遠山將翠幙遮古松用綵物裹腥羶溷鹿跑泉音樂亂山鳥聲實不如叔父大廳錡笑

陸家精飯何損素風楊氏銅盤獨踰諸子【晉書】謝安嘗詣陸納納兄子俶密作食供之納設茶果俶具精饌食罷納大怒杖四十曰不能光我叔父而乃穢我素風○【北史】楊愔幼時庭有柰樹實落羣兒爭之愔不動獨坐季父暐大嗟異之謂客曰此兒恬裕有我家風宅內有茂竹遂於林邊別葺一室命獨居中嘗銅盤具盛饌以飯之因以

之姊妹爲曾祖王姑高祖王父之姊妹爲高祖王姑父之從姊妹爲從姑父之從父姊妹爲從祖姑父之從祖姊妹爲族祖姑

自稱家姑父○家姑母

人稱令姑父○令姑母 姑夫稱姑丈亦可。

姨父姨母**釋義**古稱母之姊妹曰從母**檀弓**從母之夫今俗稱姨。

督厲諸子曰汝輩但知遵彥謹慎自得竹林別室銅盤重肉之食。

謝安石東山之費阮仲容北道之貧晉謝安石於東山營墅樓館林木甚盛每攜中外子姪往來遊集肴饌亦屢費百金世頗以此爲譏而安石不以屑意○**世說**阮咸與叔籍爲竹林之遊諸阮居道南咸居道北南阮富北阮貧

可爲都督王渾預評猶子之詞必破吾門宗炳先料比兒之語**晉書**王渾從子彭祖司空沈賤嬖子也少輕彭祖此兒平世不減方州牧伯亂世可爲都督三公後果爲幽冀都督○**宋書**宗炳問兒子懿所志曰願乘長風破萬里浪炳曰汝不富貴必破吾門

愚者宜歸慝肆賢者得反金刀**南史**呂僧珍出身甚微以販蔥爲業逮貴兒子求官珍曰汝等自有常分但當速歸蔥肆○**晉書**慕容德之諸子爲苻氏所殺兒子超生十歲而祖母公孫氏卒臨終授超以金刀曰若天下太平汝得東歸可即以此刀還汝叔父。

師生

新增文八聯。

馬融設絳帳前授生徒後列女樂孔子居杏壇賢人七十弟子三千

自稱 家姨父。○家姨母。
稱人 令姨父。○令姨母。
姨父稱姨丈亦可。

兄弟 釋義 兄荒也。荒大也。故青徐人謂兄曰荒。弟第也。相次第而生也。又考爾雅。男子先生曰兄。後生曰弟。口儿為兄。儿人字在下之文。謂以口教其下也。取長之義。弟字以弟音類遜伏也。取遜兄之義。措詞兄弟序

漢 馬融為世通儒。從遊者以千計。嘗設絳紗帳。前列生徒。後列女樂。○孔子周遊列國。而道不行。老乃卒業杏壇。其從遊子弟三千人。身通六藝者七十二人。稱教館曰設帳。又曰振鐸。謙教館曰餬口。又曰舌耕。書 每歲孟春。遒人以木鐸徇於路。○左 鄭伯曰。寡人有弟。不能和協。而使餬口於四方。○漢 賈逵從劉歆授左氏春秋。名聞當世。從學甚眾。積粟盈倉。人曰。逵非力耕。乃舌耕也。師曰西賓。師席曰函丈。學曰家塾。音孰 學俸曰束脩。禮 凡講說之間。則布席。席間函丈。○記 古之教者。家有塾。黨有庠。術有序。國有學。論語 自行束脩以上。吾未嘗無誨焉。桃李在公門。稱人弟子之多。苜蓿音目宿 長闌杆。奉師飲食之薄。唐書 狄仁傑薦張柬之桓彥範卒為名臣。或謂傑曰。桃李盡在公門。○唐 薛令之為東宮侍讀。時官署餶澹。作詩云。盤中無所有。苜蓿長闌杆。釋 苜蓿豌豆也。冰生於水而寒於水。比學生過於先生。青出於藍而勝於藍。謂弟子優於師傅。荀子 青出於藍而勝於藍。冰生於水。而寒於水。未得及門。曰宮牆外望。稱得祕授。曰衣鉢真傳。論語 夫子之牆數仞。不得其門而入。○五代史 范質舉進士。主文和凝愛其文。以十三名登第。謂質曰。君文宜冠多士。屈

次曰雁行。記兄之齒雁行。謂年齒與兄相若者，當如雁之序行而漸退後也。○兄弟友愛曰塤篪。雅奏塤篪二樂器。詩伯氏吹塤，仲氏吹篪。○難兄難弟。漢陳元方子長文與季方子孝先爭論父功德，問於祖太邱。太邱曰：元方難爲兄，季方難爲弟。言不相上下也。○高出於兄弟曰白眉。蜀志馬良眉

居十三，欲君傳老夫衣鉢也。未幾凝入相，後質亦拜相。

人稱楊震爲關西夫子，世稱賀循爲當世儒宗。漢楊震明經博學，從遊者千人，諸儒稱之曰關西夫子。○晉元帝初即位，以賀循爲世儒宗。**負笈千里，蘇章從師之殷；立雪程門，游楊敬師之至。**文苑漢蘇章負笈從師，不遠千里。○語錄游酢楊時師事程頤於洛。一日二子侍側，先生瞑目，二子不敢去，及出門外，雪深三尺。**弟子稱師之善教，曰如坐春風之中；學業感師之造成，曰仰沾時雨之化。**宋朱光庭見明道先生程顥於汝川，歸語人曰：光庭在春風中坐了一月。○時雨者，謂及時之雨下降於物，則播種封殖耳。教化之妙，亦猶是也。

增民生在三，師術有四。國語欒子曰：人生於三，事之如一。父生之，師教之，君食之。崔鴻後秦錄姚泓曰：在三之義不可不重。親拜涓于岐於牀下。○孫卿子曰：師術有四，尊嚴而憚也，耆艾而信也，誦說不淩也，知微而論也。**執經問義，事若嚴君；鼓篋摳囊，不辭曲士。**李西銘傳河南褚沖、吳何圖等起拜學官，爲之師表。執經問義，遠邇趨慕，至徒數百人。魏書常爽門徒七百餘人，京師學業翕然復興。立訓甚嚴，有勸罰之科，諸弟子事之若嚴君焉。○學記入學鼓篋，孫其業也。禮始

有白毫兄弟五人並有才名時人語曰馬氏五常白眉最良五常五人皆以常爲字也○兩兄弟曰雙璧又雙珠陸暐與弟恭之並有時譽號雙璧孟昶與弟顗並美丰姿號雙珠○三兄弟曰三鳳薛收與元敬德音齊名世稱河東三鳳又稱三珠樹王勃與兄勔勮皆有名故杜易簡稱三珠樹○五兄弟曰五桂燕

人學擊鼓警衆乃發篋以出其所習之業也【合璧】吳商學通五經百氏四方學者擔囊負笈不可勝數【柳宗元書】俞扁之門不拒病夫繩墨之側不拒曲木師儒之席不拒曲士

史居左經居右，士得良修；道已南易已東，人沾教澤。

橫渠教授門徒左史右經朝絃暮頌○楊龜山從學程明道楊歸程送之出門程謂客曰吾道南矣○【漢】丁寬受易於田何寬學成及歸何謂門人曰易已東矣

賜宴月池之上，翼贊堪誇；誦書帷帳之中，烽煙甯避。

【合璧】唐高祖鎮太原引張復肩爲客以經授秦王太宗卽位賜宴月池帝從容曰今日弟子何如肩曰昔孔子門人三千達者無子男之位臣翼贊一人乃王天下計臣之功過於先聖帝爲之笑○【東觀漢記】張奐出使外國休屠及朔方烏桓並同反叛遂燒度遼將軍門烟火相望兵將大恐各欲亡去奐安坐帷帳中與弟子誦書自若軍士稍賴以安

忠臣錄孝子錄，綱常互振；經義齋治事齋，體用兼全。

【曾南豐集】古忠臣爲一錄孝子爲一錄教授弟子曰忠孝綱常最大者汝曹其識之○【宋】胡瑗立經義齋治事齋教授蘇湖從學者既知文學又能政事云

東家之外更無邱，道德由文章炫出；北斗以南應有傑，事功從學術做來。

【漢】邴原游學詣孫崧崧曰君鄉里鄭君學者師模也

山（實）禹鈞有五子，曰儀、儼、侃、偁、僖，相繼登科，時人謂之五龍，亦稱五桂。○八兄弟曰八龍。潁川荀叔生八子，曰儉、緄、靖、壽、汪、爽、修、穀，並有才名，時人語曰：荀氏八龍，慈明無雙。慈明，爽字。○兄弟不睦曰鬩牆之變。（詩）兄弟鬩於牆。鬩，狠也。

（自稱）家兄。○舍弟。兄弟多者，上加行次。○家嫂以別之。

君乃舍之。所謂以鄭爲東家邱也。原曰：人各有志，所向不同。君謂鄭爲東家邱，以僕爲西家愚夫耶？崧辭謝焉。○（周）狄仁傑曾以明經調世，人謂曰：傑北斗以南，一人而已。

邊孝先便便大腹，曾見嘲於弟子；韓退之表表高標，宜共仰於吾儒。邊韶字孝先，大腹好晝眠。弟子笑曰：邊孝先，腹便便，五經笥，但好眠。○韓退之闢佛教，不讀非聖之書，學者仰之如泰山北斗，皆稱韓夫子。

應生獨舉官銜，豈事先生之禮；李固不矜父爵，乃稱弟子之良。汝南應劭自贊於鄭玄曰：故泰山太守應仲遠北面稱弟子，何如？玄笑曰：仲尼之門，分以四科，回、賜之徒不稱官銜。劭有慚色。○（漢）李固，郃子也，嘗改姓名，策杖騎驢，負笈從師，每到太學，必密入公府定省父母，不令同業諸生知爲郃子。

朋友賓主 新增文十二聯

取善輔仁，皆資朋友；往來交際，迭爲主賓。曾子曰：君子以文會友，以友輔仁。○（孟子）舜尚見帝，帝館甥於貳室，亦饗舜，迭爲賓主。

爾我同心，曰金蘭；朋友相資，曰麗澤。（易）二人同心，其利斷金；同心之言，其臭如蘭。○（易）麗澤，兌。君子以朋友講習。

東家曰東主，師傅曰西賓。如淯曰：君臣位南北面，賓主位

○舍弟婦。[人稱]令兄。○令弟。○令嫂叜。○令弟婦。家弟。[世說]謝太傅謂戴安道曰卿兄弟志業何其太殊戴曰下官不堪其憂家弟不改其樂。○叜師叟正字也。老人之稱从女从叜尊其年也。家嫂。[世說]林道人詣謝東陽姪朗始總角新病起體未堪勞與林講論久王夫人遣僕令還而東陽留之王夫人因

東西面。父所交遊尊爲父執。己所共事謂之同袍。[禮]見父之執不謂之進不敢進不謂之退不敢退不問不敢對此孝子之行也。○[詩]豈曰無衣與子同袍。心志相孚爲莫逆。老幼相交曰忘年。琴牢與子桑戶孟之反三人爲友相視而笑莫逆於心。○[漢]禰衡有逸才年未二十孔融年五十作爾汝忘年交。刎文上聲頸音景交相如與廉頗。總角好孫策與周瑜。廉頗與藺相如同事趙藺位居頗上頗怒欲辱之藺每引避人皆恥之藺曰秦不敢加兵於趙以吾二人在也吾所爲先國家後私讎也頗聞知肉袒負荊請罪卒爲刎頸之交。○孫策曰周公瑾與孤有總角之好骨肉之分。膠漆相投陳重之與雷義。雞黍之約元伯之與巨卿。[漢]雷義舉茂才欲讓陳重刺史不許義遂佯狂披髮走不應命後同舉孝廉同拜尚書郎人語曰膠漆自謂堅不如雷與陳。○[漢]張元伯與范巨卿二人友善同遊太學告歸巨約二年當過拜尊親至期元白母具雞黍待之母曰二年之別千里約言何期之審也元曰巨信士必不違約巨果至升堂拜母盡歡而別。與善人交如入芝蘭之室久而不聞其香。與惡人交如入鮑魚之肆久而不聞其臭。[家語]孔子曰與善人交如入芝蘭之室久而不聞其香即與之

自出云新婦少遭家難一生所寄唯此兒即抱歸東陽曰家嫂辭情惋惻深可傳述

[總稱人兄弟]賢昆玉文曰賢昆仲昆即兄也次曰仲○王琳子銓錫老行齊著人稱爲王氏金友金玉喻貴重之意昆玉本此

表兄弟[釋義]姑之子舅之子兩姨之子皆表兄弟表外

化矣與不善人交如入鮑魚之肆久而不聞其臭亦與之化矣肝膽相照斯爲腹心之友意氣不孚謂之口頭之交[唐]杜審言與李嶠崔融蘇味道友善世號心腹四友○[孟郊詩]面結口頭交肚裏生荊棘彼此不合謂之參商爾我相仇如同冰炭參商詳天文○[蘇軾疏]君子小人勢同冰炭同處必爭民之失德乾餱音侯以愆他山之石可以攻玉[詩]民之失德乾餱以愆[又]他山之石可以攻玉落月屋梁相思顏色暮雲春樹相望丰儀[杜甫夢李白詩]落月滿屋梁猶疑見顏色[杜甫憶李白詩]渭北春天樹江東日暮雲王陽在位貢禹彈冠以待薦杜伯非罪左儒甯死不徇君[漢]貢禹與王陽友善陽爲益州刺史禹乃彈冠相慶俟其薦己○[周]宣王臣杜伯非其罪王欲殺之伯之友左儒爭之於王王怒儒曰臣諡明君之過以正杜伯之無罪王殺杜伯左儒死之分首判袂敘別之辭擁篲音遂掃門迎迓之敬文[杜甫詩]直到綿州更分首[唐]蕭鳳使王門關弟蕭穎勸酒謂兄曰醉中分袂庶不悲○[魏]文侯擁篲掃門以迓朋友握手歡如平生[釋]篲竹掃帚陸凱折梅逢驛使聊寄江南一枝春王維折柳贈行人遂唱

也。○又舅子稱姑子爲外兄弟，姑子稱舅子爲内兄弟。晉書城陽太守梁柳乃皇甫謐從姑子也。柳之官，謐不之餞，曰：柳爲布衣時過吾，吾送迎不出門，食不過鹽菜。今作郡而送之，是貴太守而賤梁柳，非吾心所安也。羊祜討吳有功，將進爵，乞封其舅子蔡襲。阮瞻善彈琴，外兄潘岳每令彈，終日達夜無有忤色。梁

陽關三疊曲。晉陸凱與范曄爲友，偶遇謝孚至長安下公文，路經隴頭，折梅一枝，口占一絕，以寄曄云：折梅逢驛使，寄與隴頭人。江南無所有，聊贈一枝春。○王維送故友元仁使西安詩：渭城朝雨浥輕塵，客舍青青柳色新。勸君更盡一杯酒，西出陽關無故人。

頻來無忌，乃云入幕音莫之賓；不請自來，謂之不速之客。晉郄超爲桓溫參謀，謝安、王坦之詣溫論事，溫令超臥帳中聽其言，風動帳開，安笑曰：郄生可謂入幕之賓矣。○易：有不速之客三人來，敬之終吉。

醴酒不設，楚王戊待士之意怠；投轄於井，漢陳遵留客之心誠。楚元王與穆生交善，生不嗜酒，王每宴常設醴待之。及王戊即位，當設宴，忘設醴焉。生曰：可以去矣，醴酒不設，王之意怠矣。○漢陳遵每大飲，賓客滿堂，輒關門取客車轄投井中。

蔡邕音雍倒屣音徙以迎賓，周公握髮而待士。漢蔡邕賓客填門，聞王粲至，邕倒屣迎之。粲年少短小，一座皆驚。邕曰：此王公孫，有異才，吾不如也。○成王封周公之子伯禽於魯，周公戒之曰：子毋以魯國驕士。吾嘗一飯三吐哺，一沐三握髮，以延天下之賢士。

陳蕃器重徐穉音治，下榻相延；孔子道遇程生，傾蓋而語。漢陳蕃爲豫章守，性方峻，杜門謝客，惟邑隱士徐穉，蕃慕其賢，特設一榻以禮之，去則懸之於壁。○孔子之郯，遇程子於

【典】周捨舉外弟徐摘，曰：形質陋小，若不勝衣，而堪此侍讀之選。遂爲侍讀。【周書】孔若思客居鄴，力學。外兄虞世南曰：本朝論覆，吾今湮滅，有弟若此，今不忘矣。

【自稱】家表兄○舍表弟
【稱人】令表兄○令表弟

姊妹【釋義爾雅】姊妹，男子謂女子先生爲姊，後生爲妹。伯姊【詩】問我諸姑，遂及伯姊。歸妹帝乙

逕。傾蓋而語終日，甚相親也。

伯牙絕絃失子期，更無知音之輩；管甯割席拒華歆，虛今切。謂非同志之人。【列子】周伯牙鼓琴，鍾子期善聽。伯牙志在高山，子期曰：魏魏乎若高山。志在流水，子期曰：洋洋乎若流水。子期死，伯牙以爲世無知音，遂絕絃不復鼓琴。○【漢】管甯與華歆爲友，嘗共園鋤菜，見地有金，甯揮鋤不顧，歆捉而擲之。又一日同席肄業，有乘軒過者，歆往觀之。甯曰：富貴當自致，竊他人乎？遂割席分坐，與之絕。

分金多與，鮑叔獨知管仲之貧；綈袍垂愛，須賈深憐范叔之寒。【國語】管仲曰：吾始困時，嘗與鮑叔賈，分財多自與，不以我爲貪，知我貧也。○范雎，字叔，游初事魏，從須賈使齊。齊王聞雎口辯，賜之金。賈疑雎以魏國私事告齊，賈歸告相魏齊，齊怒，笞擊雎，詐死，置之廁中。魏人鄭安平救之，變姓名，與秦使王稽偕入秦，稽薦於昭王，王以雎爲相。聞魏使賈至，雎乃微行，敝衣閒步之邸。見賈，驚問曰：范叔，吾以汝死矣，汝今何在？今何事？雎曰：臣爲人傭賃。賈哀之曰：范叔一寒至此。乃取綈袍贈之。

要知主賓聯以情，須盡東南之美；朋友合以義，當展切偲之誠。【滕王閣序】臺隍枕夷夏之交，賓主盡東南之美。【論語】朋友切切偲偲。

歸妹，又稱從妹伯叔父所生者。同堂女弟也。外妹，聲伯嫁外妹管于奚之女，於施孝叔，郤犨來聘，求婦於聲伯，聲伯奪施氏婦與之。外妹，謂同母異父也。

【自稱】家姊。○舍妹。

【人稱】令姊。○令妹。

表姊妹【釋義】與表兄弟同【博物志】蔡伯喈母，袁曜卿之姑女也。【世說】溫嶠從姑劉氏有

【增】仲尼老子，可謂通家；管子叔牙，足稱知己。【漢書】孔融年十歲，謁李膺，曰：我是李君通家子弟。膺問所由。融答曰：先君孔子，與李老君同德比義，而相師友，則融與君累世通家。○【韓詩外傳】鮑叔有疾，管仲為之不食，謂曾戚曰：生我者父母，知我者鮑子。鮑子死，天下不吾知矣，雖為之死，亦何傷哉。角哀并糧於共事，甘殞流離；子輿裹飯於同儕，不忘貧賤。春秋時，羊角哀、左伯桃，聞楚王賢，往事之，道遇雨雪，計不能俱全，乃并衣糧與角，自入空柳中死，人稱為死友。○【莊子】子輿與子桑友，淋雨十日，裹飯往食之，見桑鼓琴，歌曰：父耶，母耶，天乎，人乎。輿曰：子之歌何故若是？曰：吾思夫使我至此極者。鈴音鍾道義，向嵇音稽偶鍛音段於柳中；遊戲文章，元伯銜杯於花下。【晉】嵇康與向秀友善，二人善鍛。康宅邊有大柳樹，甚茂，夏月與向居其下，相偶而鍛焉。○白居易與元稹友善，嘗於花前小酌，作詩寄元云：花時同醉破春愁，醉把花枝當酒籌。忽憶故人天際去，計程今日到涼州。程普見容於周瑜，若飲醇醪自醉；周興得親於黃憲，不披綿纊猶溫。程普以年長數侮周瑜，瑜折節不與較。普後自敬服。普曰：與周瑜交，如飲醇醪，不覺自醉。○【漢】周子居常云：吾時日不見黃叔度，則鄙吝之心復生矣。一見黃叔度，令人不綿自煖

女屬嶠覓婿，嶠有自婚意，報姑曰：已覓得婿，聲名不減嶠。因下玉鏡臺一枚，姑大喜。既婚交禮，女以手紗扇撥面，撫掌大笑曰：我固疑是老奴。

自稱 家表姐。○舍表妹

人稱 令表姐。○令表妹

姊妹夫 [梁書]劉覽除尚書左丞，妹夫御史中丞褚澐從兄吏部郎孝綽在職贓貨，覽劾

貴賤相忘，素犬丹雞定約；死生與共，烏牛白馬盟心。[侯鯖錄]越人定交，築壇殺丹雞白犬，歃血而盟曰：卿乘車，我戴笠，他日相逢下車揖；我步行，卿乘馬，他日相逢馬當下。○[後漢]劉備關羽張飛桃園結義，白馬祭天，烏牛祭地。

面前便失人，劉巴不與張飛語；事後方思友，周顗（音）以遺廑（音覲）王導。[海錄]劉巴不與張飛語，諸葛亮問之，巴曰：大丈夫處世，當友四海英雄，如何與兵子共語。○[晉史]王敦反，王導入待罪，謂周顗曰：伯仁，吾以百口累卿。顗不答，顗上表明導之無罪，導不知，慽之。及顗遇害，導不救。後之及料檢中書故事，乃見顗救己之表，泣曰：吾雖不殺伯仁，伯仁由我而死，幽冥之下，負此良友。

呂安動遐思，千里命駕；子猷懷雅興，三更泛訪戴之舟。[晉]呂安服嵇康高致，每一想思，千里命駕訪之。○[世說]王子猷居山陰，夜大雪，眠覺開室，四望皎然，忽憶戴安道，時戴在剡，即便夜乘小船就之，經宿方至，造門而返。人問其故，王曰：吾本乘興而來，興盡而返，何必見安道也。

尹敏班彪，竟日而友；山濤阮籍，是謂神交。[漢]尹敏與班彪相厚，每談論嘗晏暮不食，晝即至暝，夜則達旦。○[晉]阮籍嵇康並高才遠識，少有契者。山濤初不相識，一與會晤，便為神交。

孔融坐中常滿，必然有禮招徠

奏並免官【北齊】鄭元禮崔昂婦弟也魏收昂之妹夫昂持元禮詩示盧思道曰元禮比來詩詠亦不減魏收思道曰未覺元禮賢於魏收因加妹夫婖於婦弟

【自稱】家姊夫。○舍妹夫。
【人稱】令姊夫。○令妹夫。或稱爲姊丈妹丈或謂妹丈爲妹倩

妻妾妻齊也謂與已齊者亦曰婦婦之爲言服也服事於

音衆

毛仲堂上全無定是之才威君【後漢】孔融爲北海太守後居家愛才樂士歎曰坐上客常滿樽中酒不空吾無憂矣○【唐書】毛仲謂玄宗曰臣未有佳客上曰知汝所不能致者宋璟也明日令宰臣悉詣毛宅璟日中方至飲不盡巵稱腹痛而去

式飲式食敢曰無魚必敬必恭何嘗叱狗【列女傳】田文食客數千厨中有三列上客食肉中客食魚下客食菜○【曲禮】尊客之前不叱狗

韓魏公堂前有士風流態度得贈女奴李文定門下何人新巧詩聯乃逢天子韓魏公鎮中山有門客夜踰牆㒳娼家公知作種竹詩云慇懃洗濯加培植莫遣狂枝亂出牆客詩云主人若也憐高節莫爲狂枝贈斧斨公贈一女奴○【宋】王奇漢爲李文定客文甍章聖臨奠見屛間詩云鴈聲不到歌臺上秋色偏欺客路中上悅即召見許赴殿試王有謝詩云不拜春官爲座主親逢天子作門生

熊非清渭逢何暮無任悽愴客有可人期不來豈勝慨歎超平叔客漣水軍郡守召至門下數年後超以學士守漣水繼者名其堂爲豹隱【石曼卿詩】熊非清渭逢何暮龍臥南陽去不還年少客遊今郡守蔚然疑在立談間○【陳師道詩】書當快意讀易盡客有可人期不來世事相逢每如此好懷百歲幾時開。

夫也。从帚，掃帚，洒掃之義。妾亦曰側室，謂侍側於室中也。左傳：士有側室。从立从女，侍側之義。內則：聘則爲妻，奔則爲妾。又妾之爲言接也，聞彼有禮，走而往焉，以得接見於君子也。說文：有皋女子給事之得接於君者。左傳：女爲人妾，妾不聘也。韻會：奔則爲妾，妾奔亦皋也。曲禮：買妾不知其姓則卜之。備詞：新娶曰

婚姻。新增文七聯。

良緣由夙締，音帝佳偶自天成。夙，早也。締，結也。佳，美也。偶，配也。蹇修與柯人，皆是媒妁之號；冰人與掌判，悉是傳言之人。楚辭：解佩纕以結言兮，吾令蹇修以爲理。詩：伐柯如何？匪斧不克。娶妻如何？匪媒不得。○晉令狐策夢立冰上與冰下人語，索紞占曰：冰上與冰下人語，爲陽語陰，媒介事也，當爲人作媒。禮：媒氏掌萬民之判，令男三十而娶，女二十而嫁也。禮須六禮之周，好合二姓之好。六禮：一曰納采，二曰問名，三曰納吉，四曰納徵，亦曰納帛，五曰請期，六曰親迎。○魯哀公問於孔子曰：大昏冕而親迎，不已重乎？孔子曰：合二姓之好，以爲天下宗廟社稷主，君何謂已重焉。女嫁曰于歸，男婚曰完娶。詩：之子于歸。婚姻論財，夷虜之道；同姓不婚，周禮則然。文中子：婚姻論財，夷虜之道也，君子不入其鄉。古者男女之族，各擇德焉，不以財爲禮。○周禮：周公制同姓不婚，教親也。女家受聘禮謂之許纓，新婦謁祖先謂之廟見。禮：女子許嫁，則繫以纓，示有所繫屬也。○娶婦三曰廟見，然後執婦功。文定納采，皆爲行聘之名；女嫁男婚，謂了子

宴爾。宴樂也。【詩】宴爾新婚。如兄如弟。○夫婦曰伉儷。伉儷。配偶也。伏羲制嫁娶。以儷皮爲禮。取配偶意。【左傳】不能庇其伉儷。○相夫內助。謂助夫於內也。【易注】夫愛其內助。○婦事曰主中饋。【易】在中饋貞吉。謂婦人居中而主饋也。○夫婦相愛曰鶼於琴瑟。取其和也。【詩】琴瑟友之。○夫婦相敬曰舉案齊眉。又曰相敬

平之願。【詩】文定厥祥。○【逸民傳】漢向長字子平。讀易至損益卦。歎曰。吾已知富不如貧。貴不如賤。但未知死何如生耳。乃爲男女嫁娶畢。勑斷家事曰。吾願畢矣。遂遊五岳名山。不知所終。**聘儀曰鴈幣。卜妻曰鳳占。**鴈取其不再偶。飛有行列。○【左】陳敬仲奔齊。齊侯使之爲工正。陳大夫懿氏欲妻敬仲。其妻卜之曰吉。其繇曰。鳳凰于飛。和鳴鏘鏘。**成婚之日曰星期。傳命之人曰月老。**【詩】綢繆束薪。三星在天。今夕何夕。見此良人。○月老註詳下。**下采即是納幣。合巹**音謹**係是交杯。**【婚禮】壻往婦家親迎。執鴈入揖。升堂再拜。奠鴈。既御輪而先歸。俟於門外。婦至。揖以入。共牢而食。合巹而酳。所以合體同尊卑之親也。【釋】以酒曰酳。**執巾櫛**音職**奉箕帚**周上聲**。皆女家自謙之詞。嫺**音閒**姆**女母**訓。習內則。皆男家稱女之說。**巾櫛註詳下。○單父人呂叔平善相。見劉季。歎曰。僕閱人多矣。無如季相。僕有弱女。願爲箕帚妾。○古者婦人五十無子。出不復嫁。能以婦道教人者爲姆。○【內則】禮記篇名。其中多載婦道。**綠窗是貧女之室。紅樓是富女之居。**【白樂天詩】綠窗貧家女。衣上無珍珠。紅樓富家女。金縷繡羅襦。**桃夭謂婚姻之及時。摽梅謂婚期之已過。**【詩】桃之夭夭。灼灼其華。之子于歸。宜其室家。○【詩】摽有梅

如賓梁鴻妻孟光舉案齊眉案食器也案與眉齊敬貌冀缺耨其妻饁之敬相待如賓○貧賤妻曰糟糠之妻光武欲以姊湖陽公主尚宋弘問弘曰貴易交富易妻人情乎對曰貧賤之交不可忘糟糠之妻不下堂○稱妻曰細君東方朔爲郎伏日武帝賜諸郎肉朔獨拔劍割肉懷歸遺細君古命婦有大君之稱

其實七兮求我庶士迨其吉兮**御溝題葉于祐始得宮娥繡幙牽絲元振幸獲美女**○唐僖宗時宮女韓翠蘋題詩於紅葉上放於御溝士人于祐拾之復題一葉亦放之於溝韓亦拾之後丞相韓泳爲之作伐禮成泳謂曰子二人可謝媒翠曰一聯詩句隨流水十載幽思滿素懷今日卻成鸞鳳友方知紅葉是良媒泳大笑○唐郭元振爲荊州都督美丰姿宰相張嘉貞欲納爲壻曰吾有五女各執一絲於幙後子牽之得者爲婿振牽一紅絲得第三女有姿色**漢武對景帝論婦欲將金屋貯**除上聲**嬌**音驕**韋固與月老論婚始知赤繩繫足**漢武帝幼時景帝曰兒欲得婦否曰欲景帝之姊長公主指其女曰阿嬌好否曰若得阿嬌當以金屋貯之○唐韋固求婚旅次見老人倚布囊向月檢書固問何書答曰天下婚牘又問囊中何物曰赤繩子以繫人夫婦之足雖仇家異域此繩一繫終不可逭**朱陳一村而結好秦晉兩國以成婚**事文類聚朱陳兩姓世爲婚姻○左晉惠公負秦約爲秦所獲以太子圉爲質於秦秦穆公以宗女懷嬴妻之圉久遂逃歸後爲懷公及圉叔重耳至秦穆公納女五人懷嬴與焉**藍田種玉雍伯之緣寶窗選婿林甫之女**搜神記楊雍伯致義漿以給行人有一人懷中取出菜子一升與之曰種此生好玉并得好婦雍種之後

細君者謙詞也。夫婦同白首曰偕老。○夫死婦守節曰柏舟操。衛共伯蚤死，妻共姜守義，父母欲奪而嫁之，因作柏舟詩以自誓。○妻歿曰鼓盆。莊子妻死，鼓盆而歌曰：妻死我必埋，我死妻必嫁之句。○妻歿曰喪偶，又曰斷絃。繼娶曰續絃。絃本琴瑟藏。【十洲記】鳳麟洲以鳳喙麟角作膠，能續斷絃。○妾曰小星，又曰

求北平徐氏女。徐曰：若得白璧一雙，當爲婚。雍至種玉處，得白璧五雙，以聘徐氏女。天子聞而異之，拜爲大夫，名其地曰玉田。○【唐】李林甫有六女，於堂壁開一橫窗，蒙以絳紗。凡子弟進謁者，令女於窗下自選。

烏鵲橋以渡河，牛女相會；射雀屏而中目，唐高得妻。

牛女注詳天文。○【唐】竇毅有一女，曰此女有奇相，不妄許人。因畫二孔雀於屏間，令求婚者射二矢，約有中目者以女妻之。唐高祖射中二目，因妻焉。

至若禮重親迎，所以正人倫之始；詩首好逑，所以崇王化之原。

【王吉疏】夫婦人倫之大綱。○【關雎】窈窕淑女，君子好逑。

魚水合歡，情何款密；絲蘿有託，意甚綢繆。

【管子】桓公欲求甯戚。戚曰：浩浩者水，育育者魚，未有室家，安召我爲。【釋】魚水喻室家。甯戚有伉儷之思。○【詩】蔦與女蘿，施于松柏。【釋】此婚姻纏綿者。

牽烏羊以爲禮，自是古風；選碧鸛音貫以成婚，正爲佳匹。

【宋】孔淳之性高尚，與徵士王敬弘爲友。弘以女適淳子，牽烏羊提壺爲禮。人怪其薄，答曰：此田父之禮也。○【唐】韋詵選裴寬爲婿，因成禮之日，其族聚觀之。寬時衣碧，瘠面而長，族人見之，呼碧鸛雀。

親作配，溫嶠自下鏡臺；從簡去華，仲淹欲焚羅帳。

【世說】晉溫嶠姑有女，屬嶠覓婿。嶠有

抱衾裯。詩 嘒彼小星，三五在東。又曰：抱衾與裯，寔命不猶。○娶妾曰納寵。龍，嬖愛也。

自稱 敝房，又謙曰賤房，曰賤室，又謙曰賤內，又曰寒荊。又曰拙荊。

稱房，謂在房雖內也。內室，內房也。男以女爲室。○內即室中。○梁鴻妻孟光，荊釵布裙。荊，木名，斷以爲釵，貧婦飾也。○敝賤寒拙，俱謙詞。

自婚意，曰：佳婿難有，但如嶠比云何。姑曰：何敢希汝比也。復一日，嶠報云：已得婿矣，門第不減嶠。因下玉鏡臺一枚。姑喜。既婚，交禮，姑女以紗扇敝面，笑大曰：我固疑是老奴。○宋 范文正公之子娶婦，將歸，或傳以羅爲帳幃者。公聞之不悅，曰：吾家素清儉，安得亂吾家法。持至當火於庭。

劉景擇婿杜廣，既卒何慚；摯恂定配馬融，門徒有幸。

晉 劉景爲刺史，杜廣爲其廄卒。一日與語，大奇之，歸謂妻曰：吾爲女求夫二十年，不意廄中有麒驎。遂事以女。○後漢 摯恂不應徵聘，教授南山，馬融往從之。恂大奇其才，以女妻之。

義重恩深，楚女因婚報德；情孚意契，漢君指腹連姻。

左 吳師入郢，楚子奔，其妹季芊以出。楚昭王奔鄖，楚大夫鍾建負季芊以從。王將嫁季芊，辭曰：所以爲女子，遠丈夫也。鍾建嘗負我矣。以妻鍾建，以爲樂尹。○後漢 賈復與五校戰，大破之，復傷創。光武大驚，曰：失吾名將。聞其婦有孕，生女，我子娶之；生男，我女嫁之。不令其憂妻子也。復後壽忿。

貧之僑儀，吳隱之婢賣犬；婿皆賢士，元叔之女乘龍。

世說補 謝石請吳隱之爲衛將軍主簿。隱將嫁女，謝知其貧，遣女必薄，乃令移廚帳助其經營。使者至，方見一婢牽犬賣之，此外蕭然無辦。○魏 黃尚與李膺俱爲司徒，並娶太尉桓元叔女。人謂元叔兩女俱乘龍。杜子美詩 門闌多喜色，女婿近乘龍。

俊逸裴航音杭**，藍橋搗**

【人稱】令正。又曰尊正。又曰尊閫。又曰尊夫人。【易】女正位乎內。故妻稱正。○門兩旁挾門短限曰閫。猶言室中也。【禮】外言不入於梱。梱閫、正字通俗从閫。○諸侯妻曰夫人。尊稱之詞。

【人稱友妻】尊嫂。以弟自處。向父好友及至己好友【自】稱[illegible]姪婦曰姪婦。又曰[illegible]婦。蓋以弟姪自處。親之也。

【歿後自稱】亡妻。又曰先室。

刀上聲。殘玉杵。杵音處。風流簫史，秦樓吹徹玉簫。【唐】裴航遇雲翹夫人與詩云：一飯瓊漿百感生，玄霜搗盡見雲英。藍橋便是神仙路，何必崎嶇上玉京。後過藍橋見一老嫗，求漿。嫗令雲英擎一甌飲之，遂得娶成仙云。○【列仙傳】蕭史善吹簫。秦穆公以女弄玉配之。夫婦吹簫引鳳至，乃乘鳳仙去。穆公為之作鳳臺。

女子

新增文十五聯。

男子稟乾之剛，女子配坤之順。註詳夫婦。

賢后稱女中堯舜，烈女稱女中丈夫。【宋】哲宗十歲即位，高太后垂簾聽政，絕私恩，罷新法，任用司馬光，黜呂惠卿等。天下稱為女中堯舜。○【孟子】富貴不能淫，貧賤不能移，威武不能屈，此之謂大丈夫。

曰閨秀，曰淑媛，媛音員。皆稱賢女；曰閫範，閫音困。曰懿德，懿音壹。並美佳人。【晉】謝道韞適王凝之。張玄妹適顧氏，有濟尼者，遊二家。或問其優劣，答曰：王夫人神清散朗，有林下之風；顧家婦清心玉映，是閨中之秀。○淑，善也。媛，美女之稱。閫，梱也。範，規模之謂。懿，美也。德，溫柔之性。

婦主中饋，烹治飲食之名；女子歸寧，回家省親之謂。【易】無攸遂，在中饋。【詩】歸寧父母。何謂三從？從父從夫從

自稱妾 小妾，又曰小姬。

人稱妾 尊寵，又曰如夫人。

又曰貴專房。

左傳 齊桓公多內寵，如夫人者六人。如似也，言姬妾被寵，上擬於夫人也。專房，言房中得被專寵也。

自稱歿後妾 亡妾。

妻兄弟 釋義 母之兄弟曰舅，婦謂夫之父亦曰舅，又妻之父曰外舅，今俗並呼妻兄弟

子。何謂四德，婦德、婦言、婦工、婦容。孔子曰：婦人伏於人也。無專制之義，有三從之道，在家從父，出嫁從夫，夫死從子。○禮 古者婦人先嫁三月，教以婦德、婦工、婦言、婦容。周家母儀，太王有周姜，王季有太任，文王有太姒；三代亡國，夏桀以妹喜，商紂以妲己，周幽以褒姒。母儀國母，爲婦人之儀表也。列女傳 太姜，太王之妃，生太伯、仲雍、季歷，率導諸子，以至成童，靡有過失。太王謀事必咨於太姜，遷徙必與。○太任，季歷之妃。及有娠，目不視惡色，耳不聽淫聲，口不出傲言，能以胎教，而生文王。○太姒，文王后妃。○史 夏桀伐有施氏，有施以妹喜女焉，喜有寵，所言皆從，爲酒池，一鼓而牛飲者三千人，喜以爲樂。○紂伐有蘇氏，有蘇以妲己女焉，行至館驛，夜被狐所魅，入朝有寵，其言是從，置炮烙之刑。武王伐之，紂登鹿臺，身衣寶玉自焚而死，斬妲己。○夏末有神化爲二龍，夏后氏殺之，藏其漦於櫝。迨周厲王時發視之，化爲玄黿，童女遭之，孕而生女，及長爲褒姒。褒人姁有獄，入是女於王。王寵甚，性不喜笑，王百計誘之，而不能笑，因舉烽火，諸侯悉至，褒姒大笑。後犬戎伐王，王舉烽火，兵乃不來，犬戎遂殺王於驪山下。蘭蕙質，柳絮才，皆女人之美譽；冰雪心，柏舟操，悉孀婦之清聲。鮑照賦 東都好姬，南國麗人，蘭心蕙質，玉貌絳唇。晉 謝奕之女道韞有才辯，與

為舅矣。

【自稱】內兄又曰妻兄。○內弟又曰妻弟。又俗稱舍舅。稱其妻舅隨俗。

【人稱】令舅。

連襟。【釋義】妻姊妹夫【爾雅】謂為亞婿。言一人娶姊，一人娶妹，相亞次也。亦曰友婿。【漢書】嚴助漢武時特見任用。嘗侍燕從容。上問助居鄉里時。助對曰家

叔安寡於家。俄而下雪。安曰。大雪紛紛何所似。道之兄朗曰。撒鹽空中差可擬。道曰。未若柳絮因風起。安曰。柳絮才高不道鹽。○蔣順怡妻周氏。因順死。舅姑欲嫁之。氏作詩云。瑤池古冰雪。為妾作心肝。○【衛】世子名餘。早死。妻共姜守義。父母欲嫁之。故作詩自誓云。汎彼柏舟。在彼中河。髧彼兩髦。實為我儀。

女貌嬌嬈（音饒），謂之尤物；婦容嫵媚，實可傾城。【左】叔向欲娶申公巫臣氏。其母曰。汝何用此為哉。夫有尤物足以移人。苟非德義則必禍及。叔向懼不敢娶。○【漢】李延年妹姿色殊美。延侍於武帝酒酣歌曰。北方有佳人。絕世而獨立。一顧傾人城。再顧傾人國。寧不知傾城與傾國。佳人難再得。帝聞之。乃召入宮。

潘妃步步生蓮花，小蠻腰纖纖（音纖遲）楊柳。【齊】東昏侯鑿金為蓮花貼地。令潘妃行其上。曰步步生蓮花。○白樂天二妾。樊素善歌。小蠻善舞。故詩云。櫻桃樊素口。楊柳小蠻腰。

張麗華髮光可鑑，吳絳仙秀色可餐。張麗華陳後主寵妃也。髮長七尺。其光可鑑。○【隋】煬帝每視幸妃絳仙。謂內侍曰。古人謂秀色可餐。絳仙者可以療飢矣。

麗娟（音鐲）氣馥（音福）如蘭，呵處結成香霧；太真泪紅於血，滴時更結紅冰。【漢】光武宮人麗娟年十四。玉膚柔輭。吹氣若蘭。○楊貴妃字太真。初承玄宗恩召入宮時。別父泣淚下皆成紅冰。

孟光力大，石臼可擎；飛

貧爲友壻富人所辱。上問所欲，願爲會稽太守。上因拜之。又曰僚壻。江東人呼同門爲僚壻。今浙江俗呼連襟。襟衣之交，祖處。宋范仲淹、鄭戩皆自布衣選配李參政昌齡女，二人遂連襟袂。○妻姊妹同出曰姨，同出謂已嫁。

自稱　敝連襟。　稱人　令襟兄，又曰令襟丈。

燕身輕掌上可舞。孟光注詳夫婦。○趙飛燕入陽阿主家學歌舞。漢成帝微行，聞其樂而悅之，因召入宮，大幸。上所捶環珮竹於臨池，服其寶，肌滑體輕。上令飛燕服之，能於掌上起舞。

至若緹音題縈上書而救父，盧氏冒刃而震切而衞姑，此女之孝者。漢淳于意無子，有五女。獲罪當刑，意怒曰：生女不生男，緩急無可使。少女緹縈傷之，乃隨父上書，願入宮爲婢，贖父罪。文帝憐而赦之。○唐鄭義宗妻盧氏，盜劫其家，家人皆匿竄，惟姑老不能行，盧氏冒刃立姑側，被賊笞擊幾死，不避。

侃母截髮以延賓，村媼音奧殺雞而謝客，此女之賢者。晉陶侃家貧，適范逵過訪，母湛氏撤臥薦剉給其馬，剪髮易殽待之。逵聞而歎曰：非此母不生此子。因薦侃孝廉，後拜太尉。○漢武帝微行，夜至柏谷，村人疑是盜，欲執之。媼曰：客非常人。乃殺雞謝之。

韓玖英恐賊穢而自投於穢，陳仲妻恐隕音允德而宵隕於崖，此女之烈者。唐韓仲成女玖英，恐賊執之致受辱，自投於糞穢之中，以口飲糞，賊乃舍之。○唐陳仲妻張，叔明妹，與二娌遇賊，恐其辱，相謂曰：婦人以潔身爲高，豈可委身待辱哉。遂隕崖而死。

王凝妻被牽斷臂投地，曹令女誓志引刀割鼻，此女之節者。五代王凝爲虢州司戶，卒於官。其妻李氏攜子子。【釋義】子，孳也。謂孳生無已也。【措詞】賀生子曰弄璋之慶。半珪曰璋。弄之以璋，尚其德也。【詩】乃生男子，載弄之璋。○自謙生子曰添丁。盧仝生子，名添丁，欲爲國持役也。○生子三日宴親友，曰湯餅會。一月曰彌月。彌，滿也。【詩】誕彌厥月。周歲曰晬日。晬，周一年也。又曰試周。周歲日，父母羅百玩之物，觀其所取，曰試

負骸以歸。中途投宿，主人不納，牽其臂而出。李氏大慟，即引斧斷其臂。開封府尹聞之，厚卹李氏，笞其主人。○夏侯文寧之女名令，嫁曹文叔。早寡，無子，恐家人嫁己，斷髮截耳以自誓。最後其父迎之以歸，勸其改嫁，令乃引刀割鼻，誓無他志。

曹大家音姑續完漢帙音姪，徐惠妃援筆成文，此女之才者。【漢】班固之妹班昭，適曹世叔，早寡。固著漢書，未就而卒，和帝詔昭踵成之。數召入宮，令皇后貴人事以師禮，號爲曹大家。○【唐】徐孝德之女名惠，八歲援筆成文。太宗聞而賢之，召爲才人。

戴女之練音戀裳竹笥，孟光之荊釵布裙，此女之貧者。【漢】戴良五女皆賢，擇壻不問貴賤，惟賢是與，皆練裳竹笥木屐以遣之。○孟光註許大婦。

柳氏禿他谷切妃之髮，郭氏絕夫之嗣，此女之妒者。【唐】太宗賜尚書任瓌二美女，其妻柳氏欲爛其髮使禿。上聞之，令置二女別室。○【晉】賈充婦郭氏生子，令乳母撫養。子見充喜笑，充就撫之，郭謂充私乳母，鞭殺之。子思乳母而死，充竟絕嗣。

賈女偷韓壽之香，齊女致祆音軒廟之燬，此女之淫者。韓壽美丰姿，爲賈充掾，充女悅而通焉。時外國進異香，號人衣經月不散，晉武帝以賜充，充女偷以與壽。充覺，恐醜露，以女妻壽。○【異苑】北齊有公主，命乳母陳氏撫養。陳氏子與主日弄玉環。後以年長，不許入宮。主約元日於祆廟相會。陳

周。○美人子曰掌珠。杜甫寄漢中王詩掌中榮見一珠新又曰天上麒麟杜歌徐卿二子生絕奇並是天上麒麟兒。○子出羣曰不凡子。薛勤謂陳蕃父曰足下有不凡子。○子肖父曰鳳毛謝鳳子超宗善文詞謝莊曰超宗殊有鳳毛。言克肖其父也。○子勝父曰跨竈竈上有釜。釜與父字音相同故子過於父謂之

子先至。熟睡主後至。以昔日所弄玉環投之於懷而去。陳子醒覺心火忽熾遂焚其廟。【釋】祆祠神也。**東施效顰，貧而可厭；無鹽刻畫，以難堪。此女之醜者。**【莊子】西子心病而顰其里之醜婦見而美之亦捧心而效顰。【按】苧羅村俱姓施夾若耶溪水而居溪西曰西施家有一女絕美東施家有一女極醜。○【晉】周顗少有重名庾亮曰諸君咸以君可方樂廣顗曰何乃刻畫無鹽唐突西施。【列女傳】鍾離春齊無鹽邑女也為人極醜無雙。**自古貞淫各異，人生妍**音延**醜不同。是故生菩薩、九子母、鳩盤荼，謂婦態之變更可畏；錢樹子、一點紅、無廉恥，謂青樓之妓女殊名。此固不列於人羣，亦可附之以博笑。**【書言】【故事】裴炎嘗言人妻有三可畏少時如生菩薩中年兒女滿前如九子母及老脂粉凋謝或青或黑如鳩盤荼。○【雜錄】許子和入宮能變新聲安祿山作亂流落為娼臨卒謂其阿母曰錢樹子倒矣。○【劉郛詩】座上若有一點紅斗筲之器盛千鍾座上若無油水梳烹龍炮鳳都是虛。【釋】一點紅油水梳俱妓名。○【教坊記】蘇五奴妻善歌舞亦姿色有邀迓者五奴輒隨之觀此則無廉恥可知。

【增】**蔡女吟，曾傳笳譜；薛姬裁製，雅號鍼神。**蔡琰作胡笳十八拍故云笳譜。○【雜路集】魏文

跨竈。○子能任事曰克家【易】子克家。謂克治其家也。○子補父過曰幹蠱。蠱壞也。幹飭治也。【易】幹父之蠱。○繼子曰螟蛉。【詩】螟蛉有子。蜾蠃負之。螟蛉桑上小靑蟲。蜾蠃土蜂也。蜾蠃取桑蟲負之於木空中。七日而化爲其子。故以爲比。○隨母改適曰售子。售賣也。猶以此身賣於他人也。又母改適之父。是爲父讐。然

帝美人薛靈芸夜入宮。改名夜來。妙於針工。晝夜不假燈燭。裁製立成。號曰針神。

蛾眉隊裏狀元。崇嘏音賈文章洒洒。紅粉班中博士。蘭英才思翩翩。【藝文志】古今才女。女狀元黃崇嘏。女侍中。魏元義妻胡氏。女學士。孔貴嬪。女校書。唐薛濤。女進士。【宋】林妙玉。女博士。【宋】韓蘭英。

城號夫人。牟不可破。軍稱娘子。銳而難摧。【晉】朱序鎮襄陽。苻堅遣將圍府。母韓氏登城行。謂西北角當先受敵。遂領百餘婢。幷城中婦女築城二十餘丈。賊攻西北角。果潰。遂守新城。時號夫人城。○【唐書】平陽公主嫁柴紹。初高祖起兵。紹發家貲招亡命渡河。主引精兵萬餘與秦王會渭北。紹及公主對置幕府。號娘子軍。

是誰佳冶唾如花。趙家飛燕去聲。君個娉貧去聲婷音貞延彥似玉。秦氏文鸞。趙飛燕與其妹合德。其坐談唾其袖。德曰。姊唾染衣。紺碧正似石上花。雖令尚方爲之。未必能此。因號之爲石花廣袖。○【劉長卿贈文鸞妓詩】文鸞瀟洒美如玉。眉畫春山螺黛綠。

徐賢妃御天子召露沁新詩。謝道韞解小郎圍風生雄辯。【唐書】徐孝德有女慧。八歲能文。太宗聞之。召爲才人。號徐賢妃。上一日召賢妃不至。怒之。妃進詩曰。朝來臨鏡臺。粧罷獨徘徊。千金買一笑。一召豈能來。上乃釋。○【晉】王凝之弟獻之嘗與賓客談論。詞理將屈。嫂道韞遣婢自獻曰。欲爲小

以母故不敢全譬之。但半譬之。亦取有口不能言之意。○子亡曰喪明之痛。子夏子死。哭而喪明。

自稱小兒曰小犬。 又曰犬子。又曰豚兒。

司馬相如其親名之曰犬子。曹操曰。生子當如孫仲謀。如劉景升兒子。豚犬耳。仲謀。孫權字。孫堅子。景升。劉表字。子劉琮。後梁祖曰。生子當如李亞

郎解圍。乃設青綾帳自蔽。中獻之前議。客不能屈。

入說驪姬專國色。我云薛女是香珠。

[戰國策]驪姬者國色也。[釋]姬獻王妃也。國色謂魁一國之選。○唐元宰妾薛瑤英。其幼時常以香丸啖之。至長肌肉悉膚。笑語生香。元宰號香珠。

韋姬振鐸爲嚴傅。頗稱巾幗先生。老婦吹篪嘗健兒。須謂裙釵將士。

韋逞母宋氏傳父業。乃就宋家立講堂。書生百餘。隔絳紗幔以受業。○[illegible]後魏河間王婢曰朝雲。諸羌叛。王令朝雲假爲老嫗吹篪。敵涕泣服降。語曰。快馬健兒。不如老嫗吹篪。

看舞劍而工書字。必是心靈。聽彈琴而辨絕絃。無非性敏。

[法書苑]晉衛夫人看舞劍回環擊刺之狀。大悟其訣。遂工於書。○[世說補]蔡文姬年六歲。蔡邕夜中鼓琴。絃絕。姬曰。第二絃。父復故斷一絃以問之。姬言第四絃。並不差謬。父曰。偶得之耳。姬曰。季札觀樂知興亡之國。師曠吹律識南風之不競。由此觀之。何足不知。

愛慾海未可沈埋男子軀。溫柔鄉豈應老英雄骨。

佛家有愛慾海之說。謂貪戀美色也。○[漢書]成帝寵愛趙飛燕。曰飛燕爲溫柔鄉。謂曰。吾當老死溫柔鄉中。不效武帝求白雲鄉也。

還訝桃葉女橫波眼最好。更思孫壽[illegible]偏妍。

王獻之妾名桃葉。獻歌云。桃葉復桃葉。渡江不

子，吾兒。豚犬耳。

人稱 令郎，又曰公郎，又曰公子，又曰郎君。郎君，子之稱。○公，諸侯爵。稱公之子，尊嗣也。詩 麟之趾：振振公子。說文 君，尊也。

歿後自稱 亡兒，又曰亡男。

子婦，釋義 俗呼爲媳，从息，有二義，一取子婦猶己之子息，一取其能生息。

用楨釋 謂眼波急也。○梁冀妻孫壽娥，善爲妖態，作墮馬髻、折腰步、齲齒笑，以爲媚悅。**李子豪雄，紅拂頓生敲戶念；寇公賞用，倩桃應有情縑心。**李靖謁見楊素，有一妓執紅拂侍側，目靖久之。靖歸逆旅，夜有紫衣戴帽人扣門，逕入，脫去衣帽，乃紅拂妓也。靖與俱適太原。○寇萊公讌贈歌妓一束綾，蒨尚未足，寇有妾蒨桃作詩云：一曲清歌一束綾，美人何事意嫌輕。不知織女寒窗下，幾度拋梭織得成。**詩人老去，鶯鶯在；情意綢繆，公子歸來燕燕忙。私悰款洽。**唐 崔氏有女鶯鶯，與張生通，後棄之。張後過其所求見，鶯鶯賦詩絕之。○漢書 成帝微行過陽阿主第，見趙飛燕，悅之。故童謠曰：燕燕尾涎涎，張公時相見。帝微行嘗與張放行，故云張公子。○張子野年老欲買妾，東坡作詩有詩人老去鶯鶯在，公子歸來燕燕忙。**端端體態，果然端；皎皎姿容，何等皎。**唐 崔徽、張祜齊名，每題詩娼樓，譽之則車馬盈門，毀之則杯盤失錯。嘲李端端曰：黃昏不語不知行，鼻似烟囪耳似鐺。愛把象牙梳掠鬢，昆崙頂上月初生。端端乞改之，乃更題曰：覓得驊騮披繡鞍，善和坊裏取端端。揚州近日渾相詫，一朵能行白牡丹。於是賓客競集。○妓阿軟產一女，求名於白樂天，乃曰：此女甚白皙，可呼曰皎皎。蓋白公以種類不明，取古詩皎皎河漢女以誚之云。**言語偷鸚鵡之舌，聲律動人文**

自稱兒媳，又曰小媳，人稱令媳。

女。【釋義】未嫁曰女，已嫁曰婦。若父母於女，雖嫁亦曰女。○古者父母所生，男女皆稱子。後人專以子稱男，故別稱女。【摘詞】生女曰弄瓦。瓦，紡磚。弄之以瓦，習其所有事也。【詩】乃生女子，載弄之瓦。○賀生女曰門楣之喜。楣，門上橫梁，若面之有眉。唐玄宗

章炫鳳凰之毛，英華絕俗。薛濤，蜀之名妓。元稹贈詩云：錦江滑膩峨眉秀，幻出文君與薛濤。言語巧偷鸚鵡舌，文章分得鳳凰毛。紛紛詞客多題筆，個個公侯欲夢刀。別後相思隔烟霧，菖蒲花發五雲高。可謂笑時花近眼，舞罷錦纏頭。【杜牧贈妓詩】百寶粧腰帶，真珠絡臂韝。笑時花近眼，舞罷錦纏頭。

外戚 新增文十聯。

帝女乃公侯主婚，故有公主之稱；帝壻非正駕之車，乃是駙音附馬之職。【周制】天子嫁女於諸侯，天子至尊，不自主婚，使公侯同姓者主之，故曰公主。○駙者，副也。見非正駕也。東晉以後，乃專以帝壻爲駙馬。

郡主縣君，皆宗女之謂；儀賓國賓，皆宗壻之稱。天子同姓諸侯之女，郡縣主婚，故曰郡主，曰縣君。○宗壻，王府之壻。儀賓國賓，取作賓王家之義。

舊好曰通家，好親曰懿戚。通家注詳朋友。○【左】周襄王將以狄伐鄭，富辰諫曰：昔周厲王無道，致伐兄弟之國，召穆公糾合宗族，宴於成周，作夫棠棣之詩。兄弟雖小忿，不廢懿親。

冰清玉潤，丈人女壻同榮；泰水泰山，岳母岳父兩號。【晉】衛玠妻父樂廣皆有重名，人以翁

冊立楊貴妃時謠曰男不封侯女作妃君看女卻爲門楣○爲女擇配曰相攸相擇也攸所也謂擇其可嫁之所也〔詩〕爲韓姑相攸○遣嫁曰于歸婦人謂嫁曰歸〔詩〕之子于歸

〔自稱〕小女又曰弱息。息子息弱謙言柔弱無能也呂公曰臣有息女。

〔人稱〕令愛又曰令玉又曰令

爲冰清壻爲玉潤○歐陽永叔曰泰山有丈人峯故稱妻父爲泰山若稱妻母爲泰水不知何義

新壻曰嬌客貴壻曰乘龍〔東坡詩〕婦翁不可撾王郎非嬌客○乘龍注詳婚姻

贅壻曰館甥賢壻曰快壻賈誼曰秦人家貧子壯則出贅○〔孟子〕帝館甥於貳室○〔後魏〕劉延明年十四就郗瑀學瑀一日設一席曰吾有女欲覓一快壻誰坐此者吾當妻焉其弟子五百餘人惟延明奮衣而坐曰延明其人也瑀遂妻之

凡屬東床俱爲半子〔晉〕郗監使門生求壻於王導令就東廂遍觀子弟歸曰王氏諸少雖佳惟一人在東床坦腹食胡餅獨若不聞監曰此佳壻也及訪之乃羲之遂妻以女○〔劉禹錫文〕乃命長嗣爲君半子。

女子號門楣唐貴妃有光於父母外甥稱宅相晉魏舒期報於母家〔唐〕玄宗冊立楊貴妃時謠曰生女勿悲酸生男勿喜歡又男不封侯女作妃君看女卻爲門楣○〔晉〕魏舒少孤爲外家甯氏所養甯氏起宅相宅者曰當出貴甥舒自負曰當爲外家成此宅相後舒果爲司徒

共敘舊姻曰原有瓜葛之親自謙劣（音列）戚曰忝在葭（音嘉）莩（音孚）之末〔晉〕王導與子悅奕棋爭道導曰相與瓜葛那得爲爾耶○〔漢〕中山靖王對景帝曰羣臣非有葭莩之親

大喬小喬皆姨夫之號連襟連袂亦姨夫

閨秀。愛字。姪女甥女孫女俱可通用。張禹病，帝臨問，言臣有一女，愛之甚於男。稱愛或本此。○〔晉〕張玄妹淸新玉映，自是閨中之秀。女稱玉未攷，或本淸新玉映意。

姪女。自稱舍姪女，人稱令愛。

甥女。自稱舍甥女，人稱令愛。

之稱。〔三國志〕周瑜從孫策攻皖，得喬公二女，皆國色。策納大喬，瑜納小喬。○李晉卿有二女，其子與王樂道及滕元發相善，晉臨卒，對家人曰：長女配樂道，次女配元發，得二婿足矣。二人遂連襟袂，相繼入翰林。

蒹葭依玉樹，自謙借戚屬之光；蔦蘿施喬松，自幸得依附之所。〔晉〕毛曾與夏侯湛並坐，人謂之蒹葭倚玉樹。○〔詩〕蔦與女蘿，施于松柏。〔釋〕蔦，寄生草也。施者，延也。○〔白樂天詩〕君為女蘿草，妾作兎絲花。尺託遠松，纏綿成一家。

增盧李之親，蘇程之戚。〔容齋隨筆〕李益、盧綸，大曆十才子之傑出者。綸於益為內兄弟。○〔蘇東坡上表弟程德孺生日詩〕伏下千官散紫庭，時聞小語說蘇程。長身自昔傳甥舅，壽骨遙知是弟兄。

王茂弘呼何充以麈尾，楊沙哥引崔嫂以油幢。〔晉書〕何充，廬江人，王導妻弟之子。導早為顯官，充嘗詣導，導以麈尾指床呼充共坐曰：此是君座也。後充亦為顯官。○〔白樂天集〕楊汝士鎮東川，樂天即其妹婿也。時樂天以太子少傅分洛，戲代內子賀兄嫂。〔詩〕曰：劉剛與嫂共昇仙，弄玉隨夫亦上天。何似沙哥領崔嫂，碧油幢引向東川。〔註〕沙哥，汝士小字也。

林宗貸錢，甯以貧窮為病；彥達分秩，不將富貴自私。〔列傳〕郭林宗家貧遊學，無資，就姊夫貸錢五千，乃送之成皋，從師授業，併日而食，衣不蔽壻［釋義］女之夫壻曰壻妻謂夫亦曰壻今俗尊以呼女夫矣○壻長也女之長也从士从胥士儒者之稱胥有才智之稱謂美之也俗作婿非作㛰更誤○婿音細俗多誤呼絮音［諧聲］新婚壻曰嬌客王子立蘇子由壻也坡贈詩曰婦翁風雨敗書屋東不可撼王郎非嬌客○佳婿曰快婿郭瑀有女曰吾欲覓一快

形嘗以蓋幅自障出入入則護前出則掩後○［宋史］庾彥達爲益州刺史攜姊之鎮分祿秩之半以供膳之。

直卿果重親情相邀會食潘岳能敦戚誼每令彈琴。

黃直卿序北山黃東招其內弟鄭子恭而告之曰吾從母昆弟皆葉出也葉氏昆弟猶吾從母之昆弟也凡三姓四家雖所系不同自吾外祖父母以來一本而已今欲約以歲正月之十日會於天竄之浮圖各具酒肴合而飲食之共爲娛樂抵掌劇談於是重親戚厚風教豈不甚歟○［晉書］阮瞻讀書不甚妍而默識其要善彈琴。內兄潘岳每令彈琴終日達夜無忤色不可得而榮辱。

中子執內弟之喪行沖稱外家之寶［唐書］

文中子有內弟之喪不飲酒食肉郡人非之○［世說］韋述姑子元行沖爲時儒宗嘗載書數車自隨述入其室觀書不知寢食行異之試以前世事熟復詳諦如指掌然使屬文援紙輒就行曰外家之寶也。

騎驢以追胡婢仲容不顧居喪披扇而笑老奴溫嶠自爲媒妁。

［世說］阮仲容先幸姑鮮卑婢及居母喪姑當遠移將婢去仲知之借客驢著重服追之累騎而返曰人種不可失。○溫嶠往詳婚姻

介婦冢婦不敢並行先生後生原爲同出

［內則］介婦請於冢婦。介婦無敢敵耦於冢婦不敢並行不敢並命不敢並坐娣姒猶兄弟也鄭云同出謂俱嫁事一夫也事一夫者以已

壻。○貴盛之壻曰乘龍。黄尚與李元禮俱爲司徒，並娶太尉桓叔元之女，時謂桓兩女俱乘龍，言得壻如龍也。

自稱 小壻

稱人 令壻 又曰賢坦 又曰令倩 又曰貴東床

坦倩兩字。姪壻甥壻孫壻俱可通用。

倩淸去聲。方言東齊之閒壻謂之倩。

史記黄氏倩。○郄監求壻於王導。導

先生爲姒，後生爲娣。

智能散寶爲姪棄軍，兆卜張弧因姬遣嫁。漢書呂祿姑樊嬃，噲妻也。因其姪棄軍。大怒。乃悉出珠玉寶器散堂上。曰。毋爲他人守也。○左傳初。晉獻公筮嫁伯姬於秦。遇歸妹之睽。史蘇占之曰。不吉。歸妹睽孤。寇張之弧。姪其從姑。

聶政非無賢姊，屈平亦有女嬃。嬃音胥。史記聶政爲嚴仲子殺韓相俠累。因自抉眼出腸以死。韓取政屍暴之於市。購之曰。有能言殺俠累者。與千金。政姊嫈聞之。乃伏屍哭曰。是軹深井里聶政也。妾奈何畏殁身之誅。滅賢弟之名。乃三躍呼天。遂死於政旁。○離騷女嬃之嬋媛兮。申申其詈予。女嬃屈原姊也。

莫嫌蕭氏之姻，宜學郝家之法。通鑑唐高宗太后以薛顗妻蕭氏及顗弟緒妻成氏非貴族欲出之。曰。我女豈可與田舍女爲妯娌耶。或曰。蕭氏瑀之姪孫。國家舊姻。乃止。○世說王渾妻鍾氏。弟湛妻郝氏。皆有德行。琰雖門高。與郝氏相親愛。郝不以賤下琰。琰不以貴淩郝。時人稱鍾夫人之禮，郝夫人之法。

老壽幼誕 新增文十二聯

不凡之子，必異其生；大德之人，必得其壽。先賢傳薛勤爲功曹。陳蕃年十五。爲父齋書詣勤。勤子弟矜持，惟從子羲之在東床坦腹食，獨若不聞。鑒遂謂佳婿，以女妻之。稱坦、稱東床本此。

姪婿。

自稱 舍姪婿。人稱 賢坦，又曰令倩。

甥婿。

自稱 舍甥婿。人稱 賢坦，又曰令倩。

姪 釋義 兄弟之女子皆曰姪，亦

顧察之。明日造焉，番父出迎。勤曰：足下有不凡子，吾來候之，不從卿也。言論盡日而別。○中庸 故大德者，必得其壽。稱人生日曰初度之辰，賀人逢旬曰生申令旦。初度者，日行三百六十日，則復於初度也。楚辭 皇覽揆余初度兮，肇錫余以嘉名。○詩 嵩高維嶽，峻極於天。維嶽降神，生甫及申。釋 甫，甫侯；申，申伯，皆周賢臣。三朝洗兒，曰湯餅之會；周歲試周，曰晬音歲盤之期。劉禹錫送張盥詩 爾生始懸弧，我作座上賓。引箸舉湯餅，祝辭天麒麟。○晬，生子一歲。男用弓矢紙筆，女用刀尺針線，凡珍寶服玩之物，置兒前，觀其所取，以驗廉貪智愚，曰晬盤會。男生辰曰懸弧音胡令旦，女生旦曰設帨佳辰。記 男生懸弧於門左，女生設帨於門右。賀人生子曰嵩嶽降神，自謙生女曰緩急非益。嵩嶽注詳上。緩急注詳女子。○生子曰弄璋，生女曰弄瓦。詩 乃生男子，載寢之牀，載衣之裳，載弄之璋。乃生女子，載寢之地，載衣之裼，載弄之瓦。釋 璋，圭璋。弄之以象德器之美；瓦，紡甎也。弄之以象紡績之事。夢熊夢羆，男子之兆；夢虺音毀夢蛇，女子之祥。詩 維熊維羆，男子之祥；維虺維蛇，女子之祥。釋 熊羆陽物也，男子具陽剛之質，故夢熊羆；虺蛇陰物也，女子具陰柔之質，故夢虺蛇。夢蘭叶音協吉鄭稱猶子。[記]兄弟之子猶子也。又從子。從字義釋伯叔下。○[說文]謂兄之女爲姪。故字從女。今俗誤侄。侄音質。義別。[稱詞]稱人子姪爲蘭玉。謝玄爲叔父安所器重。安嘗謂子姪曰。子弟亦何豫人事。正欲使其佳。玄答曰。譬如芝蘭玉樹。使其生於庭階耳。安悅。○言子姪之盛。曰烏衣子弟。[晉]王氏子弟多居烏衣巷。一時

文公之妾生穆公之奇英物稱奇溫嶠聞聲知桓公之異[左]鄭文公妾燕姞夢天使與蘭曰。余爲伯鯈。汝祖也。以是爲女子。既而公見之。與之蘭而幸焉。辭曰。妾有子。將不信。敢徵蘭乎。公曰諾。果生穆公。○[晉]桓溫生期。溫嶠見之曰。此兒有奇骨。眼如紫石。可使試啼。及聞聲曰。眞英物也。其父彝以嶠所賞。故名溫。姜嫄音元生稷履大人之跡而有娠音申簡狄生契音屑吞玄鳥之卵而叶孕[史]姜嫄有邰氏女。爲帝嚳之妃。出祀郊禖。見大人跡。履其拇而生稷。以爲不祥。棄之於隘。牛馬不踐。棄之於山。飛鳥相覆。嫄以爲神。始收養之。因名曰棄。堯舉之爲農師。○簡狄有娀氏女。爲帝嚳次妃。祈於郊禖。見燕玄鳥遺卵而吞之。孕而生契。事唐虞爲司徒。麟吐玉書天生孔子之瑞玉燕投懷夢孕張說之奇孔子名丘。字仲尼。其先宋人也。六世祖孔父嘉爲宋督所殺。其子奔魯。及孫伯夏生孔子之父叔梁紇。爲鄹邑大夫。乃求婚於顏氏。顏氏有三女。季女徵在。娶之。徵禱於尼丘。乃懷孕而生孔子。其未生時。有麟吐玉書於闕里。其文曰。水精之子。繼衰周爲素王。顏氏異之。以繡紱繫麟角。信宿而去。○[開元遺事]唐張說之母。夢玉燕投懷。及孕而生說。弗陵太子懷胎十四月而始生老子道君在孕八十一年而始誕[漢]武帝妃

貴盛。人稱之曰。烏衣子弟。○誇子姪曰千里駒。又曰明珠。又曰龍文。又曰麒麟。符朗符堅仲兄之子。堅嘗目之曰。吾家千里駒。劉瑱七歲叔父瑱嘗置座側曰吾家明珠。楊愔叔昱謂其爲將相器。踰駒齒未落已是我家龍文。顧和族叔榮見其總角有清操恆雅重之。曰此吾家麒麟。興吾宗者。必此子。

趙婕妤孕十四月而生弗陵。上曰。堯生亦然。乃榜其門曰堯母門。後立爲太子。○老子名耼。字伯陽。母孕八十一年。從脇而生。生即白首。故曰老子。生於李樹下。指李爲姓。爲周守藏吏。

晚年生子。謂之老蚌音棒**生珠。暮歲登科。正是龍頭屬老。**

【漢】韋元將。仲將。兄弟並美。孔融與其父書曰。元將淵才亮茂。濟世之器也。仲將文敏篤誠。保家之主也。不意雙珠竟出老蚌。○【宋】梁灝八十二歲狀元及第。謝恩詩。也知年少登科好。怎奈龍頭屬老成。

賀男壽曰南極星輝。賀女壽曰中天婺音務**煥。**

【天文志】老人星在弧南。一曰南極。【邱濬詩】南極婺星輝映紫宸。大開壽域在茲辰。○婺女星也。

松柏節操。美其壽元之耐音奈**。桑榆暮景**景同影**。自謙老景之無多。**

【劉宋】顧愷之與文帝同年。而髮白。上問其故。對曰。陛下松柏之姿。經霜猶茂。臣蒲柳之姿。望秋先零。○【淮南子】日拂於扶桑。是謂晨明。若日晡。則天景上照於桑榆。【釋】桑榆日所入處。

矍厥博切**鑠**商入聲**。稱人康健。瞶眊**音會帽**。自謙衰頹。**

【漢書】馬援事光武。時五溪蠻夷亂。援復請行。年已六十有二。披甲上馬。顧盼自若。以示可用。上曰。矍鑠哉是翁也。遂遣行。【釋】矍鑠。強健貌。瞶。耳聾也。眊。目昏也。

黃髮兒齒。有壽之徵。龍鍾潦倒。年高之狀。

【事文類聚】老人髮白復黃。齒落復生。如小自稱舍姪，人稱令姪，又曰令小阮。晉阮咸與叔阮籍齊名，故號小阮。陳從山詩：從昔竹林惟小阮。

王姪女。

自稱舍姪婦，人稱令姪婦。

甥。爾雅 姊妹之子曰甥。說文 謂我舅者吾謂之甥，遷禘之子亦曰甥。○古稱女之夫亦曰甥。

兒齒眉間有長毫者，皆老壽之徵。○唐 裴晉公未第時，策驢上天津橋，有二老倚柱語曰：適憂蔡州未平，須待此人為相。僕聞，告公，公曰：見我龍鍾，故相戲耳。後果為相。廣韻 龍鍾，竹名，老者如竹枝搖曳不自禁持。○潦者，路之流水也，其顛倒阻滯，如人之遭際迍邅，故云。

日月逾邁，音於賣 徒自傷悲；春秋幾何，問人壽算。書 日月逾邁，若弗云來。○劉向新序 楚邱先生行年七十，見孟嘗君。君曰：先生老矣，春秋高矣，多遺忘矣，何以教之。

稱少年曰春秋鼎盛，羨高年曰齒德俱尊。賈誼治安策 天子春秋鼎盛。○孟子 朝廷莫如爵，鄉黨莫如齒，輔世長民莫如德。

行年五十，當知四十九年之非；在世百年，那有三萬六千日之樂。衛 蘧伯玉，莊子稱其行年五十而知四十九年之非。○李白詩 百年三萬六千日，一日須傾三百杯。

百歲曰上壽，八十曰中壽，六十曰下壽。八十曰耋，音經 九十曰耄，音帽 百歲曰期頤。莊子 魯柳盜跖橫行天下，以侵暴諸侯。孔子率顏淵、子貢往說之。盜跖大怒曰：汝魯之巧偽人也，搖脣鼓舌，妄生是非。介子推、尾生等，皆離名輕死，不念本養壽命者也。人上壽百歲，中壽八十，下壽六十。除病瘦死喪憂患，其中開口而笑者，一月之間不過三四日而已。○曲禮 人生十歲曰幼學，二十曰弱冠，三十曰壯，有室，四

[爾雅]美人甥曰宅相[晉書]魏舒少孤。爲外家甯氏所養。甯氏起宅。相者曰。當出貴甥。舒曰。爲外家成此宅相。○又曰珠玉。衛玠風神秀異。見者皆以爲玉人。舅王濟每見歎曰。珠玉在側。使我形穢。

自稱 舍外甥。

人稱 令外甥。

男甥 女甥。

十曰強而仕。五十曰艾服官政。六十曰耆指使。七十曰老而傳。八十九十曰耄。七年曰悼。悼與耄雖有罪不加刑焉。百年曰期頤。

童子十歲就外傅。十三舞勺成童舞象。老者六十杖於鄉。七十杖於國。八十杖於朝。

[禮記]童子九年。教之數目。十年出就外傅。居宿於外。學書計。禮。十有三年。學樂誦詩。舞勺。成童舞象。學射御。[王制]五十杖於家。六十杖於鄉。七十杖於國。八十杖於朝。九十者天子欲問焉。則就其室以珍從。

後生固爲可畏。而高年尤是當尊。

[論語]後生可畏。焉知來者。○[家語]哀公問於孔子曰。二三大夫皆勸寡人隆敬高年。其義可得聞乎。孔子曰。昔者有虞氏貴德而尚齒。夏后氏貴爵而尚齒。殷人貴富而尚齒。周人貴親而尚齒。

[增]漫道豫章之小。已具棟樑之觀。

[南史]袁粲年尚幼。王儉見而美之。曰。松栢豫章雖小。有棟梁之用。

項橐[音託]童牙作師。郤知學富。甘羅孱[音潺]口爲相。勿論年稚。

[史記]秦始皇使張唐往相燕。不肯行。甘羅曰。項橐七歲爲孔子師。今臣生十二歲矣。君其試臣。始皇使甘羅於趙。趙王郊迎。割五城以廣河間。羅還報秦。以羅爲相。故古語云。唐且以華顛。秦甘羅以童牙說趙。

列俎豆而習禮儀。孟氏沖年乃爾。執干戈

舍甥婦。[自稱]

令甥婦。[稱人]

內姪。內姪婦。

舍內姪。○舍內姪婦。[自稱]

令內姪。○令內姪婦。[稱人]

孫[釋義]孫从系。子系續也。又遜也。子道遜順。當續而行之。故子系爲孫。○[按]孫二世爲曾孫。三

以衛社稷，汪踦音紀**小子能然。**[孟子]幼時居墦間。乃爲嬉戲葬埋哭泣之事。母遷居於市。孟子即爲貿易之事。母遷之學舍旁。孟子與羣兒戲。列俎豆。習禮儀。母乃大喜。○[檀弓]齊伐魯。戰於郎。魯童子汪琦死焉。魯人欲勿殤汪。問於仲尼。仲尼曰。能執干戈以衛社稷。雖欲勿殤也。不亦可乎。[釋]謂欲以成人之喪禮葬之。

寇公七歲詠山，已卜具瞻氣象；司馬五齡擊甕翁去聲**，即占拯**音整**溺才猷。**寇準七歲時。詠華山詩云。只有天在上。更無山與齊。舉頭紅日近。回首白雲低。其師覽之。謂其父曰。賢郎怎不作宰相。後果相真宗。○[宋]司馬公五歲時。與羣兒戲。一兒墮甕中。羣兒驚走。公擊碎其甕。其兒得活。衆皆異之。

處敏於詩，我道公權過子建；坐間言自別，人稱謝尚是顏回。[唐書]柳公權年十二歲。三步能成詩。文宗曰。子建七步。子乃三步耳。子過於子建多矣。○[晉書]謝尚年八歲。與衆客燕飲。客曰。此兒一座之顏回也。尚答曰。座無尼父。焉別顏回。客奇之。

勿謂盧家兒，案上翻殘墨汁；尚嘉羊氏子，桑中探出金環。[盧仝示添丁詩]忽來案上翻墨汁。塗抹新詩如老鴉。○[晉書]羊祜字叔子。五歲時。至園中。令乳母取所玩金環。乳母曰。無此物。祜乃訪鄰人李氏東園桑樹中。得之。主人大驚曰。此余亡兒所失物。乳母具言之。李氏悲惋。大異之。乃知李

世為玄孫四世為來孫五世為晜孫六世為礽孫七世為雲孫八世為耳孫班固書集亦曰家孫[illegible]賀生孫曰長孫枝白樂天詩梧桐老去長孫枝○美人孫曰能孫又曰蘭芽王榆以其孫慧龍為諸孫之龍故以名之韓公作馬君墓誌謂馬燧之孫繼祖涓涓靜秀瑤環瑜珥蘭茁其芽○誇好孫曰必興吾門陳

氏子羊祜前身

歃上人問年不少絳縣老歷甲何多韓詩外傳齊桓公見歃巨人年老問曰爾年幾何對曰臣年八十三矣公曰美哉壽也○左絳縣老人曰臣生之歲正月甲子朔四百有四十五甲子矣[illegible]三萬六千六百有六旬

谷跨牛李耳演道德五千之秘渭川躍鯉子牙釣乾坤八百之秋宋[illegible]老子跨青牛出函谷關吏尹喜望其紫氣祇候之老子乃授以道德經凡五千言○文王出獵夢飛熊散宜生曰非龍非彪非熊非羆所獲者良佐且獵於渭濱得太公望遂以後車載之而歸

是誰運動老陽生子卻無影若個學成玄法燒丹騰音盛有霞光韻府陳留有富翁年九十取女生男長男以為非父之子數年爭財州郡不決丞相丙吉曰曾聞真人無影老陽子亦無影又不耐寒時八月取全年小兒俱裸體此兒獨啼言寒又並令日中行無影乃服○神仙傳淮南王安愛道術有八老詣門授王丹經王煉丹服之上升臨去置丹鼎於庭雞犬其舐之皆得仙去

榮啟期能擴襟懷行歌樂土疏太傅乞歸骸骨飲餞都門家語榮啟期鹿裘帶索鼓琴而歌曰天生萬物吾得為人一樂也得為男二樂也吾年九十五矣三樂也貧者士之常死者人之終吾何憂哉○漢疏廣為太傅兄子受為少傅其上表乞骸骨歸

孥兒時，祖實謂宗人曰：此兒必興吾門。○孫繼祖曰繩武。繩，繼也；武，足跡也。詩：繩其祖武。

自稱 小孫　人稱 令孫

孫婦

自稱 小孫媳　人稱 令孫婦

至孫　姪孫　姪孫婦

自稱 舍姪孫　○姪孫媳

人稱 令姪孫　○令姪孫

改入祖餞於都門外，道路觀者皆曰：賢哉二大夫。

獫狁音險允**侵周，方叔邁年奏三捷**[illegible]；**漢充國頹齡請一行。**

采芑詩：方叔元老，克壯其猷。又曰：顯允方叔，征伐獫狁，蠻荊來威。蓋方叔嘗建北伐之功，一月而三捷。○漢書：西羌先陵反，上問丙吉誰可將者，趙充國對曰：無踰老臣。願馳至金城，圖上方畧。時充年七十餘矣。

李百藥才新而齒則宿，盧蒲嫳音撇**髮短而心甚長。**

唐書：李百藥年七十，賦帝京篇，上覽之，嘉曰：齒則宿而才甚新也。○左：盧蒲嫳曰：予髮種種如此，予奚能爲？子雅曰：彼其髮短而心甚長。

身體　新增文十三類

百體非血肉之軀，五官有貴賤之別。

身有百骸，故曰百體。○荀子：耳目口鼻形能各有接而不相能也，夫是之謂天官。心居中虛，以治五官，夫是之謂天君。

堯眉分八彩，舜目有重平聲**瞳。**

春秋元命苞：堯眉八彩，是謂通明，歷象日月，璇璣玉衡。舜重瞳子，是謂玄景，上應攝提，以象三光。

耳有三漏，大禹之奇形；臂有四肘周上聲**，成湯之異體。**

三漏即三穴。肘，手背節是也。禹耳三漏，是謂大通，興利除害，決江疏河。湯臂四肘，是謂攝婦。

外孫。外孫婦。

外孫女。外甥女。

壻。【釋義】外孫亦曰彌甥。【左傳】以肥之得備彌甥也。

自稱 舍外甥孫。○舍外孫媳。

人稱 令外甥孫。○令外孫婦。

自稱 舍外甥女。

翼。攘去不義。萬民蕃息。文王龍顏而虎眉。漢高斗胸而隆準。【帝王世紀】文王昌生龍顏虎眉。【釋】顏額也。○【河圖】高祖。日角斗胸。龜背龍準。【釋】斗胸其胸廣也。隆準其鼻高也。孔子之頂若圩。音于文王之胸四乳。【史記】孔子生而首上圩頂。【釋】圩者中低旁高也。○【淮南子】文王四乳。周公反握。作興周之相。去聲重耳駢并音脅。虛業切爲霸晉之君。【諡法】周公兩手如綿可以反握。○【左】晉重耳過曹曹共公聞其駢脅欲觀其裸浴薄而觀之。僖負羈之妻曰吾觀晉公子從者皆足以相國若以相夫子必反其國反其國必得志於諸侯得志於諸侯而誅無禮曹其首也。子盍早自貳焉乃饋盤飧置璧焉公子受飧反璧【釋】駢合也。此皆古聖之英姿。不凡之貴品。古聖指上帝王霸主。至若髮膚不可毀傷。曾子常以守身爲大。待人須當量大。師德貴於唾面自乾。【孝經】身體髮膚受之父母不敢毀傷。○【唐】婁師德爲武后相弟除代州刺史將行師曰爾我榮寵過甚人所忌也何以自免弟曰自今有人唾我面拭之而已師曰人唾汝面怒汝也汝拭之是重其怒也夫唾不拭自乾當笑而受之【釋】唾口液也。讒口中去聲傷。金可鑠而骨可銷。音消虐政誅求。敲其膚而吸其髓。靖王

人稱　令外甥女。

自稱　舍外孫壻。

人稱　令外孫壻。

師徒【釋義】師，法也，人之模範也。揚子：教人以道之稱。徒，衆也，言以衆相從曰徒。又曰生【典】【文】詔諸生【措詞】稱設教曰設帳。馬融設絳帳，前授生徒，後列女樂。○師曰西席。【漢】明帝尊桓榮以師禮，上幸太常府，令榮坐東

【傳】積羽沈舟，羣輕折軸，衆口鑠金，積毀銷骨。○誅求征取也，言暴虐之政，敲擊百姓之肌膚，而咀吸萬民之骨髓也。受人牽制曰掣肘，掣音徹。不知羞愧曰厚顏。【說苑】魯使宓子賤為單父令，魯君徵發，彥單父，子賤奉上俯仰，不得專政，故單父不治，君責之。子賤請命於君曰：但得一善書者，單父治矣。及善書者至，子賤使之書，復從旁引其肘，書醜則子賤責之。書者請去以告君。君曰：子賤苦吾擾之，不能施善政。命毋徵發單父，於是單父化行。○【唐】王光遠干索權豪無厭，時人曰：光遠顏厚如千重鐵甲。好生議論曰搖唇鼓舌，共話衷腸曰促膝談心。搖唇注詳老幼。○促膝是促近膝前而談心事。怒髮沖冠，藺相如之英氣勃勃；炙手可熱，唐崔鉉之貴勢炎炎。【史】趙王得和氏璧，秦昭王請以十五城易之。藺相如捧璧入秦，秦無償城意，相如怒髮沖冠曰：欲徒得璧，臣頭與璧俱碎矣。乃完璧歸趙。○【唐】崔鉉進左僕射，與楊紹、鄭魯、段瓌、薛蒙頗參議論，時語曰：楊鄭段薛，炙手可熱；欲得命通，紹魯瓌蒙。貌雖瘦而天下肥，唐玄宗之自謂；口有蜜而腹有劍，李林甫之為人。【史】唐玄宗嘗臨鏡默然不樂，左右曰：韓休為相，陛下殊瘦於舊，何不逐之？上曰：吾貌雖瘦，天下必肥。○【史】唐李林甫多以計傾人，世謂其口蜜腹劍。趙子龍一身都

面設几。故師席在西。○師席曰函丈，函容也。凡講切則布席，必容一丈之地。足以指畫。曲禮：席間函丈。○學俸曰束修。修，乾肉也，十脡曰束。論語：自行束修以上。○自謙設教餬口，曰古耕實遂門，從來學獻粟盈倉，或曰遂非力耕，乃舌耕也。○從師門負笈從游。笈，書箱也。史：蘇秦傳負笈從師。○事師曰北面受教。王

是膽；周靈王初生，便有鬚。蜀志：趙雲，字子龍，將數十騎，值曹操軍大大開門，魏疑有伏，引兵去。劉備至營視之，歎曰：子龍一身都是膽也。○風俗通：靈王生而有髭，王甚神聖，諸侯服享。一世休和。來俊臣注醋於囚鼻，法外行兇；嚴子陵加足於帝腹，忘其尊貴。唐來俊臣性酷烈，每鞫囚，以醋注其鼻中。○漢嚴子陵名光，少與光武同遊大學。上即位，光隱不見，三聘乃至。車駕幸其館，與光相對累日，夜與共臥，光以足加帝腹。明日，太史奏曰：客星犯帝座。帝曰：朕與故人子陵共臥耳。久不屈茲膝，郭子儀尊居宰相；不為米折腰，陶淵明不拜吏胥。唐田承嗣據有魏地，郭子儀遣使至魏，承嗣西望拜之，曰：茲膝不屈於人十年矣，今乃為郭公拜。○晉陶淵明為彭澤令，在官八十日，吏部郡遣督郵至，當束帶迎。淵明曰：我豈為五斗米折腰向鄉里小兒。即日解印綬去。斷送老頭皮，楊璞音僕得妻送之詩；新剝音博雞頭肉，明皇愛貴妃之乳。仇池筆記：宋真宗得隱者楊璞，上問：卿臨行有人作詩否？對曰：臣妻一首云：更無落魄耽杯酒，切莫猖狂愛作詩。今日捉將官裏去，這回斷送老頭皮。上笑而放歸。○楊妃外傳：楊貴妃出浴，對鏡匀面，裙腰褪，露一乳。唐明皇捫弄曰：軟溫新剝雞頭肉。釋：水中有雞頭蓮

祥南面几杖以師自居帝北面乞言。○得師傳曰衣鉢眞傳佛家以傳法爲傳衣鉢此則借言傳其所學也。○弟勝師曰青出於藍【荀子】青出於藍而勝於藍冰生於水而寒於水藍水喻師青冰喻弟。○撻而教之曰夏楚夏音賈與檟同楚荆也【學記】刑用夏楚二物。

【自稱】敝業師，又曰敝老師。

其肉如乳。纖音暹指如春筍，媚眼若秋波。【王嚴道詩】供盤春筍楊妃指，薦酒江鰲西子脣。○【黃山谷詩】新婦磯頭眉黛愁，女兒浦口眼波秋。肩曰玉樓，眼名銀海。【東坡雪詩】凍合玉樓寒起粟，光搖銀海眩生花。淚曰玉筯，音住頂曰珠庭。【六帖】魏甄后面自淚雙垂如玉筯。○【唐】李絳爲華州刺史，李珏見之曰，日角珠庭，非庸人相。歇擔曰息肩，不服曰彊項。【左】襄公二年，鄭子駟請息肩於晉。是歲公有疾，子駟欲避楚役以從晉，故以負擔爲喻而請息肩於晉。○【漢書】楊震孫奇立朝剛直。靈帝曰，卿強項，眞楊震子孫也。丁謂與人拂鬚，何其諂也；彭樂截腸決戰，不亦勇乎。【宋】丁謂爲參政，宰相寇準薦之，得致通顯，雖同列而事準甚恭。嘗會食中書，羹汚準鬚，謂徐起拂之。準笑曰，參政國之大臣，乃爲人拂鬚耶。謂大慚，遂成隙。○【北齊史】彭樂與周文戰，被刺腸出，納之不盡，截去復戰。剜音宛肉醫瘡，權濟目前之急；傷心捫足，計安衆士之心。【聶夷中詩】二月賣新絲，五月糶新穀。醫得眼前瘡，剜卻心頭肉。○【漢書】高祖數項羽十罪，羽怒，伏弩射高祖，傷胸，高祖捫足曰，賊中吾指。因病創臥，張良強請起行勞軍，以安士心。漢張良躡足附耳，東方朔洗髓伐毛。【漢書】韓信平齊，使人言於高祖曰，齊僞詐多變，反覆之國也，南邊楚業。言受業也。

【人稱】令師。又曰貴業師。又曰貴老師。

【自稱】愚徒。又曰敝及門。又曰敝門人。

【人稱】令徒。又曰令及門。又曰貴門人。又曰貴高足。師生猶子。足之意。

朋友。【釋義】同類為朋。同志為友。朋之父曰祖執。執。言所執

不為假王以鎮之。其勢不定。請為假齊王以鎮之。時楚方圍漢於滎陽。韓信使至。帝發書大怒。張良陳平躡足附耳曰。今漢方不利。寧禁信之王乎。不如因而立之。使自為守。○【漢】東方朔遇老母採桑於海濱。有黃眉翁曰。此昔為吾妻。吾御食吞氣。已九千餘歲。三千年一返骨洗髓。一剝皮伐毛。吾已三洗髓伐毛矣。

尹繼倫契丹稱為黑面大王。傅堯俞宋后稱為金玉君子。【宋史】尹繼倫大敗契丹於徐河。眾皆驚潰。兵卒平居相戒曰。當避黑面大王。○【宋史】傅堯俞論事君前。闇無同隱。及卒。太后謂輔臣曰。傅侍郎金玉君子也。方倚以為相。遂至是乎。

土木形骸。不自粧飾。鐵石心腸。秉性堅剛。【晉】嵇康長七尺八寸。好容貌。雖土木形骸。不自藻飾。而龍章鳳姿。天質自然。○【唐】宋璟相明皇。封廣平郡公。皮日休著桃花賦。其序云。余嘗慕宋廣平之為人。貞姿勁質。剛態毅狀。疑其有鐵石心腸。不解吐軟媚辭。

敘會晤曰得挹音揖芝眉。敘契闊曰久違顏範。【唐】元德秀。字紫芝。退隱山中。不為牆垣。歲飢日或不食。以彈琴自娛。房琯每見。歎曰。見紫芝眉宇。令人名利之心都盡。○契闊。隔遠之意。範是陶冶之模。有道之人。貌可為模。故曰顏範。

請女客曰奉迓金蓮。邀親友曰敢攀玉趾。金蓮。注詳女子。○【左】齊孝公伐魯。公使展喜犒師曰。寡君聞君親舉玉趾。將辱於敝邑。侏儒

禮也又曰大父行行列也鄭當時有才德祖執之輩與爲友故謂其知友皆大父行父之友曰父執曲禮見父之執又曰諸父行揞詞訂交曰車笠之盟越人每訂交作壇畝血殺丹雞白犬誓曰卿若乘車我戴笠後日相逢下車立密友曰知己○交不變曰金石交史記漢高帝與季布號爲金石交又曰耐久朋魏

音諸儒謂人身矮隘上聲魁梧稱人貌奇漢東方朔自以爲祿薄乃給侏儒曰上欲殺汝等侏儒言於帝帝召朔問之朔曰侏儒長三尺月俸一囊粟臣九尺餘月俸亦一囊粟侏儒飽欲死臣飢欲死上稍親幸○齊孟嘗君之趙趙人爭出觀之笑曰始以薛公爲魁梧也今覩之眇小丈夫耳龍章鳳姿廊廟之彥麞音張頭鼠目草野之夫唐書太宗幼時書生見之曰龍鳳之姿天日之表其年弱冠必能濟世安民○晉苗晉卿欲薦元載李揆輕載相寒謂晉卿曰龍章鳳姿之士不見用麞頭鼠目之子乃爲人求官耶載啣之恐懼過甚曰畏首畏尾感佩不忘曰刻骨銘心左鄭子家與趙宣子書曰古人有言曰畏首畏尾身其餘幾○李義山曰刻銘心骨貌醜曰不颺音揚貌美曰冠玉左昔賈大夫惡娶妻而美其妻三年不言不笑爲之御車以如皋澤射雉獲之其妻始笑而言賈大夫曰才之不可以已我不能射汝遂不言不笑今子少不颺子若不言吾幾失子矣言之不可已也如是遂如故知○漢陳平貌美如冠上之玉張負以女孫妻之曰豈有美如陳平而長貧賤者平後事高祖六出奇計封曲逆侯足跛波上聲曰蹣跚音瞞珊耳聾音龍曰重音蟲聽史記予苦蹣跚註蹣跚足疾也漢黃霸爲潁州太守許丞爲長史多病耳聾郡録事稟霸欲逐之霸曰許丞廉吏重

玄同與裴炎締交能保始終時稱耐久朋○同心曰金蘭至契易二人同心其利斷金同心之言其臭如蘭又曰莫逆又曰忘形皆同心之意揚甯揚城爲莫逆陸贄張鎰爲忘形○誓生死曰刎頸交藺相如與廉頗爲刎頸交○自幼交曰總角之好孫策與周瑜爲總角之好○交不論齒曰忘年交禰衡年未二十孔

聽何傷。期期音其艾艾音雞口訥奴骨切之稱，喋喋音牒便便平聲言多之狀。漢書高祖欲易太子周昌諍之上問其說昌爲人口吃盛怒曰臣口不能言然期期知其不可陛下欲易太子臣期期不奉詔上欣然而笑太子始定魏鄧艾口吃每自稱必重曰艾艾晉文帝戲之曰卿云艾艾定是幾艾對曰鳳兮鳳兮故是一鳳○漢張釋之從文帝登虎圈帝問上林尉諸禽獸簿尉不能對虎圈嗇夫代對曰周勃張相如稱爲長者兩人言事曾不出口豈效嗇夫喋喋利口捷給哉今以嗇夫口辯而超遷之臣恐天下隨風而靡爭爲口辯而無其實帝曰善○便便明辯也

可嘉者小心翼翼，可鄙者大言不慚。詩維此文王小心翼翼○論語其言之不怍

腰細曰柳腰，身小曰雞肋。音勒柳腰注詳女子○晉劉伶嘗與俗人相忤其人攘袂而起必欲擊之伶和其色曰雞肋豈足以當尊拳其人笑而止

笑人齒缺，曰狗竇大開；

譏人不決，曰鼠首僨事。晉張玄祖八歲齒缺先達戲之曰君口何爲大開狗竇玄曰正使君等從此中出入○漢書鼠首兩端釋鼠性多疑出穴一進一退不能自決僨敗也

口中雌黃，言事而多改移；皮裏春秋，心中自有褒貶。晉王夷甫善談老莊義理有所未安隨即更改人號爲口中雌黃釋古人用黃紙寫字有誤以雌黃塗之

融年五十。相與交善。稱忘年交。○契交曰管鮑，曰雷陳，曰范張。管仲與鮑叔同賈，鮑叔分金多與仲曰，生我者父母，知我者鮑子。雷義舉茂才，讓於陳重，刺史不聽，義佯狂被髮而走，鄉里語曰，膠漆自謂堅，不如雷與陳。范巨卿與張元伯相去千里，范曰三年後某日相訪，至期，張設雞黍待之，果至。○訪友曰訪戴。王

○[晉]褚裒少有盛名。桓彝目之曰。褚裒有皮裡春秋。**脣亡齒寒。謂彼此之失依。足上首下。謂尊卑之顚倒。**[左]晉欲伐虢。道經於虞。乃以璧馬假道於虞。虞公許之。宮之奇諫曰。虢虞之表也。虢亡。虞必從之。諺所謂輔車相依。脣亡齒寒者。其虞虢之謂也。○[治安策]足反居上。首顧居下。倒懸如此。莫之能解。猶爲國有人乎。**所爲得意曰吐氣揚眉。待人誠心。曰推心置腹。**[李白與韓荊州書]今天下以君侯爲文章之司命。人物之權衡。一經品題。便作佳士。何惜階前盈尺之地。不使白揚眉吐氣。激昂青雲耶。○[illegible]宋太祖恩撫降劉鋹。鋹疑其有毒。上笑曰。朕推赤心置人腹中。安有此邪。**心慌曰靈臺亂。醉倒曰玉山頹。**[莊子]萬惡不可內於靈臺。○[晉]山濤曰。嵇叔夜爲人。巖巖若孤松之獨立。其醉也。如玉山之將頹。[釋]玉山。頭也。**睡曰黑甜。臥曰偃息。**[東坡詩]三杯軟飽後。一枕黑甜餘。○[詩]或盡瘁事國。或偃息在牀。**口尚乳臭。謂世人年少無知。三折其肱。謂醫士老成諳**音暗**練。**[漢]魏王豹作亂。高祖以韓信擊之。問酈食其曰。魏大將爲誰。對曰柏植。上曰。是兒口尚乳臭。安能當吾韓信。○[左]晉范氏中行氏將伐晉定公。齊高彊曰。三折肱。知爲良醫。唯伐君爲不可。民弗與也。我以伐君居此矣。[釋]三折肱。言人三折其臂。歷病多者。始知治療誠良

子猷雪夜忽憶戴逵。在剡溪棹舟訪之。○留友宿曰下榻。豫章守陳蕃獨設一榻待徐穉。來則下。去則懸。○望友薦曰彈冠。王陽在位。貢禹彈冠而慶。○渝交曰寒盟絕交。曰割席。管寧與華歆同席共業。有乘軒過者。華美之。管遂割席。

自稱敝友。又曰敝相知。語云人之相知。貴相知心。

醫也西子捧心。愈見增妍。音延。醜婦效顰。音貧。弄巧反拙。注詳女子。慧眼始知道骨。肉眼不識賢人。金剛經如來有慧眼。○摭言鄭光業策試夜。有同試之人突入。笑語曰。可相容否。業為鋪床上宿。又曰。煩取一杓水。更煎一碗茶。業欣然取水煎茶。及業中狀元及第。其人啟謝曰。既取一杓水。更煎一碗茶。當時不識貴人。凡夫肉眼。今日俄為後進。窮相骨頭。婢膝奴顏。諂。音讇。容可厭。脅肩諂笑。媚態難堪。陸龜蒙散人歌。奴顏婢膝眞乞丐。反以正直為狂痴。○曾子曰。脅肩諂笑。病於夏畦。忠臣披肝。為君之藥石。婦人長舌。為厲之階。江文蔚為御史。披肝瀝膽。避劾權奸。傳寫碑文。一時紙貴。家語藥苦口而利於病。忠言逆耳而利於行。○詩婦有長舌。為厲之階。釋長舌多言也。厲禍也。階梯也。事遂心曰如願。事可愧曰汗顏。錄異記盧陵有商人歐明。道經青草湖。每以舟中所有投湖中。忽一吏來候曰。青洪君感君有禮。特相請。明怯。吏曰。無怯。若有所贈。君勿取。但求如願耳。明既見。乃求如願。青洪君因出一婢。名如願。與之。既歸。所求輒得。家致巨富。韓愈祭柳子厚文不善為斲。血指汗顏。巧匠旁觀。縮手袖間。人多言曰饒舌。物堪食曰可口。傳燈錄閭邱胤牧丹陽。忽頭痛。豐於呪水噴之。立愈。胤異之。乞一言示此去安危。豐於曰。到任可謁

【入稱】令友文曰貴相知。

僕婢。【釋義】男奴曰僕，女奴
曰婢。【措詞】奴婢亦曰臧獲。應劭
曰：荊淮海岱之間，罵奴曰臧，罵
婢曰獲。【左傳】得用曰獲。燕之北
郊，凡民男而壻婢謂之臧，女而
婦奴謂之獲。張楫云：壻婢之子
謂之臧，婦奴之子謂之獲。文曰
童妾。【史傳】呂不韋家僮萬人。師
古曰：婢妾總稱。【統文】男有罪曰

文殊普賢，在國清寺執爨洗器者，寒山拾得也。肩訪之，見二人圍爐
笑語，寒山執肩手曰：豐于饒舌也。○【莊子】三王五帝之禮義法度，譬
如楂梨橘柚，其味相反，而皆可於口。**澤及枯骨，西伯之深仁；灼艾分痛，宋祖之友愛。**西伯
周文王也。鑿沼得枯骨，命吏葬之。天下聞之曰：
西伯澤及枯骨，況於人乎。○灼艾注詳兄弟。**唐太宗爲臣療**音料**病，**
親剪其鬚；顏杲音稿**卿罵賊不輟，賊斷其舌。**【唐】李勣得疾，醫曰：龍鬚灰
可治。太宗自剪鬚，爲之和
藥治之。愈，勣頓首謝。上曰：爲社稷，非爲卿也，何謝之有。○顏杲卿爲
常山太守時，安祿山亂，賊將史思明陷常山，杲被執，罵賊不住口，祿
山怒，命斷其舌，噴血而死。**不較橫逆，曰置之度外；同悉虜情，曰已入掌中。**【漢史】光
武殺王
莽中興，積苦兵閒。時惟隗囂據天水，公孫述據蜀，未平。謂諸將曰：且
寘此二子於度外。○【晉】劉裕伐南燕，燕兵不出，裕喜形於色。左右曰：
未見敵而先喜，何也？裕曰：兵已過險，士有必死之
志，餘糧栖畝，人無匱乏之憂，賊已入吾掌中矣。**馬良有白眉，獨出**
乎衆；阮籍作青眼，厚待乎人。馬良註詳兄弟。○【晉】阮籍能爲青白眼，
見俗客則以白眼對。居母喪，嵇喜往弔，
籍作白眼。喜弟康聞之，挾琴
齎酒造焉，籍大悅，見青眼。**咬牙封雍齒，計安衆將之心；含淚斬丁**

奴。奴曰童。女曰妾。又蒼頭。史漢孟康曰。漢名奴爲蒼頭。非純黑以別於良人也。又漁童樵青。南郡張志和。奴婢各一人。配爲夫婦。名爲漁童樵青。問其故。答曰漁童使捧釣。投綸蘆中。鼓枻樵青使蘇蘭。新桂竹裏煎茶。○又奴曰銀鹿。曰奚奴。銀鹿。顏眞卿家僮名。李賀出遊。常命小奚奴背古錦囊。以隨得詩。則投囊囊

公法正叛臣之罪。[漢史]高祖大封同姓諸侯二十餘人。其餘日夜爭功不決。上見諸將往往坐沙中偶語。上問何語。張良曰。此謀反耳。上曰。奈何。良曰。上生平所憎誰最甚。上曰。雍齒與我有故怨。數窘辱我。良曰。急先封雍齒。則人人自堅矣。於是封雍齒爲什方侯。羣臣皆喜曰。雍齒且侯。我屬無患矣。○丁公爲項羽將。逐高祖於彭城西。高祖急。顧謂丁公曰。兩賢豈相戹哉。丁公遂引兵還。及項王滅。丁公謁見高祖。高祖曰。丁公爲項王臣不忠。遂斬之。

擲鄭足入聲**果盈車潘安仁美姿可愛投石滿載張孟陽醜態堪憎**。[世說]潘岳字安仁。美丰姿。每出市。婦女愛之。擲以佳果盈車而歸。○張孟陽貌甚醜每出市。小兒以瓦石投之。委頓而反。

事之可怪婦人生鬚人所駭聞男人誕子。[北宋史]宣和五年。都城酒肆朱氏之妻。年四十。忽生鬚。長六七寸。宛如男子。○[宋史]雷城都有賣青果男子。孕而生子。蓐母不能取。易七人。始免而逃去

求物濟用謂燃眉之急悔事無成曰噬音誓**臍何及**。[三國志]吳張昭謂諸葛亮曰。久聞先生居隆中。每自比管仲樂毅。今玄德得先生。乃棄新野。走樊城。敗當陽。走夏口。有燃眉之急。豈有管樂萬分之一耶。○[左]楚文王伐申。過鄧。鄧侯曰。吾甥也。止而享之。騅甥。聃甥。養甥。請殺楚子。鄧侯弗許。三甥曰。忘鄧國者。此人也。若不早圖。後君噬臍。[釋]噬咬也。

情不

中。

自稱 小价。又曰小伻。又曰小厮。

人稱 盛使。又曰尊紀。左傳 晉侯迎夫人嬴氏以歸秦伯送衛於晉三千人實紀綱之僕謂其僕事皆有條理也。

自稱 小婢。

人稱 貴价。婢僕妻也。

夫 釋義 夫者扶達人者也周

相關如秦越人之視肥瘠。音寂 事當探本如善醫者祇論精神。諍臣論 視政之得失若越人視秦人之肥瘠忽焉不加喜戚於其心。無功食祿謂之尸位素餐。讀音 尃劣無能謂之行尸走肉。書 太康尸位 按 凡祭以一人端坐而爲祭之主曰尸。尸位言居任無功如祭祀之尸。居位無事也。詩 彼君子兮不素飧兮。釋 素空也。飧食也。○ 拾遺記 好學者雖死若存不學者雖存。行尸走肉耳。釋 行尸如死尸而能行走肉如死肉而能走也。老當益壯寧知白首之心。窮且益堅不墜青雲之志。滕王閣序 嗚呼時運不齊命途多舛所賴君子安貧達人知命老當益壯寧知白首之心窮且益堅不墜青雲之志 一息尚存此志不容少懈。十手所指此心安可自欺。一呼一吸爲一息出論語死而後已註。○ 大學 十目所視十手所指。

[illegible] 高臺曰頭，廣宅云面。黃庭經 頭爲高臺面爲廣宅。又頭爲崑崙頂三台君。頤殊於眾，鬚號于思。過異於人，指生駢拇。音母。謀上聲。左 華元多鬚。伐鄭爲鄭敗。宋人歌曰于思于思棄甲復來。釋 于思多鬚貌。莊子 駢拇枝指豈性也哉。釋 駢拇足拇指連二指也。枝指手六指也。何平叔面猶傅粉，秦襄公顏若渥丹。

制八寸爲尺。十尺爲丈。人長八尺，故曰丈夫。凡男子皆號丈夫。俗尊以呼良人。

矣。〖前漢〗治家曰刑于之化。刑，治也。〖詩〗刑于寡妻。言爲法於其妻也。○夫婦不睦曰反目。反目，不正視也。〖易〗夫妻反目。○夫死，婦自稱未亡人。

〖自稱〗**夫君。**

公姑。〖釋義〗公姑又曰舅姑。又曰翁姑。又公曰尊，姑曰嫜。今

〖魏〗何平叔美姿容，面絕白。文帝疑其傅粉，夏月賜以湯餅，啖之，汗出，隨以朱衣自拭，色轉白，帝始信之。○〖秦人美肚公〗〖詩〗顔如渥丹，其君也哉。

古尚書頭尖似筆，張太僕腹大如瓠。瓜音胡。更垂好髯。〖後魏〗古弼爲尚書，頭尖似筆，世祖常名之曰筆頭，時人因呼爲筆公。○□作〖漢〗張蒼爲太僕，當斬，解衣伏鑕，腹大如瓠。王陵言於沛公，赦之。古生民主。

劉曜垂五尺之髯；能爲帝者師，張良掉三寸之舌。〖晉書〗劉曜身長九尺三寸，垂手過膝，目有赤光，鬚髯百餘莖，而長五尺餘。○〖史記〗留侯乃稱曰：家世相韓，韓滅，不愛萬金之產，爲韓報仇，彊秦天下震動。今以三寸舌爲帝者師，封萬戶，位列侯，此布衣之極，於良足矣。願棄人間事，欲從赤松子遊耳。

維翰一尺面，宰相奇形；比干七竅心，忠臣異稟。〖五代〗桑維翰身短而面長，嘗臨鏡自奇曰：七尺之身，不如一尺之面。後乃爲相。○〖通鑑〗紂無道，比干諫之。紂怒曰：吾聞聖人心有七竅。命剖而視之，果然。

英雄嘗自別，僉云寇萊公鼻息如雷；俊傑卻非凡，始信王濬沖目光若電。〖宋書〗寇準澶淵之征，真宗使人觀其動靜，公方熟睡，鼻息如雷。真宗曰：準安枕如此，必有勝算也，朕何憂。○〖晉〗王戎字濬沖，生而穎異，神采秀發，目甚清照，視目不眩。裴楷見而異之，曰：戎眼爛爛如巖

俗稱公婆。

尊稱 公公。翁稱 婆婆。姑稱

妯娌。兄與弟妻 【釋義】妯娌之稱也。妯音逐，娌音李。又曰娣姒。蓋妯娌相呼，自以身年長爲姒，年少爲娣，不以夫之長幼名也。凡用柬帖，須書娣姒。

尊稱 伯姆。稱嫂 嬸娘。

尊輩。

尊稱 老年伯。世交稱 老會

下電

垂肩耳大，劉先主畢竟興王；蓋膽毛深，德謙師自嘗成佛。劉先主有奇相，耳大垂肩，人目之爲大耳兒。○【德謙大師語錄】一僧拜師曰：三日不相見，莫作舊時看。師撥開胸云：你道我這裡有幾莖蓋膽毛？僧無語。

岳公刺背闕之字，愈見忠心；英布黥音擎面上之痕，何嫌貌醜。【趙宋】岳飛憫宋室傾覆，欲恢復之，背上刺盡忠報國四字。秦檜忌其功，殺之。人弔以詩：矯詔遽成三字獄，涅忠寧負一生心。○【漢】英布有奇相，相者曰：當刑而王。後有罪而黥，人號黥布。佐漢高定天下，封九江王。

蘇生正直，膝豈容佞士作枕頭；林蘊盌上聲精忠，項不使頑奴爲砥石。【魏史】蘇則爲人正直，董昭嘗枕其膝，則推下之曰：蘇則膝非佞人枕。○【唐書】劉闢反，林蘊以義責之。闢怒，欲殺之，惜其直，陰戒刑人磨刀於頸脅服之。蘊叱曰：死便死，我頸豈頑奴砥石耶？

彥回之髯似戟，豈爲亂階；李瞻之膽如升，不虧大節。【南宋史】褚彥回夜宿閣中，公主就之，回不敢動。主曰：公髯如戟，何得無丈夫氣？對曰：回雖不敏，不敢自爲亂階。○【南史】侯景亂，李瞻起兵，爲賊所執，正色自若。及剖腹，見其膽大如升。

張睢陽鼓烈氣，握拳透爪；魯仲連噴義聲，嚼齒穿齦。音銀【唐書】張睢陽恨賊，握拳透爪。○東坡伯。己又前輩[自謙]世姪。又曰小姪。又曰晚生。又曰晚輩。

平輩。

[尊稱]世兄。又曰長兄。又曰老兄。[自謙]小弟。

師。

[尊稱]老師。[自謙]門生。

同年。

[尊稱]老庚兄。[自謙]庚弟。

[唐]張睢陽罵賊，嚼齒穿齦；顏平原死不忘君，握拳透爪。○[史記]傳仲連罵賊嚼齒穿齦。

寔進雖然大腹，非多算之人也；李緯徒有好鬚，不足齒之倫歟。[趙宋]大將軍寔進食飽捫腹歎曰：我不負汝。左右曰：將軍不負此腹，此腹乃負將軍。[illegible]謂其少出智慮。○[唐]李緯拜尚書，房玄齡曰：此人好鬚。太宗聞之，知其無能也，改洛州刺史。

衣服　新增文十二聯。

冠稱元服，衣曰身章。[釋名]冠居首，故曰元服。[周書]武王將加元服，周公使人來零陵取文竹爲冠。○[身章撮要]衣服身之章也。古者未有絲麻，多以鳥獸之羽皮爲衣。羲黃而降，衣服之製始興。

曰弁音便曰冔音許曰冕，皆冠之號；曰履曰舃音昔曰屣音徙，悉鞋之名。[冠義]周弁殷冔夏收。[釋]此三家之爵弁也。詩常服黼冔。[釋]冔殷冠名。[通典]黃帝初作冕，前有垂旒，示不邪視也；旁有黈纊，示不聽讒；後俯前仰，主於恭也。○[身章撮要]履所以拘足也。朝服曰舃，祭服曰舃，燕服曰屣。

上公命服有九錫，士人初冠有三加。[禮緯]禮有九錫：一輿馬，二衣服，三樂縣，四朱戶，五納陛，六虎賁，七弓矢，八鈇鉞，九秬鬯。○[冠義]適子冠於阼，以著代也。醮於客位，三加彌尊，冠而字之，敬其名也。[釋]三加始加緇布冠，再加皮

姓、

【尊稱】尊姓。又曰貴姓。又曰高

【自謙】小姓。又曰賤姓。

族、

【尊稱】貴族。又曰尊門。【自謙】敝

族。又曰寒族、

祖祠。

【尊稱】貴祠。又曰尊祠。【自謙】敝

祠。

宅第。

弁。三加爵弁。**簪纓縉紳。仕宦之稱。章甫縫**音逢**掖**音亦。**儒者之服。**簪首笄也。纓冠索也。縉紳注詳文臣。○【家語】魯哀公問於孔子曰：夫子之服，其儒服與。對曰：丘少居魯，衣縫掖之衣。長居宋，冠章甫之冠。丘聞之，君子之學也博，其服以鄉俗。丘未知其為儒服也。**布衣即白丁之謂。青衿乃生員之稱。**布衣賤時服也。○詩青青子衿。【釋】以青色衿衣領也。**葛屨**音據**履霜。誚儉嗇之過甚。綠衣黃裏。譏貴賤之失倫。**詩糾糾葛屨，可以履霜。【釋】夏用葛屨，冬用皮屨。履霜非用葛屨之時也。○詩綠兮衣兮，綠衣黃裏。【釋】綠間色，賤而反以為衣；黃正色，貴而反以為裏。【釋】衛莊公惑於嬖妾，夫人莊姜賢而失位，故以此比賤妾尊顯而正嫡幽微也。**上服曰衣。下服曰裳。衣前曰襟。衣後曰裾。**音居。白虎通：衣隱也，裳障也，所以隱形自蔽障也。○宋玉賦：披襟以當雄風。【釋】襟衣前衽也。【鄒陽傳】何王之門不可曳長裾乎。【釋】裾衣後幅也。**敝服曰襤褸。**音藍呂。**美服曰華裾。**【左】欒武子曰：楚之先君篳路藍褸，以啟山林。○李賀賦高軒過云：華裾織翠青如蔥。【釋】華榮也。裾衣勝貌。**襁**居仰切**褓**音保**乃小兒之衣。弁髦**音毛**亦小兒之飾。**【史】武王崩，成王少，在襁褓之中。周公踐阼攝政，代成王當國，負扆以朝諸侯。【釋】襁褓以約小兒於背尊稱尊府。又曰府上。謙自寒舍。又曰茅舍。
館。尊稱貴館。謙自敝館。
莊。尊稱寶莊。謙自敝莊。
省。尊稱貴省。謙自敝省。
府。尊稱貴府。謙自敝府。

者。○董子垂髻始冠必以弁。蓋緇布冠謂之弁髦。三加成禮。後棄其始冠緇布冠不用。故蔑棄法制者。亦謂之弁髦。

左衽是夷狄之服。短後是武夫之衣。【蜀志】孔明廢廖立為民。後立聞孔明卒泣曰。吾終左衽矣。【論語】衽。衣襟也。○潘正叔乘輿箴。耕父推畔。漁豎讓陸。樵夫恥危冠之飾。輿臺笑短後之服。

尊卑失序。如冠履倒置。富貴不歸。如錦衣夜行。【[illegible]】明太祖檄中原語曰。元以北夷入主中國。此豈人力。實乃天授。然達人志士。猶有冠履倒置之羞。○【項羽傳】羽居咸陽。見秦宮室皆已燒毀。因思東歸。曰。富貴不歸故鄉。如衣錦夜行。

狐裘三十年。儉稱晏子。錦帳四十里。富羨石崇。【家語】孔子曰。晏平仲祀其先祖。而豚肩不掩豆。一狐裘三十年。賢大夫也。而難為下。○【世說】晉石崇與王愷各以豪侈相矜。愷以飴沃釜。崇以蠟代薪。愷作紫紗步障三十里。崇作錦步障四十里。

孟嘗君珠履三千客。牛僧孺金釵十二行。【[illegible]】孟嘗君好賢。士多歸之。門下嘗有三千餘人。皆以珠飾履。故曰珠履客。○白樂天酬牛僧孺詩。鍾乳三千兩。金釵十二行。【[illegible]】鍾乳三千。言其藥之貴。金釵十二。言其寵妾之多。

千金之裘。非一狐之腋。音亦 **綺羅之輩。非養蠶之人。**【說苑】千金之裘。非一狐之腋也。廊廟之材。非一木之枝也。○【蠶婦詩】昨日入城郭。歸來淚滿襟。遍身縣。
尊稱貴縣，自謙敝縣。
鄉。
尊稱貴鄉，自謙敝鄉。
寓所。
尊稱貴寓，自謙敝寓。
行。
尊稱寶行，自謙小行。
鋪，或稱店亦可。
尊稱寶鋪，自謙小鋪。

綺羅者，不是養蠶人。

貴者重裀（音因）疊褥（音肉），貧者裋（音豎）褐不完。家語：子路既貴，累裀重褥而坐，歎曰：茲欲負米於百里之外，其可得乎。○貢禹傳：糠豆不贍，裋褐不完。釋：裋褐，毛布衣也。

卜子夏甚貧，鶉（音純）衣百結；公孫弘甚儉，布被十年。荀子：卜子夏家貧，徒有四壁，衣若懸鶉。釋：鶉，小鳥名。逸士傳：董京隱居白社，以殘絮纏帛爲衣，號爲百結衣。○漢史：公孫弘以文學對策，武帝擢爲第一。召入見，狀貌甚麗，拜爲博士。凡所建言，上多大悅。弘爲人恢奇多聞，嘗以儉約名，常謂人主病不廣大，人臣病不節儉。爲布被，食不重肉。每朝議開陳其端，令人主自擇，不肯面折廷諍。上大悅之。

南州冠冕，德操稱龐統之過眾；三河領袖，崔浩羨裴駿之超羣。蜀志：龐統少時往見司馬德操，操採桑樹上，與統談論，自晝至夜，操異之，曰：生當爲南州士人冠冕。○北史：裴駿仕魏，太祖爲中書博士，陳敘事宜，上大悅之。上謂崔浩曰：駿，三河之領袖也。

虞舜制衣裳，所以命有德；昭侯藏敝袴，所以待有功。書：舜曰：予欲觀古人之象，日月星辰，山龍華蟲，作會宗彝，藻火粉米，黼黻絺繡，以五采彰施於五色作服。○史：韓昭侯有敝袴，命藏之。侍者曰：何不賜左右。昭侯曰：吾聞明主愛一顰一笑，茲袴豈特顰笑哉，吾必待有功者。

唐文宗袖經三浣（音緩），晉文

公衣不重平聲裘。[illegible]文宗嘗舉衫袖示羣臣曰。此衣已三浣矣。衆皆美其儉德。○[illegible]昔晉國苦奢。文公以儉矯之。
乃衣不重裘。食無兼味。未幾而國人皆大布之衣。脫粟之飯。衣履不敝。不肯更爲。世稱堯帝。衣不
經新。何由得故。婦勸桓沖。堯帝本紀。布衣掩形。鹿裘禦寒。衣履不敝。不更爲也。○桓沖。注詳夫婦。王氏
之眉貼花鈿田音。被韋固之劍所刺。貴妃之乳服訶音柯子。爲祿山之爪
所傷。韋固遇老人月下檢書。固問何書。答曰。天下婚牘。固問吾妻安在。老人曰。君婦三歲。居北賣菜陳嫗女也。固往視女甚陋。使奴
刺女中眉。後十四年。相州刺史王泰妻以女。眉閒常貼花鈿。固問之。
女曰。妾郡守之姪女也。父終宋城。宰襁褓時。乳母鬻蔬以給。爲賊所
刺。痕尚在耳。○楊貴妃與安祿山私通。祿山以爪傷妃之乳。
妃泣曰。吾私汝之過也。恐帝見之。乃繡胸服掩之。名爲訶子。姜氏翕
和。兄弟每宵同大被。王章未遇。夫妻寒夜臥牛衣。姜氏注詳兄弟。○漢王章家貧病臥
牛衣中。泣與妻訣。妻叱曰。京師尊重。誰踰君。何不激昂。反
涕泣何也。後爲京兆尹。[illegible]牛衣。編草爲之。以覆牛者。綏帶輕裘。羊
叔子乃斯文主將。葛巾野服。陶淵明眞陸地神仙。晉武帝有滅吳之志。以羊祜都督荆

州鎮襄陽軍。祜務恩懷吳人，身不披甲，輕裘緩帶，優游山水，紛閣之下，侍御不過十數人。人稱爲斯文主將。○晉陶淵明不仕宋，爲晉處士，家雖貧乏，一毫不索於人。性嗜酒，每葛巾野服，對菊飲酒，忘懷得失。人稱爲陸地神仙。

服之不衷，身之災也；緼袍不耻，志獨超歟。左鄭子臧出奔宋，好聚鷸毛爲冠，鄭伯聞而惡之，使盜誘殺之。君子曰：服之不衷，身之災也。釋：衷，適也，謂服不適宜。○論語子曰：衣敝緼袍，與衣狐貉者立而不耻者，其由也與。

增 **製豸作法冠，裁荷爲隱服。**法冠，獬豸冠也，豸一角，能觸邪，故御史獬豸冠。○楚辭製芰荷以爲衣。

王喬屬仙，令舄飛天外之鳧；李后是嬌妹，釵化宮中之燕。漢顯宗時，王喬爲縣令，有神術，每朔望朝帝。帝怪其來數，不見車騎，密令太史伺之，言其臨至，有雙鳧從南飛來，於是舉羅張之，但得雙舄。詔尚方視，則所賜尚方履也。○漢武帝李夫人有姿色，帝愛之，賜以白玉釵，藏之匣中。一日開匣，化王燕而去。

肌生銀粟是誰寒，贈紫駝晉陀**尼；肩聳玉樓有**[illegible]肩紅衲襖。唐山谷詩：飲食青精飯，寒賜紫駝尼。[illegible]少[illegible]詩紫衲[illegible]尼。釋：紫駝尼，番褐也。○張平子春日與友人借行，盡卸其衲襖。客曰：恐流鼻口耳。平子曰：春入玉樓不脫此，恐流鼻紅耳。釋：玉樓，肩也。

精思屬王會狀仁

傑披金字之袍。陰德有天，知裴晉公還帶之報。狄仁傑既悟武后，諫姪全子，武后重之，特製金字十二於袍賜之，以旌其忠。○唐書：裴度遊香山寺，有一女假得玉帶以救父，適寺掛搨上禱神，遺忘而去，度追還之，後封晉公，人以爲陰德所致。軍中狐帽，沈慶之鎮壓貔音皮貅音休；灘上羊裘，嚴子陵傲睨。音于宋沈慶之討沔鄮山蠻，大破之，羣蠻皆稽顙。慶患頭風，嘗諸蠻戴狐皮帽，羣蠻畏之，號蒼頭公。○漢書：嚴子陵身披羊裘，釣富春山，光武物色求之。通天帶頓輸嚴續之姬，鷫音速鸘霜裘爲貰音世相如之酒。南唐遺事：嚴續相公姬，裴諱給事通天犀帶，皆一代尤物。嚴出姬，裴出帶，呼盧賭之。裴采勝，嚴悵然以姬與之。○西京雜記：司馬相如與卓文君還成都，居貧愁懣，以所服鷫鸘裘就市貰酒，與文君爲歡。註鷫鸘，鳥名，以其羽毛織爲裘。貰，貸也，又賒也。高人能潔己，飄飄掛神武之冠；樂士其摩肩，濟濟看馬嵬音危之襪。南史：陶弘景掛冠神武門，不仕而歸。○貴妃死於馬嵬驛，有老嫗得錦靿襪一隻，士人爭以錢求看，每觀百錢，前後獲錢無數。晉懷以青衣行酒，事醜萬年；光武以赤幘起兵，名芳千古。晉懷帝爲劉聰所執，使之青衣行酒。○漢光武初起義兵軍士持弓弩，皆以絳衣赤幘。

有女遺王濛音蒙**之新帽，誰人換季子之敝裘。**晉王濛美姿容，出市中，羣姬愛之，見其帽破，爭遺以新帽。○史記：季兒遺蘇秦黑貂裘一領，入秦不遇而歸，黑貂裘敝，㲲㲲然如喪家之狗。

韋綬寢殿纈賢入聲**袍，榮施若此；祭遵布衣布袴，廉潔何如。**唐書：韋綬爲翰林學士，德宗嘗幸其院，韋妃從。會綬方寢，學士鄭絪欲馳告之，帝不許。時大寒，以妃蜀纈袍覆之而去，其寵遇如此。○漢：祭遵憂國奉公，家無私財，身自衣布袴也。

晉君不忍浣征袍，留彼嵇侍中之血；唐士未須裁道服，重他張孝子之縑。音兼。嵇紹蕩陰之敗，百官散潰，紹獨以身捍衛惠帝，遂被害，血濺御衣。事定，左右請帝浣其衣，帝流涕曰：此嵇侍中血，勿浣也。○唐：韓彥思爲孝子，張僧肩作墓誌，餽之縑二百，彥思受一匹，勅家人曰：此孝子縑，勿輕用也。

漢王製竹籜音託**之冠，威儀自別；閔子衣蘆花之絮，孝行純全。**漢祖微時，以竹籜爲冠戴之，人號竹皮冠。[illegible]籜，筍皮也。○閔子騫後母待之薄，冬月衣已子綿衣，衣騫以蘆花。父知之，欲出其母，騫跪泣曰：母在一子寒，母去三子單。

寄傲山房塾課新增幼學故事瓊林卷之三

物類別名

每見人家餽遺禮物，開載柬中，多有不知此物別名，臆爲杜撰，但務新奇者；亦有直用此物俗名，如饅頭、餛飩之類，近於鄙陋者；相沿習用，如酒曰曾酒，粽曰角黍之類，不解名義由來者。今特物物詳詁，以便一覽了然，雖餽遺之小貨，抑博通之末助也。

穀食類

西昌程允升先生原本　清溪謝梅林覲備氏
霧閣鄒聖脈梧岡氏增補　男　鄒可庭涉園氏　仝參訂
旌陽李鴻才熙伯氏重刊

人事　新增文十二聯

大學首重夫明新，小子莫先於應對。大學：大學之道，在明明德，在新民，在止於至善。○曲禮：侍坐於先生，先生問焉，終則對。請業則起，請益則起。父召無諾，先生召無諾，唯而起。

其容固宜有度，出言尤貴有章。記：足容重，手容恭，目容端，口容止，聲容靜，頭容直，氣容肅，立容德，色容莊。○詩：其容不改，出言有章。

智欲圓而行欲方，膽欲大而心欲小。孫思邈曰：智欲圓而行欲方，膽欲大而心欲小。

閣下、足下，並稱人之辭；不佞、鯫音生，皆自謙之語。因話錄：古者三公開閣，郡守亦有閣，故皆稱閣下。○介子推隱於綿山，文公求之不出，命人燒其山，推抱樹而死。文公以所抱樹爲屐，着之，每顧履輒痛曰：悲乎足下。足下之稱如此。○樂毅報燕惠王書：臣不佞，不能奉承米曰白粲。粟之精鑿者。韻會精鑿成白粲。又曰玉粒。光色白似玉粒。豆曰麤菽。詩中原有菽。○豆種類甚多。若䆄菉即書某本名。麥曰宿麥。比他穀隔歲先種。故號宿麥。亦曰首種。○以上或幾斛或幾包。粉曰米屑。亦曰玉屑。謂細如華山玉屑。麵曰塵白。束晳麵賦。塵飛雪白。亦曰玉塵。○細麵曰銀絲。○以上或幾封或幾盤。餅曰裹蒸。齊明帝儉約。大官進食有裹蒸。嘗曰。我食此不盡。可四片破之。餘

王命。釋不佞。郎不才也。○漢書項羽至函谷關。聞沛公已定關中。大怒。饗士卒。期旦日擊沛公。羽季父項伯。素善張良。夜馳告。欲與俱去。良曰。臣事沛公久。今有急而去。不義。良乃入告沛公。公大驚。良曰。誰爲公畫此計者。公曰。鯫生。釋鯫生。小人也。

恕罪曰寬宥。惶恐曰主臣。陳平傳孝文帝以決獄歲錢問宰相陳平。平曰。有主者在上曰。苟各有主。而君所主者。何事也。平謝曰。主臣。宰相。上佐天子。理陰陽。順四時。外鎮撫四夷。內親附百姓。使百夫各任其職焉而已。上稱善。釋主臣者。言臣對主上而恐懼也。

大春元。大殿選。大會狀。舉人之稱不一。大秋元。大經元。大三元。士人之譽多殊。春元以會試在春。殿選以殿陛所選也。會狀則兼會元狀元也。皆預期之稱。○秋元以鄉試在秋。經元以五經之首。三元者解會狀也。

大椽音現**史推美吏員。大柱石尊稱鄉官。**漢制曹官爲掾。有決曹掾則曹掾功府掾。亦稱大佐理。○漢史田延年謂霍光曰。將軍爲國柱石。陸凱傳宰相國家柱石。釋柱石。即棟樑之義。○亦稱大柱國。

賀入學曰雲程發軔。音仞**賀新冠曰元服加榮。**馮衍傳發軔新豐兮徘徊鎬京。釋軔支礙車輪之木也。去軔則輪動而車行。○元服注詳衣服。

賀人榮歸謂之錦旋。作商得財謂之稛音悃**載。**錦旋謂衣錦繡而回也。○

充晚食。糕曰粉蒸。又曰粉餌。糉曰角黍。唐天寶中，宮中五日造粉團角食，以小角弓射之，中者方食。故曰角黍。糉、粽正字。粉團無別名。○團，當从餹。餹曰飴糖。餹同糖。饊曰油饊。餃餌曰香餃。餈糕無別名。餈音慈。俗書糍，無此字。餛飩曰玉餡。饅頭曰玉柱。亦曰灌漿。又曰饅首。○諸葛亮平蠻回，至瀘水，風浪橫起。命行廚和麵爲劑，肖人首眉皆具，內以牛羊肉，爲言饅頭奠

〔國語〕梱載而歸。〔釋〕梱，束也。言束財物而歸也。○又曰滿載。

謙送禮曰獻芹，不受餽曰反璧。〔稽叔夜與山濤書〕野人有食芹而味美者，欲獻之至尊。雖有區區之意，亦已疏矣。○反璧注詳歲時。

謝人厚禮曰厚貺，自謙禮薄曰菲儀。貺，賜也。○菲，薄也。儀，禮也。

送行之禮，謂之贐儀；拜見之贄，名爲贄敬。〔孟子〕行者必以贐。○古者見天子之禮，諸侯世子執纁，孤執玄，附庸之君執黃，卿執羔，大夫執雁，士執雉，皆所以爲執而見者。左男贄大者玉帛，小者禽鳥。女贄不過榛栗棗脩。

賀壽儀曰祝儀，弔死禮曰奠儀。祝，即華封三祝之意。注詳朝廷。○奠，祭也。

請人遠歸曰洗塵，[illegible]送行曰祖餞。餞，音賤。洗塵，言洗滌其所冒風塵也。又曰濯足。○〔顏師古云〕昔黃帝之子，名累祖，好遠遊，死於道，後人祀之爲行神。行者必祭。祭罷，送者與行者飲於其側，故曰祖餞。

犒僕夫謂之旌使，演戲文謂之俳優。俳音排。犒，餉軍也。旌，賞也。旌使者，謂旌獎其來人。○夏桀既棄禮法，求倡優以爲奇異之戲。楚有優旃，晉有優施，皆能發諧言以迴人意。此俳優之始也。〔釋〕俳，戲也。優，倡也。

謝人寄書曰辱承華翰，謝人致問曰多蒙寄聲。華翰，譽其詞翰之華美也。○〔漢〕趙廣漢爲潁川大守，謂湖都亭長曰：界上亭長寄聲謝我，何爲不致問。

漉水祭畢波浪平息軍獲渡焉各種米麵糕曰茶食謂佐茶之食也○以上幾盤或茶食幾封。

果品類果無草頭俗書菓非。

梅子曰雪華謂雪中結華也又曰含酸詩冰盤薦含酸子。杏子曰文杏又曰星精杏爲歲首星之精桃子曰黃竇詩有黃其實李子曰玉華以玉華有李樹連理故名又曰鼠精王侍中

望人寄信曰早賜玉音謝人許物曰已蒙金諾詩無金玉爾音而有遐心○楚諺云得黃金百不如季布一諾具名帖曰投刺發書函曰開緘古無紙刺姓名於竹木之上故曰投刺又曰竿牘亦以竹簡爲書牘今紙之制始於漢○唐詩開緘見古人釋緘封也思慕久曰極切瞻韓想望殷曰久懷慕藺音吝唐韓朝宗爲荆州刺史好士薦賢李白上書曰白聞天下談士相聚而言曰生不願封萬戶侯但願一識韓荆州何令人之景慕一至於此○漢司馬相如少時不好讀書學擊劍故其親名之曰犬子相如學既成慕藺相如之爲人遂同其名相識未眞曰有半面之識不期而會曰邂逅之緣漢應奉自幼聰慧一目五行俱下詣袁賀賀時出閉門有造車匠於內開半戶出半面視奉奉郎去後數年於道車匠見識而呼之○詩有美一人清揚婉兮邂逅相遇適我願兮登龍門得參名士瞻山斗仰望高賢漢李膺聲名最重士有被其容接者名爲登龍門○唐韓愈以六經之文爲諸儒倡愈沒其言大行學者仰之如泰山北斗一日三秋言思慕之甚切渴塵萬斛言想望之久殷詩一日不見如三秋兮唐盧仝訪僖上人不遇題曰三入寺僖不來轆轤無繩井百尺渴心歸去生塵埃釋轆

家有鼠穴側生李故名。櫻桃曰含桃。鶯鳥所含故名。亦名楔荊。又名崖蜜。枇杷曰炎果。亦曰盧橘。廣東呼爲盧橘。又曰葡萄曰馬乳蠟兒。[詩]若欲滿盤堆馬乳。又曰珠顆。[詩]露垂珠顆重。李子曰嘉實。又曰浮朱。沈黃李。浮朱李。荸薺曰鳧茈。荸薺當從勃薺。藕曰蔤。又曰玉臂。玉似其色。臂象其形。蓮子蓮房曰青房。蓮實曰玉蛹。蠶化爲蛹。蓮實似之。[詩]玉蛹甜於蜜。又曰

轆井上架圓木。轉繩繫桶。以取水者。睽違教命。乃云鄙吝復萌。來往無憑。則曰萍蹤靡定。[漢]黃憲爲人寬洪大量。陳蕃嘗謂曰。數日不見黃生。鄙吝之氣復萌於心矣。○[世說]楊花入水化爲浮萍。[釋]萍草名。生水上。根無所據。隨風飄搖。虞舜慕唐堯。見堯於羹。見堯於牆。門人學孔聖。孔步亦步。孔趨亦趨。[李固傳]昔堯殂之後。舜仰慕三年。食則見堯於羹。坐則見堯於牆。○[莊子]顏淵問於孔子曰。夫子步亦步。夫子趨亦趨。夫子奔軼絕塵。而回瞠若乎其後矣。子曰。吾終身與汝交。一臂而失之。可不哀哉。[釋]瞠。音撐。直視貌。與。許也。曾經會晤。曰向獲承顏接辭。謝人指教。曰深蒙耳提面命。[漢]暴勝之爲直指使。衣繡持斧。威鎮州郡。雋不疑造其門曰。竊伏海濱。聞暴公子威名舊矣。今乃承顏接辭。○[詩]匪面命之。言提其耳。[釋]非徒面命。又附耳以教也。求人涵容。曰望包荒。求人吹噓。曰望汲引。[易]包荒用馮河。[釋]包含容也。荒寬廣也。○[韓詩]願借吹噓送上天。[宋]王曾嘗進退人。人莫知之。范仲淹曰。公盛德獨少汲引耳。曾曰。執政而令恩歸於己。怨將誰歸耶。求人薦引。曰幸爲先容。求人改文。曰望賜郢斲。音捉。[鄒陽傳]蟠木根柢。輪囷離奇。爲萬乘器者。以左右先爲之容也。○[莊子]郢人鼻端有堊若

湖楊梅曰朹子。曰楊甘。楊梅果。又曰火齊。火齊，珠名。果色似之。[詩]滿盤堆火齊。林檎曰來禽。以味甘。來眾禽也。又王謹得林檎貢於上。大重之。賜謹爲文林郎。因名文林果。林檎別名花紅。西瓜曰水晶。[詩]一團黃水晶。〇種出西域。故名西瓜。菱曰水栗。又曰薢茩。又曰軟角。蔆菱正字。〇兩角曰蔆。三角四角曰菱。芡實曰鴻頭。又曰雁啄。又別名鷄頭。謂形若雞雁之頭。栗曰員栗。亦曰魁栗。梨

蠅翼。使匠斲之。匠運斤成風。斲盡其堊。而鼻不傷。[釋]堊音惡。先泥之。而後飾以灰。曰堊。**借重鼎言。是託人言事。望移玉趾。是浼**莫罪切**人親行。**鼎三足兩耳。和五味之寶器。[趙]毛遂爲平原君至楚。定縱約歸。平原君曰。毛先生至楚。以三寸之舌。強百萬之兵。使趙重於九鼎矣。〇玉趾詳身體類。**多蒙推轂**音谷**。謝人引薦之辭。望作領袖。託人倡首之說。**[漢]鄭莊爲大司農。在武帝前。未嘗不言天下長者。其推轂士及官屬。常引以爲賢於己。上曰。朕聞鄭莊行千里不齎糧。[釋]推轂。言舉薦人。如推車運載也。〇[晉]裴秀苦志力學。八歲能文。人語曰。後俊領袖有裴秀。**言辭不易。謂之金石語。鄉黨公論。謂之月旦評。**言如金石之堅。不可轉移也。〇[漢]許劭有高名。每月朔評論人品賢否。故汝南俗有月旦評。曹操請劭問曰。我如何人。邵曰。子治世之能臣。亂世之奸雄。操大喜。[釋]朔日。曰旦日。**逢人說項斯。表揚善行。名下無虛士。果是賢人。**[唐]項斯爲人清奇雅正。尤工於詩。楊敬之贈詩云。幾度見君詩盡好。及觀標格勝於詩。平生不解藏人善。到處逢人說項斯。由是詩名益著。〇[北朝]薛道衡有詩名。聘齊作人日詩云。立春纔七日。離家已半年。或見之曰。誰謂此虜亦能詩。是甚底話。及見人歸落雁後。思發在花前之句。乃大嘆曰。名下固無虛士。**薰蕕爲非。**

曰珍實。又曰雪液。甘蔗汁曰蜜汁。謂甘如蜜也。亦曰糖霜。〔詩〕何似糖霜美。又曰銷醉。甘蔗銷殘醉。柿子曰朱果。亦曰鹿心。柿餅曰霜柿。石榴曰天漿。亦曰珠實。〔詩〕庭榴剖珠實。又曰朱櫻。又號金櫻。○種出安石國。故名石榴。橘曰霜珠。謂染色朱也。又曰瘤精。小曰橘。大曰柚。橙曰金橙。又曰壓木橘。〔詩〕霜橙壓香橘。柑曰金囊。又曰黃柑。香圓無別名。香圓當從香櫞。佛

曰朋奸。盡財賭音覩博曰孤注。朋奸，言朋比為奸也。○〔宋〕契丹入寇澶淵。宰相寇準勸上督兵親禦之。士卒奮銳。契丹大懼。請盟而退。上益厚待準。王欽若譖準於武帝曰。陛下博乎。輸錢欲盡。乃盡出所有。謂之孤注。前者澶淵之役。準以陛下孤注也。上乃罷準相。令知陝州。徒了事曰但求塞責。戒明察曰不必苛音訶求。漢高祖捕趙王敖。趙相貫高對獄。獨白趙王不反。上赦趙王。貫高曰。今王既出。吾責無辭矣。求過已塞。死且不恨。又何怨也。○苛細草。故煩政曰苛政。刻責曰苛求。方命是逆人之言。執拗於教切是執己之性。〔書〕方命圮族。〔釋〕方命者。逆命也。圮。敗也。族。類也。○〔宋〕王安石變舊制。立新法。神宗問司馬光曰。安石何如。對曰。人言安石奸邪。則毀之太過。但不曉事而執拗耳。〔釋〕執拗。故相違也。曰覬覦音計余。曰睥睨音譬詣。總是私心之窺望。曰倥傯音孔總。曰旁午。皆言人事之紛紜。〔廣韻〕覬覦。欲得也。希幸也。潘氏論論孟德睥睨神器。〔釋〕睥睨。旁視也。又城上女牆曰睥睨。○倥傯。多事也。困窮也。又不暇也。〔唐〕劉晏八歲。明皇封泰山。獻頌。上奇其幼。命宰相張說試之。說曰。國瑞也。即授太子正字。召入宮。貴妃置膝上。親為總髻。公卿邀請旁午。號神童。〔注〕旁午。分布也。一縱一橫。故名旁午。南北曰縱。東西曰橫。子午當中為縱。卯酉在旁曰橫。小過

手柑無別名。亦曰香柑。金橘曰金丸。[註]恍疑仙子丹砂粒。錯認王孫金彈丸。龍眼曰魁圓。亦曰荔奴。又曰龍目。荔枝曰甘液。曰丹荔。亦曰細枝。荔枝。正體荔支。核桃曰羌桃。自西羌得種。故名。橄欖曰翠顆。[註]翠顆深菡萏。亦曰青子。曰回甘。又曰諫果。謂先苦後甘。如諫言可味也。榧子曰香實。亦曰玉榧。榛子曰榛實。榛止體蓁。白果曰銀杏。瓜子無別名。

必察。謂之吹毛求疵。音慈乘患相攻。謂之落穽下石。[漢史]武帝時。議者多冤。晁錯之死。務摧抑諸侯。數奏其過惡。吹毛求疵。諸侯王莫不悲怨。○[韓文]公撰柳子厚墓[誌]落陷穽。不一引手救。反擠之。而又下石焉。欲心難厭。如谿壑。財物易盡。若漏巵。音支[國語]叔魚生。其母曰。虎目豕喙。鳶肩牛腹。谿壑可容。是不可厭。○曹操與吳質書。食若塡巨壑。飲若灌漏巵。[釋]巵。酒器也。望開茅塞。是求人之敎導。多蒙藥石。是謝人之箴音針規。孟子謂高子曰。山徑之蹊間。介然用之而成路。爲間不用則茅塞之矣。今茅塞子之心矣。○[唐]高馮上書言得失。太宗賜鍾乳一劑。曰。卿進藥石之言。當以藥石報之。鍾乳。藥至貴者。箴與鍼同。所以刺病。規所以爲圓。故以法正人曰箴規。芳規芳躅音逐皆善行之可慕。格言至言。悉嘉言之可聽。[說文]規。有法度也。衞紹述贊敏行訥言俱嗣芳躅。[釋]躅。足跡也。○[宋史]吳玠每讀史。往事可師者。錄之座右。積久牆牖皆格言。[漢史]文帝以仁德治天下。賈山借秦暴虐曉諭天下。使天下之人。懷其恩。名曰至言。無言曰緘音兼默。息怒曰霽音祭威。[家語]孔子觀周。入后稷之廟。有金人焉。三緘其口。而銘其背。[釋]緘。以鐵緘其口。使不言也。○[唐]魏徵每犯顏苦諫。太宗怒甚。徵神色不變。上亦爲之霽威。[釋]霽。雨止也。包拯棗曰赤心。蕭琛寃酷武帝以棗投琛。琛取栗還擲。上曰：陛下投臣以赤心，臣敢不報以戰栗。如紅棗、黑棗，并棗可直書本名。梧桐子實曰桐。木瓜曰杳楙。落花生無別名，出福建，花落地成果，如豆。桑葚曰桑實。○以上俱幾盤。如藕、蓮房、甘蔗或幾莖。西瓜、木瓜、香橼、佛手、柑或幾枚。

肴饌類

雞曰窗禽。曰德禽，謂雞有五德也。曰司晨

音整。寡色笑。人比其笑爲黃河清；商鞅最兇殘，常見論囚而渭水赤。宋包拯性端嚴，未有笑容，貴戚宦官爲之斂手。人語曰：關節不到，有閻羅包老。偶有笑時，人比之黃河清。○史商鞅相秦，用法嚴酷，臨渭論囚七百餘人，渭水盡赤，號哭聲動天地，人皆怨之。仇深曰切齒，人笑曰解頤。音移。劉伶傳怒目切齒。○漢匡衡小字鼎，深經術，從遊者甚衆。諸儒爲之語曰：無說詩，匡鼎來；匡說詩，解人頤。釋頤，頷飯也。笑則兩頰開，故曰解頤。人微笑曰莞音皖。爾，掩口笑曰胡盧。論語夫子莞爾而笑。○子思爲李音於衛君，君胡盧而笑。釋胡盧，笑貌。大笑曰絕倒，衆笑曰哄堂。晉王澄字平子，每聞衛玠議論，輒歎息絕倒。時人語曰：衛玠談道，平子三倒。釋三次絕倒。○御史分紀唐御史有三院，每公堂會食，雜端大笑，而三院皆笑，謂之哄堂，則不罰。留位待賢，謂之虛左；官僚共署，謂之同寅。史魏公子信陵君爲人仁而下士。有隱士侯嬴，年七十，家貧，爲大梁夷門監。公子聞而往請，欲厚遺之，不受。嬴曰：臣修身潔行數十年，終不以監門困故而受公子財。公子乃置酒大會賓客，坐定，公從車騎，虛左，自迎侯生。○書同寅協恭和衷哉。釋言君臣當同其寅畏，協其恭敬，而民彝物則，各得其正，所謂和衷也。僚，小窗也。楊升菴古人謂同官爲僚，亦指齋署同窗之義。人失信曰謂報曉也。[曲禮]雞曰翰音。○用幾翼。**鵝**曰家鴈。又曰舒鴈。以不善飛。舒而不疾。故曰舒鴈。下舒鳧義同。○用幾掌。**鴨**曰家鳧。亦曰舒鳧。又曰家鶩。[曲禮疏]野鴨曰鳧。家鴨曰鶩。○用幾翼。**野雞**曰山雞。**野鴨**曰水鳧。又曰野鶩。○與上俱幾翼。**豬**曰剛鬣。猪肥則鬣剛。[曲禮]豕曰剛鬣。用幾口。猪。俗作猪。○猪首曰豚元。用幾顆。○猪肉曰家肉。亦曰豚肩。腌肉曰烟豚。俱用幾方。○猪蹄曰豚蹄。腌腿曰烟蹄。

爽約又曰食言。人忘誓曰寒盟。又曰反汗。爽。失也。[書]爾無不信。朕不食言。[釋]食言。已出而反吞也。○[左]魯哀公會吳於橐皐之地。吳使太宰嚭請尋盟。魯使子貢對曰。盟所以固信也。寡君以為苟有盟焉。弗可改也已。若有可改。盟何益。今吾子曰尋盟。若可尋也。亦可寒也。[釋]尋。復也。寒。背約也。劉向封事云。號令如汗。出而不反者也。今令出未就。踰時而反之。是反汗也。

銘心鏤骨。感德難忘。結草啣音咸**環。知恩必報。**銘心。詳身體。○[左]魏武子有嬖妾。武子疾。命子顆曰。吾死之後。必嫁是妾。疾甚。又曰。必以為殉。父卒。顆從治命嫁之。後顆與秦戰。見老人結草以抗杜回。故獲之。夜夢老人曰。余爾所嫁婦之父也。爾用先人之治命。余是以報。[漢]楊寶性慈愛。九歲時過華山。見一雀。為鴟鴞所搏。墜地。寶置巾笥中。飼以黃花。百餘日。雀愈。朝去暮來。一夕化為黃衣童子。以白玉環四枚與之。

自惹其災。謂之解衣抱火。幸離其害。實如脫網就淵。[史]崔浩對魏主嗣曰。劉裕克秦而歸。必篡其主。關中華戎雜錯。風俗勁悍。裕欲以荊揚之化。施之函秦。此無異解衣抱火。○[漢]刑法志。網漏吞舟之魚。[釋]人之離災害。如魚之脫網。而就深淵。得遂其生。

兩不相入。謂之枘儒稅切**鑿。兩不相投。謂之冰炭。**[楚辭]圓鑿而方枘兮。吾固知鉏鋙而難入。○[白居易歌]合冰炭以交戰。祇自苦乎厥心。[釋]

用幾屈或用幾肘。○凡肺肚等物無別名，用幾盤。

羊 曰柔毛。羊肥則毛細而柔弱。曲禮羊曰柔毛。又曰少牢。用幾牽或用幾腔。骨體曰腔，腔俗作羫。○羔羊曰肥羜。羜，五月羔也。○羊首曰羊元。○羊肉曰柔筋。羊腿曰羊蹄。

牛 曰太牢。又曰大武。武，足跡也。牛肥則跡大。曲禮牛曰一元大武。○牛肉曰擯，背小牛曰犢。○用幾方。

犬 曰婁肉。犬應婁星，故名。犬肥則可為羹以獻，故曲禮曰羹獻。

肉 **胙肉** 牲曰

水火二物至不相容。情不合者亦如之。

彼此不合曰齟齬，音阻語。**欲前不進曰趑趄**，音咨疽。

齬。註詳上。○釋名足將進而趑趄，口將言而囁嚅。釋趑趄，退縮不進也。囁嚅，言不出口也。

落落不合之詞，區區自謙之語。

後漢光武謂耿弇曰：將軍前在南陽建此大策，嘗以為落落難合，有志者事竟成也。釋落落猶疏闊也。○漢禮樂志：河閒區區小國。釋區區，小貌。竣音逡。

作事已畢之謂竣，醵音據。**斂財飲酒之名醵**。有司

已事而竣。釋作事將成曰告竣。○禮記旅酬六尸。曾子曰：周禮其猶醵與。釋六尸為昭穆，次序行旅酬之禮，故曾子以為若斂財飲酒者。

然。

贊襄其事謂之玉成，分裂難完謂之瓦解。

張載西銘：富貴福澤，將厚吾之生；貧賤憂戚，庸玉汝於成。釋玉成如玉必切磋琢磨以成。○徐樂傳天下有土崩瓦解之勢。

事有低昂曰軒輊，音至。**力相上下曰頡頏**，音結杭。

馬援傳前車不能令人輕，後車不能令人軒。釋軒輊，輕重也。言為人無所輕重也。○詩燕燕于飛，頡之頏之。釋鳥飛而上曰頡，飛而下曰頏。

平空起事曰作俑，音勇。**仍前踵弊曰效尤。**

俑，從葬木偶人也。古之葬者，束草為人，以為從衛，謂之芻靈，略似人形而已。中古易之以俑，設關而能踊跳，故名曰俑。有面目機發，而太似人，故孔子惡

肉牲。眾多並行貌。[詩]芻牲牲其鹿。○鹿腿曰麂跂。○鹿筋無別名。用幾束。

麂肉 曰麠肉。麠即古鹿子。味甘故从旨。

麠肉 曰臅肉。

兔肉 獐曰獐肉。兔曰兔肉。

鯊翅 曰鮹翅。鮹鯊魚別名。又曰鮫鯊。鯊正體作沙。○或幾盤。或幾封。

鱇 曰鯆鯤。鯤魚子名。

魚子 曰鯆鯤。魚子名。

鮓 鮮曰鮓。亦曰鮨醬。鮓當从鯊。[爾雅]魚所作鮓曰鯗。蜀人呼魚鮓爲苞頭鯗。○以上俱幾瓶。

蟹 曰郭索。亦曰無腸。又曰霜臍。霜後味

其不仁。而曰。始作俑者。其無後乎。○[左]王子頹享五大夫。樂及徧舞。鄭伯聞之。曰王子頹歌舞不倦。樂禍也。鄭伯納王。殺子頹。鄭伯享王於闕西辟。樂備。原伯曰。鄭伯效尤。其亦將有咎。[釋]辟繼也。弊壞也。效學也。尤過也。

手口共作曰拮据 音吉據。[詩]予手拮据。[釋]拮据勤作不屈貌。○

不暇修容曰鞅掌 [詩]或王事鞅掌。[釋]鞅掌勞苦失容之狀。○[詩]

手足竝行曰匍匐 凡民有喪。匍匐救之。○

俯首而思曰低徊 音回。[孔子世家]適魯觀仲尼廟堂車服禮器。諸生以時習禮其家。余低徊留之不能去。[釋]低徊不進貌。

明珠投暗 ○[鄒陽傳]明月之珠。夜光之璧。以暗投於道。莫不按劍相顧盼者。無因而至前也。

大屈才能入室操戈自相魚肉 ○[鄭玄傳]何休著公羊墨守。左氏膏肓。穀梁廢疾。鄭玄乃發墨守。鍼膏肓。起廢疾。休見而歎曰。鄭玄入吾室。操吾戈而伐我乎。[晉世家]毋使母子爲太子魚肉。

求教於愚人是問道於盲 音眠。

枉道以干主是衒玉求售 衒音眩。[韓愈答陳商書]足下求速化之術。乃以訪愈。是謂借聽於聾。求道於盲。○范氏曰。士之待禮。猶玉之待價也。若伊尹之耕於野。伯夷太公之居於海濱。世無成湯文王。則終焉而已。必不枉道以從人。衒玉而求售也。[釋]衒自矜也。售賣也。

智謀之士所見略同仁人之言其利甚溥 [國]

美。故稱蟛蜞曰蟛蜞。又曰螃蠏，見爾雅○蠏曰蛤蠏。○凡蠏糟收酒浸醬汁浸者，加糟酒醬等字別之。○用幾盤。**鰕** 曰青鰕。白鰕，以色名也。曰梅鰕，以梅雨時有也。曰泥鰕。海鰕，以出產名也。鰕俗作蝦。○凡蒸曝去殼，大者曰鷹爪，小者曰鰕米，但有其形也。○用幾封。**海蛇** 曰水母，取得蛇者，不以鹽水淹之，旋化為水，故名。亦曰樗蒱蛇，俗作蟄，誤。○用幾盤。**海參** 無異名。疑即蛞蝓。**燕窩** 無別名。**淡**

志周瑜上孫權疏：劉備非久屈為人用者，恐蛟龍得雲雨，終非池中物也。備聞之，嘆曰：天下智謀之士，所見略同。○左齊景公謂晏子曰：子之宅近市，湫隘囂塵，不可以居，請更諸爽塏者。晏子辭焉。是時公煩於刑，晏子以踊貴屨賤對。公愀然改容，於是省刑。君子曰：仁人之言，其利溥哉。釋刖足以屨曰踊，踊貴則知刖刑重矣。

班門弄斧，不知分量；岑樓齊末，不識高卑。

梅之渙題李白墓詩：采石江邊一堆土，李白之名高千古，來來往往一首詩，魯班門前弄大斧。按魯班，古之巧匠人。○孟子：不揣其本而齊其末，方寸之木，可使高於岑樓。釋岑樓，樓之高銳似山者。不取其下之平，而但論其上之齊，若凡寸木於岑樓，則寸木反高矣。

勢延莫遏，謂之滋蔓音萬**難圖；包藏禍心，謂之人心叵**音頗**測。**

左鄭莊公弟共叔段，其母武姜寵之，請京，使居焉，謂之京城太叔。大夫祭仲諫其非制。公曰：姜氏欲之，焉避害？仲曰：姜氏何厭之有？不如早為之所，無使滋蔓，難圖也。蔓草猶不可除，況君之寵弟乎？○左楚公子圍聘於鄭，欲以兵入鄭逆婦。子產患之，使子羽辭曰：小國無罪，恃實其罪。將恃大國之安靖已，而無乃包藏禍心以圖之。漢呂布指劉備曰：是兒最叵測。

作舍道傍，議論多而難成；一國三公，權柄分而不一。

漢章帝欲定禮樂，班固曰：諸儒多能說禮樂，廣招賢士。上曰：諺云作舍道傍，三年不成。○左晉獻公使士菜曰殼菜。又曰海蚌。蟶曰蟶腸。乾曰蟶乾。○以上俱用幾封。蛤曰文蛤。蚶曰魁陸。蛤蜊無別名。牡蠣曰牡蛤。蜆曰扁螺。【隋書】劉臻父顯。嗜蜆。因諱蜆爲扁螺。○以上醬汁浸洒浸者。俱幾瓶。田雞曰青雞。肉味如雞。故名。又曰坐魚。其性好坐也。【爾雅】列魚類。跳雞曰石輪。形似蛙而大。生山岩間。○與上俱幾盤。熊掌曰熊蹯。蹯即掌。【左傳】王請食熊蹯。○用幾對。脯

蔿爲公子重耳築蒲。夷吾築屈。爲置薪於土。雜而築之。不堅實。夷吾訴。公使讓之。蔿對曰。臣聞之。無喪而戚。憂必讎焉。無戎而城。讎必保焉。寇讎之保。又何慎焉。守官廢命。不敬。固讎之保。不忠。退而賦曰。狐裘尨茸。一國三公。吾誰適從。

事有奇緣曰三生有幸。事皆拂意曰一事無成。【唐】僧圓澤與李源善。同遊。見一婦汲水。澤曰。此婦孕三年。待吾爲子。今已見。難逃。三日顧臨一笑爲信。十三年後中秋夜月杭州天竺寺。當相見。及暮。澤亡。而婦乳。三日李往覘。果一笑。後如期往天竺寺。聞牧童歌曰。三生石上舊精魂。賞月吟風不要論。慚愧情人遠相訪。此身雖異性常存。【韻府】一省郎遊京國寺。步至碧巖下。一老僧前煙穗極微。僧云。此檀越結願香煙存。而檀越已三生矣。第一生唐玄宗時。劍南安撫巡官。第二生憲皇時。西蜀書記。第三生即今省郎。恍然而悟。○【[illegible]詩】干戈未定欲何之。一事無成兩鬢絲。

酒色是躭。如以雙斧伐孤樹。力量不勝。如以寸膠澄音呈**黃河。**【元】阿沙不花見武宗容色日瘁。諫曰。人貪酒食。如雙斧伐孤樹。未有不仆者。○【抱朴子】寸膠不能理黃河之濁。尺水不能卻蕭邱之火。

兼聽則明。偏聽則暗。此魏徵之對太宗。眾怒難犯。專欲難成。此子產之諷子孔。【唐史】太宗問魏徵曰。人主何爲而明。何爲而暗。徵對曰。兼聽則明。偏聽則暗。○【左】鄭子孔

曰腊肉。乾肉曰脯。【易】噬腊肉。○凡牛脯、鹿脯、豬脯，各從木名亦可。**蛋**曰玉彈子。象色。彈象形。○醃曰鹹蛋。○雞蛋、鵞蛋、鴨蛋，各從本名亦可。蛋俗字，从卵爲正。○與上俱**牛乳**曰乳餅。○幾盤牛乳，用幾盤或幾瓶。**魚**曰池鮮，亦曰水梭，謂遊行若梭也。又曰玉尺。○不著鹽而乾者曰鱺魚，俗所謂風魚也。○著鹽而乾者曰腊魚，又曰鮝魚。○著鹽不乾者曰滷魚。○糟收者曰糟魚。酒汁浸者曰醉魚。**鯉魚**曰文

當國，爲載書以位序聽政辟。大夫諸司門子弗順，將誅之。子產止之，請焚書。子孔不可，曰：爲書以定國，衆怒而焚之，是衆爲政也，國不亦難乎？子產曰：衆怒難犯，專欲難成。乃焚書於倉門之外。

欲是所長，謂之心煩技癢。音養。【潘安仁賦】徒心煩而技癢。○**絕無情慾，謂之槁木死灰**。【莊子】南郭子隱几而坐，仰天而嘘，嗒然似喪其偶。顏成子遊立侍乎前，曰：形固可使如槁木，心固可使如死灰耶。

坐上有江南，語言須謹；往來無白丁，交接皆賢。【古樂府】有鵾鵠曲，南人聞是曲則思歸。【山谷詩】座中若有江南客，莫向春風唱鵾鵠。○【劉禹錫陋室銘】談笑有鴻儒，往來無白丁。

將近好處，曰漸入佳境；無端倨傲，曰傍若無人。【晉】顧愷之每食甘蔗，自尾至本。或怪問之，愷曰：漸入佳境。【釋】蔗尾味淡而本味厚。○【晉】王猛倜儻有大志，聞桓溫伐秦，披鶡衣謁之，捫虱而談當世之務，傍若無人。

借事寬役曰告假，音駕。**將錢囑託曰夤緣**。音寅。【漢制】病滿三月當免。汲黯多病，病且滿三月，武帝賜告者數，終不愈。【釋】告假，休沐也。吉曰告，凶曰寧。○【說文】夤，進也。緣，扳緣也。言扳緣權貴而以錢託其引進也。【韓詩】青壁無路難夤緣。

事有大利，曰奇貨可居；事宜鑒前，曰覆車當戒。【秦】太子妃華陽夫人無子。夏妃生子異人，質於趙。呂不韋見之曰：此

鯉鱗有十字文。故名。又曰赤鯶。**鰱魚**曰鰱魚好群行。相與故曰鰱。**鱅魚**曰鱅魚此魚之下品。蓋庸常以供饈食者。故曰鱅。曰鰫。**鰀魚**曰鰀魚其性舒緩。故曰鰀。○俗名草魚。因其食草也。**鰣魚**曰時魚常源曰。初夏時行。餘月則無。故名。**鯧魚**曰昌魚。昌美也。以味名。**鯽魚**曰鯽魚。陸佃云。鯽魚旅行相附。故謂之鯽。**鱸魚**曰細鱗。東坡賦。巨口細鱗。**鱖魚**曰鱖魚。又曰水豚。魚味如

奇貨可居。因與異人謀。託華陽之姊說華陽立為嗣。華陽從之。不韋用計以異人逃歸秦。是為莊襄。獻有孕之姬與異人生子政。是為始皇。封不韋為相。○【賈誼治安策】前車覆。後車戒。秦世所以亟絕者。其轍迹可見。然而不避。是後車又當覆也。【釋】覆。倒也。**外**[illegible]

此曰左袒。處事兩好。曰摸稜。盧登切。齊有一女。二家求之。其父語女曰。欲東家則左袒。欲西家則右袒。其女左右袒。曰。願東家食而西家宿。以東家富而醜。西家貧而美也。【釋】袒。大襲而露裼也。○【唐】蘇味道為相數年。依阿取容。嘗謂人曰。決事不欲明白。但摸稜持兩端可矣。世號摸稜手。【釋】摸。手捉也。稜。四方木也。摸之可左可右。

敵甚易摧。曰發蒙振落。【漢史】淮南王安謀反。汲黯曰。漢廷大臣獨汲黯好直諫。守節死義。難惑以非。至於丞相公孫弘如發蒙振落耳。【釋】言發去物上蒙塵。振落樹上枝葉。甚易事也。○【楚】懷王遣宋義項羽救趙。義留兵四十餘日。不進。羽斬義。乃引兵渡河。沈舟破釜。持三日糧。以示士卒必死。遂大破秦師而趙得救矣。

在必勝。曰破釜沈舟。

曲突徙薪無恩澤。不念豫防之力大。焦頭爛額為上客。徒知救急之功宏。【漢】霍光女為宣帝后。性驕侈。徐福上書言宜抑制。上不聽。及後霍氏誅戮。而告者皆封。或人為福上書曰。臣聞客見主人灶直突而傍積薪。客曰。當更為曲突。遠徙其薪。否則有火患。主人不從。及火發

豚，故名鯚。正體鱺。**鰻魚**曰鰻鱺，此魚有雄無雌，以影鰻鱺而生子，故謂鰻鱺。**鱔魚**曰黃鱓，鱔與鱓同。鱓當从鱓。**比目魚**曰鰈魚。［爾雅］東方有比目魚，不比不行，其名曰鰈。俗名鞋底魚。**烏賊魚**曰墨魚，腹中有墨，故名。○以上或幾尾，或幾盤。

蔬菜類

菜曰園蔬，或幾束，或幾筐。○醃曰醃菜，用幾瓶。○菜類甚多，不能悉載。**扁豆**

救火者皆焦其頭爛其額，主人以為上客，而不錄言曲突者。故人曰：曲突徙薪無恩澤，焦頭爛額為上客。上乃遷福為郎。

賊人曰梁上君子，強梗曰化外頑民。［漢］陳實夜有盜入室，止於梁上，實見之，呼子姪訓之曰：夫人不可不自勉，不善之人，未必本惡，習與性成耳，如梁上君子是矣。盜驚投地。實徐曰：君不過因貧困耳。以絹二疋與之。○［韓文］為之刑以鋤其強梗。［釋］梗，橈也。不率教化，謂之化外頑民。

木屑竹頭，皆為有用之物；牛溲馬勃，可備藥物之資。［晉］陶侃都督荊襄，嘗造船，其木屑竹頭皆令藏之。人笑其迂。後會積雪初晴，廳事前餘雪猶溼，乃以木屑鋪地。及桓溫伐蜀，以竹頭作釘裝船。始知有用。○［韓文］牛溲馬勃，敗鼓之皮，俱收並蓄，待用無遺者，醫師之良也。［釋］牛溲，牛尿也。馬勃，生溼地，似菰而員且輕。

五經掃地，祝欽明自褻斯文；一木撐音崢**天，晉王敦未可擅動。**［唐史］睿宗宴國子，祭酒祝欽明，欽體肥醜，請作八風儛，據地搖頭睨目，備諸醜態，上笑之。欽素以儒學著名。侍郎盧藏用私謂曰：祝公五經掃地盡矣。○［列女傳］王敦謀逆，夢將一木撐天，求解於許眞君。眞君曰：此未字也，只宜守舊，未可擅動。

題鳳題午，譏友譏親之隱詞；破麥破梨，見夫見子之奇夢。［晉］呂安嘗造嵇康，康他出，康子喜迎之，不入，書鳳字於門而去。喜方以為善，康曰藕豆。又曰籬豆。蓋謂其沿籬蔓延也。**絲瓜**曰布瓜。亦曰天羅。此瓜老則羅織如布。故名。又曰蠻瓜。始自南來也。**黃瓜**無別名。○月令所謂王瓜。係土瓜。非此種。○以上俱幾筐。**冬瓜**曰白瓜。以皮白也。亦曰水芝。又曰地芝。○以上俱幾枚。**茄**曰落蘇。以其味如酪酥也。**蘿蔔**曰蘆服。又曰來服。謂性制麵毒。來之所服也。**芋**曰蹲鴟。以其狀若鴟之蹲坐。又曰土芝。○以上俱幾筐。**山藥**

回示之。曰鳳字。凡鳥也。安蓋笑吾兒矣。[談林]昔有訪友不遇者。寫午字於戶而去。識者曰。午字。牛不出頭。譏之也。○昔寇彼一婦。以兵亂與夫及子相失。寄食於尼。夢人使磨麥。又見蓮花盡落。尼解之曰。磨麥。見夫面也。蓮花落。蓮子見也。果然。○楊進賢任南陽刺史。登舟遇風。失其子。夫婦相念甚切。忽夜夢與兒剖梨。因自解曰。剖棃。分離也。明日迹於友。友曰。剖梨則子見。不旬日果得子。**毛遂片言九鼎。人重其言。季布一諾千金。人服其信。**毛遂。註詳武職。○金諾。註詳上。**岳飛背涅**音孼。**盡忠報國。楊震惟以清白傳家。**岳飛。註詳身體。○[後漢]楊震爲涿州守。公素廉。不受私謁。或勸其置產以遺子孫。震曰。使後世稱爲清白吏子孫。所遺不已多乎。**上强下弱。曰尾大不掉**。音調。去聲。**上權下奪。曰太阿倒持。**[左]楚子城陳蔡不羹。使弃疾爲蔡公。王問於申無宇曰。國有大城何如。對曰。鄭京櫟實殺曼伯。宋蕭亳實殺子游。齊渠丘實殺無知。衛蒲戚實出獻公。由是觀之。則害於國。末大必折。尾大不掉。君所知也。○[梅福傳]倒持太阿。[釋]太阿。楚之良劍。倒持。謂以權柄授人。**當今之世。不但君擇臣。臣亦擇君。受命之主。不獨創業難。守成亦不易。**[漢]馬援對光武曰。當今之世。非但君擇臣。臣亦擇其君耳。天下反覆盜名者不可勝數。今見陛下。恢廓大度。同曰薯蕷。因唐代宗名預。改爲薯藥。又因宋英宗名署。改爲山藥。亦曰土藥。又曰山藷。○以上或幾盤。或幾筐。**木耳**曰木櫺。櫺音而。又曰木蛾。蛾象形。**香蕈**曰香菌。又曰處蕈。處州產者甚美。故以地名。**蘑菰**曰肉蕈。又以種名羊肚菜。○以上或幾盤。或幾封。**筍**曰竹萌。亦曰竹芽。又曰竹胎。竹根嫩者曰鞭筍。生冬月掘取者曰冬筍。又曰苞筍。○蘆筍曰蘆蘿。欓筍曰木魚。萵苣剝皮醃晒曰萵筍。○

符高祖。乃知其帝王自有眞也。○唐太宗問羣臣曰。創業守成孰難。房玄齡曰。草昧之初。羣雄並起。角力而後臣之。創業難。魏徵曰。自古帝王。莫不得之於艱難。失之於安佚。守成難。上曰。玄齡從我定天下。冒萬死一生。見創業之難。徵與我安天下。慮富貴則驕。驕則怠。怠則亡。則守成爲不易。然則創業之不易。既往矣。守成之難。方與公等謹之。**生平所爲。皆可對人言。司馬光之自信。運用之妙。惟存乎一心。岳武穆之論兵。**司馬溫公嘗語人曰。吾無過人者。但生平所爲。未嘗有不可對人言耳。○宋岳飛犯法將刑。宗澤奇之曰。此將才也。會金人攻汜水。澤以五百騎授飛。使立功贖罪。飛遂大敗金人而還。陞飛爲統制。授之以陣圖。飛曰。陣而後戰。兵法之常。運用之妙。存乎一心。澤善其言。**不修邊幅。謂人不飾儀容。不立崖岸。謂人天性和樂。**修邊幅。謂如布帛。修整邊幅也。○唐鄭羣天性和樂。與士大夫交遊。未嘗爲崖岸斬絕之行。釋崖岸倨傲也。**最爾**最音撮**幺麼**麼音摩**。言其甚小。鹵**鹵音魯**莽**莽音**滅裂。言其不精。**賈翊對曹丕曰。吳蜀雖最爾小國。依山阻水。劉備有雄才。孔明善治國。孫權識虛實。陸遜見兵勢。據險守要。泛舟江湖。皆難猝謀也。○漢書更始之敗。三輔大亂。時隗囂據天水。班彪從之。因著王命論以諷囂曰。勇如信布。強如梁籍。威如王莽。雖遭厄會。竊其權柄。然卒潤鑊伏鑕乾筍曰筍片，醃筍曰筍乾。又一種曰筍鯗，形似鯗也。○筍類不能悉載，如用某筍各從某筍本名。或幾盤或幾館。**豆粉**無別名，用幾封。**腐皮**曰腐衣。**腐乾**無別名。**麻腐**無別名，以脂麻為之。俗作芝麻非。**粉皮**無別名。以豆粉為之。**麵筋**曰麩筋。○以上俱幾盤。**腐乳**無別名。**豆豉**曰鹽豉。○以上俱幾瓶。**花椒**曰川椒。以地產名。又一種曰胡椒。**茴香**曰懷

烹醢分裂。又況么麼不及數子，而欲闇干天位乎。囂不悟，彪遂避居西河。○【莊子】長梧封人問子牢曰：君為政勿鹵莽，治民勿滅裂。子昔為禾，耕而鹵莽之，其實亦鹵莽而報予；耘而滅裂之，其實亦滅裂而報予。來年耕深而熟耰之，其禾繁以滋，予終年厭飧。【釋】鹵莽，苟且也。滅裂，輕易也。

誤處皆緣不學，強作乃成自然。【漢】高祖生平，誤處甚多。唐仲友斷曰：誤處皆緣不學，改處皆由敏悟。○【魏】安釐王問高士於孔斌，斌曰：其魯仲連乎。王曰：強作之者，非體自然也。斌曰：人皆作之，作之不止，乃成君子；作之不變，習與體成，乃自然也。

求事速成曰躐音劣**等，過於禮貌曰足恭。**【記】童子聽而弗問，不躐等也。【論語】巧言令色足恭。【釋】足，過也。

假忠厚者謂之鄉愿，出人群者謂之巨擘。音伯。【論語】巧愿，德之賊也。【釋】愿，謹厚也。○【孟子】吾必以仲子為巨擘焉。【釋】巨擘，手之大指也。

孟浪由於輕浮，精詳出於暇豫。【莊子】瞿鵲子問於長梧子曰：吾聞諸夫子，無謂有謂，有謂無謂，而遊乎塵垢之外。夫子以為孟浪之言，而我以為妙道之行也。【釋】孟浪，輕率也。暇，從容也。豫，早計也。

為善則流芳百世，為惡則遺臭萬年。【晉】桓溫為大司馬，假黃鉞，陰蓄不臣之心。嘗夜臥撫枕歎曰：大丈夫不能流芳百世，亦當遺臭萬年。

過多曰稔忍枕切**，惡罪滿曰貫盈。**【桐葉】封弟

香。又曰回香。可辟物之臭氣。故名。○以上俱幾封。

薑 初生嫩者曰子薑。又曰紫薑。宿根老者曰母薑。

蒜 曰葷菜。乃為五葷之一。故云。又小蒜曰卵蒜。大蒜曰胡蒜。○以上俱幾管。

韭 曰豐本。謂根本豐盛也。曲禮 韭曰豐本。

薤 曰鴝薈。

蔥 曰菜伯。能和五味。故名。○以上俱幾束。

茶酒類

茶 曰雷莢。謂雷鳴始生之莢也。亦曰雀舌。又曰龍芽。言至嫩也。○或幾封。或幾瓶。

辨 向使紂惡未稔而自斃。釋 積惡曰稔惡。○書 武王曰。商罪貫盈。天命誅之。釋 貫穿也。盈滿也。如索貫錢已滿。

嘗見冶容誨淫。須知慢藏誨盜。 易 慢藏誨盜。冶容誨淫。釋 藏物不慎。如教人為盜。修飾儀容。是教人為亂。

管中窺豹。所見不多。坐井觀天。知識不廣。 晉 王獻之數歲。觀門生樗蒱。曰。南風不競。門生曰。此郎亦管中窺豹。特見一班。獻之拂衣而去。○韓文 老子之小仁義。非毀之也。其見者小也。坐井而觀天。曰天小者。非天小也。彼以煦煦為仁。孑孑為義。其小之也則宜。

無勢可乘。乘音成 **英雄無用武之地。有道則見。**見音現 **君子有展舒之思。** 國志 孔明說孫權曰。海內大亂。將軍起江東。劉豫州亦收漢南。與曹並爭天下。今操破荊州。威震四海。英雄無用武之地。故豫州逃遁至此。願將軍量力而處之。○展舒也。不事也。謂舒展其事業也。

求名利達曰捷足先得。慮士遲滯曰大器晚成。 蒯通曰。秦失其鹿。天下共逐之。高才捷足者先得焉。○釋 失鹿。譬失位也。○道德經 大方無隅。大器晚成。○朱勃年十二。能誦書。馬援見之。自失。援兄況曰。朱勃智盡此耳。汝大器當晚成。

不知通變曰徒讀父書。自作聰明曰徒執己見。 秦 伐趙。廉頗堅壁不出。范雎縱反間計曰。秦人獨畏馬服君之子括為將耳。趙王遂以括代頗。藺相如曰。

或幾雙。酒曰魯酒。魯國之酒味薄。謙詞也。祭所用酒曰清酌。未沸者爲糟。既沸者爲清也。○或幾壜或幾尊。尊。俗作樽罇。○茶酒。名難悉載。若用某茶酒各從本名。醬曰甜醬汁、曰清醬。醋曰酸漿。又曰醯味。油曰清膏。糟曰酒魄。○以上或幾瓶。或幾甕。烟曰建烟。以地產名。烟當从薦。○用幾包。鹽曰鹵鹹。又曰銀砂。或幾盤。或幾包。

冠服類

王以名使括。若膠柱鼓瑟。括徒能讀父書。不知合變也。**淺見曰膚見。俗言曰俚言。**革外薄皮曰膚。言所見之不深也。司馬遷贊。質而不俚。【釋】俚鄙俗也。**識時務者爲俊傑。昧先幾者非明哲。**【漢】司馬徽謂劉備曰。余聞將軍之名。久矣。何故區區奔走於形勢之途耶。備曰。時運不齊。命途多蹇。徽曰。不然。將軍左右。不得其人耳。備曰。吾雖不才。文有糜竺簡雍。武有關張。徽曰。關張雖有萬夫不當之勇。非權變之才。糜簡諸人乃白面書生。不知時務。識時務者在于俊傑。【釋】才過百人曰俊。萬人曰傑。○【易】幾者動之微。吉之先見者也。惟明哲者知之。昧之者則非明哲矣。**村夫不識一丁。愚者豈無一得。**【唐】張弘靖謂軍士曰。今天下無事。爾輩能挽兩石弓。不如識一丁字。○【韓信傳】信破趙。獲廣武君李左車。親解其縛。以師事之。廣武君曰。臣聞智者千慮。必有一失。愚者千慮。必有一得。**拔去一丁。謂除一害。又生一秦。是增一仇。**【宋】仁宗朝。丁謂擅權。貶寇準於雷州。京師語曰。欲得天下寧。拔去眼前丁。欲得天下好。不如召寇老。○【張耳傳】陳勝使武臣循撫趙地。武臣自立爲趙王。勝欲族滅之。相國房君曰。秦未亡。又誅武臣。此又生一秦也。**戒輕言曰恐屬垣有耳。戒輕敵曰無謂秦無人。**【詩】君子無易由言。耳屬于垣。【釋】恐耳屬於垣者致生其讒詬。○【左】晉士會奔秦。晉人忌之。乃使幘曰朝冠。又曰元服。○用幾頂。袍曰粗袍。又曰章身。服者身之章也。○凡用某袍。即從本名。裘曰皮服。又曰輕裘。裘以輕者貴也。○凡用某裘。即從本名。毧衣曰毪服。褐衣曰氀服。衫曰短襦。又曰澤衣。無袖者曰裲襠。曰袒服。襖曰給衣。○以上俱幾領。幣曰彩幣。又曰色幣。○錦曰織文。絹曰纖縞。紗曰輕綃。綾曰文綺。羅曰霧縠。綢曰文紬。各從本名。○用幾端。布曰麤布。○凡葛布。苧

魏壽餘僞歸秦以反士會。秦使士會如魏師。繞朝諫秦王。王不聽。士會行。朝贈以策。曰。子無謂秦無人。吾謀適不用也。士會既渡河。魏人鼓譟而還。喜得士會也。

同惡相幫音邦**謂之助桀爲虐。貪心無厭。謂之得隴**力董切**望蜀。**[漢]高祖破秦。入咸陽。見秦宮室珍寶婦女。意欲留居。張良曰。秦爲無道。故公得至此。今始入秦。即安其所樂。此所謂助桀爲虐也。○[晉志]司馬懿謂曹操曰。今得漢中。益州震動。進兵臨之。勢必瓦解矣。操曰。人苦無足。既得隴。復望蜀。

當知器滿則傾。須知物極必反。[家語]孔子曰。吾聞宥座之器。虛則欹。中則正。滿則覆。明君以爲致誠。故嘗置之座側。○[唐]蘇安恒上武后疏曰。太子年德俱盛。陛下貪其寶位。而忘母子深恩。不知鐘鳴漏盡。臣以爲天意人心。還歸李家。陛下雖安天位。殊不知物極則反。器滿則傾。臣何惜一朝之命。而不安萬乘之國哉。

喜嬉戲名爲好弄。好笑謔謂之詼音恢**諧。**[illegible]齊隰朋帥師會秦師納晉惠公。秦穆公謂郤芮曰。公子誰恃。對曰。臣聞亡人無黨。有黨必有仇。夷吾弱不好弄。能鬬不過。長亦不改。不識其他。○[東方朔傳]東方朔好詼諧。武帝以俳優畜之。[釋]詼調戲也。諧和合也。俳優即今演戲之人。

讒口交加。市中可信有虎。衆奸鼓釁。欣去聲**聚蚊可以成雷。**[illegible]龐共與太子質於趙。恐趙王信讒。謂王曰。一人言市有虎。王信乎。

布。棉布。各從本名。○用幾匹。綿曰纖纊。粗曰繭絮。又木棉曰棉花。○用幾斤。圍領曰風領。○凡貂狐等皮。各從本名。○用幾方。絲帶無別名。○束腰者用幾圍。繫襪者用幾副。絲縧無別名。○用幾緉。袴曰股衣。又曰褌襠袴。俗作褲非。○用幾件。裙曰湘裙。詩裙拖六幅瀟湘水。此指女裳也。○古男子亦着裙。○用幾幅。護膝曰膝圍。○用幾對。韈曰足衣。○婦女膝袴曰凌波。神

曰否。二人言市有虎。王信乎。曰否。三人言市有虎。王信乎。曰。信之矣。共曰。市本無虎。而三人言之則信。今邯鄲去魏遠於市。議臣過於三人。願王察之。○漢中山靖王入朝。天子置酒。聞樂而泣。問其故。靖王曰。臣聞眾泳漂山。聚蚊成雷。是以文王拘於羑里。孔子厄於陳蔡。

萋菲成錦。謂譖人之讓魚向切**罔。含沙射影。言鬼蜮**音域**之害人。**詩萋兮菲兮。成是貝錦。彼譖人者。亦已大甚。釋貝者。水中介蟲。有文似錦。言讒人集過以成罪。猶集小文以成錦。○江淮間有短狐。名蜮。能含沙射人影。中之輒病。詩為鬼為蜮。則不可得。

鍼砭音斟貶**所以治病。鴆**音疢**毒必至殺人。**王僧儒多識古事。侍郎金元起訪以砭石。答曰。古人常以石為鍼。必不用鐵。許慎曰。以石利病也。○左管仲曰。宴安鴆毒。不可懷也。釋鴆毒鳥也。以其毛拂酒中。飲之立死。

李義甫陰柔害物。人謂之笑裡藏刀。李林甫奸詭音癸**陷人。世謂之口蜜腹劍。**唐李義甫為中書。容貌溫恭。與人語必微笑。而心狡險忌刻。人謂笑裡有刀。又以陰柔害物。謂之李貓。○林甫註詳上。

代人作事。曰代庖。與人設謀。曰借箸。音注莊子許由曰。庖人雖不治庖。尸祝不越樽俎而代之矣。○漢史高祖與酈食其。謀撓楚權。食其曰。陛下能復立六國之後。德義已行。楚必斂衽而朝。上曰善。趣刻印。張良從外來謁。

女賦【凌波】微步，羅韈生塵。韈作襪，亦作袜。○凡紗羅綾襪，各從本名。鞵曰雲履，亦曰文履。又曰赤舄。女鞵曰鳳履，亦曰錦綦。又男曰乾履。女曰坤鞵。鞵俗作鞋。鞾曰朝鞾。又曰絡鞮。為其連脛，故曰絡鞮。俗作靴。○以上俱幾雙。手巾曰粗帨。汗巾曰汗櫛。以上幾條。手帕無別名。用幾方。鈔袋曰金錯。荷包曰荷囊。○以上俱幾對。

珍寶類

上方食。以食其語告良。良曰：畫此計，陛下事去矣。請借前箸為大王籌之。見事極真，曰明若觀火；對敵易勝，曰勢若摧枯。【書】予若觀火。【釋】言所視甚明也。○曹彬曰：以國家甲兵精銳，剪大原之孤壘，如摧枯朽耳。漢武內多欲而外施仁義；廉頗究國難而後私仇。【漢史】武帝欲招文學。汲黯曰：陛下內多欲而外施仁義，奈何欲效唐虞之治乎。○廉頗註詳朋友。臥榻之側，豈容他人鼾音旱睡，宋太祖之語；一統之世，直是胡越一家，唐高祖之時。【宋史】曹彬圍江南唐師唐主李煜危迫，遣徐鉉貢方物。上表以求緩師。鉉見高祖，曰：李煜以小事大，如子事父，奈何見伐？上曰：爾謂父子為兩家可乎？江南亦有何罪？但天下一家，臥榻之側，豈容他人鼾睡耶。○【唐史】太宗置酒未央宮，高祖命突厥頡利可汗起舞，南蠻馮智戴咏詩，乃笑曰：胡越一家，自古未有也。至若暴秦以呂易嬴，是嬴亡於莊襄之手；弱晉以牛易馬，是馬滅於懷愍音民之時。暴秦註詳奇貨。○【東晉】元帝，名睿，係瑯琊王瑾之子。初瑯琊王妃與小吏牛金相通而生睿，是為元帝。雖姓司馬，實姓牛也。中宗親為點籌於韋后，穢播千秋；明皇賜洗兒錢於貴妃，醜遺萬代。【唐】韋金曰黃金。金凡有五。白金。銀。赤金。銅。青金。錫。黑金。鐵。古稱黃金以別之。銀曰白金。亦曰白銀。又曰丹精。朱提縣產銀。故曰朱提。○以上或幾星。或幾兩。或幾錠。珠曰珍珠。又曰蠙珠。蠙蚌別名。○用幾粒。寶石無別名。用幾枚。玉曰白玉。又曰珉玉。美玉曰琨。○用幾塊。瑪瑙無別名。琥珀色紅而黃者。曰明珀。香者曰香珀。色鶯黃者曰黃珀。即俗所稱蜜蠟。瑇瑁無別名。瑇王王俗作玳。玻

后與武三思通。一日與三思雙陸。中宗乃親為點數籌。○[唐]安祿山明皇待之甚厚。得入禁中。因請為貴妃兒。上與貴妃共坐。祿先拜貴妃。上問故。對曰。胡人先母而後父。上悅之。越三日。召入禁中。貴妃以綿繡為大襁褓裹祿山。使宮人以綵輿舁之。上聞後宮喧笑。問故。左右曰。貴妃三日洗祿山兒。上喜。賜貴妃洗兒錢。自是出入無忌。頗有醜聲聞於外。

非類相從。不如鶉鵲。父子同牝。謂之聚麀。音攸。[詩]鶉之奔奔。鵲之彊彊。[釋]奔奔彊彊。居有常匹。飛則相隨之貌。○[曲禮]天唯禽獸無禮。故父子聚麀。駱賓王討武曌檄。陷吾君於聚麀。[釋]聚共也。麀牝鹿。鹿性淫。一牝常交數牡。

以下淫上。謂之烝。野合奸倫。謂之亂。[隋]高祖寵陳夫人。為太子楊廣所逼。拒之得免。隨弒父。晡後以同心結賜夫人。是夜太子烝焉。

從來淑慝殊途。惟在後人法戒。斯世清濁異品。全賴吾輩激揚。淑善也。慝惡也。言人當以善為法。以惡為戒也。○[唐]太宗謂王珪曰。卿自謂與玄齡以下數子。何如。對曰。激濁揚清。嫉惡好善。臣於數子。亦有微長。

[增]休休莫莫。禁止之詞。袞袞匆匆。倉皇之義。[唐司空圖]休休莫莫。伎倆雖多性靈惡。○[杜甫詩]相逢難袞袞。告別莫匆匆。[釋]袞袞不安欲去之貌。

蹔殘去聲**為寄足。有似鷦鷯**音焦聊**一枝。巧手**

瑤無別名。水晶曰冰玉。珊瑚無別名。○以上俱幾匣。錢曰青蚨。青蚨蟲名。子母不相離。皆自還也。故以名錢。又曰孔方。○用幾貫。簪無別名。○凡金簪。玉簪。銀簪。各從本名。○用幾枝。釵無別名。凡金釵。寶釵。鳳釵。各從本名。○用幾股。耳環曰耳璫。○耳環亦謂之珥。凡金珥。珠珥。各從本名。釧曰臂環。○凡金釧。銀釧。各從本名。俗呼釧為鐲非。指環無別名。○以上俱幾雙。○

營身還如狡兔三窟。【莊子】鷦鷯巢林。不過一枝。○【戰國策】馮驩謂孟嘗君曰。狡兔有三窟。今君有一窟。未得高枕而臥。臣請為君復鑿二窟。

放梟音僥囚鳳。虐仁縱暴為。用蚓投魚。得重棄輕應笑。【後漢劉陶傳】陳耽上言。今公卿所舉。所謂放鴟梟而囚鸞鳳。○【[illegible]朝】傅縡以詩五十韻示薛道衡。衡和之。南北稱美。魏收曰。縡所謂以蚓投魚耳。

爝音醮火雖無大明之耀。鉛刀竟有一割之能。【唐文粹】大明一出。爝火無光。【釋】大明日也。○【晉】以譙王承為湘州刺史。行至武昌。王敦與之宴。謂承曰。足下雅素佳士。恐非將相材也。承答曰。公未見知耳。鉛刀豈無一割之用。

淮南一老不就聘。商山四皓可欽。魯國兩生不肯行。淸操足式。【漢】應曜隱淮南山。與四皓俱徵。四皓往。曜獨不出。人語曰。商山四皓。不如淮南一老。○【漢】以叔孫通制禮。徵魯諸生。魯有兩生不肯行。

一株竹。先兆應雙旌皆榮。兩尾牛。預識行兵有失。【[illegible]】王君炳二子赴秋試。夜夢人持竹一枝與種之。解者曰。二郎君俱中選矣。竹字。兩个也。果俱選。○【唐史】王巢出師。夢兩尾牛。解者曰。牛兩尾。失字也。恐行軍不利。果然。

樂羊子功績未成。謗書[illegible]。郭林宗聲名最重。謁刺盈車。【史】樂羊為魏文侯將攻中山。三年拔之。文侯封珠花無別名。○或幾樹或幾對。

文具類

書曰尙書。尙者崇尙之意。又曰芸編。以芸香草能辟蠹也。故名。直用其本名亦可。○或全部。或幾卷。或幾套。畫曰名畫。讀謂名人手筆也。著色曰丹青。壽星曰壽圖。畫俗作畵。○或云幾幅。或幾軸。筆曰毛穎。亦曰管城。又曰中書。○或幾枝。或幾匣。○筆筒筆架。無別名。墨曰松烟。乃青松烟所爲。故名。亦曰松滋。又曰龍賓。唐玄

之靈壽。羊曰。臣攻中山。有謗臣於王者。謗書盈篋。大王不信之。故臣得拔中山。此非臣之功也。大王之功也。○後漢郭林宗。名重京師。士爭歸之。轍刺常盈車。釋刺箭也。黠音轄

黠狗行寬難免梟高聲上卿之罵。鳩媒肆毒已生屈子之悲。

唐書祿山反。顏杲卿罵曰。黠狗。朝廷何負於汝。而汝反耶。祿山怒。截斷其舌。杲含刃而死。○楚辭吾令鳩爲媒。鳩告余以不好。釋鳩媒謂鴆也。

人有一天我有二天。偏見大恩之愛戴。河潤百里海潤千里。乃爲渥澤之沾濡。

翰苑新書大德帡幪。人有一天。我有二天。厚恩滂沛。河潤百里。海潤千里。

退我一步行國云安樂法。道人三個好兒見喜歡緣。

蘇子瞻詩退一步行安樂法。說三箇好喜歡緣。音樂

一葉之濃陰可資覆蔭。廣萬間之巨厦盡屬帡幪。

音餅蒙。唐鄭太穆爲刺史時。致書於司空頔曰。分千樹一葉之影。即是濃陰。記瀛洲有影木。日中視之。一葉百影。○杜甫歌安得廣廈千萬間。大庇天下寒士皆歡顏。

撾音髽

三折編三絕書三減。好學十分。眼中淚心中事意中人。相思一樣。

孔子世家孔子晚喜讀周易。鐵撾三折。韋編三絕。漆書三滅。○張子野詩句有眼中淚。心中事。意中人之語。目號張三中。

宗御墨名龍香劑。○或幾匣。或幾笏。紙曰麥光。亦曰赫蹏。又曰滑紙方絮。祗取其平。絮比其白。○色紙各從本名。箋曰花箋。亦曰綵箋。又曰薛箋。薛濤好製小詩。惜其幅大。乃狹小之。號薛濤箋。○以上俱幾頁。硯曰端硯。端溪石作硯絕佳。又曰陶泓。○用幾方。水池曰墨池。用幾具。鎭紙無別名。界尺無別名。○以上俱幾方。手卷曰手珍。又曰牙籤。或幾卷。或幾軸。冊頁曰寶籍。○

飲食

新增文十一聯

甘脆（音翠）肥醲（音農），命曰腐（音釜）腸之藥；羹藜含糗（音臭），難語太牢之滋。［枚乘七發］皓齒娥眉。命曰伐性之斧。甘脆肥膿。命曰腐腸之藥。○［王褒聖主得賢臣頌］夫荷旃被毳者。難與道純綿之麗密。羹藜含糗者。不足與論太牢之滋味。［釋］糗熬米麥也。太牢牛也。

御食曰珍饈，白米曰玉粒。［禮］凡王者之饋珍用八。［釋］豹胎熊掌白鶡胸。猩唇紫駝峰。螭髓。紫鱗脂。金鯉尾。爲八珍。［博物志］歸州有米田。屈原耕此。產白米似玉。

好酒曰青州從事，次酒曰平原督郵。［世說］桓溫有主簿能別酒。好者爲青州從事。惡者爲平原督郵。［釋］青州有齊郡。齊與臍同音。言好酒直至臍下。平原有鬲縣。鬲與膈同音。言惡酒但至膈下。

魯酒茅柴，皆爲薄酒；龍團雀舌，盡是香茗。［莊子］楚會諸侯。魯趙俱獻酒。魯以己薄酒易趙厚酒。酒吏奏聞楚王。王以趙酒薄。遂圍邯鄲。○［韓子］茅柴爲苦硬。［釋］言苦硬之酒。如茅柴火易過也。○茶莫貴於龍鳳團。以貢上者。慶曆間。蔡君謨爲福建運使。始造小片。謂之小龍團。○［茶譜］蜀州晉原洞口有黃芽雀舌鳥嘴麥顆。乃茶品之最上者。

待人禮衰，曰醴酒不設；款客甚薄，曰脫粟相留。醴酒注詳朋友。○［春］

用幾函。○字曰名書。畫曰名畫。以上首卷同用。法帖曰銀鉤。王羲之書法如銀鉤鐵畫。用幾冊。○印章曰圖章。○凡玉章、晶章、銅章、木章，各從本名。○或幾方，或幾匣。印色無別名，用幾匣。香爐曰博山。丁諼作九層博山香爐。又曰寶鴨、睡鴨。鴨以象形。○用幾座。○香盒、香匙無別名。諸香各從本名。花缾曰膽缾，謂形如懸膽也。又古瓷古銅者曰古缾。缾俗作瓶。○用幾對。扇曰輕箑，亦曰便

〔春秋〕晏子相齊，食脫粟飯。〔釋〕脫粟，米之未舂者。竹葉青、狀元紅，俱爲美酒；葡萄音蒲陶綠、珍珠紅，悉是香醪。音牢〔杜詩〕崖蜜松花熟，山林竹葉青。〔釋〕蒼梧之地醞酒，雜以竹葉，極清潔，故名竹葉青。○〔[illegible]詩〕持盃醉飲狀元紅。○大宛國出葡萄，漢武帝使張騫得其實而歸，種之，後採其實以釀酒，味極甘。○〔李白歌〕琉璃鍾，琥珀濃，小槽酒滴珍珠紅。〔杜詩〕清秋多宴集，終日困香醪。〔釋〕香醪，汁滓合之酒。五斗解酲音成，劉伶獨溺於酒；兩腋生風，盧仝偏嗜乎茶。〔晉〕劉伶求酒於妻，妻諫曰：君飲太過，非攝生之道。伶曰：善。當祝神誓斷矣。祝曰：天生盧伶，以酒爲名，一飲一石，五斗解酲。〔釋〕酲，酒病也。○盧仝性嗜茶，其作歌曰：惟覺兩腋習習清風生。茶曰酪音洛奴，又曰瑞草；米曰白粲，又曰長腰。〔伽藍記〕茶與酪漿爲奴。〔釋〕酪，乳漿，合牛羊乳爲之。〔[illegible]〕山寶東南地，茶稱瑞草魁。○〔杜詩〕精鑿傳白粲。○江南有諺云：長腰粳米，縮項鯿魚。太羹玄酒，亦可薦馨；塵飯塗羹，焉能充餓。〔禮記〕太羹不和。〔釋〕羹以肉汁作羹，而無鹽梅之調和。○玄酒，水也。太古無酒，以水行禮。○〔韓非子〕夫嬰兒相與戲也，以塵爲飯，以塗爲羹，以水爲胾，然至日晚必歸饟者，塵飯塗羹可以戲而不可以食也。酒乃杜康所造，腐乃淮南所爲。〔博物志〕杜康造酒。○〔漢〕淮南王劉安

面又曰傒融。一名反景箑。亦作箑。○凡扇素面曰素箑。金面曰金箑。款識者曰款扇。檀骨牙骨者曰檀扇。牙扇。紗者曰紈扇。羽扇。蕉扇。蒲扇。各從本名。○或幾對。或幾柄。

扇墜 玉曰玉墜。琥珀曰珀墜。○用幾枚。

棋 曰手談。又曰坐隱。○象棋無別名。以象牙飾棋故名。○或全副。或全局。○棋盤曰文枰。又曰楸局。

牌 紙者曰葉子。唐末有葉子之戲。○牙骨者曰牙牌骨牌。牌可作排。○用幾副。

拂子 曰麈尾。亦

始磨豆爲乳脂。名曰豆腐。【唐人詩】旋乾磨上流瓊液。煮月鐺中撥雪花。

僧謂魚曰水梭花。僧謂雞曰穿籬菜。【東坡志林】僧謂酒爲般若湯。魚爲水梭花。雞爲穿籬菜。

臨淵羨魚。不如退而結網。揚湯止沸。不如去火抽薪。【董仲舒天人策】古人有言曰。臨淵羨魚。不如退而結網。今欲願治。不如退而更化。○【董卓上何進書】聞之揚湯止沸。不如去薪。

羔酒自勞。田家之樂。含哺鼓腹。盛世之風。臣之得罪。已三年矣。田家作苦。歲時伏臘。烹羊炰羔。斗酒自勞。○含哺鼓腹。注詳地輿。

人貪食曰徒餔餟。食不敬曰嗟來食。【孟子】徒餔餟也。【釋】言但求飲食而已。○【檀弓】齊大饑。黔敖備食賑民。有餓夫蒙袂而來。敖左奉食。右執飲曰。嗟來食。餓夫張目視敖曰。予惟不食嗟來之食。以至於斯也。敖從而謝焉。終不食而死。曾子聞之曰。嗟來之言。其爲不敬也。微歟。

謂之饕餮饕音叨。餮音鐵。之徒。見食垂涎涎音旋。謂有欲炙之色。【通鑑】舜時。縉雲氏有不才子。貪於飲食。冒於貨賄。侵欲縱侈。不可盈厭。天下之民。謂之饕餮。【釋】饕貪財也。餮貪食也。不才子。三苗也。○晉顧榮與同僚宴飲。見行炙者有欲炙之色。榮以己炙啖之。

多食不厭。未獲同食曰向隅。謝人賜食曰飽德。猶【說苑】聖人於天下。譬猶一堂之上也。滿堂曰談柄。又曰蠅拂。○用幾握。**杖**曰鳩杖。取鳩鳥不噎之意。又竹者曰筇杖。藤者曰藤杖。藜者曰藜杖。○用幾策。**念珠**無別名。○或幾串或幾批。**官曆**曰新書。亦曰鳳曆。又曰玉曆。○用幾冊。**爆**曰春帚。用幾百。**劍**曰青萍。亦曰純鉤。又曰湛盧。○劍名甚多。茲不具載。○劍匣曰霜匣。亦曰龍匣。**刀**曰霜刃。亦曰霜鍔。又曰錕鋙。○以上或幾口或幾鞘。**弓**曰烏號。亦曰繁弱。又曰麟膠。○彈弓曰[弓是]弓。弩

飲酒。一人向隅悲泣。滿座皆爲之不樂。○[詩]既醉以酒。既飽以德。**安步可以當車。晚食可以當肉。**[戰國策]齊宣王謂顏斶曰。子與寡人遊。食必太牢。出必乘車。斶辭曰。願得歸。晚食以當肉。安步以當車。[釋]安步。緩行也。晚食。晏食也。

飲食貧難曰半菽不飽。厚恩圖報曰每飯不忘。[史記]項籍時。歲饑民貧。卒食半菽。軍無見糧。[釋]菽豆之總名。菽米相伴而炊曰半菽。○[漢]文帝謂馮唐曰。高祛爲我言趙將李齊之賢。戰於鉅鹿之下。今吾每飯意未嘗不在鉅鹿也。

謝擾人曰兵廚之擾。謙待薄曰草具之陳。阮籍性嗜酒。聞步兵廚貯酒三百斛。乃求爲步兵校尉。○[史記]項羽遣使至漢。陳平行反間計。以貳楚君臣。初以太牢具進見羽使。佯驚曰。吾以爲范亞父使。乃項王使。持去更以草具進。[釋]草柴屬。具饌具也。

白飯青芻待僕馬之厚。炊金爨玉謝款客之隆。[杜甫詩]爲君治酒滿眼酤。與奴白飯馬青芻。[釋]蜀人酤酒以竹筒。上有穿繩眼。滿眼酤言酒滿也。白飯以待僕。青芻草以飼馬。重其僕與馬也。○[駱賓王集]平臺戚里帶宗墉。炊金爨玉待鳴鐘。[釋]金玉言飲食之美。

家貧待客但知抹月披風。冬月邀賓乃曰敲冰煮茗。[東坡詩]家貧無以娛客。但知抹月披風。○[六帖]王休居太白山。每冬月取溪水煮建茗待賓客。[釋]建茗。建溪之茶。

曰強弩。○或幾張。或幾把。○弓衣曰弓弢。矢曰僕姑。亦曰長鈚。又曰信往忘歸。○或幾矢。或幾枝。○箭頭曰利鏃。箭袋曰矢箙。鈎弦發矢。象骨爲之者曰指決。射的曰正鵠。畫布曰正。棲皮曰鵠。

音樂類

琴曰絲桐。又曰素琴。瑟曰錦瑟。亦曰趙瑟。趙人工瑟。故名。又曰響泉。箏曰秦箏。秦蒙恬所造。故名。琵琶無別名。唐書自下逆鼓曰琵。自上順鼓曰琶。

君側元臣。若作酒醴之麴糵。音曲業朝中冢宰。若作和羹之鹽梅。元臣大臣也。冢宰。宰臣也。書若作酒醴。爾惟麴糵。若作和羹。爾惟鹽梅。

宰肉甚均。陳平見重於父老。戛音訖羹示盡。丘嫂心厭乎漢高。漢陳平。社日。會於里中。平爲宰。分肉甚均。父老曰。陳平之善爲宰。平曰。使平得宰天下。亦如此肉。後爲高祖相。○漢高祖微時。引客過丘嫂家。嫂正食羹。乃戛釜佯示羹盡。由是怨嫂。後即位。封其姪爲頡羹侯。釋頡羹。山名。在嬀州。怨嫂戛羹。借山以鄙之。

畢卓爲吏部而盜酒。逸興太豪。越王愛士卒而投醪。戰氣自倍。晉書畢卓爲吏部郎。比舍隣釀酒熟。卓夜往盜飲。醉臥於甕邊。○黃石公記越王勾踐伐吳。客有遺簞醪者。王以之投上流。令軍士迎流飲之。軍士感其惠之均。無不用命。釋醪。美酒也。

懲羹吹虀。音齊謂人懲前警後。酒囊飯袋。謂人少學多餐。傅奕曰。唐乘亂世。多有變更。懲熱羹者吹冷虀。傷弓之鳥驚曲矢。釋言人食熱羹者。已爲所傷。後即食虀。猶以前者爲戒。不覺其冷物。而仍吹之也。○荊湖近事唐末馬殷據湖南。稱楚王。奢侈僭傲。諸院王子。僕從烜赫。文武之道。未嘗留意。時謂之酒囊飯袋。

隱逸之士。漱音嗽石枕流。沈湎音免之夫。藉糟枕麴。晉書孫楚少時欲

月琴無別名其形似月聲合琴音故名月 三弦無別名○俗呼弦子
琴 提琴無別名 箜篌曰空侯釋名師延所作靡靡之樂也後出於桑間濮上之地蓋空國之侯所彈也
簫曰鳳簫其形參差不齊如鳳之翼故名 管曰象管謂可飾以象牙也 笙曰列管又曰雲和○
笛曰横管謂其横笛而吹也又三孔者曰羌笛○以上或幾管或幾龠
鼓曰節鼓鼓以節音故名○鼓製不一

隱謂王武子曰當枕石漱流誤云枕流漱石王曰流可枕石可漱乎
楚曰所以枕流欲洗其耳漱石欲勵其齒也○沈湎溺於酒也劉伶
酒德頌奮髯箕踞枕麴藉糟無思無慮其樂陶陶
昏庸桀紂胡為酒池肉林苦學仲淹惟有斷虀畫粥
酒池詳女子○宋范仲淹幼孤隨母適長山朱氏讀書長白山僧舍每日煮粥二升作粥一器待凝以刀畫為四塊早晚取二塊斷虀數十莖而啗之如此者三年

增 鍾阜山莊赤米隱士加餐邯鄲旅邸黃粱仙人入夢
周顒隱鍾山赤米白鹽綠葵紅莧○異聞集盧生遇呂公於邯鄲邸中自言貧困呂公出一枕與之曰枕此當富貴生枕之夢出將入相五十餘年及寤主人炊黃粱猶未熟生謝曰先生以此窒吾之欲
小兒盜禾敢孔秀之挼罪何妨逸馬犯麥曹孟德自刑猶爾
齊孔秀之為令案小兒偷稻曰十歲尚能為盜長大何所不為縣中為之肅然○魏祖敕軍士無犯麥忽自乘之馬騰入麥中乃引咎曰何以律下遂自剪其髮
易秕以穀鄒侯為民庶之意拳拳
煮豆燃萁子建悟兄弟之情切切
新序鄒穆公令食鳧鴈以秕無以粟倉無秕求秕於民二石粟得一

各從羅曰銅鑼。○鑼本名鑼製不一。各從本名俱幾面。以上磬曰清磬。○案古磬以玉石爲之。其式亦與今銅磬異。雲板曰方磬。○以上俱幾器。

禽獸類

鶴曰仙禽。又曰胎禽。鶴古作隺。鴈曰陽鳥。性每隨陽。故名。亦曰候鴈。謂其冬南翔。夏北徂也。又曰禽鴈。亦作雁。鴛鴦曰文禽。又曰匹鳥。雌雄不離。故名。鷺曰絲禽。項有長毛如絲。欲取魚則餌

石公曰。粟在倉與在民何異。○魏主丕欲害子建。令其七步成詩。子建云。煮豆燃豆萁。豆在釜中泣。本是同根生。相煎何太急。逖音剔

山之肉。旋割旋生。青田之壼。愈傾愈溢。【山海經】視肉形如牛肝。兩目能視。割而食之。肉盡復生如故。○青田國有異果。其核甚大。可容斗米。納米其中。不逾時成酒。可供二十人飲。號青田壼。

我愛鵝兒黃似酒。雅可怜情。人言雀子軟於綿。最堪適口。【東坡詩】鵝兒黃似酒。○【東坡詩】通印子魚猶帶骨。被綿黃雀謾多脂。【釋通】應廟前魚。其大可容印者最佳。謂通印子魚。

多才之士[illegible]則我好歌好事之徒。

載酒而問人奇字。【盧仝[illegible]】日高丈五睡正濃。誰人扣門驚周公。口傳諫議送書信。白絹斜封三道印。開緘宛見諫議面。手閱月團三百片。○揚雄家貧嗜酒。人希至其門。時有好事者。載酒從雄處問奇字。

挹東海以爲醴[illegible]。暢高懷。折瓊枝以爲饈。可舒雅志。曹植爲季重書。舉泰山以爲肉。挹東海以爲酒。○【楚辭】折瓊枝以爲饈。

雲子飯。可入杜句。月兒羹。見重柳文。【杜詩】飯抄雲子白。○【唐】柳公權作龍城記。進呈文宗。上方御剪刀麵。月兒羹。郎命分賜之。

燒鵝而恣朵頤。且願鵝生四掌。炮鱉而充嗜慾。還思

之。亦曰雪客，又曰春鋤。**雉**曰華蟲，又曰疏趾。雉肥則兩足開張，故名。○雉類甚多，茲不具載。**竹雞**曰山菌，言美味如菌也。**鴿**曰鵓鴣，又曰飛奴。張九齡以書繫鴿足，能往投之，曰飛奴。**八哥**曰鸜鵒，又曰寒皋。鸜，【周禮】作鴝。**鶯**曰黃鳥，亦曰黃鸝，又曰倉庚。○別名甚多，茲不具載。**鸚䳇**曰慧鳥，又曰隴客。䳇俗作鵡。**孔雀**曰越鳥，又曰孔鸞。**鷹**曰題眉，亦曰征鳥，又曰角鷹。爾雅翼在北

鱉著兩裙。【唐】僧光謙，酒肉沙門也，嘗云：願鵝生四掌，鱉着兩裙。宋人亦有云：白鵝存掌，鱉留裙。

種秫音術**不種秔**音耕，**陶公若以酒爲命；窖粟不窖寶，任民則以食爲天。**【晉】陶淵明爲彭澤令，公田三百畝，令家人悉種秫，妻子固請種秔，乃分二頃五十畝種秫，五十畝種秔。【釋】秫，即糯也。秔，即稻也。○【史記】秦二世敗，豪家爭取金寶，窖之。任氏獨窖粟。及楚漢相距滎陽，民不得耕種，米價騰貴，其富家之金玉，盡歸於任。

紅莧紫茄，種滿吳興之圃；綠葵翠薤音械，**殖盈鍾阜之區。**【梁】葵博爲吳興守，郡齋前自種紅莧紫茄。詔褒其清。○鍾阜注詳上。

新增文十聯

宮室

洪荒之世，野處穴居；有巢以後，上棟下宇。【易】上古穴居而野處，後世聖人易之以宮室，上棟下宇，以待風雨。○有巢氏方架木爲巢，襲葉爲衣。

竹苞松茂，謂制度之得宜；鳥革翬音輝**飛，謂創造之盡善。**【詩】如竹苞矣，如松茂矣。【詩】如鳥斯革，如翬斯飛。

朝廷曰紫宸音辰，**禁門曰青鎖。**施敬本疏云：紫宸殿者，漢之前殿，周之路寢。○青鎖，宮中禁門，以青塗之。【范顏龍詩】攝宮青鎖闥，遙望鳳凰地。

宰相職掌絲綸，内

為鷹在南為鵰。○又似鷹而大者。一種名鵰一種名鶚。鶚曰皂雕。鶚曰魚鷹。畫眉無別名。○以上或幾翼或幾對或幾籠。駑曰駑駘。謙詞。庸馬也。又曰款段瘦小馬也。○或幾乘。或幾匹。騾曰小羸。騾故作羸。○用幾匹。驢曰蹇驢。蹇跛也。謙詞。○用幾頭。鞍韂曰小羈。又曰粗鞍。○或幾副。或幾具。狗曰地羊。○用幾畜。貓曰家貍。又曰烏圓。貓同猫○用幾隻。諸皮各獸毛皮不能悉載

居黃閣。百官具陳章疏。敷奏丹墀。墀音池。絲綸注詳朝廷。漢百官志。三公府三門。當中開黃閣。設內屏。尚書郎奏事光明殿。以胡粉塗壁。畫古賢烈士。以丹朱漆地。曰丹墀。木天署。學士所居。紫薇省。中書所蒞。類說。秘書閣下。穹隆高敞。謂之木天。○紫薇閣西掖西臺。右垣右曹。皆中書省。金馬玉堂。翰林院宇。柏臺烏府。御史衙門。漢武帝得大宛馬。以銅鑄象於門。曰金馬門。○宋蘇易簡為學士。太祖御書玉堂之署賜之。○漢朱博為御史大夫。府中柏樹常有野烏棲其上。故今稱內部察院公署曰柏臺。曰烏府。布政司稱為藩府。按察司係是臬司。臬音業。藩以藩王室之義也。○臬司執法之司也。互詳文臣類。潘岳種桃於滿縣。故稱花縣。子賤鳴琴以治邑。故曰琴堂。潘岳子賤。俱詳文臣。潭音覃府是仕宦之家。衡門乃隱逸之宅。韓文一為馬前卒。鞭背生蟲蛆。一為公與相。潭潭府中居。○詩衡門之下。可以棲遲。賀人有喜曰門闌藹瑞。謝人過訪曰蓬蓽音必生輝。藹瑞。言門庭多吉祥也。○蓬蓽。柴門也。美奐美輪。禮稱屋宇之高華。肯構肯堂。書言父子之同志。檀弓晉獻文子成室。張老曰。美哉輪

用者各從本名。○用幾張。**金魚**曰赤鱗。又白者曰銀魚。○或幾尾或幾對。

花木類

牡丹曰鹿韭。亦名鼠姑。又張景修十二客圖。以牡丹爲貴客。**芍藥**曰將離。韓詩外傳。芍藥。離草也。故將別贈之。亦曰豔友。又曰近客。**海棠**曰名友。又曰醉春。○秋海棠無別名。**薔薇**曰刺花。亦曰牛棘。曰牛勒。薔薇莖多棘刺勒人。牛喜食。故有諸名。又曰野客。**酴醾**

爲美哉奐焉。[釋]輪以美其周圓。奐以美其散朗。○肯構注詳父子。

土木方興曰經始。創造已畢曰落成。[詩]經始靈臺。○[左]楚子成章華之臺。與諸侯落之。[釋]落是宮室始成而祭之名。**樓高可以摘星。屋小僅堪容膝。**[宋]楊億生數歲。不能言。一日家人抱之登樓。觸其首。即吟曰。危樓高百尺。手可摘星辰。不敢高聲語。恐驚天上人。○[歸去來辭]審容膝之易安。**寇萊公庭除之外。只可栽花。李文靖廳事之前。僅容旋馬。**[宋書]寇萊公爲相。庭階下無廣地。僅可栽花而已。○[宋]李文靖公沆爲相。治居第。廳事。僅可旋馬。**躬賀屋成曰燕賀。自謙屋小曰蝸**音瓜**廬**音盧。[淮南子]大廈成。而燕雀相賀。○魏時隱者焦光作圓舍於河閭。形如蝸穴。名曰蝸廬。[□]蝸牛小螺也。有兩角。能噴土爲穴。僅可容身。**民家名曰閭閻。**音炎。**貴族稱爲閥閱。**音伐越。閭閻皆里門也。○[□]明其等曰閥。積其功曰閱。章彪曰。士以才行爲先。不可純倚閥閱。**朱門乃富豪之第。白屋是布衣之家。**古者居官民眾多者。天子賜朱戶。謂以丹朱其戶。○[家語]周公居冢宰之尊。而猶下白屋之士。**客舍曰逆旅。館驛曰郵**音由**亭。**[唐]馬周入關。舍新豐逆旅。命酒一斗八升。悠然獨酌。眾異之。[釋]逆。迎也。旅。眾也。○郵亭。境上行書之舍。即今驛館也曰韻友。又曰雅客。○案歲時記，酴醾本酒名。花色似之，故名。俗作荼蘼。玉蘭無別名。木蘭曰桂蘭。瑞香曰睡香。廬山比丘晝寢，夢中聞花香，因名睡香。亦曰殊友。又曰佳客。木香曰蜜香。因其香氣如蜜也。梔子曰越桃。曰木丹。亦曰林蘭。曰薝蔔。又曰禪友。○[本草]梔當作巵，巵酒器，梔子象之，故名。桂曰木犀。亦曰岩桂。叢生岩間，故名。又曰仙友。曰仙客。木芙蓉曰木蓮。此花豔如荷

書室曰芸窗，朝廷曰魏闕。[東坡]芸葉薰香走蠹魚。[釋]芸香草。蠹蛙書蟲也。草可避蠹。○[周禮]天官縣治象之法於象魏。[釋]象魏，闕也。成均辟雍，皆國學之號；黌音橫宮膠音交序，乃鄉學之稱。[唐]貞觀中，改國子學爲國子監，後又改爲司成，又改成均。取周禮大司樂掌成均之法，故名。[詩]於樂辟雍。[按]唐歸宗敬建議古天子學曰辟雍，壅水環繞如璧，故曰璧池璧沼。亦言學省。今請改爲辟雍省。○[周禮]周人養國老於東膠，養庶老於虞庠。

笑人善忘，曰徙宅忘妻；譏人不謹，曰開門揖盜。[家語]魯哀公謂孔子曰：人有善忘者，徙宅而忘其妻。孔子曰：尤有甚者，桀紂乃忘其身。○[吳]孫策薨，權哭未息，張昭曰：今奸宄競逐，乃顧禮制，是猶開門而揖盜。

何樓所市，皆濫惡之物；壟音龍斷獨登，譏專利之人。[宋]京師有何氏，其樓下所賣之物，多虛偽，因名何樓。○孟子：有賤丈夫焉，必求壟斷而登之，以左右望而罔市利。[釋]壟斷，岡壟之斷而高者。

蓽門圭竇音豆，係貧士之居；甕牖繩樞，皆窶人之室。[禮]蓬戶甕牖。[釋]蓽門，以竹織門也。圭竇，鑿門如圭也。○賈誼過秦[論]陳涉甕牖繩樞之子。[釋]甕牖，以甕爲牖也。繩以繩爲繫戶樞也。

宋寇準，眞是北門鎖鑰音藥；檀道濟，不愧萬里長城。[宋史]宗罷

花。故名。又曰拒霜。○[集]荷花亦名芙蓉。故木以別之。**山茶**無別名。○[集]山茶有數種。實珠者花簇如珠最勝。海榴茶花。石榴茶花。躑躅茶花。宮粉茶花。串珠茶花。○又有一捻紅。千葉紅。千葉白等名。不可勝數。用者各從本名。**辛夷**曰辛雉。亦曰侯桃。又曰木筆。曰迎春。北人呼為木筆。南人呼為迎春。**紫薇**曰絳穎。**紫荊**曰紫珠。至秋子熟。正紫。圓如小珠。故名。**夜合**曰合昏。亦曰合歡。又曰蠲

準知天雄軍。契丹使者謂準曰。相公望重。何不在中書。準曰。皇上以朝廷無事。北門鎖鑰。非準不可耳。○[劉宋]檀道濟伐魏糧竭。濟夜唱籌量沙。及旦。魏軍不敢追。進司空鎮壽陽。威名甚重。文帝疑畏之。及上疾。彭城王義康矯詔誅之。濟自負文武全才。為國家倚重。既沒。目光如炬。脫幘投地曰。乃壞汝萬里長城耶。

[增]**榱題一建。風雨攸除。**[詩]約之閣閣。椓之橐橐。風雨攸除。鳥鼠攸去。君子攸芋。**百堵俱興。周邦鞏**弓上聲**固。重門洞闢。宋殿玲瓏。**[詩]似續妣祖。築室百堵。西南其戶。爰居爰處。爰笑爰語。○[宋]太祖曰。重門洞闢正。如我心。少有私曲。人皆見之。

晉公堂下植三槐。相臣地位。靖節門前栽五柳。隱士家風。[聞見錄]王祜有大功於朝。不得相。謂人曰。我不做。二郎必做。乃手植三槐於庭曰。吾子孫必有為三公者。後王旦果相。東坡為作三槐堂記。○[晉書]陶靖節解印歸居柴桑。門前種五柳。號五柳先生。嘗言五六月。北窗下臥。遇涼風暫至。自謂羲皇上人。

退思巖。是魚頭參政退思時。知妄室。乃半山居士知妄處。[宋]宗道號魚頭參政。嘗一室曰退思巖。每退朝。獨居其中。雖妻子不許入。○宋荊公。自號半山居士。築一室。曰知妄。自為語錄云。知妄為妄。即妄是真。認妄為真。雖

忍。罌粟曰米囊。曰麗眞亦春。○或作罌妄。

荷曰芰荷。亦曰芙蕖。又曰浮友。曰靜客。

蘭曰幽蘭、曰素蘭。亦曰芳友。又曰幽客。

蕙曰山蘭。○按一幹一花者爲蘭。一幹數花者爲蕙。○珠蘭無別名。

茉莉曰宗花。亦曰雅友。又曰遠客。又一種似茉莉者。曰素馨。

菊曰節華。取其應節候也。亦曰霜媒。又曰佳友。曰壽客。菊本作鞠。

玫瑰無別名。○【韻】玫瑰火齊珠也。花色似之。故名。

凌霄曰紫葳。又曰陵

蓂生神堯階下。竹秀唐帝宮前。【史記】堯帝土階三尺。階下有蓂。曰蓂莢。朔後日生一葉。望後日落一葉。○【唐書】玄宗兄弟友愛。後苑竹叢幽密。帝謂諸王曰。兄弟相親。當如此竹。因謂之義竹。

夾馬營中。異香徧達。盤龍齋內。瑞氣常臻。【宋紀】宋太祖生於夾馬營中。赤光滿室。異香經月。號爲香孩兒。○【南史】劉裕幼有大志。嘗作一小齋。扁曰盤龍。意取能變化。

月榭音謝已成。賸音孕有十分佳景。雪巢既搆。應無半點塵埃。【唐】裴度致仕。治第東都。號綠野堂。有涼臺燠館。風臺月榭之勝。○【宋】林景思作廬舍。以雪景成名之曰雪巢。【楊廷秀賦】式璘我室。式璜我廨。絕無一埃。點我勝槩。

避風臺妃子揚歌。凌烟閣功臣列像。【飛燕外傳】漢成帝后趙飛燕。體輕不勝風。帝爲製七寶避風臺。后善爲歸風送遠之曲。歌於臺上。酒酣風起。后揚袖曰。仙乎仙乎。左右捉其裾。帝目之曰。此留仙裾也。○【唐紀】唐太宗圖功臣二十四人於凌烟閣。

碧雞坊裏神仙至。朱雀橋邊士子遊。【漢書】有方士曰。金馬碧雞之神。可祭而至。宣帝因建碧雞坊。○朱雀橋在吳西。士子遊觀之所。【劉禹錫】【烏衣巷詩】朱雀橋邊野草花。烏衣巷口夕陽斜。

浣花溪上。草堂最是杜公樂地。至道坊間。土窟更爲司馬勝居。杜甫在城茗。月季曰勝春。○俗名月月紅。水仙無別名。萱草曰忘憂。曰療愁。亦曰鹿葱。又曰宜男。風土記妊婦佩其花。則生男。故名。萱當作蕙。玉簪無別名。長春曰金盞。狀花形也。繡帶無別名。玉毬無別名。款冬曰款凍。款者。至也。至冬而花也。鳳仙曰金鳳。又曰菊婢。剪春羅無別名。杜鵑曰山榴。謂與榴花相似也。○俗名映山紅。雞冠曰秋

都時。劍南節度使裴冕爲卜浣花溪。作草堂以居焉。○宋王拱辰於洛之道德坊。起屋三層而居。司馬公於至道坊。掘地爲室居之。富鄭公問邵堯夫曰。洛中有何新事。堯曰。有一巢居者。有一穴處者。遂以二公對。富公大笑。

器用　新增文十一聯

一人之所需。百工斯爲備。孟子且一人之身。而百工之所爲備。釋需。用也。但用則各適其用。而名則每異其名。朱子云器者各適其用。而不能相通。管城子中書君。悉爲筆號。石虛中即墨侯。皆爲硯稱。毛穎傳毛穎。中山人。蒙恬南伐楚。次中山。將大獵。圍毛氏族。拔其豪。載穎而歸。始皇封諸管城。號曰管城子。累拜中書令。上呼爲中書君。說文楚謂之聿。吳謂之不律。燕謂之弗。秦謂之筆。○石虛中傳石虛中。字居默。南越高要人也。器度方圓。封即墨侯。與宣城毛元銳。字文鋒。燕人易玄光。字處晦。華陰楮知白。字守玄。皆同出處。釋元銳。筆也。玄光。墨也。知白。紙也。墨爲松使者。紙號楮先生。唐玄宗御案墨曰龍香劑。一日見墨上有小道士。如蠅而行。上叱之。即呼萬歲曰。臣墨之精。墨松使者也。○毛穎傳與絳人陳玄。弘農陶泓。會稽楮先生友善。出處必偕。釋毛穎。筆也。陳玄。墨也。陶泓。硯也。楮先生。紙也。紙

碎梅。又 李 詩曰 … 桃 … 梅 … 木槿曰朝開暮落

柏曰側柏，又曰翠柏。杏曰甜梅。

紙曰剡藤，又曰玉版；墨曰陳玄，又曰龍劑。共筆硯，同窗之謂；付衣鉢，傳道之稱。

劍有干將、鏌鋣之名；扇有仁風、便面之號。何謂箑？亦扇之名；何謂籟？有聲之謂。小舟名蚱蜢，巨艦曰艨艟。

有數種，其葉扁而側生者爲側柏。**松**曰蒼松，又曰虬松，其形盤曲如虬龍也。**黃楊**無別名。**芭蕉**曰芭草。又曰甘蕉。蕉實甘如蜜，故名。○美人蕉，曰紅蕉。**菖蒲**曰錢蒲。○以上眾花木，或幾本或幾盆。

器用類 附閨門

牀曰寢簀，又涼牀、暖牀，各從本名。牀，俗作床，非。**榻**曰臥榻，又木榻、竹榻，各從本名。○與上俱幾張。**帳**亦曰牀帷，亦曰流

音濫。**曰艨艟，**音蒙衝。【六書正譌】蚱蜢，螳類，借爲船名，譬其小也。別作舴艋，非。○艦，戰船，四方施版以御矢，外狹而長曰艨艟。**金根皇后之車，菱**音靈。**花婦人之鏡。**【輿服志】太皇太后法駕，六御金根。玉輅。輦釋：金根車，以金爲飾。【[illegible]外傳】菱花鏡一奩。**銀鑿**音昨。**落原是酒器，玉參差乃是簫名。**【白樂天詩】金屑琵琶槽，銀含鑿落盞。【[illegible]】落，格也。【風俗通】舜作竹簫，其形參差，以象鳳翼。姜白石詩：剪燭屢呼金鑿落，倚窗閒品玉參差。**刻舟求劍，固而不通；膠柱鼓瑟，拘而不化。**【列子】楚人有涉江者，舟中劍墮於水，遽刻其舟，曰此吾墮劍處也。至岸，從刻處入水求之，不亦惑乎。○【揚子】柱，瑟上雁足也。一絃一柱，所以遊移上下，以調聲音。若以膠黏定其柱，則不能調矣。【釋名】膠，黏膏也。**斗筲言其器小，梁棟謂是大材。**【論語】斗筲之人，何足算也。○【晉書】和嶠有盛名，庾亮見而嘆曰：嶠森森如千丈松，雖磥砢多節，若施之大廈，則有棟梁之用。**鉛刀無一割之利，強弓有六石之名。**○鉛刀，注詳增人事。【後魏】奚康王能引強弓，梁聞，遣之以大弓粗箭，康集文武射之，猶有餘力。**杖以鳩名，因鳩喉之不噎；**音謁。**鑰同魚樣，取魚目之常醒。**【續漢書】民年七十者，授之玉杖，杖端刻鳩，鳩者不噎之鳥，取老人飲食不噎之義。○鎖鑰，周穆王時所起

蘇。又紗羅等帳各從本名。用幾頂。○帳鉤曰幔鉤。用幾對。被曰寢衣。亦曰寢衾。褥曰茵褥。又綢綾錦繡等被褥。俱各從本名。茵可作稱。○以上俱幾條。枕曰首薦。又藤枕。角枕。繡枕等。各從本名。或幾器或幾對。○枕頭、曰枕方。用幾對。席曰臥席。又蒲席曰莞蒻。竹席。曰涼簟。常俗加帥頭。薦櫻薦氈蘆各從本名。○以上俱幾條。桌曰席案。或紗張或幾座。○桌幃無別名。或幾條。或幾件。几曰文几。几曰

樣同魚者。魚在水中。晝夜不瞑目。取守夜之義。兜鍪音兜謀。係是頭盔叵音魁頗羅乃為酒器

首鎧也。亦曰胄。[吳志]孫策與太史慈戰於神亭。慈鑿鍪。遂為策所乃謂慈曰。孤昔與卿神亭之役。若為卿先何如。慈曰。不敢面欺若嵾金帶不斷。未可量也。○[李白詩]蒲萄酒。金叵羅。吳姬十五細馬馱。短劍名匕音比首氈毯音坦曰氍毹

音劬俞。匕是也。其頭如匕。短而便用。故名。○[說文]氍毹。毾㲪毯之屬。[古詩]美人贈我氍毹。琴名綠綺焦桐弓號平聲烏號繁弱

綠綺。司馬相如琴名。○昔吳人有燒桐以爨者。蔡邕聲。取以為琴。琴成尾有焦。因名曰焦尾。琴聲調絕倫。○[古史考]柘樹枝長而烏集。將飛。枝彈烏。烏號呼。以柘為弓。因名曰烏號。[地輿志]繁弱烏弓。屈盧之矛。古之異寶。[illegible]繁弱屈盧。二地名。一出良弓。一出利矛。香爐曰寶鴨燭臺曰燭奴

[illegible]寶鴨。焚蘭燼。金猊噴麝煤。[illegible]中王以檀木刻童子。每夜飲。列執畫燭。故名燭奴。龍涎音旋雞舌悉是香名鷁音逆首鴨頭別為船號

[初學記]大石國龍多蟠於洋中。大石臥而吐涎。浮魚聚而嘈之。人見則魚沒。因而取焉。[雜俎]一本四香。根曰栴檀。節曰沈香。花曰雞舌。膠曰薰陸。[illegible]舌。一名丁子香。即丁香母也。○[郭璞云]鷁鳥畫於船頭。以驚水怪。[吳志]太傅諸葛恪制為鴨頭。壽光客是奩鏡

淨几。曰烏皮几。漆几。素几。竹几。案几。香几。畫几。各從本。椅曰交名。○用幾張。椅。○桌椅俱俗稱。桌古呼曰案。椅古呼曰牀。凡胡牀匡牀等。皆指坐者而言。或幾張或幾座。○椅披無別名。凳或呼椅袱。用幾條。凳式不一。俱無別名。槃從俗稱可也。廣長者用幾條。獨坐者用幾座。○椅脚凳褥。總曰座褥。用幾方。○踏凳曰足凳。用幾器。箱藏衣曰衣笥。藏書箱曰書簏。皮曰韋篋。竹曰竹笥。竹篋或幾隻或幾對。○箱袱無

之鏡長明公。是甑音飯堂不滅之燈。【隋書】御史王度有寶鏡。時蒲陝閙大疫。度令人持鏡照之。病者皆愈。度因作古鏡記。稱爲精光先生。○【異聞錄】楊穆嘗於昭應寺讀書。見紅裳女子。穆問其姓名。答曰。遠祖名無忌。姓朱。因紲揚釋教。封長明公。開元中。立經幢。封妾爲西明夫人。後驗之。乃經幢中燈也。【釋名】幢幡幡幢。桔槔音吉高式。是田家之水車。發碾音撥。是農夫之雨具。【莊子】子貢適楚。見一丈人爲圃畦。抱甕而灌。子貢曰。鑿木爲機。一日可浸百畦。蓋名桔槔。圃者笑曰。有機械者。必有機事。有機事者。必有機心。吾不爲也。○管仲對齊桓公曰。今農夫首戴茅蒲。身衣襏襫。以旦暮從事於田野。【釋名】茅蒲。簦笠也。襏襫。簑衣也。烏金是炭之美譽。忘歸矢之別名。【孟郊詩】青山白屋有仁人。贈炭價重雙烏金。○【文選】楚王張繁弱之弓。載忘歸之矢。以射蛟兕於雲夢。夜可擊。朝可炊。軍中刁斗音斗。雲漢熱。北風寒。劉褒畫圖。【漢】古者軍有刁斗。以銅爲之。朝炊飯。夜擊持行。○【後漢】劉褒畫雲漢圖。觀者皆熱。畫北風圖。觀者皆涼。勉人發憤曰。猛著祖鞭。求人宥罪曰。幸開湯網。【晉書】祖逖。劉琨同起兵救晉。夜聞雞鳴。逖喚琨曰。此非惡聲也。因起舞。出是南渡江。逖擊楫曰。祖逖不能清復中原而後濟者。有如此江。逖與親故書曰。吾枕戈待旦。志梟逆虜。嘗恐

別名或呼箱。蓋用幾方。**火箱**曰箋箱。○用幾座。**匣**章匣紙匣木匣漆匣各從木名。○用幾具。**廚**藏食曰食廚藏書曰書廚。**櫃**曰木匱又曰木櫝櫃本作匱俗加木。○以上或幾張或幾座**轎**曰肩輿亦曰籃輿又曰籃筍或幾乘或幾頂。○扶手曰枕臂用幾具。○輪椅曰轎衣用幾項。**屏風**曰罘罳又几漆屏。雕屏。畫屏各從本名。○用幾座。**簾**曰湘簾曰曲薄亦曰蝦鬚薄與箔同。○用幾挂。

祖生。先吾着鞭。○昔成湯出見獵者。張網四面祝曰皆入吾網。湯曰噫盡之矣。乃解其三面。諸侯聞之曰湯德至矣。澤及禽獸。況於人乎。

拔幟幟音職**立幟。韓信之計甚奇；楚弓楚得，楚王所見未大。**韓信攻趙選輕騎二千人各持一赤幟。戒曰趙見我走必空壁逐我。須拔趙白幟。立漢赤幟。趙兵大亂。漢軍夾擊。遂破趙斬成安君。○家語楚共王出遊。失其烏號之弓。左右請求之。王曰楚人失弓。楚人得之。又何求焉。孔子聞之曰惜乎其不大也。不曰人遺弓。人得之。何必楚也。

董安于性緩，常佩弦弦音賢**以自急；西門豹性急，常佩韋以自寬。**文苑西門豹范丹皆性急佩韋以自戒。宓子賤董安于性緩佩弦以自急。

漢孟敏常墮甑甑增去曾聲**，不顧知其無益；宋太祖謂犯法有劍，正欲立威。**漢孟敏常荷甑墮地。不顧而去。郭泰見而問之。敏曰甑已破矣。視之何益。○宋內臣李承進逮事後唐者。太祖問曰莊宗以英武定天下。享國不久何也。對曰莊宗威令不行。賞賚無節。上撫髀歎曰朕今撫養士卒。固不吝爵賞。苟犯吾法。惟有劍耳。

王衍清談，常持麈音主**拂；橫渠講易，每擁皋比。**音皮晉王衍初爲元成令。終日清談每持玉柄麈尾。釋麈。大鹿也。羣鹿所往。視麈尾所轉爲準。故談者執之。○宋張載號橫渠。喜談兵。范仲淹謂之曰。儒者自有名教可樂。何門帷曰門簾。又曰戶幔。○用幾挂。

火爐大者曰元爐。煖手曰手爐。煖足曰足爐。用幾座。○火著無別名。火鉗無別名。俱幾副。○火鍪無別名。用幾器。

衣架曰椸枷。用幾座。

面盆曰盥盆。又銅盆。錫盆。各從本名。用幾件。○盂架曰盥架。用幾座。○嗽盂曰嗽盂。用幾器。○俗呼去齒垢者曰牙刷。去舌垢者曰刮舌。總曰嗽具。用幾副。

剔牙杖曰挑牙。

捎篋子曰潔耳。捎篋俗作消息非。

事於兵。因勸之讀中庸。反而求之六經。常在京師坐皋比說周易。從者甚眾。【釋】皋比。虎皮坐褥也。

尾生抱橋而死，固執不通；楚妃守符而亡，貞信可錄。

【抱朴子】尾生。卽微生高也。常與女子期於藍橋。女子不來。忽水漲。生欲全信。抱橋柱而死。○【楚】昭王出遊。留夫人貞姜於漸臺。王約曰。召必以符。及遣使迎夫人。使者忘持符。夫人不敢行。使者還取符。水至臺崩。夫人遂溺死。【釋】符。信也。制以竹。六寸。分之可合也。

溫嶠燃犀音西，照見水族之鬼怪；秦政有方鏡，照見世人之邪心。

【晉】溫嶠過牛渚磯。世傳下多怪。嶠燃犀照之。見奇怪異狀者。赤衣乘馬者。須臾水族覆火。夜夢人告曰。幽冥自別。何意相照如此。【釋】犀。獸毛如豕。蹄有三歧。頭如馬。有三角。○【西京雜記】秦始皇有方鏡。照人灼見心膽。凡宮女有邪心者。照之則膽悸心動。

車載斗量之人，不可勝數；南金東箭之品，實是堪奇。

【三國志】魏主曹丕策拜孫權為吳王。權使趙咨入謝。丕問咨曰。吳如大夫者幾人。咨曰。聰明特達者。八九十人。如咨之輩。車載斗量。不可勝數。○【爾雅】東南之美者。有會稽之竹箭焉。西南之美者。有華山之金石焉。【晉】顧榮。吳郡人。虞潭。會稽人。並起兵討蘇峻。史贊曰。顧是南金。虞為竹箭。

傳檄音吸可定，極言敵之易破；迎刃而解，甚言事之易為。

【漢】韓信言

鑷子曰眉鑷。○以上俱幾件。浴盆曰澡盆。又曰淨盆。熏籠曰衣篝。○以上用幾器。食箱無別名。○或幾器。或幾架。食盒曰果盒。又有柄可提者曰手盒。或幾器。或幾對。○攢盒火者曰饌盒。小者曰茶盒。用幾架。酒壺茶壺。湯壺。各從本名。凡金銀銅錫爲者。亦各從本名。○或幾器。或幾把。酒杯曰金罍。曰金尊。曰金卮。曰蘭卮。曰玉卮。曰玉斝。曰兕觥。曰犀杯。曰螺杯。曰鏤杯。曰奠

於漢王曰。大王入關。秋毫無所害。除秦苛法。秦民無不欲得大王王秦者。舉兵而東。三秦可傳檄而定也。【晉書】檄以木簡爲書。長尺二寸。以號召也。有急則插雞羽。謂之羽檄。○【晉史】杜預伐吳。克江陵。謂諸軍曰。今兵威一振。勢如破竹。數節之後。迎刃而解。無復著手處也。

以銅爲鑑。可正衣冠。以古爲鑑。可知興替。【唐史】魏徵卒。太宗謂侍臣曰。人以銅爲鑑。可正衣冠。以古爲鑑。可知興替。以人爲鑑。可知得失。朕嘗保此三鑑。以防己過。今魏徵沒。朕亡一鑑矣。

側理爲紙。別號玄香。乃墨佳名。【拾遺記】南越獻側理紙。南人以海苔爲紙。其理縱橫斜側。晉武帝以賜張華。寫博物志。漢人語訛。謂之陟釐紙。○【纂異記】薛稷爲墨封九錫。拜玄香太守。兼毫州楮郡平章事。是日墨吐異氣。結成樓臺狀。隣里來觀。良久乃滅。

硯稱鮮明。蘇軾曾評鴝眼。筆鋒勁健。鍾繇慣用鼠鬚。【蘇子硯詩】蘇子一硯名鳳咮。坐令龍尾羞牛後。【硯譜】端溪中之硯石。有鸜鵒眼。黃黑相間。晶瑩可愛。謂之活眼。【世說】鍾繇張芝王羲之皆用鼠鬚筆。

匕（音比）首一見驚秦王。蝥（音矛）弧（胡）先登降敵國。【史記】燕太子丹命荊軻入秦。刺秦王。爲匕首以藥淬之中。其鋒剸死。軻以獻地輿圖爲名。圖窮匕首見。秦王覺驚走乃得免。【釋】匕首。短刀也。○【左傳】鄭伐許。潁考叔取鄭伯之蝥弧以先

爵曰羽觴。隨人酌用。杯可作桮。俗作盃，非。或幾器，或幾握。○酒盤曰杯托。凡金盤、銀盤、玉盤、鈿盤、檀盤、漆盤，各從本名。用幾件。○盛酒器曰酒杯，曰酒盞，曰酒巵，溢酒曰酒榼。溫酒者曰酒鐺，曰煖壺，各從本名。用幾器。**茶杯**曰茶甌，又曰茗盌。或幾隻，或幾握。○茶匙無別名。凡金匙、銀匙，各從本名。用幾件。○貯茶器曰茶餅。煮茶器曰茶鐺。用幾器。**盌**盌式甚多，隨人酌用。盌，俗作椀、碗，並非。○或幾對，或幾件。**箸**

登弧旗也。[釋]蟠**蛇矛龍盾，聲雄太乙之壇；紫電青霜，煉質昆吾之劍。**[兵法云]古者出師，必列武備，祭於太乙之壇。龍盾蛇矛，正武備也。[釋]矛盾畫龍蛇於上。太乙，神名。○[滕王閣序]紫電青霜，王將軍之武庫。[釋]謂劍也。○昆吾穆王劍甚鋒利，照人如照水，切玉如切泥。**爲炊必用土銼，**音到**汲井應藉轆轤。**音六盧。[高士傳]王褒家甚貧，終日土竈無烟。[釋]土銼，瓦鍋也。○轆轤，井上汲水圓軸。**睡愛珊瑚枕上凹，**音拗**人情乃爾；飲憐琥珀杯中好，我意猶然。**[唐詩]飲憐琥珀杯中滑，睡愛珊瑚枕上凹。**石季龍坐五香席上，李太白臥七寶牀中。**[鄴中記]石季龍作席，以錦裹五香，雜爲五彩緣之，以錦延待賓客。○[唐書]李白被召，明皇以七寶牀迎之金鑾殿中，使白坐臥，其寵遇如此。**雲繞匡廬，案化葛仙之麂；**音己**遐翻雷澤，梭飛陶母之龍。**[晉]葛仙翁隱匡廬，刻桐木凡案三足，忽化爲白麂，時出於山，遂白日登仙。[釋]麂，麞屬。○陶侃母乘梭於雷澤，忽化爲龍而去。**庾老據胡牀，談詠諸佐皆歡；孔明執羽扇，指揮三軍用命。**[晉]庾亮鎮武昌，中秋夜，佐吏殷浩之徒乘月登南樓嘯咏，亮至，衆欲散，亮曰：老子興亦不淺。據胡牀談咏至旦。[釋]胡牀，交椅也。○[世說補]諸葛亮與司馬象箸。檀箸。鑲箸等。各從本名。箸俗作筯非。○或幾束。或十全。**盤**香盤。茶盤。果盤。菜盤及金錫銅竹木藤漆為者。各從本名。盤亦作柈。○或幾器。或幾件。○或**錫鏇**無別名。○或幾器。或幾對。**調羹**無別名。○用幾事。**燭臺**曰燭奴。○用幾對。**燭**曰絳燭。亦曰丹燭。又曰蠟炬。○或幾對。或幾包。**燈臺**曰燈檠。又曰銀釭。○用幾座。**燈**紗燈。○玻璃燈。角燈。俱各從本名。○燈籠曰寶月。又曰照乘樹。

懿治軍渭濱。克日交戰。懿戎服莅事。使人視亮。獨乘素輿。葛巾毛扇。指揮三軍。隨其進止。司馬懿歎曰。諸葛君可謂名士矣。

以聖賢為拄杖。卻優於九節蒼藤。用仁義作劍鋒。絕勝於七星白刃。【陸賈新語】君子居高處上。則以仁義為巢。乘危履險。則以聖賢為杖。○【陳思王征蜀賦】今以謀謨為劍戟。策略為旌旗。

上公膺寵命。已知高坐肩輿。末士少豪雄。可惜倒持手版。鍾繇為三公。上特加寵遇。使之肩輿入朝。【釋】肩輿轎也。○【晉】桓溫將移晉室。召謝安王坦之。欲於坐害之。既見坦之汗流沾衣。倒持手版。安從容謂曰。聞天下有道。守在四鄰。明公何須壁後置人。溫笑曰。正自不能不爾。

珍寶　新增文十聯

山川之精英。每洩為至寶。乾坤之瑞氣。恆結為奇珍。精粹之英。瑞祥之氣。皆為至寶奇珍。乃天地山川靈氣所鍾。

故玉足以庇音秘**嘉穀。珠可以禦火災。**【左】王孫圉曰。玉足以庇蔭嘉穀。使無水旱之災。則寶之。珠可以禦火災。則寶之。

魚目豈可混珠。碔砆音武夫**焉能亂玉。**【廣州記】鯨魚目者曰檠燈又曰高檠提者曰提籠○以上或幾盞或幾對**火炬**紙曰紙火炬竹曰竹炬○**傘**大者曰大用幾把傘蓋又綾蓋羅蓋黃蓋藍蓋皆用小者曰雨蓋亦曰雨繖傘當作繖○用幾柄**掌扇**曰大篷又曰薇麗○用幾柄**屐**曰雨屐亦曰革舃○用幾雙**鎖鑰**無別名用幾副**天平**無別名用全副**秤**曰權衡○夫權者稱也衡者錘也又曰折平秤與稱**等**無別名等同俗作戥非**銀**

似明月珠〔埤雅〕龍珠在額蛟珠在皮蛇珠在口蟹珠在足蚌珠在腹○〔魏〕文侯西豹論云夫物多相類而非也白骨疑象碔砆類玉此皆似是而非者。**黃金生於麗水白銀出自朱提**音殊時麗水在益州中有金如糠浮出水上○朱提山名在四川多產白銀。**曰孔方曰家兄俱為錢號曰青蚨**音符**曰鵝眼亦是錢名**〔錢譜〕〔錢神論〕錢之為體有乾坤之象親之如兄字曰孔方洛中朱衣當途學士見我家兄不敢仰視○〔搜神記〕南方有蟲其形如蟬取其子母卽飛來以母血塗錢八十一文以子血塗錢八十一文或先用母錢或先用子錢皆復飛歸輪環無已故淮南子之術以之還錢名曰青蚨〔宋略〕沈慶之啟通私鑄而錢大壞矣每千長不滿三寸謂之鵝眼錢。**可貴者明月夜光之珠可珍者璠璵**音煩于**琬**淵上聲**琰**鹽上聲**之玉**隋侯祀元暢往齊國見蛇被傷救而治之其後蛇啣明珠以報其夜光可以照堂○孔子曰美哉璠璵遠而望之煥若也近而視之瑟若也一則理勝一則學勝〔書〕弘璧琬琰在西序。**宋人以燕石為玉什襲緹**音題**巾之中楚王以璞玉為石刖**音月**卞和之足**〔說苑〕宋之愚人得燕石以為至寶以革櫃緹巾什襲藏之周客聞而觀焉主人齋戒七日沐浴啟櫝客笑曰石也宋人怒藏之愈固○楚人卞和遊荊山剪無別名。○以上俱幾件。升斗總曰量器。○用幾張算盤曰數具。○用幾盤。羅盤曰羅盤。又曰指南。○用幾面。甕曰瓦罌。又曰瓿甒。凡盛酒者曰酒甕。貯醬者曰醬瓿。缸曰甖瓨。又栽花者曰花缸。又畜魚者曰魚缸。盆曰土缶。亦曰土盎。○以上俱幾器。柴曰乾薪。○用幾綑。炭曰烏金。○用幾簍。便桶曰淨桶。又曰子桶。溺器曰虎子。亦曰獸子。又曰溲器。智伯頭。

得璞玉獻之楚厲王。王使玉人相之。曰。石也。王怪其詐。刖其左足。又獻之武王。亦以爲詐。刖其右足。**惠王之珠。光能照乘。和氏之璧。價重連城。**【史記】齊威王。魏惠王。會田於郊。魏王曰。齊有寶乎。齊王曰。無有。魏王曰。寡人國雖小。尚有徑寸之珠。照車前後各十二乘者十顆。豈齊大國而無寶乎。○【史記】趙惠王得楚和氏璧。秦昭王請以十五城易之。藺相如捧璧入秦見秦王。無償城意。欲以璧擊王。恐碎璧不敢逼。因怒髮沖冠。完璧歸趙。**鮫**交音**人泣淚成珠。宋人削玉爲楮。**【博物志】水國鮫人。出寓人閒。賣綃將去。從主人索一器。泣淚成珠滿盤以謝主人。○【列子】宋人有爲其君。以玉爲楮葉。三年而成。雜之諸葉中不辨。**賢乃國家之寶。儒爲席上之珍。**【漢高祭疏】秦欲伐楚。秦使觀楚之寶器。奚恤謂使者曰。客欲觀楚之寶器乎。楚之所寶則賢臣也。惟大國之所觀。○【家語】魯哀公問儒行。孔子對曰。儒有席上之珍以待聘。**王者聘賢。束帛加璧。儒抱道懷瑾握瑜。**【漢書】武帝使使束帛加璧。以蒲裹車輪而迎申公。○【楚辭】懷瑾握瑜。【註】瑾瑜皆美玉。在衣爲懷。在手爲握。**雍伯多緣。種玉於藍田而得美婦。太公奇遇。釣璜**橫音**於渭水而遇文王。**雍伯往詳夫婦。○【史記】姜子牙年八十。釣於渭水。初下得鯽。次下得鯉。剖魚腹中。得璜玉。刻文曰。周受命漆爲溲器是也。
○以上俱盥器。**椷妝**
曰匳箱。又曰鑑
匣。匳俗作奩非。**梳匣**
曰文具。又曰匳具
○以上俱幾座。**鏡**
曰寶鑑。又曰菱花用
幾面。○鏡架曰鏡臺
用幾座。○鏡蓋
無別名。用幾圓。**梳篦**
竹曰竹篦。木曰木篦
牙曰牙梳。角曰角梳
總曰櫛具。○或
幾副或幾對。**抿刷**
抿髮者曰抿子。刷衣
曰刷子。俱無別名。○
用幾
件。**假髩**曰烏雲。亦
曰髮髲。又
曰髢髲。○
用幾束。**笄**簪也。古
者女年

呂佐之。文王出獵於渭水。見老父釣。王問之曰。叟樂此乎。對曰。君子樂行其志。小人樂供其事。吾非樂於漁也。王謂左右曰。得無是乎。因載之後車以歸。與論政事。大悅之曰。吾先君太公嘗曰。當有聖人適周。周賴以興。子真是乎。太公望子久矣。號太公望。

剖腹藏珠。愛財而不愛命。纏頭作錦。助舞而更助嬌。［唐］太宗曰。吾聞西域賈胡得美珠。剖腹藏之。人皆知笑彼之愛珠。而不知愛其身也。○［杜贈妓詩］笑時花近眼。舞罷錦纏頭。○［唐］明皇折千葉桃。插於妃子鬢曰。此花亦能助嬌。

嘗廉潔。克俾合浦還珠。相如勇忠。能使秦廷歸璧。［漢］合浦縣不產穀。而出珠。民嘗採珠以易米。浦之太守貪污。珠漸徙去交趾。及孟嘗伯爲合浦太守。除革前弊。未踰歲。去珠復還。○相如詳上連城。

玉釵作燕飛。漢宮之異事。金錢成蝶舞。唐庫之奇傳。［漢］武帝起招靈閣。有二神女。遺玉釵與帝。帝以賜趙婕妤。至元鳳中。宮人猶見此釵。謀欲碎之。明旦視匣中。惟見白燕飛天而去。○［唐］穆宗時。禁中千葉牡丹開。有黃白蛺蝶數萬。飛集花間。上令舉網張之。得數百。視之乃庫中金錢也。

廣錢固可以通神。營利乃爲鬼所笑。［唐］張延賞將判獄。忽案上有一帖云。奉錢十萬貫。延曰。錢至十萬貫。可通神矣。吾懼禍及。不得不止。○［宋］劉伯龍歷官中外。貧窶尤甚。嘗在家將營什一之利十五而笄。未聞有如今俗之所謂冠者。今俗且誤以冠爲笄。冠曰髻飾。○用幾頂。

翠翹 無別名。○用幾事。**包頭** 無別名。○用幾副。**雲肩** 無別名用幾件。**脚鈴** 曰禁步。用幾對。**香囊** 曰錦囊。又曰繡囊。○用幾對。**香毬** 曰金鉔。○用幾圓。**臙脂** 曰燕支。以出燕支山。故名臙。亦作胭。○用幾十。**粉** 曰宮粉。亦曰玉容。又鉛粉。珠粉。片粉。撲粉。各從本名。用幾匣。○粉盒。無別名。用幾對。

一鬼在旁。撫掌大笑。伯嘆曰。貧窮固有命。今日乃爲鬼所笑也。

以小致大。謂之拋披交切**磚**音專**引玉。不知所貴。謂之買櫝還珠。**

趙嘏至吳。常建以其有詩名。必遊靈岩寺。建先題二句。及嘏遊寺。爲續成之。人謂建乃拋磚引玉。○韓子 楚人賣珠。爲木蘭之櫝。薰以桂柏。綴以珠玉。緝以翡翠。鄭人買其櫝。還其珠。只知櫝之美。不知珠之貴。釋 櫝。匱也。

賢否音鄙**罹**音離**害。如玉石俱焚。貪吝無厭。雖錙**音咨**銖**音朱**必算。**

書 火炎崑岡。玉石俱焚。○說文 錙。六銖也。按 黃鍾一龠容二千百黍。重十二銖。二十四銖爲兩。釋 極言其細微。

崔烈以錢買官。人皆惡其銅臭。秦嫂不敢視叔。自言畏其多金。

漢 靈帝開鴻都門鬻官爵。崔烈本冀州名士。因傅母入錢五百萬。得爲司徒。烈問其子均曰。吾居三公。外議何如。鈞曰。大人少有英稱。歷位卿守。但論者嫌其銅臭耳。釋 傅母。教帝之母也。○國策 蘇秦字季子。初說秦。不遇歸。妻不下機。嫂不爲炊。後說趙。趙王大悅。封爲武安君。受相印。將說楚。路過洛陽。嫂蛇行匍伏。四拜自跪而謝。秦曰。嫂何前倨而後卑乎。嫂曰。以季子位尊而多金也。

熊袞父亡。天乃雨錢助葬。仲儒家窘。天乃雨金濟貧。

唐 熊袞爲御史大夫。奉公守法。家無私積。父死不能葬。日夜號哭。一日天雨錢十萬。以襄葬事。○拾遺記 翁仲儒家油曰香膏，亦曰蘭膏，又曰綠雲。○用幾瓶。**剪刀**曰繡剪，又曰燕尾，以形似故稱。○用幾握。**裁尺**王曰王尺，牙曰牙尺，餘俱曰裁尺。○用幾枝。**尉斗**曰火斗，又曰縉尉。尉俗作熨，非。○用幾器。**烙鐵**無別名。用幾柄。**繡墩**無別名。用幾座。**線帖**曰緘帖。用幾具。**花鉗**曰繡鑷。○用幾件。**鍼**曰繡鍼，亦曰紉鋒，又曰琢鍼。鍼亦作箴，俗作針，非。○用幾百。

極貧。一旦天雨金十斛於其家。由是與王侯爭富。**漢楊震畏四知而辭金，唐太宗因懲貪而賜絹。**【漢】楊震舉密爲邑令。密夜懷金以餽之。密曰。暮夜無人知。震曰。天知地知。你知我知。何謂無知。密慚而退。○【唐】長孫順德受人餽絹事覺。太宗復賜絹十疋。胡演曰。不致罪。而復賜之。何也。上曰。彼有人性。得絹之辱。甚於受刑。順聞之慚。**晉魯褒作錢神論，嘗以錢爲孔方兄；王夷甫口不言錢，乃謂錢爲阿堵物。**錢神論注詳上。○【晉】王夷甫妻郭氏。喜聚斂。夷不悅。口不言錢。妻欲試之。以錢遶床。不得行。夷見之。命婢取阿堵物去。【選】阿堵猶言眼前物。謂錢也。**然而牀頭金盡，壯士無顏；囊內錢空，阮郎羞澀。**音森。入聲。【唐詩】牀頭黃金盡。壯士無顏色。○【晉】阮孚持一皂囊遊會稽。客問其中何物。孚曰。但有一錢看囊。恐其羞澀。**但匹夫不可懷璧，人生孰不愛財。**【左】虞叔有玉。虞公求之。不獻。既而悔曰。匹夫無罪。懷璧其罪。焉用此以賈禍也。遂獻之。

【增】**斑斑美玉，瑟瑟靈珠。**【事文類聚】斑斑玉名。瑟瑟珠名。**瑠璃瓶最宜卜相，琥珀盞充可酌賓。**【廣州記】瑠璃出大秦高麗日南諸國。其性堅。刀刮不動。白色厚半寸許。此自然之物。彩澤光潤。【五代史】廢帝欲擇相。左右

應酬佳話

當有歲星是稱慕聖王。
徧地陽春是譽官僚。
口碑載道是稱頌政聲。
兩袖清風是稱廉潔。
謬叨榮貴是自謙遷擢。
謬蒙殊寵謂謝遷擢。
三釜之養謂仕宦親在。
儋石之祿是謂守微俸。
留鞭截鐙是謂遺愛。

皆言盧文紀及姚顥。有人望帝因書姓名。納之琉璃瓶中。焚香祝天以筯挾之。得文紀。遂以爲相。○【博物志】松脂淪入地中。千年化爲茯苓。再千年化爲琥珀。又名珠光。嗣續將盛。鳴鳩化金帶之鉤。爵祿彌高。飛鵲幻音宦玉紐之印。【韻府】羣玉。山西張氏世代有陰德。忽有鵲入室。祝之曰。爾爲禍耶飛上梁。爾爲福耶飛入我懷。鵲飛入懷。以手探之。得一金帶鉤。遂寶焉。自是子孫日富盛。○【唐書】張環見飛鵲忽墜於地。化而爲石。剖之得玉印。文曰忠孝侯之印。魏博鐵鑄錯。猶惜不成。張說記事珠。忽然頓悟。【五代史】羅紹威以魏博牙兵驕甚。盡殺之。後遂爲朱溫所制。乃謂親吏曰。聚六州四十三縣鐵。鑄一個錯不成。【釋】六州。魏博溫盈澶衞也。鑄錯不成。蓋歎其悞殺牙兵也。○【唐】張說爲相。有記事珠。事之遺忘者。弄其珠則頓然悟。夏桀乃昏庸主。國有瑤臺。郭況是貴戚卿。家多金穴。【通鑑】夏桀無道。爲肉山酒池。瓊宮瑤臺。○郭況。漢光武郭后之弟也。帝數幸其第。賞賜黃金甚多。時謂之金穴。韓嫣音煙一出。兒童覓綠野之金丸。漢祖既還。亞父撞鴻門之玉斗。韓嫣性奢侈。以金爲彈丸。一日所失者十餘。長安爲之語曰。若饑寒。逐彈丸。京師兒童。每伺嫣出。輒隨往。望彈丸所落而拾之。○【史記】漢祖鴻門之宴。起如廁。樊噲曰。大行不顧細謹。大

秦鏡當空　是謂聽訟。

鑑鏡可雪　是訟明斷。

為饑寒所驅　為貧出仕。

龍驤麟振　是稱人將略。

鼓篋橋門　是稱起上庠。

遭不錄　謂己被黜落。

榮膺紫閣　是賀人母受封。

一鳴驚人　謂一時榮發。

今之班馬　是稱才高。

屈宋作衙官　才高出衆。

禮不辭小讓。如今人方為刀俎，我為魚肉，何辭為。遂逃歸灞上。留張良以白璧謝羽，以玉斗謝范增。增置之地，拔劍撞破之，曰：唉，豎子不足與謀。奪項王天下者，必沛公也。**刻岷姬之形，以玉好色惟然；鑄范蠡之像，以金尊賢乃爾。**【竹書紀年】桀伐岷山，岷山之君獻桀以二女，曰琬、曰琰。桀受二女，刻其名於苕華之玉。○【吳越春秋】越既破吳，范蠡遂泛舟遊於五湖，莫知所終。句踐思之，以黃金鑄像而朝禮之。**珊瑚樹高滿齊奴之室，瑪瑙盤捧來行儉之家。**石崇小名齊奴。王愷與崇鬭富，不勝。武帝出珊瑚樹，高三尺，助愷。崇擊碎之。帝欲其賠，崇以高六七尺者賠之，四五尺者殆不勝數。○【唐】裴行儉有瑪瑙盤，廣二尺，文采粲然。軍吏趨跌，盤碎，惶愧叩頭。行儉曰：汝非故也。色不少變。君子服其量。**燕昭王之涼珠，炎蒸無暑；扶餘國之火玉，冽冱無寒。**【拾遺記】燕昭王時，外國獻黑蚌珠，暑月懷之，極清涼，號招涼珠。○【唐】武帝時，扶餘國進火玉，可以燃鼎。置室中，不必挾纊。**錦帆錦帳，炫人耳目；金埒**音劣**金塢**烏上聲**駭我見聞。**錦帆注詳貧富。○錦帳注詳衣服。○【晉】王武子養馬，編錢布地，號金埒。○金塢注詳貧富。**從吾所好，豈曰富而可求；有命存焉，當以不貪為寶。**【左傳】宋人或得玉，獻諸子罕。子罕曰：我以

脫落風塵　稱有清節。
不爲瓦全　謂君子不黨同。
品題便佳　是以言獎人。
笑人寂寂　是嘆不得大用。
咄咄逼人　是謂豪甚。
驥服鹽車　謂用非其才。
居鄭圃　謂不見知於人。
祥麟威鳳　是譬喻俊傑。
未見叔夜　謂識其子不見其父。
雨鳳廷飛　謂兄弟同用。

不貪爲寶，爾以玉爲寶，若以與我，皆喪寶也，不若人有其寶。卒弗受。【釋】喪寶，謂一喪廉，一喪寶。

貧富　新增文才聯

命之修短有數，人之富貴在天。修，長也。○【論語】死生有命，富貴在天。惟君子安貧，達人知命。子安【滕王閣序】所賴君子安貧，達人知命。貫朽粟陳，稱羨財多之謂；紫標黃榜，封記錢庫之名。【司馬遷平準書】漢興七十餘年之間，國家無事，京師之錢累巨萬，貫朽而不可校；太倉之粟，陳陳相因。○【梁】武帝蕭衍性愛錢，百萬一聚，掛以黃榜，千萬一庫，掛以紫標。武帝少子綜作錢愚論譏之。貪愛錢物，謂之錢愚；好置田宅，謂之地癖。音僻。【晉書】和嶠官太傅，富擬王者，性至吝，一文不忘費，杜預目爲錢愚。○【唐】李愷善置業，田疇彌望，人謂之地癖。【釋】癖，病也。守錢虜，譏蓄財而不散；落魄夫，謂失業之無依。【漢】馬援少家貧，往北地田牧。後有羊馬牛數頭，穀數萬斛，嘆曰：凡殖財貨，貴能施賑，否則守錢虜耳。盡其所有以頒昆弟故舊。○【漢書】酈食其好讀書，家貧落魄，無衣食產業，爲里門監。貧者地無立錐，富者田連阡陌。【貨殖志】秦孝公壞井田，開阡陌，民得買賣，富者田連岐嶷謂小兒聰明。
徒抹詩書是言人兒幼。
深愧無功賀生子之戲言。
橫經馬帳是稱設教名高。
一字之師謂小有所教。
幸得充下館是謙稱於主人。
字不堪煮是讀書窘迫。
鐵硯未穿謂終不改業。
臥薪嘗胆是謂堅心苦志。
衣符如雨謂友侈多。

阡陌貧者地無立錐【釋】田間道路。南北曰阡，東西曰陌。室如懸磬言其甚窘家無儋音擔石謂其極貧【左】齊孝公伐魯，魯使展喜犒師。齊侯曰：魯人恐乎？對曰：小人恐矣，君子則否。齊侯曰：室如懸磬，野無青草，何恃而不恐。○【揚子雲傳】家無儋石之儲。【釋】儋石，容二斗。無米曰在陳守死曰待斃【左】哀公四年，楚使人聘孔子，孔子往拜，路出於陳蔡，被其以兵相拒。孔子不得行，絕糧七日。○【鄭】祭仲勸莊公伐其弟叔段，公曰：多行不義，必自斃，子姑待之。富足曰殷實命蹇曰數奇音機殷實，謂其所積盛大充滿。○【李廣傳】李廣猿臂善射，匈奴畏服，號飛將軍，卒以數奇不得封萬戶侯。【釋】數，命數；奇，隻而不耦，謂不遇合也。甦音蘇涸鮒乃濟人之急呼庚癸是乞人之糧【莊】周字子休，貸粟於監河侯。侯曰：待吾得封邑，百姓所賦之金，以貸於子，可乎。周忿然曰：周昨來，顧視車轍，有鮒魚焉。曰：我東海波臣也，君豈有斗升之水而活我。周曰：諾。我將南遊吳楚之王，令汲西江之水活子，可乎。鮒忿然作色曰：君言此，不如早索我於枯魚之肆。【釋】甦，復生也。涸，水乾也。○【左】吳申叔儀乞糧於魯大夫有山氏，曰：粱則無矣，麤則有之。若登首山以呼曰庚癸乎，則諾。【釋】庚，西方，主金；癸，北方，主水。此乃軍中隱語耳。粱，美穀也。家徒壁立司馬相如之貧扊扅音掩移爲炊秦百里奚

游夏不能贊一辭 是贊譽人詩文。

風落吳江 謂僅有佳句。

在灞橋風雪中 是謂思詩。

正堪覆瓿 是自謙詩文。

行秘書 謂記文甚多。

餬口於書 謂以文求活。

楓吹別調 謂有改移。

沒字碑 是外俊內拙。

八磚學士 譏人懶學。

新增故事瓊林

之苦。【司馬相如傳】相如家徒壁立。○扊扅，關門橫木也。注互詳增夫婦。

鵠形菜色，皆窮民饑餓之形；炊骨爨骸，爨音竄。骸音亥。謂軍中乏糧之慘。【通鑑】梁簡文時，江南百姓乏食，皆鳩形鵠面。【禮記】雖有凶荒水溢，民無菜色。【黃山谷題畫菜】云：不可使士大夫不知此味，不可使天下之民有此色。○【公羊傳】宋華元語楚曰：寡君使元以病告曰：敝邑易子而食，析骸而爨。

餓死留君臣之義，伯夷叔齊；貨財敵王公之富，陶朱倚頓。【史記】伯夷叔齊，恥食周粟，採薇而食。有婦人曰：子何食周之草木也。兄弟於是餓死。○范蠡仕越為大夫，其後棄官止於陶，逐什一之利，貲累鉅萬，自號陶朱公。倚頓乃魯貧士，聞陶朱公富，往問術焉。公曰：子欲速富，當畜五牸。於是適河東以圖之，其滋息不可勝計，貲擬王公。

石崇殺妓以侑音又酒，恃富行兇；何曾一食費萬錢，奢侈過甚。【晉】石崇每集佳客讌，輒令美人行酒，王導與王敦皆在座，導不善飲，勉強飲之；行至敦處，敦固不飲，崇已斬二美人。○【晉書】何曾性奢侈，廚膳滋味，擬於王者，每以玉屑煮羹，煮過則棄其玉，日食萬錢，猶云無下筯處。

二月賣新絲，五月糶新穀，真是剜肉醫瘡；三年耕而有一年之食，九年耕而有三年之食，庶幾遇荒有備。【漢書】

縹緗黃卷是稱書籍。
雁帛魚書是稱束札。
敬謹珍藏什襲是叙得書。
三豕渡河謂誤讀文字。
魯魚帝虎謂爲字之訛。
如挾纊之温感人恩德。
銘心鏤骨感人大德。
一飯不忘是厚恩圖報。
極荷垂青是荷人厚愛。
一日三秋是思慕甚切。

[中閣農詩]二月賣新絲，五月糶新穀。醫得眼前瘡，剜卻心頭肉。[註]言絲未出，穀未熟，而先支用錢也。○[禮]三年耕而有一年之食，九年耕而有三年之食，以三十年之通，雖有凶旱水溢，民無菜色。

貧士之腸習藜莧，富人之口厭膏粱。[韓愈詩]三年國子師，腸胃習藜莧。[註]習，慣也。藜，草名，初生可食。莧，菜名。○厭，飫也。膏，肥肉。粱，美穀。

豪華子以蠟代薪，以飴音夷**沃釜。**石崇、王愷注詳衣服。○蠟，蜂液融者爲蜜，凝者爲蠟。飴，餳也，米糵爲之，即餳糖。沃，洗也。

清廉士釜生蛙，破甑生塵。[漢書]范丹字史雲，爲萊蕪令，蛙生釜，甑生塵，而悠然自得。民歌曰：甑中生塵范史雲，釜中生魚范萊蕪。

曾子捉襟見肘，納履決踵，踵音塚。**貧不勝言。**[莊子]曾子居衛，三日不舉火，十年不製衣，捉襟而肘見，納履而決踵。曳杖而歌商頌，聲滿天地，若出金石。

韋莊數米而炊，稱薪而爨，儉有可鄙。[唐]韋莊頗好讀書，而性最吝，數米而炊，秤薪而爨，炙肉少一臠，亦覺之。

總之飽德之士，悅心不在膏粱；聞譽之施彰，身奚圖文繡。[孟子]詩云：既醉以酒，既飽以德。言飽乎仁義也，所以不願人之膏粱之味也。令聞廣譽施於身，所以不願人之文繡也。

渴心生塵　謂念切懷人。
鄙吝復萌　謂暌違教命。
極睠望之思　是敘其瞻戀。
山陽聞笛　謂回思舊好。
仰蒙責讓　謂謝人見責。
撥盡寒爐　謂訪謁不遇。
未獲合簪　是未曾相會。
杳無介紹　謂無因見人。
欲效掃門　是求人相見。

【增】公孫牧豕，嘗身備思相位；灌嬰販繒爲業，豈意封侯。【漢書】公孫弘爲丞相，封平津侯，起於牧豕。○【漢書】灌嬰本販繒之徒，佐高祖定天下，封列侯。郭泰欲爲斗筲役，無可奈何；班超更作書傭，不得已爾。【漢書】郭泰世貧賤，蚤孤，母欲使給事縣廷。泰曰：大丈夫寧能處此斗筲役乎。○【漢書】班超有大志，家貧，爲人屯田冊籍，久勞苦，投筆歎曰：大丈夫當效傅介子、張騫立功異域，以取封侯，安能久事筆硯間乎。後平伏西域，封定遠侯。【釋】傅介子、張騫，俱漢武帝臣，出使立功者。朱桃椎擲還鹿幘，自知本命合窮；蘇季子破損貂裘，誰意道之難奏。【事文類聚】唐朱桃椎傲衣帶索，長吏竇帆遺以鹿幘，朱委之地，不服，曰：命合窮耳。夏則裩，冬則緝木葉以自蔽。【釋】髮有巾曰幘。○貂裘注詳衣服。苦矣衛青作牧，牛背後受主鞭笞；惜哉欒音鸞布爲奴，馬頭前代人奔走。【漢書】衛青少孤貧，爲人牧牛。相者曰：善自勉，後當封侯。青曰：爲人奴得免於笞辱足矣。武帝朝果拜爲大將軍。○【漢書】欒布窮困，傭於齊，爲酒家保。數歲，爲人所掠賣爲奴於燕。揚雄逐貧賦，人謂其逐之何遲；韓愈送窮文，我怪其送之不蚤。【揚雄逐貧賦】舍爾遠竄，崑崙之巔，爾復我瞻紫氣來是候朋友來臨。

佇聽履聲是招邀客至。

萍蹤靡定謂來往萍蹤。

於柳下分陰求人庇蔭。

為人作嫁衣裳是代人作事。

煩緩頰是託人言事。

毋異道側奇鞋是謂為人引薦。

不惜齒芬是求人引薦。

隨。翰飛戾天。舍爾登山巖穴隱藏。爾復我隨。陟彼高岡。舍爾入海。汎彼柏舟。爾復我隨。藏沈潛。我行爾動。我靜爾休。豈無他人。從我何求。今汝去矣。勿復久留。○韓愈送窮文聞子行有日矣。具船車。載糧糗。日吉時良。利行四方。五窮鬼謂智窮。學窮。文窮。命窮。交窮也。

異寶充盈。王氏卻云富窟。佳殽錯雜。郇音旬公嘗列珍庖。唐王元寶。金玉充塞室中。時號富窟。○世說新補唐韋陟封郇公。性好奢靡。廚中飲食香味錯雜。人人入其中。多飽飫而歸。時人語曰。人欲不飯筋骨舒。夤緣須入郇公廚。

董卓積實郿音枚中。壓之金塢。鄧通布錢天下。鑄盡銅山。魏志董卓築郿塢。高與長安城埒。積黃金數十萬於中。人謂之金塢。○漢書鄧通見寵於文帝。相者曰。通當餓死。帝曰。富通者在我。乃賜通蜀之銅山。使通得自鑄錢。鄧氏錢徧天下。

象牙床。魚生太侈。火浣衣。石民何多。梁魚容性侈靡。以象牙造床。周匝鏤金蓮花。以琥珀龜負床腳。○晉史惠帝外國進火浣布。帝為衫服之。以為天下希有。幸石崇家。崇奴隸皆衣火浣衫祇事帝。帝大慚。

婦乳飲豚音屯。奢類翻成人類。兒口承唾。家僮充作用壺。世說晉武帝嘗降王武子家。武子供饌。並用琉璃器。婢子百餘人。皆綾羅絝褶。以手擎飲食。烝豚甚美。異於常味。帝怪而問之。答曰。以人乳飲豚。帝甚不平。食

豫字識補戈 詩人別識。

亦足張吾軍 有所資助。

懸河之語 謂人善談。

語蟬聯 辭是久處善談。

管窺蠡測 是所見甚小。

錯認顏標 謂不能知人。

戴盆望天 謂有所蔽。

臨江麋 謂爲人所誘。

何爲首鼠兩端 謂人有疑不決。

未舉便去。○晉苻堅從兄朗初過江，常與朝士讌，時賢並用唾壺，朗使小兒跪而開口受唾而含出之。

牙檣錦纜，隋煬增遠渚之奇；玉鳳金龍，元保侈華堂之勝。隋煬帝遊戲湖中，造龍舟二十餘丈，以牙爲檣，錦爲帆及纜，照耀於湖之上下。○唐王元寶性奢侈，其所居窗戶雕以玉鳳，銜鈴金龍吐旆，且曰：石崇庶姓，猶晝卯雕新，元保豈泯泯者哉。

疾病死喪 新增文十二聯

福壽康寧，固人之所同欲；死亡疾病，亦人所不能無。書 五福：一曰壽，二曰富，三曰康寧，四曰攸好德，五曰考終命。釋 康寧，無患難。攸好德，樂其道也。考終命，順受其正也。

惟智者能調達，人自全。王叔和 脈訣 智者能調和五臟。○白玉自珍重也。

問人疾曰貴體違和，自謂疾曰偶沾微恙。音樣 違和，失調和也。○神異經 北方有獸曰㺜，㺜黃帝殺之，由是人無憂疾，謂之無恙。自稱疾曰賤恙。

尫羸病者，甚爲造化小兒所苦；患疾者，豈是實沈臺駘爲災。駘音台 唐杜審言疾甚，宋之問等省候，答曰：甚爲造化

無口匏 是識人無分剖。

苞苴流行 是謂受賂。

唐突西施 謂觸犯好人。

小巫見大巫 自愧不及。

遂心當目 是謂愚人暗昏。

烹不鳴雁 謂去無用之人。

腹中有鱗甲 威不可犯。

炙手可熱 謂勢要可畏。

蝸角之爭 謂所爭者小。

白衣蒼狗 謂世態變更。

小兒所苦。【釋】以天地造化。看做小兒樣。矜誕之詞也。○【左】晉侯有疾。鄭伯使公孫僑如晉問焉。叔向問曰。寡君之疾病。卜人曰。實沈臺駘爲祟。史莫知之。敢問此何神也。子產曰。實沈。參神也。臺駘汾神也。抑此二者。不及君身。若君身。則亦出入飲食哀樂之事也。**疾不可爲曰膏肓。平安無事曰無恙。**【左】晉景公有疾。求醫於秦。秦伯使醫緩治之。未至。公夢疾化爲二豎子。曰。緩良醫也。懼傷我。焉逃之。其一曰。居肓之上。膏之下。其奈我何。緩至。曰。疾不可爲也。在肓之上。膏之下。攻之不可。達之不及。藥不至焉。公曰。良醫也。乃厚禮遣之。心下爲膏。肓膈也。【釋】**采薪之憂。謙言抱病。河魚之患。係是腹疾。**【曲禮】若使士射不能。則辭以疾。言曰。某有負新之憂。【釋】言病不能負新也。○【左】楚申叔展與趙還無社曰。河魚腹疾奈何。【釋】腹泄曰河魚疾。蓋河魚腐自內以至外。言趙爲楚圍將潰。**可以勿藥喜其病安。厥疾勿瘳。**音抽**言其病癒。**【易】无妄之疾。勿藥有喜。○【書】若藥弗瞑眩。厥疾弗瘳。【釋】瘳愈也。**瘧**音虐**不病君子。病君子正爲瘧耳。卜所以決疑。既不疑。復何卜哉。**【世說新語】中朝有小兒父病。行乞藥。主人問病。曰。患瘧也。主人曰。尊翁明德君子。何以病瘧。答曰。來病君子。所以爲瘧耳。○【唐】長孫無忌。及徵等。勸李世民誅建成元吉。世民命卜之。張公謹見之。取龜投地。曰。卜以決疑螢僅自照，謂勢不張。

媒孽其短，是謂讒口譖人。

三不開，謂臨事不決。

亡羊補牢，謂做事未遲。

借秦爲喻，是借人比況。

未得邯鄲之步，是謂無成。

摧枯拉朽，是極易之喻。

蚊蝱負山，是難勝之喻。

泰山磐石，是至安之喻。

機逢矢以射革，是弗濟之

事在不疑，尙何卜哉。

謝安夢雞而疾不起，因太歲之在酉；楚王吞蛭（音質）而疾乃瘥，因厚德之及人。謝安夜夢乘桓溫車，行十六里，見白雞而止，不得復前，莫有解者。後溫亡，安代溫居相位，歷十六年而得疾，安方悟云：十六里，十六年也；見雞止者，是年太歲在酉，吾病殆將不起矣。果卒。○【史】楚惠王食菹而得蛭，欲出之，恐膳夫坐罪，勉強吞之。令尹知其故，謂王曰：王有是德，疾必無傷。後果愈。【釋】蛭，水蟲，能入人肉嘬血。

將屬纊（音曠），將易簀，皆言人之將死；作古人，登鬼錄，皆言人之已（音以）亡。【禮】屬纊以俟氣絕。【釋】纊，綿也。人將死時，置綿於口鼻以驗其氣有無。【檀弓】曾子臥疾將終，而陽氣不絕。童子曰：華而睆，大夫之簀歟？曾子曰：然。斯季孫之賜也。命曾元扶起而易之，反席未安而歿。○【魏】文帝與吳質書：昔年疾疫，親故罹灾，觀其姓名，已登鬼錄。

親死則丁憂，居喪則讀禮。丁，當也，言當憂傷父母之時。○【曲禮】居喪未葬讀喪禮，既葬讀祭禮。

在床謂之尸，在棺謂之柩。音舊。尸，舒也，不能自斂也。○【白虎通】柩，久也，久不復變也。

報孝書曰訃（音付），慰孝子曰唁。音硯。訃，至也，告喪也。【說】弔生曰唁，弔死曰弔。○【禮記】云：知生者弔，知死者傷。知生而不知死，弔而不傷；知死而不知生，傷而不弔。劉勰曰：喪言不文，故弔稱唁。

往弔曰匍（音蒲）匐，

喻。

封豕長蛇，是極惡之喻。

種枳棘於良田，是招禍之喻。

含沙下石，是讒口之喻。

敝帚享以千金，是不自見之喻。

履虎吹齏，是先機之喻。

天淵冰炭，是相懸之喻。

春冰秋雲，是至薄之喻。

彭入聲。

廬墓曰倚廬。【詩】凡民有喪，匍匐救之。【釋】匍匐，手足並行。○【禮】居於倚廬，哀親之在外也。寢苦枕塊，哀親之在土也。

寢苦枕塊，哀父母之在土；節哀順變，勸孝子之惜身。寢苦棘，枕土塊，示不敢自安也。○【禮】哀感之至也。節哀順變也，君子念始之者也。

男子死曰壽終正寢，女人死曰壽終內寢。凡男子將終，臥於正廳，東首以俟氣絕。若女人仍居內寢，不必遷也。

天子死曰崩，諸侯死曰薨，音轟。大夫死曰卒，士人死曰不祿，庶人死曰死，童子死曰殤。音商。自上墜下曰崩，又曰升遐，初崩曰晏駕。薨之為言奄也，奄然亡也。卒，終也，終人生之事也。又壽考亦曰卒。士方有祿，死則無祿矣。死，澌也，消盡無餘之謂。殤者，未成人而死也。十六至十九為長殤，十二至十五為中殤，八歲至十一為下殤，以次降服。七歲以下為無服之殤，哭之以日易月，未生三月不為殤，亦不哭。

自謙父死曰孤子，母死曰哀子，父母俱死曰孤哀子。自言父死曰失怙，母死曰失恃，父母俱死曰失怙恃。孤，獨也。哀，憫也。居喪稱哀子哀孫，祭稱孝子孝孫，禮也。今於父亡則稱孤子，母亡則稱哀子，無有所據。但世俗相承已久，恐難卒變。○【詩】無父何怙？無母何恃？【釋】怙，瞻仰也；恃，倚賴也。

父

燼颺冰渙，是已盡之喻。
疾於風馳，是至速之喻。
貪斂誅求，是至貪之喻。
捧漏沃焦，是至急之喻。
狐白裘反衣，是取適不炫之喻。
蜂屯蝟集，是重積之喻。
錦帆何日掛，問人行期。
嚴程在幾時，問人遠行。
窺斧分毛耳，自謂作商。

死何謂考。考者，成也，已成事業也。母死何謂妣。妣者，媲也。媲音避。克媲父美也。【曲禮】祭王父曰皇祖考，王母曰皇祖妣，父曰皇考，母曰皇妣，夫曰皇辟。【按】家禮簡於高曾祖考上，悉加皇字。元大德間，省部禁止，改皇字為顯字。

百日內曰泣血，百日外曰稽顙。音啟磉。【檀弓】稽顙，隱之甚也。【釋】稽顙，以頭觸地，無禮容也，隱痛也。

期音雞年曰小祥，兩期曰大祥。【喪禮】期而小祥，又期而大祥。【釋】小祥大祥，皆祭名，去凶從吉之義也。自喪至初期，忌日不計閏。凡十三個月為小祥，自喪至再期，忌日不計閏。凡二十五個月為大祥。【家禮喪】至大祥而服可除矣，而又必服兩月者，是孝子餘哀未盡，故必二十七個月而止也。

不緝曰斬衰，音催。緝之曰齊衰。音咨。論喪之有輕重，九月為大功，五月為小功，言服之有等倫。斬衰用極粗麻布為之。斬，不緝也。齊衰用次等粗麻布為之。齊，緝也。此服之次於斬衰者，衰用布一片，長六寸，廣四寸，以負於衣前左邊，當心處。○九月者，物之終也。大功者，言布之用功粗大也。五月者，陽之終也。小功者，言布之用功稍小也。等倫，等級倫次也。

三月之服曰緦音思麻。三年將滿曰禫。徒感切。緦者，細也，縷細如絲也。又以麻為經帶，故曰緦麻。禫○【家禮】大祥之後，中月而禫。【釋】中月，間一月也。

纏綿之志未能忘情　是作商歸家。

唱驪歌　是謂祖餞。

分輝鄰燭借映餘光　是人分惠財物。

燕爾新婚　是稱合巹。

徧西食東　譏女子自擇人。

雉求牡匹　謂人所配非宜。

下玉鏡臺　是謂娶姑之女。

但可老鴉棲　奴不擇人。

禫除服祭名。不計閏。至二十七個月。始禫祭而除服。孫承祖服。嫡孫杖碁。長子已死。嫡音的孫承重。家語孫爲祖父祖母行服。嫡孫杖碁。其衆孫皆服不杖碁。或長子死。嫡孫一人承重斬衰三年。其衆孫雖長。仍服不杖碁。死者之器曰明器。待以神明之道。孝子之杖曰哀杖。爲扶哀痛之軀。明器如剜木爲車馬僕從等類。不曰神明之器。而特曰明器者。以神之幽。不可不明也。○白虎通居喪必杖者。孝子失親。悲哀哭泣。三日不食。身體瘦病。故杖以扶身。明不以死傷生也。故曰哀杖。父之節在外。故杖取乎竹。母之節在內。故杖取乎桐。喪禮父喪杖用苴竹爲之。母喪杖用桐木爲之。其制上圓下方。長齊心。其本在下。以財物助喪家。謂之賻。音傅。以車馬助喪家。謂之賵。音奉。以衣斂死者之身。謂之襚。音遂。以玉實死者之口。謂之琀。音憾。白虎通賻。助也。賵。起也。所以助生送死。副至意也。○檀弓柳莊死。獻公當祭時。聞之不釋服而往。以襚之。釋襚臨終而贈以衣也。說文琀。送死口中玉也。送喪曰執紼。音弗。出柩曰駕輀。音而。檀弓弔於居者必執引。若從柩至壙。皆執紼。釋引。引柩之索也。紼。引棺之索也。執之。是助之以力也。○白虎通始載柩於庭。乘輀而辭祖禰曰祖載文梭書是稱奴。

堅飛錫速臨是請僧人。

跡奉風旛之論是敘僧閒闊。

辱灑楊枝之水是謝僧醫病。

無眼仙是謂僧睡。

汙行無節是謂穢行。

良醫不能救亡命是謂數定。

釋 輀喪車也。禰父廟也。將葬出柩載車以辭祖禰也。吉地曰牛眠。地築墳音焚曰馬鬣音列。封。牛眠注詳拔藝。○檀弓孔子葬母從若斧者焉馬鬣封之謂也。釋封築土爲墳也築墳如馬鬣之形故名。墓前石人原名翁仲。柩前功布今曰銘旌。秦始皇時有阮翁仲威震匈奴及卒始皇銅鑄爲像匈奴至者俱下拜。○銘旌以絳帛爲之廣終幅其長三品以上九尺四品以下八尺六品以下七尺庶人六尺。絳者紅色也。喪具用素惟此用紅者他人書贈故也。挽歌始於田橫。墓誌創於傅奕。漢高祖即位故齊王榮弟田橫據海島不附漢上召之至戶鄉自剄奉首於朝從者挽至宮不敢哭爲歌以寄哀音。○漢傅奕醉臥蹶然起曰吾其死矣因自爲墓誌曰傅奕青山白雲人也因醉死嗚呼哀哉。生墳爲壽藏。死墓曰佳城。唐姚崇自作壽藏於萬安山。○漢夏侯嬰字滕公卒送喪至東都門外駟馬悲鳴命掘蹄下得石槨其銘曰佳城鬱鬱三千年見白日吁嗟滕公居此室遂葬焉。墳曰夜臺。壙曰窀穸。音屯席夜臺言埋沒墳墓皆暗如長夜也。○左楚共王疾病告諸大夫曰以諸大夫之威靈保全首領以殁於地惟是春秋窀穸之事所以從先君于釋窀厚也穸夜也言穴中厚暗如長夜也。已葬曰瘞。音意玉致祭曰束芻。晉庾亮將葬何充嘆曰瘞玉樹於土中使人情何能

馬耳缺 謂事已前定。

不爲王門伶人 是恥爲人役。

願爲襲籠中物 是求人收留門下。

豈頭露 謂勢不能久。

將無同 謂所差不多。

酷吏所苦 是謂畏暑。

黃綿襖 謂春日暖和。

優曇鉢本 是謂少有。

已也。釋 瘞，埋也。○郭林宗母死，徐孺子往弔，置生芻一束於前而去。衆怪不知其故。林曰：此必南州高士徐孺子也。詩不云乎：生芻一束，其人如玉。吾何德以當之。釋 芻，草也。

春祭曰禴 音藥，夏祭曰禘 音弟，秋祭曰嘗，冬祭曰蒸。

禮記王制 天子諸侯宗廟之祭，春曰禴，夏曰禘，秋曰嘗，冬曰蒸。礿同禴。此夏殷之祭名。

飲桮棬而抱痛，母之口澤如存；讀父書以增傷，父之手澤未泯。

玉藻 父歿而不能讀父之書，手澤存焉耳。母歿而桮棬不能飲焉，口澤之氣存焉耳。釋 桮，飲器也。泯，滅也。

子羔悲親而泣血，子夏哭子而喪明。

檀弓 高子羔執親之喪，泣血三年，未嘗見齒，君子以爲難。○檀弓 子夏喪子，哭而喪明。釋 喪明，壞目也。

王裒 音抔 哀父之死，門人因廢蓼 音六 莪詩；王修哭母之亡，鄰里遂停桑柘社。

晉書 王裒事親至孝，每讀詩至蓼莪：哀哀父母，生我劬勞，未嘗不三復流涕。門人不忍，因廢其詩。○魏志 王修七歲，母以社日亡。來歲社日，修感念哀甚。鄰里爲之淒然，遂罷社。

樹欲靜而風不息，子欲養而親不在，皋魚增感；與其椎 音垂 牛而祭墓，不如雞豚之逮存，曾子興思。

韓詩外傳 孔子適齊，中路聞哭聲甚哀，至則皋魚也。被褐搥胸，哭於道左。孔子下車而問酒家南董，是稱人嗜酒。

浮以大白，是謂開懷暢飲。

郇廚之饌，是謝人酒筵。

牆頭過濁醪，借酒請人。

蜂鑽故紙，謂自處窄小。

枳棘棲鸞，謂處非其地。

窮猿投林，謂窮不擇處。

環堵之室，是謂隱者之居。

少室，是稱高隱。

齒錄，是謂揄揚。

故對曰：夫樹欲靜而風不息，子欲養而親不在。往而不可返者，年也；逝而不可追者，親也。吾於此辭矣。泣哭而死。○曾子讀喪禮，泣下沾襟，曰：往而不可還者，親也。子欲養而親不在。是故椎牛而祭，不如雞豚之逮親存也。釋 椎，擊殺也。逮，及也。

故為人子者，當思木本水源，須重慎終追遠。左 王使詹桓伯責晉侯曰：我在伯父，猶衣服之有冠冕，木水之有本源，民人之有謀主也。○論語 曾子曰：慎終追遠，民德歸厚矣。釋 慎終者，當呼號擗踊之時，殯殮之衣衾棺槨，不可忽略。追遠者，設陳俎豆之際，先人之形容笑語，必欲興懷。

曾歲在龍蛇，鄭玄之算促；舍來鵩鳥，賈誼之命傾。鄭玄夢孔子告之曰：起起，今年歲在辰，明年歲在巳。既寤，以讖合歲，知命當終。讖云：歲在龍蛇賢人嗟。遂寢疾而卒。○賈誼為長沙王傅，有鵩飛入舍，作賦云：四月孟夏，日維庚子，鵩集予舍，止於座隅。誼竟卒焉。

王令出塵寰，音環 天上俄乘玉櫬；音襯 沈君開宅兆，地中曾現漆燈。晉 王喬為葉縣令，將死，有一玉棺自天而下。喬曰：上帝召我矣。遂沐浴更衣，入玉棺而卒。○唐 沈彬近居阜上，有一大樹，曰：吾死可葬於是。既死，臨葬穴，乃一古冢，中有漆燈銅牌，篆云：佳城今已開，雖開不葬埋。漆燈猶未滅，留待沈彬來。

篋中存稿

黑甜是謂睡。
耳筆是謂教言。
饒舌是謂多言。
卞急是謂性急。
面謾是謂諂人。
爽約是謂失信。
蝟務是謂事多。
鯨吞是謂兼并。
蜂擁是謂聚衆。
鬼薪是謂當役。

相如上封禪之書，牖音有下停棺。史魚表陳屍之諫。[漢]司馬相如既病，天子使使者往取其書。使至，相如死。妻曰：長卿未死時，有一卷書，使者求書奏之，乃言封禪事。○[衛]靈公寵彌子瑕，疏蘧伯玉。史魚以不能進賢退不肖為恥。既死，猶以屍諫之。

梁鴻葬要離塚側，死後芳鄰；鄭泉殯陶宅舍傍，生前宿願。[後漢]梁鴻疾而死，皋伯通求葬地於要離塚旁，咸曰：要離烈士，而伯鸞清高，可令相近。○[吳志]鄭泉性嗜酒，臨卒，語同輩曰：必葬我陶家之側，庶百歲之後，化而成土，幸見取為酒壺，實獲我心。

數皆前定，少游之詩讖何靈；事可先知，袁淑之卦占偏驗。秦少游曾作詞，末句有云：醉臥古藤樹下，杳不知南北。後左遷藤州而卒，乃於詞有驗之。○[唐]袁淑遇異人付書曰：每受一命，開一幅。累任皆驗。一日巾櫛，見鏡中有蛇尋疾，餘函尚多，開一函，乃畫蛇盤鏡，遂卒。

顧雍失愛子，掐音恰掌而流血甚矜；奉倩殯佳人，擱淚而傷神可惜。[世說]豫章太守顧劭，顧雍之子。邵在郡卒，訃書至，雍以爪掐掌，血流沾褥，嘆曰：已無延陵之高，豈可有喪明之責耶。○[魏]荀粲字奉倩，娶曹洪女，有姿色。妻亡，不哭傷神，撫膺嘆曰：佳人難再得。未幾，倩亦卒。

仲尼殞音允而泰山頹，韓相亡而樹木稼家。[檀弓]孔子蚤作，負手寒盟是謂背誓。

决疣是謂死。

紀綱是稱僕夫。

曳杖逍遥於門。歌曰。泰山其頽乎。梁木其壞乎。哲人其萎乎。既歌而入。子貢聞之曰。泰山其頽。則吾將安仰。梁木其壞。哲人其萎。則吾將安放。夫子殆將病也。遂寢疾七日而歿。○【周書】靈王有疾。引諺語樹木稼。達官怕。必大臣當之。吾其死矣。果然王荆公挽韓公詩。樹稼曾聞達官怕。山頽果見哲人萎。

醑音須之祭酒。實爲佳士高風。殉以芻靈。乃是先人樸典。

【後漢】徐孺子於人家有喪。炙雞一隻。以綿絮漬酒。直至靈所。滴酒與雞奠之。奠畢而去。並不問主人。

陳寔之徽猷足錄。行弔禮者三萬人。郗音癡超之誄行可嘉。作誄文者四十輩。

【後漢】陳寔卒。海內赴弔者三萬餘人。制麻者以百數。共刊石立碑。諡文範先生。○【晉書】郗超死之日。士大夫操筆爲誄者四十人。

牲牢酒醴。用昭報本之虔。稾音稿鞂音戛鸞刀。還備饗親之具。

【禮運】玄酒在室。醴醆在戶。粢醍在堂。澄酒在下。陳其犧牲。備其鼎俎。○【長編】宋徽宗御札。賓筵五府之中。祗薦九州之味。具串報本。斯昭萬寶之成。誕示盛儀。以教諸侯之享。【禮器】割刀之用。鸞刀之貴。莞簟之安。而稾鞂之設。

値既降既濡之候。禮毋缺於春秋。是則存則者之形。情必由乎愛慤。音恪

【禮祭義】秋霜露既降。君子履之。必有悽愴之心。非其寒之謂也。春雨露既濡。君子履

之。必有沐浴之心。如將見之。○**室事交乎堂事。致齋繼以散齋。**禮器子路
禮祭義致愛則存。致慤則著。
爲季氏宰。季氏祭。子路與。室事交乎戶。堂事交乎階。質明而始行事。
晏朝而退。○禮祭統君子之齊也。專致其精明之德也。故散齋七日
以定之。致齋三日以齊之。定之之謂齋。專
一精明之至也。然後可以交於神明也。

幼學故事瓊林卷之三終

寄傲山房塾課新增往來尺牘 啟式

寫書式分三層。名爲三擡頭，如遇先生、臺下等稱，宜寫在頭一層；遇府庭、品行等稱，宜寫在第二層；其餘敘事無稱呼處，宜寫在第三層，方爲合式。倘擡頭過多，而箋幅太隘，有妨敘事，或遇稱呼空一字亦可。故列其式於後，以俟識者變而通之，毋徒泥乎陳蹟。

幼學故事瓊林卷之四

旌陽李鴻才熙伯氏重刊

西昌程允升先生原本　清溪謝梅林硯傭氏

霧閣鄒聖脈梧岡氏增補　男　鄒可庭涉園氏　仝參訂

文事　新增文十三聯

多才之士，才儲八斗；博學之儒，學富五車。【魏】曹子建有文詞，時號爲繡虎。謝靈運才智超羣，而性則淩人傲物。靈嘗曰：天下才共一石，子建獨得八斗，余與衆人共得二斗。○【古詩】要通今古事，須讀五車書。

三墳五典，乃三皇五帝之書；八索九丘，是八澤九州之志。三墳：一曰山墳，乃伏羲氏本山墳而作連山易；二曰氣墳，乃神農氏本氣墳而作歸藏易；三曰形墳，乃黃帝本形墳而作乾坤易。○少昊、顓頊、高辛、帝堯、帝舜之書，爲五典，謂父子親、君臣義、夫婦別、長幼序、朋友信。○八澤之志爲八索，九州之志爲九丘。【淮南子】

書經載上古唐虞三代之事，故曰尚書；易經乃姬周文王周公之繫，故曰周易。【出世遺書】孔子刪而序之，斷自唐虞

暌違
之字。一間。時切瞻
依慕。二思　而音問
久疎。三缺候。徒增
勞結。四悃悵。契濶
五兹者。黍穀春回
洪鈞運轉。六時景。
恭惟
台名。七稱　德與時泰
德。八頌　身隨道泰

凡百篇【按孔子敘書】始自唐虞者以其運中天而治化隆也後遭秦火。百篇亡缺。漢伏生壁藏之。獨得二十八篇。秦誓一篇。武帝時河內女子所獻。合為二十九篇。及魯共王壞孔子故宅。於壁中得古文尚書論語蝌蚪文字。孔安國作傳義。定為五十八篇。凡二萬五千七百字。○【易】卦象之書。有交易變易之義。故曰易。易卦伏羲所畫。象乃周文所繫。象爻乃周公所繫。傳乃孔子釋經之詞。凡二萬四千一百七字。

二戴曾刪禮記。故曰戴禮。二毛曾註詩經。故曰毛詩。禮之為經有三。周禮作於周公。儀禮出於孔壁。禮記乃孔子門徒共撰所聞以為記。至及后倉撰禮一百八十篇。至大戴德乃刪后氏記為八十五篇。小戴勝乃刪為四十篇。其後諸儒又取月令明堂位樂記三篇而合為四十九篇。凡九萬九千零二十字。○詩本三千餘篇。孔子刪之為三百十一篇。至秦阬儒。亡六篇。今存者三百零五篇。凡三萬九千二百二十四字。初孔子以詩授卜商。商乃序之。以授魯人魯申。遞傳而至毛亨。亨作訓詁以授從子毛萇。時人謂亨為大毛公。萇為小毛公。以二公所傳。故名其詩曰毛詩。

孔子作春秋。因獲麟而絕筆。故曰麟經。【家語】叔孫氏車子鉏商採薪於大野。獲麟焉。折其前左足。載以歸。叔孫以為不祥。棄之郭外。遣使告孔子。孔子往觀。反袂拭面。涕泣沾襟。曰予之為人。猶麟之於獸也。麟出而死。吾道窮矣。按春秋因魯史而作。其文約。其旨博。凡一萬八千字。於

九 着佑。起居清勝。十 起居。羞慰相思。十一 欣慰。某愧碌碌。無一善狀可為知己道。十二 自敘。恃在夙愛。十三 恃愛。適有某事。十四 入事。自須尊嚴。十五 干請。倘蒙騷納。十六 騷納。幸毋金玉爾音。十七 回示。

魯哀公十四年獲麟而絕筆者悲道之終不行也。榮於華袞褌上聲。乃春秋一字之褒嚴於斧鉞乃春秋一字之貶【穀梁序】一字之褒寵踰華袞之贈片言之貶辱過市朝之撻【釋】斧鉞以刑有罪者。縑緗音兼襄黃卷總謂經書鴈帛鸞箋通稱簡札【藝文志】縑囊緗帖【釋】縑并緗絲絹也緗淺黃色用之以護書者。【遯齋閒覽】古人寫書皆用黃蘗染紙以辟蠹恐字有誤則以雌黃滅之。○【漢】匈奴留蘇武於海上牧羊漢使人求之常惠夜見漢使教使者謂單于曰天子射上林得雁足繫帛書知武等在某澤中。單于驚謝遣武等還。○【唐】韓浦以蜀箋作書寄其弟洎曰。十樣蠻箋出益州新來寄自浣溪頭老兄得此全無用助爾添修五鳳樓錦心繡口李太白之文章鐵畫銀鉤。王羲之之字法【李太白送仲弟令問序】吾心肝五臟皆錦繡耶不然何開口成文揮毫散霧也。○晉王羲之嘗臨池學書池水盡黑尤工書永字以永字具八法之勢能通一切字也【書談】畫欲堅重如鐵鉤欲活而有力鐵畫銀鉤謂其健也。雕蟲小技自謙文學之卑倚馬可待讚人作文之速【李白上韓荊州書】恐雕蟲小技不合大人【釋】雕蟲蛀木蟲也。○【晉】桓溫北征喚袁宏倚馬前作露布文手不輟筆俄成七篇。稱人近來文藝進益曰士別三日

[illegible]不時仰望。

順時[illegible]爲禱。

十八　附此並達　珍重

萬惟

十九　台照　鑒照。不宣。

二十　結尾。

尺牘萃錦

間隔類

曠隔光儀。裘葛頓易。○暌違色笑。幾易星霜。○知已闊別。春復徂秋。○秋風一別。忽屆朱明。○薰風一別。奄忽歲寒。○不通聞

當刮古滑切目相看。譽人學業精通。曰面壁九年。始有此神悟。[吳志]呂蒙初未知學。後魯肅過蒙與語。拊其背曰。今學識英略。非復吳下阿蒙。蒙曰。士別三日。即當刮目相待。兄何見事之晚也。[傳燈錄]達摩遇西天二十七祖得法。止於嵩山少林寺。面壁而坐。終日默然。謂之壁觀。越九年。以法傳惠可。

五鳳樓手。稱文字之精奇。七步奇才。羨天才之敏捷。五鳳注詳上。七步注詳兄弟。○譽才高。曰今之班馬。羨詩工。曰壓音鴨倒元白。[漢]班固。九歲能文。撰兩都賦。續成父彪所著西漢書。○馬融有俊才。美辭貌。從學京兆摯恂。博通經籍。○[唐]王嗣復大宴賓客。元稹白居易與楊汝士皆在座。各賦詩。獨推楊汝士詩爲最工。汝士歸語人曰。今日壓倒元白。

鼂錯多智。景帝號爲智囊。高仁裕多詩。時人號爲詩窖。音教[鼂錯傳]鼂錯學申商刑名之學。爲太常卿。人號智囊。○[摭言]高仁裕著詩萬篇。時號詩窖子。

騷音搔客即是詩人。譽髦乃稱美士。騷者。悲憤之辭也。故稱善詩者爲騷客。○[詩]古之人無斁。譽髦斯士。[註]譽。名也。髦。俊也。

自古詩稱李杜。至今字仰鍾王。李白詩如無法度。乃從容於法度中。蓋聖於詩者。杜甫作詩善陳時事。法律精深。至千言不竭。世號詩史。○鍾繇善隸書

問秋復涉冬。○耳飲香名。匪朝伊夕。○拜別函丈。倏忽逾時。○睽隔慈度。屈指經年。不登寶刹。又復許久。阻挹仙風。俗塵胸襟。

思慕類

朗月清風。輒思元度。○遥憶故人。中懷篆結。○把晤未期。寸心如結。○仰慕高風。神情傾注。○山斗望重。寄雁無緣。○山斗之仰。徒抱寸衷。○成我之德。與生我等。○塵心之積。已萬斛矣。

缺候類

未覓鱗鴻。奉候台禧。近晉文[illegible][illegible]永

見蔡邕筆法。坐則畫地。臥則畫被。○王羲之注詳上。白雪陽春。是難和難賡(音耕)之韻。青錢萬選。乃屢試屢中之文。宋玉對楚王。問客有歌於郢中者。爲陽春白雪。和者不過數十人。其曲彌高。其和彌寡。○張鷟每試高第。人稱其文如青銅錢。萬選萬中。時號爲青錢學士。驚神泣鬼。皆言詞賦之雄豪。遏雲遶梁。原是歌音之嘹喨。(音聊)(音諒)杜甫贈李白詩。昔年有狂客。號爾謫仙人。筆落驚風雨。詩成泣鬼神。○博物志。周穆有韓娥者。東之齊。至雍門。之糧。鬻歌假食。既去而餘音遶梁。三日不絕。涉獵不精。是多學之弊。咿唔(音伊吾)占畢。讀書之聲。黃山谷曰。大率學者喜博。而嘗病不精。泛濫百書。不若精於一也。有餘力。然後及諸書。則涉獵諸篇。亦得其精。○山谷聞孫元忠讀書聲。戲作竹枝歌云。南窗讀書聲吾咿。北窗見月歌竹枝。[illegible]咿唔。誦聲也。○學記。今之教者。呻其佔畢。多其訊。[illegible]呻吟。誦也。佔。視也。畢。簡也。連篇累牘。總說多文。寸楮(音杵)尺素。通稱簡札。隋李諤上書。連篇累牘。不出月露之形。積案盈箱。盡是風雲之狀。○楮。紙也。寸楮。小簡也。古樂府。客從遠方來。遺我雙鯉魚。呼童烹鯉魚。中有尺素書。釋。素。情素也。以物求文。謂之潤筆之貲。因文得錢。乃曰稽古之力。隋文帝命李德

新埒故司玖杖
○未暇修楮。少通積
愫。○鱗鴻罕便。裁答
無因。○知己相愛。豈
在往來施報間耶。姊
○久仰瞻韓。無緣御
李。餘○擬趨函丈。見
雪而止。甚愧程門叅
鵠。○滿腔下情。未由
控訴。歸○元默之言
未由傾聽。闕僧臆道

惆悵類

山河千里。引領徒勞。
○臨風挹怏。我勞如
何。○無由言對。執筆
常懷。○不知離恨天。
如此其高。相思海如
此其深也。臆祇覺塵
心。抑鬱莫展。闕僧臆道

時景類

膳春光明媚。鳥語花

林作詔。復鄭譯之爵。高頒戲譯曰。筆乾。答曰。出為方岳。杖策言歸。不得一文。何以潤筆。○【漢】光武以桓榮為太子少傅。上會諸博士。論難於前。榮辨明經義。上賜以輜車乘馬。榮曰。今日蒙上所賜。稽古之力也。**文章全美曰文不加點。文章奇異曰機杼**直呂切**一家**。【漢】黃祖大宴賓客。有獻鸚鵡者。祖舉卮向禰衡前曰。願先生賦之。衡援筆而就。文不加點。○【北史】祖瑩嘗語人曰。文章須自出機杼。成一家風骨。何能共人同生活。【釋】機織具。杼。梭也。**應試無文謂之曳白。書成縑緗謂之殺青**。【唐】張倚得幸玄宗。試官宋遙苗晉卿。以倚子張奭中首選。羣議沸騰。帝召而試。奭持紙閱筆。終日不成一字。人謂之曳白。○【吳祐傳】殺青簡以為書。【釋】古無紙。以火炙竹簡令汗出。去青以書字。故簡曰汗簡。史曰汗青。○刻書曰繡梓。**襪線之才。自謙才短。記問之學。自愧學膚**。【唐】韓昭祖為偽蜀禮部尚書。琴棋書算射法悉皆涉獵不精。李白曰。韓八座之才。如折襪線。無一條長者。○【學記】記問之學。不足為人師。膚。皮也。學膚言其學淺。**裁詩曰敲推。嚬學曰作輟**。音排【唐】賈島初為僧。訪李凝幽居。於驢上題云。鳥宿池邊樹。僧敲月下門。始欲下推字。又欲下敲字。擬議未定。於驢上作敲推勢。時韓愈策騎方出。島不覺衝至當道。被左右擁至馬前。愈問之。島具道所得句。推敲字未定。神遊象外。不知迴避

新增故事瓊林

香○晴風霽月梅柳迎和○臘盡歲除春明景麗（正月）○燈火皆春樓臺不夜（元宵）○探花數且問柳芳辰（二月）○花殘蝶老柳暗鶯嬌（三月）○（夏月）長風扇暑茂樹連陰○隴麥餅秋畦苗吐夏（四月）○浴蘭佳節懸艾令辰（五月）○蘋風解慍化日舒長（六月）○（秋月）秋氣新涼楓梧瘦綠○星河波瀲銀漢澄清（七月）○蟾宮煥彩兔窟飄香（八月）○荷凋雨蓋菊傲霜枝（九月）○（冬月）景屬小春時維陽月○梅白松靑點綴春色（十月）○慶雲初紀暖律驚飛（十二）

愈曰敵字佳與論詩遂爲布衣交○隳學貴學也作爲也輟止也

文章浮薄，何殊月露風雲；典籍儲藏，皆在蘭臺石室。

月露浮詳上○漢官儀御史臺内掌蘭臺秘書外督諸州刺史○漢史高祖與功臣剖符作誓丹書鐵券藏之金匱石室

秦始皇無道，焚書坑儒；唐太宗好文，開科取士。

史始皇三十六年丞相李斯曰五帝不相復三代不相襲今諸生乃不師今而學古聞令下入則心非出則巷議率相造謗惟禁之便臣請史官非秦紀皆焚之有藏詩書及偶語詩書者棄市以古非今者族制曰可侯生盧生相與譏議亡去上大怒因案問諸生轉相告引四百六十餘人皆活坑之咸陽○開科詳上

花樣不同，乃謂文章之異；潦草塞責，不求辭語之精。

盧仝下第出都投逆旅有一人附火吟曰學織綾功未多亂投機杼錯拋梭若教宮錦行家見把似文章笑殺他仝問之答曰昔隸宮錦坊近以薄技投本行云如今花樣不同且東歸也○水無原曰潦苟飾曰草塞責謂以抵塞責任

邪說曰異端，又曰左道；讀書曰肄業，又曰藏修。

端緒也異端非聖人之道楊朱之爲我墨翟之兼愛是也○手足便右以左爲僻故不正之術曰左道○謫官曰左遷策不中曰左計○禮樂志禮官肄業而已爾雅肄習也學記君子之於學也藏焉修焉息焉遊焉肄音異

作

卷之四　文事

月。○冬殘臘盡，歲暮星迴。卅二

稱頌類

文章哲匠，理學宗工。○才雄倒峽，氣掩凌雲。○斯文斗望，吾道巖瞻。師○樂志林泉，耽情邱壑。隱○德邵年高，譽隆望重。○香山比算，洛社齊名。壽○龍門俊品，鳳閣仙才。○金閨雅望，玉署清班。翰○元戎鎖鑰，社稷金湯。武○術妙軒岐，名誇盧扁。醫○術壇君平，數靈管輅。卜○筆參造化，學貫天人。理○舌捲春雷，眼懸秋水。相○優鉢花香，菩提樹長。僧○

文曰染翰操觚。音姑從師曰執經問難。乃旦切【文選】文人才子，名溢於縹囊；飛文染翰，卷盈於緗帙。【釋】翰，筆也。【按】陸士衡文賦：或操觚而率爾。【釋】觚，木簡也。求作文曰乞揮如椽筆。羨高文曰纔是大方家。【晉】王恂夢人以筆與之，大如椽。解者曰：當任大手筆事。俄而皇后崩，謚冊哀文，皆屬恂爲。【釋】椽，桷也。○【莊子】河伯以天下之美爲盡在己，順流而東行，至北海，視之不見水端，望洋向海若歎曰：今我覩子之無窮也，非至子之門，吾將見笑於大方家乎。【釋】方，道也。競尚佳章曰洛陽紙貴。不嫌問難曰明鏡不疲。【晉】左思作三都賦，搆思十年，及成，聞皇甫謐有高名，乃造而示之。謐大稱善，遂爲之序。于是豪富之家，競相傳寫，洛陽爲之紙貴。○【晉】孝武帝將講孝經，謝安、謝石與諸人私庭講習，車胤謂袁羊曰：不問則德音遺，多問則重勞二謝。羊曰：必無此嫌，何嘗見明鏡疲於屢照，清流憚於惠風。稱人書架曰鄴架。音業稱人嗜學曰書淫。【唐】李泌封鄴侯，積書最多，分甲乙丙丁四部。○劉孝標苦所見不廣，聞有異書，雖遠必往求。借人謂之書淫。白居易生七月便識之無二字。唐李賀纔七歲作高軒過一篇。【唐】白居易始生七月，能識之無二字，其姆百試不差。○【唐】李賀七歲能文，名動京師。皇甫湜、韓愈連轡造門求

芝房春藹。丹竈煙濃
道

起居類

百福駢臻。千祥鱗集
○文章德業與時俱
進。○道隨時長德配
陽和○遙想起居定
多佳勝

欣慰類

鼓舞之情如同身受
○甚愜所望不勝雀
躍○開緘捧誦驚喜
欲狂。○欣忭之私非
言可喻。

自敘類

樗櫟散材孤蒲命族
○屠龍無策刻鵠不
成○章縫後學呫嗶
迂儒○猥承鞭策之
加。頓效馳驅之用

見賀總角。荷衣而出。令面試一篇。賀
承命。欣然染翰。操觚作高軒過一篇。
開卷有益。宋太宗之要語。不學無術。漢霍光之爲人。
【宋】太祖好讀書。每日自己至申。然後釋卷。詔史
館修太平御覽一千卷。宋琪以勞瘁爲諫。上曰
開卷有益。不爲勞也。○【班固贊霍光云】擁昭立宣。光爲
師保。雖周公阿衡。何以加此。然光不學無術。闇於大理。
漢劉向校書於天祿。太乙燃藜。趙匡胤代位於後周。陶穀出詔。
【漢】劉向成帝命校
正五經同異於天
祿閣。値元宵。人皆出遊。唯向不出。有黃衣老人。執青藜杖。叩閣而進。
見向獨坐誦書。乃吹杖端。燄照之。問其姓名。老人答曰。我乃太乙之
精也。○【宋史】趙匡胤初仕後周。統兵北征。士卒裂黃旗。纏匡胤身。擁
之即位。是時班定。周主猶未有詔書。翰林承旨陶穀作禪詔。出之袖
中。遂
用之。
江淹夢筆生花。文思大進。揚雄夢吐白鳳。詞賦愈奇。
○江淹夢人
授以五色
筆。後文藻日新。○【漢】揚雄口吃。而好沈
思。作甘泉賦。才思豪邁。賦成。夢吐白鳳。
李守素通姓氏之學。世南名爲人物志。虞世南斷古今之理。太宗號爲行秘書。
【唐】李守素爲倉曹
通姓氏之學。世號
肉譜。許敬宗謂虞世南曰。昔任彥升通經術。時號五經笥。今以守素
改倉曹爲人物志可乎。○虞世南太宗一日出行。有司請載書以從

膊腸○生慚鉛槧腐儒。何足掛齒於名公。（贈）○不佞塵根未淨。安能入不二法門。（僧）不佞塵埃俗品。何由識道教宗風。（道）

恃愛類

仰恃素交。不揣妄懇○雖無生平之雅。幸有一日之知。○既忝蘭交。猶恃曩末。○幸蒙不棄。忝有忘年之交。某雖分隔雲泥。然恃有雞壇之雅。（啟）

干求類

瀆裁寸楮。奉候高軒○莊修尺素。干瀆清聽。○託鯉達情。囑鴻巾意。○恃驪毛穎。用

上曰世南行秘書監也不用截古音〔釋〕晰明也秘書天子藏書之閣○汝古含今皆言學博咀（唯去聲）英嚼（在各切）華總曰文新[illegible]茹古含今無有端倪○[illegible]沈浸醲郁含英咀華作為文章其書滿家

文筆尊隆韓退之泰山北斗道學純粹程明道如良玉精金（泰山註詳）文事○[illegible]純粹如精金溫潤如良玉

李白才高咳唾隨風生珠玉孫綽詞麗賦擲地作金聲[illegible]咳唾落九天隨風生珠玉○〔晉〕孫綽作天臺賦甚佳以示范榮期榮曰此賦擲地當作金石聲也

[illegible]發輝竹素（蠹音妒）走芸緗〔漢書〕劉向為成帝典校書先書作刊定其上名竹素○[illegible]芸葉薰香走蠹魚[illegible]芸香草可辟蠹故曰芸編蠹食書蟲。

道觀蓬萊藏脩編之所石渠天祿（除上聲）史籍之場〔後漢書〕東觀乃藏書之所學者或稱為老氏藏室道觀蓬萊○〔漢書〕石渠閣與天祿相對在未央宮中藏書之所。

魯為魚參明不謬帝作虎考正無訛〔抱朴子〕云書誤寫有以魚為魯以帝為虎長蛇生馬之文最難措手硬語枯藤之字未易揮毫〔唐〕孫樵書玉川子月蝕歌韓吏部進學解拔地倚天句句

布燕私姘○不避斧鉞輒有申懇館

臨書類

臨穎神馳望風意注○臨楮不勝眷戀○尤次裁條臨楮依依○數行寄想幅短情長○因風修此不及多云。

回示類

翹首德音不勝延佇○鱗鴻之便毋遐金玉○山川雖阻道里無多風便無忘好音

珍重類

暄冷不常伏惟順時自愛勝春○暑氣蒸人仰冀自玉順○金風薦爽珍攝起居勝秋○寒風凜冽珍重萬千

欲括讀之如赤手捕長蛇不施鞍勒騎生馬【按】玉川子盧仝號○【晉】鍾繇弟子宋翼善書畫一橫如百鈞硬弩作一直如百歲枯藤作一放縱如驚蛇投水。

借還書會用雙瓻音鴟**收貯文章分四庫**【韻書】古人借書餽酒一瓻還亦餽酒一瓻【山谷云】不辭借我千卷他日還君一瓻【釋】瓻酒器也後人以瓻爲癡遂謂借書一癡還書一癡夫借書還書理也何癡之有○【唐書】玄宗兩都各聚書四庫以甲乙丙丁編爲號亥甲經書赤牙籤乙史書綠牙籤丙子書碧牙籤丁集書白牙籤

豪吟如鄭綮音起**還從驢背成詩富學如薛收偏向馬頭草檄**【詩話】或問鄭綮詩思答曰在灞橋風雪中驢子背上○【唐書】薛收在秦王府嘗於馬頭前作檄文如宿構

八行書言言委曲三尺法字字威嚴【漢】馬融與竇伯書曰昨孟陵奴來賜書見手跡書雖一紙八行行七字七八五十六字百一十二言耳○【唐】杜周傳客謂杜周曰君爲國決事不循三尺法【釋】以竹簡三尺寫法律也

咳唾成篇陣馬風檣音戕**敏捷精神滿腹雪車冰柱清高**【李賀集】陣馬風檣【釋】言聲勢也○【唐】劉叉作冰柱雪車二詩示韓愈愈以爲出孟郊盧仝右

擅美譽於詞場禹錫詩豪山谷詩伯稱美於藝圃伯英草聖子玉草賢劉禹錫放誕不

賜。○願親加餐，寸心加結。○仰祈若時以膺福祉。○仰祈加食自愛，以慰民望。寵○敢乞勉修慧業，以振宗風增○伏望洗鍊神舍，保毓大眞道

照鑒類

仰希尊慈，俯垂電鑒。○萬惟清照，爲勝榮荷。○統祈原鑒，無任瞻馳。○耿耿葵衷，統惟鑒照。

結尾類

不莊。○不既。○不一。○不備。○不次。

書後致意類

某翁處未及附啟，乞代申鄙意爲感。○某君未另栽候，希叱名

韡時人謂之詩豪。○黃魯直爲西江詩伯，亦云詩祖。○[晉]張芝字伯英，臨池學草，池水盡黑，後藝成，韋仲將稱之爲草聖。○[唐]崔瑗字子玉，學草書極工，人皆宗之，目之爲草賢。

謝安石之碎金爲寶物，陸士衡之積玉纏屬奇珍。

[晉]陽秋云：桓公見謝安石作簡文皇帝論議，大嗟賞之，擲與坐上諸客，曰：此安石碎金也。○[晉]陸機善文，張華曰：機之文猶玄圃中積玉，無非夜光。

少室山幾句最佳，片箋片玉；福先寺碑文可誦，一字一縑。

[唐]李嶠善文，作少室山記，富贍華美，謂片箋片玉。○[唐書]裴度爲相，修福先寺，欲請白居易作碑文。皇甫湜時爲判官，詩曰：何近捨皇甫湜而遠取居易？裴謝之。湜飲以斗酒，揮筆而成，謂晉公曰：碑三千字，一字一縑，更少不得。

陳琳作檄愈頭風，定當神鍼法灸；子美吟詩除瘧音虐**，鬼何須妙劑金丹。**

曹操命陳琳草檄文，琳呈上，請操覽之。操方病頭風，臥讀琳所製，起曰：琳之檄愈我病也。○[詩話]昔有病瘧者，子美曰：吾詩可以療之。病者問何詩。美曰：子璋髑髏血模糊，手持擲還崔大夫。又云：更有昔日太宗卷毛騧，近日郭家獅子花。其人誦之果愈。

眞老藝林樊，徐夫子且退避三舍；蘇仙文苑稱，歐陽公放出一頭。

[稽賢集]眞西山越山新居成，名其齋曰學易。[聯云]坐看吳越兩

道意。○某兄未遑另束通候。敢希致聲。

復書思慕類

景仰方殷。忽承寶箋飛鑒。○仰望惟殷。忽辱琅玕之貺。○長箋至。倚存念之深。○捧讀教言。殷殷提奬。非意所期。○餘仰企高賢。無由良晤。自分迄成夢想。瑤函忽墜。何如親接丰標。

答候結語類

雅貺不敢自外。拜嘉祇有心銘。○書不盡言。伻旋牽泐以報。展讀錦字之熒煌。殊慙報章之荒略。○因風佈覆。無任綣依。○使旋肅此。奉候興居。

山秀。默契羲文千古心。朱晦翁見之。曰。吾且當避此老三舍。○[宋]嘉祐二年。歐陽公知貢舉。試官梅聖俞。得蘇軾刑賞忠厚之至論。以示公。公驚喜。以為異人。欲以冠多士。疑門人曾子固所為。乃寘第二。選復以春秋對義居第一。公曰。老夫當避此人出一頭地。

科第 新增文十二聯

士人入學曰遊泮。又曰采芹。士人登科。曰釋褐。又曰得雋。[詩]思樂泮水。言采其芹。[註]諸侯之學曰泮宮。芹。水菜也。○[宋]興國二年。始賜呂蒙正等釋褐。後遂以為定制。[釋]褐。毛布賤者服也。○雋與俊同。得雋。謂得此雋秀也。

賓興即大比之年。賢書即試錄之號。[周禮地官]大司徒以鄉三物教萬民。而賓興之。[釋]興。舉也。謂鄉大夫舉其賢能。以賓禮而興起之。○地官鄉大夫三年則大比。考其德行道藝。而興賢者能者。鄉老及鄉大夫帥其吏與其衆寡以禮賓之。厥明。鄉老及鄉大夫羣吏獻賢能之書於王。王再拜受之。登於天府。

鹿鳴宴款文榜之賢。鷹音英**揚宴待武科之士。**鹿鳴。[小雅]宴賓客之篇名也。[漢]光武幸南陽。召教官弟子作雅樂。奏鹿鳴。○[詩]維師尚父。時維鷹揚。[釋]尚父。太公望也。鷹揚。如鷹之飛揚。言其猛也。

文章入彀。有朱衣以點頭。經術既明。取青紫如

兼申謝悃。○遠使言旋。媿乏瓊報。匆匆率復。不盡縷縷。

右答尺牘

【問候類】冬別春問候

憶違台範。驟聿方悲。彈指間而江梅隕楓。池滿春光矣。翹仰足下履端伊始。何膽不臻五福。趨候崇階。其如路遠莫致。謹泐魚箋。用申燕賀。臨穎神馳。

答

去冬握手。寒氣猶依梅萼。詎意居諸荏苒。而陽和又護桃津矣。足下履方新之歲月。

拾芥【宋】歐陽修知貢舉。每閱卷。覺傍有朱衣人點頭。然後入格。因吟曰。文章自古無憑據。惟願朱衣暗點頭。○【漢】夏侯勝云。士病經術不明。苟明之。取青紫如俛拾地芥耳。【釋】青紫。士大夫公服。拾。取也。芥。草芥也。其家初中謂之破天荒。士人超拔謂之出頭地。劉蛻以荊州解及第。時號爲破天荒。○出頭地。注詳文事。中狀元曰獨占鼇頭。中解元曰名魁虎榜。【蘇東坡詩】高文俱合在鼇頭。○【唐】歐陽詹舉進士。與韓愈等聯第。時稱龍虎榜。瓊林賜宴。宋太宗之伊始。臨軒問策。宋神宗之開端。【宋】太平興國八年。宋庠等及第。賜宴於瓊林苑。後爲定例。○熙甯三年。呂公著知貢舉。密奏曰。天子臨軒策士。用詩賦。非舉賢求治之意。今廷試乞以詔策。諮訪治道。同榜之人。皆是同年。取中之官。謂之座主。拜黃甲畢。各列兩廊。四十以上東廊。四十以下西廊。內擇一年高者上堂。大魁拜之。年高答拜。又擇一年少者。上堂拜大魁。大魁亦答拜。是謂序同年。○主考試者稱大主考。主會試者稱大總裁。殿試天子自爲座主。豈可復稱門生於他人。應試見遺謂之龍門點額。進士及第謂之鴈塔首楊題名。【三秦記】河津一名龍門。桃花浪起。魚躍而上之。躍過者爲龍。否則點額而還。○【唐】韋肇及第。偶於慈恩寺。鴈塔題名。中宗以來集滋至之鴆禧，方擬遣候新祺，乃辱瑤章遠致，臨手莊誦，如面芝眉，慰甚慰甚。

春別夏問候

殘春握別，離心與落絮交飛，殊令人不堪回首。憶幾何時，而夏葵傾日矣。僕之心戀故人，無刻少置，較之傾葵，不愈殷乎？便鴻裁候，無任瞻依。

答

憶昔與君握手，桃花方笑春風，轉瞬閒而榴火忽然夏日矣。歎時序之改觀，悵故人之遙隔，其何以為情乎？乃蒙不棄，惠我好音，據讀之下，頓覺隆

新增文函通本

卷之四 科第

杏園宴後皆題名於此。同年中選善書者紀之。賀登科曰榮膺鶚音諤薦，入貢院曰鏖音奧平聲戰棘闈。漢禰衡弱冠時，孔融愛其才，上表薦之曰：鷙鳥累百，不如一鶚。使衡立朝，必有可觀。○禮部闈試，用棘圍之，以防假濫入院，同試如交戰然，故曰鏖戰。金殿唱名曰傳臚音盧，鄉會放榜曰撤棘。皇帝臨軒，宰臣進卷，讀於御案前，用牙籌點讀畢，宰臣拆視姓名，則曰某人，閤門則承之以傳於階下，衛士齊聲傳其名而呼之，謂之傳臚。○五代進士浮薄諠譁，每放榜則圍以棘，閉省門，禁人出入。和凝知貢舉，撤去棘圍，開省門，士皆肅然，所取稱得人。攀仙桂，步青雲，皆言榮發；孫山外，紅勒帛，總是無名。陳元老及第詩：桃花先透三層浪，月桂高攀第一枝。○梁灝八十二歲狀元及第，謝表云：皓首窮經，青雲得路。○宋孫山與周生應舉，揭榜後，山名在榜末，生託山探得失，山答曰：解名盡處是孫山，吾兒更在孫山外。宋劉幾為文，好作險語，歐陽公惡之，以朱筆橫抹之，謂之紅勒帛。英雄入吾彀，唐太宗喜得佳士；[illegible]劉禹錫賀得門生。唐太宗出幸端禮門，見進士綴行而出，喜曰：天下英雄盡入吾彀中矣。○劉禹錫[illegible]禮闈新榜動長安，九陌[illegible]人人走馬看，一日聲名徧天下，滿城桃李屬春官。[illegible]也。[illegible]音積也。

情纏綣溢於行墨何
喜如之

夏別秋問候

新篁拂檻乳燕語梁
時與君聚首言歡忽
忽秋聲半樹涼月滿
窗矣乃悔曩之班荊
煮酒殊甚草草更不
識何時接席快談以
慰飢渴

答

握別芳顏夏猶未半
倏忽金風瑟瑟紅葉
蕭蕭矣物候催人曾
少留乎頃接芳訊知
爾我相思兩地無間
捧誦之下猶疑座接
荀香也

秋別冬問候

僕憶秋風蕭爽偕君

美文王作人之詩。故考士謂之薪槱之典。彙音鋭類也。征進也。是連類同進之象。故進賢謂之彙征之途。[詩]芃芃棫樸薪之槱之濟濟辟王左右趣之。〇[易]拔茅茹以其彙征吉。[疏]茹茅根也。賺音暫了英雄彀入下第傍人門戶。憐士無依。[唐書]進士科甚重其老死文場者亦無限。時人語曰。大宗皇帝眞長策。賺得英雄盡白頭。[?]賺重貢物也。〇章孝標下第作歸燕詩。舊壘危巢泥已落。今年復向社前歸。連雲大廈無棲處。更傍誰家門戶飛。雖然有志者事竟成。佇直呂切看發華之日。成丹者火候到。何惜烹鍊之功。竟成註詳人事。〇道家用赤色藥石於鼎。以水火鍊之。則成丹。

[曾]班名玉筍。餅是紅綾。[唐書]李宗閔知貢舉。門生多清秀俊茂。時號為玉筍班。〇[唐書]僖宗幸興慶池泛舟。方食餅餤。時進士在曲江有聞喜宴。上命御廚依人數各賜紅綾餅餤一枚。故徐寅詩云。莫欺老缺殘牙齒。曾吃紅綾餅餤來。[?]以紅綾束餅故名。貢樹分香。豫卜他年卿相。天街繡轂。爭看此日郎君。殷文圭啟。貢樹分香。折蓮分黼。通典。進士科始隋大中。盛正觀永徽之際。縉紳雖位極人臣。不由進士者。不以為美。其推重謂之白衣卿相。以白衣之士。即卿相之

逍遙於金粟堆前。黃花遲上。此樂何極。胡日月不居。而梅香破臘。春信報防枝矣。企懷知己。冥山遠隔。興居何似。不勝懸懸。

答

憶昔白雲紅葉。與君共話於風亭月榭間。子秋興殊覺不淺。今忽風聲撼戶。雪色飛瓊。矣。山陰道上。頓聲何寂寂也。頃接瑤函。不徒作寒暄套語。具見肺腑至情。裁復匆匆。幸諒艸艸。

久別問候

不覩芳顏。彈指十載於茲矣。每望離亭落月。南浦停雲。其相思

資也。重之如此。○【摭言】薛逢晚年厄於宦途。策羸馬赴朝。值新進士綴行而出。遊團司使數十人。見逢行李蕭然。前導曰。迴避新郎君。逢憤然遣介語曰。莫貪相阿婆。三五少年時也曾東塗西抹來。**江東之**【蘇東坡送蜀人到殿試】一色杏花三十里。新郎君去馬如飛。**羅隱何多。淮右之溫岐不少。**【吳越備史】羅隱。餘杭人。本名橫。十上不中第。遂更名。【詩話】隱自號江東生。【緗事】江南李氏遣使聘越。越人問見羅江東否。使人曰不識。亦不聞名。越人云。四海聞有羅江東。何拙之甚。使人曰。爲金榜上無名耳。○【玉泉子】溫庭筠有詞賦盛名。客遊江淮。留後姚勗厚遺之。所得多爲狹邪費。勗怒。笞逐之。以故卒不中第。【緗事】庭筠以忤令狐綯。不得第。有詩曰。因知此恨人多積。悔讀南華第二篇。**狗從竇出。莫非登第休徵。鼠以經銜。卻是命題吉兆。**【朝野僉載】裴元質舉進士。夜夢一狗從竇出。挽弓射之。其箭遂擘。以爲不祥。夢神解之曰。苟第字頭也。弓者第字身也。箭者第字豎也。有擘爲第也。尋唱名。○【本傳】杜鎬龍圖。江南名士。楨之祖也。初登第時將試。前夕。見大鼠銜卷於前。視之乃孝經正義。明日果於正義中出題三道。**不欺之語。有可書紳。忠孝之求。真難副上。**【聞見錄】賈黯以狀元及第歸鄧州。范文正公爲守。黯謁文正曰。某晚生偶得科第。願受教。文正曰。君不憂不顯。惟不欺二字可終身行之。賈黯拜其言。終身不忘。○【闕史】

豈有恃耶。所可慰者。山川雖阻。魚雁頻通。兩地心情。猶得時傳。宿疾又何必握手言歡。始慰相思也。尤次裁答。不盡區區。

答

憶昔握手。依稀如昨。曾日月之幾何。而詩賦之場。琴樽之樂。杳不可得。風流雲散。悵惘何如。尊札遠頒。披讀如對。差慰調飢。

遣訪承擾

昨者登堂。過承厚款。知己相逢。痛飲無算。不覺玉山傾倒。殆飲惠飽德。詎有涯耶。第酩酊之後。喪德失儀。若不自知。希勿以禮

神宗愼於選士。皇祐五年。廷試進士。考定前一日。取首選卷。焚香祝之。曰。願得忠孝狀元。洎唱名。乃鄭內相獬也。故鄭謝及第啟云。何以副上心。忠孝之求。是也。

孫宋則弟兄俱貴。梁張則喬梓皆榮。宋史 咸平元年二年皆放進士。舉孫重孫暨相繼魁天下。京師閭巷之人榮之。號爲大狀元。小狀元。○宋郊。宋祁。注詳上兄弟。○筆談 眞宗袁封。六月放梁固以下進士及第。祀后土於汾陰。放張思德以下進士及第。固乃狀元梁顥之子。思德亦狀元張去華之子也。

得雲雨而揚鬐音奇**豈是池中之物。挾風雷而燒尾。非終海底之魚。**三國志 辟若蛟龍得雲雨。不是池中物。○聞見錄 士人初登第。必展歡宴。謂之燒尾。又云。魚躍龍門化爲龍時。必雷爲燒其尾。乃得化。

遍歷名園。孰作探花之使。同觀競渡。誰爲奪錦之人。秦中記 進士杏園初會。謂之探花宴。以少俊二人爲探花使。遍遊名園。若他人先折得名花。則二人被罰。○古今詩話 盧肇。黃頗。皆宜春人。同舉郡守。獨餞頗。明年肇狀元及第。歸郡。守會肇觀競渡。肇即席作詩云。報道是龍君不信。果然奪得錦標歸。太守大慚。

此日羽毛。佇看振翮。音格**昔年辛苦。莫負初心。**李文正公詩 二百四十一門生。春風初長羽毛成。衰翁漸老兒孫小。他日知誰略有情。○中嵐齋記 唐人。知貢舉者有詩云。梧桐葉落井

法相繩，幸甚。

答

台從左顧，使荒郊敝圻，有長者車轍，其榮施何如也。第愧山蔬菅蓿，不足以淹文士之駕，乃足下不罪鄙褻，已出望外，何反辱及齒芬乎。

承訪失款

駕臨敝里，匆匆話別，地主之情，歉然不展，殊負館賢廢禮之義，仰恃鮑知，必能見諒於形跡之外也。

答

昨遊貴地，得與公瑾快談，眞不啻飲我醕醪也，何須饜飫兵廚始稱飽德乎。接讀翰

亭陰鎖閉朱門試院深，曾是昔年辛苦地，不將今日負初心。後爲下第者改爲五言，末云：今日負初心。**莫存溫飽之志，還辭貴戚之婚。**［東軒筆錄］王曾青州發解，及南省廷試，皆爲首冠。中山劉子儀爲翰林學士，戲語之曰：狀元試三場，一生喫著不盡。沂公正色答曰：曾平生之志，不在溫飽。○［筆談］馮京舉進士，自鄉選至廷對，俱策名第一。張堯佐倚外戚，欲妻以女，使擁入其家，頃之，中人以酒肴至，且示以奩具甚厚，京不肯就，乃力辭之。**鄒子爲書，明月空遺按劍；高公未第，秋江自怨笑春。**鄒陽注詳人事。○［摭言］高蟾未第，有詩云：天上碧桃和露種，日邊紅杏倚雲栽。芙蓉生在秋江上，不向東風怨未開。**青衫則歲歲堪憐，金線則年年自笑。**［秦韜玉貧女詩］最恨年年壓金線，爲他人作嫁衣裳。○［石曼卿詩］年去年來來去忙，爲他人作嫁衣裳。仰天大笑出門去，獨對東風舞一場。

制作　新增文七聯

上古結繩記事，蒼頡音劼**制字代繩。**太古未有文字，燧人氏始作結繩，以結繩之政。大事結大繩，小事結小繩，以記之。○蒼頡爲軒轅氏史官，觀鳥跡蟲文，始制文字，以代結繩之政。字成，天雨粟，鬼夜哭。**龍馬負圖，伏羲因畫八**

新增[illegible]札

教。殷殷注存。尤徵肫愛。倘容踵叩不宜。

稱師類 稱師長

不才皆愚特甚。賴老師指點迷迷。趨向覺路。此其成我之德。與生我等。然鱧入講堂。老師當從此升矣。不才將何所適從乎。

答

憶昔聚首談經。權若家人。不謂一別參商。師弟之情。覺爾疏闊。此尼父所以慨想及門而情殷也。接手書。恍然歡聚景況。乃知二三子之用情。亦良厚矣。

頌揚子弟

卦。洛龜呈瑞。大禹因列九疇。龍馬馬身而龍鱗。高八尺五寸。伏羲時負圖出於孟河之中。背有五十五陰陽點。伏羲則之。始畫八卦。○禹治水。順水之性。地平天成。神龜負文出於洛。禹象龜文而列洪範九疇。**厤日是神農所爲。甲子乃大撓所作。**厤日乃神農所作。正節氣。審寒暑。爲早晚之節。以治農功。始分爲八節。○古人視花木開謝爲春秋。至黃帝命大撓探五行之情。占斗柄所指。月建。以十天干配十二地支。造成甲子。**算數作於隸首。律呂造自伶倫。**漢律厤志黃帝命隸首作算數。而律度量衡。由是成焉。○黃帝命伶倫取竹於崑崙之嶰谷。生而空竅厚薄均者。斷而吹之。以爲黃鍾之宮。制十二管。以聽鳳凰之鳴。其雄鳴爲六律。雌鳴爲六呂。**甲胄**音宙**舟車。係軒轅之創始。權量衡度。亦軒轅之立規。**蚩尤無道。黃帝伐之。天遣玄女請帝。制爲甲胄以防身。大戰於涿鹿之野。而殺之。淮南子黃帝見殼木浮而知爲舟。舟成。帝見鳶飛尾轉而知爲舵。見飛蓬轉而知爲車。○權。秤錘也。衡。秤幹也。量。斗斛也。度。丈尺也。黃帝爲黃鍾之律。而造權衡度量。**伏羲氏造網罟**音古**教佃漁以贍民用。唐太宗造冊籍編里甲以稅田糧。**伏羲氏觀蜘蛛而結網罟。以取鳥獸魚鼈。後世用網罟爲佃漁始此。○廣冊。籍山始於唐。即庸調法也。蓋有田則有

憶昔二三子追隨函丈晦明風雨與其樂何如之自分秩各天而衷懷悵結矣想邇來學業精進非復吳下阿蒙行見乘風破浪爲吾黨生色也欣慰欣慰

答

化雨所被草木皆榮某雖不才尤荷培植頂承教言訓誨諄諄想老師衣缽意有所屬敢不努力以副厚望

餞送類

餞赴試

桂蕋香飄嫦娥信迓正君膏車秣馬馳驅雲路時也文旌榮發折習文昌之木

租有身則有庸有戶則有調租卽粟米之征庸卽力役之征調卽布縷之征頗有三代遺風

興貿易制耒耜皆由炎帝造琴瑟教嫁娶乃是伏羲

古者民未知稼穡炎帝斵木爲耜揉木爲耒始教民藝五穀列廛於國日中爲市致天下之民聚天下之貨令其交易得所【釋】耜田器所以起土者耒耜之柄也○伏羲斲桐爲琴繩絲爲絃絃二十有七命之曰離徽絙桑爲三十六絃之瑟○以女從夫曰嫁娶女爲妻曰娶古人野合知有母而不知有父帝始制嫁娶以儷皮爲禮正姓氏通媒妁以重人倫之本而民始不瀆倫

冠冕衣裳至黃帝而始備桑麻蠶績自元妃而始興

上古穴居野處衣毛而帽皮後世聖人見鳥獸有冠角遂作冠冕以易之至黃帝而其制始備互詳衣服類○黃帝元妃西陵氏姓嫘名祖教民採桑養蠶以供衣服

神農嘗百草醫藥有方后稷播百穀粒食攸賴

民有疾病帝始以赭鞭鞭草木採百草嘗之察其寒熱溫平之性辨其君臣佐使之義作方書以療民病而醫道立矣○【書】帝曰棄黎民阻飢汝后稷播時百穀【釋】播安種子也后稷名棄互詳誕類

燧人氏鑽木取火烹飪初興有巢氏構木爲巢宮室始創

上古民未知熟食燧人氏作觀星辰而察五行知空中有火麗木則明於是鑽木取火以教民烹飪而民

薄餞奉拔僕請先鹿
鳴而歌維駒之什萬
希龍臨曷勝榮幸

答

僕以一老生而遂隊
風髦與羣英並角譽
悴古柏於時花之砌
雖遭亦拙近爲友人
堅邀於情難卻只得
勉强一行承召幵顏
以赴

餞遠行

聞君有某處之行知
已遠別意極難堪豈
特旗亭柳色始魂斷
征驪耶午間薄酌邀
敘別懷陽關三疊當
爲君歌之

答

淚遊湖海情非得已

利之故號燧人氏**夏禹欲通神祇因鑄鏞音鐘於郊廟漢明尊崇佛**
○構木注詳宮室鏞鏞大鐘也○漢明帝夢金人長丈餘飛空而
教始立寺觀於中朝下訪之羣臣傅毅曰西域有神其名曰佛陛下
所夢得毋是乎乃使蔡愔等往天
竺國求得其書由是化流中國**周公作指南車羅盤是其遺制錢**
樂作渾天儀厤家始有所宗越裳氏獻白雉迷其歸路周公作指南
車以爲先導○朱子曰渾天儀古必有
其法遭秦而滅至劉宋錢樂爲鑄銅作渾天儀厤
家憑此以算躔度次舍即璿璣玉衡之遺法也**育王得疾因造無**
量寶塔秦政防胡特築萬里長城阿育王盡收西域諸塔及龍宮舍
利一日一夜役諸鬼神碎七寶塔
末造寶塔八萬四千○秦始皇問方士盧生曰朕後世興廢何如生
曰亡秦者胡也始皇不悟己子胡亥以爲亡秦者胡地之人也遂遣
蒙恬北伐匈奴收河南爲四
十四縣築萬里長城以防之**叔孫通制立朝儀魏曹丕秩序官品**漢高
祖初定天下羣臣飲酒爭功醉或妄呼拔劍擊柱上厭之叔孫通曰
儒者難以進取可與守成臣願徵魯諸生共起朝儀上許之通率百
餘人爲綿蕞野外習之後長樂宮成羣臣朝賀莫不肅敬無敢失禮
上曰吾今日乃知皇帝之貴也○魏主曹丕即位陳羣以天朝選用

以祝君優游邱園，享白庭不出之樂，奚啻霄壤。過荷寵招，益增別苦。雖然，誥朝西山，能有故人如君者乎？敬當趨領。

遠行餽贐

白旌榮發，非不欲出祖江干，少盡知己之情。貲寶緣俗冗，不遑作別。薄贐聊供長途舟騎之需，幸哂存之。

答

僕媿萍蹤飄泊無定，辱承厚贐，壯我行色，當不思窮途不給。奚第回首故人，已在碧天雲樹之外，不識何時歸來。知已留連，一慰相思也。

不盡人才。乃立九品官人之法。

周公獨制禮樂，蕭何造立律條。【周】成王幼，周公攝政，朝諸侯於明堂，制禮作樂，頒度量，而天下大服。○【漢】高祖初入關，欲順民心，作三章之約。天下既定，三章不足禦奸，命蕭何作律令。【釋】三章：殺人者死，傷人及盜抵罪。律，次第其輕重；律呂，萬法所出，故法令曰律令。

黃帝作圍棋，以教丹朱；武王作象棋，以象戰鬪。【博物志】堯生子丹朱，嚚訟慢遊，朋淫無度，帝悲之，制圍棋以閑其情。○象棋武王所造，其進退攻守之法，有日月星辰之象，乃爭國用兵戰鬪之術，以象牙飾棋，故曰象棋。

文章取士，興於趙宋；應制以詩，起於李唐。【宋】神宗從王安石之議，更定科舉法，專以經義八股論策試士。○【唐】先朝以詩賦取士，文宗癸丑八月，依楊綰議，罷詩賦，詔下停之。

黎園子弟，乃唐明皇作始；資治通鑑，乃司馬光所編。【唐】明皇選樂工宮女數百，自教法曲於黎園，號曰黎園子弟。○【宋】司馬光約戰國至秦二世，如左氏體，為通志以進。英宗悅之，命續其事。光遂與劉攽、劉恕、范祖禹及子康編集。神宗即位，賜名資治通鑑。

筆乃蒙恬所造，紙乃蔡倫所為。詳器用。

凡今人之利用，皆古聖之前民。【易】以前民用。【釋】謂聖人制作，開民用之先也。

遠回接風

分袂數月。日盼歸帆。匪伊朝夕。比聞返旆。敬治杯酒。爲君洗塵。望出簷頭風月。一醆胸中磈壘。祈勿吝玉是荷。

答

離懷種種。歸時卽欲奉誚細敘闊情。柰奔走風塵。勞頓特甚。是以趦趄。承召不敢領。然盛情岳重。自當躬趨。

邀約縱遊

邀同舟

邇日僕欲買棹。徑往某地。聞君亦有是行。敢望共乘長風。破浪萬里之外。倘蒙不棄

增釋 鰥因魚目取。魚目常醒。杖以鳩成。重鳩喉不咽。魚在水中晝夜不瞑目。故鰥曰魚鰥。鳩者不咽之鳥。欲老人不咽之義。注。互詳器用。

飛舲是輕車別號。紈箑爲素扇佳名。漢枚乘七發。將爲太子馴騏驎之馬。駕飛舲之輿。○風俗通。山之東曰扇。西曰箑。

翠華旗光搖漢苑。白玉管響徹唐宮。相如上林賦。天子建翠華之旗。○雜錄。安徽山上獻川皇白玉管簫數百。

米家書畫船。足怡素志。齊子班蘭物。可壯生平。宋米芾善書。好蓄書畫。爲淮閩發運使。揭牌行船曰米家書畫之船。○齊敬兒云。我雖貧身邊稍有班蘭物。釋班蘭物。劍也。

氍毹音渠毛子 美人贈金屈戌。良匠新成古詩美人贈我氍毹。釋氍毹。毛褥也。○李商隱詩。鎖窗金屈戌。釋屈戌。鎖鑰鉸釘環鈕也。

鳥金熱炭。厚貽翠羽編簾異製。鳥金注詳器用。○漢武起招靈閣。編翠羽麟毛以爲簾。

笭箵音陵新 收於漁父。擔去夕陽蓑襫。音鉢釋

荷於農人。披來朝雨。笭箵取魚之器。○蓑襫雨具。卽今之簑衣。注互詳器用。

技藝 新增文十二聯

懇郎遄發。毋使僕作江濱訪友客。幸甚。

答

聞某處乃勝地名區。欲擬一遊。而無其便。適承召附寶舟。深愜素願。況足下福人。僕得同舟共濟。則一帆可保無恙矣。

邀同途

某地之行。僕欲與君偕往。聞榮發在邇。未審肯容附驥否。倘蒙不棄。俾得執鞭左右。則不患關山難越。而悲失路矣。

答

駕欲偕往某地。俾僕步趨後塵。實所欣願。約計某日起行。望速

醫士業岐軒之術，稱曰國手；地師習青烏之書，號曰堪輿。【帝王世紀】軒轅命於岐伯更相問難。作內經。故曰岐軒之術。【國策】晉平公有疾。秦伯使醫和視之。出曰。疾不可爲也。是謂男而近女。趙文子曰。醫及國家乎。對曰。上醫醫國。其次救人。國醫官也。○【青烏子】有相地書。堪輿家宗之。【說文】堪天道。輿地道。故今人稱相地者曰堪輿。以習天地之道也。

盧醫扁鵲，古之名醫；鄭虔音乾**崔白，古之名畫。**【史記】扁鵲姓秦名緩。字越石。遇長桑君。得其方藥幷書授之。曰。飲上池水三十日。當知物矣。乃飲藥三十日。遂洞見病人五臟癥結。又八十一難經序云。緩與軒轅時扁鵲相類。仍號之爲扁鵲。又家於盧國。因名之曰盧醫。【註】上池水。竹木上露也。○【唐】鄭虔字弱齊。玄宗愛其才。嘗圖山水。書所賦詩以獻。上署尾曰。鄭虔三絕。【註】三絕。謂字畫詩也。○崔白善畫。敗荷鳧雁。尤精於花竹翎毛。

晉郭璞得青囊經，故善卜筮音誓**地理；孫思邈**音莫**得龍宮方，能醫虎口龍鱗。**【晉】郭璞博學。而妙於陰陽麻數。有郭公者。客於河東。精於卜筮。從之受業。公以青囊經九卷與之。遂精於天文卜筮之術。○【續仙傳】唐孫眞人。名思邈。隱太白山。嘗救一青蛇。乃龍王之子。後龍王召至龍宮。得水府藥方三十首。【又雜俎云】思邈隱終南山。有病龍求其點鱗。虎吞金釵。求其取出者。有千金方。三十卷傳世。

善卜者

[illegible]古[illegible]整裝佇立以待。

邀同商

僕爲家累，治生無策，久欲作商，以圖蠅利，因思交遊中無可與共事者，足下多財善賈，不遜計然，倘蒙不吝提攜，則前雖困而後來必不亨也。

答

久欲生財，因踽踽行蹤，以故臨岐復阻，荷台相邀共事，不特客囊不憂空匱，即天涯旅況亦不患孤寂矣，謹整裝執策以從。

邀同歸

久客天涯，念切歸鄉，祇慮長途孤寂難免，歧路之悲耳，聞駕榮

是君平詹尹之流，善相者即唐舉子卿之臣。漢嚴君平，本姓莊，避明帝諱，改姓嚴，名遵，以卜筮爲業，日閱數人，得百錢足自養，則閉肆下簾讀道德經。○卜居篇：屈原既放，心煩意亂，不知所從，乃往見大卜鄭詹尹曰：予有所疑，願因先生決之。詹乃端策拂龜曰：君將何以教之。○秦蔡澤問唐舉曰：先生相李兌，百日秉國政，有之乎？曰：有之。澤曰：若臣何如？舉熟視而笑曰：君曷鼻巨肩，魁顏蹙頞，吾聞聖人不相，殆先生乎。○史孔子適鄭，子鄭迎而視之曰：東門有人，其顙似堯，其項類皐陶，其肩似子產，然自腰以下不及禹者三寸，身長九尺六寸，纍纍然若喪家之狗。

推命之人即星士，繪畫之士曰丹青。推命者論五星之生剋制化，故曰星士。○吳融畫山水歌：良工善畫丹青理，輒向茅茨畫山水，地角移來方寸間，天涯寫在筆鋒裏。繪丹，丹砂。青，大青。

大風鑑相士之稱，大工師木匠之譽。風言其速，鑑言其明也。亦稱大水鑑。○孟子：爲巨室則必使工師求大木。

若王良若造父，皆善御之人。東方朔淳于髡音坤**滑**音骨**稽之輩。**趙簡子使王良與嬖奚乘。○周穆王得八駿馬，有造父者以善御得幸，王欲周行天下，祭公謀父作祈招之詩諫止之。○史記：東方朔詼諧得幸，漢武帝謂羣臣曰：相書云：鼻下人中長一寸者，年百歲。朔曰：彭祖八百歲，果如陛下所言，則人中長八寸，以

旋。大尉所望，敢希暫駐行旌，候檢歸裝以從。諒不見拒。

答

此身雖羈異地，而夢魂早到鄉關。僕所以遲遲未即發棹者，亦欲故人與俱也。承諭自當少待。

託照庇

敝友遭際迍邅，數年落魄，僕無力相援，有負知己多矣。足下衣被者眾，乞推屋烏之愛，曲賜維持，垂仁照拂，則湛淺隆施，不啻躬親厦庇。

答

紅顏薄命，英雄落魄

此推之，彭祖面丈餘矣。上大笑。○【史記】淳于髡滑稽多辨。楚發兵加齊，齊威王使髡齎金之趙，請救兵。髡仰天大笑，冠纓索絕。王曰：先生少之乎？髡曰：何敢。王曰：汝笑豈有說乎？曰：臣見有穰田者，操豚一蹄、酒一盂，而祝曰：甌窶滿篝，汙邪滿車。臣笑其所持者狹，所欲者奢也。王乃命多齎金璧車馬至趙。楚聞之，夜引兵去。【註】滑，亂也。稽，同也。言便捷之人，亂異同也。

稱善卜卦者，曰今之鬼谷；稱善記怪者，曰古之董狐。

王詡受道於老君，隱居鬼谷源，因以為號。善卜筮兵法，常入雲夢山採藥得道不老。○孔子讀晉史，歎曰：董狐，古之良史也。【晉】于寶父瑩有嬖妾，妻至妒。葬瑩時，推入穴。後十年，瑩母死，開墓，其妾伏棺上，視之猶煖，漸有氣息，輿載以歸，終日而蘇。說瑩嘗致飲食與之，接寢恩情如生。家中吉凶語之，悉驗。寶因作搜神記，請序於劉眞長。既序曰：卿可謂鬼之董狐。

稱諏日之人，曰大史；稱書算之人，曰掌文。

諏，擇也。

擲骰者喝雉呼盧，善射者穿楊貫蝨。

蝨音瑟。古者烏曹作博，以五木為子，有梟盧雉犢塞之名，為勝負之采。雉紅點，盧黑點。○【國策】養由基善射，常於百步之外射楊柳葉，百發百中。○【列子】紀昌學射於飛衛。衛曰：視小如大，視微如著，而後告我。昌以犛尾懸蝨於牖閒，南面而望之，及三年後，大如車輪，乃挽弓而射之，輒貫蝨心。【註】犛，牛尾也。

樗蒱音樞蒲**之戲，乃云雙陸；橘中之**

自古其傷。令友才品不亞陳平。曾是長貧賤者。今雖伏櫪。後當長鳴也。承命。敢不量力爲之推轂。以副重託。

託推薦

僕彈毫不花。舐墨無潤。碌碌之狀。人皆白眼相看。鮑叔倘憐我貧。或有齊身託足之處。幸勿惜數行鹽雨一灑枯株。或者其猶有生意乎。

答

足下素抱此深才。弟亦所久知。有此大材。必有大用。然弟有心無力耳。倘有託足之處。敢不爲之推轂。

樂是說圍棋。博物志 樗蒲出自天竺國。國名波羅塞戲。老子入胡作。今之雙陸是其遺法。○昔巴邛人不知其姓。家有二大橘。剖開。每橘有二叟。相對圍棋。談笑自若。陳平作傀儡。音規壘 解漢高白登之圍。孔明造木牛。輔劉備運糧之計。冒頓圍漢高祖於白登城。冒頓妻閼氏。陳平知其妒。乃造傀儡美人。舞於城上。閼氏疑是生人。慮城破。冒頓必納之。遂退去。釋 傀儡。木偶人也。○蜀志 孔明六出祁山。作木牛流馬。自能行走。運糧以餉軍士。公輸子削木爲鳶。音 飛天。至三日而不下。張僧繇。音由 畫壁龍。點睛則雷電而飛騰。雜俎 公輸子。即魯之巧人魯班。嘗作鳶飛天。三日不下。○張僧繇於金陵安樂寺壁。畫二龍不點睛。每云。點之即飛去。人以爲妄。因點其一。忽雷電破壁。乘雲上升。未點睛者。倘存。然奇技似無益於人。而百藝則有濟於用。莊子 朱泙漫學屠龍之術於支離殫千金之產。三年技成。而巧無所用。

曾青囊春煖丹竈煙浮。羅洪先詩 三部脉占心腹病。一囊藥貯太和春。又 爲君療卻煙霞癖。誰似青囊藥有神。○詩 藥鑪火足丹初熟。茶竈煙浮酒未醒。

膝裏痒生華佗有出蛇之妙術。背間癰潰伯宗

託薦館

僕家中無策，素乏擔儲，惟藉舌耕以作活計。足下交遊半孟嘗，幸勿吝吹噓，則不啻激西江水，而活涸轍之魚也。希留神是感。

答

足下文學兼長，洵爲後輩模範，想負笈而遊，無不欲相接也。何異於彼榆柳哉。但荊陽之璞，不樂自衒，僕有賢主人佳子弟，即當報命。

託媒求婚

小兒年已及冠，有室未諧。聞某氏女，乃閨中秀質，自分蒹葭無緣倚玉。倘得鼎言力

具從柳之神功。華佗別傳：河內太守劉勳女苦左膝裏瘡痒，迎佗使視。佗以繩繫一犬於馬後，走馬牽犬，犬困不能行，因取刀斷犬腸，以向瘡口，須臾有若蛇者從瘡中出，長三尺，遂愈。○南史：薛伯宗善徙癰。公孫泰患發背，伯宗爲氣封之，徙置齋前柳樹上，明日癰消，樹邊便起一瘤，大濃爛，出黃赤汁升餘，樹爲之痿損。陸宣公既活國又活人，范文正等爲醫於爲相。陸宣公晚年家居，尤留心於醫，聞有秘方，必自抄錄，曰：此亦活人之一術也。○范文正少時嘗曰：吾不能爲良相，必爲良醫，以醫可以救人。一枝鐵筆分休咎，三箇金錢定吉凶。[illegible]：一枝鐵筆分休咎，三箇金錢定吉凶。唐書：王庭湊嘗召五明道士卜，擲卦，三錢皆舞。漢京房始以錢代龜蓍，從其簡易也。唐賈公房儀禮注：以三少爲重錢，重錢九也；三多爲交錢，交錢六也；兩多一少爲單錢，單錢七也；兩少一多爲折錢，折錢八也。折莛昔宗獲奴，應讓杜生術善；破鏡尋婦，當推管輅神道。晉書：杜生善易。人有亡奴，問所從，曰：此北行逢使者，懇而其鞭，若不可，則以情告。其人果値使者，如其語，使者曰：去，鞭吾無以進馬，可折道傍荻代之。乃往折荻，奴伏其下，獲之。○魏志：洛中一人失妻，管輅卜之，令明日於東陽門候擔豚人，辭與共鬬，其豚走逸，即其追之，豚入舍，突破主人牆，其婦出焉。[illegible]行求言，從李主；瓊茅

為撮合。安知不荷金諾。而結朱陳之好。尚諧此奉懇。希留鑒覽。

答

月老主婚。赤繩繫足。可見良緣。必由天定。何由人議。足下欲為賢郎聯婚。某姪命執斧柯。僕當效蹇修以成此段姻緣。何容奉復。

託媒覓婿

小女年已及笄。詩詠迨吉。正其時也。不妄為此殊覺關心。足下知交甚廣。閱人必多。祇求勝吾家者之子弟。俾執箕帚。則此願足矣。希留神是荷。

答

得日閒靈氛。音分【史記】司馬季主者。楚人也。卜於長安東市。宋忠與賈誼同遊卜肆。天霖雨。道少人。謂季曰。先生何居之卑。行之污。季捧腹笑曰。夫卜者。化天地。象四時。順於仁義。自伏羲作八卦。周文王演三百八十四爻。而天下治。越王勾踐倣文王八卦以破敵國。霸天下。卜筮有何負哉。○【楚辭】索瓊茅與筵篿兮。命靈氛為余占之。

燕頷虎頭。識是封侯之略。龍行鳳頭。知為王者之徵。【漢書】班超少時貧。有相者曰。祭酒布衣書生耳。而當封侯萬里之外。超問其狀。曰。燕頷虎頭。飛而食肉。此萬里封侯相也。後平定西域。封定遠侯。○【宋史】趙太祖謂太宗曰。龍行虎步。他日必為太平天子。○【武后傳】袁天罡見武后母曰。夫人當生貴子。后幼。姆抱以見。給以男。天罡視其步。與目。驚曰。龍瞳鳳頸。若為男。當作天子。

識英布之封侯。果然不謬。知亞夫之當餓。真箇無訛。【史記】黥布。姓英氏。少年有客相之曰。當刑而王。及壯。坐法黥。布欣然笑曰。人相我當刑而王。幾是乎。後封九江王。○【漢書】周亞夫守河內。許負相之。曰。君侯二歲為侯。八歲為將相。秉國。九年當餓死。亞夫笑曰。既已貴。如負言。何云餓死。負指其口。曰。有縱理入口。此餓死法也。後果封條侯。為丞相。坐子為人告變。詣廷尉。不食五日。嘔血而死。

道士能知吉壤。竹策叢生。閩僧善覓佳城。湖燈呵護。【?類書】唐時有留興者。常為佳人才子，世不常有。令愛秀質，天成宜獲佳耦。詩詠淑女，不當配君子乎。既承重託，詩傚從容，必有射雀屏而中選者，以報台命。

託求醫

臥病經旬，遂至骨立。造化小兒，真苦人哉。欲見良醫，起我沈痾。但不知誰是折肱者，望足下代為審擇，則此生殘喘，皆荷君賜矣。

答

貴體違和，未獲痊可。來諭欲求良醫，豈敢避賢不薦，醫之嫌哉。近聞某醫，欲上池之

徐州門子，有一道士居門側，智每日掃地，必掃道士之門。智母死，道士引智曰：吾善墓地，以竹策表一處，曰：出兩世方伯。智再拜往觀之，竹策有枝葉生，遂葬焉。後果至方伯。○【國志】宋尤袤父時亨，與閩僧相友善。僧精風鑑，覓一吉壤於吳塘之山，以囑公曰：百歲後必葬此，將發福三百餘年。及卒，子袤如僧言葬之，遂廬其墓。始葬十日，月夜忽見湖中有紅燈萬盞，此聲振地。公懼，隱喬松之下，聞空中語曰：此地發福三百年，彼人了何德而畀之？速令發去。又聞空中應曰：尤時亨累世積德，袤又純孝，了也。空中又曰：世德純孝，可當此地矣。其善護之。湖燈應聲而滅。

鍾孤孝而致三仙，龍圖酷而夢二使。

【筆談】貴賤本乎天命，盛衰係乎氣數。地有興穴，則世有此人，苟非其人，則此穴昧而不顯，得而復失。昔唐李龍圖蒞政酷虐，楊公得數代宰執之地，欲以與之，夢二使叱之而止。孫鍾孤孝，種瓜為業，三仙示以葬地，後四世為吳帝。然則不務積德而求美地，亦不違天人之故矣。

動靜方圓，遵符四象；縱橫闘鬬，止爭一先。

【鄴侯外傳】李泌召見時，元宗方與張說觀棋，因使說試其能。說請賦方圓動靜。泌曰：願聞其略。說曰：方若棋局，圓若棋子，動若棋生，靜若棋死。泌時年七歲，即答曰：方若行義，圓若用智，動若逞材，靜若得意。說賀上得奇童。上大悅。○【弈圍棋旨論】局必方正，象地則也；道必正直，神明德也；棋必黑白，陰陽分也；駢羅列布，效天文也；四象既陳，行之在人，蓋王政也。

水。試令切脈投方。必能使病魔退避三舍也。

託寄家書

久羈客邸。未能歸省。抱痛已極。且疎音問。負罪尤深。欣聞返旆在卽。特修片函。敢煩代致。俾家君得知遊子之方。則感荷無旣矣。

答

同客天涯。屢承青盼。未由報效。委託家報。奚敢浮沈。歸鞭一息。卽當詣府。以報平安。毋容遊子挂懷也。

託家書往外

聞君秣馬。將之某處。小兒客遊其地。會晤

[李巖老]妙縱橫闔闢之機。神出沒死生之變。○[雜俎]一行本不解奕。因會燕公宅。觀王積薪棋一局。遂與之敵。笑曰。此但爭先耳。

兩奩之黑白。爭一紙之雌雄。[陸放翁詩]對奕兩奩分黑白。[陳元靚詩]此盤黑白旋盈盤。分途各占寬。○[東坡志林]張懷民與張昌言圍棋。觀僕書字一紙。勝者得之。負者出錢五百作飯。

訟獄　新增文十二聯

世人惟不平則鳴。聖人以無訟爲貴。[韓愈送孟東野序]大凡物不得其平則鳴。人之於言也亦然。○[論語]子曰。聽訟吾猶人也。必也使無訟乎。

上有恤刑之主。桁(音行)楊雨潤。下無冤枉之民。肺(音濟)石風清。桁楊。斷獄之具。古聖人不得已而用之。以教忠教孝。則頑民化。桁楊非雨潤乎。○[周禮]秋官司寇以肺石理冤民[釋]肺石。赤石也。欲伸冤者。立於赤石。三日。士聽其詞。

雖囹圄(音林語)便是福堂。而畫地亦可爲獄。魏主顯祖每有大刑。多令覆鞫。或因繫積年。羣臣多以爲言。上曰。滯獄誠非善治。不猶愈於倉卒而濫乎。夫人憂苦則思善。故智者以囹圄爲福堂。朕特苦之。欲其改悔而加矜恕耳。○上古之世。民情純朴。故畫地可以爲獄。皋陶造獄。後代因之。[路溫舒上尚德緩刑論]畫地正有時家報敢煩代付。幸毋浮沈則感賜奚啻萬金也。

答

某地爲四方輻輳之區。舟車在所必經。示付家報。自當賫至。斷不敢浮沈。效作洪喬態度也。

送家信

僕自某處歸舟之便。得晤賢郎。囑帶家報臨歧諄諄。嵩人責上僕因勞頓風塵。概未通謁。尓稍暇趨候。并叙闊悰。

答

小兒客中。深荷垂盼感激靡涯。兹託家報猶覺重費台神。擬伺

爲獄議不入。刻木爲吏期不對

與人搆訟。曰鼠牙雀角之爭。罪人訴冤。有搶地籲天之慘。

籲音豫

詩 誰謂雀無角。何以穿我屋。誰謂汝無家。何以速我獄。誰謂鼠無牙。何以穿我墉。誰謂汝無家。何以速我訟。○ 漢路溫舒 見獄吏則頭搶地。視徒隸則心惕息。○ 書 無辜籲天。

狴犴音陛岸 猛犬而能守。故獄門畫狴犴之形。棘木外刺而裏直。故聽訟在棘木之下。

狴犴。胡地野獸。善守。故今獄門畫其形。○ 禮記 成獄辭。史以獄成告於正。正以獄成告於大司寇。大司寇聽之棘木之下。

鄉亭之繫有岸。朝廷之繫有獄。誰敢作奸犯科。死者不可復生。刑者不可復續。上嘗原情定罪。

陸佃云。鄉亭之繫曰岸。官府曰獄。○ 漢溫路舒尚德緩刑書 夫獄者。天下之大命也。死者不可復生。刑者不可復續。

囹圄是周獄。羑里是商牢。

羑音酉。囹領也。圄禦也。言領囚禁禦也。○ 史 崇侯虎譖文王於紂。紂囚之羑里。七年。文王因是作彖辭。

桎音至梏音谷 之設。乃拘罪人之具。縲紲音雷屑 之中。豈無賢者之冤。

說文 梏從告者。手械所以告天。桎從至者。桎所以質地。釋 桎今之腳鐐。梏今之手鈕是也。皆紂之所作。○ 縲。黑索。紲。攣也。古以黑索拘攣罪人。

邀佞，第恐金鞍初解，洞叩擬擾，嗣容潔誠而謝不一。

託買物

刻下欲需某物，僕於價值未諳，且不能辨其優劣。足下鑒物極精，煩為購之，必能價與物宜，不至受欺於賈豎輩也。預瀆之罪，祈為照亮。

答

僕愧井蛙，不諳市闤，既承台命，焉敢推委。至若價高物低，僕當不任受咎，毋乃足下託匪其人耶？此復。

託調處

僕愧無能，往往受人欺侮，如砧魚俎肉，任

不放，謂之鷸蚌相持；無辜牽連，謂之池魚受害。[史]蘇代說趙王曰：昨者臣過易水，見蚌出曝，而鷸啄其肉，蚌合而箝其喙。鷸曰：今日不雨，明日不雨，即有蚌脯。蚌曰：今日不出，明日不出，必有死鷸。兩爭不捨，漁人見而兩得之。今燕趙相持以敝，恐強秦之為漁人也。王乃止。[釋]鷸，鷸屬；蚌，蛤屬。○[風俗通]有姓池名仲魚者，其宅近城門，城門失火，延及其家，仲魚焚死。諺云：城門失火，殃及池魚。

請公入甕，周興自作其孽；下車泣罪，夏禹深痛其民。[唐]周興用法深酷，或告興與丘神勣通謀，武后命來俊臣鞫之。俊與興方推事對食，問曰：囚多不承，當道何法？興曰：取大甕，外以炭炙，令囚入中，何事不承。俊如其法，因起言曰：有內狀推兄，請公入甕。興惶恐叩頭服罪。○禹出見罪人，下車問之而泣。左右問其故，禹曰：以吾德薄不能化民，是以泣也。

好訟曰健訟，掛告曰株連。[易]上剛而下險，險而健訟。○[宋]趙抃出察青州，每念一人入獄，十人罷業，株連波及，吏屬無辜。於是時令人馬上飛弔監簿，查勘以獄囚多少，定有司賢否，庶株連者可免波及也。

為人解訟，謂之釋紛；被人栽冤，謂之嫁禍。[魯]仲連遊趙，言秦稱帝之害，秦將聞之，卻五十步。平原君以千金為壽，仲連笑曰：所貴乎天下之士，為人排難釋紛而無所取也。若有取者，商賈之事也。○[史]秦伐韓，上黨路絕，上黨守馮亭與民謀以其膽哉。近被宵人肆毒，尤慘。聞者髮豎。望足下秉公持衡，從中排解，倘得冰釋，功德無量。

答

天下事，一是必有一非。若是非之見明，則爭競之端息。君與某各執是非，爭自難平。承諭，僕當從中調處。斷不敢作旁觀袖手人也。

推薦類

薦館

聞台欲爲賢郎延師，未得其人。敝友某，三冬學足，二酉胸藏。試禮之西席，資其所長，必能使春風拂處，桃

上黨歸趙，使使告趙平陽君豹，曰：是欲嫁禍於趙也。

徒配曰城旦，遣戍是問軍。[正韻]如今擺站之罪。曰城旦，旦起治城也。○戍，守邊卒也。戍字從人從戈，謂人荷戈以戍也。

三尺乃朝廷之法，三木乃罪人之刑。[唐]高祖時，有犯法不至死者，上欲殺之。李素立不可，曰：三尺法，王者與天下共也。陛下自創法，其奈何棄法。[釋]三尺，謂以三尺竹簡書律法也。○[太史公報任少卿書]魏其，大將也，衣赭衣，關三木。[釋]三木，枷杻鐐也。赭，罪人赤色衣也。

古之五刑，墨劓剕音異廢**宮大辟；今之律例，笞**音鴟**杖死罪徒流。**墨，黥面。劓，割鼻。剕，刖足。宮，淫刑，男子去勢，婦人幽閉。大辟，死刑。此始於唐虞之時。○笞者，擊也。漢用竹，隋唐以降用楚，今因之。[書]扑作教刑，是也。○杖者，持也。晉以前用鞭，隋唐以杖，今因之。即書曰：鞭作官刑，是也。○流始於唐虞，今從之。○死刑，絞、斬也。斬自軒轅，絞興周代，即古之辟刑也。

上古時削木爲吏，今日之淸風安在；唐太宗縱囚歸獄，古人之誠信可嘉。古時刻木爲吏，置之犯罪之家。犯人抱木人自至公庭聽訟。[釋]太宗親錄囚，見應死者憫之，縱令歸家，期以來秋就死。衆因如期皆至，上嘉其信，俱釋之。

花落訟庭閑，草生囹圄靜，歌何易治民之頌；從冰上立，人在鏡中行，頌

李成陰也。不揣饒舌，祈鑒納之。

答

小兒輩樵魯無狀，正欲延師訓迪。令友某學問淵博，久已播聞。倘不以淡薄爲嫌，當退埽西軒，令兒輩北面受業。但恐孺子不才，不足爲高賢納履也。

薦醫

足下抱恙良苦，諱疾忌醫，殆非攝生之道。醫者某，曾授術於長桑君。足下若使之切脈投劑，立見霍然起矣。幸勿以肱未折而棄之，是望。

答

寬免折獄之清。[唐]何易于爲益昌令，有與路人告息訟。民歌曰：花落訟庭閒，草生囹圄靜。○[唐]傅奭爲南郡太守，先是郡率以賄敗。奭至，吏敷事帥所，市帽亦不敢干以私。民頌曰：拒案吏後來，立訴冤人在鏡中行。可見治亂之藥石，刑罰爲重；興平之粱肉，德教爲先。[漢]崔寔政論曰：爲國之法，有似攝身，平則欲養，疾則致攻焉。夫刑罰者，治亂之藥石也；德教者，興平之粱肉也。以德教除殘，是以粱肉治疾也；以刑罰治平，是以藥石供養也。

烏臺定律，象魏懸書。[晉]御史臺號烏臺，主禁合刑罰。○[周禮]天官正月之吉，始和，布刑於邦國都鄙，乃縣治象之法於象魏，使萬民觀治象，挾日而斂之。惟忠信慈惠之師，有折獄致刑之責。[漢]刑法志：猶求聖哲之士，明察之官，忠信之長，慈惠之師，民於是乎可任使也，而不生禍亂。○[易]豐卦象曰：雷電皆至，豐。君子以折獄致刑。

失入失出須當，念切於無辜；過義過仁，務必心存其不忍。[書]與其殺不辜，寧失不經。[左傳]賞不僭，刑不濫。不幸而過，寧僭無濫。[宋史]雍熙三年，判刑部張泌上言：望自今應斷奏失入死刑者，不得以官減贖，檢法官削一任，長吏並停現任。從之。[合璧]薛季昶劾有功縱惡逆，當棄市。后詰有功曰：公比斷獄多失出，何耶？有功對曰：失出，臣小過；好生，陛下大不佞一病狠狽。服藥無效。自度將作泉下人矣。承薦某醫。必為國手。殆非庸醫殺人者。倘邀台惠而獲更生。其感佩寧有涯也。

薦地師

某友術精堪輿。較之時師。別有作用。聞台欲為令先尊下葬。謹薦之門下。必能識牛眠龍耳。為君家造福也。試延而禮之。

答

先君宅兆未卜。欲覓名師。而難其人。荷薦某師。必具法眼。迥出時流。倘邀君惠而得善壤。以安先靈。則存歿胥受君賜矣。

德。后嘿然。○[蘇軾][刑賞忠厚之至論]過乎仁。不失為君子。過乎義則流而入於忍人。故仁可過也。義不可過也。察五聲而審克聽爾精詳。訊三刺以簡孚。宜乎謹慎。[周禮]以五聲聽訟獄。求民情。一曰辭聽。二曰色聽。三曰氣聽。四曰耳聽。五曰目聽。[書]惟察惟法。其審克之。○[周禮]以三刺斷庶民獄訟之中。一曰訊羣臣。二曰訊羣吏。三曰訊萬民。聽民之所刺宥。以施上服下服之刑。○[書]兩造具備。師聽五辭。五辭簡孚。正於五刑。五刑不簡。正於五罰。五罰不服。正於五過。草滿圜音圓扉之宅。人懷天保初年。鵲巢大理之庭。世譽元宗即位。[北史]齊天保初。大赦郡無一囚。率羣吏拜詔而已。獄內僵生桃木。蓬蒿並滿。每旦圜門虛寂。無訴訟者。謂之神門。[釋]圜扉。獄門也。○[唐志]元宗即位。二十年間。號稱治平。衣食富足。人罕犯法。大理卿徐嶠奏大理院由來相傳殺氣大盛。鳥雀不棲。今獄有鵲巢其樹。羣臣皆賀。以為幾致刑措。帝歸功宰相。賜李林甫晉國公。赭音者衣滿道。何其酷烈。莫堪之鉞羅門。未免摧殘太甚。[漢]刑法志。秦兼吞戰國。毀先王之法。滅禮誼之官。專任刑罰。躬操文墨。晝斷獄夜理書。自程決事。日縣石之一。而姦邪並生。赭衣塞路。囹圄成市。天下愁怨。潰而叛之。○[隋書]秦落嚴霜於政教。揮流電於邦國。棄灰偶語。生愁怨於前。壽網疑科。害肌膚於後。玄鉞肆於朝市。赭衣飄於路

感謝類

謝居閒

是非自有定論，往往當局者迷，在旁觀則察若指掌。僕某事深荷台力調劑得宜，渙然冰釋，即虞芮質成，不是過也。感佩難忘，薄物申謝，幸鑒納之。

答

僕素性鈍拙，不與外事。適見台與某友，鷸蚌相持，勢無了局，乃從中饒舌，詎意兩邊爽然，翕然聽從，不過水到渠成。僕何敢竊居閒之功哉？盛情心領，厚儀璧謝。

慶賀類

賀入泮

參母與妻諸子皆市。門有沸湯之勢，撫念不安；巢無完卵（同鸞上聲）之存，捫心何忍。［唐語林］李義府獄門如沸湯。○［世說］孔文舉二子曰：大人豈見覆巢之下，復有完卵乎。雖辟以止辟，還刑期無刑。［書君陳］辟以止辟，乃辟。○［書皋陶］刑期於無刑，民協於中。［釋］以殺止殺，而刑措也。周禮有三宥之詞，千秋可法；虞廷有肆赦之典，萬古常稱。［周禮］司刺掌三刺三宥三赦之法，以贊司寇聽訟獄。一宥曰不識，再宥曰過失，三宥曰遺忘。一赦曰幼弱，再赦曰老耄，三赦曰惷愚。○［尚書］眚災肆赦，怙終賊刑。蠅集筆端，識赦書之己就；烏啼宵夜，知恩詔之將頒。［類記］苻堅欲赦，與王猛苻融密議于甘露堂，親為赦文。有一大蠅聲甚厲，入室集於筆端，驅之復來。俄而人皆知有赦書，於是詰其所得，皆云有小青衣童子，大呼於市曰：官令大赦。須臾不見。堅曰：是前青蠅也。○［古樂府］宋元康中，徙彭城王義康為豫章，臨川王義慶時為江州，相見而哭。文帝聞而怒之，召還宅。義慶大懼，妓妾夜聞烏啼聲，叩閤云：明日有赦。後改為南州，因製烏夜啼曲。無赦而刑必平，文中之論；夫豈全誣？多赦則民不敬，管子之言亦非盡謬。［文中子］無赦之國，其刑必平。○［管子］赦出則民不敬，惠行則過日益。孔明治足下才雄倒峽，氣掩凌雲，比聞獲拔，始信文章自有定評也。但百尺竿頭，方看進步，從此步秋月，看春花，亦敢次不遠矣。輶儀馳賀，此入為榮。

答

僕愧屠龍無策，刻鵠不成，乃荷衡文謬加賞鑑，俾列宮牆，已不勝濫竽之誚，過蒙獎藉，兼辱厚儀，感與愧并。

賀入監

足下以金薤琳琅之品，策名成均，洵如霄漢喬松，誰不豔羨！然此特小就耳，而梯雲步月，僕當引領俟之。

蜀所以不行；吳漢臨終，於焉致囑。【三國志】諸葛孔明治蜀二十餘年。○【後漢書】吳漢病篤，上親問之，對曰：臣愚無所知識，但願陛下謹無赦而已。

釋道鬼神

新增文十二聯

如來釋迦音佳，即是牟音謀尼，原係成佛之祖；老耼音耽李耳，即是道君，乃為道教之宗。本覺為如，今覺為來。【佛地論】佛姓釋迦，號牟尼佛。佛者覺也，覺一切眾智，復能開覺有情，如睡夢覺。【普照經】兜率天人降神於西域迦維羅衛國淨梵王宮，摩耶夫人從右脇而生。生多靈瑞而能言。○【古鏡錄】老子無世不出，初出於上皇時，號玄中法師；出下皇時，號金闕帝君；出黃帝時，號廣成子；出文王時，號支邑先生；出武王時，號叔子；出漢初時，號黃石公；出文帝時，號河上公。互詳老幼。

鷲音就嶺祇園，皆屬佛國；交梨火棗，盡是仙丹。【初學記】西域有靈鷲山，其形如鷲，佛常居此。【金剛經注】須達多長者白佛言：弟子欲營精舍，請佛住。惟祇陀太子園廣八十頃，佳木鬱茂可居。因白太子，太子戲曰：滿以金布，便當相與。須達出金布滿，精舍告成，凡千二百區。○【真誥】許穆入華陽洞，得道。王母第二十女紫微夫人嘗降教之，後書與穆曰：王醴金漿，荷使馳賀。

答

僕以駑駘下駟。濫厠成均。已不勝空虛之誚。敢云觀光上國乎。足下揄揚溢情。益增顏汗。

賀出貢

足下攻苦一生。纔得明經應選。正天欲老其才以成就之也。行見作匡時柱石。濟世舟航。如漢韋賢之勳名。不足道矣。非僅馳貢。聊表區區。

答

僕老矣。株守寒氈。纔登貢籍。殆世俗所謂末路功名也。古人有言。强弩之末。難穿魯

交梨火棗。此飛騰之藥也。不比金丹。

沙門稱釋。始於晉道安。中國有佛。始於漢明帝。

【梵書】沙門漢言息也。息欲而歸於無為也。晉道安受戒於佛圖澄。以師莫過於佛。遂以釋為姓。〇【漢】明帝夢金人長丈餘。訪之羣臣。傅毅曰。西域有神。其名曰佛。上乃使蔡愔等往天竺。求其道。由是化流中國。

籛鏗音煎坑**即是彭祖。八百高年。許遜原是旌陽。一家超昇。**

彭祖。姓籛。名鏗。商賢大夫也。封於韓。大彭之墟。至殷末。七百六十七歲而不衰。故號老彭。有導引之術。有疾。閉氣以攻所患。逆行體中。下達趾。其體即和。壽至八百歲。〇【晉】許遜。字敬之。為旌陽令。棄官東歸。遇諶母。傳以道術。元康三年。八月望日。衆家四十二口。拔宅昇天。雞犬隨之。

波羅猶云彼岸。紫府即是仙宮。

【梵語】波羅蜜多。此言登彼岸。【釋】彼岸。佛地也。〇【大洞】銀宮金闕。紫府清都。神仙所居。

曰上方。曰梵刹。音察。**總是佛場。曰真宇。曰蘂珠。皆稱仙境。**

【隋】常悰侍煬帝。遊寶山。上曰幾時到上方。悰曰昏暗應須到上頭。【釋】僧房曰方丈。上方者。上人之方丈也。〇梵浮圖也。剎旛柱也。昔梵王禮佛。故曰梵剎。〇【[illegible]】大微之宮。列眞之宇。【釋】列衆也。眞仙也。【事文捷錄】仙之居也。不曰蘂珠。則曰閬風。不曰紫府則曰瑤臺。

伊蒲饌可以齋僧。青精飯亦堪供佛。

【後漢】楚王英上紈縑贖罪。詔報

縞，足下厚相期望，毋乃難副乎。多儀拜嘉，容謝不一。

賀中舉

足下文壇飛將，筆鋒所向，立埽千軍。捷至雀躍不勝。從此春風得意，走馬看花，爲時不遠，拭目以俟。

答

僕以菲劣庸材，倖叨鄉薦，竊愧有玷賢書。何當隆儀下逮，第卻之恐蹈不恭，謹拜嘉以誌明德。

賀中武舉

足下文雄繡虎，技擅穿楊，早知旗鼓所向，必無完壘。比聞鄉闈奏捷，賓醉鷹揚，信乎

云。王好黃老之術，尚浮屠之教，還其贖以助伊蒲塞桑門之饌。【釋】伊乃伊蘭，蒲即菖蒲。○【登眞要訣】神仙青精飯，取南燭葉煮汁浸米炊飯，令飯作紺青色。【釋】南燭，藥名，一名黑飯草。

香積廚僧家所備，仙麟脯仙子所餐。 維摩居士遣八菩薩往眾香國禮佛，言願得世尊所食之餘，欲以娑婆世界施作佛事。香積如來以眾香鉢盛飯與之，故僧家齋廚曰香積廚。○【神仙傳】蔡經尸解十年，忽還家，語家人曰：七月七日王方平來，可作酒百石。至期果至，進金盤玉杯，麟脯仙饌。

佛圖澄顯神通咒職救切**蓮生鉢，葛仙翁作戲術吐飯成蜂。**【晉】佛圖澄，姓帛氏，天竺人。妙通禪理，人中國澄城縣，石勒聞其名，召試其術。澄取鉢盛水，燒香咒之，須臾鉢中生青蓮花。○【神仙傳】葛玄號仙翁，從左慈得仙術，噴飯成蜂數百。玄復張口，蜂飛入，復能成飯。

達摩一葦音委**渡江，欒**音鸞**巴噀酒滅火。** 達摩，天竺人。梁武帝迎入金陵，機不相契，潛回北江，無楫，乃折一葦，躡之而渡。○【神仙傳】欒巴有道術，漢桓帝於正旦會羣臣，上賜酒，巴不飲，向西南噀之。有司劾巴不敬。巴謝曰：臣本縣成都有火患，故噀酒以滅之。數日成都果奏火災。

吳猛畫江成路，麻姑擲米成珠。【晉】吳猛遇丁義，授以神方。自豫章歸，江水成漲，無舟，猛以扇畫江水，遂成大路。遐舉乃沒。○【列仙傳】麻姑姓黎，字瓊仙，嘗與方平降蔡經家，姑取米

名下無虛士也。賀儀馳貢，勿卻幸甚。

答

僕庸碌無似，雖叨鄉薦，不過兔罝野人，見收聖世耳。過蒙期許，毋乃榆枋小翼，難望高飛乎。盛儀領入，容謝不既。

賀中進士

足下夙推名下，江都今果奏對天人，鬮抄喜躍不勝。但柳汁之濡，既兆今日，則金甌之卜，可必將來。僕當引領以俟。薄具芹儀，惠存榮幸。

答

僕愧轅線材，名題雁塔，非意所期，雖邀天

數孔，擲於地，米證成珠。

飛錫掛錫，謂僧人之行止；導引胎息，謂道士之修持。

【傳】有神僧飛錫淩空而下。凡爲僧必有錫杖，上有環鈴，然有聲，行則飛，坐則掛。○【華陽傳】古之仙者爲導引之事，熊經鴟顧，引接腰體，動諸關節，以求難老。【抱朴子】胎息者，能不以口鼻噓吸，如在胎中焉。

和尚拜禮曰和南，道士拜禮曰稽首。

千里相聚曰和，父母反拜爲尚，僧家作禮，謂之和南。○【香浪善經】人曰大道，號曰道士。鄭玄注：稽首，頭至地也。○【天】

曰圓寂，曰茶毗，音皮**皆言和尚之死；曰羽化，曰尸解，悉言道士之亡。**

圓寂即天竺所云人滅，言功行圓滿，滅盡三昧而示寂也。【要覽】耶維、闍毗、茶毗，皆言焚燒也。○【赤壁賦】颷颷乎遺世而獨立，羽化而登仙。【註】言若生羽翼而化登仙境也。【文苑英華】凡尸解多不同，白日去者爲上，夜半去者爲下，曉暮去者爲地下主。

女道曰巫，男道曰覡，音檄**自古攸分；男僧曰僧，女僧曰尼，從來有別。**

【說文】能齋事神明者，在男曰覡，女曰巫。○【漢】明帝時，天竺僧攝摩騰至中國，此有僧之始。【國史】吳赤烏年間，方有漢人爲僧，此中國爲僧之始。東晉有婦女阿潘者，學西域之教，始有尼姑之稱。

羽客黃冠，皆稱道士；上人比丘，並美僧人。

【廬山記】南唐保大中，道士譚紫霄，唐王寵之出耆實藉台庇耳。敢云逐鹿捷足者先得乎。過承遺賀。益切懷慚。

賀友壽

書稱五福。詩咏九如。皆所以美高年也。茲逢華誕。旣欣海屋添籌。敢不效華封祝嘏。恪貢賀儀。冀留榮藉。

答

佚愧庸碌。百不如人。自顧龍鍾。故態不過苟延歲月耳。過辱褒儀。重增愧汗。

自壽辭賀

浮生虛度。碌碌無所短長。誠天壤閒一棄人也。茲際生辰。益增羞澁。敢勞賜賀乎。肅此懇辭。伏祈情諒。

入金門。賜號金門羽客。【唐】李湉風之父名播。仕隋。因隋政亂。棄官爲道士。號黃冠子。○【稱僧爲】上人。謂內有德智。外有勝行。在人之上也。僧受全戒曰比丘。僧尼受全戒曰比丘尼。

檀越檀那。僧家稱施主。燒丹煉汞。道士學神仙。

【梵語】陀那鉢底。唐言施主。稱那者。訛陀爲檀。去鉢底二字也。稱施主爲檀越者。謂此人行檀施。能越貧窮之苦海也。檀惠也。○【漢武內傳】李少君言能煉汞成白銀。飛黃丹成黃金。金成服之。白日昇天。【釋】汞。人身上之汞精血也。

和尚自謙謂之空桑子。道士誦經謂之步虛聲。

【列子】有莘氏女采藥得嬰兒空桑中。獻之君。君命浮人養之。今僧人自謙。託無父母之義。○【異苑】陳思王曹植。忽聞空中誦經聲。清遠嘹亮。解音者以爲神仙聲。道士效之。作步虛聲也。

菩者普也。薩者濟也。尊稱神祇。故有菩薩之譽。水行龍力大。陸行象力大。負荷佛法。故有龍象之稱。

【梵語】菩提薩埵。欲簡於稱呼。故省文言菩薩。○【傳燈錄】波羅提法中龍象。

儒家謂之世。釋家謂之劫。道家謂之塵。俱謂俗緣之未脫。儒家曰精一。釋家曰三昧。道家曰貞一。總言奧義之無窮。

【楞嚴經】儒爲世。釋爲劫。道爲塵。三十年爲一世。五百年爲一劫。千年爲一塵。○【書】惟

答

昨夜仰瞻長庚朗映，知足下誕日將臨，正擬頌進南山，少盡知己之情。適承明命，下頒不欲塵蹤混叩，敢不如教。

賀友祖壽

令祖華誕，重慶堂開。遙知冠裳濟濟，拜舞稱觴。人間樂事，殆無踰此矣。薄具芹儀，聊效南山之祝。

答

深喜大父壽躋遐齡，愧僕不才，無可將意。冀得歡心，過辱寵儀，光生壽域。

賀友祖母壽

錦帨呈祥，彤管方茂。

精惟一，允執厥中。【金剛經】我得無諍三昧，人中最爲第一。達摩死後，手攜隻履西歸；王喬朝君，舄化雙鳧。鳧音符。下降。達摩於千聖寺滅，槃葬熊耳山。【魏】宋雲奉使西域回，遇達摩於葱嶺，手攜隻履。雲問師何往，曰：西天去。○王喬注詳衣服。辟穀絕粒，神仙能服氣煉形；不滅不生，釋氏惟明心見性。【漢】張良辭高祖去，遂辟穀學道。【鄴侯家傳】唐李泌少時身輕，能屏風上行。異人曰：此兒十五必飛騰。父母惡之。忽聞空中異香作，蒜汁潑之，恐其飛騰。泌作詩曰：天覆吾，地載吾，天地生吾有意無。不然絕粒升天衢，不然鳴珂遊帝都。安能不貴復不去，空作昂藏一丈夫。○服氣仙家，飲沆瀣，飧赤霞，採日精，吸月華。煉形，即服丹尸解之類。○【傳燈錄】杜鴻漸問無住禪師曰：云何不生？云何不滅？如何得解脫？師曰：見境心不起，即不生；不生即不滅。既無生滅，即不被前塵所縛，到處解脫也。梁高僧談經入妙，可使巖石點頭，天花墜地；張虛靖煉丹既成，能令龍虎並伏，雞犬俱升。【梁】高僧道生講經於虎丘寺，人無信者，乃聚石爲徒，與談至理，石皆點頭。又【梁】異僧雲光法師於天龍寺講經，天雨寶花，繽紛而下。○【列仙傳】張道陵七世孫張虛靖，學長生之術，徧遊名山，煉丹既成，龍降虎伏，白日昇天。臨去，藥器置於庭，雞犬舐之，皆得昇天。藏世界於一粟。

仰知歡聯三代，慶溢盈堂。馳獻菲儀，聊以侑爵，希叱存是幸。

答

重闈叨庇，幸享高年。雖愛日情殷，而承歡恐促。辱賜對使拜嘉，幸渺裁謝。

賀友父壽

椿庭日永，壽域天開。僕因俗冗，不克泥首階前捧觴，晉祝叔[illegible]如之推有翹瞻南極，遥祝無疆而已。

答

家君桑榆日迫，喜懼交集。倘邀台福，得享餘年。爲賜已渥，過辱寵儀。感荷曷既。

賀友母壽

佛法何其大，貯乾坤於一壺；道法何其玄，【佛偈】云：一粒粟中藏世界。○【列仙傳】壺公賣藥長安市，懸一壺於肆，日暮輒入壺中休息。費長房見而異之，再拜求入。公與之俱入，見樓臺壯麗，驚曰：此別一乾坤也。遂從公學道。妄誕之言，載鬼一車；高明之家，鬼瞰音闞其室。○【易】載鬼一車。【釋】以無爲有也。○【揚雄解嘲篇】高明之家，鬼瞰其室。無鬼論，作於晉之阮瞻；搜神記，撰於晉之干寶。阮瞻作無鬼論，忽有一客來至，議論風生，以爲有鬼。瞻以爲無鬼，爭論不已。客作色曰：鬼神之事，聖賢所共傳，君何言無也？吾便是鬼。於是變爲異形，須臾消滅。○【晉】干寶常病氣絕，復甦，見天地間鬼神事，遂撰集古今神祇，名爲神記，事多怪誕不經。顏子淵、卜子夏，死爲地下修文郎；韓擒音琴虎、寇萊公，死作陰司閻羅王。【晉】蘇韶卒，後從弟節白晝見韶，因問幽冥之事。韶曰：顏淵、卜商，俱爲地下修文郎。○【隋】韓擒虎慷慨多智略，以平陳功進上柱國。疾篤時，有人驚走至其家，曰：我欲見閻羅王。擒聞之，曰：生爲上柱國，死作閻羅王，亦足矣。寢病而卒。【翰苑名談】寇萊公死，有僧克勤見公於曹州境上，詢後騎，云閻羅王交政也。至音致土穀之神曰社稷；乾旱之鬼曰旱魃。魃音拔。社者，五土之總神；稷是原隰之神。以古推之，自顓帝以來用共嫡星煥彩，錦帨生光，快覩萊堂，幾行綵舞，定知慈顏欣然色霽，奚謹具菲儀，用申三祝。

答

家慈初度，自顧愚賤，不足承歡，正欲與閒有道藉光幾幃，乃荷高誼，辱賜多珍，感與愧并。

辭賀父母壽

家啟適際誕辰，僕愧貧寒，菽水無措，倘蒙賜賀，禮有不周，愈增不孝。謹此佈辭，原宥是荷。

答

恭逢尊堂翁初度，僕叨戚末，擬陳薄物效祝

工之子曰句龍，爲后土官，能平水土，祀以爲社。烈山之子曰柱，能植穀蔬，自夏以上祀爲稷。至殷湯以柱久遠，祀后稷爲稷。○【神異經】南方有人長二三尺，袒身而目在頂上，走行如風，名曰魃，所見之國赤地千里。

魑魅魍魎[魑音鴟，魅音昧，魍魎音罔兩]，山川之祟；神荼鬱壘[荼音徒，鬱壘音律]，啖[音談]鬼之神。音歲 魑魅，老精物也，人面獸身，四足，好惑人。山林異氣所生。【淮南子】魍魎，川澤之神，狀如三歲小兒，赤黑色，赤目長耳，美髮，好效人聲而迷惑人。○神荼注詳歲時。

仕途偃蹇，鬼神亦爲之揶揄[揶揄音耶俞]；心地光明，吉神自爲之呵護。【晉書】羅友博能文，時桓溫集僚佐餞得郡者，友後爭向溫曰：中道逢鬼揶揄云：只見汝送人作郡，不見人送汝作郡。因薦友爲襄陽太守。【釋】揶揄，舉手揶弄而笑。【感應篇】人心起於善，善雖未爲，吉神已隨之。○呵，斥也。護，守也。

菩提無樹，明鏡非臺。【傳燈錄】五祖求法嗣，令寺僧各爲偈。其上座神秀曰：身是菩提樹，心如明鏡臺，時時勤拂拭，不使有塵埃。六祖慧能書於秀旁云：菩提本無樹，明鏡亦非臺，本來無一物，何處惹塵埃。五祖觀之，法嗣遂定。

光明拳打破癡迷膜，愛欲海濟渡大願舟。【佛經】如來舉金色臂，屈五輪指，爲光明拳。又云：決一切癡迷膜，到一切功三多。適承台命嚴切。只得勉從。但此情無由以展。徒抱歉耳。嗣容再申微意。

賀友妻壽

遙瞻寶婺輝。伴長庚知足下觴進鴛幃。眉齊鴻案。亦人生樂事也。爰有芹儀特申賀意。

答

拙荊食貧有日。際茲誕辰。殊愧不克具觴以舉梁鴻之案。過蒙存念。兼辱褒儀。喜出望外。

賀娶媳

賢郎博議書成。旋歌宴爾。轉盼明年桂花香裏。又歌螽斯之什

德岸。○[佛經]菩薩乘大願船。在生死海中。呼引眾生。上大願船。**白足清癯。誰箇未知禪味。赤髭碧眼。何人不是梵宗。**釋曇如足白於面。號白足僧。又僧祖可善權清癯。時亦號瘦權。○佛陀耶尊者。赤髭。時號赤髭毗耶沙。達摩生而眼碧。號碧眼禪師。**法善為妻。智度為母。無煩詢骨肉為誰。慈悲作室。通慧作門。不須問宅居何在。**維摩。語釋氏智度以為母。方便以為父。法善以為妻。慈悲以為子。○[佛經]如來以慈悲作室。通慧為門。**孫居士大嘯一聲。山鳴谷應。陳先生長眠數覺。物換星移。**[晉書]孫登得仙道。寓蘇門。阮籍訪於其處。與談時事不應。及退至半嶺。聞有聲若鸞鳳音。乃登之嘯也。○[illegible]陳摶隱於睡。每睡必數月而醒。羽士寇朝一。學其睡之大略。劉垂範聞其鼻鼾。曰寇先生睡有樂。乃華胥調。或曰既有曲譜。記如何。曰混沌譜。**巖下清風。黑虎賣仙丹杏山閣。明月彩鸞棲張思綠鈎。**音云[列仙傳]吳董奉居廬山。為人治病。不索謝。病重愈者。令種杏五株。病輕者一株。杏成林。實熟時。買杏者將穀一石。便取杏一石。取多者有黑虎逐之。故曰黑虎賣杏。○張虛靜天師。隱龍虎山結廬而處。有彩鸞棲鳴其上。作詩有結廬高處無人到。夜半彩鸞棲綠筠之語。**趙惠宗火中化鶴。**

矣。高門之喜。何稠疊乎。謹以芹韭之儀。用申花燭之賀。

答

僕年漸老。尚乎子債。何日了乎。小豚值當婚之年。俾遂有室之願。未及奉扳。先辱賜賀。藉光多矣。謝謝。

賀娶妻

鸞鳳和鳴。正及桃夭之候。遙望江皋。喜氣充閭矣。愧之申賀。惟從箕閒代祝。天雞不鳴。河鼓緩漏。何如。

答

僕爲養而娶。聊慰井臼蘋蘩之望。足下天雞之祝。意非不厚。正恐書短苦夜長也。

豈避烽炙。左眞人鑪裏弓鱸。不須烹煎。【神仙傳】趙惠宗。宜都人。得九天仙籙。唐天寶末。積薪自焚。怡然坐火中。誦度人經。乃化爲瑞雲仙鶴而去。○【神仙傳】左慈有仙術。曹操宴客曰。席間所少者松江鱸耳。慈索銅盆貯水。釣之須臾。引鱸數尾而出。操嘗出近郊。慈攜酒一升。脯一斤。親手斟酌。百官皆醉飽。操惡其怪。欲殺之。慈入壁中。忽然不見。或見於市。眇一目。青葛襌。

食之似肉。安期棗食果如瓜。【漢】蕭靜掘得一物。類人手。肥潤而紅。京而食之。齒髮更生。力壯貌少。道士顧靜之曰。所食者肉芝也。壽等龜鶴矣。○【漢武內傳】李少君[illegible]以卻老方見武帝曰。臣嘗遊海上。見安期生。食巨棗。大如瓜。

鬼神祀處。卻轉凶爲吉。黎邱多奇鬼。或時出以爲害。【左傳】晉侯有疾。夢黃熊入寢門。問何祟。子產曰。堯殛鯀於羽山。其神化爲黃熊。實爲夏郊。三代祀之。於是祀夏郊。晉侯病乃愈。○【幽怪錄】黎邱有奇鬼。善效人之子姪。扶丈人而追苦之。黎邱丈人之市。醉而歸。遇奇鬼。扶而苦之。歸責其子。子曰。無苦也。丈人悟曰。是必奇鬼也。明日復飲於市。刺殺之。其子恐父之不及。近而救之。丈人望見其子。拔劒殺之。

唐時花月妖。畏見狄梁公之面。晉代枌榆社。愁逢阮宣子之柯。【唐】武三思妓素娥有殊色。狄梁公請見之。忽失其所在。聞堂奧中語曰。某花月妖也。梁公正人。

賀嫁女

令嬡探聞淑質，正及桃夭，而賦于歸。愧無厚贈，薄附芹意，聊佐妝奩。

答

綠窗弱女，及時遣嫁，以了子債。竹笥綀裳，足矣。乃辱厚賜妝奩，藉光不既多乎？謝謝。

賀生子

馴驥呈祥，熊羆入夢，不必試啼聲而知爲英物也。僕有菲儀，聊助湯餅之筵，得賜嘉納幸甚。

答

昨舉一子，喜遂添丁。但恐生而不類，貽譏景升家兒耳，敢云有

吾不敢見。○【世說】阮宣子伐社樹，或人止之，宣子曰：社而爲樹，伐樹則社亡；樹而爲社，伐樹則社移，何害。

仍思手大入窗

貞夫舉饌翮**憶吾長吐地，壯士吹燈**，馬公亮嘗於燈下閱書，有鬼以大手伸入窗中，公以硃筆書花字。鬼哀求不得出，至曉泣曰：公獨不見牛渚磯事耶？公乃滌去其字，鬼謝而去。○【晉】嵇康燃燈夜坐彈琴，忽有鬼入，儀容甚怪，遂吐舌七尺餘垂至地。康滅其燈曰：恥與魑魅爭光。

鄧德潤徙項王祠，莫須有也；牛僧孺宿薄后廟，豈其然乎。【梁】鄧德潤爲吳興太守，郡有項羽廟，據廳事一年。德曰：生不能與漢祖爭中原，死據此廳何也？竟別遷之。○牛僧孺落第歸，暮失道，遙望火光，至一大宅，閽者引之入。珠簾中語曰：妾漢文帝母薄太后也。何由至此？遂呼出王嬙、楊太真、潘妃見禮畢，又別有善笛女子。后曰：石家綠珠也。后曰：今夕誰伴牛秀才寢？諸妃皆辭。后令王嬙陪之，遂送入昭君院中。向曉而覺，乃知是鬼。

鳥獸

新增文十三聯

麟爲毛蟲之長，虎乃獸中之王。牡曰麒，牝曰麟，麕身而牛尾，狼項而一角，黃色，馬足，含仁戴義，音中鍾呂，步中規矩，不踐生蟲，不折生草，不食不義，不飲洿池，王者至仁則出。【家語】羽蟲三百六十，鳳爲之長；毛蟲三百六十，麟爲之長；甲蟲三百

子萬事足哉過蒙襃儀愧領容謝

賀生女

海棠先兆喜溢門楣足下豈類常情而以生女爲憂乎菲儀奉賀笑納爲榮

答

僕與熊羆無緣何物虺蛇偏入我夢足下將弔不暇何賀之有承賜不勝惶愧

賀生孫

玉樹流輝孫枝毓秀會見慶延三世喜動重闈叅菲儀申賀乞鑒微忱

答

僕以衰朽之年幸見孫枝聊舒老眼耳乃

六十。龜爲之長鱗蟲三百六十。龍爲之長倮蟲三百六十。人爲之長○【風俗通】虎陽物百獸之長能噬食鬼魅【諺云】虎本南郡中盧李公所化故呼爲李耳即喜呼爲班使即怒食物遇耳即止以觸諱故也。

麟鳳龜龍謂之四靈犬豕與雞謂之三物。

【禮運】何謂四靈龍鳳龜麟【山海經】雄曰鳳雌曰凰出丹穴山形似鶴雞喙人目蛇頸燕頷龜背魚尾身備五采鳴中五音非梧不棲非竹實不食太平則見世亂則隱【大戴禮】龜上穹象天下平法地千載神龜問無不知廣肩無雄以蛇爲雄故龜與蛇合謂之玄武○龍能變化春分而登天秋分而潛淵八十一鱗合九九之數○【詩】出此三物以詛爾斯【釋】君以豕臣以犬民以雞刺三物之血以詛盟。

騄駬驊騮音六耳華留。**良馬之號太牢大武乃牛之稱。**

【文選】騄駬驊騮馬名絕勝郭椒丁櫟。牛類稱艮○【禮】凡祭宗廟之禮牛曰一元大武【釋】元頭也武足跡也牛肥則跡大。又稱曰大牢。

羊曰柔毛又曰長髯音冉**主簿豕名剛鬣**音獵**又名烏喙**音誨**將軍**

【古今注】羊曰柔毛有美髯故曰長髯主簿○豕猪也總名曰剛鬣又曰烏喙將軍。

鵝名舒鴈鴨號家鳧音符【爾雅】鵝名舒鴈以其徐行不迫也○鳧水鳥其形似鴨曰家鳧

雞有五德故稱之曰德禽鴈性隨陽因名之曰陽鳥

【韓詩外傳】田饒告哀公曰

辱厚貺，佩德彌深。

賀構新居

仰瞻華構，輪奐聿新。大哉居乎！非徒霍侯甲第；留是崔君德星堂也。薄具菲儀，聊爲犒匠之需。

答

小構蝸廬，僅堪容膝。方之揚子一區，陶公三徑，猶覺其小。何以賀爲？謝謝。

賀遷居

鶯遷華厦，不特舍湫隘而就爽塏，會見太史之占德星聚於一堂也。菲儀聊犒執役，希叱存是望。

答

鷦鷯巢林，不過一枝

君獨不見夫雞乎？頭戴冠者，文也；足搏距者，武也；敵在前敢鬭者，勇也；見食相呼者，仁也；守夜不失者，信也。有此五德，君猶烹而食之，以其從來近也。○格物論：鴈，陽鳥，狀如鵝，飛有先後行列。其性畏陽而惡陰，北地苦寒，南方和煖，故至秋則自北投南，至春則自南投北。

家豹烏圓，乃貓音苗之譽；韓盧楚獷，音礦又音拱皆犬之名。貓有家豹、烏圓、蒙貴之名。貓目暮晴圓，及午縱斂如綫，鼻常冷，惟夏至一日煖，蓋陰類也。○廣雅：犬之良者，有宋國之鵲，韓國之盧，楚國之獷，晉國之獒焉。

麒麟騶虞，皆好仁之獸；螟螣蟊音明特謀賊，皆害苗之蟲。騶虞白質黑文，尾長於身，食自死之肉，不踐生草，不履生蟲。○詩：去其螟螣，及其蟊賊。爾雅：食苗心曰螟，食葉曰螣，食根曰蟊，食節曰賊。

無腸公子，螃音旁蟹之名；綠衣使者，鸚音英鵡音舞之號。抱朴子：山中辰日稱無腸公子者，蟹也。爾雅翼：八足旁行，故曰螃蟹，一名郭索。○天寶遺事：楊崇義妻劉氏與李弇通，弇殺崇，埋井中。劉氏控於官，縣官詰所居，檢校架上鸚鵡，曰：殺主者，李弇也。遂訊得實，明皇封爲綠衣使者。釋：鸚鵡，能言鳥，有慧性。

狐假虎威，謂借勢而爲惡；養虎貽患，謂留禍之在身。史：楚宣王謂羣臣曰：北方之畏昭奚恤，何也？江乙曰：虎隨狐行，獸皆奔走。虎不知獸之畏己，反以爲畏狐也。今北方非畏奚恤，實草創敝廬。僅爲藏拙計耳。敢云鶯遷哉。嘉惠汗顏拜領。

賀開肆

寶肆宏開。財源不涸。陶朱倚頓。指日可期。聊將賀儀。祗爲台慶。

答

僕開小肆。復逐蠅頭。笑倚市門。貽譏龍斷。過蒙褒賀。拜惠汗顏。

敬請類

祖父母壽請

家孃初度。愧之承歡。隨分具酌。於職有虧。敢望福星。照臨蓬戶。倘賜賁臨。光增壽域矣。

答

令孃壽域宏開。階舞

畏王之甲兵。正所謂狐假虎威。○漢史 漢王欲西歸。張良曰。漢有天下大半。楚兵饑疲。今釋之而不伐。是養虎而自貽患也。王從之。

猶豫多疑 喻人之不決 狼狽 音貝 相倚 比人之顛連 猶。獸名。性多疑。聞人聲則豫上樹。久之乃下。須臾又上。故不決曰猶豫。○狼似犬。前二足長後二足短。狽前二足短後二足長。狼無狽不立。狽無狼不行。若相離則進退不得矣。故人失其所倚曰狼狽。

勝負未分。不知鹿死誰手 基業易主。正如燕入他家 [illegible]

史 徐光謂趙石勒曰。陛下神武謀略過於漢高。勒笑曰。朕若遇漢高。當北面事之。若遇光武。當並驅中原。未知鹿死誰手。[illegible]

詩 舊時王謝堂前燕。飛入尋常百姓家。

鴈到南方。先至爲主後至爲賓 [illegible] 得雄則王得雌則霸 鴈之大者。以仲秋先至南爲主。小者以季秋後至南爲賓。○列異傳 秦穆公時。陳倉人掘地得物似羊非羊。牽以獻公。路逢二童子曰。此名媪。常在地食死人腦。君欲殺之。以相共首。媪曰。彼二童陳寶。得雄者王。得雌者霸。陳倉人舍媪逐之。童子化爲雉飛去。陳倉人告穆公。公大獵果得雌。又化爲石。置之汧渭之閒。至文公。始爲之立陳寶祠。

刻鵠類鶩 音木 爲學初成 畫虎類犬 弄巧反拙 馬援戒兄子嚴敦書 吾欲汝曹聞人過失。如聞父母之名。耳可得聞。口不可得言也。

萊衣門盈，米履眞盛事也。承召亟當趨祝。

妻壽請

內子壽，愧無一觴以舉梁鴻之案；乃荷賜賀，借光不既多乎。草酌奉扳，貴臨幸甚。

答

寶婺星輝，祥鍾尊閫。方愧之儀奉祝，乃辱寵召忽臨，即當趨領，不敢後期。

自壽請

僕逢初度，百爾無成。自愧馬齒徒加，長多辱賜壽言，洗盞奉酬，拱候光賁。

答

足下壽躋之期，芝蘭玉樹森列，庭階眞盛

龍伯高敦厚周愼，願汝曹效之；杜季良豪俠好義，不願汝曹效也。效伯高不得，猶爲謹勅之士，所謂刻鵠不成尚類鶩者也；效季良不得，陷爲天下輕薄子，所謂畫虎不成反類狗者也。**美惡不稱，謂之狗尾續貂；**音刁 **貪圖不足，謂之蛇欲吞象。**晉 趙王倫篡位，同謀者皆爲卿相，奴卒厮役亦加爵位，每朝會，貂蟬盈坐。諺云：貂不足，狗尾續。○山海經 巴蛇吞象，三年而出其骨。**禍去禍又至，曰前門拒虎，後門進狼；除兇不畏兇，曰不入虎穴，焉得虎子。**漢 和帝年方十四，乃能收竇氏，足繼孝昭之烈，惜其與宦官鄭衆謀之，以啓中常侍亡漢之階。胡致堂曰：竇氏雖除，而寺人之權從茲盛矣。諺云：前門拒虎，後門進狼，此之謂與。○漢 班超出使西域，其王廣奉詔禮敬甚厚，後忽疏懈。超曰：此必有北使來，乃語其同往士卒曰：不入虎穴，焉得虎子。是夜以火攻虜營，斬其使。**鄙衆趨利，曰羣蟻附羶；**音膻 **謙己愛見，曰老牛舐犢。**音是讀 盧如書 今人奔尺寸之祿，趨絲毫之利，如羣蟻之附羶腥，衆蛾之赴爝火，取不爲醜，貪不避死。釋 羶，羊腥也。○漢 楊彪之子名修，以才見忌於操，操殺之。彪憂形於色，操見彪問曰：公何瘦甚？對曰：愧無日磾先見之明，猶懷老牛舐犢之愛。釋 犢，牛子也。**無中生有，曰畫蛇添足；進退兩難，曰羝羊觸藩。**音煩 史 昭陽爲楚伐

世人端也嘉筵寵召
分當趨祝

娶媳請
爲兒畢婚聊完子債
翌日合巹潔觴奉扳
祈駕夙臨用光花燭

答
令郎喜諧佳偶郎才
女貌相宜不佞得瞻
盛事不勝欣躍承召
敢不奔趨

嫁女請
綠窗貧女不望華飾
荆釵布裙隨力遣之
而已翌午奉迓伏乞
賁臨

答
令嫒閨秀桃夭及期
于歸在即愧無寸儀
以助妝資簡禮殊甚

魏將師攻齊陳軫見昭陽曰人有遺舍人酒一卮舍人謂曰請畫地爲蛇先成者飲酒一人先成舉酒曰吾能添足足未成一人蛇成奪其卮曰蛇無足今添之非蛇也遂飲酒今公戰勝不知止猶爲足也昭陽乃還○易羝羊觸藩不能退不能遂釋藩籬也

杯中蛇影自起猜疑塞翁失馬難分禍福晉樂廣爲河南尹請客飲有角弓掛壁影落杯中如蛇客飲疑而患疾廣因復請飲仍置前處告以弓影客疑乃釋而疾亦愈○淮南子塞上之翁失其馬人弔之翁曰安知非福數月其馬帶一駿歸人賀之翁曰安知非禍其子乘之墜折背人有弔之翁曰安知非福後出兵抽壯丁多戰死其子以折背僅存故得父母相保

龍駒鳳雛晉閔鴻誇吳中陸士龍之異伏龍鳳雛司馬徽稱孔明龐士元之奇晉陸士龍與兄士衡齊名尚書閔鴻見而奇之陸家兒非龍駒當是鳳雛○劉備在荆州訪士於襄陽司馬徽徽曰此間伏龍鳳雛備曰爲誰徽曰諸葛孔明龐士元也

呂后斷戚夫人手足號曰人彘音治**胡人醃**音掩**契丹王屍骸謂之帝羓**音巴漢高祖溺愛戚姬欲立其子如意而廢惠帝及上崩呂后挾恨斷戚姬手足去眼煇耳飲瘖藥置厠中號曰人彘○契丹王耶律德光將兵南侵回至殺胡林而卒國人剖其腹實以鹽數斤載歸號曰帝羓釋羓乾肉

人之狠

過蒙寵召。赧顏奔趨。

謝媒請

二姓聯婚。百年締好。作合之功。如何敢忘。草酌奉酬。貴臨是望。

答

婚姻之牘。主之月老。僕不過因人成事耳。何敢居功。既承寵命。汗顏趨領。

生男請

僕叨洪庇。幸舉一男。足下不當作座上賓乎。湯餅之會。屈駕賁臨。延竚以俟。

答

欣聞寶珠擎掌。僕亦不勝之喜。湯餅之招。自當撥冗趨試啼聲。

生女請

惡同於檮杌。音陶兀。人之寃最類於窮奇。神異經西方山中有獸狀如虎而大。鬣亂山中。名曰檮杌。西地有獸。其狀亦似虎。有翼能飛。知人言語。聞人惡逆不善。輒殺獸往饋之。名曰窮奇。左季文子曰。少昊氏有不才子。天下之民謂之窮奇。即共工也。顓頊氏有不才子。天下之民謂之檮杌。即鯀也。

王猛見桓溫。捫虱音門瑟。而談當世之務。甯音佞戚遇齊桓。扣角而取卿相之榮。晉北海王猛隱居華陰。倜儻有大志。聞桓溫伐秦。披褐衣謁之。捫虱而談當世之務。旁無若人。○甯戚家貧。為人挽車至齊。夜於車下販牛。扣角而歌曰。南山矸。白石爛。生不逢堯與舜禪。短褐單衣適至骭。從昏飯牛至夜半。長夜漫漫何時旦。桓公聞而異之。拜為上卿。

楚王式怒蛙。音哇。以昆蟲之敢死。丙吉問牛喘。音舛。傷陰陽之失時。楚王伐吳。欲人之輕死。見怒蛙。式而敬之。從者曰。奚敬於此。王曰。以其敢死也。釋昆蟲之總名。○漢丙吉為相。出郊。途遇人有毆死者。不問。遇有逐牛而喘者。問曰。牛行幾里矣。或曰。前後失問。吉曰。方今少陽用事。猶未大熱。牛喘出舌。恐陰陽失序。三公調理陰陽。職當憂。故問之。毆死人者。自有京兆官治之。非宰相所當問也。釋喘。疾息也。

以十人而制千虎。比言事之難勝。走韓盧而搏音博蹇兔。喻言敵之易摧。

新增古事瓊林

昔人生女，常以爲憂。僕思兒女一體，總難挈置。薄具蔬酌，扳駕少敘。即憂亦釋然矣。

答

虺蛇入夢，詩亦稱祥。未聞以生女不祥，而憂從中來也。承寵召，當趨席末。

生孫請

遲暮之人，無可適懷。子舍添丁，老懷[illegible]。今辰湯餅，藉光是幸。

答

祖慶流芳，孫枝挺秀。高門積德，喜有明徵。猥蒙召命，謹當走領。

入泮請

章句腐儒，叨遊泮水。足下硯席同心，夙叨

〔宋〕常安民與呂公著書：猛虎負嵎，莫之敢攖，而卒爲人所勝者，人衆而虎寡也。故以十人而制一虎則人勝，以一人而制十虎則虎勝。奈何以數十人而制千虎乎。〇〔史〕范睢說秦昭王曰：夫以秦卒之勇，車騎之衆，以治諸侯，譬若馳韓盧而搏蹇兔，霸王之業可致也。〔釋〕蹇兔跛兔也。

兄弟似鶺鴒鶺音積，鴒音陵**之相親，夫婦如鸞鳳之配偶。**鶺鴒注詳兄弟類。〇鸞神鳥也，赤神之精，鳳凰之佐，色被五采，鳴中五音，出女牀山。

有勢莫能爲，曰雖鞭之長，不及馬腹；制小不用大，曰割雞之小，焉用牛刀。〔左〕楚伐宋，宋告急於晉，晉侯欲救之。伯宗曰：不可。古人有言：雖鞭之長，不及馬腹。天方授楚，未可與爭。雖晉之強，能違天乎。〇〔文苑英華〕以函牛之鼎烹雞，惜乎大器小用。固有所不宜也。士亦若然，亦與孔子所謂割雞焉用牛刀相類。

鳥食母者曰梟，音囂**獸食父者曰獍。**音敬。梟不孝之鳥，關西謂之流離，寄巢生子。大則食其母。〇破獍，不孝獸，勇而食父。形如貙而虎眼。古者祀黃帝用梟與破獍，蓋欲絕其類也。

苛音柯**政猛於虎，壯士氣如虹。**〔檀弓〕孔子適齊，過泰山，有婦人哭於墓，使子路問之。答曰：昔吾舅死於虎，吾夫又死焉，今吾子又死焉。子路曰：何不去乎。婦曰：無苛政。子路以告孔子。曰：小子識之，苛政猛於虎也。〇虹乃陰陽交接之氣，著於形色者。人有怨怒之感，則虹爲之應，故聶政

教益。薄酌奉扳。惠肯
榮幸。

答

魚龍得水。變化有期。
正擬趨賀。辱愛先招。
敢不俯從。祗承寵命。

入監請

僕本不才。今日謬入
橋門。妄遊璧水。寶賴
足下玉成。我志薄治
優觴。拱候光賁。

答

足下榮入成均。適因
俗冗。未遑踵賀。荷承
寵召。敢不欣躍以赴。

出貢請

榆枋小翼。不能雄飛。
僅得小就。殊負初心。
聊備杯茗奉扳。賁臨
榮甚。

刺韓傀。荆軻刺秦王。肯白虹貫日。腰（音）纏（蟬）十萬貫。騎鶴上揚州。謂仙人而兼富貴。人騎瞎馬。夜半臨深池。是險語之逼人。【世說】昔有三人言志。或願爲揚州刺史。或願多貲財。或願騎鶴上昇。一人曰。腰纏十萬貫。騎鶴上揚州。欲兼乎三者。○【世說】桓南郡顧愷之殷仲堪作危語。殷有一參軍在坐云。盲人騎瞎馬夜半臨深池。殷眇一目。驚曰。此語太逼人。因罷危語。黔（音鉗）驢之技。技止此耳。鼯（音吾）鼠之技。技亦窮乎。【柳文】黔無驢。有好事者以船載入。放之山下。虎見龐然大物也。以爲神。避林間視之。驢一鳴。虎大駭。遠遁。以爲噬己。然往來視之。覺無異能。益復衝冒。驢不勝怒。蹄之。虎因喜。計曰。技止此耳。跳梁大㘎。斷其喉。盡其肉。乃去。【釋】黔。地名。在四川。○【荀子】鼯鼠五技而窮。【釋】五技。謂能飛不能上屋。能緣不能窮木。能游不能渡谷。能穴不能掩身。能走不能先人。強兼併者曰鯨吞。爲小賊者曰狗盜。海中有大魚。雄曰鯨。雌曰鯢。眼如明珠。鼓浪成雷。噴沫成雨。大者數千里。任是大物。一口吞之。○【史記】秦昭王囚孟嘗君。欲殺之。君使人求解於王之幸姬。姬欲得孟嘗君白狐裘。時既獻於秦王。客有能爲狗盜者。入秦藏中盜以獻姬。姬言於王釋之。養惡人如養虎。當飽其肉。不飽則噬。養惡人如養鷹。饑之則附。飽之

答

明經之選，乃福祿壽三者兼而有之。正功名中難得之榮遇也。何足下重視科名，而忽此小就乎。承召趨領，不敢方命。

中舉請

不才叨列賢書，聊償書債，頃承賜賀，薄酹奉酬，仰祈驂從光我蓬蓽。

答

秋月鶚薦，桑梓叨榮，奉召愈增雀躍，敢不趨赴。

中進士請

僕叨台庇，名題雁塔，實出望外。洗觴奉扳，幸毋吝玉。

則颺〔三國志〕呂布因陳登求徐州牧，不得。布怒，拔劍曰：吾爲汝所賣。欲斬登。登笑曰：吾見曹公，說待將軍譬如養虎，當飽其肉，不飽則將噬人。曹公笑曰：吾待溫侯譬如養鷹，饑則爲附，飽則颺去。布乃擲劍曰：曹公知我。

隋珠彈雀，謂得少而失多。投鼠忌器，恐因甲而害乙。隋侯見大蛇被斬而中斷，侯以藥續之，後蛇啣珠以報，世號隋珠。〔莊子〕讓下篇：以隋侯之珠彈千仞之雀，世必笑之，所失者重而所得者輕也。〇〔賈誼治安策〕諺云：欲投鼠而忌器，鼠近於器，尚憚而不投，恐傷其器也。況貴臣之近主者乎。〇甲乙借用字也，猶言彼此。

事多曰蝟音位**務，利小曰蠅頭。**蝟獸類，似豪豬，徧身有刺，如栗房，事多似之，故曰蝟務。〇〔東坡詞〕蝟負虛名，蠅頭微利。〔釋〕蠅，青蠅也。

心惑似狐疑，人喜如雀躍。〔說文〕狐，妖獸也，性淫多疑，每渡河必待沙無聲乃渡。〇〔莊子〕雲將東遊，過扶搖之枝，而適遭鴻蒙，鴻蒙方將拊髀雀躍而遊。雲將見之，倘然止，贄然立曰：叟何人耶？叟何爲此？鴻蒙拊髀雀躍不輟。〔釋〕雀躍，如雀之跳躍也。

愛屋及烏，謂因此而惜彼；輕雞愛鶩，謂含此而圖他。〔周〕武王登夏臺以臨殷民。周公曰：愛其人者愛其屋上烏，憎其人者憎其餘胥。〔釋〕烏巢近屋，恐毀巢而傷其屋。〇〔晉〕庾翼善書，與王羲之齊名。後學者輒宗羲之，翼不平，與都下人書曰：兒輩輕家雞，愛野鶩耶。

唆惡爲非

答
足下快步瀛洲，榮歸珂里。承召敢不踴躍以赴。

建屋
架構數椽，聊以容膝。倘得吉星臨照，則蓬室當焜燿一班矣。菲酌屈驚，顛望早臨。

答
張老築室，美奐美輪。足下華構，正堪歌此。承召敢不趨赴，以申燕賀。

遷居請
蝸廬落成，僕將入此室處，而歌攸盜矣。薄酌屈敘，仰冀早臨，光我蓬蓽。

答

曰教猱升木；受恩不報，曰得魚忘筌。詩 毋教猱升木，如塗塗附。釋 猱，獮猴也，善升木，不待教而能者。○莊子 筌者所以在魚，得魚而忘筌；蹏者所以在兔，得兔而忘蹏。釋 筌蹏，取魚兔之具也。倚勢害人，真似城狐社鼠；空存無用，何殊陶犬瓦雞。晉 王敦欲作亂，謂謝鯤曰：劉隗奸邪，吾欲除君側之惡。鯤曰：城狐社鼠，未易去也。釋 欲掘狐，恐壞城；欲薰鼠，恐灼社也。○金樓子曰：吾之亡也，瓦雞無司晨之益，陶犬無守夜之警，慎無以此爲墓上物。勢弱難敵，謂之螳臂螳音唐當轅；人生易死，乃曰蜉蜉音浮蝣蝣音由在世。莊子 汝不知夫螳螂乎？怒其臂以當車轍，不知其不勝任也。○爾雅 蜉蝣，渠略也，朝生暮死，一日生，覆水上，尋死，隨流，有浮游之義。赤壁賦 寄蜉蝣於天地，渺滄海之一粟。小難制大，如越雞伏鵠卵；賤反輕貴，似鷽音學鳩反笑大鵬。鵬音彭 莊子 莽蜂不能化藿蠋，越雞不能伏鵠卵，魯雞故能之矣。有能有不能者，其才固有巨小也。○莊子 北溟有魚，其名曰鯤，化而爲鵬，摶扶搖而上者九萬里。蜩與鷽鳩笑之曰：我決起而飛，搶榆枋之間，時不至，而控於地而已矣，奚以之九萬里而南爲？小人不知君子之心，曰燕雀豈知鴻鵠志；君子不受小人之侮，曰虎豹豈受犬

華廈落成門闌喜溢未展賀忱先承雅召分當趨命快覩鶯遷

開張肆請

開張小肆混逐蠅頭僕愧謀疎智拙難遂纏腰之願敢望指教草酌屈臨

答

足下喜賈不讓計然寳肆開張知財源不竭矣承召謹領

假借類

借銀

牀頭金盡壯士無色貧窶之苦自古同慨而僕貧更有甚於此者來券懇惠若干以濟燃眉倘尚金諾自當依期子母奉償必

羊欺。[史記]陳勝少與人傭耕隴上悵然曰他日富貴無相忘聞者笑曰汝為傭耕何富貴也勝太息曰燕雀豈知鴻鵠之志哉後因秦亂自立為陳王。○[增廣]龍遊淺水遭蝦戲虎落平陽被犬欺。跖音職犬吠堯。吠非其主。鳩居鵲巢。安享其成。[史記]呂后用蕭何謀縛韓信斬之漢高祖還問信死有何言后曰信言恨不用蒯通之言上詔捕蒯通通問曰汝教信反乎對曰臣固教之上怒命烹之通曰盜跖之犬吠堯堯非不仁吠非其主也當時臣惟知信非知陛下上赦之。○[詩]維鵲有巢維鳩居之。緣木求魚。極言難得。按圖索驥音記。甚言失真。[孟子]以若所為求若所欲猶緣木而求魚也。[輿][槐歲抄]鯢魚出峽中如鮎四足長尾能緣木聲如小兒將食先縛之樹鞭之出汗如汗出乃無毒方可食。○[符子]齊景公好馬命畫工圖而訪之期年而不得像過實也今人君考古籍以求賢亦不可得也。惡人藉勢。曰如虎負嵎音魚。窮人無歸。曰如魚失水。[孟子]虎負嵎莫之敢攖。○[韓子]吞舟之魚大矣蕩而失水則為螻蟻之所制故君子得時則龍升於天失時則魚失於水。九尾狐。譏陳彭年。素性諂而又奸。獨眼龍。誇李克用。一目眇音藐。則有勇。[山海經]青其山之狐九尾[宋史]陳彭年敏給強記好刑名之學諂媚奸險人號九尾狐。○[唐]僖宗時黃巢作反李克不敢久希焚券以市義也。

答

辱在知己。有無自應相通。敢云佛沉波底。不能救落水羅漢乎。承命如數繳上。

答不允

通財朋友高情。僕豈敢作不情友乎。況摯愛如君。偶值窘迫。分當傾囊以應。奈邇來用費浩繁。徒有心而無力耳。祈原諒是荷。

借粟

家無負郭之田。范甑生塵久矣。足下寶囷陳陳相因。所剩餘粒祈貸若干。以救枵腹。幸勿以指囷無從坐

用破之時。人以其一目眇而有勇。號爲獨眼龍。**指鹿爲馬。秦趙高之欺主。叱石成羊。黃初平之得仙。**[秦]趙高欲專權。恐人不從。乃先設驗。持鹿獻於二世。曰馬也。二世曰。丞相誤也。指鹿爲馬。問左右。有言鹿者。高乃陰中之以法。後羣臣皆畏高。○[神仙傳]黃初平年十五。牧羊。有道士引入金華山。其兄初起索之。遇道士引見。問羊何在。平因叱白石。皆起成羊。

卞莊勇能擒兩虎。高駢音緶**一矢貫雙鵰。**音貂[史記]卞莊子有勇力。嘗欲刺虎。管豎子止之曰。兩虎方食牛。食甘必爭。鬬則大者傷。小者亡。從傷而刺。必兩獲。莊子從其言。果獲兩虎。○[唐]高駢見雙鵰並飛。祝曰。我貴當中之。一矢貫雙鵰。後果貴。爲侍御。

司馬懿畏蜀如虎。諸葛亮輔漢如龍。[三國志]諸葛亮伐魏。見司馬懿斂軍依險。堅閉不出。亮遺之巾幗。懿受之。仍不出。賈詡謂魏平曰。公畏蜀如虎。奈天下笑何。[釋]巾幗。婦人喪冠。○[綱鑑總論]鞠躬盡瘁。死而後已。亮之所以如龍也。

鷦鷯音焦聊**巢林不過一枝。鼴**音偃**鼠飲河不過滿腹。**[莊子]鷦鷯巢於深林。不過一枝。鼴鼠飲於河濱。不過滿腹。[爾雅]鷦鷯。小鳥也。巢於葦苕。繫之以髮。巢至精密。鼴鼠形大如牛。無尾。黑色。好以身覆仆於河而飲。

人甚易。曰孤雛腐鼠。文名其仰。曰起鳳騰蛟。[漢]竇憲奪公主田園事覺。章帝大怒。召而切責

視我爲空倉之雀。是望。

答

足下安貧樂道。其志豈在溫飽。但懸釜而炊。在知己亦當關情。僕與足下何等交。而敢秦越相視乎。如命貢來若干。以佐饔飧。

借衣

適承敝友招飲同座。悉是衣冠。僕固非以服飾爲重輕者。然鶉衣百結。亦不雅觀。敢借尊章。暫作蒙虎之榮。想足下雅有與共風。諒不見吝。此懇。

答

僕戀戀故人。亦有綈袍。堪贈。如命付使馳

曰。久思令人驚怖。國家棄汝如孤雛腐鼠耳。○滕王閣序 騰蛟起鳳。孟學士之詞宗。紫電青霜。王將軍之武庫。爲公乎。爲私乎。惠帝問蝦蟇。音遐麻 欲左左。欲右右。湯德及禽獸。晉 惠帝在華林園。聞蝦蟇鳴。問左右曰。此鳴者爲官乎。爲私乎。左右戲之曰。在官地者爲官。在私地者爲私。○湯德注詳器用。魚遊於釜中。雖生不久。燕巢於幙。音莫 上棲身不安。漢史 張嬰寇亂揚徐之間。安帝以張綱爲廣陵太守。單車詣嬰壘門。以恩信諭之。嬰泣曰。相聚偷生。若魚遊釜中。知其不久也。今聞明府之言。乃嬰等更生之辰。明日。率所部萬餘人降。○左 衛孫林父得罪於君。而據戚邑。季札自衛之晉。將宿於戚。聞鐘聲。曰。夫子獲罪於君。懼猶不足。而又何樂。夫子之在此也。猶燕之巢於幙上。而可以樂乎。妄自稱奇。謂之遼東豕。其見甚小。譬如井底蛙。漢 漁陽太守彭寵爲光武運糧。及天下太平。寵以有功不賞。頗有不滿之意。朱浮與之書曰。昔人有遼東之豕。古來皆黑。生子白頭。異而獻之。行至河東。見羣豕皆白。懷慚而退。若以子之功論於朝廷。則遼東豕也。○莊子 井蛙不可語於海者。拘於虛也。父惡子賢。謂是犁牛之子。父謙子拙。謂是豚犬之兒。論語 子謂仲弓曰。犁牛之子騂且角。○豚犬注詳父子。出人羣而獨異。如鶴立雞上。第之如濡如膏。無能爲尊體光。愧甚。

索取類　索銀

緩急人所時有。遇朋友之急。而吝於通財者。斷非人情。向僕所以慕效古人。而不敢少有靳色。茲僕又值急需。豈不轉望於台乎。甞使走領。諒亦不吝。

答

窘迫中人。多漠不相關。誰肯傾囊以濟。向承高誼。展轉挪移。是足下既爲鮑矣。而僕安敢不爲管乎。容卽馳繳。

再索

羣。非配偶以相從。如雉求牡匹。晉稽紹丰度過人。或謂王戎曰。昨於稠人中見紹。昂昂然如野鶴之在雞羣。○詩雉鳴求其牡。釋飛類曰雌雄。走類曰牝牡。雉當求雄。今求牡匹。如淫亂之人。犯禮以相求也。天上石麟。誇小兒之邁眾。人中騏驥。比君子之超凡。南唐徐陵孩提時。寶誌公摩其頂曰。天上石麒麟也。○南史徐勉有異才。徐孝嗣見之。歎曰。此子所謂人中騏驥。必能遠至千里。怡堂燕雀。不知後災。甕裏醯音奚雞。安有廣見。也。魏王問諸大夫。皆以爲秦代趙於魏便。孔斌曰。不然。秦貪國勝趙。必復他求。吾恐於時魏受其師也。先人有言。燕雀處堂。方自以爲安。竈突炎上。棟宇將焚。燕雀不知禍之將及巳也。○莊子孔子見老聃曰。丘之道猶醯雞歟。微夫子發吾覆也。吾不知天地之大全也。釋醯雞醯甕中蠛蠓也。馬牛襟裾。罵人不識禮義。沐猴而冠。笑人見不恢音弘。韓愈之子。小名符。讀書城南。愈作詩勉之曰。人不通古今。馬牛而襟裾。行身陷不義。況望多名譽。○沐猴注詳衣服。羊質虎皮。譏其有文無實。守株音諸待兔。言其守拙無能。揚子雲曰。羊質虎皮。見草而悅。見豺而懼。忘其皮之爲虎也。釋言猶學者徒有好衣冠也。○韓子宋有畊者。田畔有株。樹兔走觸之。折頸而死。因釋耕守株。冀復得兔。爲國之囊承所貸物子，踰約已久，如何屢索不蒙見償？毋乃欲僕焚券市馮驩高義，心非不慕，力有不逮耳。惟望楚勿食前言。

答

捧讀來諭，愧歉無地。僕亦覥然人面者，豈肯作逋逃行徑，奈邇來生計阻抑，點金無術，以故有負知己耳。再望展限，俾僕從容踐約，何如。

索推中保

僕與某友素無一面之交，因台一言，故爾傾囊以應，爾時曾許及期子母清償，今已越期久矣，似不欲償

惡人如虎生翼，勢必擇人而食；志士如鷹在籠，自是淩霄有志。所笑也。韓詩外傳 無爲虎傅翼，將飛入邑，擇人而食。○晉 權翼諫秦王曰：慕容垂勇略過人，譬如養鷹，饑則附人，每聞風飈之起，常有凌霄之志。正宜謹條籠，豈可解縱任其所欲哉。鮒音附魚困涸音渴轍，難待西江水；比人之甚窘。蛟龍得雲雨，終非池中物；比人有大爲。鮒魚注詳貧富。○三國志 劉備詣孫權求督荊州，周瑜上疏曰：劉備必非久屈爲人用者，恐蛟龍得雲雨，終非池中物也。執牛耳，爲人主盟；附驥尾，望人引帶。左 哀公會諸侯盟，孟武伯曰：諸侯盟，誰執牛耳。釋 執牛耳，言背盟者，如此牛也。○漢光武與隗囂書 蒼蠅之飛，不過數步，若附驥尾，可至千里。鴻雁哀鳴，比小民之失所；狡兔三穴，誚貪人之巧營。詩 鴻雁于飛，哀鳴嗸嗸。○戰國策 馮驩謂孟嘗君曰：狡兔有三穴，僅得免其死耳。今君有一穴，未得高枕而臥也，請爲君復鑿二穴。風馬牛，勢不相及；常山蛇，首尾相應。左 齊侯侵蔡，蔡潰，遂伐楚，楚子使人言於齊侯曰：君處北海，寡人處南海，唯是風馬牛不相及也。釋 牛馬見風則走，牛喜順風，馬喜逆風。○孫子曰：善用兵者，如率然，率然者，常山之蛇也，擊其首則尾應，擊其尾則首應，擊其中則首尾俱

趙城者何食言乃爾也幸爲力催至囑

答

某友所假之物自知違限已久難以對人但稱貸無門鬻賣無產不得不作爽約人也承諭分當力催俾其速楚城雖不得歎不完璧歸趙乎

索粟

時際西成禾稼登場矣去歲所貸之粟本不當掛齒但兄昔困在陳僕今阨在蔡惟望彼此通情以解倒懸

答

曩承惠粟周僕之急直令人一飯難忘茲

應

百足之蟲死而不僵音姜**以其扶之者眾千歲之龜死而留甲因其卜之則靈**魏主曹睿卒子芳立曹冏請眾建藩臣諺曰百足之蟲至死不僵以其扶之者眾也此言雖小可以喻大【釋】百足蟲蜈蚣也僵仆也○【莊子】秋水篇楚聘莊子莊子曰吾聞楚有神龜死已三千歲矣王巾笥藏之廟堂之上此龜者寧其死爲留骨而貴乎寧其生而曳尾於塗中乎

大丈夫寧爲雞口毋爲牛後士君子豈甘雌伏定要雄飛【史記】蘇秦說韓惠王曰以韓之勁與大王之賢乃南面事秦交臂而服羞社稷而爲天下笑無大如此者矣願大王熟計之臣聞鄙諺曰寧爲雞口無爲牛後今西南交臂而臣事秦何異於牛後乎臣竊爲大王羞之【釋】雞口之小而能進食牛後雖大乃出糞也○【漢】趙溫爲京兆郡丞歎曰大丈夫當雄飛安能雌伏遂棄官歸後拜司徒

毋跼局音**促如轅下駒毋委靡如牛馬走**【漢】武帝責鄭當時曰汝數言竇嬰田蚡長短今日對面廷論何跼促而辯論不伸效轅下之駒【釋】馬二歲曰駒○【司馬遷報任安書】太史公牛馬走【釋】牛馬走猶言掌牛馬之僕也

猩猩星音**能言不離走獸鸚鵡能言不離飛禽**【水經注】猩猩形若狗而人面頭顏端正善與人言音聲妙麗如婦人對語聞之無不酸楚猩脣最美爲八珍之一而血可染○鸚鵡

值有秋，妄敢忘約，但因場務未畢，所以未邉繳償。手札下徵，如數歸趙。

慰疾病

勸慰類

搖精役神，乃致病之由。僕料足下正坐此病，惟望省事清心，調攝元氣，葆養真精，節勿藥亦當有喜。僕因俗冗不遑趨候，區區之意，惟此耑而已，祈鑒納是幸。

答

賤體失調，二豎肆虐，非借台庇，幾登鬼籙。辱賜教言，直膏盲藥石。性命靈丹，即讀枚乘七發，何以過此。僕

上。注詳

人惟有禮，庶可免相鼠之刺；若徒能言，夫何異禽獸之心。[詩]相鼠有體，人而無禮。人而無禮，胡不遄死。○[曲禮]鸚鵡能言，不離飛鳥；猩猩能言，不離走獸。今人而無禮，雖能言，不亦禽獸之心乎。

百鳥鷂音耀稱悍眾禽；鶴獨胎[相鶴經]鶴五百年胎生，故謂鶴曰胎禽。提壺提壺定是村中有酒；脫袴脫袴必然身上無寒。[歐公詩]提壺盧，沽美酒，春風浩蕩吹花柳。不用沙頭雙玉瓶，鳥歌蝶舞爲君壽，祗今一醉是君恩，昨日之愁愁殺人。[文詩]脫袴脫袴，桑葉陰陰牆下露，回頭忽憶舍中妻，去年已逐他人去。詩袴脫了卻不辭，新袴知教阿誰做。[釋]提壺脫袴俱鳥名。

百舌五更頭，學盡眾禽之語；鵷雛九霄外，頓空諸鳥之羣。[詩]一家千里外，百舌五更頭。[張芸叟詩]學盡眾禽語，不如自己聲。深山喬木裏，緘口過平生。[釋]百舌鳥名。○[杜公詩]鵷雛時高翔，頓空百鳥羣。[釋]鵷雛鳳屬。

籠中鴝音渠鵒音育巧於人；江上白鷗閑似我。此二句黃山谷詩。[晉書]桓豁家養有鴝鵒，即八哥，善效人言。有一甕鼻人學之，不似，遂以頭納甕中而語，遂大相似。鴝鵒。○白鷗鳥名。

鶯呼金衣公子，鷊音遊號錦帶功曹。[開元遺事]明皇遊苑中，見黃鸝羽毛鮮潔，因呼金衣公子。○初學記

當啣佩五中。容病痊
踵謝。

慰喪父母

尊鈐仙逝。凡在里巷
莫不揮淚。罷舂況在
仁人孝子乎。苫塊之
下。至節哀順變。慎毋
毀生滅性。過爲神傷
也。

答

遭家不造。禍及先妣
每一念及。菽水未承
劬勞罔報。痛不欲生
夫非盡人之子與。而
某獨負疚終天耶。重
荷慰唁。感與淚并。

慰喪兄弟

足下愛篤雁行。今一
旦折翼。孤鳴其病將
有不止荊枯而泣分

錦帶功曹。詩所謂卭有旨鷊也。鷊水鳥名而文似綬。俗謂之吐綬鳥。亦謂之錦帶功曹。鶻入鴉羣。雞[illegible]鴨

去雞隊。氣類不倅。北齊王思孝。以騎射事文宣。宣曰。爾擊賊如鶻入鴉羣。○列子雞伏鴨雛。及長。鴨浮水而去。雞從岸

呼之。鴨不顧。氣類不同也。彪著羊。彪雄而羊敗。羆敵犬。羆寡而犬強。唐楊思元爲吏部。選擧不

公。爲夏侯彪所訟。御史郎餘慶奏免。許敬宗曰。固知楊吏部之敗也。一彪一狼。共著一羊。焉得不敗。○陳無已罷說。晉人以五犬逐一羆。

羆敗。犬殺之。夫羆而受制於犬。遇井其敵困於羣也。詩曰。憂心悄悄。慍於羣小。此之謂也。猿獻玉環。孫恪自狹山

失婦。鹿隨丹轂。鄭弘從漢室封公。異苑錄孫恪娶袁氏女。過端州。欲遊狹山寺。既至。獻碧玉環於僧齋

罷。野猿數十來迎。婦嘯一聲。化爲猿而去。僧悟曰。此玉環吾曩時繫於猿頸。今不見二十年矣。○漢鄭宏爲臨淮守。行春。兩鹿夾轂隨而

行。主簿黃圖賀曰。三公車畫雙鹿。明府當爲相矣。果爲太尉。蛩蛩音窮之皮。有可辟除癘瘴。猣猣音宗

之尾。殊堪卻暑。爁鼠音藍蛩蛩。北方獸名。皮可禦瘴癘。○猣猣狀如犬。六足。尾長丈餘。自呼其名。取其尾。可禦嵐氣。

李愬設謀平蔡。藉聲於鴨隊鵝羣。盧公見句遷官。得力於貓兒狗子。

離者矣。第生寄死歸
數莫能逭。願少寬悲
戚。毋徒自苦也。

答

世間難得者兄弟。斯
言可信。又可悲也。如
僕雁行寥落。尤爲難
得。奈何天道無知。遽
折分飛。傷心哉。姜肱
之被生寒。謝草之夢
空切矣。承賜慰言。滴
淚裁謝。

慰喪妻

足下忽夢炊臼。鳳鸞
分影。枕席之愛。奚堪
割乎。雖然破鏡固難
重圓。斷絃猶可再續。
望存達觀。幸無過慼

答

荆妻一喪。中饋失人

【唐書】吳元濟據蔡城。李愬領兵擊之。夜半至城下。雪甚。旁皆鵝鴨池
愬令擊之以亂軍聲。破城先登。黎明元濟就擒。○【盧延遜詩】饑貓臨
鼠穴。饞犬舐魚砧。【文獻】眾爆燒壇破。貓跳觸鼎翻。【五代】蜀王建索詩
觀之。甚喜其數語。後燒金鼎。宮貓相戲。誤觸鼎。王以其裁詩無虛語。
遂拜給事。延曰。平生投謁公
卿。不意得力於貓兒狗子。**長樂宮中有鹿。啣殘妃子榻前花。午橋**
莊外多羊。點綴小兒坡上草。【開元遺事】明皇宮中有牡丹顏色鮮麗
忽有野鹿啣去。後乃應祿山之亂。○【韻
府羣玉】午橋莊小兒坡。茂草盈里。裴晉公使
羣白羊散其上。曰。芳草多情。賴此粧點爾。**羊舌氏雖爲佳話。馬頭**
【[illegible]】昔有攘羊者。以羊頭餽叔向。母埋之土中。後事發
娘永是美談。追驗羊頭俱爛。惟有舌在。國人異之。號羊舌氏。○【搜神
記】昔高辛時。蜀人被人所掠。惟所乘馬獨歸。母誓於眾曰。有能得夫
歸者。妻以女。馬躍而去。負其夫還。悲鳴不已。夫知其故。曰。誓於人不
誓於馬。馬嘶鳴不已。射殺之。暴其皮於庭。皮忽蹶
起。捲女而去。數日。屍朽化爲蠶。故稱曰馬頭娘。**轅門傳號令。李將**
軍椎饗士之牛。邑士起謳歌。時令尹留去官之犢。【漢書】李廣鎮雁門。
日椎牛饗士卒。盡
得士卒之心。及戰無不用命。每戰必捷。邊塞號爲飛將軍。○【漢書】時
苗爲壽春令。清潔自守。初之任時。以牸牛駕車往。後牛生一犢。及去

而柔腸寸寸斷矣彼歌鼓盆者觀非不達也抑乃太不近情乎把筆强書聊謝慰言

慰喪子

死生修短命早定之顏年偏促聖賢豈能達乎聞足下抱西河之痛悲泣踰情雖云父子之愛難於遣割究當以命自安喪明之戒還宜鑒之

答

小兒不幸短折殆亦父子之緣淺且僕之德薄以致有以促其算也諺云是子不亡渠既不承慟亦徒然第於情難恝置耳承賜慰諭自當銘佩

任留曰是此土所產者命留之吏民畜而愛之曰時公犢

花木 新增文十一聯

植物非一故有萬卉音諱**之稱穀種甚多故有百穀之號**○卉草之總名 楊全物理論三穀各二十種爲六十蔬果之實助穀各二十爲百穀

如茨音慈**如梁謂不稼之蕃惟天惟喬謂草木之茂** 詩曾孫之稼如茨如梁曾孫之庾如坻如京 注茨蓋屋者梁車梁也禾之已刈而露積者曰庾禾之未穫而在野者曰稼皆盛也○書厥草惟夭厥木惟喬 注少長曰夭喬高也

蓮乃花中君子海棠花內神仙 周茂叔愛蓮說余謂菊花之隱逸者也牡丹花之富貴者也蓮花之君子者也○賈耽著百花譜海棠爲花中神仙色甚麗但無香無實西蜀昌州產者有香有實士人珍爲佳果

國色天香乃牡丹之富貴冰肌玉骨乃梅蕚音諤**之清奇** 唐玄宗內殿賞花問陳修己曰京師有傳唱牡丹者誰稱首對曰李正封云國色朝酣酒天香夜染衣○袁豐之評梅花冰肌玉骨物外佳人但恨無傾城之笑耳

蘭爲王者之香菊同隱逸之士 家語孔子自衛反魯見幽谷之中香蘭獨

箴規類

規力學

百年歲月。彈指輕過。此古人所以寸陰是惜也。足下年富力强。正宜痛自策勵。若虛糜時日。而欲學問有成。是猶自鎩其羽。而妄冀沖霄。得乎。

答

某學無成。良由暴棄所致。豈父兄師友疎於訓迪箴規哉。既蒙驅策。自當軒昂以副雅望。

規賭

孤注呼盧。終非正務。試問么六場中。完品全家者。能有幾人。願足下莫與烏曹輩爭

茂。喟然歎曰。蘭當爲王者香。今乃與衆草伍。傷已之不遇。乃援琴鼓之。作猗蘭操。○菊注詳上愛蓮。**竹稱君子。松號大夫。**陽明子曰。竹有君子之道四焉。有是四者。而以君子稱。不愧於其名。○史記秦始皇登泰山。風雨暴至。有五大松樹。因休庇其下。乃封爲五大夫。**萱**音喧**草可忘憂。屈軼**音亦**能指佞。**萱草注詳父子。○史記黃帝時有草名屈軼。佞人入則指之。因名指佞草。**篔簹**音雲當**竹之別號。木樨**音西**桂之別名。**異物志建安有篔簹竹。生水邊。長數丈。圍一尺五六寸。一節相去六七尺。或一丈。節中有物。似人。長尺許。頭足皆具。○木樨。桂之別名。其花有黃白紅三種。黃者名金桂。白者名銀桂。紅者名丹桂。香極清。**明日黃花過時之物。歲寒松柏有節之稱。**○朝士和徐淵子九日詩。呼兒爲我正烏紗。不是無心學孟嘉。夢摘金英滿頭插。明朝還是過時花。○論語子曰。歲寒然後知松柏之後彫也。**樗櫟**音樞歷**乃無用之散材。楩楠**音駢男**勝大任之良木。**莊子惠子謂莊子曰。吾有大樹。人謂之樗。櫟其大幹擁腫而不中繩墨。其小枝卷曲而不中規矩。立之於塗。匠者不顧。今子之言。大而無用。衆所同去也。○任子曰。鳳爲羽族之英。麟爲毛族之俊。龜龍介蟲之長。楩楠爲衆材之長。是物之貴也。**玉版筍之異號。蹲鴟芋**音存答預**之別名。**蘇東

鋒前車之覆。不可不鑒。

答

僕迷於賭。猶醉於夢也。足下愛我以德。不吝棒喝。力爲喚醒。求之今人中。能有此道義交哉。今而後。當時誦箴言。以自警惕。

規嫖

秦樓風月。雖足快心。第恐此身一落慾海。不惟德業情神俱喪。試看囊中之物。一皆翩翩然化作蝴蝶。飛繞花叢去矣。

答

僕弋情粉黛。不惜千金買笑。自以爲徵歌選妓名士風流。豈知

坡邀劉器之。同參玉版和尚。至則燒筍而食。器之覺筍味勝。問何名。坡曰。玉版也。此老善說法。要令君得禪悅之味。器乃悟其戲。因作偈云。不怕石頭路。來參玉版師。聊憑錦株子。與問籜龍兒。○蜀志帳山之下。有芋大如斗。曰蹲鴟。釋蹲坐也。芋形似鴟鳥之蹲坐也。

瓜田李下。事避嫌疑。秋菊春桃。時來遲早。文選魏武帝君子行。君子防未然。不處嫌疑間。瓜田不納履。李下不整冠。嫂叔不親授。長幼不比肩。○古詩桃花二月放。菊花九月開。一般根在土。各自等時來。

南枝先。北枝後。庾嶺之梅。朔而生。望而落。蓂音明**階之莢。**結英州司寇植梅三千餘株。於大庾嶺。夾道皆梅。南枝已落。北枝方開。蓋南暖北寒故也。○蓂莢注詳宮室。

苾音弼**蒭**音初**背陰向陽。比僧人之有德。木槿**音謹**朝開暮落。比榮華之不長。**[illegible]苾蒭草名。有五義。生不背日。冬夏常青。體性柔軟。香氣遠騰。引蔓傍布。爲佛徒所彩。故以名僧。○[illegible]槿花朝生夕隕。一名舜華。又謂麵花。孟郊詩小人槿花心。朝榮夕不存。

芒音忙**刺在背。言恐懼不安。薰**音勳**蕕**音尤**異器。猶賢否有別。**漢史霍光爲大將軍。獨攬威權。宣帝初立。心甚忌之。一日上謁高廟。光驂乘。上嚴憚之。若有芒刺在背。爲之不安。釋芒草鋭刺。荊棘也。○薰香草。蕕臭草。陳子昂云。鸞隼不接翼。薰蕕不同氣。

桃李

沈淪慾海，而身名已兩敗乎。微君藥石忠言，幾不知邑斤之伐性矣。

家書類

祖在家寄孫

祖字付孫某知之。自爾遠出，幾歷寒暑。未知客況何如，朝夕懸念。但我年迫桑榆，常願兒孫歡聚。爾惟體我此心，亟整歸裝，慎毋留滯。況爾父爾母，懸盼甚切。亦當善體乃意。風塵勞頓，宜保重自愛。至囑。

父在家寄子

父字示男某知悉。自爾出遊，兒行千里，親心千里。不識爾能體

不言下自成蹊。音溪 道傍苦李為人所棄。太史公曰 余睹李廣將軍，恂恂如鄙夫，口不能道辭。及死之日，天下知與不知，皆為盡哀。彼其忠實心誠信於士大夫也。諺曰：桃李不言，下自成蹊。此言雖小，可以喻大。○晉 王戎年七歲，與諸兒遊道傍，李樹有子滿枝，諸兒競取之，惟戎不動。人問之，戎曰：李在道傍而子尚多，此必苦李也。老人娶少婦曰枯楊生稊。音題 國家進多賢曰拔茅連茹。音如 易 枯楊生稊，老夫得其女妻，无不利。釋 稊，木稚也。易 拔茅茹以其彙，征吉。釋 茹，根也。蒲柳之姿，未秋先槁；薑桂之性，愈老愈辛。劉宋 顧君叔與簡文帝同年而髮早白。上問其故，對曰：蒲柳之姿，望秋而落；松柏之質，經霜彌茂。受命之異也。釋 蒲柳，即赤楊木。○宋 晏敦復為左司諫，兩月間論駁三十四事，舉朝憚之。秦檜使人致意曰：公能委曲，要路旦夕可致。敦曰：薑桂之性，老而愈辣。吾豈為身計誤國也。王者之兵勢如破竹；七雄之國，地若瓜分。破竹注詳器用。○七雄：秦楚趙魏韓齊燕。○史 弁髦其君，瓜分其國。苻堅望陣，疑草木皆是晉兵；索靖知亡，歎銅駝音陀會在荊棘。草木注詳武職。○晉 索靖為關內侯，知晉將亡，指宮門外銅駝歎曰：會看汝在荊棘中耳。王祜音戶知子必貴，手植三槐；竇鈞五

我心否但爾遠離父母無非為利起見買賣最宜精詳不可以忽心處之風塵更當謹慎不可以輕心行之至於狂藥少飲美色當遠尤我之所遙囑者也賬完日即當速作歸計慰我懸睫家中大小平安毋庸內顧便中付此不及多云。

父在外寄子

父平安字示男某知之我自某日離家某日到某處一路清安無庸遠慮爾在家宜學勤儉莫務奢華爾母須當孝敬爾弟要令勤學我為賬目未

子齊榮人稱五桂三槐注詳宮室○五代竇禹鈞為人素稱長者年三十無子往延壽寺燒香拾得遺金持歸明旦詣寺。一人涕泣公問何因其人告曰父犯大罪貸百金將父贖罪昨昏醉失去公以金還之夜夢祖父曰汝有陰德延壽二紀賜五子皆顯耀後公至左諫議大夫致仕生五子。儀儼偁侃僖俱登第人稱燕山五桂。鉏麑音祖倪觸槐不忍賊民之主左晉靈公無道趙宣子驟諫公患之公使力士鉏麑刺之宣子盛服將朝尚早坐而假寐麑歎曰不忘恭敬民之主也賊民之主不忠棄君之命不信有一於此不如死也遂觸庭槐而死○越王嘗蓼音了必欲復吳之仇越王句踐破吳夫差圍於會稽身請為臣妻請為妾後得歸國冬則抱冰夏則握火臥薪嘗蓼使瞽矇日警之曰句踐汝忘會稽之恥也耶後竟滅吳釋蓼苦草也。修母畫荻音敵以教子誰不稱賢廉頗負荊以請罪善能悔過宋歐陽修年四歲而孤母韓國夫人鄭氏守節自誓親教子讀書家貧無紙筆教以荻畫地學書後為翰林學士○負荊注詳朋友。彌子瑕音遐[illegible]恃寵將餘桃以啖君秦商鞅央倚兩切欲行令使徒木以立信彌子瑕有寵於衛靈公與遊果園食桃而甘以其半啖公公曰忠乎忘其口而啖寡人及子瑕色衰得罪公曰是嘗啖我以餘桃不敬莫甚於此矣○史收。以致留滯。茲因某人歸里之便。暫付白物若干。聊佐家用。可如數查入。或有便人來此地。家中事體可詳寫一字報我。以舒客懷。歸期諒在某時。如家用不給。爾須待我歸來照料。尤中特示。

子在家奉父

拜別親顏。忽更寒暑。未審大人起居安否。此心瞻戀。朝夕不忘。至若家中老幼。叨庇平安。無由附報。情更難置。昨某人歸。接大人嚴命。跪讀汗下。寧敢怠荒。但今歲收成稍歉。家中浩繁。望大

商鞅爲秦相。欲變刑法制度。恐民不信。乃立大木於南門。諭民有徙至北門者賞五十金。一人徙之。予金不惜。**王戎賣李鑽**祖官切。**核**音劾**不勝鄙吝。成王剪桐封弟。因無戲言。**晉王戎家有好李。嘗營利賣之。恐人得佳種。皆鑽其核方賣。○周周成王與弟叔虞削桐葉爲珪。戲曰。吾以此封汝。周公請擇日。王曰。吾特戲之耳。周公曰。天子無戲言。遂封叔虞於堯之故墟。曰唐侯。**齊景公以二桃殺三士。楊再思謂蓮花似六郎。**春秋公孫捷、田開疆、古冶子。事齊景公。勇而無禮。公患之。晏子言於公。請饋二桃。計功而食。捷與開先言功。投桃而起。冶曰。君濟於河。黿左驂以入。砥柱。冶潛行得黿殺之。左操馬尾。右挈黿頭。若冶之功。可以食。公令二子反桃。二子慚而自殺。冶曰。二子死。冶獨生之不仁。恥人以言。而誇其聲。不義。亦反桃而自殺。○唐張昌宗。小字六郎。容貌俊美。高宗后武氏幸之。內史楊再思諂事之。或譽昌宗之美。曰六郎貌似蓮花。再思曰。不然。乃蓮花似六郎耳。**倒啖蔗**音柘**漸入佳境。蒸哀黎大失本眞。**啖蔗注詳人事。○晉桓玄每見人不快。輒噴云。君得哀家黎。當不復蒸食否。釋秣陵哀仲家黎甚美。入口即消。若蒸而食。則失眞味。言人愚不知味也。**煮豆燃萁。比兄殘弟。破竹遮筍。棄舊憐新。**注詳兄弟。**元素致江陵之柑**音甘**吳綱伐月**

人賑目收清，刱早整歸裝，調停家事。茲因人便，謹修數字稟安。

子在外奉父

拜違膝下，倏忽數載。每思大人春秋既高，江湖久疎定省，不孝不肖爲逐蠅利，飄泊之罪，不啻山積。某來接大人手書，知獲康吉，且聞家大小亦託清安，遊子之懷，差堪自慰。至於家務，賴大人綜理有方，不肖亦可稍舒內顧。憂離愁萬種，罄楮難宣。願大人怡養天和，順時保重。今値某歸，附報平安，并寄白物若干，聊給家用，望照數驗入。

中之桂。董元素有仙術，自江南來。宣宗夜召與語曰：今南中柑橘正熟，卿能致之否？元曰：請安一盒於御榻前。數刻有微風入簾，元素乃解其盆，柑滿其中。奏曰：此江陵枝江縣柑。上嘗之驚歎。○酉陽雜俎：月桂高五百丈，下有人砍之，斧痕隨滿。其人姓吳名剛，學仙有過謫，令伐樹。

捐資濟貧，當效堯夫之助麥；以物申敬，聊效野人之獻芹。

宋范堯夫，仲淹次子。嘗往東吳取租，得麥五百斛，舟次丹陽，遇石曼卿。卿曰：三喪在淺土，欲葬而北歸，無可與謀者。堯以麥舟濟之。到家，仲淹曰：東吳曾見故人乎？曰：曼卿三喪未舉，留滯丹陽，時無郭元振，無以告者。父曰：何不以舟麥與之？曰：已付之矣。○獻芹注詳人事。

冒雨剪韭韭音九，林宗款款音寬上聲**之情殷；踏**踏談入聲**雪尋梅，孟浩然自娛**娛音魚**興雅。**

○漢郭林宗自種畦圃，友人范逵夜至，自冒雨剪韭，作湯餅以供之。○孟浩然詩懷曠達，嘗冒雪騎驢以尋梅，曰：吾詩思正在風雪中驢子背上。

商太戊能修德，祥桑自死；寇萊公有深仁，枯竹復生。

商太戊立，有祥桑穀共生於朝，七日大拱。太戊問於伊陟，陟曰：妖不勝德，君之政其有闕與？太戊於是修先王之政，明養老之典，早朝晏罷，三日而祥桑穀枯死。釋桑穀，二木名，兩手合抱曰拱。○宋寇萊公封萊國公，乾興初貶雷州，道出公安，剪竹插神祠前，祝曰：準若無負朝廷，枯竹再生。已而歸期在邇。餘容面敘。

伯叔家寄姪

自別爾後。倏忽歲月屢更。不獲歡聚一堂。悵惘何極。想爾邇來客況安否。營謀稱心。予懷差慰。家中凡事安妥。爾堂上雙親闔中幼婦。俱各無恙。無煩遠慮。人便特修數字報知。餘不盡言。

姪外奉伯叔

遠別伯叔慈顏。彈指數載。姪因奔逐利途。總無虛日。回想家庭聚順之樂。杳不可得。奈何奈何。欣聞伯父福履亨嘉。差慰遠懷。家中大小事務。望加照料。待不肖歸里。自

果然。王母蟠音盤桃。三千年開花。三千年結子。故人借以祝壽誕。上古大椿。八千歲為春。八千歲為秋。故人託以比嚴君。【漢武故事】武帝生日。有一青鳥集於殿前。上問東方朔。此何鳥。對曰。此名青鸞。西王母所畜。預來傳信。王母將至矣。少刻王母果至。以玉盤捧桃七枚。王母自啖二枚。以五枚與帝。帝欲留核種之。王母曰。此桃三千年開花。三千年結子。非下土所植也。以手指朔曰。此子不良。吾桃三熟。已被此子三竊矣。○大椿注詳父子。

去稂莠音郎有。正以植嘉禾。沃音屋枝葉。不如培音裴根本。【唐史】太宗謂大臣曰。夫養稂莠者。害佳禾。赦有罪者。賊良民。故朕即位以來。不欲數赦。恐小人恃之輕犯憲章故也。【釋】稂莠。皆害苗之草。○【唐史】西突厥種落散在伊吾。太宗令李大亮。貯糧磧石以賑之。亮曰。欲懷遠者。必先安近。今疲中國以賑彼。猶拔根本以益枝葉也。不如罷之。上從之。

世路之蓁音臻蕪。當剔音惕。人心之茅塞須開。【孟子】今茅塞子之心矣。

【增】姚黃魏紫。牡丹顏色得人憐。雪魄冰姿。茉莉芬芳隨我愛。開元時。牡丹尚姚黃魏紫。蓋謂姚崇家黃牡丹。魏相家紫牡丹。皆極美麗。○【唐人茉莉詩】冰姿素淡廣寒女。雪魄輕盈姑射仙。

雪梅乍放月

當圖報。臨書耿耿。莫罄所懷。

兄在外寄弟

愚孫孫奔走。逐利江湖。抛別高堂。定省久疎。甘旨有缺。不孝之罪。其何以逃。願吾弟朝夕承歡。俾愚無內顧憂。此心差釋。倘生意少遂。即當束裝歸省。豈忍戀戀他鄉。老嫂弱姪。總賴看視。雁羽南翔。平安附報。惟冀目入。

弟復兄

兄客他鄉。弟居故里。雁行分翼。手足愛弛。情何以堪。昨接家報。始知旅況平安。舉家欣慰。老嫂幼姪俱各

明魂夢美人來。玉蕊齊開。風動珮環仙子至。趙師雄遷羅浮。天寒日暮。於松林酒肆傍。見二美人。淡妝素服。師雄與語。芳香襲人。因與扣酒家。共飲。忽酣寢。但覺風寒相襲。東方欲白。起視。在梅花樹下。月落參橫。不勝惆悵。○唐昌觀玉蕊花大開。有女子年十七八。從以二女婢。二小僕。姿容瀟洒。異香聞數十步外。佇立良久。命僕取花數枝而去。忽不見。

尼父試彈琴。發泗水壇前之杏。漁郎頻鼓枻。音屑尋武陵源裏之桃。莊子漁父篇。孔子休坐乎杏壇之上。弟子讀書。孔子絃歌鼓琴。○晉武陵人捕魚。至一溪。見兩岸桃花盛開。移棹而進。見有居民。迴與世隔。漁人問其由來。曰。避秦之亂。至此。遂不知天下有漢。復有晉也。

九烈君。原爲異柳。支離叟。必屬喬松。李固言行古柳下。聞語曰。吾柳神九烈君也。今彈指染子衣。俾君綠袍矣。果及第。○韻府羣玉昔鮮于伯機。得怪松一株。植於齋前。呼支離叟。朝夕玩以爲適。

丈夫進學駸駸。音侵勿效黃楊厄閏。男子爲人卓卓。必如老檜參天。俗說黃楊木歲長一寸。閏退一寸。東坡詩園中草木春無數。只有黃楊厄閏年。大慧禪師語錄元和尚曰。這老漢參黃楊木禪。到縮去。○李綱詩士人高氣節。老檜參青天。

龍芻茂時。周穆王備侯馬料。水萍聚處。樊千里用

溝泰。但老親在堂。不時。朝夕懸念。尤望早圖歸省。順鴻附報。統祈鑒察。

弟在外奉兄

遠別荆庭。時序流易。近某來。詢知兄長。福祉駢臻。遠懷爲慰。弟困浪跡江湖。奔馳微利。以致拋別雙親。不克奉養。弟罪不已逭天乎。望朝夕承歡。俾弟無仰事不足之憂。則受賜無涯矣。鴻便端哉。統祈慈亮。

兄復弟

一別賢弟。條經載餘。昨接手書。知客邸平安。慰甚慰甚。但老親在堂。惟予是念。賢弟

作鴨茵「韻府羣玉」周穆王東海養八駿之處。其草名曰龍芻。○「異聞志」浮光多美鴨。太原少尹樊千里買百隻。置後池。載數車浮萍入池。使爲鴨作茵褥。

靈運詩成。已入西堂之夢。江淹賦就。更開南浦之歌。「南宋」謝惠連善文。靈運嘗於永嘉西堂思詩不就。忽夢見弟惠連。得池塘生春草之句。大以爲工。○「六朝江淹別賦」春草碧色。春水綠波。送君南浦。傷如之何。

生成鉤弋之拳。西山嫩蕨。剖出莊姜之齒。北苑佳瓠。音胡。又音沮。「揚」「延秀咏筍蕨詩」齊國老萊新脫錦。漢宮鉤弋未開拳。漢武帝東幸見靑氣屬天。占者曰。必有奇女。往視之。見一女在巖穴中。手拳。衆劈不開。帝自披之。乃開。納爲妃。號拳夫人。○「劉彥仲瓠詩」一線解瓊瑤。中有佳人齒。又詩。美莊姜齒如瓠犀。

曾言水藻綠於藍。始信山茶紅似血。「唐人詩」水藻碧於藍。○「唐人咏紅茶詩」空山雨過正溫溫。松檜森森綠更勻。何事有殊凝血色。鵑非杜宇灑啼痕。

元修蠶豆。自古稱佳。諸葛蔓滿平蕪菁音精。迄今猶賴。元修菜。一名巢菜。即蠶豆也。東坡嘗云。菜之美者。吾鄉之巢。故人元修嗜之。予亦嗜之。故蜀人呼元修菜。○蔓菁即蘿蔔也。諸葛屯軍處。即令軍士種之。因號諸葛菜。

生薑盜母。荾音綏留子。盡付園丁。蘆菔音盧服。生兒芥有孫。頻充鼎

宜體親心。稍得微利。卽當歸省。幸無留戀他鄉。作浪遊行徑。是望爾妻暨姪。俱喜無恙。合家亦各均安。并此附報。

味葵 香菜也。園丁蒔菜之人生薑滋母姿留子。唐人諺語。卽今亦云芒種栽薑。夏至命娘。○**蘇子瞻詩** 秋來霜露滿東園。蘆菔生兒芥有孫。我與何曾同一飽。不知何苦食雞豚。

夫在外寄妻

遠遊異地。忽爾逾年。思念家鄉。心神如醉。老親在堂。幼子在抱。均賴賢妻調護。勿致父母有思子之憂。兒女有失教之誚。則賢妻之恩情大矣。客邸稍稍如意。卽整裝遄歸。無庸掛念。便風草草。寄慰遐思。外付銀物若干。聊助家費。後有鴻便。再寄。種種離情。統爲原諒不旣。

妻寄夫

夫君別後。兩度花開矣。臨別叮嚀。拳拳在念。高堂中饋。妾自任之。弱女幼子。妾自撫之。家務紛紛。妾自理之。不勞夫君遠顧。但夕照易沈。韶流易逝。計有羨餘。卽當趣駕。毋使親有倚門之望。妾有白頭之吟也。室邇人遐。寸心千里。不盡欲言。

幼學故事瓊林卷之四終

傳古樓景印

圖書在版編目（CIP）數據

幼學瓊林 / 王星主編. -- 杭州 : 浙江大學出版社，2020.7（2024.6 重印）
（狀元閣蒙學叢書）
ISBN 978-7-308-20255-8

Ⅰ. ①幼… Ⅱ. ①王… Ⅲ. ①古漢語－啟蒙讀物 Ⅳ. ①H194.1

中國版本圖書館 CIP 數據核字（2020）第 093611 號

蒙學叢刊 狀元閣蒙學叢書

龍文鞭影

王星 主編

浙江大學出版社

傳古樓據啟軒書室藏清代狀元閣刻本影印原書板框高一七四毫米寬三二五毫米

光緒乙酉孟夏開雕

校補龍文鞭影

合肥周家謙署簽

江南城聚寶門三山街大
功坊郭家巷內秦狀元巷
中李光明家自梓童蒙各
種讀本揀選重料紙張裝
訂又分鋪狀元境狀元境
口狀元閣發售實價有單

校補龍文鞭影自敘

枕經胙史儒者事也不此之務勵日取菟園冊子較量歧異其賢於博弈幾希然讀甫里先生傳有云借人書篇帙壞舛必爲輯褫刊正解者謂輯補其闕咯也褫刪其複疊也刊正校刊其字句之謬誤也明賢龍文鞭影一書風行已久童子入塾後爲父師者暇卽課其記誦蓋喜其字句不棘口註中隸事甚多也惟闕咯複疊謬

誤之處亦逐篇有之余性駑駘獨與魯望有同
癖向輯尙友錄箴謁頗爲識者心許茲爲課兒
輩計因取此書原刻校讎一過遇當增删處明
知其僭似不敢避也爰授諸檗氏省傳鈔之勞
近世丱角驂駒不多見願髫齡者日從此袞而
默識之藉以鞭其聰明則雖譏予爲識途之導
余樂受之矣丹徒後學李恩綬識於青谿寓寮
光緒癸未歲小陽月中盥二日

龍文鞭影原敘

王荆公敎元澤求館師須博學善士或曰童蒙何必爾公曰先入者爲主觀于今之求師者與夫師之爲師其先入者可知已彼詩禮趨庭饒有世業貂蟬累葉不乏嘉賓者可無論自餘而外凡一切委巷窮鄉稍能自給之家未有不竭力事事以期子之成者顧或四三年或五六年或七八年而學終自若豈其中遂無汗血駒具一日千里之資者卒之賢愚同病咎且定誰歸也余心愍久之每遇有裨幼學之書往往不惜較讐豈得已哉蒙養故事明中楚蕭漢冲先生爲加惠幼學而作取古事之相類者摘而成偶又各諧之以韻聰慧者日可數十事遲鈍者亦日可數事不似聱雜無倫者之難可彊記也爲父爲師欲其逸而功倍此烏可以廢焉惜其徵事過少而夏廣文註又多舛謬

疏略，是亦不可以已乎。歲丙申，授經沙堤，偶有暇晷，因取次一爲更定，復益以安平李瀚《蒙求》對偶，及江右俞文彬續集，然亦嫌徵事多無味，而註更疏舛，其可存纔千百之什一耳。庚子春息影城西，朝來爽氣，恆愜心情，緣取曩書，復爲增訂，迄秋盡而告竣，遂不止倍蓰于前，蓋思以博學爲先，人自不禁其幅之溢也。友人王子陸子與有同好，俱不辭搦管襄事，且慫恿余曰：君家龍文，又加一鞭影矣。因更名《龍文鞭影》，付諸剞劂，凡屬駒齒未落者，皆當見鞭影而馳，以無負不佞較讐之苦志，斯可矣。曹吉利有言，長大而能勤學者，惟吾與袁伯業，心竊企之。龍眠楊臣諍題

校補龍文鞭影凡例八則

一此書原刻每篇隸事八條惟小註不勻稱每溢至下半葉茲增事稍多而限以篇幅俾閱者一目瞭然

一原刻註中有引一事復有前後代事相似者一并附入另以一圈識之茲則其不甚類者復取他書近似者踵補之

一此刻原刪繁就簡而間有博引者蓋將助童子腹笥也如夢松下復載入丁固夢桑一事舜重瞳又多補後代重瞳事此類可推

一此刻補古人名字爵里較多如一人前後見儘前一條載其名謚後不複衍

一近時坊間有四言便讀兩薄本將蕭氏原文刪去一半藉以欺世其小註硬行割裂每條下間有縮僅半行者如八始亞當諸條是也識者鄙其太簡此書出而彼書可賅矣

一向怪此書原刻於三江韻內事獨希少頗擬增數條嗣思蕭氏掇

蒙養故事於前經明賢楊氏古度增訂再四彼自喜其徵事之多
似不敢再行貂續然潘閬藏名句誤潘爲滿此沿尙友錄之誤又
茂宏練服誤作練俱不可不更正至李固言作李固韓翠屏作韓
屏余引前人讀葛亮之例且仍其舊無事苛繩

一古人姓氏蟬聯書者如麟閣功臣瀛洲學士暨香山洛社諸賢等
事坊刻類糢糊錯亂至九老中胡杲誤爲果吉皎誤爲皎及劉眞
盧貞盧眞三人筆畫尤易混舛斯刻從正史考核淸晰閱者可勿
狐疑

一每條字義稍僻者俱剖晰淸楚繫於每條之尾使童蒙易解至註
中古人姓名如江夏王鋒譌爲蕭氏黃初平改爲皇字之類皆有
依據閱者就原刻比而觀之便知疏密如必均加按字恐貽狹隘
之譏

丹叔氏再誌

龍文鞭影

龍文良馬也見鞭影則疾馳不俟鞭策而後騰驤也

明　中楚蕭良有漢沖纂輯

龍眠楊臣諍古虞增訂

京江後學李恩綬丹叔校補

一東

觕成四字 觕粗同○蓋言每事撮要僅以四字粗淺成文而已

誨爾童蒙 物生之初蒙昧未明童子幼穉而蒙昧象亦如之故易稱童蒙教誨宜及早也

經書暇日 經謂五經或六經或十三經皆是五經易書詩禮春秋加樂記爲六經十三經則易書詩左傳公羊穀梁禮記儀禮周禮論語孟子孝經爾雅也書四子書學庸論孟及一切宜讀者誦讀之餘不宜閒曠故下文又及子史焉

子史須通 子謂老莊列荀揚文中諸子書也史史書古以書詩春秋爲三史又史記兩漢爲三史今則以史記而下及宋元爲二十一史皆須講明蓋所成四字均出子史中也以上四句原作書之由○老老聃莊莊周列列禦寇荀荀卿揚揚雄文中王通也聃音丹

重華大孝 虞舜本姓姚系出虞幕故稱虞氏遂以爲有天下之號史謂其光華之德可合于堯因號重華父頑母嚚弟傲舜諧之以孝故孔孟皆稱爲大孝而揚雄法言以爲絕德焉○幕音莫嚚音銀語不忠信也

武穆精忠 宋岳飛字鵬舉湯陰人家貧力學尤好左氏春秋孫吳兵法未冠挽弓三百斤弩八石嘗涅精忠報國四字于背靖康初金人南侵徽欽北狩飛應募以五百騎破兀朮十餘萬于朱仙鎮幾滅金爲秦檜所害後謚忠武云武穆者誤

堯眉八彩 許愼曰慶都天帝女寄伊長孺家年二十九無夫出觀于河有赤龍負圖而至曰赤龍受天下之圖有人朱衣光面八彩鬚鬢長赤及孕十四月生堯視如圖皆有八彩之色○下赤字尺圍堯帝嚳子豈得無父漢人尙讖緯爲論每如此

舜目重瞳 目中重瞳非凡民所有舜耕歷山四岳薦于堯遂受堯禪其目有重瞳子後項羽亦然太史公遂疑爲舜之苗裔誣矣○按此外有劉崇魚俱羅明玉珍俱重瞳又舜目重瞳上下生項羽重瞳左右生南北朝沈約則左目重瞳南唐李後主明嚞六年止一目重瞳皆主聰明過人

商王禱雨 商成湯姓子名履字天乙湯其謚也時有七年之旱太史占之當以人禱湯遂請自當之因翦髮斷爪禱于桑林以六事自責曰政不節歟民失職歟宮室崇歟女謁盛歟苞苴行歟讒夫昌歟言甫訖大雨數千里○桑林今在亳州

漢祖歌風 漢高祖過沛宮悉召故人父老飲酒酣上擊筑自歌曰大風起兮雲飛揚威加海內兮歸故鄉安得猛士兮守四方于是起舞又武帝秋風辭秋風起兮白雲飛草木黃落兮雁南歸蘭有秀兮菊有芳懷佳人兮不能忘汎樓船兮濟汾河橫中流兮揚素波簫鼓鳴兮發櫂歌歡樂極兮哀情多少壯幾時兮奈老何○筑首竹狀似琴而大頭安弦以竹擊之

秀巡河北　漢光武名秀長沙定陶王後高祖九世孫也更始末爲偏將軍行大司馬事起兵巡行河北除莽苛政鄧禹杖策歸之因滅劉盆子王郎而中興漢之天下○更平聲更始劉玄年號

策據江東　李漢孫策孫堅長子十八歲與周瑜定計渡江收服羣盜表請爲討虜將軍遂據有江東地都建康將死以事授弟權破赤壁復荆州後即帝位三分鼎峙

太宗懷鷂　唐太宗名世民高祖次子生四歲有書生見之曰龍鳳之姿天日之表其年幾冠必能濟世安民高祖使人追之不見因採其語名世民嘗愛一佳鷂偶持爲戲魏徵來遂匿于懷徵知故奏事久及出其鷂竟死

桓典乘驄　漢桓典字公雅榮之後以尚書教授潁川生徒數百靈帝朝爲御史常乘驄馬吏民畏之乃相戒曰行行且止避驄馬御史李傕爲宦官所嫉○驄音聰馬有黑色也○典龍亢人即今之懷遠

嘉賓賦雪　歲將暮梁孝王不悅遊于兔園乃置酒集賓友召鄒生延枚叟相如末至俄而微霰零密雪下王授簡于司馬大夫使爲之賦相如避席而起逡巡而揖因賦之鄒陽聞之懣然心服乃作而賦積雪之歌又續爲白雪之歌王乃許繹吟翫顧枚叔起而爲亂詳謝惠連雪賦皆託言○霰音線

聖祖吟虹　明彭友信遇太祖微行口占虹蜺詩誰把青紅線兩條和風和雨繫天腰命信續之應聲曰玉皇昨夜鑾輿出萬里長空架彩橋上大悅次晨召爲布政使○虹音洪蜺霓同

鄴仙秋水　唐李泌字長源七歲能文張九齡呼爲小友賀知章見之曰此稚子目如秋水必拜卿相玄宗召至命與張說觀棋說試之曰方若棋局圓若棋子動若棋生靜若棋死泌即答曰方若行義圓若用智動若騁才靜若遂意帝大悅曰是子精神大于身命遊宮中皆其如勝宮人進果後官至宰相以功封鄴侯嘗辟穀導引骨節珊然人謂鄴仙鎖子骨○鄴音業

宣聖春風　漢武帝謂東方朔曰孔顏之道德何勝方朔曰顏淵如桂馨一山孔子如春風至則萬物生○宋朱光庭師事程明道歸而告人曰光庭在春風中坐了一箇月

愷崇鬬富 晉後將軍王愷散騎常侍石崇以豪侈相矜愷以飴澳釜崇以蠟代薪愷作紫絲步幛四十里崇作錦步幛五十里武帝愷甥也每助愷嘗賜珊瑚樹高二尺許愷以示崇崇取鐵如意碎之出珊瑚高三四尺六七株如愷比者甚衆愷悵然自失○飴音夷澳音郁

渾濬爭功 晉王渾字元沖王濬字士治同領兵伐吳濬先入建康受孫皓降明日渾乃濟江遂忿憾相爭表濬不受節制濬爲不平護軍范通爲之解和濬嘗夢人授以三刀又益一刀後爲益州刺史濬閩鄉人渾晉陽人

王倫使鹵 宋王倫高宗紹興七年二月爲奉迎梓宮使如金十二月還自金金許歸梓宮及太后尋復遣八年三月倫復偕金使來許歸南河陝西地實欲詔諭江南加以無禮李綱疏論不省胡銓復抗疏請斬倫及秦檜孫近三人主和議者

魏絳和戎 襄公四年戎狄侵晉悼公欲伐之魏絳言和戎五利一土可賈二裔人成功三諸侯畏懷四甲兵不頓五遠至邇安公悦使盟諸戎嗣後八年之內九合諸侯絳之力也鄭人賂晉公以所賂樂之半賜絳○賈音古

恂留河內 光武北征鄧禹薦寇恂守河內更始將蘇茂來攻大破之帝喜曰吾固知子翼可任也拜潁川太守從征隗囂而潁川盜起復從帝還潁撫降之不復拜百姓乃遮帝道留之曰願借寇君一年因復留鎮受納餘降○子翼恂字隗音委

何守關中 漢蕭何高帝初爲丞相楚漢爭鋒何留鎮關中轉給饋餉軍需無乏天下既定以何功第一封爲鄼侯蓋三傑之首也○關中今陝西漢都長安東有函谷關南有嶢關武關西有散關北有蕭關居四關之中也○鄼音贊地在南陽嶢音遙

曾除丁謂 宋仁宗初立京師諺曰欲得天下好莫如召寇老欲得天下寧拔去眼前丁寇準丁丁謂也時王曾爲相見謂貶竄準疑太重謂答曰居停主人勿復言恐亦不免耳曾嘗以第宅假萊公也後因移玉堂于上穴事貶謂崖州司戶曾實主之人皆稱快○上穴眞宗山陵也

皓折賈充 季漢吳孫皓降晉賈充問曰爾鑿人目剝人面皮此何等刑皓曰因奸回弑君不忠者充默然蓋充嘗附司馬昭叛攻諸葛誕殺之又使太子舍人成濟抽戈犯蹕又勸昭立炎而置齊王攸攸卒不得其死也觀此劉禪有愧於皓多矣

田驕貧賤 周田子方魏文侯以爲師太子擊遇子道下車謁甚恭子方不爲禮擊怒曰富貴者驕人乎貧賤者驕人乎子方曰貧賤者驕人耳富貴者安敢驕人國君而驕人則失其國大夫而驕人則失其家夫士貧賤者言不用行不合則納履而去安往而不得其貧賤哉

趙別雌雄 漢趙温爲京兆丞雅有大志嘗歎曰大丈夫當雄飛安能雌伏遂棄官而去○温字子柔○漢置京兆尹治長安城中絕高曰京千億曰兆大衆所聚故曰京兆其佐吏曰丞

王戎簡要 晉王戎字濬沖裴楷字叔則武帝問鍾會誰可任吏部會曰王戎簡要裴楷清通可當此任遂以二人爲吏部郎戎時始二十四少年穎悟楷丰儀俊整朗朗如玉山上行光映人目

裴楷清通 楷詳上○又宋呂太乙爲戸部吏部投牒令樹棘以防令史交通太乙報曰眷彼吏部銓選之司當須簡要清通何必設籬種棘時人以爲名議

子尼名士 晉王澄嘗經陳留問此郡名士有誰乎吏曰江應元蔡子尼澄問陳留多居大位者何以但稱此二人吏曰向謂君侯問人不謂位也澄笑而止○應元名統子尼名充袁宏有名士傳分三等

少逸神童 宋劉少逸年十一文辭精敏其師潘閬攜見王元之羅思純以所作贄見二公因與聯句試之思純曰無風烟焰直少逸曰有月竹陰寒又曰日移竹影侵棋局少逸曰風送花香入酒卮元之曰風雨江城暮少逸曰波濤海寺秋又曰一回酒渴思吞海少逸曰幾度詩狂欲上天因聞于朝賜進士及第

巨伯高誼 漢荀巨伯遠省友疾值胡賊攻郡友曰吾今死矣子可去巨伯曰遠來相視子令吾去敗義以求生豈荀巨伯所行者賊至問曰大軍至一郡盡空汝何獨止巨伯曰友人有疾不忍委之願以身代其死賊曰我輩無義而入有義不可遂去一郡獲全○誼義同

許叔陰功 宋許叔微名叔可篤志經史尤邃于醫建炎初大疫叔微親行閭巷爲之診療所活甚衆夢神曰上帝以汝陰功錫汝以官因留語云藥市收功陳樓間阻堂上呼盧喝六作五後以第六人登第陞見改第五人在陳祖言樓林九之間

代雨李靖 唐李靖字藥師微時射獵山中會暮抵宿一朱門夜半聞叩門甚急一嫗謂靖曰此龍宮也天符命行雨二子皆不在欲奉煩何如遂命黃頭披青驄馬戒以馬鳴取瓶水一滴滴馬鬃則平地水深二尺靖見本鄉旱極連下二十餘滴歸以語嫗嫗曰君必無家矣○龍宮在今潛山縣東三里李家灣

止雹王崇 漢王崇喪父及母哀毀獨甚嘗夏月大雹禽獸草木摧死至崇田畔雹遂倏止菽麥十頃竟無損落及越崇地則雹勢如初人謂其孝感所至後仕至大司空封扶平侯王莽專政謝病就國卒

和凝衣鉢 五代和凝字成績舉進士名居十三後知舉選范質亦居十三謂之曰以傳老夫衣鉢後歷官皆與凝同作詩云從此廟堂添故事登庸衣鉢亦相傳凝知貢舉所取皆一時之秀稱爲得人

仁傑藥籠 唐元澹字行沖進士及第累官通事舍人狄仁傑器之嘗謂仁傑曰下之事上譬富家儲積以自資也脯腊膎胰以供滋膳參朮苓桂以防疾疢門下充旨味者多矣願以小人備一藥石可乎仁傑曰君正吾藥籠中物不可一日無也○膎音諧胰夾脊肉籠一讀上聲

義倫清節　宋沈義倫太祖朝隨軍入蜀每獨居蔬食彬始知其清節過及東歸篋中惟圖書數卷而已帝固問曹人擢爲樞密副史

展獲和風　展獲魯公族無駭之子盜跖之兄食邑柳下及死門人將誄之其妻曰不如妾之知也乃曰夫子之不伐兮夫子之不竭兮夫子之誠信而與人無害兮屈柔從俗不強察兮蒙恥救民德彌大兮雖遇三黜終不蔽兮豈弟君子永能厲兮吁嗟惜兮乃下世兮夫子之謚宜爲惠兮故孟子稱之曰柳下惠而目爲聖之和○無駭魯大夫

占風令尹　周尹喜爲函谷關令望見紫氣東來又占風而知有神仙過俄老聃果乘青牛至授喜鍊氣內修吐納之法又授以道德經五千言而去後賜號文始先生有文始眞經行于世

辯日兒童　孔子東遊見兩兒鬬辯問其故一兒曰我以日始出時去人近而日中時遠也一兒曰日初出遠而日中近也一兒曰日初出大如車蓋日中則如盤盂此不爲遠者小而近者大乎一兒曰日初出則滄滄涼涼及其日中如探湯此不爲近者熱而遠者涼乎孔子不能決兩小兒笑曰孰爲汝多智乎見列子

敝履東郭 史記載東郭先生久待詔公車貧困飢寒衣履不完行雪中履有上無下足盡踐地路人笑之而逍遙自如也○鐵脚道人赤脚行雪中朗誦南華秋水諸篇取梅花和雪嚼之曰吾欲寒香沁入肺腑

麤服張融 齊高帝手詔賜張融衣曰見卿衣服麤敝誠乃素懷有本過爾襤縷亦虧朝望今送一通故衣意謂雖故乃勝新也是吾所著已令裁稱卿體又道士陸修靜以白鷺羽扇遺融曰此異物當奉之異人○襤音藍

盧杞除患 唐盧杞為虢州刺史奏言虢有官豕三千為民患德宗命徙之沙苑杞曰同州亦陛下百姓臣謂食之便帝曰守虢而憂他州宰相才也詔以豕賜貧民○杞父奕官御史中丞安祿山陷東都死之德宗曰盧杞忠清彊介人言杞姦邪朕殊不覺李泌曰此乃杞之所以為姦邪也倘陛下覺之豈有建中之亂

彭寵言功 漢彭寵為漁陽太守昔光武討王郎寵運糧不絕自負其功意望甚高朱浮與之書曰遼東之豬古來皆黑生子白頭異而獻之行至河東見羣豕皆白懷慚而退若以子之功論于朝廷則為遼東之豕也

放歌漁者 唐崔鉉爲江陵守有楚江漁者不言姓氏釣于楚江得魚則換酒輒自放歌鉉見而問曰君隱者之漁耶對曰姜子牙嚴子陵世皆以爲隱者殊不知釣其名耳去而不顧

鼓枻詩翁 宋卓彥恭嘗過洞庭月下有泛舟一老翁棹其旁卓問有魚否答曰無魚有詩乃鼓枻而歌曰八十滄浪一老翁蘆花江上水連空世間多少乘除事良夜月明收釣筒問其姓字不答而去○枻音異

韋文朱武 苻堅幸太學博士盧壼曰周官禮注未有其師太常韋逞母宋氏世傳父業非此母無可傳授于是就其家立講堂置生徒百二十人隔絳紗幔受業號宣文君○朱序鎭襄陽苻堅遣將圍之序母韓氏登城謂西北角當先受敵遂領百餘婢幷城中女子于其角斜築城二十餘丈賊攻西北角潰因退保號夫人城

陽孝尊忠 漢王尊爲益州刺史先是王陽來守是州行至九折坂歎曰奉先人遺體奈何乘此險道遂返車尊至是問吏曰此非王陽所畏道耶叱其馭曰驅之世稱王陽爲孝子王尊爲忠臣在部二歲徼外服其威信

倚閭賈母 齊王孫賈事湣王楚淖齒亂齊國王出走賈失王之處其母曰汝朝去而晚來則吾倚門而望暮出而不歸則吾倚閭而望今王出汝不知其處倚何歸賈因率國人殺淖齒立湣王之子而齊賴以安○淖音鬧閭里門也

投閣揚雄 漢揚雄字子雲成都人劉歆之子棻從之學坐事誅辭連及雄時雄方校書天祿閣懼而投閣下幾死京師諺曰惟寂寞自投閣後仕新莽爲大夫作劇秦美新論○新王莽篡竊之號劇音極

梁姬僨虎 宋韓世忠字良臣延安人夫人梁氏京口娼也嘗五更入府賀朔見虎蹲臥廊間駭甚趨出不敢言已而衆至復往視乃睡卒蹴之問姓名爲韓世忠心異之歸告其母以酒邀韓約爲伉儷後世忠貴遂封梁國夫人見鶴林玉露○夫人小字紅玉趙雄奉詔撰世忠墓碑載梁氏本楚州人

馮后當熊 漢傅太后與馮太后並事元帝爲倢伃孝虎圈熊逸出傅倢伃走馮直前當熊而立上問之對曰妾恐熊至御坐故以身當之傅慚馮寵由是有隙○倢音接伃音俞女官也

羅敷陌上 漢王仁妻秦羅敷邯鄲美女也仁爲趙王家令羅敷出採桑陌上王登臺見而悅之因飲酒欲奪焉羅敷善彈箏作陌上桑之歌以自明歌載古樂府○邯鄲趙縣名箏秦樂蒙恬所造○漢嚴延年女一名羅敷

通德宮中 漢伶玄之妾樊通德趙飛燕女使也能道飛燕姊妹宮中事玄曰俱灰滅矣被精神馳嗜欲當知終歸荒田野草乎通德掩袖覗燭影以手擁髻悽然泣下玄因作飛燕傳

漢稱七制 西漢自高帝而下有文有武有宣東漢自光武而下有明有章其餘無稱故河汾王通嘗以七制斷之兩宮靖一曰反覆兩漢之世大抵仁義公恕役簡刑清如七制之盛者兩漢之所以興也母后擅權宦戚用事如七制以下者兩漢之所以亡也

唐羨三宗 太宗除隋之亂比跡湯武致治之美庶幾成康玄宗開元之初厲精圖治政如冰霜號稱至治憲宗剛明果斷志平僭叛卒收成功唐威復振唐有天下二十一君史論以三宗爲最○隋即隨字隋文帝去辵作隋

杲卿斷舌　唐顏杲卿爲常山太守時安祿山亂賊將史思明陷常山杲卿以守具未備遂爲所執罵賊不絶口祿山怒命鉤斷其舌以至噴血而死文天祥正氣歌爲顏常山舌蓋指此○杲音稿字昕之

高祖傷胸　漢高祖與項羽爭雄漢四年羽與漢王臨廣武間而語漢王數羽十罪羽怒伏弩射漢王傷胸漢王捫足曰虜中吾趾因痛創臥張良强請起行勞軍以安士心○捫音門

魏公切直　宋韓琦字稚圭安陽人以功封魏國公爲仁宗相切直敢言如厲聲撤曹太后簾英宗病以調護聖躬責太后及諫止帝詔皆是子忠彥知定州州人廳曰此老相公子也

師德寬容　唐婁師德字宗信武后時爲相寬大有容嘗謂其弟曰人唾汝面俟其自乾可耳嘗薦狄仁傑爲相而狄反擠之武后出薦書示狄狄退而歎曰婁公盛德我爲所容久矣○宋寇準每短王旦旦專稱準才能密薦爲節度使同平章事與婁狄事同

禰衡一鶚　漢禰衡客遊潁許懷一刺漫滅無可投孔融深愛其才定爲忘形交上疏薦曰鷙鳥累百不如一鶚使衡立朝必有可觀曹操亟見之衡自稱狂疾不往操怒召爲鼓吏嘗奏漁陽摻撾音節悲壯聽者感慨後爲黃祖所殺○禰音你字正平淄川人摻音參

路斯九龍　唐張路斯爲宣城令夫人石氏生九子嘗釣于焦氏臺歸則體溼而寒夫人問之曰我龍也蓼人鄭祥遠亦龍今日與我爭釣臺寶殿明日當戰使九子助我我領絳綃兵鄭領青綃兵明日齊射青綃中之九子皆化龍而去○蓼音六郎今六安州

純仁助麥　宋范仲淹字希文知開封命次子純仁將麥五百斛還姑蘇舟次丹陽遇石曼卿云家有三喪未葬純仁與麥助之又云二女未適遂併其舟與之還見公訴未畢而公意悉與之合○純仁名堯夫曼卿名延年

丁固夢松　漢丁固吳人少時夢松生腹上占者曰松字於文爲十八公後十八年君其爲公乎卒如言○固嘗夢井中生桑問趙直直曰桑者四十八字君壽不過四十八卒見佩觿注又唐張志和母夢楓生腹上生志和

韓琦芍藥　江都芍藥凡三十二種惟紅瓣黃腰號金帶圍者不易得韓琦守郡時偶開四枝時王岐公珪爲郡倅王荆公安石爲幕官陳秀公升之以衞尉丞適至韓公命讌花下各簪一朶後四人相繼大拜乃花瑞也○琦音其倅音翠副也

李固芙蓉　唐李固言遇一老姥言郎君明年芙蓉鏡下及第來年果中狀元策中有人鏡芙蓉之語老姥乃金天神也見酉陽雜俎○按李固漢人固言唐人字仲樞此作固[illegible]是

樂羊七載　周樂羊子遠遊就師一年來歸妻跪問其故曰無他久行懷歸妻乃引刀斷機曰此織生自蠶繭成于機杼一絲而累以至于寸累寸不已遂成丈匹夫子積學以成德也若中道而歸何異斷斯機乎樂羊子遂復卒業七年不返妻紡績以養姑兼餽樂羊子○杼音署即梭也

方朔三冬　漢東方朔字曼倩善恢諧滑稽漢武即位朔上書曰臣年十二學書三冬文史足用十五學擊劍十六學詩書誦二十二萬言十九學孫吳兵法戰陣之具鉦鼓之教亦誦二十二萬言若是可以爲天子大臣矣帝偉之

郊祁並第

宋宋郊字公序雍邱人少與弟祁遇胡僧相曰小宋他日當魁天下後十年僧驚問大宋曰非神頓異似活數萬命者亦當大魁蓋郊曾作筏渡蟻比唱第小宋第一章獻太后謂弟不可先兄命易之乃以庠第一祁第十並入翰林○郊仁宗命改名庠祁字子京

譚尚相攻

季漢袁譚袁尚皆冀州牧袁紹子紹死自相攻伐以爭冀州曹操乘釁舉兵並夷滅之○紹字本初漢司徒袁安之後漢末據冀州

陶荅霧豹

周陶荅子治陶三年名譽不興家產三倍妻諫曰能薄而官大是謂嬰害無功而家昌是謂積殃今大子貪富圖大妾聞南山有玄豹霧隱七日不下食者何也欲澤其毛衣而成其文章耳故藏以遠害家不擇食故肥而死今君遠此得無後患乎不聽後果被誅

韓比雲龍

唐韓愈醉留東野詩昔年因讀李白杜甫詩長恨二人不相從吾與東野生並世如何復躡二子蹤東野不得官白首誇龍鍾韓子稍好點自慙青蒿倚長松低頭拜東野願得終始如駏蛩東野不回頭有如寸筳撞鉅鐘吾願身為雲東野變為龍四方上下逐東野雖有離別無由逢○孟郊字東野與愈為忘年交筳音亭枝莖也

洗兒妃子 唐玄宗寵安祿山值生辰厚賜後三日入禁中楊貴妃以錦繡裹祿山使宮人以綵輿舁之上問喧笑故左右答以貴妃三日洗祿山兒上喜賜貴妃洗兒銀錢又厚賜祿山盡歡而罷自是出入無忌頗有醜聲聞于外上不疑○舁音預對舉也

校士昭容 唐上官婉兒母方姙夢巨人畀以大秤曰持此稱量天下婉生踰月母戲曰稱量者爾耶輒啞然應後爲昭容內秉機政中宗春日集昆明池命侍臣應制賦詩昭容選第一者昭容從棚上落紙如飛惟沈宋二詩不下又落一紙乃沈詩曰二詩功力悉敵宋末句不愁明月盡自有夜珠來較沈更勝耳○宋宋之問沈沈佺期也

彩鸞書韻 晉吳猛字世雲女彩鸞從丁義女秀英學道後適文簫簫貧不自給鸞日寫韻書一部售以度日居十年各跨一虎而昇○售音酬

琴操參宗 宋蘇軾在杭州攜琴操遊西湖一日戲曰我作長老你試參禪琴問何謂湖中景軾曰落霞與孤鶩齊飛秋水共長天一色何謂景中人曰裙拖六幅瀟湘水鬢挽巫山一段雲何謂人中意曰隨他楊學士鼈殺鮑參軍如此究竟何如曰門前冷落車馬稀老大嫁作商人婦琴大悟遂削髮爲尼○鶩音木

三江

古帝鳳閣 黄帝姓公孫氏軒轅時鳳凰巢于阿閣先是帝問鳳象于天老天老詳述其象且曰鳳出東方君子之國翺翔四海之外見則天下大安帝乃齋于殿中鳳凰蔽日而至集梧桐食竹實沒身不去

刺史雞窗 晉宋宗字處宗沛人官兖州刺史得一長鳴雞愛養窗前後忽作人語與處宗談論極有玄致由是處宗玄業大進時人稱爲窗禽

亡秦胡亥 秦胡亥始皇次子始皇崩趙高李斯矯詔殺太子扶蘇立胡亥爲二世秦因以亡初始皇因盧生奏籙圖書曰亡秦者胡也乃遣蒙恬發兵三十萬北築長城自臨洮至遼東延袤萬餘里威震匈奴初不知亡秦之胡乃胡亥也○袤音茂

興漢劉邦 漢高祖劉邦沛人起自亭長初稱沛公用三傑誅秦滅項大興漢室傳世十二祚四百年至光武而中興漢室至先主而鼎立蜀中及魏一統漢始亡

戴生獨步 晉戴良字叔鸞議論尚奇多駭流俗同郡謝季孝問曰子自視天下孰與爲比答曰我若仲尼長東魯大禹出西羌獨步天下無與爲偶也○又王坦之字文度與郗超並爲桓溫長史時人語曰盛德彬彬郗嘉賓江東獨步王文度

許子無雙 漢許慎字叔重性淳篤少博學經籍馬融嘗推敬之時人語曰五經無雙許叔重初慎以五經傳說臧否不同于是傳爲五經異議又作說文十四篇以獻特舉孝廉○又南北朝伏挺少敏悟及長博學有才思任昉曰此子日下無雙又漢黃香博通經典能文章京師號曰天下無雙江夏黃童

柳眠漢苑 漢苑中有柳狀如人形因號之曰人柳一日三眠三起不差時刻李義山江之嫣賦曰豈如河畔牛星隔歲止聞一過不比禁中人柳終朝剩得三眠○江之嫣美人名

楓落吳江 唐崔信明以五月五日生日方中有異雀鳴集庭樹史占之曰生子當以文顯位殆不高貞觀中爲秦州令卒工詩有楓落吳江冷之句鄭世翼因請觀其全以爲所見不逮所聞遂投其所作于水而去

四支

王良策馬 漢中有四星曰天駟旁一星曰王良步天歌云五箇吐花王良星良星近上一策名黃帝占曰四馬參差不列行則天下安四馬齊行王良舉策則不安天子自臨兵史記云王良策馬車騎滿野○漢王良字仲子王莽累辟不應

傅說騎箕 莊子大宗師篇傅說得之以相武丁奄有天下乘東維騎箕尾而比于列星得之指道言今箕尾間有傅說一星主祀宜爲後宮祀神明保子孫明大則王者多子孫亡則社稷無主入尾則天下詛呪莊周蓋取此以相比非眞謂說能上昇也○說音悅

伏羲畫卦 伏羲風姓號太昊一號春皇時黃河龍馬浮出背旋成圖具陰陽奇偶之數帝見法之畫成八卦乾一兌二離三震四巽五坎六艮七坤八是謂之先天其後文王周公孔子相繼而成易○馬八尺以上曰龍奇音基羲音希

宣父刪詩 至聖孔子哀公誄爲尼父西漢襃謚成宣又加稱至聖文宣王周流四方道不行退而歸魯古詩三千餘篇刪爲三百十一篇以授子夏爲之序至秦漢之際復亡其六○父音甫

高逢白帝　漢高祖微時被酒夜經澤中有大蛇當道高祖拔劍斬之後人來至蛇所有老嫗夜哭曰吾子白帝子也化爲蛇當道今赤帝子斬之嫗忽不見後人以告高祖心獨喜自負從者日衆推戴益隆

禹夢玄彝　禹治水至衡山血白馬以祭夢有赤繡文男子稱玄彝倉水使者曰欲得我簡書齋于黃帝之宮禹齋三日果得金簡玉牒因知治水之要或云得于岣嶁峰或云得于宛委今岣嶁有神禹碑皆科斗文字未究孰是○岣嶁卽衡山宛委山名在會稽

寅陳七策　宋高宗時起居郞胡寅進七策一能和議而修戰略二置行臺三務實效四起天下之兵五都荆襄六選宗室七存紀綱呂頤浩爲平章兼江淮宣撫惡其切直能之于外○寅字明仲稱致堂先生

光進五規　宋司馬光仁宗朝知諫院上三劄又進五規曰保業惜時遠謀謹微務實帝嘉納之○唐人奏事非表非狀者謂之劄子又淯熙中侍讀鄭丙復取五規以進

魯恭三異

後漢魯恭字仲康爲中牟令鄰邑苦蝗獨不犯恭界河南尹袁安遣掾肥親廉之與恭息桑陰有雉過兒童旁掾曰何不捕之童曰雉方將雛掾辭恭曰蟲不入境化及禽獸童子有仁心三異也還白安表薦爲大司徒○掾音硯官屬肥親掾姓名○孟昶戒石銘政存三異

楊震四知

漢楊震字伯起遷東萊太守道經昌邑所舉荊州茂才王密爲邑令夜懷金獻之震曰故人知君君不知故人何也密曰暮夜無知者震曰天知地知子知我知何謂無知密慚而退又嘗爲涿州守公廉不受私謁或勸其置產以遺子孫震曰使後世稱爲清白吏子孫所遺不已多乎子名秉字叔節卽世所稱三不惑者

鄧攸棄子

晉鄧攸字伯道爲尚書嘗因石勒之亂棄其己子繫之樹將負其姪而逃及過江納一妾甚寵詢其家屬卽攸甥也遂感恨不復畜妾後竟無子謝太傅哀之曰天道無知使伯道無兒○石勒五胡之一

郭巨埋兒

漢郭巨字文舉林縣人家貧不能供母每食母兒必分甘夫婦欲埋其兒謂子可再有母不可復得掘土三尺餘忽見黃金一釜上有丹書曰天賜孝子郭巨官不得奪人不得取○一云巨將貴兒妻不敢違一日偶掘坑得此金

公瑜嫁婢 朱鍾離瑾字公瑜合肥人知德化縣將嫁女市婢乃前令女遂與己女同嫁夜夢綠衣丈夫謝曰請命于帝奉十郡太守世祿君子孫卽前令也

處道還姬 楊素字處道陳樂昌公主徐德言妻也陳亂夫婦相決破一鏡各執其半約他日以正月望日賣于都市及陳亡公主爲越公楊素家姬德言流離至京遇上元公主命蒼頭賣半照高大其價德言引至寓出半照合之仍題詩曰照與人俱去照歸人不歸無復姮娥影空留明月輝素知之卽召德言還其妻厚遺之遂歸江南偕老

允誅董卓 漢王允有才略郭林宗見而異之曰王生一日千里王佐才也獻帝朝爲司徒忿董卓專恣乃潛結卓將呂布定計誅之棄其屍于市守屍吏燃燈卓臍光明達曙者三日允字子師

玠殺王夔 宋余玠爲四川宣諭司利司都統王夔素殘悍不受節度蜀人苦之玠至嘉定夔帥所部迎謁玠徐徐命吏以次班賞而潛與親將楊成計潛以成代領其衆招夔計事至卽斬之

石虔趫捷 晉桓石虔趫捷絕倫從父豁獵圍中見猛獸被箭而伏諸將素知其勇戲令拔箭虔往拔之得一箭猛虎跳虔亦跳高于虎身虎又伏虔復拔一箭以歸從桓溫入關威鎮敵人桓沖被苻健所圍垂沒石虔躍馬赴之救沖于數萬眾之中時有病瘧者云石虔來以怖之輒愈○石虔小字鎮惡

朱亥雄奇 周朱亥大梁人勇俠隱于屠肆侯嬴薦之魏公子無忌使奉璧謝秦秦王怒使置之虎圈亥髮上衝冠瞋目視虎虎不敢動遂以禮遣復使亥袖四十斤鐵椎擊殺晉鄙奪其兵遂退秦存趙○晉鄙魏將姓名

平叔傅粉 季漢何晏字平叔南陽人善談老莊官吏部尚書美姿儀面至白魏明帝疑其傅粉正值夏月與以熱湯餅既噉大汗出以朱衣自拭色轉皎然

弘治凝脂 晉杜乂字弘治預孫其膚清絕王右軍見之歎曰面如凝脂眼如點漆神仙中人也有稱王長史者蔡子尼曰恨諸人不見杜弘治耳○王長史名仲祖

伯俞泣杖　漢韓伯俞性至孝嘗有過母笞之泣母曰從前數杖汝弗泣今泣何也俞對曰往者杖嘗痛知母康健今杖不痛知母力衰是以悲泣○笞音鴟俞一作瑜陳思王靈芝篇曰伯瑜年七十彩衣以娛親

墨翟悲絲　墨翟戰國時宋人著書十篇號爲墨子時見有染絲者悲歎曰染于蒼則蒼染于黃則黃五入則爲五色不可不愼也非獨染絲治國亦然

能文曹植　季漢魏曹植字子建曹操第三子十歲善屬文才敏七步操嘗疑其倩人植曰出言爲論下筆成文固當面試奈何倩人當時目爲繡虎謝靈運嘗言天下才共一石子建已得八斗封陳王謚曰思○又唐柳公權從幸未央宮帝駐輦曰朕有一喜當賀我以詩乃應聲成文上曰子建七步爾乃三焉

善辯張儀　張儀戰國時魏人與蘇秦同師鬼谷嘗從楚相飲誣以盜璧擊之偏體歸問其妻曰視吾舌在否曰在曰舌在足矣善辯因連衡六國使皆割地事秦爲秦魏二國相封武信君○鬼谷子王詡名

温公警枕 宋司馬光字君實哲宗朝爲相封温國公一筌蕭然圖書盈几嘗喜讀書恐其熟睡乃以圓木爲枕小睡則枕欹而覺乃起更讀○唐武肅王錢鏐作匾嘗爲警枕温公或法之歟

董子下帷 漢董仲舒廣川人少治春秋勤于嗜學乃下帷讀書三年日不窺園囿後舉賢良廷對天人三策謂不在六藝之科孔子之術者宜絶勿進凡治申韓蘇張之説者宜罷之爲江都相又以正誼明道之言折易王越有三仁之問程子稱其度越諸子爲漢醇儒○易王漢武帝兄封江都

會書張旭 唐張旭字伯高善草書性嗜酒得醉呼叫狂走乃下筆或以髮濡墨而書既醒以爲入神初爲常熟尉有老人陳牒求判信宿又至旭責之曰觀公筆奇妙欲以藏家耳因出其父書天下奇筆也旭自是盡得其法又嘗見公主擔夫爭道而得筆法觀公孫大娘舞劍器更得其神人稱草聖○舞劍器舞也詳見杜詩又漢張芝善草書韋仲將目爲草聖

善畫王維 唐王維字摩詰開元九年進士第一畫思入神有別墅在輞川與裴迪時遊其中因爲畫圖極臻其妙蘇子瞻曰味摩詰之詩詩中有畫觀摩詰之畫畫中有詩○秦太虛觀輞川圖便卻疾墅音豎

周兒無慧 晉悼公名周子成公十八年春正月欒書中行偃使程滑弑厲公以車一乘使荀罃士魴逆周子于京師立之生十四年矣大夫逆于清源庚午盟而入辛巳朝于武宮逐不臣者七人周子有兄而無慧不能辨菽麥故不可立

濟叔不癡 晉王湛字處沖雅抱隱德遂負癡名兄子濟往省略無子姪敬忽見牀頭有易許之與談湛爲剖析入微又與乘馬馳騁步驟不異于濟濟歎曰家有名士三十年而不知先是武帝嘗謂濟卿家癡叔死未至是濟應曰臣叔不癡爲道其美帝問誰比曰山濤以下魏舒以上于是顯名年三十八始宦

杜譏國士 季漢杜畿自荆州還至許見侍中耿紀語終夜尙書令荀彧與紀比屋夜聞畿言異之旦遣人謂紀曰有國士而不進何以居位既見畿如舊相識遂進之于朝

郭泰人師 漢郭泰字林宗介休人魏昭童子時求入事泰供給灑埽泰曰當精義講書何來相近昭曰經師易獲人師難遭欲以素絲之質附近朱藍子時泰名顯士爭歸之戴刺常盈車又於梁陳間行遇雨巾一角墊時人乃故折巾一角以爲林宗巾

程頤傳易 宋程頤嘗游成都見治篾箍桶者挾冊就視之則易也篾者問曰若嘗學此乎因論未濟卦爻三陽失位爲男窮之義頤後謂袁滋曰易學在蜀矣又嘗見賣醬薛翁者與語大有得蓋篾叟醬翁皆蜀之隱君子也○按滋一作袁溉字道潔其學得于富順監賣香薛翁

覺範論詩 宋彭覺範爲僧善詩有弟名超然爲人謹厚亦善論詩極有風味嘗曰詩貴得于天趣覺範曰何以識其天趣曰能知蕭何所以識韓信則天趣可識矣覺範竟不能屈

董昭救蟻 漢董昭之字公仁渡錢塘見短蘆浮一巨蟻甚遑遽因引蘆至岸蟻得濟夜夢烏衣人謝曰僕蟻王也感君濟溺君後倘有急難當告後昭之被盜誣繫餘杭獄忽憶夢同禁者令取一二蟻置掌中語之昭之如其言果復夢烏衣曰可急投山中既寤衆蟻齧械穴獄因得出投山中遇赦免○齧音孽

毛寶放龜 晉毛寶字碩真年十二見漁人釣得一白龜寶贖放之後守邾城與石虎戰敗投江足蹴一物得至岸回視之則向所放龜也昂首搖尾而去○按晉書放龜乃寶之軍士事

乘風宗慤　南北朝宗慤字元幹南陽人炳之從子少時叔父問所志答曰願乘長風破萬里浪仕劉宋爲豫州太守曰得一州如斗大何足展吾志後爲振武將軍伐林邑克之珍寶山積秋毫不染歸惟枕被而已後封洮陽侯○慤音卻

立雪楊時　宋楊時字中立南劍將樂人潛心經史第進士調官不赴以師禮見程顥于潁昌相得甚歡及歸顥目送之曰吾道南矣顥卒又從程頤于洛時年已四十事頤愈恭一日頤偶瞑坐時與游酢侍立不去頤旣覺門外雪深一尺矣杜門不仕者十年久之歷知瀏陽餘杭蕭山三縣皆有惠政○游字定夫

阮籍青眼　晉阮籍字嗣宗丰儀瓌傑神氣宏放當其得意忽忘形骸屬天下多故名士少有全者遂甘飲自適能爲青白眼見俗客則以白眼對嘗居喪嵇喜往弔籍作白眼喜不懌喜弟康聞之挾琴齎酒造焉籍乃大悅見青眼

馬良白眉　季漢馬良字季常襄陽宜城人五兄弟並以才著良眉際有白毫里人稱之曰馬氏五常白眉最良昭烈領荊州辟爲從事即位以爲侍中及征吳遣入武陵招納五溪蠻皆受印號○季常外有伯常仲常叔常幼常

韓子孤憤 韓非韓之諸公子也與李斯共事荀卿善刑名法律之學作說難孤憤五蠹說林十餘萬言秦王嘗手其書讀之歎曰朕得與此人遊死不恨矣韓納地稱藩于秦使非往聘始皇悅之未及用李斯卽譖之下吏自殺○說難之說音稅

梁鴻五噫 漢梁鴻字伯鸞家貧尚節操因東出關過京作五噫歌肅宗求之鴻乃變姓名爲運期耀字侯光隱于齊魯間後與其妻孟光適吳依皐伯通廡下爲人賃舂妻具食必舉案齊眉伯通異之曰彼傭能使其妻敬之如此非凡人也乃舍之于家死葬要離冢旁妻子歸扶風○案古椀字要離吳烈士噫音衣

錢昆嗜蟹 宋錢昆字裕之初懲藩鎮之弊置通判以貳州事故常與守爭權曰朝廷使我監汝昆性嗜蟹爲少卿求補郡人問所欲昆曰但得有螃蟹無通判則可矣東坡詩有云欲問君王乞符竹但憂無蟹有監州宋人詩文喜用本朝故事

崔諶乞麋 北齊西河守崔諶恃弟暹勢從李繪乞麋角鴿羽繪答書曰鴿有六羽飛則沖天麋有四足走便入海下官手足遲鈍不能近追飛走以事佞人○暹音先諶音忱繪時拜高陽內史

隱之貢犬 晉吳隱之字處默濮州人性至孝將嫁女謝石知其貧素移廚帳助其經營使者至見其婢方牽犬貢之此外蕭然無辦其時爲謝石主簿也○又宋胡銓嫁女惟漢書一部匣一硯又漢戴叔鸞嫁女惟賢是與不問貴賤五女並賢皆練裳竹笥木履以遣之

井伯烹雌 周百里奚字井伯家貧出遊不返其妻無以自給乃西入秦爲澣婦遂與相失後奚爲秦相妻知之未敢言一日奚坐堂上作樂所賃澣婦自言知音因援琴而歌者三其一曰百里奚五羊皮憶別時烹伏雌炊扊扅今日富貴忘我爲問之乃故妻也遂還爲夫婦○扊音掩扅音移門扸也○按班氏古今人表列百里奚第三井伯第六明非一人朱子嘗辨之

枚皐敏捷 漢枚皐字少孺乘子淮陰人武帝朝上書北闕拜爲郎好詼諧喜賦頌又極敏捷時以比東方朔揚雄曰軍旅之際戎馬之間飛書馳檄則用枚皐

司馬淹遲 漢司馬相如武帝朝以辭賦得幸爲文首尾溫麗但構思淹遲其爲上林子虛賦控引天地錯綜古今忽然而睡渙然而興幾百日而後成揚雄曰廟廊之下朝廷之上高文典冊則用相如○梁武帝手敕答張率曰相如工而不敏枚皐敏而不工卿可謂兼二子於金馬矣

祖瑩稱聖 南北朝祖瑩字元珍八歲能通詩書藏火夜讀恐爲家人所覺時號爲聖小兒及長與陳郡袁翻齊名時人語曰京師楚楚袁與祖洛中翩翩祖與袁仕魏爲祕書監嘗曰文章須自出機杼成一家風骨何得與人同生活也○又張堪任延杜育孫思邈俱稱聖童

潘岳誠奇 晉潘岳字安仁中牟人才名冠世藻思如江灌錦綺而增絢美姿容少時挾彈出洛陽道婦人皆投以果滿車而歸鄉邑號爲奇童嘗爲河陽令滿縣種桃李人稱河陽一縣花果官太常卿封安昌侯○又李泌嚴武俱稱奇童

紫芝眉宇 唐元德秀字紫芝天寶中任魯山令天下重其行稱曰元魯山後隱居陸渾山中不爲墻垣扃鑰歲飢日或不爨以琴酒自娛房琯曰見紫芝眉宇使人名利之心都盡蘇元明亦曰僕不幸生于衰俗所不恥者識元紫芝也及卒家惟枕履簞瓢而已

思曼風姿 南北朝張緒字思曼風姿清雅宋明帝朝爲侍中令齊武帝時劉峻爲益州刺史獻蜀柳枝條甚長狀如絲縷武帝植之于太昌靈和殿前嘗玩之歎曰此柳風流可愛似張緒當年時緒吐納風流聽者皆忘饑疲見者肅然如在宗廟○曼音萬

毓會竊飲 季漢鍾毓鍾會繇子小時值父晝寢因共偷服藥酒其父已覺姑託寐以觀之毓拜而後飲會飲而不拜既而問毓何以拜曰酒以成禮不敢不拜問會何以不拜曰偷本非禮所以不拜○又孔文舉兒大者六歲小者五歲小者盜飲大者問之答與會同

諶紀成糜 漢太邱長陳寔二子紀諶與父並著高名時號三君有客詣之談終甚歡二子時尚少令炊飯問何遲留紀跪曰君與客語兒並竊聽炊忘著箄今皆成糜太邱曰汝頗有所識否二子跪述言無遺失太邱曰如此但糜自可何必飯○識音志

韓康賣藥 漢韓伯休名康霸陵人家世著姓賣藥長安市口不二價三十餘年時有女子買藥康守價不二女子怒曰公是韓伯休那乃不二價康歎曰我本避名今女子皆知何用藥爲遂隱霸陵山中連徵不起桓帝以玄纁安車聘中道遁去

周術茹芝 漢周術字元道四皓之一號角里先生一號霸上先生今太湖洞庭山有角里村是其故居嘗作采芝歌云莫莫高山深谷逶迤曄曄紫芝可以療飢唐虞世遠吾將何歸駟馬高蓋其憂甚大富貴之畏人兮不如貧賤之肆志○角音祿俗作甪

劉公殿虎 宋劉安世官臺諫欲直言因白其母 母曰諫官爲天子諍臣汝父欲爲之而弗得汝當捐身報主勿以母老爲慮安世因知無不言言無不盡至雷霆之怒赫然則執簡卻立少霽復前或至四五觀者皆汗縮竦聽目之曰殿上虎嘗曰吾欲爲元祐全人見司馬公於地下也世號元城先生○又司馬光上殿相爭如虎下堂不失和氣

莊子塗龜 南華秋水篇莊子釣于濮水楚王使大夫二人往先焉曰願以竟內累矣莊子持竿不顧曰吾聞楚有神龜死已三千歲矣王巾笥而藏之廟堂之上此龜者寧其死爲留骨而貴乎寧其生而曳尾于塗中乎二大夫曰寧生而曳尾于塗中莊子曰往矣吾將曳尾于塗中○曳音異

唐舉善相 周蔡澤從舉相舉笑曰聖人不相殆先生乎澤知戲己乃曰富貴吾所自有所不知者壽耳舉曰今以往可四十三歲澤曰持粱刺肥懷黃金印富貴四十三年足矣後果爲秦相

扁鵲名醫 周扁鵲姓扁一云姓秦名扁鵲字越人魏文侯問曰子兄弟三人孰最曰長兄于病視神未有形而除之名不出于家仲兄治病其在毫毛名不出于閭若扁鵲鑱血脈投毒藥敷肌膚閒而名聞于諸侯

韓琦焚疏 宋韓琦年二十登進士第二，唱名終，太史奏日下五色雲見。累官至宰相，爲諫官三年，所存疏藁欲斂而焚之，效古人謹密之義，但恐無以彰從諫之美，乃集七十餘章，曰諫垣存藁，自序大略謂諫主于理勝而以至誠將之。○陳襄傅堯俞孫抃田錫馬周皆自焚諫草

賈島祭詩 唐賈島字浪仙，范陽人，善詩。宣宗嘗微行至法乾寺，聞鐘樓上有吟聲，取其詩卷覽之，島奪取其卷曰：郎君何會此耶？宣宗去，賜御札除長江主簿，後寓于滇，乞詩者無虛日。每歲除夕，檢一年所作，祭以酒脯曰：勞吾精神，以是補之。

康侯訓姪 宋胡安國字康侯，弟之子寅少桀黠難制，安國閉之空閣一年，上有雜木，寅盡刻爲人物。安國乃置書千卷于上，年餘寅悉成誦，遂登進士，累遷起居郎。

艮齋課兒 宋余艮齋勤于課子，嘗爲詩曰：白髮無憑吾老矣，青春不再汝知乎？年將弱冠非童子，學不成名豈丈夫。幸有明窗兼淨几，何勞鑿壁與編蒲。功成欲自殊頭角，記取韓公訓阿符。○阿符，韓昶小字，愈子。

顏狂莫及 南北朝顏延之文章冠世與謝靈運齊名宋文帝嘗召不見但于酒店狂歌了不應對他日醉醒乃見帝問其諸子才能對曰竣得臣筆測得臣文㚟得臣義曜得臣酒何尚之曰誰得卿狂曰其狂不可及性激直所言無忌諱論者謂之顏彪○竣音銓㚟音換

山器難知 晉山濤器量不羣羊祜與武帝謀伐吳濤曰自非聖人外甯必有內憂釋吳以爲外懼豈非算乎人服其遠識王戎目之曰璞玉渾金人皆欽其寶莫能名其器

懶殘煨芋 唐高僧明瓚號懶殘隱居衡山石窟中嘗作歌曰世事悠悠不如山邱臥藤蘿下塊石枕頭德宗聞其名召之使者至其窟宣言天子有詔尊者宜起謝恩瓚方撥牛糞火煨芋食之寒涕垂膺不答使者笑之勸其拭涕瓚曰我豈有工夫爲俗人拭涕耶竟不能致德宗欽歎之○又李泌往見之瓚以芋啖之曰勿多言領取十年宰相後果如其言

李泌燒梨 唐肅宗夜坐三弟穎王等及李泌皆與泌方絕粒上自燒梨賜之王等請聯詩爲他年故事穎王曰先生年幾許顏色如童兒信王曰夜抱九仙骨朝披一品衣沐王曰不食千鍾粟惟餐兩顆梨上曰天生此間氣助我化無爲

乾椹楊沛　季漢楊沛除新鄭長課民蓄桑椹豋豆積得千餘斛魏武爲兗州刺史西迎天子所將千餘人皆無糧過新鄭沛乃進椹豆操大喜後令鄴賜生口十八絹百疋以報之○豋音勞野豆也

焦飯陳遺　晉陳遺吳郡人母好食鐺底焦飯遺作郡主簿每煮食輒貯之歸以奉母後値孫恩亂吳郡府君袁崧即日起兵遺復聚得數斗遂帶以從軍及戰敗逃走山澤眾多餓死遺獨以焦飯活人以爲純孝之報後舉孝廉

文舒戒子　季漢王昶字文舒性謹厚名其兄子曰默曰沈名其子曰渾曰深曰淪曰湛爲書戒之曰吾以數者爲名欲使汝曹顧名思義不敢違越也夫物速成則疾亡晚就則善終能屈以爲伸讓以爲得弱以爲強鮮不遂矣人或毀己當退而求之于身諺曰救寒莫如重裘止謗莫如自修斯言信矣司馬懿薦其才德兼備

安石求師　宋王安石教元澤求館賓須博學善士或謂發蒙何必爾公曰先入者爲主○元澤　安石子　王雱字

防年末減　漢景時防年因繼母陳殺其父遂殺陳廷尉以大逆讞帝疑之武帝年十二侍側對曰繼母如母緣父之故今繼母殺其父下手之時母道絕矣是父仇也不宜以大逆論帝從之○漢又有防廣爲父報仇事

嚴武稱奇　唐嚴武字季鷹挺之子母裴氏不爲挺之所荅獨厚其妾玄英時武八歲袖鐵鎚就英寢碎其首左右驚白挺言小郎戲武曰安有大朝人士厚其侍妾困辱兒之母乎兒故殺之非戲挺之奇之曰眞嚴挺之兒天寶中爲劍南節度使最厚杜甫甫嘗登武牀瞪之曰嚴挺之乃有此兒

鄧云艾艾　季漢鄧艾字士載少有大志每見高山大澤輒規度軍營處所仕魏封鄧侯景元中大舉伐蜀艾督軍自陰平道以氈自裹推轉而下蜀平詔以艾爲太尉艾捷于應對然口吃語稱艾艾晉文帝戲之曰卿云艾艾定是幾艾對曰鳳兮鳳兮故是一鳳○吃音吉

周曰期期　漢周昌強力敢言高祖欲易太子昌廷諍之上問其說昌爲人口吃盛怒曰臣口不能言然期期知其不可陛下欲易太子臣期期不奉詔上欣然而笑太子始定○宋劉公父戲王汾口吃贊曰恐是昌家又疑非類未聞雄名只有艾氣○按揚雄亦口吃

周師猿鵠　抱朴子曰周穆王南征一軍盡化君子爲猿爲鵠小人爲蟲爲沙○鵠一作鶴蟲一作泥○葛洪著書名抱朴子

梁相鵷鶵　惠子相梁莊子往見之或謂惠子曰莊子欲來代子相于是惠子恐搜于國中三日夜莊子往見之曰南方有鳥其名鵷鶵子知之乎夫鵷鶵發于南海而飛于北海非梧桐不止非練實不食非醴泉不飲于是鴟得腐鼠鵷鶵過之仰而視之曰嚇今子欲以子之梁國而嚇我耶○嚇音罅鵷音淵鴟音笞

臨洮大漢　始皇二十六年有大人長五丈足履六尺皆夷服凡十二見于臨洮天戒若曰勿大爲夷狄之行將受其禍是歲始皇初倂六國反喜以爲瑞銷天下兵器鑄爲金人十二以象之各重二十四萬斤立阿房殿前翁仲後董卓銷其十苻堅銷其二一云翁仲姓阮長一丈三尺始皇時拜臨洮太守威震匈奴後鑄像司馬門外匈奴至者皆下拜

瓊崖小兒　揚避舉未詳何代瓊州人時李守忠奉使至瓊過之至其家其諸父皆年百二十餘祖朱卿年一百九十五次見鷄窠中一小兒出頭下視朱卿曰此九代祖也不語不食亦不知其年見錢易洞微志并東坡詩

東陽巧對 明李東陽號西崖長沙人舉神童入朝不能踰門限帝曰神童足短應曰天子門高帝置諸膝其父伏丹陛帝曰子坐父立禮乎曰嫂溺叔援權也帝又出句曰螃蟹渾身甲冑對曰蜘蛛滿腹經綸後入相

汝錫奇詩 宋陳汝錫靑田人幼穎悟或以其詩一聯示黃庭堅曰開愁莫浪遣留爲痛飲資黃擊節稱賞曰我輩人也紹聖四年由太學登進士第邑之登第自汝錫始所著有鶴溪集

啟期三樂 周榮啟期不知何許人鹿裘帶索鼓琴而歌孔子遊泰山見而問曰先生何樂也曰吾樂甚多天生萬物人爲貴吾得爲人一樂也男女之別男尊女卑吾得爲男二樂也人生有不見日月不免襁褓者吾行年九十矣三樂也貧者士之常死者人之終居常以待終何不樂也樂音洛

藏用五知 宋李若拙字藏用奇偉尚氣節歷兩浙運使因以浮沉許人作五知先生傳謂知時知難知命知退知足也藏用西安人

墮甑叔達 漢孟敏字叔達性剛直有剖決嘗客居太原荷甑墮地不顧而去郭泰見而問之敏曰甑已破矣視之何益泰奇之因勸令學卒以成業三公徵辟並不屈○墮音惰甑增去聲

發甕鍾離 漢鍾離意爲魯相出私錢萬三千付戶曹孔訢修孔子廟有張伯除堂下草得玉璧七枚懷其一以六枚白意堂下有懸甕意召問訢答曰夫子甕也背有丹書曰後世修吾書董仲舒護吾車拭吾履發吾笥會稽鍾離意璧有七張伯懷其一意即問伯果服○訢音銀

一錢誅吏 宋張詠知崇陽縣一吏自庫中出視其鬢傍有一錢詰之乃庫錢也詠命杖之吏勃然曰一錢何足道爾能杖我不能斬我也詠援筆判云一日一錢千日千錢繩鋸木斷水滴石穿自杖劍下堦斬其首申府自劾公自號乖崖像贊云乖則違俗崖則絕物乖崖之名聊以表德

半臂憐姬 宋宋祁字子京多內寵嘗宴于錦江微寒命取半臂諸姬各進一枚凡十餘枚皆至子京視之茫然恐有厚薄之嫌竟不敢服忍凍而歸

王胡索食 晉王胡之字修齡嘗在東山甚貧乏陶胡奴爲烏程令送米一船遺之卻不肯取直答云王修齡若饑當就謝仁祖索食不須陶胡奴米○胡奴名範士行子仁祖謝尚也

羅友乞祠 晉羅友少好學性嗜酒嘗其所遇不擇士庶又好伺人祠往乞餘食或早遂臨門側至曉得食乃還雖復營署墟肆不以爲羞桓温嘗責之云君太不逮須食何不就身求友傲然不屑答曰就公乞食今乃可得明日已復無温大笑後表爲襄陽太守累遷廣益二州刺史

召父杜母 漢召信臣字翁卿壽春人爲上蔡長視民如子後爲南陽太守爲民興利教化大行號召父詔賜黃金四十斤遷河南太守官至九卿○杜詩字君公初爲郡功曹以公平稱光武知其才拜成皋令遷南陽太守誅暴立威愛民省役造作水排鑄爲農器百姓便之以方信臣號杜母及卒貧困無田宅詔使治喪郡邸賻絹千匹○又杜預鎮武昌楚人德之號曰杜父

雍友楊師 宋張浚試吏興元問同楊用中曰公嘗往來梁洋其人士有從遊者乎曰楊沖遠可以爲師雍退翁可以爲友

直言解髮 唐賈直言代宗時代父飲鴆立死復蘇與父俱
流南海行時與妻董氏訣曰生死不可期吾去
汝亟嫁董不答引繩束髮封以帛曰非君手不解直言居南海二十
年乃還髮帛依然○鴆朕去聲毒鳥也以其毛瀝酒飲之則殺人

京兆畫眉 漢張敞字子高爲京兆尹賞罰分明豪強
屏跡嘗爲婦畫眉有司奏聞上問之對曰
閨房之事更有過于此者上不之責後坐楊惲黨免官
京兆枹鼓數起復拜爲冀州刺史○枹音浮擊鼓槌也

美姬工笛 石崇有妓女綠珠美而工笛孫秀求之不
得其弟子宋禕有國色亦善笛後在晉明
帝宮帝有疾羣臣進諫請出宋禕帝曰卿諸人誰欲得者阮
遥集時爲吏部尚書對曰願以賜臣即遣出與之○禕音衣

老婢吹篪 河間王琛有婢朝雲善吹篪能爲團扇歌篪上聲琛
爲秦州刺史諸羌外叛屢討之不下琛令朝雲假爲
貧嫗吹篪而乞諸羌聞之流涕曰何爲棄墳井在山谷爲寇也即降秦
民曰快馬健兒不如老婢吹篪○琛又有綠鸚鵡能和歌號綠朝雲

五微

敬叔受餉　南北朝何敬叔爲長城令在政清約不通問遺嘗歲儉夏節至忽榜門受餉數日共得米二千八百石悉取以代貧民輸租嗣後問遺仍復不通

吳祐遺衣　漢吳祐字季英陳留長垣人遷膠東相政尚仁簡吏懷而不敢欺嗇夫孫性私賦民財市衣進父父怒曰有君如是何忍欺之性懼自首伏罪祐曰掾以親故以受汚辱之名所謂觀過斯知仁矣使歸謝父仍以衣遺○首音獸有告自陳也遺音位

淳于竊笑　問淳于髡齊之贅壻楚伐齊威王使髡之趙請救齎金百斤車馬十駟髡仰天大笑冠纓索絕王曰有說乎髡曰今者臣從東方來見道傍有禳田者操一豚蹄酒一盂祝曰甌窶滿篝汙邪滿車五穀蕃熟穰穰滿家臣見所持者狹而所欲者奢故笑之於是王乃益齎黃金千鎰白璧十雙車馬百駟髡辭之趙趙與之精兵十萬革車千乘楚聞之夜引兵去○甌窶高地狹小之田汙邪下地田言高下皆熟也

司馬微譏　唐盧藏用初隱終南少室二山時有意當世人目爲隨駕隱士武后徵爲左拾遺睿宗召天台道士司馬承禎至是還山盧指終南曰此中大有佳處何必天台承禎徐曰以僕觀之乃仕宦之捷徑耳

子房辟穀　漢張良字子房嘗語人曰吾今以三寸舌為帝者師封萬戶侯此布衣之極于良足矣願棄人間世從赤松子遊耳遂辟穀學道○赤松子神農時雨師

公信採薇　伯夷叔齊孤竹君墨胎氏之二子夷名允字公信齊名致字公遠夷齊其謚也兄弟讓國棄孤竹而逃就養西伯及武王伐紂叩馬諫不聽恥食周粟遂隱于首陽之陽相與採薇而食尋餓且死○按致一作智遠一作達其仲子名憑國人立之又其父名初字子朝見韓嬰詩傳

卜商知過　子夏喪子哭之失明曾子弔之子夏哭曰天乎予之無罪也曾子曰商汝何無罪也吾與汝事夫子于洙泗之間退而老于西河之上使西河之民疑汝于夫子爾罪一也喪爾親使民未有聞也爾罪二也喪爾子喪爾明爾罪三也子夏投杖而拜曰吾過矣吾過矣吾離羣而索居亦已久矣

伯玉知非　衛大夫蘧瑗字伯玉莊子稱其行年五十而知四十九年之非蓋先者難為知後者易為攻也吳公子季札聘衛與語悅之曰衛多君子未有患也○瑗音願

仕治遠志 晉謝安初有東山之志以屢徵就桓温司馬時有餉桓公藥草者中有遠志公問謝此物何以又名小草謝未即答時郝隆在坐應聲曰此甚易解處則為遠志出則為小草桓公目謝而笑曰郝參軍此過乃不惡以其妙于譏謝也隆字仕治一云佐治

伯約當歸 季漢姜維字伯約少孤與母居為人喜立功名陰養死士不修布衣之業因詣諸葛亮遂與母失久之得母書令求當歸維曰良田百頃不在一畝但有遠志不在當歸也蓋忍于違親者

商安鶉服 鶉服貧者之服也荀子曰子夏之衣懸結如鶉○晉董京在洛陽隱居白社以殘絮縷帛為衣號百結衣又南北朝劉溉守建安任昉以詩寄溉求一衫溉答曰予衣本百結百結即鶉服也鶉音純

章泣牛衣 漢王章字仲卿嘗貧病卧牛衣中泣與妻訣妻正言曰京師尊重誰踰仲卿今不自激昂反涕泣何圖也後事成帝為京兆尹雖為王鳳所舉寔不附因日食上封事過直妻曰人當知足獨不念牛衣中泣涕時耶章不聽果罹其害

蔡陳謔詭 宋蔡襄字君謨陳亞字少卿亞善詩滑稽尤甚嘗與蔡君謨會于金山僧舍酒酣君謨戲題于屏間曰陳亞有心終是惡亞即索筆對曰蔡襄無口便成衰聞者絕倒○又北齊徐之才戲王昕曰有言則誑近犬則狂加足額爲馬施角尾成羊又戲盧元明曰在亡爲虐在丘爲虚生男則爲虜配馬則爲驢皆以姓謔

王葛交譏 晉諸葛令恢王丞相導共爭姓族先後王曰何不言葛王而言王葛令曰譬如言驢馬不言馬驢

陶公運甓 晉陶侃字士行爲廣州刺史時在州無事朝運百甓于齋外暮運百甓于齋內人問其故曰吾方致力中原過爾優逸恐不堪事故自勞耳○甓傳也俗訛作甃解

孟母斷機 孟母姓仉氏孟子之母夫死挾子以居三遷爲教及孟子稍長就學而歸母方織問曰學何所至矣對曰自若也母怒因以刀斷機曰子之廢學猶吾之斷斯機也孟子懼旦夕勤學遂成亞聖○仉音掌

少帝坐膝 晉明帝名紹元帝長子數歲坐元帝膝上有人從長安來帝問長安何如日遠答曰日遠不聞人從日邊來明日集羣臣宴會重問之乃答曰日近帝失色曰何故異昨日之言答曰舉頭見日不見長安

太子牽裾 晉愍懷太子少聰慧五歲時宮中夜失火武帝登樓觀火太子牽上衣裾使入闇中上問故對曰暮夜倉卒宜備非常不宜親近火光令照見人主○太子武帝孫名遹後爲賈后毒死謚愍懷

衛懿好鶴 閔公二年狄人滅衛衛懿公好鶴鶴有乘軒者將戰國人受甲者皆曰使鶴鶴實有祿位余焉能戰戰于熒澤衛師敗績遂滅衛殺懿公

魯隱觀魚 隱公五年公將如棠觀魚者臧僖伯諫曰凡物不足以講大事其材不足以備器用則君不舉焉君將納民于軌物者也公曰吾將略地焉遂往陳魚而觀之僖伯稱疾不從○如往也棠地名

蔡倫造紙　漢蔡倫字敬仲和帝時官常侍封龍亭侯嘗因古書契多編以竹簡用縑帛謂之紙縑乃用樹皮麻頭敝布魚網等物創造爲紙天下稱蔡侯紙今湖廣衡州耒陽縣蔡子池南春紙石臼尚存或謂前漢皇后紀已有赫蹏紙不始于倫○赫音隙蹏音啼

劉向校書　漢劉向本名更生宣帝命于天祿閣校正五經同異值元宵諸人皆出遊惟向不出有老人衣黃叩閣而進吹青藜杖端燄照之與說開闢前事曰我太乙之精上帝聞卯金之子好學特使下觀焉

朱雲折檻　漢朱雲字游成帝朝爲槐里令請借上方劍斬佞臣張禹上怒命斬之雲攀折殿檻呼曰臣得從龍逢比干遊地下足矣上怒回赦之令勿治檻以旌直臣○雲嘗與五鹿充宗論易恒辨折之諸儒語曰五鹿嶽嶽朱雲折其角由是以雲爲博士

禽息擊車　周禽息事秦薦百里奚于穆公公不納伺公出息以頭擊車闖腦乃精出曰臣生無補于國不如死也公始感悟而用百里奚秦以大化○闖音攣

耿恭拜井 漢耿恭光武朝爲戊巳校尉攻匈奴引兵據疏勒城匈奴擁絕澗水恭穿井及十五丈猶不得水乃整衣冠向井再拜須臾之水泉湧出揚以示虜虜以爲神圍始解○戊己戍所名恭字伯宗又霍去病討匈奴臯蘭山下苦渴以鞭卓地而五泉湧出渾邪王請降

鄭國穿渠 初韓欲疲秦使無東伐乃使水工鄭國爲間于秦鑿涇水爲渠秦覺欲殺之國曰秦爲韓延數年之命然渠成亦秦萬世之利也乃使卒爲之溉田四萬餘頃皆畝一鍾後漢武時白公奏引涇水起谷口尾入櫟陽溉田四千五百頃民賴其利而歌之因名白公渠

國華取印 宋曹彬字國華始生周歲日父母以百玩羅其前彬左手持干戈右手執俎豆斯須復取一印餘無所視人皆異之後事宋太祖平蜀下江南功稱第一封魯國公

添丁抹書 唐盧仝自號玉川子舉子名添丁韓文公寄詩云去歲生兒名添丁意令與國充耘耔唐制男子二十一歲差丁役事耕耘也添丁幼時喜于塗抹詩書往往令黑故仝戲爲詩曰忽來案上翻墨汁塗抹詩書如老鴉○抹音末宋賈耘老之子亦名添丁

細侯竹馬 漢郭伋字細侯建武中除潁川太守帝勞之曰賢良太守去帝城不遠河潤九里冀京師蒙福也伋前在幷州素結恩德後行部到西河兒童數百騎竹馬迎拜道次徵爲太中大夫○幷音平

宗孟銀魚 宋蒲宗孟字傳正神宗朝爲翰林學士上曰翰林職清地近而官儀未寵自今宜佩魚學士佩魚自宗孟始

管甯割席 漢管甯字幼安少好學與華歆同席肄業有乘軒過門者歆廢書往觀甯遂割席分坐曰子非吾友也坐一木榻積五十五年未嘗一箕踞榻上當膝處皆穿徵命凡十至不起○箕踞人傲坐形如箕也○歆字子魚

和嶠專車 晉和嶠字長孺少立風格雅有盛名庾子嵩比之千丈之松施之大廈必稱棟梁晉制監令同車嶠爲中書令鄙其監荀勗爲人以意氣加之遂專車而坐

渭陽袁湛 晉謝絢嘗於公座戲調無禮於其舅袁湛湛不堪之曰汝父昔已輕舅汝今復來加我可謂世無渭陽情也絢父重即王胡之外孫與舅亦有不協之論○秦康公送晉公子重耳詩云我送舅氏曰至渭陽

宅相魏舒 晉魏舒少爲外家甯氏所養甯氏起宅相宅者云必出貴甥舒自負曰當爲外家成此宅相魏文帝深器重之每朝退目送之曰魏舒堂堂人之領袖也入晉武帝拜爲司徒舒字陽元

永和擁卷 南北朝李謐字永和少好學惟以琴書爲業杜門卻掃絕跡下帷棄產營書手自刪定每歎曰丈夫擁書萬卷何假南面百城屢辭徵辟謚貞靜處士謐初師孔璠數年後璠還就謐請業同門語曰青成藍藍謝青上何常在明經

次道藏書 晉宋次道家書皆校讐三五遍世之藏書以次道家爲善本住在春明坊士大夫喜讀書多僦居其側以便于借置故也當時春明宅子僦值比他處常高一倍次道嘗云校書如掃塵隨掃隨有

鎮周贈帛　唐張鎮周舒州人武德中自壽春遷舒州都督到州就故宅多市酒殺召親故酣宴十日既而分贈金帛泣與之別曰今日猶得與故人歡飲明日則舒州都督治百姓耳官民禮隔不復得為交遊自是一無所縱境內肅然

虙子驅車　周虙不齊為單父宰過陽晝晝曰吾少賤不知治民之術有釣道二焉請以送子夫投綸錯餌迎而吸之者陽鱎也其魚薄而不美若存若亡若食若不食者魴也其魚博而厚味子賤曰善於是未至單父冠蓋迎之者交接於道子賤曰車驅之車驅之陽晝之所謂陽鱎者至矣及至單父請其耆老尊賢者而與之共治○子賤不齊字鱎音皎

廷尉羅雀　漢翟公字子威文帝時為廷尉賓客填門及罷門外可設雀羅後復用賓客欲往公大署其門曰一死一生乃知交情一貧一富乃見交態一貴一賤交情乃見

學士焚魚　南北朝張褒梁天監中御史劾其不供學士職褒曰碧山不負吾乃焚章長嘯而去杜詩云碧山學士焚銀魚銀魚本御史所佩者

冥鑒季達　宋楊仲希字季達微時客成都某氏主人少婦出而調之仲希正色拒之其妻夜夢一人告曰汝夫獨處他鄉不欺暗室神明知之當魁多士次年果擢第一

豫識盧儲　唐盧儲舉進士投卷謁尚書李翺翺置文卷几案間長女及笄閱其卷謂小青衣曰此人必爲狀元翺乃招爲壻明年果首唱成婚之夕儲作催粧詩曰昔年曾向玉京遊第一仙人許狀頭今日已成秦晉約早教鸞鳳下粧樓○女子年十五而笄

宋均渡虎　漢宋均字叔庠爲九江太守郡多虎暴募設檻穽猶多傷害均曰今爲民害咎在殘吏其務退姦貪進忠善可一去檻穽其後虎皆渡江東去楚沛多蝗其飛至九江界者輒東西散去明帝朝拜尚書令

李白乘驢　唐李白嘗乘驢過華陰縣令止之白索筆供云予生西蜀身寄長安天上碧桃慣餐數顆月中丹桂曾折高枝曾使龍巾拭唾御手調羹貴妃捧硯力士脫靴想知縣莫尊于天子料此地莫大于皇都天子殿前尚容吾走馬華陰縣裡不許我騎驢令大驚謝之○疑是僞作

蒼頡造字　蒼頡上古南樂吳村人爲軒轅皇帝史官生而神聖有四目覩鳥跡蟲文始制文字以代結繩之政字成天雨粟鬼夜哭○又周有程邈秦人改篆爲隸今楷書是也漢靈帝時師宜官隸書爲最大則一字徑丈小則方寸千言今以八分書爲隸誤矣

虞卿著書　周虞卿遊說士也躡蹻擔簦說趙孝成王一見賜黃金百鎰白璧一雙再見爲趙上卿故號虞卿著書八篇世號虞氏春秋太史公曰虞卿非窮愁不能著書以自見○簦音登有柄笠今之傘相似

班妃辭輦　漢成帝遊後庭欲與班婕妤同輦婕妤辭曰觀古圖書賢聖之君皆有名臣在側三代末主乃有嬖妾今欲同輦得無近似之乎帝乃止○妃班彪之姑

馮誕同輿　後魏書云馮誕與高祖同歲幼侍書學特蒙優待尚高祖妹樂安公主升駙馬都尉高祖寵誕同輿而載同案而食同席而坐臥知遇之隆罕有其比

七虞

西山精衛

山海經炎帝之少女、遊東海溺死化爲冤禽名曰精衛居發鳩之山常銜西山之木石以塡東海○少女名女娃精衛文首白喙赤足其鳴自詨

東海麻姑

神仙傳王遠字方平位爲總鎭眞人七日偶降吳人蔡經家威儀如大將軍持玉壺十二皆蠟封遣人召麻姑至會方平言接待以來東海三爲桑田方平曰海中行復揚塵也麻姑手似鳥爪長數寸蔡經心想可爬背癢忽有鞭鞭經背時陳縣尉聞之乞見遠曰君心邪未可教仙道與一符曰壽可一百二十歲

楚英信佛

英漢光武第六子封楚王明帝聞西域有神名佛遣使之天竺求其道得書及沙門來于是中國始傳其書圖其像王公貴人獨楚王英最先好之○梵言沙華言勤息也

秦政阬儒

秦始皇名政惡諸儒心非巷議以惑黔首乃焚燒詩書百家語諸儒犯禁者四百六十餘人乃密使人種瓜驪山硎谷中温處瓜實冬成詔下諸儒說之人人各異使往視瓜所因發機阬之○黔音鉗民首黑故稱黔首

曹公多智　曹操與馬超韓遂等相持渭南超等請和
操僞許之操與遂父同歲孝廉又與遂同
儕輩曆交馬會語不及軍事秦胡觀者前後重沓曹笑曰
汝曹欲觀曹公耶亦猶人也非有四目兩口但多智耳

顏子非愚　顏回字子淵魯人小邾子夷甫顏之後也
天資明睿甫成童遊孔門孔子曰回也不
愚漢高時從祀孔廟唐贈兗國公元贈
復聖公爲四配之首○小邾魯附庸

伍員覆楚　楚伍員字子胥奢子奢諫平王以讒賊疏骨肉遂同
長子尙被害員乃奔吳說吳伐楚平王已死昭王出
奔員遂入郢鞭平王屍三百初楚大夫申包胥以復楚自誓至是哭秦
廷者七日夜勺水不入口秦伯爲之賦無衣乃出師救楚昭王復位

句踐滅吳　吳王夫差入越報檇李也句踐敗虜用范
蠡計得行成反國卧薪嘗膽生聚教訓元
王三年戊辰吳子出會諸侯于黃池越起
兵滅吳一雪舊忿○檇音醉檇李在嘉禾

君謨龍片 茶之品莫貴于龍鳳團始于丁晉公謂成于蔡君謨蔡爲福建運使始造小片龍茶凡二十餘餅重一斤直金二兩然不易得每因南郊致齋中書樞密院各賜一餅四人分之宮人往往鏤金其上其貴重如此

王肅酪奴 南北朝王肅初不食羊肉及酪漿常食鯽魚羹渴飲茗汁後與魏高祖會乃食酪粥高祖怪之問曰羊肉何如魚羹茗汁何如酪漿對曰羊比齊魯大邦魚比邾莒小國惟茗不中與酪作奴人因呼茗飲爲酪奴○酪乳漿也中如字

蔡衡辨鳳 漢李縉隱華陰光武徵不至有鳥高五尺五色備而多青棲縉槐樹旬日不去太守以聞咸以爲鳳太史令蔡衡曰凡象鳳者有五多赤者鳳多青者鸞多黃者鵷鶵多紫者鸑鷟多白者鵕鸃今多青乃鸞非鳳也上善其言○鵕鸃音峻宜

義府題烏 唐李義府始見太宗試令題烏義府曰日裏揚朝彩琴中伴夜啼上林多少樹不借一枝棲帝曰當全樹借汝豈惟一枝遂拜御史

蘇秦刺股 周蘇秦洛陽人說秦不用歸洛陽裘敝金
盡妻不下機嫂不爲炊父母不子乃發太
公陰符經讀之欲睡則以錐刺股朞年揣摩
成合從六國相與圖秦遂爲從長佩六國印

李勣焚鬚 唐徐世勣字懋功太宗賜姓李官僕射其姊病
勣親爲煮粥燃其鬚姊曰僕妾多矣何必乃爾
勣曰豈爲無人耶今姊老勣亦老欲數爲姊煮粥其可得乎
○又勣嘗暴病醫者曰得鬚灰可以療之上剪鬚和藥以賜

介誠狂直 宋石介字守道慶歷中擢太子中允時富韓范
同爲執政歐陽修余靖等並爲諫官介因作慶
厤聖德詩有云衆賢之進如茅斯拔大奸之去如距斯脫蓋指
夏竦也其師孫明復見之曰介禍始于此矣人皆目爲狂直

端不糊塗 宋太宗不豫宣政使王繼恩輩忌太子英明欲
立楚王元佐呂端爲相趣太子入及帝崩后遣
恩召端端紿恩鎖之書閣親掖眞宗登極揭簾審視而後下拜太宗嘗
稱其小事糊塗大事不糊塗早見及此○端字易直謚文惠趣音促

關西孔子 漢楊震明經博學從遊者千人人稱關西孔子以震籍華陰也常有鸛雀銜三鱣魚飛集講堂下弟子賀曰鱣者卿大夫象也其數三三台也先生自此升矣震後官至太尉又北史裴獻稱辯道衡爲關西孔子

江左夷吾 晉王導字茂宏善因事遇機時江左草創溫嶠殊以爲憂及見導共談喜曰江左自有管夷吾吾復何慮哉又桓彝初至江左與導極談因告周顗曰向見管夷吾無復憂矣○顗音以

趙抃攜鶴 宋趙抃字閱道彈劾不避權倖京師號鐵面御史帥蜀以一琴一鶴自隨其再任也屏去琴鶴止一蒼頭執事後拜參知政事與王安石不合求知杭州請老加太子少保卒謚清獻○按呂氏家塾記作一龜一鶴蘇軾清獻公神道碑作一琴一龜抃音便

張翰思鱸 晉張翰字季鷹吳人儼之子仕齊王冏爲大司馬東曹掾見秋風起因思吳中鱸膾蓴羹歎曰人生貴適意耳何能羈宦數千里以邀名爵乎遂命駕歸俄而冏敗人皆服其先見又翰嘗曰使我有身後名不如生前一盃酒○翰宜讀平聲

李佳國士 漢聶季寶與李元禮同縣欲見元禮寶乃小家子不敢見杜周甫知寶賢不能定名以語元禮呼見坐置砌下牛衣上一與言即決曰此人當作國士後卒如元禮言

聶憫田夫 五代聶夷中字坦之河東人咸通中進士善詩傷田家詩云二月賣新絲五月糶新穀醫得眼前瘡剜卻心頭肉我願君王心化作光明燭不照綺羅筵徧照逃亡屋孫元晏謂其有三百篇之旨○糶挑入聲

善謳王豹 謳歌之別調也王豹衛人出自單門善謳家淇水河西近淇之地人皆化而善謳淳于髡亟稱之以誚孟子○左傳哀公六年陳僖子囚王豹於句竇之邱此係景公嬖臣非衛人

直筆董狐 晉靈公二年晉趙穿弑靈公於桃園趙盾爲正卿亡不出境反不討賊太史董狐直書趙盾弑其君以示於朝孔子曰董狐古之良史也書法不隱趙宣子古之良大夫也爲法受惡惜也越境乃免

趙鼎倔彊 宋趙鼎字元鎮南渡時相凡使者至金金人必問李綱趙鼎安否秦檜以其不附和議徙鼎于吉陽軍鼎謝表有曰白首何歸悵餘生之無幾丹心未泯誓九死以不移檜見之曰此老倔彊猶昔越三年得疾即自書墓中石記鄉里及除拜歲月且書銘旌云身騎箕尾歸天上氣作山河壯本朝遂不食死于吉陽謚忠簡○倔音掘彊上聲

朱穆專愚 漢朱穆字公叔銳意講誦不預人事或時不自知亡失衣冠顛墜阬岸其父嘗以為專愚幾不知馬之幾足○穆年五歲便有孝稱父母有病輒不飲食差乃復常○差與瘥同

張侯化石 漢張顥為梁相一日雨後見一鳥如山雀墮地化為圓石顥搥破之得金印曰忠孝侯印因表聞藏祕府後議郎汝南樊衡夷上言堯舜時舊有此官今天降印宜復置之○靈帝朝顥官太尉

孟守還珠 漢孟嘗字伯周順帝朝為合浦太守郡不產米穀而海出珠前守宰貪婪珠漸徙于交趾界嘗革前弊去珠復還商賈流通百姓蒙利稱為神明後被徵吏民攀留不得去乃夜遁歸隱窮澤身自耕傭鄰邑慕其德就居止者百餘家

毛遂脫穎　周毛遂趙平原君門下客時秦攻趙邯鄲趙使平原君求救于楚君約門下食客有勇力文武備具者二十人與偕得十九人餘無可取毛遂乃自薦君曰賢士處世譬如錐之處囊中其末立見今先生三年于此勝未有所聞也遂曰臣乃今請處囊中耳若蚤處其中當脫穎而出非特末見而已因與至楚卒賴其力楚使黃歇將兵救之○勝平原君名

終軍棄繻　漢終軍字子雲初從濟南步入關關吏與繻軍曰大丈夫西遊終不復傳還遂棄繻去後爲謁者給事中建節東出關吏曰此前棄繻生也嘗願受長纓以羈南越王頸致之闕下時軍年少世謂之終童○繻帛邊也傳還合以爲信繻音胥

佐卿化鶴　唐徐佐卿蜀中道士天寶中玄宗獵沙苑見孤鶴射之帶箭向西南逝佐卿歸山中謂弟子曰吾出遊爲飛矢所中乃挂箭于壁間曰俟箭主至此付還之後玄宗幸蜀遊觀中識其箭乃知前鶴佐卿所化也○射音石

次仲爲鳥　大翮小翮山名秦羽士王次仲少有異志弱冠變蒼頡舊文爲今隸始皇時官務煩多以次仲所易文簡便于事要奇而召之三徵不至始皇怒令檻車傳送次仲首發于道化爲大鳥翻飛而去落三翮于斯山故其峰巒有大翮小翮之名

韋述杞梓 唐韋述著作甚富元宗朝任史館祿山亂抱國史藏南山弟五人迪逌迥巡造述與逌對爲學士與迪並爲禮官縉紳榮之張說謂人曰韋家兄弟人之杞梓○又羅君章荊楚之杞梓

盧植楷模 漢盧植字子幹剛毅有大節師馬融融左右多列美姬植侍講數年未嘗一盼融甚敬之董卓議廢立衆唯唯植獨抗論曹操嘗曰植名著海內學爲儒宗士之楷模國之楨幹昭烈微時嘗執經門下

士衡黃耳 晉陸機字士衡家有駿犬名曰黃耳甚愛之久覊京師乃戲語黃耳曰吳中久絶家音汝能往取消息否犬搖尾作聲機以書貯竹筒繫頸犬去一月而返機視之乃家書也其後因以爲常及犬死葬之名黃耳冢○又魏時鮮卑獻千里馬色白兩耳黃亦名黃耳

子壽飛奴 唐張九齡字子壽擢進士又以道侔伊呂科高第爲中書舍人時號爲文壇元帥後爲李林甫所擠罷相玄宗每拜相猶輒問風度得如九齡否少時喜養羣鴿與親知書則繫足依敎往投之謂之飛奴

直筆吳兢 唐吳兢嘗與劉子玄撰武后實錄敘張昌宗誘張說誣執魏元忠事及說爲相問兢曰劉生書魏公事不少假借奈何兢曰子玄已亡不可受冤地下兢實書之說屢以情懇辭曰徇公則何名實錄卒不改世稱董狐兢當作兢

公議袁樞 宋袁樞乾道間分修國史章子厚家乃同里力求潤飾其傳樞曰吾爲史官法難隱惡寧負鄉人不可負天下後世公議時相趙雄歎曰無媿古良史矣○樞有綱鑑紀事本末行世字幾仲建安人

陳勝輟鋤 秦陳勝字涉陽城人嘗與人傭耕輟鋤于隴上曰苟富貴無相忘傭者曰若爲耕傭何富貴也勝歎曰燕雀安知鴻鵠之志哉遂舉兵稱扶蘇項燕自立爲將軍尋立爲王諸郡縣爭殺長吏以應

介子棄觚 漢傅介子字武仲茂陵人年十四好讀書嘗棄觚而歎曰大丈夫當立功異域何能坐屋子下作老儒生後以從軍得官先是龜茲樓蘭嘗殺漢使者昭帝時介子以使大宛至其國斬樓蘭王首還詣闕下以功封義陽侯○觚木簡也龜音丘

謝名蝴蝶 宋謝逸字無逸臨川人屢舉進士不第以詩文自娛學者稱溪堂先生有句云貧夫蟻旋磨冷官魚上竿又云山寒石髮瘦水落溪毛凋大爲黃魯直稱賞又嘗作蝴蝶詩三百首多佳句人因呼謝蝴蝶

鄭號鷓鴣 唐鄭谷字若愚咸通十哲中人七歲能詩司空圖奇之拊其背曰當爲一代風騷主會改齊己早梅詩數枝爲一枝己遂不覺下拜以爲一字師又鷓鴣詩極佳人多膾炙之稱爲鄭鷓鴣

戴和書簡 漢戴和每得密友焚香告于先祖則書於簡編名爲金蘭簿上書越人結交盟曰卿乘車我戴笠他日相逢下車揖君擔簦我跨馬他日相逢爲君下○一作唐戴宏正

鄭俠呈圖 宋鄭俠字介夫初從王安石學舉進士監安上門時久旱俠以所聞所見流民扶老攜幼飢寒困苦之狀呼畫工列爲圖上之且曰陛下觀臣之圖行臣之言十日不雨斬臣宣德門外以正欺君慢天之罪神宗覽之下詔責躬罷方田等諸新法凡十八事越三日大雨着和發石詩何處難緘口熙寧政失中四方三面戰十年九家空見佞眸如水聞忠耳似聾君門深萬里焉得此言通

瑕邱賣藥　唐瑕邱仲甯人賣藥百餘年因地動卒或取仲尸棄水中收其藥仲披裘造之取藥其人懼叩頭求哀仲曰不恨汝也後爲夫餘王驛使自北乘馬至甯人呼謫仙○夫餘北夷與遼代隣

鄴令投巫　周西門豹仕魏爲鄴令開十二渠引漳水灌田民賴其利鄴俗素信巫歲爲河伯娶婦選良民處女投河中豹曰今歲幸來告吾吾亦往送之至期豹視其女曰醜煩大巫入報即投巫於河中繼又取二人投之羣巫驚懼乞命從此遂止

冰山右相　唐玄宗以貴妃從兄楊釗爲右相賜名國忠其爲人強辨而輕躁公卿以下頤指氣使或勸進士張彖謁之彖曰君輩以楊右相爲泰山吾以爲冰山耳若皎日旣出君輩得無失所恃乎遂隱居嵩山○又張九齡謂朝士之附國忠者爲向火乞兒

銅臭司徒　漢崔烈崔寔之從兄有重名於北州歷位郡守九卿靈帝時開鴻都門榜賣官爵烈因傅母入錢五百萬得爲司徒烈問其子鈞曰吾居三公外議何如鈞曰議者嫌大人銅臭烈怒舉杖擊之鈞時爲虎賁中郎將服武弁戴鶡尾狼狽而走

武陵漁父 晉黃道眞武陵人太康中捕魚緣溪行忽逢桃花夾岸異之捨舟步入石洞不數十武豁然明曠桑竹雞犬依然人間問所從來自言先世避秦亂率妻子邑人來此不知有漢漁人留數日辭去舟已腐步回歸家言于郡守劉歆歆欲往迷不復得路陶淵明爲之記

閩越樵夫 榴花洞在閩縣之東山唐永泰中樵者藍超遇白鹿逐之渡水入石門始極窄忽豁然見雞犬人家有王翁告曰吾避秦人也留卿可乎超答欲與親舊訣乃來因與榴花一枝而出恍若夢中後竟不知所在○閩音民

漁人鷸蚌 趙且伐燕蘇代爲燕說趙王曰今者過易水見川蚌出曝而鷸啄其肉蚌合而箝其喙鷸曰今日不雨明日不雨必有死蚌蚌曰今日不出明日不出必有死鷸兩者不舍漁人見而兩得之今燕趙久相支以敝大衆臣恐强秦之爲漁父也惠王乃止○鷸音聿蚌音棒

田父毚盧 齊欲伐魏淳于髡謂齊王曰韓子盧者天下之疾犬也東郭毚者海內之狡兎也韓子盧逐東郭毚環山者三騰山者五兎極于前犬廢于後田父見之無勞倦之苦而擅其功今齊魏久相持以頓其兵敝其衆臣恐强秦大楚收田父之功也齊王乃謝將休士○父上聲 毚平聲一音俊

鄭家詩婢 漢鄭玄家奴婢皆讀書嘗使一婢不稱旨將撻之方自陳說玄怒使人曳著泥中須臾復有一婢來問曰胡爲乎泥中答曰薄言往愬逢彼之怒

郗氏文奴 晉郗愔字方回有蒼頭善知文章王羲之愛之每稱奴于劉惔惔問何如方回羲之曰小人有意向耳何遽比郗公惔曰不如方回故常奴耳○郗音希

終

龍文鞭影

明 中楚蕭良有漢冲纂輯

龍眠楊臣諍古度增訂

京江後學李恩綬丹叔校補

八齊

子晉牧豕 漢商邱子晉好吹竽牧豕年七十不娶不老食菖蒲根飲水而已貴戚聞而服之不能終歲輒止孫綽贊曰商邱卓犖執策吹竽渴飲寒泉飢食菖蒲所牧何物殆非真豬倘遇風雲為我龍攄○犖音落超絕也

仙翁祝雞 晉祝雞翁洛陽人常養雞千餘頭皆有名字朝放暮收呼其名卽別種而棲今世人呼雞曰祝祝始此唐李德裕貶雷州司戶遺段成式書曰海嶠居人多養雞往往飛入寓舍今乃作祝雞翁矣本此○祝祝一作喌喌

武王歸馬 周王發姓姬謚武文王次子也因商紂無道奉太公望爲師率師渡盟津滅商反于豐偃武修文歸馬華山之陽放牛桃林之野示天下以不復再用○盟孟同

裴度還犀 唐裴度字中立相者云當餓死一日遊香山寺値婦人以其父被罪假得犀帶往賂要津置于欄楯祈禱畢遂忘持去度檢得訪而還之前相者復見度喜曰子有陰德及物前程萬里非所知也後果大貴○尚友錄一作裴質事

重耳霸晉 晉文公姬姓名重耳唐叔虞之後獻公之子犬戎狐姬所生也居蒲城驪姬之亂出亡十九年其從者有狐偃趙衰顛頡魏武子司空季子諸人後得反國定襄王叔帶之難出穀戍釋宋圍一戰而霸

小白興齊 齊桓公姓姜氏名小白釐公子也釐公卒太子諸兒立是爲齊襄公襄公無道羣弟懼禍及子糾奔魯小白奔莒無知弑襄公小白與子糾爭國得先入鮑叔牙薦管仲爲相尊周攘夷大興齊國遂爲五霸之長○釐禧同

景公禳彗 齊景公三十二年彗星見公坐栢寢歎曰堂堂誰有此乎羣臣皆泣晏子笑其諛公曰彗當齊分寡人以爲憂晏子曰君高臺深池賦歛如弗得刑罰恐弗勝茀星將出彗何懼乎公使禳之晏子曰無益也祇取誣耳天之有彗所以除穢也君有穢德又何禳焉○茀音佩禳音穰 彗音遂

賓儀占奎 宋賓儀字望之爲翰林學士善推步與盧多遜楊徽之同在諫垣謂二公曰歲在丁卯五星當聚于奎奎主文明又在魯分自此天下始太平二拾遺必見之老夫不預乾德丁卯五星果聚于奎

卓敬馮虎 明卓敬字惟恭浙江瑞安人年十五讀書寶香山風雨夜歸迷失道得一物謂是牛馮歸之比入門縱之乃虎也洪武二十一年擢進士除給事中改名士尋又改名士源後死建文之難越四十年侍講劉球始傳其事私謚忠貞○馮據也古憑字

西巴釋麑 周秦西巴事孟孫孟孫獵得麑使西巴載之持歸其母隨之不去西巴弗忍而與之孟孫大怒逐之居三月復召以爲子傅曰夫子不忍于麑又且忍吾子乎

信陵捕鷂　周魏公子無忌號信陵君方食有鷲鳩投入案下一鷂在屋公子縱鳩去鷂遂殺之公子暮爲不食曰鳩避禍歸吾吾負之乃捕鷂得三百餘公子按劍曰誰獲罪一鷂獨低首伏罪乃取殺之盡縱其餘由是慈聲滿天下而士歸焉

祖逖聞雞　晉祖逖字士稚慷慨有志節少與其劉琨寢語及世事則中宵起坐相謂曰若四海鼎沸豪傑共起吾與足下相避中原矣後俱爲司州主簿復共寢中夜聞雞鳴逖蹴琨覺曰此非惡聲也因起舞元帝時爲豫州刺史渡江擊楫誓曰不清中原而復濟者有如此江遂部兵與石勒相持由是黃河以南悉爲晉土

趙苞棄母　後漢趙苞爲遼西太守迎養其母道經柳城値鮮卑入寇刼質其母苞悲謂母曰欲以微祿奉養恨爲王臣義不得顧私恩母答曰人各有命何得相顧以虧忠義苞遂進戰破賊母因遇害苞尋嘔血死

吳起殺妻　周吳起魏人仕魯齊伐魯魯欲拜起爲將起妻齊女魯疑不果起遂殺妻示信求爲之將呂東萊曰貪財貨與貪功名其貪則一起之殺妻求將畢竟是貪心所使○起嘗學于曾子仕魏與武侯浮西河而下武侯歎山河之盛起進曰在德不在險

陳平多轍 漢陳平陽武戶牖鄉人家貧居負郭窮巷以敝席爲門里有富人張負女孫五嫁而夫輒死平欲娶之負曰平雖貧門外多長者車轍卒與女誡曰無以貧故事人不謹平自是當饒從事高祖凡六出奇計一請捐金行反間二以惡草具進楚使三出女子夜滎陽圍四躡足封齊王信五請僞遊雲夢六解白登圍以功封曲逆侯○曲逆音去遇

李廣成蹊 李廣漢人武帝嘗謂其口不能出詞恂恂如鄙人天下仰之正諺所云桃李不言下自成蹊者也此語雖小可以諭大○唐李父進爲吏部侍郎請謁不行時人語曰李下無蹊徑

烈裔刻虎 秦始皇二年有畫工名烈裔刻兩白玉虎其毛如生不點目睛始皇使餘工夜往點之及旦虎飛去明年南郡獻白虎二隻視之乃玉虎也命去目睛乃不能復去詳拾遺記

温嶠然犀 晉温嶠字太眞山西祁人初都督江州軍事過牛渚深不可測世傳下多怪嶠然犀照之奇形異狀有赤衣乘馬者須臾水族覆火夜夢告曰幽明自別何故相犯○牛渚在今太平府城北今名然犀渚

九佳

梁公馴雀　唐狄仁傑字懷英以功封梁國公始居母喪有白雀馴擾之祥○又張九齡居母喪有紫芝產坐側白鳩白雀巢于家樹○宋吳在木知餘干縣有白雀青鹿之瑞民歌曰吳在木政嚴肅鳥有白翎雀獸有青毛鹿

茅容割雞　漢茅容字季偉年四十餘耕于野避雨樹下衆皆夷踞容獨危坐愈恭郭林宗見而異之因留宿旦日容殺雞爲饌林宗以爲奉己既而容以供母餘半庋置自以草蔬與客飯林宗曰卿賢乎哉眞吾友也因勸其就學○南北朝樂頤之性至孝庾杲之往候之設食惟菜葅杲之不能食母出其膳杲之曰卿過于茅季偉媿我非郭林宗

禹鈞五桂　五代竇禹鈞漁陽人官諫議廣行陰德置義塾延名儒給衣食以教四方遊學之士子五人儀儼侃偁僖相繼登高第馮道贈詩曰燕山竇十郎教子有義方靈椿一株老丹桂五枝芳一稱竇氏五龍

王祐三槐　宋王祐使魏州太祖許以王溥官職及回以百口明符彥直冤反得貶親朋戲曰意公作王溥官職祐笑曰祐雖不及做吾二郎當得之謂旦也因手植三槐于庭曰吾子孫必有爲三公者後旦果相眞宗因構三槐堂東坡爲作堂銘○祐曾孫○王溥宋初位司空

同心向秀　晉向秀字子期少爲同郡山濤所知又與譙國嵇康東平呂安友善其進止無不同而造事營生業亦不與嘗與康鍛于洛邑與安灌園于山陽志同道合當世所少故顏延之五君詠云交呂旣鴻軒攀嵇亦鳳翥

肖貌伯偕　唐張伯偕與弟仲偕形貌相似仲偕娶妻新妝畢見伯偕曰妝好否伯偕答曰我伯偕也遜避之須臾又見告曰向大誤認伯爲卿伯偕曰我仍伯偕也婦大慚遂不出戶後兄弟二人各以衣別之○宋李易安賀人孿生子啟無午未二時之分有伯仲兩偕之秀旣繫臂而繫足實難爲兄而難爲弟注伯偕仲偕形狀無二母以五采繩一繫於臂一繫於足

袁閎土室　漢袁閎父賀爲彭城相卒閎往迎喪不受賻贈縗絰扶柩手足流血見者莫不傷悼陳蕃薦其可登三事桓帝以安車徵之及州黨事作閎乃築土室潛身十八年絕不見客旦暮于室中向母禮拜雖子往亦不得見子亦向戶拜而去○賻贈音附諷

羊侃水齋　南北朝羊侃少瓌瑋膂力絕人嘗于兗州堯廟蹋壁直上五尋橫行得七跡雅好文史嘗飽席應詔賦詩性豪侈善音律初赴衡州于兩艖艓起三間通梁水齋飾以錦繢設帷屏列女樂乘潮解纜臨波置酒緣塘傍水觀者塡咽○艖艓舟也

敬之說好　唐項斯字子遷擢進士授丹徒尉爲人清奇雅正尤工于詩楊敬之贈以詩云幾度見君詩盡好及觀標格勝于詩平生不解藏人善到處逢人說項斯斯由此名益著

郭訥言佳　晉郭訥官至太子洗馬訥嘗入洛聽伎人歌言佳石季倫問其曲郭曰不知季倫笑曰卿不識曲那得言佳訥答曰譬如見西施何必識姓名然後知美○訥字敬言

陳瓘責已　宋陳瓘爲禮部與范淯夫同舍淯夫曰顏子不遷不貳惟伯淯有之瓘曰誰也淯夫默然久之曰不知有稈伯淯也瓘媿因作責沈文謂葉公沈諸梁當世賢者魯有仲尼而不知宜子路之不對也以責已之不知伯淯○淯夫范祖禹也

阮籍詠懷　晉阮籍容貌瓌傑志氣宏放蔣濟辟爲掾後謝病去爲尚書郎遷步兵校尉屬文初不苦思率爾便成晉文時常慮禍患故作詠懷詩八十餘篇昭明入選者十七篇大約非作于一時各因情景物候耳嚴滄浪詩法分爲正始體

十灰

初平起石 晉皇初平一號赤松子蘭谿人少牧羊遇道士引入金華山石室中四十餘年兄初起尋獲之問羊安在平曰山以東往視之皆白石平叱羊來石皆起成羊數萬頭初起遂就平學道○叱開口貌○皇一作黃

左慈擲杯 季漢左慈字元放廬江人有仙術曹操召之閉于一室斷食朞年顏色如故操欲學之慈曰學道當清靜無爲因欲殺之設酒慈以簪畫杯中酒斷飲其左以半與操以杯擲屋棟似鳥飛之狀一坐屬目因失所在○擲音直

名高麟閣 漢宣帝朝上以戎狄賓服思股肱之美乃圖畫其人于麒麟閣狀其形貌署其官爵姓名惟霍光不名曰大司馬大將軍博陸侯姓霍氏其次張安世韓增趙充國魏相丙吉杜延年劉德梁邱賀蕭望之蘇武凡十一人皆以功德知名當世○閣在未央宮內

功顯雲臺 漢明帝朝上思中興功臣乃圖畫二十八將于南宮雲臺以鄧禹爲首次馬成吳漢王良賈復陳俊耿弇杜茂寇恂傅俊岑彭堅鐔馮異王霸朱祐任光祭遵李忠景丹蓋延邳彤姚期劉植耿純臧宮馬武劉隆又益以王常李通竇融卓茂合三十二人馬援以椒房之戚獨不與○臺在洛陽

朱熹正學 宋朱熹字元晦婺源人韋齋先生子初從劉子羽居崇安後從延平李侗學復遍交當世著述六經得洙泗正學之傳故記稱絕學以來集諸儒之大成發先聖之要祕熹一人而已○韋齋名松

蘇軾奇才 宋蘇軾字子瞻眉山人父洵弟轍世稱三蘇嘉祐中爲翰林學士召對便殿宣仁太后曰先帝每誦卿文章必歎曰奇才奇才但未及進用今是以得此官軾感泣失聲后與哲宗亦泣已而命坐賜茶撤御前金蓮燭送歸院○金蓮燭送歸院事始于唐令狐綯至宋乃有六人東坡其一也

淵明賞菊 晉陶元亮本名淵明入劉宋改名潛隱居栗里種菊東籬九月無酒摘菊盈把坐而悵望久之見白衣人至乃太守王弘遣之送酒即欣然命酌醉酩而歸

和靖觀梅 宋林逋字君復居西湖二十年不履城市搆宅孤山宅四面皆種梅鎮日觀之不倦其詠梅詩如疎影橫斜水清淺暗香浮動月黃昏尤膾炙人口家畜二鶴每泛舟湖中客至童子縱鶴使翔逋即棹舟還晤客卒謚和靖

雞黍張范 漢張劭字元伯與范式爲友同遊太學告歸式約二年當過拜尊親乃共剋期至期劭白母具雞黍待之母曰二年之别千里結言何期之審耶對曰巨卿信士必不乖違式果至升堂拜母盡歡而别後劭死見夢于式式奔赴喪已發柩不肯前須臾式白馬素衣號泣而來執紼遂前世稱死友

膠漆陳雷 漢雷義字仲公鄱陽人與陳重爲友順帝朝舉茂才讓與重刺史不聽義遂不應命後同舉孝廉同拜尚書郎時人語曰膠漆自謂堅不如陳與雷義嘗濟人死人謝以金不受人候其不見投之承塵後葺屋得之主已死歸之縣司○承塵即今之頂板

耿弇北道 漢光武兵至邯鄲耿弇進謁與俱北至薊官屬皆曰死當南首奈何北行入囊中光武指弇曰此我北道主人也後平齊帝曰將軍前在南陽建此大策常以爲難今乃知有志者事竟成○弇字伯昭弇音甘

僧孺西臺 唐牛僧孺字思黯初爲伊闕縣尉舊傳縣有人入臺縣前水中先有灘出石礫金沙一日灘出老吏曰此必分司御史若是西臺當有一雙鸂鶒牛祝曰既能有灘何惜鸂鶒言訖一雙飛下旬日牛拜西臺官至同平章事封奇章郡公○鸂鶒音溪尺五色水鳥

建封受貺　唐張建封字本立未遇時尚書裴寬罷郡西歸汴日晚維舟見一人坐樹下衣服極敝寬命與之語大奇之曰以君才識豈長貧賤舉船錢帛奴婢悉以貺之建封不讓登舟奴婢偃蹇者輒鞭之裴公益奇之既而問其人乃建封也德宗朝鎮徐州十年所辟僚佐若韓愈李藩皆名士

孝基還財　宋張孝基娶同里富人女富人只一子不肖斥逐之富人病且死悉以家財付孝基後其子爲丐孝基惻然問曰汝能灌園乎曰能因使灌園頗自力復問曰能管庫乎曰能更謹飭孝基遂以其父財產悉歸之卒成善士孝基卒有友遊嵩山忽遇孝基幷車騎儀從如守土大臣孝基告之曰吾以還財之故上帝命主此山言訖不見

準題華岳　宋寇準華州人八歲時吟華山詩云只有天在上更無山與齊其師謂其父曰賢郎怎得不作宰相又秋風亭詩云野水無人渡孤舟盡日橫時人以爲必濟巨川後果如言封萊國公

綽賦天台　晉孫綽字興公博學能文爲永嘉太守欲解印以向幽寂聞天台神秀可以長往因使圖其狀遥爲之賦賦成示友人范榮期曰卿試擲地當作金石聲劉義慶曰赤城霞起而建標瀑布飛流以界道此賦之佳處

穆生決去 漢穆生少時與楚元王及白生申公受詩于浮丘伯後元王王楚以生等爲中大夫敬禮之生不耆酒每置酒常爲設醴及王戊嗣位亦常設後乃忘設生曰可以逝矣醴酒不設王意怠矣遂決意去○醴音李甘也

賈郁重來 五代時賈郁爲仙遊簿秩滿爲令邑人餉新果郁曰古人畏四知今倍于昔可不畏乎不受及代去一吏醉郁怒曰吾再來必懲之吏言公若再來猶鐵船渡海後果再任醉吏盜庫錢獄具批曰竊銅鑼以潤家非因鼓鑄造鐵船而過海不假鑪錘

臺烏成兆 漢朱博爲御史大夫府列柏樹有烏數千棲其上故後遂稱御史臺爲烏臺或稱烏府東坡詩烏府先生鐵作肝霜風捲地不知寒是也○唐柳仲郢爲諫議大夫每遷官必烏集升平第庭木衆戟皆滿五日乃散

屏雀爲媒 南北朝竇毅字天武爲周上柱國有女方數歲讀列女傳一過不忘聞隋祖受周禪自投牀下曰恨我非男子不能救舅家難毅奇其言不妄與人畫二孔雀于屏間求婚者射二矢陰約中目李淵最後射發二矢各中一目遂以歸之淵爲唐祖竇氏爲后

平仲無術 宋寇準字平仲與張詠善準入相詠時知陳州謂僚屬曰寇公奇才惜學術不足耳及準知陝詠過之準嚴供帳以待詠臨別問詠曰何以教準詠曰霍光傳不可不讀準歸取讀之至不學無術笑曰張公謂我矣

安道多才 宋張方平字安道少穎悟絕倫凡書過眼不再讀嘗因家貧無書借人三史旬日還之曰已知其詳矣生平屬文未嘗起草宋綬蔡齊以爲天下奇才薦之仁英神三朝始終一節時論高之

楊億鶴蛻 宋楊億母章氏始生億夢羽衣人自言武夷君旣誕則一鶴雛盡室驚駭棄之江其叔父曰吾聞間世之人其生必異追至江濱開視則鶴蛻爲嬰兒矣體有紫毫尺餘旣月乃落○又寶誌公生木巢中有東陽朱氏聞兒啼收育之遂冒朱姓億音益蛻音退

竇武蛇胎 漢竇武字游平初生有一蛇同產送之林中後母卒及葬有大蛇自林出以首觸柩涕血皆流若哀泣之容有頃而去人以爲祥

湘妃泣竹 堯以二女娥皇女英妻舜舜南巡崩于蒼梧二妃從之死于江湘之間爲湘水神故世稱湘妃初二妃至洞庭之山泣慟揮淚染竹成斑故今有斑竹又號湘妃竹詳博物志

鉏麑觸槐 鉏麑晉之力士靈公使刺趙宣子晨往寢門闢矣盛服將朝尚早坐而假寐麑退而歎曰不忘恭敬民之主也賊民之主不忠棄君之命不信遂觸槐而死

陽雍五璧 漢陽雍伯嘗設義漿給行人三年有一人飲訖問曰何無菜蔬答曰無種其人懷中出菜子一升與之且曰種此生美玉並得好婦北平徐氏有女公求之徐氏曰得白璧一雙當爲婚公於所種處求之得五雙以聘因名其地曰玉田生十男皆俊異位至卿相○陽一作羊

温嶠一臺 晉温嶠博學能文丰儀秀整嶠姑有女屬其覓壻答曰佳壻難得如嶠者何如姑曰何敢希汝輩久之報姑曰得之矣門第人才不減于嶠因下玉鏡臺一枚既行壻禮畢女披紗扇笑曰我故疑是老奴○老奴嶠之小字

孔門十哲　孔子弟子分爲四科共十人稱十哲程正叔曰此特從夫子于陳蔡間者耳門人之賢不止于此曾子傳道而不與于十哲固知爲世俗之論也○十哲之稱見唐開元二十七年八月之制

殷室三仁　殷紂無道微子啟帝乙首子紂庶兄也去之荒野以存宗祀箕子胥餘父師也諫不聽囚之乃被髮佯狂爲奴王子比干少師也陳先王艱難天命不易請王洗心易行伏于象門之外紂怒曰比干自以爲聖吾聞聖人心有七竅信乎遂剖之以觀其心孔子以其迹異而心同稱爲三仁

晏能處己　李漢何晏字平叔七歲明慧若神魏武奇愛之因晏在宮中欲以爲子晏乃畫地令方自處其中人問其故答曰何氏之廬也魏武知之即遣還

鴻恥因人　漢梁鴻字伯鸞少孤嘗獨止不與人同食比舍先炊已呼伯鸞及熱釜炊伯鸞曰童子鴻不因人熱者也滅竈更然之

文翁教士　漢文翁名黨舒人少好學通春秋景帝時爲蜀郡守崇尙教化興學校以變風俗遣俊士司馬相如及張叔等十八人東詣博士受七教還以教授學徒鱗萃比于齊魯故地理志曰文翁倡其教相如爲之師武帝時天下皆建學自文翁始後終于蜀蜀人祀之

朱邑愛民　漢朱邑字仲卿舒人舉賢良遷北海太守治行第一入爲大司農天性廉正及卒天子惜之曰大司農退食自公無疆外之交可謂淑人君子賜黃金以奉祭祀初邑病屬其子曰我故爲桐鄉嗇夫遺愛在民民實愛我死必葬我桐鄉今墓在桐西二十里民立祠祀之

太公釣渭　太公姓呂名尙字子牙姜其氏也年八十釣于渭水得玉璜刻曰周受命呂佐之文王出獵卜曰非熊非羆乃王者師遇尙以後車載之歸喜曰吾太公望子久矣因稱爲太公望武王尊爲師尙父從之伐紂

伊尹耕莘　伊尹名摯生於空桑居於伊水故氏曰伊尹其字也第考太甲篇自稱尹躬恐無君前稱字之理尹耕于有莘國之野樂堯舜之道湯三使往聘因說湯伐夏救民焉○故莘城在汴州陳留縣東北

皐惟團力　唐曹王皐代宗朝爲江西節度使教習所部兵惟以團力法蔡州刺史李希烈爲亂皐敗其將韓霜露于黃梅斬之拔黃州進拔蘄州又破其將杜少誠萬餘騎希烈遂東畏曹王皐西畏李兼不敢復窺江淮○皐唐宗室襲封曹王

泌僅獻身　唐代宗朝端午各獻服玩上謂李泌曰先生何獨無獻泌曰自巾至履皆陛下所賜所餘獨一身耳上曰朕所求正在此旣獻其身當惟朕所爲不爲卿有矣

喪邦黃皓　季漢劉後主用內官黃皓皓專權自恣屏逐姜維以致後主昏庸魏陳留王遣鄧艾往征之遂降魏蜀漢亡○喪去聲

誤國章惇　宋章惇字子厚助王安石行新法哲宗朝外斥尋內召通判陳瓘中道謁之問曰天子待公爲政何先惇曰司馬光姦邪所當先辨瓘曰公誤矣果爾恐失天下之望指司馬爲姦邪必復改作則誤國亦甚爲今之計消朋黨持中道庶可以救弊惇不悅○惇二弟九孫皆及第

鞅更秦法 周商鞅魏人爲秦相徙木立信盡變秦法使民勇于公戰怯于私鬬後以公子虔之徒告鞅反逃亡欲止客舍客曰商君之法舍人無驗者坐之鞅歎曰嗟乎爲法自弊一至于此

普讀魯論 宋趙普字則平薊州人沈厚寡言手不釋卷歷相兩朝太宗嘗稱之曰普能斷大事盡忠國家眞社稷臣也每歸私第必闔戶啟篋取論語讀之嘗語上曰臣有論語一部以半部佐太祖定天下以半部佐陛下定太平後卒謚忠獻上撰神道碑銘親爲八分書賜之

呂誅華士 太公望封于齊齊有華士者義不臣天子不友諸侯人稱其賢召之三不至命誅之周公曰此齊之高士奈何誅之太公曰夫不臣天子不友諸侯望猶得臣而友之乎望不得臣而友之是棄民也召之三不至是逆民也而旌之以爲教首使一國效之望誰與爲君乎○華音話

孔戮聞人 孔子爲魯司寇攝政七日而誅亂政大夫少正卯于兩觀之下子貢曰少正卯魯之聞人也何誅之孔子曰天下有大惡五竊盜不與焉心逆而險行僻而堅言僞而辨記醜而博順非而澤少正卯兼有之不可以不除

暴勝持斧　漢武天漢二年泰山瑯琊盜起遣直指使者暴勝之等衣繡持斧分部逐捕刺史郡守以下多伏誅聞雋不疑賢請見不疑盛飾造門勝之迎上座不疑曰凡作吏太剛則折太柔則廢威行濟之以恩乃可善後勝之改容納焉遂表薦不疑

張綱埋輪　漢張綱字文紀皓子彭山人少負氣節順帝朝爲御史時帝遣八使按行風俗綱獨埋車輪於洛陽都亭曰豺狼當道安問狐狸遂劾大將軍梁冀及冀弟河南尹不疑等不法事冀恚之使出爲廣陵守以廣陵有張嬰之亂也○八使杜喬周舉周栩馮羨欒巴郭遵劉班併綱八人

孫非識面　宋孫抃皇祐中爲御史中丞薦唐介吳敦復爲御史或問之曰君未與相識而薦之何也抃曰昔人恥呈身御史今豈求識面臺官耶後二人俱以剛介著聞

韋豈呈身　唐韋澳字子斐武宗朝擢宏詞十年不調高元裕欲薦之爲御史諷澳謁已澳曰恐無呈身御史宣宗朝官翰林持身清潔不逐時流

令公請稅 晉裴楷武帝朝累官散騎侍郎後遷中書令梁王趙王國之近屬貴重當時令公歲請二國租錢數百萬以卹中表之貧者或譏之曰何以乞物示惠叔則曰損有餘補不足天之道也○叔則楷字楷嘗營新宅甚麗當移住與兄儒共遊牀帳儼然軒檻疏朗兄甚欲之而口不言楷心識之便推以與

長孺輸緡 宋楊長孺帥番禺將受代有俸錢七千緡悉以代下戶輸租每對客曰士大夫清廉便是七分人了以忤權貴見劾陳靑閒中作玉壺冰朱絲絃二詩送行後以學士致仕○緡音民

白州刺史 唐薛稷爲紙封九錫拜楮國公白州刺史統領萬字軍詳纂異記○又晉桓溫有主簿善別酒好者爲青州從事惡者爲平原督郵青州有齊郡從事謂到臍下平原有鬲縣督郵言在鬲上下句絳縣老人與青州從事對亦可

絳縣老人 襄公三十年晉悼夫人食輿人之城杞者絳縣老人與焉問其年曰臣小人也不知紀年臣生之歲正月甲子朔四百有四十五甲子矣蓋七十三年也趙孟召之而謝過焉曰武不才任君之大事以晉國事多虞不能由吾子使吾子辱在泥塗久矣武之罪也遂仕之使助爲政辭以老使爲君復陶以爲絳縣師○復陶主衣服

景行蓮幕 南北朝庾杲之字景行王儉用爲衛將軍長史蕭緬與儉書曰盛府元僚實難其選庾景行泛淥水依芙蓉何其麗也時人以入儉府爲蓮花池故緬書美之

謹選花裀 唐許愼字謹選放曠不拘小節與親友結宴花圃中未嘗張幄設坐只使僮僕聚落花鋪坐曰吾自有花裀何須坐具

郗超造宅 晉郗超字嘉賓每聞高尚隱退者輒爲辦百萬資並爲造立居宇在剡爲戴公起宅甚精安道謂所親云近至剡如官舍○安道戴公字戴公博學能文善鼓琴性高潔孝武累徵不就誰國人隱于剡溪

季雅買鄰 南北朝宋季雅罷南康市宅居呂僧珍宅側僧珍問宅價答曰一千一百萬怪其貴曰一百萬買宅一千萬買鄰及僧珍生子季雅往賀函曰錢一千閽人少之不爲通季雅强入僧珍發之乃金錢也

壽昌尋母 宋朱壽昌字康叔七歲父嫁其母不知所在及長棄官刺血寫經求之得于鄜中計別五十年矣東坡賀以詩云嗟君七歲知念母憐君壯大心愈苦羨君臨老得相逢喜極無言淚如雨○又晉虞道愍亦棄官求母得之悲動路人宋呂昌問六歲失母以河陽當塗道求訪其地使于訪問秩將滿忽得報乃棄官如荆門得之

董永賣身 漢董永千乘人少失母獨養父父死無以葬從里人裴氏貸錢一萬約以身作奴葬畢忽遇一婦求爲妻俱詣錢主主人令織縑三百疋以償一月畢婦曰我織女也因君至孝上帝令我助君償債言訖凌空而去後生子仲送永撫之

建安七子 建安漢獻帝年號七子謂王粲陳琳徐幹劉楨應瑒阮瑀曹植也七人俱以文章重於魏文帝而曹劉尤稱絕唱鍾嶸曰昔孔門用詩則公幹升堂子建入室景陽潘陸可坐于廊廡之間○景陽張協字潘潘岳陸二陸也

大厤十人 大厤唐代宗年號十人謂盧綸吉中孚韓翃錢起司空曙苗發崔峒耿湋夏侯審李端也皆工詩齊名號大厤十才子詩評云大厤之詩高者尚未失盛唐憲宗詔中書舍人張仲素訪集遺文文宗尤愛其詩遣中人索之得五百篇

香山詩價 唐白居易爲江州司馬築草堂於香爐峰下稱香山居士工詩初頗以規諷得失其後更下偶俗好至數千篇士人爭爲傳寫雞林行賈售其國相率篇易一金其僞者國相輒能辨別之○雞林新羅國名

孫濟酤緡 季漢孫濟孫權之叔嗜酒不治產業常醉厯欠酒緡人皆笑之濟恬然自若謂人曰尋常行坐處欠人酒債欲貨此緼袍償之杜工部詩酒債尋常行處有本此

令嚴孫武 周孫武齊人以兵法見吳王闔廬王出宮中美女百八十人使武教之戰孫子分爲二隊以二寵姬爲隊長皆令持戟三令五申婦人大笑斬二隊長以狥復鼓之婦人左右前後跪起皆中規矩王遂用武爲將西破强楚北威齊魯武著有兵法十三篇

法變張巡 唐張巡用兵未嘗依古法勸大將教戰各出其意或問之答曰古者人情敦樸故軍有左右前後大將居中三軍望之以齊進退今胡人務馳突雲合鳥散變態百出故吾止使兵識將意將識士情上下相習人自爲戰矣

更衣范冉 漢范冉一云丹字子雲桓帝時爲萊蕪長議者以爲侍御史遂遁去賣卜于梁沛之間少與同郡尹包善出入共一絳衣到人門外尹年長常先著而入比出解與冉冉嘗候姊姊具飯以姊夫不德留錢五十而去○著音酌

廣被孟仁 季漢孟仁一云宗少從李肅學其母爲作厚被大褥人問故母曰小兒無德致客客多貧故爲廣被庶可得與氣類接也後爲魚官作鮓寄母母封還之與陶母湛氏事同○又南北朝裴之横少縱誕兄之高爲狹被蔬食以激之之横歎曰大丈夫富貴必作百幅被後除岳陽太守作百幅被以成其志

筆牀茶竈 唐陸龜蒙字魯望長興人嘗自忍饑恥食居沽兒酒肉故親黨鮮會伏臘喪祭皆未嘗及無事時乘小舟賫束書茶竈筆牀釣具櫂船而遊遊少不會意竟還不留性嗜茶闢園顧渚山下歲收之號天隨子又號甫里先生

羽扇綸巾 季漢諸葛亮與司馬懿對于渭南克日交戰懿戎服蒞事使人視亮亮獨乘素車綸巾羽扇指揮三軍隨其進止懿歎曰諸葛君可謂名士矣亮尋卒軍退懿行其營壘復歎爲天下奇才○綸改作綸字音關說本楊升庵

灌夫使酒　漢灌夫為人剛直使酒不好面諛貴戚有勢者必凌之諸士貧賤者益恭敬嘗醉搏衛尉竇甫後又以酒酣侵丞相田蚡又怒蚡請魏其侯城南田又因蚡取燕王女為夫人往賀罵坐不敬得罪引他事劾誅之○蚡音粉

劉四罵人　唐劉子翼有學行性剛直朋友有過輒面責之退無餘訾李百藥嘗語人曰劉四雖復罵人人終不恨爲隋祕書監唐太宗徵之辭以母老不至○訾音疵

以牛易馬　晉元帝南渡是爲東晉傳世十享祚九十八年初玄石圖有牛繼馬後之讖故司馬懿深忌牛氏爲二榼共一口以貯酒懿先飲佳者而以毒酒鴆其將牛金不知恭王妃夏侯氏竟通小吏牛氏而生元帝

改氏爲民　季漢民儀本姓氏仕吳孔融嘲之曰氏字民無上可改爲民但考姓譜並無民姓瑯琊代醉編氏與昬皆從民字唐避太宗諱故石經皆以氏字代之則又改民爲氏矣或云儀改氏爲是俟再詳○昬音敏

壙先表聖 唐司空圖字表聖虞鄉人舉進士避亂不仕自號耐辱居士又號知非子嘗預爲塚壙故人來者引置壙内賦詩對酌人或難之表聖曰我非止暫遊此中公何不廣耶出則以女家人鸞臺自隨嘗爲王重榮作碑贈絹數千匹圖置之市門外人得取之一日而盡有一鳴集傳世

燈候沈彬 唐沈彬字子文隱雲陽山學仙道工詩有湘江行云數家漁網殘煙外一岸夕陽細雨中人膾炙之後仕南唐爲吏部郎臨終指葬地以示家人穴其所得石蓮花燈三椀有銅牌篆文曰佳城今已開雖開不葬埋漆燈猶未滅留待沈彬來

謝敷處士 晉謝敷字慶緒澄靜寡慾入若耶山十餘年辟命皆不就郗恢嘗曰慶緒識見雖不絶人可以累心處都盡少微星一名處士星初月犯少微古者以隱士當之時戴逵有美才人或憂之俄而敷死越人嘲之云吳中有高士求死不得死

宋景賢君 宋景公時熒惑守心心宋分也召子韋問焉韋曰禍當君可移於相公曰相所與治國家者也曰可移於百姓公曰百姓死寡人將誰爲君曰可移于歲公曰歲荒人饑必死誰以我爲君乎韋曰君有至德之言三熒惑必退是夜果退舍

景宗險韻 南北朝曹景宗字振爲以膽勇聞梁武朝爲右將軍魏兵圍鍾離景宗帥師解圍振旅而還帝宴之羣臣聯句令沈約限韻時韻用已盡惟餘競病二字景宗操筆立成云去時兒女悲歸來笳鼓競借問行路人何如霍去病帝大稱賞

劉煇奇文 宋劉幾字之道爲文好險語歐公惡之論有曰天地軋萬物茁聖人發公曰必劉幾也因戲批秀才刷試官刺以朱筆橫抹之謂之紅勒帛後公爲御試考官試堯舜性仁賦有曰靜以延年獨高五帝之壽動而有勇形爲四罪之誅擢第一及唱名乃劉煇即易名也公愕然久之○刺音辣

袁安卧雪 漢袁安字邵公汝陽人微時客洛陽時大雪洛陽令按行至門門無行跡因除雪以入見安僵卧問何以不出曰大雪不宜干人令舉爲孝廉後累官至司徒○又劉定卧雪事與安同

仁傑望雲 唐狄仁傑武后朝爲相以功封梁國公初爲幷州法曹參軍親在河南仁傑偶登太行見白雲孤飛歎曰吾親舍在其下徘徊久之雲移乃得去○幷音平

貌疏宰相 宋王欽若貌疏瘦舉止山野復贅項嘗以文謁錢公希白公頗蔑視之有術者謂公曰此乃人中之貴何可輕也公曰中堂內有此等宰相乎術者曰第恐不免事不遠矣後果爲眞宗相

腹負將軍 宋蘇軾聞弟子由瘦寄詩云十年京國厭肥羜日日饑花壓紅玉從來此腹負將軍今者固宜安脫粟俗云大將軍食飽捫腹歎曰我不負汝左右曰將軍不負此腹此腹負將軍未嘗少出智慮之萬一也

梁亭竊灌 梁大夫宋就爲邊縣令與楚隣界梁亭與楚亭皆種瓜梁勤于灌瓜美楚灌稀瓜惡楚亭人搔梁瓜焦死梁覺欲報之就曰人惡亦惡何褊之甚我教子爲楚人夜灌其瓜勿令知也梁人如其言楚瓜美怪而察之乃梁人爲之也楚王曰此梁之陰讓也謝以重幣因請交

曾參誤耘 曾子耘瓜誤斬其根父晳怒大杖擊之曾子仆地有頃乃蘇孔子聞之曰參來勿納曾子請之孔子曰舜事瞽瞍小杖則受大杖則走今參委身以待暴怒身死陷父于不義不孝孰大焉○仆音匐

張巡軍令 唐雷萬春事張巡爲偏將令狐潮圍雍邱萬春立城上與潮語伏弩發六矢著面萬春不動潮疑木刻人諜得其實乃驚遥謂巡曰向見雷將軍已知足下軍令矣○諜軍中細作

陳琳檄文 後漢陳琳字孔璋廣陵人初爲何進主簿後歸曹操操愛其才軍國書檄多出琳手操先苦頭風一日疾發臥讀琳所作翕然起曰此愈我病數加厚賜官至門下督建安七子之一也○檄以木簡爲書長尺二寸以號召也有急則插鷄羽謂之羽檄檄音吸

羊殖益上 趙簡子問成摶曰吾聞羊殖賢大夫也是行奚若對曰臣摶不知也簡子曰子與友親何不知也摶曰其爲人也數變其十五年也廉以不匿其過其二十也仁以喜義其三十也爲晉中軍尉勇以喜仁其年五十也爲邊城將遠者復親今臣不見五年矣是以不敢知簡子曰果賢大夫也每變益上

甯越彌勤 周甯越中牟人苦耕稼之勞謂其友曰何爲可以免此友曰莫如學也勤三十年則可以免矣越曰然則人將休吾不敢休將臥吾不敢臥如是者十五年亦足矣乃發憤十三年齊威公師事之

蔡邕倒屣 季漢王粲字仲宣博物多識問無不知蔡邕奇其才略聞粲在門倒屣迎之粲年少短小一座皆驚邕曰此君奇才吾不如也吾家書籍當悉與之後仕魏○屣履不躡跟也邕音雍

衞瓘披雲 晉樂廣字彥輔善談論每以約言析理遂饜人心衞瓘見而奇之曰此人之水鏡也見之若披雲霧而覩青天後仕至尚書令女適衞玠時有婦翁冰清女壻玉潤之語

巨山竈息 唐李嶠字巨山昆弟皆年三十而卒母憂之以嶠壽問于袁天罡袁答曰神清氣秀若壽不永耳因請與嶠連榻而寢視其鼻息乃出入在耳中遂賀曰竈息也必大貴壽後果驗○罡音剛

遵彥龍文 南北朝楊愔字遵彥六歲受史書十一歲受詩易從兄昱器重之曰此兒駒齒未落已是吾家龍文更十年求之千里之外後事梁武爲太子少保封開國公幼時在學庭羣兒爭取柰實愔頽然獨坐季父暐異其恬裕牽內有茂林爲愔獨闢一室飯以銅盤重肉之食○龍文良馬名

傲倪昭諫 唐羅隱字昭諫工詩尤長于詠史性傲倪少與桐廬章魯風齊名爲宰相鄭畋所重畋女覽隱詩諷詠不已畋疑有慕才意隱貌陋一日女窺見之遂絶口不詠令狐綯子滈登第隱賀以詩綯曰吾不喜汝得第喜汝得羅公詩耳○滈音縞

茂異簡言 宋吳簡言以茂異決科累官祠部郎中嘗經巫山神女廟題詩云惆悵巫娥事不平當時一夢是空成只因宋玉閒唇吻流盡長江洗不清是夜夢神女來謝吳字若訥

金書夢珏 唐李珏開成中拜相李絳稱其日角珠庭非庸人相時廣陵有李珏以販糴爲業每斗惟求子錢二文資奉父母凡糴糶受人升斗俾其自量丞相珏節制淮南時夢入洞府見石壁金書姓名中有李珏方自喜有二童子云此是江陽部民李珏耳後百餘歲仙去珏音覺

紗護卜藩 唐李藩字叔翰少沈靜有檢局憲宗朝同平章事嘗問卜于葫蘆生生曰子紗籠中人也藩不省後有新羅僧言凡位當宰相者冥司必潛以紗籠護其名姓恐爲異物所害後爲杜兼所誣召藩詣長安帝望見其儀度安雅曰此豈爲惡者耶

童恢捕虎　漢童恢爲不其令民有爲虎所害恢捕二虎謂曰王法殺人者死若殺人者垂頭伏罪不殺人者當號訴一虎低頭瞑目一虎視恢號鳴恢乃殺一釋一吏民爲之歌頌遷丹陽太守執法廉平弟翊名高于恢辛府先辟之翊陽喑不出及兄被命乃就孝廉○翊音掛不其今山東即墨縣恢字漢宗

古冶持黿　齊景公渡河偶沈黿啣左驂没之衆皆惕古冶子獨仗劍從之斜行五里逆行五里至于砥柱之下左手持黿頭右手挾左驂燕躍鵠踴而出仰天大呼水爲逆流三百步觀者皆比于河伯

何奇韓信　漢蕭何見韓信與語奇之漢王未及重用信信亡去何自策騎月下追返之力薦于高祖曰國士無雙高祖遂築壇拜爲大將卒賴成功○信字君實

香化陳元　漢仇覽一名香爲蒲亭長有陳元者母訟其不孝覽驚曰守寡養孤奈何致子於法母感悟去覽因親至其家諭元以大義卒成孝子邑令王渙署爲主簿曰聞不罪陳元而化之得無少鷹鸇之志乎覽曰竊謂鷹鸇不如鸞鳳故不爲耳

徐幹中論　季漢徐幹與陳琳等七人皆好文章號建安七子魏文帝嘗與吳質書曰偉長抱文懷質恬淡寡欲有箕山之節可謂彬彬君子矣疾時人美麗之文不能敷散道教故著中論行世辭義典雅當世嘉之○偉長幹字

揚雄法言　漢揚雄少好學居岷山之陽有田一廛有宅一區以經莫大于易作太玄傳莫大于論語作法言篇莫善于蒼頡作訓纂箴莫善于虞人作九箴賦莫善于離騷作反騷辭莫麗于相如作四賦雄撰法言蜀有富人貲錢十萬願載一名子雲曰富人無義正如圈中之鹿欄中之牛矣安得妄載

力稱烏獲　烏獲秦武王時人力能扛鼎秦武王好以力戲獲遂至大位後舉鼎折脈而卒○扛音釭對舉也獲字文舉○論衡云董仲舒揚子雲文之烏獲也

勇尚孟賁　孟賁齊人能生拔牛角往歸秦武嘗過河先其伍船人摅之不知其爲賁也中河賁怒目裂髮直舟中之人盡揚播于河○摅孝平聲賁音奔淮南子注作衛人

八龍荀氏 漢荀淑字季和子八人儉緄靖燾汪爽肅敷並有大名淑居西豪里縣令苑康曰昔高陽氏有才子八人遂署其里曰高陽里號其子曰八龍靖爽尤知名復有二龍之號或稱二五許邵曰叔慈內照慈明外朗陳太邱嘗攜諸子姪造之于時德星聚太史奏五百里當有賢人聚○又唐崔琪宋韓億徐偉各八子皆賢亦號八龍

五豸唐門 宋唐垌唐肅唐詢唐介唐淑問相繼爲御史人稱一門五豸○按介字子方垌之叔淑問介之子垌兄肅則垌祖詢則垌父也○有足曰蟲無足曰豸本音池上聲俗譌爲獬廌廌字則柴上聲矣御史官服用獬廌豸宜作廌

張瞻炊臼 江淮王生善卜賈客張瞻將歸夢炊臼中以問王生生曰君歸不見妻矣臼中炊無釜也字義釜去聲爲婦瞻歸其妻果卒見酉陽雜俎

莊周鼓盆 周莊周蒙人一稱漆園吏妻死惠子弔之周箕踞鼓盆而歌曰堪歎浮世事有如開花謝妻死我必埋我死妻必嫁我若先死時一場大笑話田被他人耕馬被他人跨妻被他人戀子被他人打以此動傷心相看淚不下世人笑我不悲傷我笑世人空斷腸死後若還哭得轉我亦千愁淚萬行惠子曰不亦甚乎○不似三代時語疑屬後人傳會惠子名施莊子友

疏脫士簡　南北朝張率字士簡嗜酒疏脫在新安遣家僮載米三千斛還吴耗失大半士簡問其故答曰雀鼠耗也士簡歎曰壯哉雀鼠竟不究率初作頌賦虔訥詆之後更爲之託言沈約訥便句句稱賞

博奧文元　唐蕭穎士論文元之十餘年穎士每加箠楚輒百餘不堪其若人或激之擇木亮曰我非不能他從所以遲留者特愛慕其博奧耳○陸放翁詩奴愛才如蕭穎士○蕭字茂挺性嚴酷有僕名杜亮事

敏修未娶　宋陳敏修紹興間中進士第三人玉音云卿便是陳敏修修年幾何對曰七十三又問有幾子對曰未娶上乃出內人施氏嫁之年三十資奩甚厚時人語曰新人若問郎年紀五十年前二十三

陳嶠初婚　宋陳嶠字景山年近六十方及第有儒家以女妻之合卺之夕作詩云彭祖尙聞年八百陳郎猶是小孩兒○東坡謫惠州鄰有老舉人年六十九其妻三十歲誕子公戲一聯曰令閤方當而立歲賢夫已過古希年見侯鯖錄

長公思過 漢韓延壽字長公爲左馮翊行縣至高陵民有昆弟相與訟田延壽大傷之曰幸得避位爲郡表率不能宣敎明化至令民有骨肉爭訟咎在馮翊因閉門思過一縣莫知所爲令丞以下亦皆自繫待罪于是訟者自悔肉袒謝罪願以田相讓終死不敢復爭○馮音平翊音亦

定國平寃 漢于定國累官廷尉時稱之曰張釋之爲廷尉天下無寃民于定國爲廷尉民自以爲不寃先是定國父于公爲獄吏閭門壞父老方共治之公曰幸少高大令容駟馬高車蓋我治獄多陰德子孫必有興者至定國果拜相封西平侯生平謙厚身爲列卿尚迎師執弟子禮飲酒數斗不亂酒後治獄益精明

陳遵投轄 漢陳遵字孟公性好客每會飲取客車轄投井中雖有急不得去善書凡與人尺牘衆皆珍藏之初爲京兆史列侯中有與同姓字者每至入門坐中莫不震動既至而非因號曰陳驚坐

魏勃掃門 漢魏勃欲見齊相曹參貧無以通乃常早起掃齊相舍人門舍人怪而問之乃知是勃詢其故勃曰願見相君無因故爲掃之藉以自通也于是引見參遂以爲舍人

孫璡織屨

宋孫璡家貧嗜書善吟咏不應舉躬耕織屨以爲食壽百歲嘗賦述懷詩云坐倦秋樹根攜衣步前邱橫河淡如練波月西南流獨持一樽酒悠然發清謳俯仰無不足吾生焉所求○璡津上聲

阮咸曝褌

晉阮咸字仲容任達不拘當時莫不怪其所爲惟太原郭奕見之心醉焉與叔籍齊名咸與籍居道南諸阮居道北北富南貧七夕日北阮曝衣錦綺熇日咸以竹竿掛犢鼻褌於庭曰未能免俗聊復爾耳出補始平太守○熇音郝

晦堂無隱

宋黃庭堅字魯直嘗欲詮釋吾無隱乎爾之義再三不得其解因問黃堂寺晦堂老子晦堂不答時暑退涼生秋風滿院晦堂因問曰聞木樨香乎山谷曰聞晦堂曰吾無隱乎爾山谷歎服○木樨桂之別名山谷庭堅別號

潙山不言

唐香嚴禪師參潙山潙山曰父母未生時試道一句看師茫然屢乞潙山說破潙山曰我說底是我底終不干汝事乃泣辭過南陽一日芟除草木偶拋瓦礫擊竹作聲忽省悟遽沐浴焚香遙禮潙山讚曰和尚大慈恩逾父母若爲說破今日何有潙音規

莊生蝴蝶 周莊周爲漆園吏字子休嘗夢化爲蝴蝶栩栩然不知周也俄而覺則蘧蘧然周也不知周之夢蝶蝶之夢周也是謂物化○栩栩忻暢貌蘧蘧自得貌○南北朝李惠性疏曠不羈嘗曰予夙夜在公不得爛遊華胥國欲搆一蝶庵以莊周爲第一祖陳摶配食忙者雖與注籍供職

呂祖邯鄲 唐開元中呂嵓得道雲遊經邯鄲客邸適主人炊黃粱時有盧生在坐言困阨欲求仕嵓乃取囊中枕授之睡未幾夢登第出入將相五十年榮盛無比及覺黃粱尚未熟盧生因求度世之術後亦仙去○嵓卽純陽子邯音寒鄲音單

謝安折屐 晉謝安領揚州刺史時苻堅入寇安方在別墅對客圍棋姪玄以文武良將禦敵破堅肥水捷至安略無喜色客問但曰小兒輩已破賊矣既罷還內過門限喜甚不覺屐齒之折其矯情鎭物如此屐音極

貢禹彈冠 漢貢禹字少翁與王陽友善陽爲益州刺史禹乃彈冠相慶俟其薦已陽果薦于成帝○一說禹初爲河南令以職事爲上官所責免冠謝已而曰冠一免安可復冠遂謝去世言王陽在位貢禹彈冠則前說爲是

顗容王導 晉王敦亂，從弟王導詣臺待罪，亟呼周顗曰：伯仁，以百口累卿。顗直入不顧，見帝申救而出，但謂左右曰：今年殺諸賊奴，取金印如斗大。既又表明導無罪，導皆不知。敦至，問顗何如，導不答，遂殺顗。尋知之，導悔曰：我雖不殺伯仁，伯仁由我而死。○伯仁，顗字。顗音以。

浚殺曲端 宋曲端字正甫，爲威武將軍，善戰，得士卒心。與宣撫使張浚議不合，竄之。浚猶張其號以懼虜，尋召還，欲用。吳玠與之有隙，書曲端謀反四字於手示浚；又端詩「不向關中興事業，卻來江上泛漁舟」，王庶誣其指斥乘輿，遂下端獄，武臣康隨計殺之。

休那題碣 明姚康字休那，桐城人，素恬淡，嘗研精墳史，不屑仕進。何史二相國先後敦請入幕，文章經濟略見一斑，而貧窶如故。七十初度，爲詩自祭，有陶靖節風。又自題墳碣曰：形有靑蠅，幾見禮成；徐孺子賦無白鳳，免得書稱莽大夫。壽七十六，著述甚富。○那，儒平聲。

叔邵凭棺 明方叔邵字虎臣，桐城人，豪放不羈，詩酒自適，書法婉美，草聖識者賞之。崇禎壬午夏忽病劇，遂自整衣冠坐棺中，凭棺援筆書曰：千百年之鄉而不去，爭此瞬息而奚爲；無干戈劍戟之鄉而不去，戀此棘而奚爲。清風明月如常在，翠壁丹崖我尚歸。筆硯攜從棺裏去，山前無事好吟詩。書畢，就寢，遺命勿殮。○凭音憑。

如龍諸葛 季漢諸葛亮隱居隆中徐庶稱爲卧龍先主因司馬徽之薦三顧之乃克見喜如魚之得水後爲相封武鄉侯兄瑾事吳弟誕事魏時謂蜀得龍吳得虎魏得狗○今南陽之鄧縣在襄陽城西二十里號曰隆中孔明躬耕處

似鬼曹瞞 季漢曹操小字阿瞞機警有權術臨終戒其子曰我死當遺云安漢公曹將軍墓恐人竊聽又但囑衆妾分香賣履無一語及他事故陽節潘氏論曰平生奸僞死見眞性操之所以如鬼也蓋本坡公祭諸葛君文視亮如龍視操如鬼

爽欣御李 漢李膺字元禮性簡亢無所交接惟以荀淑爲師淑第六子爽嘗就謁膺因爲其御既還喜曰我今日得御李君矣其見慕如此故當時被其容接者名爲登龍門○登龍門任昉喜昂事亦同

白願識韓 唐韓會字朝宗玄宗朝爲荆州刺史以好上薦賢稱李白流落江漢上書自薦其簡端曰白聞天下談士相聚而言曰生不用封萬戶侯但願一識韓荆州何令人之景慕一至于此

黔婁布被 周黔婁子齊隱士守道不屈威王師之卒覆以布被覆頭則足露覆足則頭露曾西曰斜其被則斂矣其妻曰斜而有餘不若正而不足著書四篇言道家之要號黔婁子

優孟衣冠 周優孟楚樂人楚相孫叔敖知其賢善待之叔敖將卒囑其子貧困則往見優孟孟爲叔敖衣冠抵掌談笑莊王以爲叔敖復生欲以爲相孟請歸與婦計三日後來曰婦言愼無爲楚相孫叔敖盡忠于楚今死其子無立錐地負薪以自衣食如爲相不如自殺于是莊王謝孟召叔敖子封之寢邱

長歌甯戚 周甯戚衛人家貧爲人挽車至齊夜于車下飯牛扣角而歌曰南山矸白石爛生不逢堯與舜禪短布單衣適至骭從昏飯牛薄夜半長夜漫漫何時旦桓公聞而異之命管仲迎之拜爲上卿○歌共三章詳古詩紀

鼾睡陳摶 宋陳摶字圖南號希夷普州崇龕人初隱武當山有五老人來聽講易曰吾日月池中龍也此非君之所棲令閉目御風而行頃之已至華山石上因喜鼾睡每至百餘日不起蓋五龍授以蟄法也周世宗曾于禁中扃戶試之○鼾音酣摶音團

曾參務益

曾子有疾曾元抱首曾華抱足曾子曰吾無顏氏之才無以告子然君子務益夫華多實少者天也言多行少者人也夫飛鳥以山爲埤而層巢其嶺魚鱉以淵爲淺而穿穴其內然所以得者餌也君子苟能無以利害身則辱安從至乎官怠於宦成病加於小愈禍生於懈惰孝衰於妻子

龐德遺安

漢龐德公隱居峴山不入城府刺史劉表累召不赴乃造訪公耕隴上妻饁於前相敬如賓表曰先生不受官祿何以遺子孫公曰人遺之以危我遺之以安耳建安中攜妻子移隱鹿門山下子渙晉太康中牂牁太守○牂牁音臧歌

穆親杵臼

漢公沙穆字子義少遊太學無資乃變服客傭爲吳祐賃舂祐與語大驚遂共定交於杵臼之間穆後爲弘農令螟蟲食稼乃設壇請以身禱於是暴雨既霽而螟蟲自消人頌神明○公沙複姓

商化芝蘭

孔子曰吾死之後商也日益賜也日損曾子曰何謂也子曰商也好與賢己者處賜也悅不若己者處不知其人視其友故曰與善人居如入芝蘭之室久而不聞其香即與俱化矣與不善人居如入鮑魚之肆久而不聞其臭即與俱化矣丹之所藏者赤漆之所藏者黑是以君子必慎所與處者焉

葛洪負笈

晉葛洪字稚川句容人家貧籬落不修常披榛出門排草入室屢遭延火典籍都盡故閉門卻掃絕少交遊或尋書問義則不遠千里期於必得常負笈徒步借書鈔寫自伐薪以貨紙墨夜輒然火或寫或讀但所寫多反覆人罕能讀之後得祕術仙去○笈書箱也笈音及

高鳳持竿

漢高鳳字文通葉縣人家以農爲業妻嘗之田曝麥于庭令鳳護雞時天暴雨鳳持竿誦經麥爲流水所漂妻還怪問鳳方悟後成名儒教授西唐山中不應徵辟隱身漁釣而終

釋之結韈

漢張釋之官廷尉時有王生者善釋老隱居不仕釋之與之善嘗召公卿王生立庭中韈解顧謂釋之曰爲我結韈釋之跪而結之旣退或曰奈何辱廷尉王生曰吾老且賤自度無益于廷尉聊辱結韈以重之耳諸公聞之皆賢王生而重釋之

子夏更冠

漢杜欽字子夏少好經書家富而目偏盲故不好爲吏茂陵杜鄴與欽同姓字俱以材能稱故稱欽爲盲杜子夏以相別欽惡以疾見詆迺爲小冠高廣才二寸由是京師更謂欽爲小冠杜子夏而鄴爲大冠杜子夏云王鳳奏請欽爲大將軍軍武庫令

直言唐介 宋唐介字子方仁宗朝爲御史裏行劾文彥博結交後宮竊取相位帝怒貶介英州別駕尋遣使護行又圖其像于便殿李師中送以詩有去國一身輕似葉高名千古重如山之句由是介直聲動天下後神宗朝參知政事僩伉敢言數與王安石辯不勝憤恚遂至疽發背死

雅量劉寬 漢劉寬字文饒性仁厚爲南陽太守吏民有過但用蒲鞭示辱靈帝中拜太尉嘗朝會夫人欲試寬令恚使婢捧肉羹汚其朝衣寬神色不異乃徐言曰羹爛汝手乎又嘗有人誤認其牛寬無所言下駕步歸頃認者得牛送牛還叩頭請責寬反慰勞之○恚音惠

捋鬚何點 南北朝何點字子晳容貌方雅博通羣書宋齊累徵不起與梁武帝有舊帝踐祚賜以鹿皮冠手詔徵之召見華林園欲拜爲侍中點以手捋帝鬚曰乃欲臣老子耶辭疾歸○李卓吾謂其可比嚴光

捉鼻謝安 晉謝安少有時名朝命敦逼皆不就人爲語曰安石不起當如蒼生何雖處衡門雅負公輔之望時兄弟已有貴者翕集家門傾動人物劉夫人劉惔妹也見安獨靜退戲謂之曰大丈夫不當如此耶安乃捉鼻曰正恐不免耳及萬廢安年四十餘始應辟命後破苻堅贈太尉謚文靖

張華龍鮓　晉張華字茂先學業優博所著有博物志時人比之子產陸機嘗遺華鮓華曰此龍肉也遂以苦酒沃鮓鮓中有五色光因問鮓主果自園中積茅下得白魚以作鮓也○又漢昭帝時有蛟鮓又唐安祿山恩寵莫比所賜品目中有野豬鮓

閔貢豬肝　漢閔貢字仲叔世稱節士雖周黨之潔白自以爲弗及也嘗客居安邑家貧日買豬肝一片屠者或不肯安邑令聞之敕吏常給之貢怪焉問知其故歎曰閔仲叔豈以口腹累安邑耶遂去沛建武中以博士徵不就

淵材五恨　宋彭淵材官贈人平生喜遊一日同一黠徒負布囊歸人疑金珠也淵材曰吾富可以敵國及開視止李廷珪墨一丸文與可竹一枝歐陽公五代史藁一巨編而已嘗自言平生有五恨一恨鰣魚多骨二恨金橘帶酸三恨蓴菜性冷四恨海棠無香五恨曾子固不能詩淵材善曉大樂除協律郎

郭奕三歎　晉郭奕字太業有才望初爲野王令羊祜還洛至界奕遣人要之便自往既見歎曰羊叔子何必減郭太業復往羊許小悉還又歎曰羊叔子去人遠矣祜既去奕送之彌日舉數百里遂以出境免官復歎曰羊叔子何必減顏子

弘景作相 南北朝陶弘景字通明讀書萬卷一事不知以爲深耻齊高帝引爲諸王侍讀永明中脫朝服掛神武門上表辭祿隱居茅山華陽洞性愛松風庭院皆植松每聞其響欣然爲樂築三層樓自處其上弟子處其中賓客處其下行辟穀導引之術梁武帝蚤與之遊即位徵之不出每有大事無不咨詢時謂之山中宰相

延祖棄官 唐元延祖矢志不仕年過四十親婭强勸之再調春陵丞輒棄官去曰人生衣食可適飢寒不宜復有所須每灌畦掇薪以爲有生之役過此吾不思也子結爲道州刺史

二疏供帳 漢疏廣字仲翁仕至太子太傅兄子受太子少傅在位五年廣謂受曰知足不辱知止不殆功成身退天之道也不去恐有後悔乃上疏乞骸骨許之賜黃金百斤太子贈五十斤公卿大夫設供帳祖道東都門外送者車數百輛道路觀者皆曰賢哉二大夫

四皓衣冠 漢高祖欲易太子呂后用留侯張良計曰此難以口舌爭顧上所不能致者四人因請宜來上見之則一助也太子書迎四人侍太子建城侯呂澤所及宴置酒太子侍四人從年皆八十餘鬚眉皓白衣冠甚偉上怪問何自從吾兒游四人曰陛下輕士臣等義不辱太子仁孝願爲之死出上召戚夫人指示曰羽翼已成難動矣○四人東園公綺乘一云庚宣明夏黃公崔廓一作廣甪里先生周術亦稱霸上先生綺里季朱暉一云吳實

曼卿豪飲　宋石延年字曼卿永城人喜豪飲與劉潛善嘗倅海陵潛訪之劇飲中夜酒竭有醋斗餘併飲之每與客痛飲露髮跣足著械而坐謂之囚飲坐於木杪謂之巢飲以稾束之引首出飲復就束謂之鼈飲人甚苦之官中允進備邊策不報已而西方用兵上思其言欲召用則死矣

廉頗雄餐　周廉頗爲趙將威震齊秦伐燕有功封信平君爲假相國悼襄王立使樂乘代頗頗怒遂奔魏趙後困於秦復使使視頗仇人郭開賂使令毁之使見頗頗一飯斗米肉十斤被甲上馬以示可用使者報曰廉將軍雖老尚善飯然頃之三遺矢矣

長康三絕　晉顧愷之字長康博學有才氣善丹靑每畫人物數年不點睛曰傳神寫照正在阿堵耳尤信小術以爲求之必得故世傳愷之有三絕才絕畫絕癡絕爲虎頭將軍因號顧虎頭○阿堵晉時方言猶云這箇耳又宋友文工畫文辭有勇力號三絕鄭虔自寫其詩並畫以獻玄宗署其尾曰三絕俱唐人

元方二難　漢陳寔長子紀字元方次子諶字季方與寔並著高名時號三君元方子長文季方子孝先各論父功德咨於祖太邱曰元方難爲兄季方難爲弟

曾辭温飽 宋王曾字孝先山東益都人咸平中鄉試廷對皆第一劉子儀戲之曰狀元試三場一生喫著不盡曾曰曾平生志不在温飽初布衣時以梅詩謁呂文穆云雪中未問調羹事先向百花頭上開呂云此生已安排作狀元宰相後正色立朝謚文正

城忍饑寒 唐陽城字亢宗性好學求爲吏隸集賢院竊書讀之六年精通去隱中條山與弟堦域易衣而出歲饑屏跡不過隣里屑榆爲粥講論不輟有奴都兒亦化其德或與之食不受糠則受城後爲諫議大夫

買臣懷綬 漢朱買臣字翁子家貧常擔薪自給行謳道中妻恥求去後隨計吏至長安上書嚴助復薦之拜中大夫授會稽太守買臣衣故衣懷其印綬步歸郡邸諸吏方羣飲不視守邸見其綬乃太守也白守丞來謁買臣徐乘傳而之官

逢萌掛冠 漢逢萌字子慶家貧爲亭長歎曰大丈夫安能爲人役哉遂去之長安求仕時王莽殺其子宇萌謂友人曰三綱絕矣不去禍將及即掛冠東都城門攜家浮海客遼東光武即位始還累徵不起

循良伏湛漢伏湛字惠公伏生九世孫更始時天下兵起湛爲平原太守捐俸賑饑一郡賴以保全光武徵拜大司徒奏行鄉飲酒禮自伏生以來世傳經學清淨無競故東州號湛爲伏不鬭

儒雅兒寬漢兒寬治尚書家貧賃作帶經而鋤武帝朝射策爲掌故遷左內史雍容儒雅嘗守同州以負租課殿當免民聞之大家車牛小家擔負輸租不絕課更最後爲御史大夫○殿下考最上考也兒讀作倪

歐母畫荻宋歐陽修字永叔四歲失父母韓國夫人鄭氏守節自矢親教育之家貧嘗以荻畫地教書後成進士兩試國學一試禮部皆第一文章名冠天下修父觀爲泗州司理時嘗秉燭治官書屢廢而歎妻問之曰此死獄也我求其生不得故歎○又陶弘景幼好學四五歲恆以荻爲筆畫地畫灰學書

柳母和丸唐柳公綽妻韓氏相國休之曾孫家法嚴肅爲縉紳家楷範訓其子仲郢嘗粉苦參黃連熊膽和爲丸使永夜習學含之以助勤苦後仲郢累官歷御史京兆河南尹退公布卷不舍晝夜九經三史一鈔魏晉南北史再鈔手書分門三十卷號柳氏自備小楷精謹無一字肆筆

韓屏題葉 唐僖宗宮人韓翠屏有感因題詩紅葉云流水何太急深宮盡日閒殷勤謝紅葉好去到人間置御溝水中流出學士于祐得之亦題一葉云曾聞葉上題紅怨葉上題詩寄阿誰亦置御溝風送逆流而進韓得之後放宮人三千人丞相韓泳爲于作伐禮成各出紅葉相視乃曰事豈偶然翠屏因又題一絶○按唐小說載紅葉事凡四此載劉斧青瑣中屏一作蘋

燕姞夢蘭 鄭文公有賤妾燕姞夢天使與己以蘭曰以是爲而子蘭以蘭有國香人服媚之也既而文公與姞蘭而御之辭曰賤妾有子將不信敢徵蘭乎公曰諾後果生穆公名曰蘭後穆公有疾曰蘭死吾其亡乎刈蘭而死

漂母進食 漢韓信淮陰人貧甚釣于城下漂母見信飢飯信信曰吾必有以重報母母怒曰大丈夫不能自食吾哀王孫而進食豈望報乎又嘗見辱于屠中少年曰子雖好帶劍能死刺我不能出我胯下信乃俛首蒲伏出其胯下市人皆笑其怯後歸漢封淮陰侯○漂母墳在泗口信爲楚王立冢以報漂母

瀨婦分餐 伍子胥奔吳至溧陽見女子擊漂瀨水上子胥乞食女與之飯子胥曰掩爾壺漿勿令其露既去回顧女已自沉水中女姓史氏子胥得志於吳欲報不知其家投金瀨水而去○今溧陽有投金瀨李白作史貞義女碑記瀨音賴

十五刪

令威華表　漢丁令威遼東人學道于靈墟山後化鶴歸遼集華表柱云有鳥有鳥丁令威去家千年今始歸城郭如故人民非何不學仙冢纍纍○安徽通志靈墟山在太平府東三十五里舊傳丁令威化鶴于此壇址猶存有丹洞丹井○化鶴事與蘇耽同

杜宇西山　黃帝子昌意娶蜀女生帝嚳後封其支庶于蜀始稱王者名蠶叢後王曰杜宇嘗值大水與居民避水于長平山荆人鱉靈死其尸隨水上至汶山下宇立爲相開峽治水人得陸處宇禪位與之自居西山道成昇天又號望帝嘗化爲鳥即今之子規

范增舉玦　沛公先入關項羽怒沛公至鴻門謝之羽留宴居鄛人范增在坐數舉所佩玦示羽令殺沛公羽不聽後增以反間去蘇軾曰增不去項羽不亡增亦人傑也哉○玦佩之不周者居鄛今巢縣增字亞父玦音決

羊祜探環　晉羊祜字叔子生五歲忽令乳母往鄰家李氏園桑樹中探取金環李氏曰此吾亡兒所失因知李氏子之前身也○又五代文潞于杏林中取五色香囊亦記前世事

沈昭狂瘦 晉沈昭略嘗晩醉負杖至婁湖苑遇王約張目視之曰汝何肥而癡約答曰汝何瘦而狂昭略撫掌大笑曰瘦已勝肥狂又勝癡奈何奈何王約奈汝癡何○婁湖苑在金陵

馮道癡頑 契丹滅晉馮道仕耶律德光於京師德光責道事晉無狀道不能對又問何以來朝對曰無城無兵安敢不來德光因誚之曰爾是何等老子對曰無才無德癡頑老子德光喜以道爲太傅○契音乞契丹即匈奴契丹主名德光耶律複姓

陳蕃下榻 漢陳蕃字仲舉爲豫章太守性方峻杜門謝客徐穉字孺子名穉蕃慕其賢時爲設一榻以禮之去則懸之于壁唐王勃滕王閣序人傑地靈徐孺下陳蕃之榻是也又樂安周璆高潔之士蕃待見之字而不名亦設一榻以待之

郅惲拒關 漢郅惲字君章西平人爲上東門侯光武嘗出獵夜還惲拒關不納乃從中東門入明日惲復上書諫奏入賜布百疋而貶中東門侯爲尉○郅音質惲音[illegible]

雪夜擒蔡

蔡州吳元濟叛李愬奉命討之名位素微淮西人輕之不爲備愬夜半乘雪襲蔡州至懸瓠城城傍池多鵝鶩愬令擊之以亂軍聲遂擒元濟檻送京師先是討蔡久無功惟裴度言淮西必可取愬以兵事委之故愬屯于鞠場以待度具櫜鞬出迎拜度欲避愬曰蔡人不知上下之分願公示之使知朝廷之尊度乃受之至是宗蔡○愬字平直櫜鞬馬上盛弓矢

燈夕平蠻

宋狄青字漢臣宣撫廣西時蠻虜儂智高守崑崙關青至賓州值上元大張燈火首夜享將佐次夜享衆軍官次夜二鼓青稱疾輒起令孫元規暫主席數使勞坐客至曉未敢退忽報三鼓已破崑崙矣○韓世忠有秀州張燈破敵事

郭家金穴

漢郭況光武郭后弟也賞賜甚厚累金數億時號金穴錯珍寶以飾臺榭懸明珠於四垂晝視之如星夜望之如日故里語云洛陽多錢郭氏室夜日晝星富無匹

鄧氏銅山

漢鄧通以櫂船爲黃頭郎文帝夢上天有黃頭郎推上見其衣尻後穿覺而之漸臺通衣穿寵幸之使相者相通當貧餓死帝曰能富通者我也何謂貧乎於是賜以蜀嚴道銅山得自鼓鑄鄧氏錢遂布天下官至上大夫後景帝立怨通出失家產竟寄死人家○尻考平聲脊梁盡處也

比干受策 漢何比干字少卿武帝時爲廷尉治尚仁恕活者數千人一日有老嫗造門曰公先世有功德及公又治獄多平反今天賜策以廣公後因出懷中策九十九枚曰子孫佩印者如此算○反音翻漢書錄囚平反之謂舉活非人也

楊寶掌環 漢楊寶華陰人性慈愛方九歲至華陰山北見一雀爲鴟鴞所搏墜地螻蟻攢之寶懷歸置巾箱中餌以黃花百餘日集愈朝去暮來忽一夕變爲黃衣童子以白玉環四枚與寶曰善掌此環使君子孫潔白累世三公當如此環光武封爲靖節先生子震孫秉曾孫賜元孫彪俱貴顯符其數

晏嬰能儉 晏嬰相齊節儉力行食不重肉妾不衣帛祀先人豚肩不掩豆一狐裘三十年人以爲陋而晏子自若○又景公飲酒陳桓子請浮晏子以其弊車駑馬而朝爲隱君之賜晏子辭而後飲曰非臣之罪也臣以君之賜父黨無不乘車者母黨無不足于衣食者妻黨無凍餒者國中待臣舉火者數百家如此爲隱君之賜乎公曰善

蘇軾爲慳 宋蘇軾與李公擇書僕行年五十始知作活大要是慳耳而文以美名謂之儉素故司馬溫公在洛爲眞率會相約不得過五品子瞻在黃州復殺而爲三言此有三養一曰安分以養福二曰寬胃以養氣三曰省費以養財○殺音晒

堂開洛水　宋文彥博字寬夫以太尉留守西都慕白樂天九老會乃集洛中公卿年高德劭者富弼司馬光等爲耆英會就資聖院建耆英堂命閩人鄭奐繪像堂中合席汝言王尚恭趙丙劉几馮行已楚建中王慎言張問張燾王君貺共一十三人○奐音綽

社結香山　唐白居易字樂天晚年放意詩酒與嵩山僧如滿爲空門友平泉客韋楚爲山水友劉夢得爲詩友皇甫明之爲酒友又與胡杲吉皎張渾劉眞鄭據盧眞狄兼謨盧貞等年高不仕共結香山社日爲賦詩宴集人爭慕之因繪爲香山九老圖惟盧眞年未七十雖與會而不及列

臘花齊放　唐武后天授二年臘卿相欲詐稱花發請幸上苑有所謀也許之尋疑有異圖乃遣使宣詔云明朝遊上苑火速報春知花須連夜發莫待曉風吹凌晨名花布苑羣臣驚異事乃寢

春桂同攀　明儀眞蔣王二公未遇時元旦同遊於廟聞桂花香遊人雜沓分趨左右樹二公各折得已開桂花一枝衆詫之持花出門羣兒歌曰一布政一知府擬高魁花到手衆問之兒曰信口戲耳二公同中正德戊辰進士蔣名喬官知府王名大用至布政　終

龍文鞭影一

明　中楚蕭良有漢冲纂輯
龍眠楊臣諍古度增訂
京江後學李恩綬丹叔校補

一先

飛鳧葉令　漢王喬河東人明帝時爲尚書郎顯宗時爲葉令漢法畿內長吏節朔還朝喬每自縣來帝怪其來數而不見車騎令太史伺之將至見有雙鳧從南來飛羅張之得一舃乃四年中所賜尚書履也後天下玉棺於堂前喬沐浴寢其中而卒百姓立祠祀之○又蜀人王喬得肉芝食之仙去葉音攝

駕鶴緱僊　周靈王太子晉一名迥好吹笙作鳳鳴遊於伊洛之間道士浮邱生接之上嵩高山三十餘年後見桓良謂曰可告我家七月七日候我于緱氏山巔至期果乘白鶴駐山頭可望不可即俯首謝時人數日方去因立祠祀之或又稱王子喬○緱音鉤

劉晨採藥 漢劉晨剡溪人永平中與阮肇入天台採藥路迷糧盡望山頭有桃取食之下山見渡口流出一杯有胡麻飯屑因度山遇二女子便喚劉阮姓氏因邀還家一切精麗俄有羣女各持三五桃笑云賀汝壻來遂行夫婦禮居半載辭歸諸仙作樂送之至家已傳十世晉太康八年忽失所在○曹唐有詩詠其事

周頤觀蓮 宋周敦頤別號濂溪道州人性喜蓮每當盛開輒往觀久之因作愛蓮說有云香遠益清亭亭淨植可遠觀而不可褻玩焉又云蓮花之君子者也皆寓意深遠公之生不可於此想見黃山谷曰茂叔人品甚高胸中灑落如光風霽月

陽公麾日 淮南子曰魯陽公與韓搆難戰酣日暮援戈而麾之日爲之反三舍全性保眞不虧其身遭急逼難精通於天也○又虞公與夏公戰日欲落公以劍指日日遂不落○麾音揮一作撝

武乙射天 殷王武乙無道爲偶人謂之天神與之博令人爲行天神不勝乃僇辱之又爲革囊盛血仰射之命曰射天在位四祀獵於河渭之間暴雷震死○盛音承

唐宗三鑑 唐魏徵卒太宗悲慟謂侍臣曰以銅爲鏡可正衣冠以古爲鑑可知興替以人爲鑑可明得失朕嘗保此三鑑今魏徵逝亡一鑑矣帝後登凌煙閣觀徵像賦詩痛悼封鄭國公謚文貞

劉寵一錢 漢劉寵字祖榮會稽太守徵爲將作大匠山陰五六老叟各賫百錢爲餞泣曰自明府下車以來狗不夜吠民不見吏今聞當見棄去故自扶奉送寵曰吾政何能及公言耶勤苦父老各選一大錢受之出山陰界投於江後名其江爲錢清今有一錢太守廟○賫音雞

叔武守國 晉重耳出亡甯衛不禮及反國侵曹伐衛衛人出成公於襄牛以悅於晉衛叔武子從大夫元咺奉公弟叔武以受盟或訴曰立叔武矣咺子角從公公使殺之咺不廢命奉叔武以入守晉人復成公前驅射殺叔武元咺奔訴於晉公不勝執歸京師晉僖公請之得釋○咺喧上聲

李牧備邊 李牧趙良將常居代鴈門備匈奴日擊牛享士謹烽火多間諜虜入則急收保趙王怒使代之虜來出戰輒不利復用牧如前者數歲士皆願決一戰遂張左右翼大破之虜由是十餘年不敢犯邊又大破秦軍以功封武安君

少翁致鬼　漢武李夫人卒帝思念不已方士齊人少翁言能致其神乃夜張燈燭設帷帳陳酒肉令帝居幃帳遥見好女如夫人之貌環幄座而步又不得就視帝愈悲悼作詩令樂府諸音家絃歌之歌曰是耶非耶立而望之翩何姗姗其來遲○姗音三

欒大求僊　漢武帝以方士欒大爲五利將軍尚公主大見上言曰臣嘗往來海上見安期羨門之屬曰黄金可成河決可塞不死之藥可得仙人可致也帝崇信之使治裝入海求其師後坐誣罔腰斬○安期羨門皆仙侶欒音鸞

彧臣曹操　漢荀彧字文若潁川人淑之孫何顒許以王佐才聞曹操有雄略與從子攸往歸之操悦曰吾子房也以爲奮武司馬軍中事悉以諮之後董昭欲進操九錫密以訪彧彧曰君子愛人以德不宜如此操憾之彧借病操饋食發之空器也遂飲藥卒○攸從操征伐奇策十二操稱爲人之師表後文中子曰荀氏有二仁生也以濟時死也以明道○彧音郁

猛相苻堅　晉王猛字景略北海劇人少貧賤以鬻畚爲業遇異人于嵩高山桓温入關猛被褐謁之捫蝨與談世務旁若無人温曰江東無卿比也乃署爲軍諮祭酒欲與猛俱還猛不就尋因呂婆樓薦相苻堅堅自謂如元德之遇孔明秦遂以大臨終勸勿以晉爲圖堅不從致取滅亡○畚音本盛土器苻音扶

漢家三傑 漢高祖置酒洛陽南宮語諸將曰運籌帷幄決勝千里吾不如子房鎮撫百姓餽餉不絕吾不如蕭何連師百萬戰勝攻取吾不如韓信三者皆人傑吾能用之所以取天下項羽一范增而不能用所以為我擒也羣臣悅服

晉室七賢 晉嵇康文辭壯麗好言老莊而尚奇任俠魏嘉平中與陳留阮籍籍兄子咸河內山濤河南向秀瑯琊王戎沛人劉伶同居山陽共為竹林之游世號竹林七賢然皆崇尚虛無輕蔑禮法縱酒昏酣遺落世事○袁宏戴逵為七賢傳孫統又為讚

居易識字 唐白居易始生七月即能展書姆指之無二字即能記認百試不差後官至刑部尚書詩數千篇嘗置二妓一名小蠻善舞一名樊素善歌公詩曰櫻桃樊素口楊柳小蠻腰一名金鑾十歲寫北山移文公為買石刻之後公卒葬龍門山四方過者必奠酒冢前方丈之土常成泥濘○姆女師也婦人五十無子出不復嫁以婦道教人者○易音異

童烏預玄 漢揚雄草太玄或嘲以玄之尚白雄解之號曰解嘲又有難其太深者又解之號解難劉歆亦曰空自苦吾恐後人用覆醬瓿也雄笑而不應惟桓譚以為必傳子烏稱神童法言曰吾家童烏九歲預吾玄矣○劉向別錄云揚信字子烏雄第二子又晉王戎之子綯亦小字童烏○瓿音剖

黃琬對日　漢黃琬字子琰瓊孫建和元年正月日食京師不見瓊爲魏郡守以狀聞太后詔問所食多少瓊思其對而未知所況琬時七歲在側曰何不言日食之餘如月之初瓊大驚即以其言應後徵拜少府又爲豫州牧擊平寇賊威聲大振封陽泉鄉侯○琬黃香曾孫

秦宓論天　季漢秦宓字子勅蜀人吳使張溫來聘丞相亮同百官往餞促宓至溫忽問曰天有頭乎宓曰有詩云乃眷西顧又問有耳乎曰有天高聽卑詩云鶴鳴于九皋聲聞于天又問有足乎曰有詩云天步艱難又問有姓乎曰姓劉何以知之當今天子姓劉溫大敬異之○宓音服

元龍湖海　漢陳登字元龍下邳人許汜嘗與劉玄德共論人物汜曰元龍湖海之士豪氣未除劉問故汜曰昔過下邳見元龍無主客禮自上大床臥使客臥床下劉曰君有國士名而不留心救世乃求田問舍言無可采是元龍所諱也如我自當臥百尺樓上臥君於地下何但上下床間哉○汜音犯

司馬山川　漢司馬遷字子長太史談之子生於龍門南遊江淮上會稽探禹穴窺九疑浮沅湘涉汶泗講業齊魯鄉射上鄒嶧山過梁楚以歸本初中爲太史後因李陵事受腐刑乃抽石室金匱之書作史記

操誅呂布 季漢呂布據下邳曹操兵至下邳攻布不下用荀攸郭嘉計決泗沂之水灌之月餘布將宋憲魏續等舉城降擒布斬之下邳遂屬於魏

臏殺龐涓 孫臏武子之後龐涓譖於魏刖之遂以臏名齊潛于晃使魏以計載歸威王師之魏伐趙齊田忌用臏計直搗大梁解趙圍時涓爲魏將臏用減竈計誘之度其夜當至馬陵白書大樹云龐涓死此樹下涓至取火視之萬弩齊發因自刎曰遂成豎子之名○刖音月刎紊上聲臏刖膝蓋之刑臏頻上聲涓音鵑

羽救鉅鹿 秦兵圍趙鉅鹿項羽悉引兵渡河往救皆沈船破釜甑燒廬舍持三日糧以示必死九戰絕其甬道殺蘇角虜王離諸侯皆從壁上觀楚戰士無不以一當百呼聲動天諸侯軍惴恐項羽召見諸將入轅無不膝行而前莫敢仰視由是羽爲上將軍諸侯屬焉○甬音勇糧道也壁軍壘臨危之謂

準策澶淵 宋眞宗朝契丹大入帝以問寇準準曰了此不過五日因決策請帝幸澶淵及至南城敵兵盛衆請駐蹕以觀軍勢準獨與高瓊同議渡河帝御北城樓敵薄城下諸士卒迎望之踴躍大半帝還行宮準居城上與楊億飲博歡歌帝聞喜曰準如此吾復何憂敵射殺統軍撻覽敵因請盟帝遣曹利用往議歲幣三十萬而還○澶音蟬

應融丸藥 漢應融爲汲縣令時祝恬被徵道得瘟病過其友鄭令謝著著拒之至汲諸生因往語融融曰伯休不世英才當爲國家幹輔何有默止客舍邂逅不自貞哉即相隨入傳親爲恬御手自丸藥且制送終之具恬病稍減相對悲喜凡止傳中數十日俟恬健復故乃別○伯休恬字應音英

閻敞還錢 漢閻敞字子張爲郡五官掾太守第五常被徵以俸錢百三十萬寄敞敞埋置堂上後常舉家病死惟孤孫方九歲聞嘗說有錢三十萬寄敞及長求之敞一見悲喜不勝即取錢還之孫曰祖惟言三十萬無百三十萬敞曰府君病困模糊耳郎君勿疑○第五複姓閻音炎

范居讓水 南北朝范栢年初見宋明帝因言及廣州有貪泉帝問卿州有此水否對曰梁州惟有文川武鄉廉泉讓水又問卿宅在何處曰臣所居在廉讓之間帝善之授梁州刺史○又陸慧曉與張融並宅其間有池池上有柳何點曰此池便是醴泉此木便是交讓

吳飲貪泉 晉吳隱之字處默介立有清操與韓康伯鄰康伯母曰汝居銓衡必舉如此輩人後爲廣州刺史州二十里地名石門有貪泉飲者懷無厭之欲乃酌泉飲之賦詩曰古人云此水一歃懷千金試使夷齊飲終當不易心在州清操愈厲及歸夫人劉氏齎沈香一片隱之見之投於湘亭之水○歃音蔡

薛逢羸馬 唐薛逢字陶臣會昌中登進士遷巴州刺史民歌其德曰日出而耕日入而歸吏不到門夜不掩扉有孩有童願以名垂何以字之薛孫薛兒晚年阨於宦途策羸馬赴朝值新進士出游團司揮曰回避新郎君逢曰莫貪相阿婆三五少年時也曾向東塗西抹來○羸音雷

劉勝寒蟬 漢杜密字周甫登封人爲北海相罷歸每謁守令多所陳託同郡劉勝亦自蜀還獨閉門埽軌無所干預太守王昱謂密曰劉季陵高士密知諷己對曰勝位列大夫而知善不薦聞惡無言隱情惜己自同寒蟬此罪人也昱慙謝歎革起密與李膺同坐○季陵勝字

捉刀曹操 季漢崔琰字季珪武城人聲姿高暢眉目疏朗鬚長四尺魏武將見匈奴使自以形陋不足威遠乃使琰代操自捉刀立牀頭既畢令間諜問曰魏王何如匈奴使答曰魏王雅望非常然牀頭捉刀人乃真英雄也操令追殺此使○琰音掩

拂矢賈堅 南北朝賈堅仕燕彎弓三石餘烈祖以其善射親試之乃取一牛置百步上召堅曰能中之乎堅曰少壯之時能不中今年老正可中之恪大笑射發一矢拂脊再發摩腹皆附膚落毛上下如一恪曰復能中乎曰所貴者不中耳中之何難時年已六十餘○恪烈祖名

晦肯負國　唐徐晦與楊憑善李夷簡彈憑貶臨賀尉親友無敢送者晦獨至藍田與別權德輿謂之曰毋乃爲累乎對曰晦自布衣蒙楊公知今日遠謫安得不與之別數日夷簡奏爲御史晦謝曰平生未奉顏色公何從而取之夷簡曰君不負楊臨賀肯負國乎

質願親賢　宋范希文貶饒州與朝莫敢相送王質獨扶病餞于國門大臣讓之曰君何自陷朋黨質曰范公天下賢者質何敢望之若得爲范公黨人公之賜質厚矣九江王阮每云聽景文論古如讀酈道元水經注名山大川貫串周悉咳唾皆成珠璣○景文質字

羅友逢鬼　晉羅友字它人襄陽人少有志氣博學能文會有得郡者桓溫集僚佐餞之友後至溫問之友曰中途逢鬼揶揄云只見汝送人作郡不見人送汝作郡溫因表爲襄陽太守○揶揄舉手相弄也友從桓溫平蜀按行城闕觀宇內外道陌廣狹植種果木多少皆能默記無遺助溫以達簡文

潘谷稱仙　宋潘谷精墨法黃山谷嘗以錦囊貯其墨半丸後飲酒三日發狂赴井死人下視之趺坐井中手尚持念珠也因多圖其像坡公詩一朝入海尋李白空看人間畫墨仙

茂弘練服 晉王導字茂弘善於因事運機初過江時帑藏空虛惟有練數千端鬻之不售而國用不給導患之乃與朝賢俱制練布單衣於是士人競翕然服之練遂踴貴乃令主者出賣端至一金其爲時所慕如此○帑音倘金帛藏也練所葅切練葛也作練非

子敬青氈 凡居敎地者坐青氈晉王獻之字子敬夜卧齋中偷入其室盜物都盡子敬徐曰偷兒青氈我家舊物可特置之○子敬小字官奴

王奇雁字 宋王奇贛縣人少爲縣吏令題雁字詩於屏云隻隻銜蘆背曉霜書隨鴛鷺入寒塘奇密續云晚來漁棹驚飛去書破遙天字一行令奇之因激使學後遊京師眞宗偶見其詩召見賜翁奇作詩云不拜春官與座主願逢天子作門生官至侍御史○贛音紺

韓浦鸞箋 五代韓浦與弟洎俱有詞學洎嘗輕浦曰吾兄爲文繩樞草舍庇風雨而已吾之文是造五鳳樓手浦聞之因人遺蜀箋題詩寄洎曰十樣鸞箋出益州新來寄自浣溪頭老兄得此全無用助汝添修五鳳樓○浦宋初舉進士官至郎中○梁周翰有五鳳樓賦乃東京也洎音忌

安之畫地 唐嚴安之爲治嚴肅(玄)宗嘗賜酺三日御五鳳樓觀者喧溢樂不得奏金吾白挺如雨不能止上患之高力士奏河南丞嚴安之爲理嚴請使止之安之至以手板畫地曰犯此者死於是三日指其畫以相戒無敢踰者○酺音蒲飲酒作樂也漢禁不得羣飲賜酺乃得聚會飲食唐無禁而亦賜酺者蓋聚作伎樂高年得賜酒麪

德裕籌邊 唐李德裕罷相出爲西川節度使乃於成都府西建籌邊樓按山川險要南道與蠻人相接者圖之左西道與吐蕃接者圖之右後德裕閒居有平泉別墅爲遊憩之所花石園池殊異內有醒酒石醉卧則醒

平原十日 秦昭王聞魏齊在平原君所必欲爲范雎報仇乃遺書平原君曰寡人聞君高義願與爲布衣之友君幸過寡人寡人與君爲十日之飲平原君畏秦且以爲然而入見昭王與飲數日因索魏齊

蘇章二天 漢蘇章爲冀州刺史有故人任淸河太守章行部按其奸贓太守爲設酒殽陳平生之好喜曰人皆有一天我獨有二天章曰今日蘇孺文與故人飲者私恩也明日冀州刺史案事者公法也遂正其罪州境肅然○孺文章字

徐勉風月　南北朝徐勉字修仁六歲能爲祈霽文見稱耆宿宗人徐孝嗣曰此人中騏驥必能致千里後仕梁爲吏部尚書嘗與門人夜坐有虞暠求詹事五官勉正色曰今夕只可談風月不宜及公事累官至僕射中書令嘗曰人遺子孫以財我遺子孫以淸白

棄疾雲煙　宋辛棄疾字幼安理宗朝離節鉞奉身勇退因以家事付兒曹作西江月云萬事雲煙已過一身蒲柳先衰而今何事最相宜宜醉宜遊宜睡蚤趁催科了辦更量出入收支乃翁依舊管些兒管竹管山管水所著有稼軒集自號稼軒居士工詞與蘇軾並稱○袁如字

舜欽斗酒　宋蘇舜欽字子美詩歌豪放與梅聖俞齊名好飲酒讀書外舅杜祁公家每夕飲酒以斗爲率一夕公密覘之讀漢書至良與客狙擊始皇撫案曰惜乎擊之不中遂滿飲一大白及至臣始起下邳與上會于留此天以臣授陛下又撫案曰君臣相遇其難如此復舉一大白公笑曰有如此下酒物一斗不足多也○杜衍封祁國公

法主蒲鞯　唐李密字法主才兼文武志氣雄遠微時乘一黃牛被一蒲鞯牛角上挂漢書一帙一手捉靷一手翻書越公楊素遇之問何處書生耽學若此密下牛再拜自言姓名又問何書答曰項羽傳公與語奇之顧玄感曰汝等不如也後玄感起兵以爲謀主尋歸唐封邢國公○帙音姪玄感素子鞯音箋

繞朝贈策　周繞朝秦大夫晉士會奔秦晉人忌秦用士會乃使魏壽餘僞歸秦以誘士會秦使士會如魏師繞朝諫不聽士會行朝贈之以策曰子無謂秦無人吾謀適不用也旣濟魏人譟以士會還○杜預以策爲馬撾服虔解策爲策書義較確當繞朝後以漏言而誅見韓非子○朝音潮

苻鹵投鞭　苻堅北定九州將大舉南伐苻融等咸諫止之不聽曰吾百萬之衆投鞭於江足斷其流何險之足恃至淝水爲謝玄等所敗○鹵音魯堅父蒲洪以草付王之讖改姓爲苻

豫讓吞炭　趙襄子殺智伯漆其頭爲飲器其臣豫讓挾匕首入襄子宮中塗廁以刺襄子被獲義釋之遂漆身爲癩吞炭爲啞行乞於市一日伏橋下復圖之襄子馬驚搜獲責曰子嘗事范中行智伯滅之不報仇何讓曰中行氏衆人遇我我故衆人報之智伯國士遇我我故國士報之因請襄子衣拔劍三躍擊之伏劍而死○飲器溺器也匕音彼匕首劍屬

蘇武餐氈　漢蘇武字子卿天漢初爲中郎將使匈奴被留使衛律說降不屈置陰山大窖中齧雪餐氈仗節牧羝匈奴誓羝乳乃得歸尋復使李陵說降終不屈羈漠北十九年始還拜典屬國宣帝立賜爵關內侯圖形麒麟閣○齧音孽羝牡羊

金臺招士

燕昭王欲招賢以自强郭隗曰昔有求千里馬者賫千金往馬已死五百金買其骨不期年千里之馬至者三大王招賢先從隗始賢於隗者豈遠千里哉王乃築黃金臺師事之樂毅鄒衍劇辛聞風而至○黃金臺在易水東南

玉署貯賢

宋蘇易簡字太簡才思敏贍太宗時進士第一累官翰林學士承旨上飛白書玉堂之署四字賜之曰美卿居清華之地也一日賜酒上曰君臣千載會對曰忠孝一生心上喜盡以席上金器賜之○宋周之麟爲學士高宗亦書玉堂二字賜之故稱翰林爲玉堂

宋臣宗澤

宋宗澤字汝霖義烏人有文武才李綱薦爲東京留守大敗金師十三戰皆捷金人憚之對南人言必稱宗爺爺後爲汪伯彥黃潛善所沮憤死歎曰出師未捷身先死長使英雄淚滿襟呼渡河殺賊者三無一語及家事墓在京口京峴山謚忠簡

漢使張騫

漢張騫武帝時爲郎使西域至大宛得葡萄種一名馬乳一名黑水晶國人以釀酒十年不敗至大夏得節竹留西域十餘年元朔中擊匈奴封博望侯○漢書載騫窮河源實無犯斗牛得支機石事此另是一人見博物志

胡姬八種 晉阮咸字仲容先幸姑家鮮卑婢及居母喪姑當遠移初云當留婢既發定將去仲容借客驢著重服自追之累騎而返曰人種不可失卽遙集之母也○遙集阮孚字孚別傳云咸與姑書曰胡婢遂生胡兒姑答書曰魯靈光殿賦曰胡人遙集于上楹可字曰遙集

名妓書僊 長安中有妓女名曹文姬尤工翰墨爲關中第一號曰書仙見麗情集○附魏夫人曰學書者執筆爲先眞書者一寸三分行草書三寸一分執之下筆點畫波撇屈曲皆須盡一身之力送之

滕王蛺蝶 唐滕王元嬰善畫蛺蝶王建宮詞云內中數日無呼喚搨得滕王蛺蝶圖劉胬封嘗見其圖有江夏斑大海眼小海眼村裏來菜花子諸品其嗣王湛然亦善花鳥○元嬰高祖子曾爲洪州刺史後封滕王蛺音協

摩詰芭蕉 唐王維字摩詰善畫然每不問四時嘗以桃李芙蓉蓮花同畫畫袁安卧雪圖有雪裏芭蕉得心應手意到筆隨自成妙品

郤衣師道 宋陳師道字無己彭城人與趙挺之皆郭大夫婿陳在館職當司侍祠郊壇非重裘不能禦寒無己止一裘其內子於挺之家假一裘衣之無己詰所從來內子以實告無己曰汝豈不知我不著渠家衣耶是夜遂忍凍病卒○無己家酷貧傅堯俞嘗懷金贈之見其詞色不敢出詩平淡雅奧自成一家

投筆班超 漢班固召詣校書郎弟超與母隨至洛陽超居貧常爲官傭書供養苦因投筆歎曰大丈夫無他志略猶當效傅介子張騫立功異域以取封侯安能久事筆硯間乎左右笑之超曰小子安知壯士之志哉相者曰虎頭燕頷飛而食肉萬里封侯相也後果以平西域功封定遠侯

馮官五代 後五代馮道字可道始事唐莊宗爲翰林學士尋復歷事四姓十二君俱爲相自號長樂老子著書數百言陳己更事四姓及契丹所得階勳官爵以爲榮人以賊國無恥鄙之又耶律德光問道曰爾是何等老子道曰無才無德癡頑老子後封瀛王卒

季相三朝 季文子名行父魯之元卿歷相宣成襄三公逐莒僕作上甲歸汶陽之田襄五年卒家無衣帛之妾食粟之馬無藏金玉無重器備宰庀家器爲葬具君子是以知文子忠於公室也○上印上出一甲盆兵也庀具也披上聲

劉蕡下第 唐劉蕡字去華文宗朝對策極詆宦寺考官馮宿等皆歎服而不敢收李郃曰劉蕡下第我輩登科能不厚顏乃上疏言蕡所對臣實不及乞回臣所授以旌蕡直不報○郃音合或作郃誤蕡音焚

盧肇奪標 唐盧肇宜春人與黃頗同舉郡守獨餞頗不及肇明年肇狀元及第歸太守請觀競渡肇爲詩云向道是龍人不信果然奪得錦標歸見唐詩紀事○肇爲李文饒所知王文懿公知貢舉因取之以作狀頭所試天河賦一時傳誦又進海潮賦勑宣付史館

陵甘降虜 漢李陵李廣孫武帝朝拜騎都尉將步兵五千與匈奴遇於浚稽山擊敗之單于欲引去軍候管敢具言陵兵無後援矢且盡單于遂引兵遮道矢如雨下陵力盡乃降事聞上怒族之○單音蟬匈奴自謂其廣大象天故稱單于

蠋恥臣昭 王蠋齊畫邑人諫湣王不聽退耕于野燕昭王使樂毅破齊毅聞蠋賢令軍中環畫邑三十里無人備禮請蠋蠋謝不往燕人曰不來吾且屠邑蠋曰忠臣不事二君烈女不更二夫今國破君亡吾何以存遂自經死樂毅封表其墓而去○蠋音孰

隆貧曬腹　晉郝隆字佐治七月七日富室皆曬衣隆獨仰臥日中人問其故曰曬吾腹中書耳後仕桓溫爲蠻府參軍三月三日宴會隆不能詩僅作一句娵隅躍清池桓公曰何爲作蠻語隆曰千里投公始得蠻府參軍那得不作蠻語○娵音苴蠻名魚爲娵隅

潛嬾折腰　晉陶潛字元亮爲彭澤令在官八十餘日或報郡遣督郵至應束帶見之潛曰我豈能爲五斗米折腰向鄉里小兒即日解印綬去賦歸去來自號五柳先生以自況後顏延年私謚爲靖節徵士○潛原名淵明入宋改名潛唐避高祖諱又易淵爲泉故或稱泉明云

韋綬蜀錦　唐韋綬萬年人在翰林德宗嘗幸其院韋妃從幸會綬方寢學士鄭絪欲馳告帝不許時適大寒帝以妃蜀纈錦袍覆之而去弟貫之在憲宗朝貫之子澳在武宗朝澳子庠在宣宗朝庠弟郊在明宗朝三世五人俱翰林學士

元載鮫綃　唐元載芸暉堂戶牖內設紫綃帳得於南海即鮫綃之類輕疎而薄無所障礙雖凝冬而風不能入盛暑則凉自生其色隱隱然或不知其爲帳謂卧內紫氣之光而已○南海有鮫人居水室織綃售之于市去則泣珠以謝主人鮫音交綃音宵

捧檄毛義 漢毛義廬江郡人家貧以孝行稱南陽張奉慕其名往候之坐定而府檄適至以義爲安陽令義捧檄而入喜動顏色奉心薄之及義母死去官行服後舉賢良公車屢徵不至奉歎曰賢者固不可測往日之喜乃爲親屈也○廬江郡即今安慶府今之廬江縣襲其名遂誤以義爲其縣人

絕裾溫嶠 晉溫嶠謚忠武博學能文手儀秀整爲劉琨右司馬奉表詣建康其母崔氏固止之嶠絕裾而行既至屢求返命朝廷不許後母卒阻亂不得奔喪終身以爲恨議者謂嶠急於功名之會而不知天性之恩嶠恐無辭矣

鄭虔貯柿 唐鄭虔字弱齊玄宗朝置廣文館上愛其才以爲博士居官貧約淡如也微時好書苦無紙嘗於慈恩寺前掃柿樹落葉貯至數屋日爲隸書久之殆徧○又晉王育折蒲學書徐伯珍以箬葉學書俱究經史

懷素培蕉 唐僧懷素善草書居零陵東郊貧無紙嘗於所居種芭蕉數萬取葉代紙以供揮灑號其所曰綠天庵曰種紙後道州刺史追作綠天銘太白草書行少年上人號懷素草書天下稱獨步又云吾師醉後倚繩床須臾掃盡數千張又恍惚如聞神鬼驚時時只見龍蛇走皆道其實

延祖鶴立 晉嵇紹字延祖康之子或謂王戎曰昨於衆中見紹昂昂若野鶴之在雞羣戎曰君復未見其父耳官侍中會河間王舉兵紹從惠帝臨敵侍衛皆奔潰惟紹力戰死血濺帝衣事定左右請浣帝曰此嵇侍中血何必更○濺音贊

茂弘龍超 晉王導小字阿龍出將入相戮力王室元帝即位進侍中司空桓廷尉彝作兩髻葛裙策杖路邊觀之歎曰人言阿龍超阿龍故自超不覺至臺門矣羨之極遂忘其不衣冠而至也

懸魚羊續 漢羊續字興祖以功臣後累官廬江太守清介自持府丞嘗餽生魚續受而懸之後復進續出前魚示之以杜其意或以爲河南南陽事誤又有遺公儀休魚者休不受客曰聞君嗜魚何故不受休曰以嗜魚故不受爲相能自給魚受魚而免誰復給我者

留犢時苗 季漢時苗建安中爲壽春令駕車黃牸牛歲餘産一犢及去任謂主簿曰令來時本無此犢也犢是淮南所生者羣吏曰六畜不識父自宜隨母苗不聽竟留之而去○又宋淩沖令含山留硯意同犢音讀

貴妃捧硯 唐玄宗坐沉香亭時牡丹盛開意有所感召供奉李白爲樂章時白已大醉水頮其面醉稍解帝使貴妃楊玉環爲之捧硯白援筆立成清平調三章婉麗精切帝愛其才令梨園子弟促歌帝自調玉笛以倚曲○頮音悔

弄玉吹簫 蕭史善吹簫作鳳鳴秦穆公以女弄玉妻之遂居鳳樓教弄玉吹簫後弄玉乘鳳蕭史乘龍共飛昇而去今陝西寶雞縣有鳳女臺乃其遺蹟

欒巴救火 漢欒巴字叔元成都人桓帝朝四遷桂陽太守有道術能役鬼神帝正旦大會羣臣賜酒不飲忽含酒西噀有司劾巴不敬巴云臣本縣城東有火患故噀酒救之數日成都果奏火災云是日火有雨從東北來火息有酒氣○噀音巽又郭憲噀酒救齊國火佛圖澄噀酒救幽州火

許遜除蛟 唐許遜字敬之母夢金鳳銜珠墜掌而生從吳猛得秘法太康初爲旌陽令棄官東歸過諶母傳以道術遂斬蛇誅蛟悉除民害處豫章爲蛟螭所穴乃于牙城南井鑄鐵爲柱下施八索鎮鎖地脈自是水妖屏迹至寧康二年一百三十歲舉家同時上昇雞犬亦隨飛去宋封神功妙濟眞君

戴顒鼓吹 晉戴顒字仲若譙郡人逵子春日攜雙柑斗酒人問何之曰往聽黃鸝聲此俗耳鍼砭詩腸鼓吹汝知之乎○砭石鍼刺病也又孔稚珪爲都官尚書不樂門庭內草萊不剪中有羣蛙鳴或曰欲爲陳蕃乎稚珪曰我以此當兩部鼓吹何必期效仲舉○又鄭遨以蛙爲鼓吹長○吹去聲

賈島推敲 唐賈島字浪仙初爲浮屠號無本居法乾寺喜苦吟每跨驢不避公卿嘗自吟云僧敲月下門又欲下推字於驢上以手作推敲勢不覺衝至京尹韓愈第三節左右擁至馬前詰之島以實對愈曰敲字佳與其論詩遂爲布衣交令其改業後舉進士島又有騎驢吟詩衝大京兆劉棲楚事

禹承虞舜 夏大禹姒姓字高密崇伯鯀之子其母孕十有四月生于僰道之石紐鄉娶塗山氏女甫四日遂往治水功成因受舜禪而家天下○禹母暮夜獲月精石如薏苡吞之而生禹故姓姒氏僰音北石紐今在四川石泉縣塗山有四此屬今之鳳陽府

說相殷高 殷王高宗名武丁傅巖在虞虢之間高宗時道路爲水所壞使胥靡刑人築之傅說貧不自給代築供食高宗夢上帝賚以良弼乃審象旁求得之版築之間與之語果聖人爰立作相○虞虢二國名胥靡囚徒也築傅築居也作說居傅巖解似勝

韓侯敝袴 韓昭侯有敝袴命藏之侍者曰曷不賜左右昭侯曰吾聞明主愛一嚬一笑茲袴豈特嚬笑已哉吾必待有功者○嚬音貧

張祿綈袍 范雎魏人嘗須賈使齊齊厚禮之賈疑雎以陰事告齊言於相魏齊笞擊作死置廁中得出改名張祿說秦昭王拜相賈使秦雎敝衣私見之賈驚曰范叔一寒至此贈以綈袍不知其爲相君也因肉袒謝罪叔曰汝之得無死以綈袍戀戀猶有故人意耳乃釋之歸魏齊○叔雎字也唐高適詩云尚有綈袍贈應憐范叔寒不知天下士猶作布衣看○綈音題

相如題柱 漢司馬相如成都人將東遊成都城北十里有昇仙橋相如題其柱曰不乘高車駟馬不復過此橋後果爲中郎將建節使蜀太守以下郊迎縣令負弩前驅

韓愈焚膏 唐韓愈七歲讀書日記數千言比長不勸爲國子博士允貪多務得焚膏油以繼晷經史百家皆搜抉無隱宋蘇軾爲公作潮州廟碑有云匹夫而爲百世師一言而爲天下法又云文起八代之衰道濟天下之溺○勸倦同晷音軌日影也

捐生紀信 項羽圍滎陽急漢王無計可全紀信請乘漢王黃屋車傅左纛以誑楚漢王得間出走成臯信遂被焚後立忠祐廟於順慶詩曰以忠狗國與君任難實開漢業使後世知君爲重身爲輕侯何有焉○纛音讀

爭死孔褒 漢孔褒孔子二十代孫山陽張儉爲侯覽所怨亡抵褒不遇褒弟融年十六匿之事泄儉脫收融及褒融自謂當坐褒曰彼來投我請甘罪乃問其母母曰家事任長姿當其辜一門爭死上讞獨坐褒

孔璋文伯 漢張紘作柟榴枕賦陳琳在北見之示人曰此吾鄉張子綱所作後紘見陳琳武庫賦應機論遺書美之琳答曰自僕在河北與天下隔此間率少於文章易爲雄伯故使僕受此過善之譽今景興在此足下與子布在彼所謂小巫見大巫神氣盡矣○孔璋琳字景興王朗字子布張昭字

夢得詩豪 唐劉禹錫字夢得彭城人登第進士博學宏詞科累官至太子賓客晚年以文章自適白居易推爲詩豪嘗作九日詩以五經無餻字輟不復成後宋子京詩云颷館輕霜拂曙袍糗餈花飲鬭分曹劉郎不肯題餻字空負詩中一世豪蓋譏之也周禮籩人職糗餌粉餈卽餻類不肯一作不敢

馬援矍鑠 漢馬援字文淵茂陵人少有大志兄況曰汝大才當晚成良工不示人以樸且從所好後事光武爲伏波將軍援嘗謂賓客曰丈夫立志窮當益堅老當益壯至年六十二五溪蠻亂援復請行帝愍其老不許援被甲上馬據鞍顧盼以示可用帝笑曰矍鑠哉是翁也遂遣之進營壺頭失利病卒封新息侯○援音願矍音钁鑠式灼切

巢父清高 巢父堯時隱士山居不營世利年老以樹爲巢寢處其上因號巢父堯讓以天下巢父曰君之牧天下猶予之牧犢無用天下爲乃過清泠之水自洗其耳曰向聞貪言汚吾耳也或云許由以清泠之水洗耳巢父牽犢見之不飲而去

伯倫雞肋 晉劉伶字伯倫土木形骸遨遊一世悠悠蕩蕩無所用心嘗與俗士相牾其人攘臂而起欲必辱之伶和其色曰雞肋豈足以當尊拳俗士遂廢然而返○又魏武伐蜀至漢中不得進欲棄之發令曰雞肋衆不悟楊修曰棄之則可惜啖之無所得魏武乃還○肋音勒

超宗鳳毛 南北朝謝鳳子超宗好學有文辭嘗作殷淑儀誄孝武嗟賞謂謝莊曰超宗殊有鳳毛靈運復出仕至宋義興太守坐公事免詣東府門自通其日風寒齊高帝謂四座曰此客至使人不衣自煖

服虔賃作 漢服虔字子慎將註春秋欲參考同異聞崔烈講傳遂匿名爲烈門人賃作食每講竊聽既知不能踰己稍共諸生敘其短長烈疑爲虔次早及未寤便呼子慎子慎虔不覺驚應遂相與友善先是鄭玄註春秋未竟偶聞虔說盡以付之遂爲服氏之註○賃音任

車胤重勞 晉車胤字武子太元中領國子博士遷吏部尚書孝武將講孝經謝公兄弟與諸人私庭講習武子苦問難因謂袁羊曰不問則德音有遺多問則重勞二謝袁曰必無此嫌車曰何以知之袁曰何嘗見明鏡疲於屢照清流憚於惠風

張儀折竹 周張儀與蘇秦同師鬼谷子以遊說顯名二人微時嘗爲人傭書遇聖人之文無題記則以墨書掌內及股裏夜還折竹寫之久而成帙○鬼谷子王詡也○又袁峻家貧無書每從人假借必皆鈔寫日自課五十紙紙數不登則不止

任末然蒿 宋任末年十四便勸學或依林木之下編茅爲庵削荊爲筆夜則映月望星暗則然蒿自照觀書有合意則題其衣裳及掌裏以記其事門徒悅其勤學更以淨衣易之○又顧歡貧無以受業常於學舍壁後倚聽無遺忘者夕則然松節讀書或然糠以照○任音壬

賀循冰玉　晉賀循字彥先山陰人爲吳內史操高淸厲建武初拜太常朝廷疑滯皆諮之元帝渡江宗廟制度皆循所定爲當世儒宗帝曰循冰淸玉潔位上卿而居室才蔽風雨賜六尺牀薦席褥並錢三十萬○又元黃睿升朝廷立足不登鉅公之門世稱其淸風高節如冰壺玉尺纖塵弗汙

公瑾醑醪　季漢周瑜字公瑾廬江舒人英達有文武才程普頗以年長數陵侮瑜瑜折節容下終不與校普後乃告人曰與公瑾交如飲醇醪不覺自醉初孫堅徙家于舒子策與瑜同年獨相友善瑜推道南大宅以舍策登堂拜母有無通共遂定計下江東○又南北史顧憲之爲建康令政得人和都下飲酒者醇旨輒號曰顧建康○醪音牢

龐公休暢　漢龐德公與司馬德操夾漢而居望衡對宇歡情自接泛舟褰裳率爾休暢一日德操詣之値德公渡沔德操入其室呼其妻子使速爲黍徐元直向云當來就我與德公談妻子羅拜堂下奔走設供須臾德公還直入相就不知何者是客

劉子高操　南北朝劉訏與從兄歊及阮孝緒各履高操號爲三隱族祖孝標嘗與之柬云訏超凡越俗如天半朱霞歊矯矯出塵如雲中白鶴皆儉歲之粱稷寒年之纖纊嘗著鹿皮冠被衲衣遊山澤風神頴俊意氣瀰遠遇者以爲神仙孝緒撰高隱傳中篇所載一百三十七人歊訏卒乃益二傳○歊音鴞

季札掛劍 周吳季札虞仲十九世孫兄諸樊讓國於札不受封之延陵號延陵季子嘗聘魯過徐徐君好季子劍口不敢言札心知之爲使上國未贈及使還至徐徐君已死解劍掛其冢樹而去從者曰尚誰予乎季子曰始吾以心許之豈以死倍吾心哉○掛劍臺在泗州大徐城

呂虔贈刀 魏呂虔有佩刀工相之以爲必登三公可服此刀因謂王祥曰苟非其人刀或爲害卿有公輔之量聊以相贈祥固辭强之乃受後祥將死以刀授弟覽曰汝後必興足稱此刀覽後子孫世多賢才興於江左祥言卒有驗覽字元通

來護卓犖 隋來護兒幼卓犖讀詩至擊鼓其鏜踴躍用兵羔裘豹飾孔武有力捨書歎曰大丈夫當如是會爲國滅賊以取功名安能區區事筆硯乎仕爲大都督以平陳功進位上開府後屢擊賊有功進封榮國公○鏜音湯犖音落

梁竦矜高 漢梁竦字叔敬生長京師不樂本土自負其才鬱鬱不得意嘗登高遠望歎曰大丈夫居世生當封侯死當廟食如其不然閒居可以養志詩書足以自娛州郡之職徒勞人耳後辟命交至並不就著書名七序班固曰孔子作春秋而亂臣賊子懼梁竦作七序而竊位素餐者慚後三子皆封侯○竦嵩上聲

壯心處仲　晉王敦字處仲爲荆州刺史每醉後以鐵如意敲唾壺歌曰老驥伏櫪志在千里烈士暮年壯心不已歌闋壺口盡缺○唾拖上聲四句係魏武樂府龜雖壽中語

操行陳陶　五代陳陶操行高潔郡守嚴譔欲試之遣小妓蓮花往視陶竟夕不納妓獻詩曰蓮花爲號玉爲腮珍重尚書遣妾來處士不生巫峽夢空勞雲雨下陽臺陶答云近來詩思清如水老去風情薄似雲已向昇天得門戶錦衾深媿卓文君譔益重之陶善詩有中原不是無麟鳳自是皇家結網疏之句人皆膾炙○陶字嵩伯隱洪州西山

子荆爽邁　晉孫楚字子荆才藻卓絕爽邁不羣少時欲隱謂王武子當枕石漱流誤云吾欲漱石枕流王曰流可枕石可漱乎子荆曰所以枕流欲洗其耳所以漱石欲礪其齒後爲石苞驃騎將軍自負才氣入見不拜但長揖曰天子命我參卿軍事

孝伯清操　晉王恭字孝伯清操過人自負才地高華恆有公輔之望嘗言名士不必須奇才但使常得無事痛飲酒熟讀離騷便可稱名士恭美姿容人目之曰濯濯如春月柳嘗在京口被鶴氅涉雪而行孟昶見而歎曰眞神仙中人○氅音敞鳥羽也鶖音秋水鳥

李訂六逸

唐李白其先爲蜀之彰明人父爲任城尉遂家焉因與孔巢父陶沔韓準裴政張叔明訂交居徂徠山號竹溪六逸白又與賀知章李適之李璡崔宗之蘇晉張旭焦遂爲飲中八仙杜甫曾作歌紀之○任城今濟甯州璡音津

石與三豪

宋石延年字曼卿永城人氣節自豪不務世事工詩其句有樂意相關禽對語生香不斷樹交花爲世所歎賞石徂徠作三豪詩謂歐陽公豪於文曼卿豪於詩杜默豪於歌也○徂徠石介號默字師雄

鄭弘還箭

漢鄭弘字巨君山陰人微時採薪白鶴山得一遺箭頃有人覓弘與之問弘所欲曰常患若耶溪載薪爲難願得旦南風暮北風果如願至今猶然俗呼爲鄭公風弘後官淮陰太守勤行德化隨車致雨白鹿方道夾轂主簿賀曰三公車轓畫像鹿明府其爲相乎尋拜太尉

元性成刀

漢蒲元性於斜谷口爲孔明鑄刀三千口刀成言漢水鈍弱不堪淬蜀江爽烈是大金之元精可命取之水至蒲以淬刀言雜涪水不可用使者捍言不雜蒲以刀蘸水言雜八升使叩頭言于涪津覆水果益八升因易淬之以竹筒盛滿鐵珠舉刀斫之應手虛落名曰神刀○淬音翠

劉殷七業　晉劉殷字長盛仕至劉聰太保性至孝曾祖母王氏盛冬思堇食殷方九歲往澤中慟哭堇忽生得斛餘又嘗夢神人謂西籬下有粟掘之果得十五鍾銘曰七年粟百石賜孝子劉殷有七子五子授五經一子授史記一子授漢書一門之內七業俱興北州之學殷門爲盛○堇音謹根如薺蒸食之味甘

何點三高　南北朝何點容貌方雅博通群書宋齊累徵不起梁武與點有舊召至華林園帝贈詩酒仍下詔爲侍中點捋帝鬚曰乃欲臣老子遂歸兄求弟胤皆隱遯不仕世謂何氏三高○又世號點爲大山胤爲小山求爲東山

二使入蜀　漢李郃知天文通五經和帝遣二使者觀風俗向益州宿候舍郃時爲候吏因問曰君來時可知二使何時發二人驚問何以知之郃曰有二使星臨益部故知之○郃音合

五老遊河　論語讖云仲尼云吾聞帝堯率舜等遊首山觀河渚有五老游河渚曰河圖將來告帝期一曰河圖將來告帝謀三曰河圖將來告帝書四曰河圖將來告帝圖五曰河圖將來告帝符有頭赤龍銜玉苞舒圖刻板題命可卷金泥玉檢封盛書威曰知我者重瞳也五老乃飛爲流星上入昴黃姚視之龍沒圖在堯等共發曰帝當樞百則禪于虞

孫登坐嘯 季漢孫登字公和隱汲郡北山土窟夏編草爲裳冬散髮自覆好讀易撫一絃琴人或投之水以觀其怒登出獨大笑嘗謂嵇康才高識寡難乎免於今之世矣後嵇康蘇門山阮籍詣之登相對不答籍長嘯終不答意盡而返行至半嶺聞有聲如鳳鸞鳴林谷傳響則登獨嘯也籍因著大人先生論

譚峭行歌 唐譚峭字景昇幼聰敏文史涉目無遺心學仙每行吟曰線作長江扇作天履鞋抛在海東邊蓬萊信道無多路只在譚生拄杖前後居南嶽丹成服之入水不濡入火不灼夏則衣烏裘冬則衣綠衫或臥風雪中後入青城山仙去所著有化書南唐宋齊邱竊其名攘爲己作以行世○一云齊邱剚其書醉而束以鴟夷投之江漁人得之則峭乃濃睡云峭樵去聲

漢王封齒 漢高祖大封同姓居將坐沙中偶語上望見之問張良良曰陛下以若屬取天下而止大封同姓諸將欲謀反而因勸上急封所最憎之雍齒爲什方侯諸將曰齒且侯吾輩無患矣遂定

齊王烹阿 齊威王時卽墨大夫毀言日至使視之而卽墨治阿大夫譽言日至使視之而阿不治于是封卽墨以萬家卽日烹阿大夫及左右嘗譽之者羣臣悚懼務盡其情齊國大治○阿音窩

丁蘭刻木 漢丁蘭河內人早喪母刻木像事之若生隣人張叔假物蘭妻卜諸木像不許叔醉詈木像且擊之蘭歸見木像色不懌詢之即奮擊張叔吏至捕蘭木像爲之垂淚郡嘉其孝通神明奏之詔圖其形○箸音告刻木爲像事由劉師貞宋注與成亦同金陵慈姥磯相傳以丁蘭母得名

王質爛柯 晉王質衢州人入山伐木至石室見二童子圍棋質置斧觀之童子以一物如棗核與質含之得不飢比還斧柯已爛至家已數十年親舊無復存者後復入山得道因名其山曰爛柯山○按水經注東陽記任昉述異記俱云質聽童子琴歌無觀棊事

霍光忠厚 漢霍光爲光祿大夫出入禁闥二十餘年小心謹慎未嘗有過武帝欲立太子弗陵以其年穉察羣臣惟霍光忠厚可任大事乃使黃門畫者畫周公負成王朝諸侯圖賜之光尋爲大司馬大將軍受遺詔輔少主是爲昭帝

黃霸寬和 漢黃霸字次公陽夏人武帝朝爲河南太守丞溫良有讓足智善御衆太守甚任之武帝末用法多深昭帝立霍光秉政一遵武帝法度由是俗吏尚嚴酷霸獨用寬和宣帝立召爲廷尉正決獄稱平遷潁川太守仁政大行嘉禾生鳳凰至帝賜黃金百斤遷揚州刺史治爲天下第一後爲丞相

桓譚非讖　後漢桓譚字君山以宋弘薦爲議郎給事中光武由赤伏符即位遂欲以圖讖決疑因宣布天下譚力諫帝怒其非聖欲斬之譚叩頭流血辭爲六安丞藏書甚多時人語曰挾桓君山之書富于猗頓○赤伏符儒生彊華所奉讖書猗頓魯富人

王商止譌　漢王商字子威成帝朝爲左將軍京師無故驚言大水將至奔走蹂躪大將軍王鳳以爲太后與上當御船令吏民上城避水商曰此必訛言不宜重驚百姓有頃稍定果訛言上于是美商數稱其議鳳乃大慚自恨失言○蹂柔上聲躪音吝往來足踐之意譌訛同

隱翁龔勝　漢龔勝字君賓哀帝時諫議大夫王莽秉政歸隱號隱翁莽徵之使太守以下千人致詔勝謂門人高暉等曰詎豈一身事二姓乎遂稱疾不食者十四日死年七十九有老父來弔哭盛哀旣而曰嗟呼薰以香自燒膏以明自銷龔生竟夭天年非吾徒也

刺客荊軻　荊軻字次非衛人燕太子丹客之稱荊卿令刺秦王反侵地不可則刺之乃奉燕督亢地圖與樊將軍於期頭入秦太子賓客皆白衣冠送至易水高漸離擊筑荊卿和而歌之士皆瞋目髮盡指冠時有白虹貫日之異至秦事敗死之○筑音竹

老人結草 晉文公之臣魏武子名犨有嬖妾武子疾命子顆曰必嫁是妾疾革則又曰必以爲殉及卒顆從治命嫁之秦師伐晉顆敗之獲杜回杜回躓而顛故獲之夜夢老人曰余而所嫁婦人之父也爾用先人治命余是以報○犨音酬

餓夫倒戈 晉趙宣子名盾田首山舍于翳桑見靈輒餓問其病曰不食三日矣食之舍其半問之曰宦三年矣未知母之存否今近焉請以遺之使盡之更與肉食後爲公介靈公不道伏甲攻盾輒遂倒戈以禦公徒宣子得免問何故對曰翳桑之餓人也問其名居不告遂自亡○遺音位

弈寬李訥 唐李訥性卞急而酷嗜弈棋每下子極寬緩有時躁急家人密以棋具置前便欣然取子布算都忘其恚此癖之佳處○恚音惠怒恨也訥音吶

碑賺孫何 宋孫何字漢公汝陽人好古文爲轉運使苛急州縣患之乃求古碑磨滅者數本釘於館中孫至讀碑辨識文字以爪搔髮垢嗅之往往至暮不復省錄文案○賺音暫

子猷嘯咏 晉王徽之字子猷嘗暫寄居空宅便令種竹或問暫居何煩爾王嘯咏久之直指竹曰何可一日無此君一日過吳中一士大夫家有竹主人知子猷當往灑掃施設相待王肩輿逕造竹下嘯咏良久竟不通主人遂直出主大不堪便令閉門王更以此賞主人留坐盡歡而去

斯立吟哦 唐崔立之字斯立元和初為藍田丞邑庭有老槐四行南牆鉅竹千挺儼立若相持水虢虢循除鳴斯立痛掃溉對樹二松日哦其間有問者輒對曰余方有公事子姑去種學績文以蓄其有○虢音號

弈世貂珥 漢金日磾休屠王子沒入官武帝奇其貌拜為侍中賜姓金氏後為車騎將軍與霍光同受遺詔輔昭帝表其忠勳封秺侯二子賞建昭帝時俱為侍中賞嗣侯佩兩綬安世皆七葉貂珥漢代衣冠惟金張為盛○日磾音密低休屠音朽除秺音妒地名珥插也朔方以貂皮溫額漢因以金璫飾首前插貂尾加以附蟬為文侍中插左常侍插右故或稱貂蟬珥音二

閭里鳴珂 唐張嘉貞以張循憲薦天后詔為監察御史歷梁秦二州都督開元中拜中書令弟嘉祐任金吾將軍每朝軒蓋騶從盈閭巷時號所居坊曰鳴珂里○珂佩飾有聲故云鳴

曇輟絲竹 晉羊曇謝安之甥爲安所知安亡後曇輟樂彌年行不出西州路嘗因過石頭大醉扶路唱樂不覺至州門左右曰此西州門羊悲感不已以馬策叩扉詠曹子建詩曰生存華屋處零落歸山邱慟哭而去○石頭金陵城名曇音潭

裒廢蓼莪 晉文帝爲魏安東將軍時以直言斬王儀儀子裒字偉元痛父死於非命未嘗西向而坐示不臣於晉也隱居教授累辟不就廬于墓側攀栢悲號涕淚着樹樹爲之枯母在畏雷死後每雷鳴輒至墓前曰裒在此讀詩至哀哀父母生我劬勞未嘗不三復流涕門人受業者並廢蓼莪之篇恐觸其悲也○又南北朝顧歡早孤讀詩至哀哀父母輒執卷慟哭受業者亦廢蓼莪○裒音桴

箕陳五福 武王勝商親訪道於箕子箕子爲之陳洪範九疇次九爲嚮用五福一曰壽二曰富三曰康甯四曰攸好德五曰考終命皆極之所感○疇類也治天下之大法其類有九故云九疇

華祝三多 帝堯觀於華封華封人祝曰願聖人多富多壽多男子堯辭曰多男子則多懼多富則多事多壽則多辱封人曰天生萬民必授之職多男而授之職何懼之有富而使人分之何事之有天下有道與物皆昌天下無道修德施仁何辱之有

萬石秦氏 漢秦彭茂陵人六世祖名襲爲潁川太守與羣從同時爲二千石者五人三輔號爲萬石秦氏彭爲山陽太守有鳳凰麒麟嘉禾甘露之瑞肅宗褒之○歷朝號萬石者六家自漢石奮爲九卿長子建次子慶叔季失名皆官至二千石景帝號奮爲萬石君家後世遂以萬石爲美談○石音食俗讀擔誤

三戟崔家 唐崔琳開元中爲中書令弟珪爲太子詹事瑤爲光祿卿俱列棨戟時號三戟崔家每宴集組印相輝華轂盈門一榻置笏重疊其上○又張儉兄文師弟延師並賜銀青光祿大夫亦號三戟張家○棨音啟戟兵欄雙枝爲戟單枝爲戈

退之驅鱷 唐韓愈字退之憲宗迎佛骨愈表諫上怒將加極刑裴度崔羣爲言貶潮州刺史問民疾苦皆告曰鱷溪有魚食民生畜且盡愈作文祭之即夕風雨大震鱷魚遂西徙六十里民賴以安集中有祭鱷魚文○又宋陳堯佐通判潮州網捕鱷魚殺之鱷音諤

叔敖埋蛇 楚孫叔敖一名蔿獵艾兒時出見兩頭蛇殺而埋之恐後人復見歸泣白母曰吾聞見兩頭蛇者死恐不得事親矣母曰有陰德者必有陽報子埋蛇陰德著可不死矣後以虞邱子薦莊王以車迎之使爲令尹○蔿音委

虞詡易服　漢虞詡字升卿武平人年十二通尚書孝養祖母舉順孫爲朝歌長時朝歌多盜故舊皆弔之詡曰不遇盤根錯節何以別利器大有治聲歷遷武都太守兵不滿三千羌萬餘圍之詡陳兵令從東郭出西郭入貿易衣服迴轉數週羌恐而退設伏邀之復增竈進兵大破羌人官至尚書僕射

道濟量沙　檀道濟仕劉宋文帝進爵司空元嘉八年使領兵伐魏與魏軍三十餘戰軍至歷城以資糧竭引還魏人追之恐兵潰夜乃唱籌量沙以所餘少米覆其上及旦魏人見道濟資糧有餘以降卒妄告斬之道濟因全軍而返雄名大振魏甚憚之圖之以禳鬼

伋辭饋肉　周孔伋孔子孫居魯魯穆公亟饋鼎肉伋以勞於拜賜摽使者出諸大門之外北面稽首而拜而不受

瓊卻餉瓜　北齊蘇瓊字珍之長樂人除南淸河太守六載絕不通饋餉郡人趙穎年八十餘致仕歸將年老親奉新瓜一雙瓊勉留置梁上竟不剖食人聞受穎瓜競貢新果至門問知穎瓜猶在相顧而還百姓乙普明兄弟爭田積年不斷瓊召諭之曰難得者兄弟易得者田地假令得田地失兄弟心如何因而下淚明兄弟感其言遂不復分

祭遵俎豆 漢祭遵字第孫從光武征河北賞賜盡與士卒家無私財韋絝布被所在吏民不知有兵范升奏曰遵爲將取士皆用儒術對酒設樂雅歌投壺雖在軍旅不忘俎豆帝每歎曰安得憂國奉公之臣如祭征虜者乎封穎陽侯圖形雲臺○又宋岳飛雅歌投壺循循如諸生○祭音債

柴紹琵琶 唐柴紹字嗣昌尙高祖平陽公主主與紹助太宗定天下號娘子軍吐谷渾與黨項寇邊紹禦之虜據高射紹軍矢下如雨紹安坐遣人彈胡琵琶二女子對舞虜異之停射縱觀紹伺其懈以精騎從後掩擊之虜遂潰○吐谷渾西番國名三字音突浴魂

法常評酒 河陽釋法常性嗜酒無寒暑風雨常醉醉則熟寢覺即朗吟曰優游麴世界爛漫枕神仙謂人曰酒天虛無酒地緜邈酒國安恬無君臣貴賤之拘無財利之圖無刑罰之避陶陶焉蕩蕩焉樂其可得而量也轉而入於飛蝶都則又蒙騰浩渺而不思覺也

鴻漸論茶 唐竟陵僧於水濱得嬰兒育爲弟子及長自筮得蹇之漸繇曰鴻漸于陸其羽可用爲儀乃姓陸氏字鴻漸名羽嘗論說茶之功效并煎煮之法造茶具二十四事以都統籠貯之隱居苕溪李季卿宣慰江南召羽煎茶羽野服挈具而入李心鄙之命取錢三十文酬博士羽夙遊江介通狎勝流遂收錢茶具雀躍而出旁若無人因著毀茶論又嘗論煮茶以楚水爲第一

陶怡松菊　晉陶潛解組歸田賦歸去來辭有三徑就荒松菊猶存之句蓋以松菊自怡悅也故唐韋表微擢進士受監察御史不樂曰爵祿譬滋味也人皆欲之吾年五十取一班一級不見其味將爲松菊主人不媿陶元亮可耳

田樂烟霞　唐田遊巖三原人隱太白山後入箕山居許由祠旁自謂東鄰頻召不出高宗幸嵩山親至其門田野服出拜帝命左右扶止問曰先生比來佳否對曰臣所謂泉石膏肓烟霞痼疾者召至京師拜崇文館學士居奉天宮左太子自書榜其門曰處士田遊巖宅○韓法昭宋之問爲方外友○肓音荒樂音洛

孟鄴九穗　北齊孟鄴字敬業安國人爲東郡太守以寬惠著名郡內麥或一莖五穗或三穗四穗縣人送嘉禾一莖九穗咸以爲政化所感○漢光武生於洛陽是歲縣界有嘉禾一莖九穗因名曰秀又張堪爲漁陽太守民歌曰桑無附枝麥穗兩歧張公爲政樂不可支穗音遂

鄭珏一麻　後唐鄭珏與李愚同爲學士鄭閣下一麻忽生李曰承旨相矣及霜降成實乃白麻也珏果大拜○唐制拜相詔用白麻珏音覺

顏回練馬 孔子與顏回俱上泰山望吳閶門外繫有白馬謂顏子曰若見吳閶門乎顏子曰見孔子曰門外何有顏子曰有疋練之狀孔子曰噫白馬也詳視果然故馬曰疋

樂廣杯蛇 晉樂廣字彥輔嘗飲親故以酒忽告曰前蒙賜酒見杯中有蛇旣飲而疾作盞廳壁有角弓其影落於杯中似蛇形也廣因復置酒問曰有所見否客曰如初廣乃告以弓影之故客疑遂釋而沉痾頓愈

羅珦持節 唐羅珦廬州人少貧困嘗依龍泉寺隨僧飯歷二十年開持節歸鄉書僧房云二十年來此布衣鹿鳴西上虎符歸故時賓從追前事到處松杉長舊圍野老共遮官路拜沙鷗遥認隼旟飛春風一宿琉璃殿惟有泉聲慨昔機

王播籠紗 唐王播字明敭檄宗朝拜相微時客揚州木蘭院隨僧飯僧厭之飯後擊鐘播慚恨題詩於壁云上堂已了各西東慚愧闍黎飯後鐘僧竊其筆拂袖而去後貴出鎮是邦前詩已籠碧紗矣因續云三十年前塵撲面而今始得碧紗籠○闍黎闍黎僧也又宋魏野與寇萊公遊陝郊僧寺後再到萊公詩以籠碧紗魏詩塵滿從行官妓以袖拂之野云若得時將紅袖拂也應勝著碧紗籠

能言李泌 唐李泌與肅宗同寢固請還山上曰卿以朕不從北伐之謀乎對曰非也乃建甯王事耳臣非咎既往欲陛下愼將來昔天后忌殺長子弘次子賢懼作黃臺瓜辭冀其感悟辭曰種瓜黃臺下瓜熟子離離一摘使瓜好再摘使瓜稀三摘猶爲可四摘抱蔓歸今陛下已一摘矣愼勿再摘上愕然曰卿言朕當書紳○建甯王名倓

敢諫香車 齊宣王爲大室蓋百畝堂上三百戶三年不成羣臣莫敢諫香車問曰荆王釋先王之禮樂而爲淫樂敢問荆邦爲有主乎曰爲無主爲有臣乎曰爲無臣車曰今王爲大室三年不成羣臣莫敢諫爲有臣乎王曰爲無臣車曰臣請避矣遂趨出王曰香子留何諫寡人之晚也因止其役○車音居平聲

韓愈闢佛 唐韓愈諫憲宗迎佛骨以爲佛不足事當付有司投諸水火永絕根本可謂闢之極矣韓文外集載其與大顛三書東坡力言其書爲僞朱晦翁又力辯以爲真

傅奕除邪 唐傅奕上表請除佛法蕭瑀詰之奕曰蕭瑀不生于空桑乃遵無父之教太宗得胡僧能立呪人死復呪而甦驗之以告奕曰此邪術也邪不能干正使呪臣必不行呪之不驗其僧立仆遂不復甦○瑀音禹

春藏足垢 南北朝陰子春官至刺史身服垢汚脚數年一洗言每洗則失財後於梁州洗足者再竟敗㸃○南郡有劉姓者俺聞人足臭而文思乃發濊亦一奇也

邕嗜瘡痂 南北朝劉邕愛食瘡痂以爲味似鰒魚嘗詣孟靈休靈休患炙瘡痂落在牀邕取食之靈休大驚痂未落者悉褫以飴邕靈休遂舉體流血邕襲父封南康郡公國吏二百許人不問有罪無罪遞與鞭瘡痂嘗以給膳○鰒音薄海魚一云石決明

辟箋成彩 浣花溪在成都府西南一名百花潭任夫人微時見一僧墮汚渠爲濯其衲百花滿潭因名浣花溪杜甫結廬其上節度使裴冕爲築草堂後名妓薛濤亦家其傍以潭水造十色彩箋名薛濤箋一云濤好製小詩因易大爲小名薛濤箋

江筆生花 南北朝江淹字文通少以文章顯令蒲城時夜宿郭外孤山夢人授以五色筆文詞日麗後十餘年宿冶亭夢一丈夫自稱郭璞曰吾有筆在卿處多年可見還淹探懷中筆還之嗣後詩絕無佳句人謂之才盡○又李白夢筆頭生花自是文思日進

班昭漢史 漢班昭班固妹適曹世叔早寡作女誡七章以示諸女和帝朝兄固著漢書未就而卒詔昭就東觀踵成之數召入宮中令皇后貴人事以師禮號爲曹大家○家音姑大家僅著七誡並漢書坊刻女孝經則唐鄭氏所託以著者

蔡琰胡笳 漢蔡琰邕女六歲知音律及笄適衛仲道爲胡騎所獲在胡二十年曹操痛邕無子以金帛贖歸琰感作胡笳十八拍胡人卷蘆葉吹之名笳琰作爲歌詞被漢魏詩乘○笄音雞一云琰歸董嫁董祀琰音掩

鳳凰律呂 黃帝使伶倫采嶰谷之竹吹之爲黃鍾之音於是制十二管以聽鳳凰之鳴其雄鳴爲六律雌鳴爲六呂謂之律本故抱朴子曰軒轅聽鳳凰鳴而調律○軒轅黃帝諱嶰谷在大夏之西抱朴子葛洪所著書

鸚鵡琵琶 宋蔡確神宗時爲相貶新州侍兒名琵琶有鸚鵡甚慧公每扣響板鸚鵡傳呼其名琵琶卒後誤觸響板鸚鵡猶傳呼不已蔡悒悒不樂因爲懷曰鸚鵡言猶在琵琶事已非傷心瘴江水同渡不同歸

七陽

渡傳桃葉 晉王獻之有愛妾名桃葉其妹名桃根子敬嘗臨渡歌以送之因名其渡曰桃葉渡相傳地在今秦淮口歌曰桃葉復桃葉渡江不用楫但渡無所苦我自來迎接桃葉復桃葉桃樹連桃根相憐兩樂事獨使我殷勤○桃葉有答歌又有團扇歌○演繁露云渡江不用楫隱語也言橫波急也

村名杏花 唐杜牧詩情豪邁人稱小杜以別杜甫嘗鎮秋浦清明日有借問酒家何處有牧童遙指杏花村之句地在池州府治秀山門外明太守顧元鏡詩牧童遙指處杜老舊題詩紅杏添新色黃爐憶昔時遠山憑作畫好鳥辨吹篪偷得餘閒在官錢換酒卮

君起盤古 自太極生兩儀兩儀生四象四象變化而庶類繁矣相傳首出御世者曰盤古氏又曰渾沌氏明天地之道達陰陽之理為三才首君其時民風淳穆居不知其所行不知所之悶悶然如人之方孩獸之適野○淳音沃淳穆深微貌

人始亞當 格致草云造人之始西京所載以水土合和成男復取男一肋成女男曰亞當婦曰阨襪生二子一名迦音一名亞伯種類蕃息纔染大地自亞當生後一千六百五十六年洪水稽天僅留一善者名諾阨夫婦及三子夫婦共八人三子一名生一名剛一名雅弗種傳賢聖分掌天下意盤古正當此時

唐宗花蕚 唐玄宗素友愛，宋王成器等請獻興慶坊宅爲離宮，制許之，始作興慶宮，仍各賜成器等宅環於宮西南。置樓，題其西曰花蕚相輝之樓，南曰勤政務本之樓。上或登樓，聞諸王奏樂，則召升樓同宴，或幸其所居，盡歡賞賜優渥。○唐李乂與兄尚一、尚正所著詩文共爲一集，號花蕚集。

靈運池塘 南北朝謝惠連十歲能屬文，族兄靈運嘉賞之，曰：每有篇章，對惠連輒得佳語。嘗於永嘉西堂思詩，竟日不就，忽夢見惠連，即得池塘生春草，大以爲工，嘗云：此語有神功，非吾語也。○又靈運性無所推，唯重惠連，與爲刎頸交。

神威翼德 季漢張飛字翼德，義釋嚴顏。先主背曹向袁，敗奔江南，曹追之，飛於霸陵橋瞋目橫牙曰：身是張翼德也，可來決死。敵皆無敢近者。史稱其神威亞於關羽，魏謀臣程昱等咸稱飛與羽爲萬人敵。

義勇雲長 季漢關羽字雲長，蒲州解人，善左氏春秋，與先主誓同生死，嘗守先主家累於下邳。操圍之，使張遼說降，羽表三約以明志，從於萬衆中斬顔良以示報，效盡封所賜而奔劉。及先主即位，假節鉞，鎮荊州，威震華夏。孔明遺羽書有云：孟起兼資文武，雄烈過人，一世之傑，黥彭之徒，當與翼德並驅爭先，猶未若髯之絶倫超羣也。○孟起，馬超字。黥，黥布；彭，彭越。

羿雄射日 堯時十日並出殺苗稼命羿射去其九後有窮國君亦善射慕之而襲其名詳見淮南子○陳眉公枕譚曰傳言羿日落九烏烏最難射而一日得九言其射之捷也後世遂以爲日謬矣

衍憤飛霜 周鄒衍聞燕昭王下士乃自梁至燕昭王擁篲先驅築碣石宮師事之王崩惠王信讒繫衍於獄衍冤不能白仰天而哭夏月天爲降霜○篲竹帚音遂

王祥求鯉 晉王祥字休徵沂州人事繼母朱氏極恭謹冬月母思食生魚天寒冰結祥解衣將剖冰求之冰忽解雙鯉躍出今望江縣埠南岸有小池相傳每天寒冰凍如人卧形祥嘗奉母避地於此因名爲卧冰池○宋羅孟郊事與祥略同人目其池爲曾孚湖○又晉王延冬月爲母欲魚扣冰而哭魚忽躍出冰上

叔向埋羊 叔向名肸晉卿也嘗有攘羊者以羊首遺向向母不食埋之閲三年攘羊事敗遣捕追問向家起驗之羊首骨肉皆盡惟一舌尚存國人異之向後遂以羊舌爲氏

亮方管樂 季漢諸葛亮躬耕南陽好爲梁父吟每旦抱膝長嘯以管仲樂毅自比時人莫許惟博陵崔州平潁川徐元直謂爲信然後出仕先主三分鼎峙○梁父泰山下小山其所吟則晏嬰謀以二桃殺三士事君有德則封泰山禪梁父顧佐君王致於有德昔爲小人所阻也三士公孫接田開疆古冶子

勒比高光 後趙石勒因徐光謂其過於漢高曰卿言亦已太過人豈不自知朕遇高祖當北面事之若遇光武可以並驅中原大丈夫宜磊落如日月終不效操與懿欺孤凌寡狐媚以取天下○磊磊同

世南書監 唐虞世南字伯施餘姚人十八學士之一文章贍博太宗嘗稱其五絕一德行二忠直三博學四文詞五書翰上一日出行有司請載書以從上曰虞世南在行秘書監也何用載書

鼂錯智囊 漢鼂錯學申商刑名於軹張恢生所爲人峭直刻深上言太子宜令知術數文帝善之拜爲太子家令以其辯得幸太子家號爲智囊○軹音止地名又秦惠王弟疾居樗里人稱樗里子滑稽多智亦號智囊鼂音朝

昌囚羑里 周文王名昌紂爲不道醢九侯脯鄂侯文王聞之竊歎崇侯虎譖之紂乃囚之羑里文王因演伏羲八卦爲六十四卦而繫之辭是爲周易其臣閎夭設計釋之紂因命文王爲西伯賜弓矢使專征伐○醢音海肉醬也羑音有

收遁首陽 南北朝辯收字伯起聞唐高祖興遁入首陽山將應義舉入唐爲秦王府主簿從討王世充及平劉黑闥爲書檄露布或馬上占辭該敏如循構後封汾陰侯早卒太宗即位謂房玄齡曰收若在當以中書令處之○露布捷書也

軾攻正叔 宋程頤字正叔年十八伏闕上書勸仁宗以王道爲心乞召對哲宗朝爲講官持己過莊蘇軾謂其不近人情每加玩侮遂屬顧臨等連章劾之出爲勾管西京國子監力辭不報紹聖間追貶元祐諸臣遂至目爲奸黨

浚沮李綱 宋李綱字伯紀欽宗朝爲相張浚爲侍御史劾綱以買馬招軍之罪黃潛善汪伯彥復力排之遂貶提舉洞霄觀在相位僅七十七日議者惜之○洞霄觀在杭州大滌山

降金劉豫　宋劉豫爲河北提刑金人南侵棄官居眞州張愨薦之起知濟南時盜起山東豫求易南郡執政不許豫忿而去遂降金兀朮立爲齊帝高宗詔暴其罪逆於六師

順齒邦昌　徽欽北狩金人使吳幵等集百官議立異姓張叔夜請立太子不許張邦昌爲相遂受僞命立爲楚帝舍人吳革等數百人皆先殺妻子焚所居舉義金水門外范瓊乃詐與合謀而襲殺百餘人是日風霾日暈無光邦昌忍恥受拜官皆加權字高宗立伏誅○幵音堅霾音埋風而雨土也

瑜燒赤壁　季漢周瑜仕吳爲建威中郎將曹操治水軍八十萬征吳議者欲迎降瑜獨請精兵三萬往擒之遂與程普等逆操師於赤壁火攻破之以功拜偏將軍領南郡太守○赤壁在今嘉魚縣是周郎拒曹眞蹟東坡所賦黃州之赤壁但借攄感慨耳○今江漢間稱赤壁者有五

軾謫黃岡　宋蘇軾出判杭州中丞李定御史舒亶摘其詩文以爲怨謗君父逮下臺獄曹太后聞之言軾爲讐人中傷乃得輕議貶黃州團練副史○中傷之中音眾

馬融絳帳 漢馬融字季長新息侯援之後美辭貌後歷南郡守忤梁冀免官高才博學世稱通儒從遊者以千計盧植鄭玄皆其高弟善鼓琴好吹笛常施絳紗帳前授生徒後列女樂以次相傳鮮有入其室者達生任性不拘儒者之節著忠經○融受學摯恂絳音降火赤色

李賀錦囊 唐李賀字長吉七歲能詩吟每旦出騎弱馬小奚奴背錦囊隨後遇所得即投其中暮歸母探囊見屬草必怒曰是兒嘔出心乃已一日晝見緋衣人駕赤虬持一版曰上帝白玉樓成召君爲記遂卒○凡男女没入官爲奚今奴婢也虬音求龍無角者

曇遷營葬 釋曇遷游心佛義兼談老莊工正書與范蔚宗王曇首遊款後蔚宗被誅門有十二喪家知無敢近者曇遷抽貨衣物悉營送葬宋孝武聞而歎賞語徐爰曰卿著宋書勿遺此士○蔚宗下獄宋文帝有白團扇令書詩賦美句蔚宗援筆書曰去白日之昭昭襲長夜之悠悠已循覽淒然

脂習臨喪 季漢脂習與少府孔融相善魏武爲司空威德日盛融書疏倨傲習常責之及融被誅許中百官與融素善者皆莫敢收恤習獨撫尸而哭曰文舉卿乃我死我當復與誰語者魏武欲收治罪以事直見原後見魏武特字之曰元升卿故慷慨

仁裕詩窖　後史高仁裕著詩萬篇詩號詩窖言所積之多也○又五代王仁裕嘗自言少時嘗夢人剖其腸胃以西江之水滌之顧見江中沙石皆爲篆籀之文由是文思日進漢初知貢舉所收門生王溥和凝范質皆仕至宰相○窖音教

劉式墨莊　宋劉式字叔度淸江人太宗朝掌邦計者十餘年既沒而家徒壁立惟遺書數千卷其妻陳氏指示諸子曰此汝父墨莊也今貽汝輩爲學殖之其後諸子及孫並起高第爲時名臣

劉琨嘯月　晉劉琨少得俊朗之目與祖逖俱以豪雄著名永嘉初爲并州刺史轉職至晉陽爲胡騎所圍城中窘迫琨乃乘月登樓淸嘯賊聞之皆淒然長歎中夜奏胡笳賊又流涕歔欷人有懷土之念比曉胡遂棄圍而走○又劉疇嘗避亂塢壁疇吹笳爲出塞入塞之聲以動其思胡皆垂泣而去疇字王喬琨音褌

伯奇履霜　周尹伯奇母死父吉甫更娶後妻生伯封譖伯奇吉甫偏聽而放伯奇於野伯奇自傷無罪見逐爲作履霜操以歌之冀感悟也宣王出遊吉甫從聞其歌宣王曰此孝子之辭也吉甫乃求伯奇於野已化爲伯勞吉甫遂射殺後妻以謝之○郥音規伯勞鳥名歌辭古詩紀○伯奇采楟花而食

塞翁失馬

塞上之翁，馬無故亡入胡，人弔之，翁曰：安知非福。數月，其馬帶胡駿而歸，人賀之，翁曰：安知非禍。其子乘之，墜折臂，人又弔之，翁又曰：安知非福。後胡兵大戰，丁壯者多死，其子以折臂倖存。因知禍福相倚而生也。見淮南子。○淮南子，漢劉安所著書。塞音賽。

臧穀亡羊

臧與穀二人相與牧羊，而俱亡其羊。問臧奚事，則挾策讀書；問穀奚事，則博塞以遊。二人者事業不同，其亡羊均也。事見莊子駢拇篇，寓言也。博塞，戲局，今雙六之類。策，筴同。

寇公枯竹

宋寇準，眞宗朝入拜。張詠聞之，曰：寇準，宰相也。尋以丁謂爲佞被讒竄謫。乾興初，貶雷州，道出公安，翦竹插神祠前，祝之曰：準若無負朝廷，枯竹再生。已而果然。居雷州有年，一日沐浴，具朝服束帶，北面再拜，就榻而卒。喪過公安，民皆迎祭，斬竹挂紙錢，踰月皆生筍成林，因廟祀之，名爲相公竹，不忍翦伐。準初知巴東縣，手植雙柏，民愛之，亦號爲萊公柏。

召伯甘棠

召公奭，周同姓，食采於召，謂之召康公。與周公分陝而治，陝以西召公主之，故又稱召伯。嘗巡行南國，有棠樹，決獄政事其下，自侯伯至庶人，各得其所。公卒，民思之，爲之賦甘棠，因愛其樹，不忍翦伐。○奭音釋。武王封奭于北燕。

匡衡鑿壁 漢匡衡字稚圭東海承人家貧好學邑有大姓多藏書衡爲傭作而不求取值主人怪問衡曰願得藏書徧讀之主人感歎給以書常夜讀無燭鑿鄰壁借其光遂致精詣絕人十年之間不出長安城門而致相位朝廷有政議輒引經以對數上書陳便宜後封樂昌侯

孫敬懸梁 漢孫敬字文寶信都人性嗜學窮年閉戶讀書或閒一入市人皆曰閉戶先生來也每夜讀恐其久睡乃以繩懸其髮于梁上少睡則髮頓而驚仍讀之○又劉孝標寄人廡下自課讀書常燎麻炬從夕至日時或昏睡爇其鬚髮及覺復讀

衣蘆閔損 閔損字子騫魯人性至孝早喪母父娶後妻惟愛己生之二子獨嫉損冬月以蘆花絮衣之一日損爲父御車體寒失靷損不自理父知之欲去後母損固啓曰母在一子寒母去三子單父乃止母因感悟遂以慈終○靷音孕閔子墓在今南宿州其地有閔子集衣音意

扇枕黃香 漢黃香字文彊江夏安陸人年九歲失母哀毀骨立事父至孝夏月扇枕席冬則以身溫被比長博通能文章京師語曰天下無雙江夏黃童肅宗詔詣東觀讀所未見書又召詣安福殿言政事拜尚書郎後遷尚書令○雙叶音春扇平聲

嬰扶趙武 程嬰晉人與公孫杵臼爲趙朔客屠岸賈誅朔朔婦生遺腹子賈聞而索之杵臼取他兒匿山中令嬰謬呼趙氏孤在賈因攻杵臼及孤兒殺之嬰乃匿趙氏眞孤年十五韓厥言於晉景公立之是爲趙武滅屠岸賈○賈音古

籍殺懷王 項梁兵起從范增言求楚懷王孫心民間立爲懷王以從民望後項籍尊爲義帝都盱眙及滅秦自王乃使人徙義帝於長沙陰令九江王布弒於江中新城三老董公說漢王發喪率諸侯之師伐籍○布黥布義帝向牧羊於盱眙

魏徵斌媚 唐魏徵事太宗諫有不從帝與語輒不應帝曰應而後諫何傷徵曰昔舜戒面從臣心知其非而口應陛下是面從也豈稷契事舜之意帝笑曰人言魏徵疎慢我視之更覺斌媚正爲此耳○斌音武

阮籍猖狂 晉阮籍容貌瓌傑任情不羈或閉戶讀書累月不出或登山臨水竟日忘歸時率意獨駕不由徑路車跡所窮輒痛哭而返唐王勃滕王閣序有云阮籍猖狂豈效窮途之哭

雕龍劉勰　南北朝劉勰字彥和撰文心雕龍五十篇論古今文體欲取定於沈約無由自達乃負書候約於車前狀若貨鬻者約取讀大重之謂深得文理常陳之几案又撰自古帝王賢達至於魏世通三十卷名爲要略後爲沙門○一云王勰著要略非劉事○勰古協字

愍驥應瑒　三國魏應瑒字德璉汝陽人建安七子之一時遭董卓之亂不得志於時因作愍驥賦愍良驥之不遇以自寓也故謝靈運鄴中詩序云應瑒汝潁之士流離世故頗有飄薄之歎又子建送應氏詩淸時難屢得嘉會不可常天地無終極人命若朝霜即其不遇可知已○愍音敏瑒音羊

御車泰豆　造父之師曰泰豆氏造父始從學御三年不告造父執禮愈謹乃告之曰古言良弓之子必先爲箕良冶之子必先爲裘汝先觀吾趨趨如吾然後六轡可持六馬可御乃立木爲塗僅可容足履之而行趨走往還無失跌也造父學之三日即盡其巧泰豆於是乃告以應心得手之妙○爲箕爲裘取其相似而易學也

習射紀昌　周紀昌學射於飛衛衛曰爾先學不瞬而後可以言射昌歸臥於妻之機下以目承牽挺三年後錐末到眥而不瞬衛曰未也必視小如大視微如著而後告我昌以氂懸蝨於牖南面望之浹大三年後如車輪焉以視餘物如邱山乃射貫蝨之心而懸不絕○氂音離牛尾長毛

異人彥博 宋文彥博立朝端重有威契丹使耶律永昌入覲見彥博卻立改容曰此潞公耶何其壯也東坡曰使者見其容采聞其語其總理庶務貫穿古今雖少年名家有不如永昌拱手曰天下異人也公化侍將入監稅閬郡崇極宮道士何守真見而異之曰南極之靈降而爲國中甫遂門號府樞學後以太師致仕卒年九十二謚忠烈

男子天祥 宋文天祥字履善號文山宋亡元主欲以爲相不屈詔有司殺於柴市天祥因南向再拜而死其衣帶中有贊曰孔曰成仁孟曰取義惟其義盡所以仁至讀聖賢書所學何事而今而後庶幾無愧元帝臨朝歎曰文丞相眞男子本朝將相皆不能及誠可惜也

忠貞古弼 南北朝古弼代州人仕魏以忠直聞嘗入奏減苑囿太武方與劉樹棋弼侍坐良久不獲申乃起於帝前捽樹頭下牀以手搏之曰朝廷不理實爾之罪帝愕然曰不聽奏事朕之過也樹何罪弼具狀帝奇之而可其奏弼頭尖時稱筆公太武嘗稱爲社稷臣又稱爲國[illegible]封靈壽侯○捽音卒持髮也

奇節任棠 漢任棠隱居教授有奇節漢陽太守龐參先候之棠不與言但以薤一大本水一盂置戶屏前自抱孫兒伏戶下主簿自以爲倨參思其意良久曰水者欲吾清也拔大本薤者欲吾擊強宗也抱兒當戶欲吾開門恤孤也歎息而還參在職果能抑強扶弱以惠政得民龐字仲達○薤音械葉似韭

何晏譚易 季漢何晏字平叔言易義精通所不了者九事一日迎管輅其論輅爲剖析玄旨九事皆明時鄧玄茂在坐言君善易而語不及易中辭義何輅曰善易者不論易晏含笑贊曰可謂要言不煩

郭象註莊 晉向秀字子期嘗注莊子於舊注之外妙析奇致大暢玄風惟秋水至樂二篇未竟而卒子幼義遂零落郭象遂竊以爲已注乃自注秋水二篇又易馬蹄一篇其餘點定文句而已○郗紹作晉中興書而何法盛竊之與此事相類

卧遊宗子 南北朝宗炳字少文好琴書善書精玄理每臨山水佳處輒忘歸劉毅辟之曰吾棲邱隱壑三十年豈可於王門折腰當西涉荆巫南登衡岳因結宇衡山有疾還江陵歎曰老病俱至名山恐難徧覩惟澄懷觀道卧以遊之凡所遊履皆圖之於室謂人曰撫琴動操欲令衆山皆響爲遠公白蓮社十八賢之一

坐隱王郎 晉王坦之譽輯朝野標的當時累遷侍中中書令領北中郎將故稱中郎世說云王中郎以圍棊爲坐隱支公以圍棋爲手談談林云王以圍棋爲手談故其在衰制中祥後客來方幅會戲

盜酒畢卓 晉畢卓字茂世鮦陽人少放達嘗曰得酒滿數百斛左手持酒杯右手持蟹螯拍浮酒船中便足了一生大興末爲吏部郎比舍郎釀熟卓因醉夜至甕下盜飲爲掌酒者所縛明旦視之乃畢吏部也卓與阮孚等爲八達

割肉東方 漢東方朔善詼諧滑稽武帝朝待詔金馬門帝社賜從官肉大官未至朔割肉以歸有司奏帝令自責朔再拜曰受賜不待詔何無禮也拔劍自割何壯也割之不多何廉也歸遺細君又何仁也上笑曰令卿自責而反自譽復賜酒肉○大官主上食者細君妻之稱

李膺破柱 漢李膺遷司隸校尉時內侍張讓弟朔爲野王令貪殘無道畏膺威嚴逃還京師匿於兄家合柱中膺知其狀率吏卒破柱取朔付洛陽獄受辭畢即殺之自此內侍皆鞠躬屏氣

衛瓘撫牀 晉衛瓘字伯玉位侍中惠帝爲太子時咸謂其不堪瓘會醉遂跪牀前曰臣欲有所啓帝曰卿欲何言瓘言而復止者三因以手撫牀曰此坐可惜帝意乃悟因謬曰公真大醉耶○惠帝在華林園聞蛙聲問左右曰此鳴者爲官乎爲私乎賈胤對曰在官地爲官在私地爲私○瓘音貫

營軍細柳 漢文帝時匈奴入雲中以周亞夫次細柳劉禮次霸上徐厲次棘門上自勞軍至霸上及棘門軍直馳入已而之細柳先驅曰天子且至軍門都尉曰軍中但聞將軍令不聞天子詔上使使持節詔將軍亞夫乃傳令開壁門士請曰將軍約軍中不得驅馳上乃按轡徐行至中營亞夫曰介胄之士不拜天子爲動改容曰此眞將軍也棘門霸上俱如兒戲耳

校獵長楊 漢成帝羽獵揚雄從歸作羽獵賦以諷明年秋又捕獸輸長楊射熊館以誇胡人農民不得收斂雄從至射熊館還上長楊賦因筆墨成文章故藉翰林爲主人子墨爲客卿以諷俱詳文選

忠武具奠 宋岳飛謚忠武家貧力學尤好左氏春秋孫吳兵法未冠能挽弓三百斤弩八石學射于周同能左右射同死朔望必設衣具酒肉詣同冢奠而泣引同所贈弓發三矢乃歸父知而義之

德玉居喪 唐顧德玉字潤之從俞觀光學觀光無子嘗曰吾昔病潤之侍湯藥情若父子吾爲感動弗忍受金我老必託之以死尋訪醫吳中疾革趨潤之次尹山而遂卒潤之奉其尸斂於家衰絰就位或問斂於家禮與潤之曰生服其訓死而委諸草莽仁者弗爲也明年葬於顧氏先塋傍歲時享祭惟謹

敖曹雄異 南北朝高昂字敖曹龍準豹頭姿體雄異少不遵師教與輩馳騁每言男兒當橫行天下自取富貴誰能端坐讀書作老博士也其父嘗曰此兒不大吾門必滅吾族北齊神武以爲西南道大都督渡河祭河伯言曰河伯水中之神高敖曹地上之虎○準音拙

元發疏狂 宋滕達道字元發性疏豁神宗時力言新法之害落職知筠州上章自訟改知揚州微時爲范文正公館客嘗私就狹邪飲范病之一夕候其出逕造書室明燭讀書以俟元發大醉入門長揖問范讀何書曰漢書問漢高帝何如人范逡巡走入

寇卻例簿 宋寇準眞宗朝大拜用人多不以次同列頗不悅堂吏嘗持例簿以進準曰宰相所以進賢退不肖也若用例一吏職耳卻去不用黨爲王欽若所譖罷爲刑部尙書出知陝州復知天雄軍契丹使過之謂準曰相公重望何以不在中書公曰主上以朝廷無事北門鎖鑰非準不可

呂置夾囊 宋呂蒙正字聖功河南人淳化咸平中凡兩居相位夾囊中有冊子每四方人謁見必問有何人才即疏之悉分門類朝廷求賢取之囊中而用無不當封許國公謚文穆○又晉山濤爲吏部甄別人物各爲題目時號山公啟事

彥升白簡 南北朝任昉字彥升八歲能屬文初仕齊爲太學博士王儉沈約皆推讓其文後仕梁武爲御史中丞每奏彈必曰臣謹奉白簡以聞簡略狀也○凡彈文白紙爲重黃紙爲輕又魏制置殿中侍御史二員簪白筆側階而坐伺察非法

元曾青箱 南北朝王淮之字元曾自曾祖彪之博聞多識練志朝儀自是家世相傳並諳江左舊事緘之青箱世謂之王氏青箱業自彪之至淮之四葉爲御史中丞淮之尤百僚所憚○淮之父名訥之祖名越之

孔融了了 漢孔融字文舉十歲隨父之洛陽時李膺有盛名詣門者多不得通融謂閽者曰我與李府君通家子是膺問曰高明祖父與僕有舊乎對曰昔先君仲尼與君先人伯陽相師友則融與君累世通家也膺與賓客皆奇之陳韙後至人語之韙曰小時了了大未必佳融曰想君小時必當了了韙大踧踖○韙音委

黃憲汪汪 漢黃憲字叔度汝南人郭泰至汝南造袁奉高車不停軌鸞不輟軛至詣叔度乃彌日信宿人問故曰奉高之器譬諸汎濫雖清而易挹叔度汪汪若千頃陂澄之不清淆之不濁不可量也廣樂孝廉不就天下號曰徵君陳蕃周舉嘗相謂曰時月之間不見叔度鄙吝復生矣

僧巖不測 南北朝趙僧巖寥廓無常人不能測與劉善明友善明為青州欲舉為秀才大驚拂衣而去後忽為沙門棲遲山谷常以一壺自隨一旦謂弟子曰吾今夕當死壺中至夜而亡

趙壹非常 漢趙壹字元叔恃才倨傲作窮鳥賦以自遺客遊成州上計到京長揖司徒袁逢左右譏之壹曰昔酈食其長揖漢王今揖三公何遽怪耶逢下執手敬重之既出遇河南尹羊陟不得見因上堂大哭陟知其非常人出與語大奇之明旦造訪諸計吏皆盛飾騎從壹獨柴車草屨徑詣陟曰良哉不剖必有溢血以相明者遂與袁逢共薦之宣名遠近十辟公府皆不就○食其音異基

沈思好客 唐仙呂洞賓於宋熙甯九年遊湖州歸安之東林有沈思者號東老能釀十八仙白酒呂一日自稱回道人求飲自午至暮飲數斗殊無酒容謝曰久不遊吳中為予有陰德留詩贈予乃擘榴皮書於壁曰西鄰已富憂不足東老雖貧樂有餘白酒釀成緣好客黃金散盡為收書○思字持正

顏駟為郎 漢顏駟龐眉皓髮為郎武帝輦過郎署帝問何老也對曰文帝好文臣好武景帝好美臣貌醜陛下好少臣已老是以三世不遇上拜為都尉

申屠松屋 漢申屠蟠字子龍陳留人九歲喪父哀毀致甘露白雉之祥蔡邕稱曰大孝蟠隱居精學博貫五經兼明圖緯見漢室陵夷累徵皆不就因松爲屋杜門養高黨事廢立荀爽陳紀輩皆爲所脅獨蟠得全人服其先見○緯音位天象也申屠複姓

魏野草堂 宋魏野字仲先陝州人居東郊架草堂有水竹之勝又鑿土袤丈曰樂天洞與賓賢皆紗帽白衣見之出跨白驢號草堂居士好彈琴賦詩有棋進竟饒客斧朱御問兒松風輕暢扇石井勝須冰洗硯魚吞墨烹茶鶴避烟諸佳句太宗祀汾陰與李瀆並被薦召之不至命工圖其所居觀之○一日方教鶴舞忽報中使至抱琴踰垣而走

戴淵西洛 晉陸機字士衡赴假還洛輜重甚盛戴淵使少年刧掠淵在岸上據胡床指揮左右皆得其宜淵神姿鋒穎雖處鄙事神氣猶異機於船屋上遙謂曰卿才如此亦復作刧耶淵便流涕投劍歸機辭語非常機遂與定交作箋薦淵過江仕至征西將軍○淵字若思假音嘏告休沐之謂

祖逖南塘 晉祖逖字士雅過江時公私儉薄無好服玩王庾諸公共就祖忽見裘袍重疊珍飾盈列諸公怪問之祖曰昨夜復南塘一出祖微時恆自使健兒鼓行刧鈔在事之人亦容而不問仕至豫州刺史卒於晉元帝四年○逖音剔

傾城妲己 商紂伐有蘇得美女妲己色可傾城紂嬖之牝雞司晨惟言是用勸紂爲炮烙之刑遂致亡國李延年侍漢武起舞歌曰北方有佳人絶世而獨立一顧傾人城再顧傾人國寧不知傾城與傾國佳人難再得因以其妹爲夫人○妲單入聲

嫁鹵王嬙 漢武帝使畫工圖後宮按圖召幸宮女皆賂工昭君王嬙姿容甚麗志不苟求工遂毀其狀匈奴入朝命後宮願往者賜之嬙願往臨辭光彩射人帝悔恨無及畫工毛延壽等同日棄市漢人憐嬙遠嫁多作歌送之後生子爲單于

貴妃桃髻 唐明皇在禁苑中有千葉桃花盛開帝與楊貴妃宴花下帝曰不獨萱草忘憂此花亦能消恨○又王仁裕天寶遺事載御苑有千葉桃花帝親折一枝插妃子寶髻曰此花亦能助嬌態○髻音計

公主梅妝 南北朝宋武帝女壽陽公主人日臥於含章殿簷下梅花落額上妝著如鈿益映其媚後人效之遂增飾巧製貼面名曰壽陽妝○鈿音田金華飾也一云梅落公主額成五出之花拂之不去經三日洗之乃落

吉了思漢　秦吉了鳥名出川廣形如鸜鵒而色白腦有黃肉冠頭紅耳聰心慧舌巧人言無不通白香山詩詠其彩毛青黑花頸紅未知孰是嘗有夷人買去吉了曰我漢禽不入夷地遂驚死

供奉忠唐　五代唐昭宗播遷隨駕有弄猴能隨班起居昭宗賜以緋袍號供奉羅隱詩何如學取孫供奉一笑君王便著緋是也朱梁篡位取猴令殿下起居猴望見全忠徑趨而前跳躍奮擊殺之○廣雅猴一名王孫王延壽有王孫賦可證

終

龍文鞭影

明　中楚蕭良有漢冲纂輯
　　龍眠楊臣諍古度增訂
　　　　京江後學李恩綬丹叔校補

八庚

何收圖籍　漢蕭何從沛公入關秦王子嬰來降諸將爭走財貨之府何獨收秦丞相御史律令圖書藏之沛公因具知天下阨塞戶口多少強弱處並民所疾苦者○明宋潛溪遷言曰當始皇焚天下詩書而藏於秦博士者固在也酇侯乃棄之而取戶口阨塞之圖乃與咸陽宮殿一火俱盡悲夫酇侯萬世之罪人也

巳惜繁纓　衛孫桓子帥師伐齊與齊遇敗新築人救桓子是以免衛人賞之邑辭請曲縣繁纓以朝許之仲尼聞之曰惜也不如多與之邑惟名與器不可以假人○縣音玄天子樂縣四而諸侯缺南方謂之軒縣卽曲縣繁爲大帶纓馬鞅也諸侯之服巳讀作某繁音盤

卞莊刺虎 卞莊子魯卞邑大夫性好勇嘗刺虎管豎子止之曰兩虎方食牛牛甘必爭鬬則大者傷小者亡從傷而刺一舉必兩獲莊子然之果獲兩虎齊人欲伐魯忌莊子不敢過卞○卞邑今泗水縣

李白騎鯨 唐李白天才獨絕賀知章見其文而歎曰子謫仙人也後訪族人李陽冰於當塗泛舟遊采石大醉見水中月影狂叫捉之墮水而死後人因建捉月亭○或云騎鯨上天而去益託言也○臨官徐仲車題詩云舟檥江干弔謫仙吟風弄月笑當年騎鯨直上天門去詩在人間月在天太白墓在太平府青山北

王戎支骨 晉王戎和嶠同遭大喪王雞骨支牀和哭泣備禮武帝謂劉仲雄曰卿數省王和否聞和哀毀過禮使人憂之仲雄曰和嶠雖備禮神氣不損王戎雖不備禮而哀毀骨立臣以和嶠生孝王戎死孝陛下不應憂嶠而應憂戎

李密陳情 晉李密字令伯父早亡母更適人鞠於祖母劉氏武帝徵為太子洗馬密上表陳情乞賜歸養其譬曰云臣無祖母無以至今日祖母無臣無以終餘年母孫二人更相為命是以區區不能廢遠帝覽表歎曰密不空有此名下詔褒之賜奴婢二人郡縣時給精膳○密在蜀嘗奉使聘吳與吳王曰願為人兄為兄事親之日長也

相如完璧 趙得楚和氏璧秦昭王請易以十五城藺相如奉璧入秦秦竟無償城意相如乃紿云璧有瑕取示之乃令秦王齋五日而受璧陰使使者懷歸以身待命于秦秦王以爲賢禮而歸之趙終不與秦璧○藺音吝

廉頗負荊 廉頗藺相如同仕趙相如位居頗上頗怒欲辱之相如每稱疾引避人皆恥之相如語舍人曰秦人不敢加兵于趙以吾兩人在也吾所爲者先國家之急而後私仇也頗聞之肉袒負荊造門請罪卒成刎頸之交○頸音景

從龍介子 晉文公反國賞從亡者不及介子推推奉母隱於縣上其從者懸書宮門曰有龍矯矯遭天譴怒三蛇從之一蛇割股二蛇入國厚蒙爵土餘有一蛇棄於草莽公曰噫寡人過也求之不出因焚其山子推抱木而死環縣俱死爲故號其山曰介山○子推原名王光公餓子推割股飲之飲章其歌不一今從呂氏春秋

飛雁蘇卿 漢蘇武字子卿武帝遣使匈奴迫降不得屏居北海者十九年昭帝即位復遣使至匈奴常惠夜見漢使教使者謂單于言天子射上林得雁足繫帛書知武等俱在某澤中單于驚謝遣武等南還○常惠與武同使者

忠臣洪皓 宋洪皓爲大金通問使至雲中金人迫使事劉豫皓曰萬里銜命不能奉兩宮南歸恨力不能磔逆豫忍事之耶願就鼎鑊粘沒喝怒將殺之旁一校曰此眞忠臣也爲皓跪請乃得流冷山紹興十二年始歸○粘沒喝金臣名磔音窄裂也

義士田橫 齊田橫故齊王榮弟自立爲王高帝卽位與其徒五百餘人居海島帝召之橫與二客詣洛陽未至三十里自殺二客傳首洛陽並拜爲都尉以王者禮葬橫既葬二客穿塚自刎其從五百人俱自殺聞者皆竊歎以爲義士作薤露蒿里之歌哀之○歌載文選

李平鱗甲 諸葛亮軍祁山李平催督運事不繼遣人呼亮還及還乃陽驚以辭己責又表說軍僞退誘賊與戰亮因出前後手書表平顛倒不職復與蔣琬董承書曰孝起前爲吾說正方腹中有鱗甲吾謂鱗甲者但不當犯之耳不圖復有蘇張遊說事也遂徙平梓潼郡爲民○孝起陳震字正方平字

苟變干城 子思言苟變於衛侯曰其材可將五百乘公曰吾知其可將然變也嘗爲吏賦於民而食人二雞子故弗用也思曰夫聖人之官人猶匠之用木取其所長棄其所短君處戰國之勢選爪牙之士而以二卵棄干城之將不可使聞于鄰國公再拜曰謹奉教

景文飲鴆 宋明帝疾篤賜王景文死敕至之夜景文方與客棋看敕訖置局下待爭刧竟乃斂子納奩中已畢徐言奉敕賜死因出敕示客而舉酒鴆乃謂客曰此酒不可相勸遂仰飲而絕○景文名彧后兄美風姿袁粲見之歎曰景文非但風流可悅乃哺歠亦復可觀

茅焦伏烹 秦呂不韋通太后恐覺以舍人嫪毐詐爲宦者進之生二子事覺夷三族遷太后於雍以諫死者二十七人齊客茅焦請諫王怒欲烹之焦徐前曰秦方以天下爲事而陛下車裂假父囊撲二弟遷母於雍殘戮諫士桀紂之行不至是臣恐天下瓦解無嚮秦者言訖解衣伏烹王下殿手接之爵以上卿自駕迎太后歸○嫪音澇毐音藹

許丞耳重 漢黃霸爲潁川太守長吏許丞老病聾督郵白欲逐之霸曰許丞廉吏雖老猶能拜起送迎止重聽何傷且善助之無失賢者意或問其故霸曰數易長吏有送故迎新之費且吏緣爲姦新吏又未必賢徒相益爲亂凡治道去其太甚者耳

丁掾目盲 季漢丁儀曹操慕其才欲妻以女丕曰正禮目眇恐愛女不悅也後操數與語甚奇之責丕曰丁掾即使兩目俱盲尚當妻以女況但眇乎是兒誤我○正禮儀字掾音硯盲音萌

傭書德潤　吳闞澤字德潤吳人家貧好學爲人傭書所傭既畢誦讀亦徧兼通歷數舉孝廉除錢塘長累官至太子太傅每朝廷大議經典所疑必咨訪之以儒學勤勞封都鄉侯初澤年十三夢見名字炳然在月中○闞音瞰

賣卜君平　漢嚴遵字君平臨卬人嘗賣卜於成都日得百錢自給則閉肆下簾以著易爲事揚雄師事之曰風聲足以激貪勵俗近古之逸民也富人羅冲資之勸其仕不聽歎曰益我貨者損我神生我名者殺我身○又林閭爲揚雄之師見古文苑

馬當王勃　馬當山在彭澤去南昌七百里唐王勃省父舟次馬當夢水神告曰助汝順風一帆達旦即抵南昌値都督閻伯嶼重修滕王閣九日宴賓僚於上欲誇其婿吳子章才令宿構序文故豫請客作莫敢當者勃年最少受而不辭閻恚遣吏伺句卽報至落霞與孤鶩齊飛秋水共長天一色乃歎曰天才也俟成極歡而罷

牛渚袁宏　晉袁宏字彥伯少貧爲人傭載運租於牛渚値中秋夜諷所爲詠史詩以自適時謝尚官鎭西將軍乘月泛江聞估客詠詩聲甚有情致因遣人訊問答曰是袁臨汝兒郎誦詩尚即迎升談論申旦自此名譽日茂○宏或作虎即宏小字宏父官臨汝令

譚天鄒衍　周鄒衍聞燕昭王好士乃自梁入燕昭王作碣石宮師事之燕有谷地美而寒不生黍稷衍爲吹律以溫其氣黍乃生因名黍谷允好譚天事戰國策曰鄒衍大言天事號爲譚天衍是也又劉向別錄云騶衍所言五德始終天地廣大盡言天事故稱譚天騶

稽古桓榮　漢桓榮字春卿少習歐陽尚書光武朝拜議郎授太子經累遷太子少傅車駕幸太學會諸博士論難於前榮辯明經義每以禮讓相厭不以辭長勝人帝賜以輜車乘馬榮大會諸生陳其車馬印綬曰今日所蒙稽古之力也可不勉哉明帝立猶尊以師禮拜爲五更○五更通五行者

岐會販餅　後漢趙岐字邠卿京兆長陵人唐玹爲京兆尹進不由德岐數爲貶議玹恚欲收岐岐乃變姓名於北海市中販胡餅孫嵩疑其非常人問曰自有餅邪岐曰販之嵩曰買幾錢賣幾錢岐曰買三十賣亦三十嵩遂載歸興平中岐以太僕持節使安惠天下復與嵩過相對流涕年九十餘建安六年卒著孟子章句三輔決錄傳於時岐初名嘉生於御史臺因字臺卿

平得分羹　唐李林甫子婿鄭平爲戶部員外一日林甫見其鬚髮斑白謂平曰上明日當賜甘露羹鄭郎若食縱華皓亦自轉黑明日中使果至林甫第賜食因以羹食平一夕斑白盡黑○林甫小字哥奴

臥牀逸少　晉王羲之字逸少郗鑒遣門生求壻於王丞相導導曰君往東廂任意選之門生歸白郗曰王氏諸郎亦皆可嘉但聞來覓壻咸自矜持惟有一郎在東床上坦腹臥食胡麻餅若不聞郗公曰此正吾壻訪之乃逸少也遂妻以女仕至右軍將軍

升座延明　南北朝劉昞字延明年十四就博士郭瑀學瑀時弟子五百餘人瑀通經業者八十餘人有女始笄妙選良偶心屬延明遂別設一席謂弟子曰吾有女欲覓一快壻誰坐此者吾當婚焉延明便奮衣升座神志湛然曰延明其人也遂妻之○昞炳同

王勃心織　唐王勃六歲能文九歲得顏師古漢書讀之作指瑕以摘其失與盧照鄰駱賓王楊炯齊名號四傑所至請託為文金帛豐積或人謂心織筆耕每為文先磨墨數升引被掩面而臥忽起一筆書之初不點竄時人謂之腹藁

賈逵舌耕　漢賈逵字景伯微時教授為業從學者不遠千里積粟遂至盈倉或曰逵非力耕所得誦經不倦乃舌耕也明帝朝給筆札使為神雀頌拜為郎與班固同校祕書○南史王部之嘗三日絕糧執卷不輟家人怪其不剃答曰我常目耕

懸河郭子 晉郭象字子玄能清言王衍云每聽象語如懸河瀉之久而不竭○裴遐善言玄理音辭清暢冷然若琴瑟嘗與象談一座歎服

緩頰酈生 漢王聞魏豹反方東憂楚未及擊謂酈生曰緩頰往説魏豹能下之吾以萬戶封君酈生説豹豹謝曰人生一世間如白駒過隙耳今漢王慢而侮人罵詈諸侯羣臣如罵奴耳非有上下禮節也吾不忍復見也于是漢王遣韓信擊虜豹於河東○酈生食其也酈音力

書成鳳尾 南齊江夏王鋒字宣穎年四歲卽倚井欄爲書書滿洗去更復書晨興不拂窗塵先於塵上書至五歲高帝使學鳳尾諾一學卽工帝大悅以玉麒麟賜之曰麒麟賞鳳尾也○鋒封江夏王姓蕭作王鋒誤南齊高帝第十二子○自晉迄梁陳以來東宮上書則曰牋陸龜蒙云鳳尾則所諾牋之文也綷縩然䙰褷然若今之批答

畫點龍睛 唐張僧繇丹青絕代於金陵安樂寺畫二龍於壁不點睛人問其故曰點之卽飛去人以爲妄固請點之纔及一龍須臾卽雷電破壁騰飛去惟未點者在閻立本至荆州見其舊迹曰虛得名耳再往曰猶近代佳手三往曰名下無虛士遂坐卧留宿其下

功臣圖閣　唐太宗貞觀癸卯十七年命閻立本圖功臣於凌烟閣長孫無忌李孝恭杜如晦魏徵房玄齡高士廉尉遲敬德李靖蕭瑀段志玄劉弘基屈突通殷開山柴紹長孫順德張亮侯君集張公謹程知節虞世南劉政會唐儉李世勣秦叔寶凡二十四人蓋象二十四氣所以轉天而宏化也時魏徵初歿後張亮侯君集二人以反誅○孝恭封趙郡元王

學士登瀛　唐高祖武德四年以秦王世民功大擢爲天策上將令開府置屬太宗乃開館於宮西延四方之士以杜如晦房玄齡虞世南褚亮姚思廉李道玄蔡元恭薛元敬顏相時蘇勗學士蘇世長薛收李守素陸德明孔穎達許敬宗蓋文達分爲學士番宿閣下每暇則訪以政事討論墳籍或至夜分乃寢命閻立本圖像褚亮爲贊題名字爵里號十八學士時人慕之謂之登瀛洲○瀛洲海中仙山名○今閣所含象亭十八學士

盧攜貌醜　唐盧攜貌極陋嘗以文上尚書韋宙韋氏子弟皷肆輕侮宙曰盧雖人物不揚觀其文章有首尾異日必貴後竟如其言○又左思貌醜而口訥遊遨於市羣嫗唾之委頓而返

衛玠神清　晉衛玠字叔寶神清韻遠咸稱璧人其舅王武子歎曰珠玉在側覺我形穢又曰與玠遊若明珠之在側朗然照人仕爲太子洗馬後移家建業士人觀者如堵卒年二十七時人謂看殺衛玠○玠即樂廣壻世稱婦翁氷清子壻玉潤

非熊再世　唐顧況字逋翁海鹽人後隱茅山暮年一子非熊忽暴亡況哀悼不輟乃作詩曰老人喪愛子日暮淚成血老人年七十不作多時別非熊冥間聞之以情告冥官冥官憫之復令生於況家三歲能言冥間聞父苦吟求再生事及長擢長慶進士官盱眙尉○非熊少時見壞綠裙化為蝶

圓澤三生　唐僧圓澤與李源善約遊峨嵋舟次南浦見婦人錦襠負甖而汲澤曰此婦孕三年遲吾為子今見難逃三日願臨一笑為信後十三年中秋月夜杭州天竺寺當相見是暮澤亡而婦乳三日往果一笑後如期往於葛洪井畔聞牧童扣牛角歌曰三生石上舊精魂賞月吟風不要論慚愧情人遠相訪此身雖異性常存源問澤公健否答曰李公真信士然世緣未斷慎勿相近惟勤修不墮乃復相見又歌曰身前身後事茫茫欲話因緣恐斷腸吳越山川尋已遍卻回煙棹上瞿塘遂去不知所之李源一作遜○進篇稱待世

安期東渡　晉王承字安期去官東渡江道路梗澀人懷危懼每遇艱險處之夷然雖家人不見其憂喜之色既至下邳登山北望歎曰人言愁我始欲愁謝太傅曰當爾時覺形神俱往○澀森入聲

潘岳西征　晉潘岳字安仁滎陽人才名冠世藻思如錦嘗作西征閑居等賦文選纂註云西征賦岳為長安令作岳家在鞏縣東故言西征述所歷古跡美惡以為勸戒焉

志和耽釣 唐張志和字子同初名龜齡肅宗朝擢明經授錄事參軍親喪不復仕往來江湖自稱煙波釣徒垂釣不設餌志不在魚也陸羽問孰為往來對曰太虛為室明月為燭與四海諸公為友未嘗少別何有往來御賜奴婢各一名曰漁童樵青俾為夫婦顏真卿見其舟敝欲館之謝曰願為浮家泛宅與鷗上下於煙水間不願於塵土中埋俠骨也著有元真子

宗儀輟耕 宋陶宗儀字九成天台人至元間避難華亭雅好著述往耕於田恆攜筆硯置一囊樹下遇有所得書投其中久之滿貯則取成帙題曰南村輟耕錄又著說郛後人漸為增益不啻等身○一作元人

衛鞅行詐 秦使衛鞅伐魏魏使公子卬禦之軍既相距鞅遺卬書曰吾始與公子歡今俱為兩國將不忍相攻可與公子面相見盟樂飲而罷兵以安秦魏卬以為然會盟已飲鞅伏甲士襲虜卬攻其軍破之以歸秦惠王恐割西河之地以獻遂去安邑徙大梁○卬音昂

羊祜推誠 晉羊祜字叔子鎮襄陽綏懷遠近甚得江漢之心在軍輕裘緩帶身不被甲鈴閤之下侍衛不過數十人與吳將陸抗對境使命交通不為掩襲之計進謀計者輒飲以醇酒使不得言嘗出軍行吳境刈穀為糧計所侵送絹償之遊獵常止晉地若禽獸先為吳人所傷而為晉兵所得者皆封還之抗遺祜酒祜飲之不疑抗疾祜饋之藥抗即服人多諫止抗曰豈有酖人羊叔子哉○抗字幼節拜大司馬荊州牧

林宗傾粥 漢郭林宗嘗止陳國門學童子魏德公求爲供給灑掃林宗偶不佳終夜命作粥林宗呵之曰爲長者作粥使沙不可食以杯擲地如是者三德公無變容反有悅色林宗曰始見子之面今乃知子之心矣遂成妙學

文季爭羹 齊高帝既爲齊王置酒爲樂羹膾既至崔祖思曰此味爲南北所推侍中沈文季曰羹膾吳食非祖思所解祖思曰煎鱉膾鯉似非勾吳之詩文季曰千里蓴羹豈關魯衛帝悅甚曰蓴羹故應還沈

茂貞苛稅 唐李茂貞爲鳳翔節度使賦稅煩苛油燈皆有征遂不許松薪入城恐以松薪爲光必減油稅故嚴禁之時有優人爲戲語諷之曰臣請並禁月明

陽城緩征 唐諫議大夫陽城字亢宗左遷道州刺史治民如治家州之賦稅不登觀察使數加誚讓城自署其考曰撫字心勞催科政拙考下下觀察使遣判官督之城自囚於獄坐臥一故門扇判官留一二日不自安辭去後又他遣官遂至載妻子中道遁去

北山學士 宋徐大正甌甯人省試過子陵釣臺詩云光武初征血戰回故人長短尙論材中興若起唐虞業未必先生戀釣臺元祐中蘇軾見之遂與定交後築室北山之下號爲閒軒秦少游爲記東坡賦詩人以北山學士呼之○徐字德之

南郭先生 宋維存全椒人隱居不仕以文史自娛居城南號南郭先生錢公輔遊山詩每從南郭先生到詢存也紹聖初留箋爲守嘗與文字交○後漢廖扶憚爲吏專心經史居先人冢側時號爲北郭先生

文人鵬舉 南北朝温子昇字鵬舉博學百家文章淸婉孝莊以爲主客郎中濟陰王暉業嘗云江左文人宋有顏延之謝靈運梁有沈約任昉我子昇足以淩顏轢謝含任吐沈陽夏守傅標使吐谷渾見其國主牀頭有書取視之子昇文也○庾信至北惟愛温子昇寒山寺碑後南還人問北方人物信曰惟寒山一片石差堪共語耳

名士道衡 南北朝薛道衡字玄卿衡聘陳作人日詩云入春纔七日離家已二年南人嗤之曰是底語誰謂此虜解作詩及云人歸落雁後思發在花前方喜曰名下固無虛士裴獻嘗目之曰鼎遷河朔吾謂關西孔子罕遇其人今復見薛君矣官至中書侍郎

灌園陳定　陳定字子終。楚王遣使持金百鎰聘以爲相。子終謂妻曰：今日爲相，明日結駟連騎，食方丈於前。妻曰：結駟連騎，所安不過容膝；食方丈於前，所甘不過一肉。今以容膝之安、一肉之味，而懷楚國之憂，恐先生不保命也。於是夫妻遁去，爲人灌園。或云即陳仲子。

爲圃蘇卿　宋蘇雲卿，廣州人。紹興間結廬豫章東湖，人稱曰蘇翁。布褐草履，終歲不易。爲圃，人爭貿之，以故薪米不乏，有餘則以周急。少與張浚爲布衣交，浚爲相，持書幣命帥漕致之，曰：此人非折簡可致也。帥漕力請期以詰朝上謁，且則扃戶闃然，書幣具在，而翁已遁去，竟不知所往。○闃音鬩。圃址在今百花洲。

融賦滄海　南北朝張融，字思光，所著有《玉海集》。嘗作《海賦》，警句云：'崩區沒渚，萬里藏岸。湍轉則日月似驚，浪動則星河若覆。'以示徐凱之，凱之曰：卿此賦實超元虛，但恨不道鹽耳。融即索筆增曰：'漉沙構白，熬波出素。積雪中春，飛霜暑路。'○木華字元虛，曾作《海賦》。中音仲。

祖詠彭城　南北朝王肅於省中詠悲平城詩云：'悲平城，驅馬入雲中。陰山常晦雪，荒松多朔風。'彭城王勰甚稱其美，使肅更詠，乃失語'平城'爲'彭城'。肅笑之，勰有慚色。時祖瑩在坐，即云：悲彭城，王公自未見。肅請誦之，瑩即應聲曰：'悲彭城，楚歌四面起。屍積石梁亭，血流淮水裏。'肅嗟賞之，勰亦大悅。

温公萬卷 宋司馬温公獨樂園文史萬餘卷晨夕披閱雖數十年皆新若未手觸者嘗謂子弟曰賈豎藏貨貝吾輩惟此耳當極加寶惜吾每歲必暴其腦至啟卷先視几案淨潔藉以茵褥然後敢啟每竟一板卽側右手大指面襯其沿而覆以次指面撚而挾過每見汝輩輒以兩指爪撮起是愛書不如愛貨貝其人可知矣

沈約四聲 南北朝沈約左目重瞳子聰明過人聚書至二萬卷撰四聲韻譜以謂在昔詞人累千載而不悟而獨窮其妙旨自謂入神之作武帝問周捨曰何謂四聲捨曰天子聖哲是也○唐權德輿生三歲卽知辨四聲四歲能賦詩

許詢勝具 晉許詢好遊山水而體便登陟時人云許非徒有勝情實有濟勝之具○陟音職詢字元度劉尹云清風朗月輒思元度

靈運遊情 南北朝謝靈運南山陟嶺必造幽峻巖嶂數十里莫不備盡登躡常著木屐上山則去前齒下山去其後齒嘗自始甯南山伐木開徑直至臨海從者數百人臨海太守王琇驚駭謂爲山賊徐知是靈運乃安又要琇更進琇不肯從其後以叛徙廣州靈運小字客兒

不齊宰單

宓不齊字子賤魯人孔子弟子爲魯單父宰邑有賢於不齊者五人不齊師事而稟度焉故身不下堂鳴琴而治既而巫馬期亦宰是邑以星出以星入日夜不處以身親之而單父亦治巫馬期問於子賤子賤曰吾任人子任力任人者佚任力者勞雖治猶未至也

子推相荆

介子推相荆行年十五孔子聞之使人視之還曰廊下有二十五俊士堂上有二十五老人仲尼曰合二十五人之智智於湯武并二十五人之力力於彭祖以治天下其固免矣以治其國有不濟乎○荆楚之本號子推名光平陽臨晉人

仲淹復姓

宋范仲淹二歲而孤隨母適長山朱氏冒姓朱大中祥符間舉進士改本姓其謝啟曰志在投秦入境遂稱夫張祿名非霸越乘舟乃效於陶朱時人服其親切舉進士試金在鎔賦云如令區別妍媸願爲金鑑若使削平禍亂請就干將將相事業於此可見○張祿陶朱係范雎范蠡二人更名

潘閬藏名

宋潘閬自號逍遥子工詩其苦吟詩云鬢任莖莖白詩須字字精又貧居詩長喜詩無病不愁家更貧坐盧多遜黨得罪避潛山山谷寺爲行者題詩鐘樓云頑童趁暖貪春睡忘却登樓打曉鐘孫僅見之曰此逍遥子也令寺僧呼之已遁去○初刻作滿字誤

烹茶秀實　五代陶穀字秀實，幼有俊才，仕周爲翰林學士。嘗買得黨太尉家故妓，命掬雪水烹團茶，謂曰：「黨家有此風味乎？」妓曰：「彼麤人，安得有此？但知銷金帳內淺斟低唱，飲羊羔美酒耳。」陶有慚色。○黨太尉名進。

漉酒淵明　陶淵明性恬淡，嗜酒，公田半令種秫，客造輒設酒，若先醉，便語客曰：「我醉欲眠，君且去。」嘗曰：「吾夏日虛閒，高臥北窗之下，清風颯至，自謂羲皇上人。」會鄰家招飲，酒有滓，既脫巾漉之，漉畢還著之。廬山僧惠遠愛其清遠，招之入社。淵明曰：「許飲即往。」惠遠徉許之。既至，無酒，攢眉而歸。

善釀白墮　晉劉白墮，河東人，善釀酒。六月以罌貯酒，曝於日中，一旬味不變，醉則經月不醒。朝貴相餉，每踰數千里，以其遠至，號曰鶴觴。青州刺史毛鴻賓賫酒之蕃，路逢盜，飲之即醉，皆被擒。時人語曰：「不畏張公拔刀，惟畏白墮春醪。」此見洛陽伽藍記。

縱飲公榮　晉劉公榮飲酒不論人，或譏之，答曰：「勝公榮者不可不與飲，不如公榮者亦不可不與飲，是公榮輩者又不可不與飲。」一日阮籍與王戎飲，時公榮在坐，無預焉，而言語談戲則三人無異。或問之，阮曰：「勝公榮者不得不與飲，不如公榮者不得不與飲，惟公榮可不與飲。」

儀狄造酒 昔帝女令儀狄作酒進之禹禹飲而甘之曰後世必有以酒亡其國者遂疏儀狄絕旨酒又周有杜康亦善造酒以酉日死故今造酒會客忌酉曰齊南舜祠東廡下有杜康泉康嘗汲此釀酒○杜字子甯

德裕調羹 唐李德裕字文饒在中書不飲京城水悉用惠山泉時謂之水遞有僧進曰水遞有損盛德京師昊天觀後一泉與惠山相通因取稱量與惠山等乃罷水遞德裕每食一羹其費約錢三萬雜珠寶貝玉雄黃硃砂煎汁爲之三煎即去其滓

印屏王氏 唐明皇所幸美人王氏數夢人召飲言于上上曰此必術士所爲若再往以物識之其夕夢中又往因就硯中濡手印於屏風既寤即告上下令索之果於東明觀中得手紋而道士遁○數朔入聲

前席賈生 漢賈誼年少多才河南守吳公薦之文帝召爲博士歲中超遷至大中大夫絳灌等毀之出爲長沙王太傅帝忽思之召見宣室因問鬼神事至夜半帝不覺前席尋歎曰吾久不見賈生自謂過之今殊不及也乃拜爲梁太傅上治安策○吳姓公名

經傳御史　三字經初疑宋元人作及得里中熊氏所藏大板三字經明蜀人梁應升爲之圖聊城傅光宅侍御爲之序較坊本多胡元盛滅遼金承宋統十四君大明興逐元帝統華夷傳萬世八句又十七史爲十九史乃知出於明人究未知誰氏也明神宗居東宮時曾讀此書○三字經相傳宋儒王伯厚作至後遞增之

偈贈提刑　宋舒州白雲端禪師因郭功甫提刑到山示衆云夜來枕上作得箇偈謝功甫大儒說與大衆請已後分明舉似諸方此偈非惟謝功甫大儒直要與天下有鼻孔衲僧脫卻鶻肉汗衫乃云上大人邱乙己化三千七十士爾小生八九子佳作仁可知禮也○功甫名祥正當塗人白雲山海會寺在今太湖縣

士安正字　唐劉晏字士安曹州人元宗封泰山晏八歲獻頌帝奇其幼命張說試之說曰國瑞也賜遊宮貴妃坐之膝上親爲總髻宮人遺花授菓即授太子正字上問曰卿作正字正得幾字對曰天下字皆正惟有朋字未正代宗朝拜相領江淮常平使理財有績後爲楊炎所誣死之日家惟雜書兩乘米麥數斛天下以爲冤

次仲譚經　漢戴憑字次仲平輿人習京氏易舉明經徵拜侍中建武中正旦朝賀帝令羣臣能說經更相難詰義有不通輒奪席以益通者憑遂至坐五十餘席故京師語曰說經不窮戴侍中

咸遵祖臘

漢陳咸字子康父萬年爲郎抗直數言事元帝時官至尚書王莽專政誅何武鮑宣咸喟然歎曰吾可以逝矣卽乞骸骨去閉門不出猶用漢家祖臘或問之答曰我祖宗豈知王氏臘乎○漢人皆祭曰臘蜡歲終祭名厤家以進墓爲臘漢火運墓於戌故以大寒後戌日爲臘

寬識天星

漢武帝祀甘泉至渭橋有女子浴於渭乳長七尺上怪而問之女曰帝後七車侍中知我所來時張寬在第七車對曰此天星主祭祀者齋戒不嚴則女人星見西京雜記云婦人乳長三尺者北斗中第七星惟東方朔知之

昺煥垂戒

宋景煥有野人閒語一書載後蜀孟昶立戒石碑廿四句如爾俸爾祿民膏民脂下民易虐上天難欺卽其中語○宋紹興二年以黃庭堅所書戒石十六字頒刻于州縣見綱鑑○甕牖閒評記有人于戒石每句下續云爾俸爾祿只是不足民膏民脂轉吸轉肥下民易虐來的便著上天難欺他又怎知○景煥成都人隱居壘山

班固勒銘

漢竇憲永元初同耿秉將精騎萬餘與北單于戰于稽落山大破之出塞三千餘里登燕然山命中護軍班固刻石勒功紀漢威德而還銘曰鑠王師兮征荒裔勦凶虐兮截海外夐其邈兮亘北界封神兵兮建隆碣熙帝載兮振萬世○班字孟堅

能詩杜甫 唐杜甫字子美仕籍襄陽父閑居杜陵而甫生又稱少陵工部員外郎博極羣書善爲詩歌涵渾汪洋千態萬狀憂時卽事世稱詩史客有病瘧者甫曰誦吾詩可療之卽誦子璋髑髏血糢糊手持擲還崔大夫之句瘧果愈○宋彭仲舉與林謙之遊天竺談詩至少陵好處仲舉曰少陵可殺

嗜酒劉伶 晉劉伶字伯倫放情肆志性尤嗜酒嘗乘鹿車攜壺酒使人荷鍤隨之曰死卽埋我妻諫伶曰當誓神斷之妻乃具酒肉伶跪祝曰天生劉伶以酒爲名一飮一石五斗解醒婦人之言愼不可聽引酒御肉陶然復醉嘗著酒德頌一篇○醒音呈酒未醒伶亦作靈

張緯剪蝶 唐咸通初進士張緯有道術嘗養氣絕粒嗜酒耽碁人或召飮意合卽索紙剪蝴蝶二三十枚以氣吹之成隊而飛俄而復在手中人有求者卽不許後因醉剪紙鶴二隻以水噀之翔翥而去○又宋慶麻巾張九哥能以重羅剪蝶飛去遮天蔽日呼還復爲羅

車胤囊螢 晉車胤風姿美卲太守王胡之謂其父曰此兒當成卿門戶宜資令學胤每篤學貧無膏燭夏月乃作練囊盛螢火以繼日因常有大螢傍書窗比常螢數倍讀訖卽去其來如風雨至桓溫引爲博士每張宴胤必與終吏部尚書

鸜鵒學語 晉司馬桓豁在荆州參軍於午日剪鸜鵒舌令學人語參軍善彈琵琶鸜鵒每傾耳移時一日司空大會賓客使效四坐語無不絶似惟一生患鼻齆語難學因納頭於甕中効之遂絶肖○又宋天台黄巖寺鸜鵒能隨人念佛一旦立死籠中瘗之舌端生紫蓮花

鸚鵡誦經 法苑珠林曰東都有人養鸚鵡以其慧甚施於僧僧教之能誦經往往架上不言不動問其故對曰身心俱不動爲求無上道及其死焚之有舍利○又唐明皇宮中養一白鸚鵡慧甚上及貴妃呼爲雪衣娘上每與貴妃諸王博戲稍不勝即飛入局中亂其行後死瘗苑中封之號鸚鵡塚

公遠翫月 唐羅公遠有道術中秋夜侍明皇翫月取拄杖擲之化爲大橋色如銀行數里精光奪目至大城闕遠曰此月宮門榜曰廣寒清虛之府有素娥數十皓衣白鸞舞歌於大桂樹下遠曰此霓裳羽衣曲也帝默記其調及回御步橋隨滅召梨園製其曲○翫音玩

法喜觀燈 唐開元十八年正月望日帝問天師葉法喜曰今日何處最麗對曰廣陵遂化虹橋起殿前閣闌若畫帝步之太眞高力士及樂官從行頃至廣陵寺觀陳設之盛士女仰觀皆曰仙人現雲中帝敕樂官奏霓裳一曲數日廣陵奏至即是夕也○喜或作善

燕投張說 唐張說字道濟永泰中策賢良方正第一累官至中書令封燕國公初說母夢玉燕投懷乃孕而生說啓失愛於父常以奴畜之雜於傭類說嘗夜收枯樹焚光讀書遂至成名朝廷大述作多出其手與蘇頲同稱大手筆○說音悅

鳳集徐陵 南北朝徐陵字孝穆八歲能文十三通老莊寶誌公嘗摩其頂曰此天上石麒麟也仕梁武帝官至尚書後卒於陳後主時初陵母臧氏夢五色雲化爲鳳集左肩已而生陵陵少子份性至孝陵嘗疾篤份焚香跪泣誦孝經日夜不息三日陵疾豁然而愈○份音彬

獻之書練 晉羊欣字敬元年十二父不疑爲烏程令時王獻之爲吳興守甚愛欣嘗夏月過縣見欣著新練裙晝寢遂書裙數幅而去欣本工書因之益進沈約云敬元尤長隸書子敬之後可以獨步語云買王得羊不失所望○翰墨志云羊欣書如婢學夫人舉止羞澀

夏竦題綾 宋夏竦字子喬幼學於姚鉉使爲水賦限萬字俾成仁宗朝舉制科有老宦者曰賢良他日必大用以吳綾手巾乞詩公題曰殿上袞衣明日月硯中旗影動龍蛇縱橫禮樂三千字獨對丹墀日未斜楊徽之見而歎曰眞宰相器也皇祐拜樞密副使○竦息勇切

安石執拗 宋王安石字介甫臨川人性不好華腴自奉至儉衣垢不浣面垢不洗世多賢之蘇洵獨曰此不近人情者作辨姦論以刺之謂王衍盧杞合爲一人性强忮事無可否自信所見執意不回當時稱爲拗相公議論高奇能以辨博濟其說故神宗排衆論而力倚任之

味道摸稜 唐蘇味道趙州人九歲能辭賦武后朝同平章事前後在位者數歲未嘗有所發明惟依阿取容嘗謂人曰決事不欲明白誤則有悔但摸稜持兩端可也時謂之摸稜手○四方木摸之可左可右故謂摸稜摸一作模摸音模稜盧登切

韓讐良復 漢張良五世相韓秦滅韓良往見倉海君破産募力士椎始皇於博浪沙中誤中副車始皇大索十日乃止良遂以身屬漢高引兵入咸陽秦滅韓立成爲王良歸相及項羽殺成良復歸漢書策滅羽始終爲韓報讐

漢紀備承 季漢劉先主備中山靖王勝後也嘗奉密詔討曹操不克曹丕簒漢備乃正位武儋紫陽作綱目直以昭烈繼獻帝示天下萬世知正統也陳壽三國志誤以正統與魏明新安謝陛改其志爲季漢書仍以正統歸備斯得之矣○武儋山名屬成都

存魯端木　齊田常欲亂懼高國鮑晏故移兵伐魯孔子曰魯墳墓所處國危矣二三子何莫出端木賜請行至齊說田常伐吳時兵已加魯賜因說吳救魯伐齊吳慮越復說越以兵從與齊戰艾陵破之因舉兵加晉賜又說晉與吳戰因會黃池越遂襲吳孔子曰亂齊存魯吾之初願強晉以敝吳吳亡而越霸賜之說也

救趙信陵　秦圍趙魏公子無忌用侯生之計使如姬竊兵符於王之卧內命力士朱亥錘殺晉鄙奪其軍以救趙秦兵遽退圍解無忌由是益重於趙○信陵君名無忌侯生名嬴晉鄙魏將也如姬王寵姬

邵雍識亂　宋邵雍至和間居洛下偶與客步天津橋聞杜鵑聲愀然曰天下將治地氣自北而南將亂地氣自南而北禽鳥得氣之先洛陽從無此鳥今有之是地氣自南而北也國家必將用南人作相從此多事矣熙甯初果相王安石行新法而天下壞○至和仁宗年號治平英宗年號

陵母知興　漢王陵沛人聚眾屬漢項羽執陵母以招陵陵使至母泣曰幸為語陵善事漢王漢王長者終當得天下無以老妾故持二心遂伏劍而死

琴高赤鯉 列仙傳琴高趙人也以鼓琴爲宋康王舍人後辭入涿水中取龍子與弟子期曰可潔齋候於水旁設祠屋果乘赤鯉來觀者萬人留月餘復入水去○又福建仙遊縣有九鯉湖何氏兄弟九人居湖側丹成各乘赤鯉而去

李耳青牛 周李耳楚苦縣人生李樹下因指樹爲姓名之曰耳相傳母懷之八十一歲乃生生即白首故號老子字伯陽又曰聃始爲周守藏史後遷柱下史博通今古孔子往問禮焉歎爲猶龍周衰乃乘青牛西出函谷關關吏尹喜望紫氣而知眞人至求其術乃授以所著道德經五千餘言渡流沙而去

明皇羯鼓 唐明皇好羯鼓不好聽琴時方奏琴弄未畢上叱去曰速召花奴取羯鼓來爲我解穢○花奴甯王子汝陽王璡小字也善羯鼓時戴砑絹帽上安葵花曲終花不落明皇又嘗取羯鼓臨軒縱擊曲名春光好回顧杏花皆發笑曰此一事可不喚我作天公可乎○璡音津羯音結

煬帝龍舟 隋大業元年八月煬帝御龍舟幸江都以左武衛大將軍郭衍爲前軍右武衛大將軍李景爲後軍文武官五品以上給樓船九品以上給黃篾舳艫相接二百餘里嗣後不復回鑾○黃篾小舟也舳音逐船後持柂處艫音盧船頭刺櫂處煬音漾

羲叔正夏 帝堯命羲和二氏制厤授時分職考驗羲叔掌夏故申命之使居南方交趾之地凡夏月時物長盛所當變化之事則必平均而秩序之以授於民又於夏至之午敬以致日驗其影之長短又考夏至晝景六十刻爲最長初昏星大火爲中星在午位則仲夏可正而民時可授矣

宋玉悲秋 宋玉屈原弟子爲楚襄王大夫憫屈原被放作九辯以悲之有曰悲哉秋之爲氣也蕭索兮草木搖落而變衰鵾雞啁哳而悲鳴獨申旦而不寐哀蟋蟀之宵征○又作神女高唐二賦皆寓言託興有所諷也

才壓元白 唐楊嗣復具慶下繼放兩榜父於陵入覲嗣復率門生往迎遂大宴賓客於新昌里第時元稹白居易皆預坐客俱即席賦詩惟楊汝士後成詩屈倒元白覽之失色汝士醉歸語子弟曰我今日壓倒元白其警句云文章舊價留鸞掖桃李新陰在鯉庭○按宋[illegible]楊嗣復文宗朝入相稹音軫壓音押

氣吞曹劉 曹植字子建劉楨字公幹元稹曰杜子美詩上薄風騷下該屈宋志奪蘇李氣吞曹劉掩顏謝之孤標雜徐庾之纖麗詩人以來未有如子美者稹題杜詩又有目短曹劉牆之句

信擒夢澤 楚王韓信字君實初之國陳兵出入人有告其反者高帝用陳平計僞遊雲夢信迎謁就擒之載後車而歸信歎曰人言狡兔死走狗烹高鳥盡良弓藏敵國破謀臣亡天下已定臣固當烹至洛陽赦之封淮陰侯○雲夢二澤名在湖廣德安方九百里

翻徙交州 季漢虞翻字仲翔餘姚人曹操辟不就見孫權用爲騎都尉性疎直數犯權怒放徙交州上書曰自恨疎節骨體不媚犯上獲罪當長沒海隅生無可與語死以青蠅爲弔客使天下有一人知己足以無恨翻年十二有客候其兄而不過翻翻遺書曰琥珀不取腐芥磁石不受曲針過而不存宜矣客大奇之

曹參輔漢 漢曹參沛人以元功封平陽侯惠帝時爲齊相用蓋公黃老清淨之術齊國以寧蕭相薨告舍人趣治行吾且入相居無何使者果召參參代何爲相舉事無所變更一遵何約束吏舍日夜飲酒欲有言者輒飲以醇酒莫能開說爲相三年百姓歌曰蕭何爲法講若畫一曹參代之守而勿失載其清淨民以甯一○講音講或作較師古曰講和也畫一言整齊也參音驂

周勃安劉 漢絳侯周勃椎樸少文可屬大事高帝與呂后論相曰曹參可代蕭何王陵戇陳平可以佐之然安劉者必勃也後呂氏之亂勃果持節入北軍令曰爲呂氏者右袒爲劉氏者左袒軍中皆左袒乃悉捕諸呂斬之漢室以安

太初日月 季漢夏侯玄字太初少知名仕魏爲散騎黃門侍郎後徙太常爲人清淨和溫時人或目之曰夏侯太初朗朗如日月之入懷○又嘗倚柱作書適狂雷破柱衣服焦而神色不變書亦如故著樂毅張良及本無肉刑論辭旨通老咸傳於世

季野春秋 晉褚裒字季野陽翟人少有盛名桓彝目之曰褚季野有皮裏春秋言其外無臧否內有褒貶也謝安亦曰裒雖不言而四時之氣已備仕終鎮北將軍名冠中興○裒音掊　否音鄙

公超成市 漢張楷字公超通嚴氏春秋古文尚書門徒賓客慕之自父黨宿儒皆造其門車馬塡街徒從無所止黃門貴戚家皆起舍巷次以候過客之利楷輒徙避之學者輒隨之所居成市華陰山南遂有公超市五府連辟舉賢良皆不就

長孺爲樓 宋孫長孺嗜學聚書經史百家悉備建樓藏之人號書樓孫氏祥符八年賜五經出身知廣西潯州政尚仁恕累官太子中允○又曹曾積石爲倉以藏書世名曹氏書倉又宋李磎家世藏書多至萬卷時號李書樓張正亦稱書樓張家

楚邱始壯 楚邱先生被裘帶索見孟嘗君孟嘗君曰先生老矣春秋高矣多遺忘矣何以教文先生曰使我投石超距乎追車赴馬乎吾則死矣使我深計而遠謀乎設精神而決嫌疑乎吾乃始壯耳何老之有○文孟嘗君名

田豫乞休 季漢田豫字國讓仕魏爲衛尉乞遜位司馬宣王以豫壯未聽豫報書曰年過七十而居位猶鐘鳴漏盡而夜行不休是罪人也遂引疾去拜大中食卿祿而終○又南北朝虞玩之請退表云四十進仕七十懸車壯即馳驅老宜休息知足不辱臣知足矣

向長損益 漢向長字子平朝歌人隱居不仕性尚中和嘗讀易至損益卦喟然歎曰吾已知富不如貧貴不如賤但未知死何如生耳嫁娶畢敕斷家事云當如我已死與同好禽慶遊五嶽名山不知所終○禽慶字子夏

韓愈斗牛 唐韓愈修武人作三星行云我生之初日宿南斗牛奮其角箕張其口牛不見服箱斗不挹酒漿箕獨有神靈無時停簸揚東坡嘗自謂生時與退之相似蓋退之身宮在斗牛而坡公之命宮在焉故贈術士謝正臣詩有生時猶直斗牛箕之句所謂磨蝎宮也兩公生平遭遇相似以此

璡除釀部 唐李璡甯王子封汝陽王嘗取雲夢石甃泛春渠以蓄酒作金銀龜魚浮沈其中爲酌酒具自稱釀王兼麴部尚書少陵飲中八仙歌所云汝陽三斗始朝天指璡也○甃音綯砌也璡音津

玄拜隱侯 漢王玄隱侯山景帝再徵不屈就其山封侯因名侯山宋之問詩王玄拜隱侯荆公草堂懷古詩周顒宅作阿蘭若婁約身歸窣堵波他日隱侯身亦老爲尋陳迹到烟蘿俱用此○窣堵波言塔也

公孫東閣 漢公孫弘字次卿家貧牧豕海上年四十餘乃學春秋雜說武帝初舉賢良對策第一拜博士待詔金馬門元朔中爲丞相封平津侯開東閣以延賢者與參謀議俸祿皆以給賓客家無餘資飯止脫粟嘗爲布被汲黯指其爲詐而上益厚之弘嘗云人主病不廣大人臣病不節儉

龐統南州 季漢龐統字士元德公從子司馬徽稱爲南州士之冠冕昭烈使守耒陽不治免官魯肅遺書先主曰龐士元非百里才使處治中別駕之任始得展其驥足耳昭烈召爲治中從事從昭烈入蜀爲流矢所中卒士元謂顧劭曰陶冶世務與世浮沈吾不如子論王霸之餘策覽倚伏之要害吾似有一日之長劭亦安其言

袁耽擲帽 晉袁耽陽夏人俊邁多能桓宣武少遊於博徒戲大輸債主敦求甚切莫知所出欲求救於耽耽時居艱應聲許諾略無嫌吝遂變服懷布帽隨温與戲耽有藝名債主聞而不識曰卿當不辦作袁彥道也遂就局十萬一擲直上百萬耽投馬叫絶探布帽擲地曰汝今識袁彥道否○彥道耽字温宣武名擲音直

仁傑攙裘 唐武后賜張昌宗集翠裘後復令狄仁傑與昌宗賭此裘狄因指所以紫絁袍曰臣以此相敵后曰爲不若矣狄曰此大臣朝見奏對之服也昌宗累局遂北梁公遂攙裘拜恩而出

子將月旦 漢許劭字子將少峻名節與從兄靖好覈論鄉黨人物每月輒更其品題故汝南俗有月旦評初劭拔樊子昭於市肆出虞承賢於客舍召李叔才於無聞擢郭子瑜於小吏後爲郡功曹太守徐璆甚敬之司空楊彪辟舉方正不就○劭謂曹操曰君亂世之英雄

安國陽秋 晉孫盛字安國自少至老手不釋卷著晉陽秋世稱良史桓温見其書枋頭敗衄之事怒謂盛子曰枋頭誠失利何至如乃公所言若此史行自是關君家門戶諸子泣請爲百口計盛大怒不從諸子潛改之○桓温伐燕至枋頭秦救燕遂至敗于襄邑

德輿西掖 周權德輿字載之天水人德宗朝知制誥在西掖凡八年風流醖藉爲縉紳羽儀後結廬練湖上蓬蒿滿徑宴如也每遇一勝境得一佳句怡然獨笑如獲珍寶元和中同平章事凡貴人名士殁後以銘記請者十有八九爲一世宗匠○掖音亦

庾亮南樓 晉庾亮字元規鎮武昌秋夜氣佳景淸佐吏殷浩王胡之之徒共登南樓理詠音調始遒亮忽率左右十許人步來諸賢欲起避之公徐云諸君少住老子於此興復不淺因復據胡牀與浩等談詠竟夕後王逸少下與丞相言及此事丞相曰元規爾時風範不得不小頹右軍答曰惟邱壑獨存○庾音與

梁吟傀儡 唐梁鍠爲傀儡吟云刻木牽絲作老翁雞皮鶴髮與眞同須臾弄罷寂無事還似人生一夢中傀儡始於陳平造木偶爲漢高解白登之圍後翻爲戲具引歌舞者曰郭郎禿髮善戲笑故風俗通云諸郭皆諱禿先世有郭姓病禿者滑稽調戲後人爲其象呼之曰郭禿○傀儡一作窟磊漢有寓龍寓車馬皆刻木爲之

莊夢髑髏 莊子之楚見空髑髏撽以馬棰問曰夫子貪生失理而爲此乎將子有亡國之事斧鉞之誅而爲此乎云云語卒援髑髏枕而卧夜半髑髏見夢曰子所言皆生人之累也死則無此無君於上無臣於下亦無四時之事從然以天地爲春秋雖南面王樂不能過也○髑音讀

孟稱清發 唐孟浩然學不爲儒務掇菁藻文不按古匠心獨妙閒過祕省秋月新霽諸英華賦詩浩然詠曰微雲淡河漢疏雨滴梧桐舉坐歎其清絕文不爲仕故或遲行不爲飾故似誕遊不爲利故常貧士源筆贊曰導漾挺靈是生楚英浩然清發亦其自名○浩然名浩以字行

殷號風流 晉殷浩字深源西華人識度淸遠弱冠有盛名好老易爲風流談論者所宗屏居幾十年時人比之管葛王濛謝尙伺其出處以卜江左興亡曰深源不起當如蒼生何○簡文時假節鉞後爲桓溫所忌竟廢

見譏子敬 晉王獻之字子敬數歲時觀樗蒱門生蒱曰南風不競門生曰此郎於管中窺豹特見一斑獻之怒拂衣而去○樗音樞从手摴蒱老子入胡作今人擲之爲戲

犯忌楊修 季漢楊修字德祖爲曹操主簿從操至江南讀曹娥碑背有八字云黃絹幼婦外孫齏臼操不解問修曰卿知否修曰知之曰且勿言待朕思之行三十里乃得之令修解曰黃絹色絲色絲絕字幼婦少女少女妙字外孫女子女子好字齏臼受辛受辛辭字乃絕妙好辭也操曰一如朕意由是深忌修後誣他事殺之

荀息壘卵　晉靈公造九層臺三年不成人力困敝息曰臣能累十二棋子加九卵於上公曰危哉息曰不危公造九層臺三年不成男不耕女不織危孰甚焉公悟乃輟工謝之○纍音雷

王基載舟　季漢王基仕魏爲征南將軍遷中書侍郎魏主不土木繁興基上疏諫曰古人以水喻民曰水所以載舟亦所以覆舟顏淵曰東野子之御馬力盡矣而求進不已殆將敗矣今事役勞苦男女離曠願陛下深察東野之敝留意水舟之喻

沙鷗可狎　列子曰海上之人有好漚鳥者每旦之海上從漚鳥遊漚鳥之至者百住而不止其父曰吾聞漚鳥皆從汝遊汝取來吾玩之明日之海上漚鳥舞而不下也故曰至言去言至爲無爲○李商隱詩海翁忘機鷗故不飛海翁易慮鷗乃飛去○鷗漚同

蕉鹿難求　列子曰鄭人有薪於野者遇駭鹿斃之恐人之見之也藏諸隍中覆之以蕉俄而遺其所藏之處遂以爲夢焉順途詠其事傍有聞者用其言而取之歸告其室人以爲彼眞夢者矣薪者歸乃夢藏之之處又夢得之之主爽旦訟而歸之士師士師二分之以聞鄭君鄭君曰嘻士師將復夢分人鹿乎○隍音皇濠也

黃聯池上 宋黃鑑七歲不能言其祖喜其風骨之美遇物誨之一日攜至池上祖曰水馬池中走忽對曰遊魚波上浮後任臺閣○鑑一作鑑

楊詠樓頭 宋楊億祖文逸南遊玉山令夢懷玉山人來覺而億生數歲不能言一日家人抱之登樓誤觸其首卽吟曰危樓高百尺手可摘星辰不敢高聲語恐驚天上人七歲善屬文從祖徽之常與語歎曰興吾門者在汝矣後擢進士兩爲翰林學士○金玉詩話載此詩爲太白作

曹兵迅遠 曹操以江陵有軍實恐先主據之乃將精騎三千急追之一日一夜行三百餘里敗先主於長坂諸葛亮說孫權曰操衆遠來疲弊所謂强弩之末勢不能穿魯縞者也故兵法忌之曰必蹶權遂以水軍三萬與先主併力拒曹兵於赤壁縱火焚其軍○縞音杲繒也

李使遲留 漢李郃南鄭人爲府吏竇憲納妻天下皆遣禮慶守欲遣使往賀郃曰竇將軍恃寵驕縱危可立待幸勿與交守不聽郃乃請行道次故爲遲留至扶風而憲已敗凡交通者悉免官惟漢中守不與郃之力也後郃官至司空○郃李固之父

孔明流馬　季漢後主建興九年諸葛亮復出祁山以木牛運糧盡退敵軍與魏張郃戰射殺郃十二年春亮悉大衆由斜谷出以流馬運據武功五丈原與司馬懿對於渭南恐糧盡分兵屯田○作木牛流馬法見亮集又葛由成王時好刻木羊賣之一日忽騎羊上綏山仙去

田單火牛　周田單齊人初爲臨淄市掾燕伐齊盡降齊地惟莒即墨不下即墨人以其智立爲將軍單乃收城中千餘牛衣以絳繒畫豹文束刃於角縛葦於尾灌脂於葦夜鑿城數十穴然葦端以壯士五千人隨其後奔燕師大敗之盡復齊七十餘城迎襄王於莒而立之封平安君

五侯奇膳　漢樓護字君卿元成間人時王氏五侯不相能賓客不得往來惟樓護豐辨傳食五侯間各得其歡心與谷永同爲五侯上客長安諺曰谷子雲筆札樓君卿脣舌言其見信用也每旦五侯競致奇饍護乃合以爲鯖世稱五侯鯖以爲奇味焉○子雲永字鯖音征

九婢珍饈　唐段文昌字墨卿封鄒平公精饌事第中庖所榜曰鍊珍堂在塗號行珍館家有老婢掌其法指授女僕凡閱百婢獨九婢可嗣法文昌又自編食經五十卷時稱鄒平公食憲章

光安耕釣 漢嚴光一名遵小字狂奴少與光武同學光武物色求之光被裘釣澤中使三反後至幸其館光卧不起帝撫其腹曰咄咄子陵不可相助爲理耶尋共卧又足加帝腹太史奏客星犯帝座甚急帝笑曰朕與故人嚴子陵共卧耳不屈歸耕富春山前臨桐江上有釣臺清麗奇絶號錦峰繡嶺○子陵光字

方慕巢由 漢許方字子容王莽時清節士也莽以安車迎之方謝曰堯舜在上下有巢由今明王方隆唐虞之德小臣欲守箕山之節莽悦不復强

適嵇命駕 晉呂安與嵇康善每一相思千里命駕嘗造康值康不在康兄喜延之不入書鳳字於門而去喜以爲善康歸示之曰鳳字凡鳥也○王摩詰詩到門不敢題凡鳥用此○李安義謁富人鄭生辭以他出安義大書午字於門上謂牛不出頭也嵇音奚

訪戴操舟 晉王徽之字子猷風流冠一時爲桓冲參軍冲曰卿在府日久比當相料理徽之初不酬答但以手板拄頰云西山朝來致有爽氣嘗居山陰夜雪初霽月色清明眠覺開室命酌四望皎然因詠左思招隱詩忽憶戴安道戴時在剡溪便乘小舟詣經宿方至造門不前曰乘興而來興盡而返何必見戴

篆推史籀　書斷云古文者黃帝史蒼頡所造也大篆者周宣王太史史籀所作也或又云籀秦時卜士變鳥跡爲大篆李斯變爲小篆○李陽冰與李夫人書云某意在古篆於天地山川得方圓流峙之狀於日月星辰得經緯昭回之度於雲漢草木得敷布滋曼之容於文物衣冠得揖遜周旋之體

隸善鍾繇　李漢鍾繇字元常長葛人善隸書少隨劉勝往抱犢山學書三年比還見蔡邕筆法於韋誕苦求不與及誕死乃盜其墓得之嘗曰用筆者天也流美者地也非凡庸所知臨終探囊授子會曰吾精思學書學其用筆若與人居畫地廣數步臥畫被穿過表如廁終日忘歸每見萬類皆畫象之○繇書若飛鴻戲海舞鶴游天繇當音遊一音由

邵瓜五色　秦邵平廣陵人封東陵侯今廣陵有東陵亭疑即平所封地秦亡爲布衣種瓜長安城東瓜有五色甚美世謂之東陵瓜又云青門瓜青門即東門也見阮籍詠懷詩○按召平有三人史記無種瓜事六國表楚懷王十年城廣陵項羽本紀廣陵人召平於是爲陳王

李橘千頭　李漢李衡武陵人爲丹陽太守每欲治家妻習氏不許衡密遣十人於龍陽洲作宅種橘其上臨終勅其子曰汝母惡吾營家故家貧如此吾氾州有千頭木奴不責汝衣食歲可得千絹亦足汝用矣氾州在龍陽縣長二十里○東坡詩山中奴婢橘千頭用此

芳留玉帶

東坡在金山留玉帶鎮山佛印報以裙衲千古韻事明李春芳以讀書句容崇明寺世廟中擬大魁寄寺僧詩云年年山寺聽鳴鐘匹馬長安憶遠公異日定須留玉帶詩未可著紗籠後大魁留玉帶寺中架樓貯之名玉帶樓工於襲取如此又楊文襄留玉帶鎮焦山方豪有詩文襄名一淸雲南人卜築京口

琳卜金甌

唐崔琳玄宗朝大拜先書其名覆以金甌會太子入侍謂曰此宰相名若自意之誰乎太子曰非崔琳盧從愿乎帝曰然兩人有宰相名望然開元賢相各有長姚崇尚通宋璟尚法張嘉貞尚吏張說尚文李紘杜暹尚儉韓休張九齡尚直而兩人不預○甌音謳

孫陽識馬

孫陽即伯樂善相馬一顧而價增十倍嘗過虞坂有騏驥伏於鹽車之下伯樂下車泣之驥於是俛而噴仰而鳴聲聞于天以伯樂之能知己也○伯樂本星名陽以爲字又九方皐之相馬得之於牝牡驪黃之外

丙吉問牛

漢丙吉字少卿又云字子陽宣帝朝爲相尙寬大好禮讓嘗出逢羣鬭死傷不問聞道旁牛喘使問逐牛行幾里矣或譏之吉曰民鬬京兆所當禁方春未熱恐以暑致喘則時氣失節三公燮理陰陽職當憂也時人以爲知體○喘音舛

蓋忘蘇隙 漢蓋勳字元固燉煌人家世二千石梁鵠爲州刺史欲殺從事蘇正和訪之於勳勳素與正和有隙或勸其乘此以報勳曰乘人之危不仁乃諫鵠而止正和造謝勳不見曰吾爲梁使君謀耳非爲蘇郎也靈帝崩少帝勳與言曰賀者在門弔者在廬可不愼哉

聶報嚴仇 周聶政軹人時嚴仲子與韓相俠累有仇欲報之聞政勇乃奉黃金百鎰爲政母壽政以母在不許及母死伏行獨劍刺殺俠累自披面抉目而死暴尸購識者其姊往哭之曰是軹深井里聶政也妾敢畏誅而沒賢弟之名遂死尸傍

張公百忍 唐張公藝壽張人九世同居高宗封泰山還幸其宅召見問所以能睦族之道公藝請紙筆以對乃書忍字百餘以進帝嗟之命賜縑帛

唐○又宋北朝博陵李凡七世其居同財家有二十二房一百九十八口長幼濟濟太原郭世儁亦七世同居南唐江州陳氏五代同居明初浦江鄭氏同居九世稱天下第一家

孫昉四休 宋孫昉字景初爲太醫自號四休居士山谷問其故對曰麄茶淡飯飽即休補破遮寒煖即休三平二滿過即休不貪不妒老即休山谷曰此安樂法也○三平二滿與七上八下同見山堂肆考

錢塘驛郵 宋代陶穀字秀實新平人使江南崖岸甚峻寓錢塘驛韓熙載命妓秦弱蘭詐爲驛吏女進灑掃穀悅之贈蘭詞作風光好贈之云好姻緣惡姻緣奈何天只得郵亭一夜眠別神仙琵琶撥盡相思調知音少再把鸞膠續斷弦是何年 李後主燈宴穀命妓歌之穀大沮即日北還○穀幼有俊才仕周爲翰林學士宋初歷禮刑戶三部尚書本姓李

燕子樓頭 唐張建封鎮徐州有舞妓盼盼居燕子樓公歿誓不他適有燕子樓詩三百首白樂天序之又作二絕云滿窗明月滿樓霜被冷燈殘拂臥牀燕子樓中霜月夜秋宵只爲一人長今春有客洛陽回曾到尚書墓上來見說白楊堪作柱爭教紅粉不成灰盼盼見詩墜樓而死

蘇耽橘井 南北朝蘇耽桂陽人事母以孝聞將仙去留櫃與母曰所需即有預知後二年里當大疫乃植橘鑿井曰食橘一葉飲水一盞自愈忽有白鶴數十降於門遂仙去後果疫母用其言以療疾皆愈後化鶴來止郡城以爪攫樓板云城郭是人民非三百甲子一來歸吾是蘇仙彈我何爲○耽一作躭宋賜號冲素真人母潘氏

董奉杏林 晉董奉字君異侯官人居廬山有道術爲人治病不取錢病重者令種杏五株輕者一株數年成林子熟時作一倉令買者隨器之大小易以穀若置穀少取杏多羣虎輒吼逐之所得穀悉以賑貧者兼供給行旅歲消三千斛穀尚有餘○奉後仙去其妻女猶守其宅賣杏取給有欺之者虎逐如故

漢宣讀令　漢宣帝時魏相奏請明經通知陰陽者四人各主一時之令胡言所職以和陰陽如高祖時令謁者趙堯舉春李舜舉夏倪湯舉秋貢禹舉冬之類帝從之○謁者漢官名

夏禹惜陰　夏大禹嘗言人當惜寸陰陶侃爲荊州語人曰大禹聖人乃惜寸陰至於吾等尤當惜分陰豈可逸遊荒醉生無益於時死無聞於後是自棄也○今桐城樅陽鎮有惜陰亭蓋侃嘗爲樅陽令後人立亭誌思耳又葛洪束髮從師老而不倦賤尺寶而惜分陰

蒙恬造筆　秦蒙恬始作筆以枯木爲管鹿尾爲柱羊毛爲被非若今之兎毫竹管也曲禮毛穎傳似誤又許愼說文云楚謂之聿吳謂之不律燕謂之弗秦謂之筆如此則諸國皆有其制始皇併吞滅前代之美而秦筆始獨稱恬或稍爲損益耳爾雅云不律謂之筆博物志又云舜作筆是古已有筆矣

太昊制琴　太昊金天氏伏羲也斲桐爲琴繩絲爲絃絃二十有七以通神明之貺以合天人之和而音樂始興陳暘樂書則云或謂伏羲作或謂神農作或謂帝俊使晏龍作而其詳言之制則祇屬中古以後非伏羲初制也○今琴七絃則宮商角徵羽加少宮少商

敬微謝餽　南北朝宗測字敬微性靜退不樂人閒居江陵欲遊名山齎老莊自隨子孫拜送悲泣測長嘯不顧遂往廬山止祖少文舊宅魚復侯子響爲江州厚餽遺測曰少有狂疾尋山採藥遠來至此量腹而進松朮度形而衣薜蘿澹然已足豈容當此橫施謝不受

明善辭金　元元明善嘗副一蒙古出使交趾及還國王贐以兼金蒙古受之明善不受國王曰彼使臣已受矣公何固辭明善曰彼所以受者安小國之心我所以不受者全大國之體○明善有檥槎亭記○蒙古北夷之仕元者

睢陽嚼齒　唐安祿山反張巡守雍邱屢與賊戰安慶緒殺祿山使賊將尹子奇攻睢陽巡守睢陽與許遠拒卻之每戰大呼嚼齒皆碎後巡死子奇視之齒之存者不過三四耳故東坡帖云張睢陽生猶罵賊嚼齒穿齦顏不屈死不忘君握拳透爪○齦音銀齒根肉也睢音雖

金藏披心　武后時有誣皇嗣反者后命來俊臣鞫安金藏時爲太常工人大呼曰皇嗣不反公若不信吾請剖心明之卽引佩刀自剖其腹五臟皆出太后令舁入宮傅以藥經宿始蘇后歎曰吾有子不能自明使汝至此乃命停推睿宗由是得免○鞫音菊舁音預

固言柳汁 唐李固言未第時行古柳樹下聞有彈指聲問之答曰吾柳神九烈君已用柳汁染子衣矣果得藍袍當以棗餻祠我未幾狀元及第文宗朝拜中書同平章事見三峯集

玄德桑陰 季漢劉備字玄德涿縣人少孤與母販履織席爲業舍東南角籬上有桑樹生高五丈餘遙望見童童如車蓋往來者皆怪此樹非凡邑人李定云此家必出貴人玄德少時與宗中諸小兒嬉戲桑陰之下曰吾必當乘此羽葆蓋車叔父子敬曰汝勿妄語滅吾門也後爲徐州牧與吳魏爭衡卒都蜀○樓桑村在今涿州

薑桂晏復 宋晏敦復字景初初爲左司諫兩月間論駁凡二十四事舉朝憚之秦檜使人致意曰公能委曲要路旦夕可致敦復曰薑桂之性老而愈辣吾豈爲身計誤國耶高宗嘗曰卿骨鯁敢言可謂無忝爾祖矣○敦復晏殊曾孫

松栢宗林 季漢宗世林與魏武同時而甚薄其爲人不與之交及魏武作司空總朝政從容問曰可以交未答曰松栢之志猶存世林既以忤志見疎位不配德文帝兄弟每造其門皆獨拜于牀下其見重如此○又諸葛亮每造龐德公獨拜牀下德公初不令止

杜預傳癖
晉杜預字元凱西安人耽思經籍爲春秋左氏經傳集解又參考衆家譜第謂之釋例備成一家之學比老乃成人未之知惟摯虞甚稱其美時王濟解相馬又甚愛之而和嶠頗聚斂預常稱濟有馬癖嶠有錢癖武帝聞之謂預曰卿有何癖對曰臣有左傳癖○預又稱杜武庫以平吳功封當陽伯○癖音僻

劉峻書淫
南北朝劉峻字孝標自課讀書常燎麻炬從夕達旦時或昏睡爇其鬢髮及覺復讀聞有異書必往祈借崔慰祖謂之書淫梁末隱金華山著山棲志注世說新語識者謂前無古人○爇音雪又竇氏子弟皆尚武獨竇威尚文諸兄誚爲書癡

鍾會竊劍
晉鍾會爲荀勗從舅二人情好不協勗有寶劍直百萬母鍾夫人收藏會善書學勗手跡作書與母取劍遂竊去不還勗知是鍾而無由得恒思報之適鍾兄弟以千萬起一宅甚精麗未及移居勗極善畫乃潛往畫鍾門堂作太傅像衣冠狀貌如平生二鍾入門便大感慟宅遂空廢

不疑盜金
漢直不疑南陽人文帝時爲郎同舍有告歸誤持同舍郎金去金主意不疑不疑謝有之買金償後告歸者來歸金而前郎之亡金者大慙以此稱爲長者景帝朝爲御史大夫以功封塞侯○不疑係楚人直躬之後

桓伊弄笛 晉桓伊字叔夏，譙人，善音樂，爲江左第一，得蔡邕柯亭笛，嘗自吹之。王子猷泊舟青溪，知伊名而不相識，偶自岸上過，船中客呼伊小字曰：此桓野王也。子野令人謂之曰：聞君善笛，試爲我一奏。時桓已貴顯，聞王名，即便下車，踞胡牀爲作三調，弄畢遂上車去，主客不交一言。今其地名邀笛步。○步在金陵城東青溪橋之右。蔡邕於會稽柯亭見椽竹佳，取以爲笛，得黄鐘之音。

子昂碎琴 唐陳子昂字伯玉，梓州射洪人，累遷右衛參軍。初入京，未遇，有賣胡琴者，價百萬，豪貴傳示，無辨者。子昂輦千緡市之，衆驚問，曰：余善此樂，明日可即宣陽里。衆如期偕飲畢，捧琴曰：蜀人陳子昂有文百軸，碌碌塵土，不爲人知，此樂賤工耳，豈宜留心。舉琴碎之，以文軸徧贈會者，一日之内，名震京師。唐之文章，至子昂始變雅正，王適稱爲海内儒宗。

琴張禮意 周琴牢字子張，與子桑戶、孟之反三人爲友，相視而笑，莫逆於心。子桑戶死，孔子使子貢往待事焉。二人鼓琴而歌曰：嗟來桑戶乎，嗟來桑戶乎，而已反其眞，而我猶爲人猗。子貢趨進曰：敢問臨喪而歌，禮乎？二人相視而笑曰：是惡知禮意。子貢以告孔子，曰：彼遊方之外者也，而某遊方之内者也。○猗音伊，歎辭。

蘇軾文心 宋蘇軾爲文渾涵光芒，雄視百世，嘗謂劉景文曰：某生平無快意事，惟作文意之所到，則筆力曲折，無不盡意，自謂世間樂事，無復踰此。○景文，劉季孫字。又楊大年作文，則與門人賓客飲博投壺弈棋，語笑喧譁，而不妨締思。

公權隱諫 唐穆宗見觀察判官柳公權書跡愛之以公權爲右拾遺侍書學士上問卿書何能如是之善對曰用筆在心心正則筆正筆正乃可法矣時帝荒縱故公權及之上默然改容悟其以筆諫矣○柳字誠懸華原人兄公綽爲書宰相李宗閔言家弟本志儒學先朝以侍書見用頗類工祝願徙散秩乃改右司郎中洪文館學士

蘊古詳箴 唐張蘊古武德末爲大理寺丞上大寶箴其略曰聖人受命拯溺亨屯故以一人治天下不以天下奉一人壯九重於內所居不過容膝彼昏不知瑤其臺而瓊其室羅八珍於前所食不過適口惟狂罔念丘其糟而池其酒勿渾渾而濁勿皎皎而清勿汶汶而闇勿察察而明雖冕旒蔽目而視於未形雖黈纊塞耳而聽於無聲上嘉之賜以束帛○蘊音蘊

廣平作賦 唐宋璟字廣平皮日休序其集曰廣平爲相貞姿勁質剛態毅狀疑其鐵腸與石心不解吐婉媚辭覩其文有梅花賦清便富艷得南朝徐庾體殊不類其爲人○徐徐陵庾庾信宋李綱自云廣平梅花賦已缺已嘗補作之

何遜行吟 南北朝何遜字仲言郯人官水利部郎仕梁爲揚州法曹公廨有梅一株遜常吟詠其下後居洛陽思梅花不得因請再任揚州從之至日花適盛開遜於東閣延諸名士醉賞之笑傲終日杜詩東閣官梅動詩興還如何遜在揚州用此○一云遜爲梁建安王學書記乃建業之揚州以廣陵爲揚州自隋始

荊山泣玉　卞和楚人得荊山璞玉獻之厲王以爲詐刖左足又獻之武王以爲詐刖右足文王即位和抱璞泣血而言曰臣非悲刖竊寶玉而題之以石貞士而名之以詐所以悲也王使玉人琢之果得璧封零陵侯不就今懷遠縣抱璞巖相傳和之遺蹟○刖音月

夢穴唾金　南康武都縣西沿江有石室名夢穴嘗有船人遇一人通身黃衣擔黃紙二籠求寄載過崖下其人唾船上徑下崖入石中船人初甚忿見其入石始知神異視船上唾悉是黃金見任昉述異記唾拖去聲

孟嘉落帽　晉孟嘉字萬年江夏鄂人少知名太尉庾亮領江州辟爲從事亮嘗正旦大會客豫章太守褚裒問嘉安在亮曰在坐卿但自覓裒歷觀嘉曰此君小異亮由是益重嘉後爲桓溫參軍溫九日宴龍山僚佐並著戎服風吹嘉帽墮落嘉不覺良久如廁溫命孫盛爲文嘲之嘉還即請筆作答文辭超卓四坐歎賞後奉使京師除尚書刪定郎不拜

宋玉披襟　楚襄王遊於蘭臺之宮宋玉景差侍有風颯然而至王乃披襟而當之曰快哉此風寡人所與庶人共之玉曰此大王之風士庶人安得共之夫風入於深宮經于洞房清清泠泠愈病析醒發明耳目寧體便人此謂大王之雄風塕然起於窮巷之間動沙堁吹死灰駭溷鬱邑毆溫致溼此謂庶人之雌風也○塕翁上聲

沫經三敗 魯人曹沫以勇力事莊公桓公伐魯莊公請獻隧邑以平魯與齊會盟於柯沫以七首刼桓公於壇上曰反魯之侵地桓公許之遂歸沫三敗所亡之地於魯諸侯聞之皆信齊而歸附焉○匕首劍屬沫音昧

獲被七擒 雍闓殺永昌太守附吳使郡人孟獲誘諸夷叛諸葛亮往討之馬謖送之曰用兵之道攻心爲上願公服其心亮至南中斬雍闓收孟獲七擒七縱亮猶遣獲獲止不去曰公天威也南人不復反矣於是悉收獲等以爲漢之官屬○闓音愷謖音速

易牙調味 易牙雍人名巫牙其字也善調味能辨淄澠之水有寵於齊桓公夫人衛共姬乃因寺人貂薦羞於公公曰子善調味乎若嘗天下之味矣惟蒸嬰兒之味未嘗巫遂蒸其子以獻自是亦有寵於公因說立共姬子武孟許之○淄音支澠音成二水名易音亦

鍾子聆音 鍾子期楚人鍾儀之族伯牙學於成連先生善鼓琴子期聽之意在高山子期曰巍巍乎若泰山志在流水子期曰蕩蕩乎若流水子期死世無知音伯牙遂絕絃不復鼓琴○呂氏春秋高誘註伯氏牙名或作雅又云鍾子期夜聞擊磬者而悲○今漢陽北二里有琴臺相傳鍾子期遺蹟

令狐冰語 晉令狐策夢立冰上與冰下人語索紞曰冰上爲陽冰下爲陰爲陽語陰乃媒介事也士如歸妻迨冰未泮若其爲人媒介乎會太守田豹因策求張公徵女爲子婿於仲春而成婚又索紞避廚脫上衣紞曰此男字當生男張遂舉使諸州紞辭脫腳紞曰腳肉被啖知字也必不行占皆驗○令狐複姓姓源云晉令狐文子之後令音陵

司馬琴心 漢司馬相如字犬子嘗遊不遂過臨邛素與令王吉善吉重之富人卓王孫爲具召之并召令酒酣吉請相如鼓琴自娛是時王孫有女新寡好音故相如謬與令相重而以琴心挑之文君心悅而好之遂夜亡奔相如相如乃與馳歸成都當鑪賣酒焉

滅明毀璧 澹臺滅明字子羽費人賫千金之璧渡河河伯欲其璧波大起兩蛟挾舟子羽曰吾可以義求不可以威刼乃左操璧右操劍斬蛟蛟死波不乃投璧于河三投輒躍起子羽乃毀之而去○後子羽子溺死於江弟子欲收葬之子羽曰螻蟻何親魚鱉何仇遂不收葬

龐蘊投金 唐龐蘊字道玄衡陽人在家修道徙居襄陽世號爲龐居士金剛科儀云居士龐公將家財而悉沈滄海註云居士曾造鐵船將家財金帛載之沈於海臨終招刺史于頔謂曰但願空諸所有愼勿實諸所無女靈照亦修行

左思三賦　晉左思字太沖欲賦蜀吳魏三都因求爲祕書郎搆思十年門庭藩溷皆著紙筆偶得一句卽便疏入賦成張華見曰君文未重於世宜經高明之士乃就皇甫謐謐作序非之者乃轉相傳寫洛陽爲之紙貴初陸士衡亦擬作與弟書有曰此閒有一傖父欲賦三都須成以覆酒甕及賦出乃歎服輟筆○傖音根

程頤四箴　宋程頤世稱伊川先生謚曰正作視聽言動四箴以自警朱子備錄於顏子問仁章註內若以眞發明親切學者所宜深思玩索而服膺弗失也○內則云刻箴鍼補綴又醫者以箴石刺病故凡有所諷刺而救其失謂之箴

陶母截髮　晉陶侃母湛氏新喻人爲陶丹妾而生侃家酷貧一日范逵過訪會大雪湛乃撤所卧薦剉給其馬密翦其髮易酒核欵之逵聞而歎曰非此母不生此子因薦侃孝廉後侃平王敦蘇峻有功拜太尉封長沙郡公○剉蹉韈

姜后脫簪　周宣王嘗晏起姜后脫簪珥待罪於永巷使傅母通言於王曰妾不才至使君王樂色而忘德失禮而晏起禍亂之興自婢子始敢請罪王曰寡人不德實自生過非夫人罪也自是勤於政事早朝晏罷卒成中興○永巷內庭長巷中有禁獄

達摩面壁 達摩大師南天竺國香至王第三子遇西天二十七祖得法泛重瀛三周寒暑達於南海梁武迎至金陵機不相契潛止於嵩山少林寺面壁而坐終日默然人莫之測謂之壁觀越九年以法付慧可於千聖寺涅槃葬熊耳山魏宋雲奉使西域回遇于葱嶺携隻履獨遊雲問師何往師曰反西天門人因啟其壙惟隻履存焉

彌勒同龕 淳化閣帖唐褚遂良書內有云法師道體安居深以為慰耳復聞久秉塵滓與彌勒同龕一食清齋六時禪誦得果已來將無退轉也○東坡自金山放船至焦山詩云只有彌勒為同龕亦指老僧言○藏經云彌勒佛元日生

龍逢極諫 夏桀暴虐瞿山地裂及泉桀發徒繫之諫者死關龍逢曰人君節用愛人今君用財若無窮殺人若不勝民心已去天命不祐盍少悛乎桀曰吾有天下如天之有日日亡吾乃亡遂囚龍逢殺之湯使人往哭桀怒囚湯夏臺久乃得釋○悛音遷逢音旁

王衍清譚 晉王衍字夷甫為尚書令善譚老莊世號口中雌黃初為元城令終日清談縣事亦理每捉玉柄麈尾與手同色少時山濤見之嗟歎良久曰何物老嫗生甯馨兒然誤天下蒼生者未必非此人也後為石勒所害○麈音主羣鹿所往以麈尾所轉為準故談者執之○甯馨猶言如此也又劉禹錫有幾人雄猛得甯馨句甯作平聲

青威漠北　漢衛青本姓鄭字仲卿微時一鉗徒相之曰貴人也官至封侯青笑曰人奴之生得無笞罵足矣武帝朝拜大中大夫七出擊匈奴果立大功威振漠北待士卒有恩遇士大夫以禮封長平侯○鉗音黔漠北陰山之北

彬下江南　宋曹彬字國華李煜據江南宋太祖命彬往下之彬緩師不迫冀煜來歸城垂克彬忽稱疾諸將問之彬曰余疾非藥所能愈惟諸公誠心自誓城下之日不妄殺一人則自愈諸將許諾焚香爲誓明日城陷煜詣軍門降待以賓禮彬還朝自云奉敕差往江南勾當公事回其有功不伐如此諡武惠

邀福郭令　唐郭子儀華州人從軍沙漠間以役回銀州七夕夜見空中赤光輧車繡幃中坐美女垂足於牀自天而下子儀意是織女乃拜祝女笑曰大富貴亦壽考言訖冉冉而去後仕至中書令凡二十四考家人三千麾下士多貴至王公常頤指役使八子七婿皆朝廷顯官諸孫數十人每問安不能盡辨但頷之而已年九十餘○輧音緶

上壽童參　宋童參顯甯人性淳樸隱於耕仁宗元年參年百有三歲賜敕慰勞云古者天子巡狩方岳問百年者就見之今汝黃髮鮐背以上壽聞其可使與編氓齒乎往以忠孝教而子孫授承務郎逾年卒子珪登進士○老人氣衰皮膚消瘠背若鮐魚故曰鮐背

郗愔啟篋　晉郗超字方回，金鄉人，與王珣俱爲桓温掾。府中語曰：髯參軍，短主簿，能令公喜，能令公怒。温入朝，謝安、王坦之詣温，温令超卧帳中聽客語。風開帳，安笑曰：郗生可謂入幕之賓。超將死，以箱授門生曰：父若哀悼，可呈此箱。愔果損眠食，門生呈箱，皆與温往來密札。愔怒曰：死晚矣。遂不復哀。○超多鬚，珣矮，故云。愔音陰，篋音怯。

殷羨投函　晉殷羨字洪喬，西華人。建元中爲豫章太守，郡人多附書者。羨行至石頭城下，悉以百餘函投水中，曰：沉者自沉，浮者自浮，殷洪喬不能爲人作致書郵。○金陵有投書渚。

禹偁敏贍　宋王禹偁字元之，九歲能文，甚敏贍。父以磨麪爲生。畢士安爲州倅，禹偁代父輸麪。士安方命諸子屬對云：鸚鵡能言爭似鳳。禹偁從旁應聲曰：蜘蛛雖巧不如蠶。士安歎曰：子文章滿腹，必當名世。後舉進士，爲右拾遺，獻端拱箴及禦戎十策，文章獨步當時，遷翰林學士。○偁音稱。

魯直沉酣　宋黄庭堅字魯直，沉酣經史，詩文與蘇軾齊名。嘗云：士大夫三日不讀書，則義禮不交於胸中，對鏡覺面目可憎，向人則語言無味。○又殷仲堪曰：三日不讀道德經，便覺舌本閒強。○強，姜去聲。

師徒布筭 唐僧一行求訪師資至天台國清寺見一院古松十數門有流水立於門屏之間聞院僧布筭謂其徒曰今日當有弟子遠來求吾筭法已合到門即除一筭曰門前水當卻西流弟子亦到一行承其言而趨入稽首請法門前水果西流

姑婦手譚 唐王積薪從明皇西幸蜀徧深溪一家但有姑婦止給水火纔暝闔戶積薪聞姑謂婦曰良宵無以爲適與子手談可乎堂內無燭婦姑各在室對談已而姑曰子已北矣吾止勝九枰耳遲明請問於姥姥顧婦曰是子可敎以常勢耳婦乃指示攻守之法積薪自是其藝精妙

風儀李揆 唐李揆字端卿隴西人乾元中同平章事美風儀善奏對帝曰卿門第人物文章當世第一信朝廷羽儀故時有頭頭第一之說德宗朝盧杞惡之使入吐蕃及至諸酋長曰聞唐有第一人李揆公是否揆畏留因紿之曰彼李揆安肯來還至鳳翔卒○酋音啾

骨相呂嵓 唐呂嵓平陽蒲州人生天寶十四年四月十四日巳時喜頂華陽巾衣黃白襴衫繫大皂絛狀類張子房始在襁褓馬祖見之曰此兒骨相不凡他時遇廬則居見鍾則叩留心記取後以進士授德化縣令私行廬山遇鍾離眞人授天仙劍法得九九數號純陽子仙去○嵓古巖字

魏牟尺縰　魏牟見趙王王方使冠工製冠問治國於牟對曰大王誠能重國若此二尺縰則國治王曰社稷至重比之尺縰何也曰大王製冠不使親近而必求良工者非謂其敗縰而冠不成歟今治國不求良士而任其私愛非輕國于尺縰歟王無以應○縰黑繒也牟音謀縰音徙

裴度千縑　唐皇甫湜字持正與李翺張籍齊名裴度辟爲判官度修福先寺求碑文於白居易湜曰近舍湜而遠求居易請辭度乃使作之立就酬以車馬繒綵甚厚湜大怒曰自吾爲顧況集序未嘗許人今碑文三千字一字三縑何遇我薄耶度笑曰不羈才也當應足數○湜音寔縑絲絹也或云二字一絹未詳孰是縑音兼

孺子磨鏡　漢徐穉字孺子嘗事江夏黃瓊瓊沒孺子往會葬無資自致賫磨鏡具自隨所在取直然後得前穉前後爲諸公所辟雖不就及其死萬里必以隻雞絮酒往奠奠畢即返不見喪主○又負局先生語似燕代間人常負磨鏡局狥吳市中衒磨鏡得一錢即磨之見葛洪神仙傳

麟士織簾　南北朝沈麟士字雲禎武康人居貧織簾讀書口手不息鄉里號爲織簾先生麟士嘗行路鄉人認其所著屐麟士曰是卿屐耶即跣而反鄉人得屐送前者還之麟士曰非卿屐耶笑而還之初應舉選入都僕射何尚之命子師之後歸餘杭山中從遊者數百人

華歆逃難 漢華歆字子魚高唐人與王朗俱乘船避難有一丈夫欲依附歆難之朗曰幸尚寬何爲不可後賊追至朗欲舍所攜人歆曰本所以疑正爲此耳既已納其自託寧可以急相棄耶遂攜拯如初○難乃旦切

叔子避嫌 周顏叔子魯人獨處一室夜大雨比舍屋崩一女子趨而投之叔子使執燭於手燭盡焚椽以繼之至明不亂其避嫌之審如此○又魯男子獨處鄰婦因風雨室壞趨託之男子不納婦人曰何不學柳下惠嫗不逮門之女國人不稱其亂男子曰柳下惠固可吾固不可吾將以吾之不可學柳下惠之可○嫗覆育意

盜知李涉 唐李涉南康人過皖口遇盜其豪首審知是涉遂曰既是李博士不用剽奪久聞詩名願贈一首足矣涉題絕句云風雨瀟瀟江上村綠林豪客夜知聞相逢不用相迴避世上而今半是君盜喜曰確言也一笑而去○涉號清溪子與弟渤隱居廬山白鹿洞中屢辟不就

鹵懼仲淹 宋范仲淹鎮延安夏人相戒曰毋以延安爲意小范老子胸中有數萬甲兵不比大范老子可欺也公與韓魏公在軍名重當時稱爲韓范謠曰軍中有一韓西賊聞之心膽寒軍中有一范西賊聞之驚破膽○夏元昊也大范謂范雍曾鎮延安

尾生豈信　魯尾生名高師古曰卽微生高也嘗與女子期於梁下女子不來水暴至生不去欲以全信遂抱橋柱而死○東方朔書曰信如尾生梁一云郎藍橋在今陝西藍田縣後裴航得玉杵臼娶雲英在此處

仲子非廉　王李木云陳仲子與齊同姓憤宗人之爲亂避兄離母雖有所詐而逃趙威后問齊使乃曰於陵仲子尙存乎是其爲人也上不臣於王下不治其家中不索交諸侯此率民而出於無用者何爲至今不殺乎○又桓温嘗讀高士傳至於陵仲子便擲去曰誰能作此溪刻自處是誠不得爲廉

由餐藜藿　仲由少貧賤食藜藿之實百里負米以供二親親歿後遊於楚從車百乘積粟萬鍾累裀列鼎歎曰願欲食藜藿爲親負米不可復得也枯魚銜索幾何不蠹二親之壽忽若過隙夫子曰由也事親可謂生事盡力死事盡哀者矣

鬲販魚鹽　殷膠鬲遭殷亂末流鬻販魚鹽文王知其賢舉之以貢於紂後武王伐紂紂使候師於鮪水問師將何之武王曰將之殷鬲曰以何日至之武王曰將以甲子至殷郊子以是日報矣會大雨日夜不休武王疾行不輟曰吾以救膠鬲之死也○鮪音委武王入殷問殷之所以亡膠鬲曰中爲期明日不至○鬲音格

五湖范蠡

范蠡字少伯三戶人越大夫佐勾踐滅吳勾踐欲與分國蠡曰君行令臣行意遂攜西施泛舟五湖浮海入齊變姓名自號鴟夷子皮後散財辭齊相止於陶自號陶朱公復致貲累巨萬越王求之不得以良金寫其狀而朝禮之○五湖滆洮射貴貨入太湖總稱之也國語曰吳越戰于五湖實笠澤一湖耳蠡音里

三徑陶潛

陶潛歸去來辭有三徑就荒之語蓋以潛所居柴桑舊宅蒿萊滿徑彷彿張仲蔚之杜門養性三徑蓬蒿沒人也○又蔣元卿還杜陵荊棘塞門舍中有三徑不出惟羊仲求仲從之遊二仲皆挫廉逃名之士

徐邈通介

季漢徐邈字景山或問盧欽徐公當武帝之時人以為通自涼州還京師人以為介何也欽答曰往者毛孝先崔季珪用事貴清素之士人皆變易車服以求名高而徐公不改其常故人以為通比天下奢靡轉相倣效徐公雅尚自若不與俗同故人以為介也○孝先毛玠字季珪崔琰字邈音莫

崔鄲寬嚴

唐崔鄲字廣略初治虢以寬月不笞一人及治鄂則嚴法一無所貸或問其故曰陝土瘠而民勞吾撫之易服鄂土沃民剽雜以夷俗非威莫能制政貴知變也累官禮部尚書家不藏貲周給親舊○虢音國鄲音寘

十五咸

易操守劍 漢王烈字彥方少師陳寔以孝義聞鄉里有盜牛者主得之盜請罪曰刑戮是甘但勿使王彥方知之烈聞謝之遺以布一端後有老父遺劍於路行道一人見而守之求其人乃先盜牛者凡有爭訟往質於烈或至途而返或望廬而還其德感人如此

歸罪遺縑 漢陳寔字仲弓平心率物鄉里有爭訟輒求判正曰寧爲刑罰所加不爲陳君所短嘗夜讀書有盜止梁上寔呼子弟訓曰不善之人未必本惡習與性成遂至於此梁上君子是已盜驚投地稽首歸罪寔曰當由貧困所致遺絹二疋遣之○遺音位

深情子野 晉桓伊小字野王或稱子野善音樂盡一時之妙每聞清歌輒喚奈何謝公聞之曰子野可謂一往有深情○伊又于孝武前命奴吹笛自撫箏而歌曹子建怨詩曰爲君旣不易爲臣良獨難忠信事不顯乃有見疑患時太傅爲王國寶所搆感而泣下越席就之捋其鬚曰使君於此不凡

神識阮咸 晉荀勗闇解律呂因正雅樂每公會作樂阮咸心謂不調勗忌之遂出阮爲始平太守後有耕者得周時玉尺荀以校己所制樂器覺皆短一黍於是服阮神識○唐元澹得古塚銅器似琵琶聲正圓澹曰此阮咸所作器也命以木絃之其聲亮雅樂家遂謂之阮咸

公孫白紵 公孫僑鄭大夫吳使季札聘魯通嗣君也故遂聘於齊旋聘於鄭以及晉衞於鄭見子産如舊相識與之縞帶子産獻紵衣焉○紵衣白紵之衣也○左傳鄭註吳地貴縞鄭地貴紵故各獻己所貴示損己而不爲彼貨利○紵除上聲

司馬青衫 唐白居易謫江州司馬嘗曰匡廬在念久矣今得青山綠水中爲風月主人幸甚一日送客湓浦口夜聞鄰舟琵琶聲問之乃長安老妓也爲作琵琶引末云淒淒不似向前聲滿座重聞皆掩泣座中泣下誰最多江州司馬青衫溼○潯陽妓爲裴興奴

狄梁被譖 唐狄仁傑以功封梁國公武后嘗謂公曰卿在汝南有譖卿者欲知之乎公謝曰陛下以爲過臣當改之以爲無過臣之幸也彼譖臣者臣不願知○又呂蒙正初入朝堂有朝士指之曰此子亦參政耶蒙正佯爲不聞同列不平詰其姓名蒙正遽止之曰若一知其姓名則終身不能忘不若不知之爲愈時服其量

楊億蒙譏 宋楊文公億爲執政者所忌言事者攻之不已公謝啟有曰已落溝壑猶下石而未休方困蒺藜尙彎弓而不已○億謚文

布重一諾 漢季布爲河東太守詆曹邱生於竇長君曹邱生請見曰楚人諺云得黃金百斤不如得季布一諾足下何以得此聲於梁楚閒哉且僕楚人足下亦楚人僕游揚足下之名於天下顧不重耶何拒僕之深也布大悅厚贈之由是名益著

金愼三緘 孔子適周入后稷廟見金人三緘其口而銘其背曰古之愼言人也無多言多言多敗無多事多事多患安樂必戒無所行悔勿謂何傷其禍將長勿謂何害其禍將大云云又君子知天下之不可上也故下之知衆人之不可先也故後之云云顧訓弟子曰小子識之此言實而中情○集語云入太廟銘亦小異

彥升非少 南北朝任昉字彥升八歲能屬文梁武時歷黃門侍郎出爲義興新安太守爲政淸省所著文章數十萬言褚彥回語其父遙曰卿有令子相爲喜之所謂百不爲多一不爲少昉由是名聲籍甚○又陸瓊年八歲號神童從祖襲歎賞之亦引此二語○少上聲

仲舉不凡 漢陳蕃字仲舉汝南人辟勤爲郡功曹蕃年十五爲父齎書詣勤勤顧察之明日造焉蕃父出迓勤曰足下有不凡之子吾來候之不從卿也時庭宇荒蕪勤曰孺子何不灑掃以待賓客蕃曰大丈夫當掃除天下安事一室勤益奇之言議終日

古人萬億十千曰萬十萬曰億言古人之多也

不盡茲函函書帙也言學問無窮人當博洽非僅得此函可遂已也二語總結

終

朱㳄道云校書如掃塵隨掃隨有余素有點勘之癖歷試之乃知其確辛巳館於白門偶取楊氏原刻校讐譌字及删潤小註亦頗樂此不疲甲申夏爲周萊陔中翰聘往廬西中翰適見此藁謂簡而明詳而核不獄擴童蒙之聞見且便於句讀師之講授也余未敢深信中翰家園多喬木淸篁疎簾綠陰如水余復傾行篋所携之書及中翰插架之所有按條目一一疏證之凡事涉新穎與辨駁忠佞及攷據名物者皆筆之於簡端久又攟成一袠擬續補之而篇幅已溢礙難攙入今且納諸篋中特梓其先補注者以餉朋好徇中翰之慫慂也噫半生沈溺詞章毫無表見村

學究之伎倆盡在是矣考楊先生古虔今安徽通志誤作古渡[illegible]為皖桐遺老博聞彊記此外有禹貢箋禮經會元等箸今書皆未見獨藉此編以傳足見菟園冊之尚饜人心也余系出龍眠公後萬厤閒始由舒遷潤州楊家於龍眠乃得先後締一重翰墨緣或亦鄉先生所默許乎楊氏之誤余旣僭訂之余之誤有能埽滌塵封以匡駑駘之所未逮者吾將執鞭慕之歲在乙酉孟夏恩綬跋於肥西紫蓬山房之心太平盦

受業弟恩蓉　姪允椿　男允昌　培　覆校

狀元閣爵記印

狀元閣爵記開設江南城聚寶門三山街大功坊郭家巷內電線局西首秦狀元巷中李光明家自梓各種蒙讀本揀選重料紙張裝訂又分鋪狀元境狀元境口狀元閣發售寶價列下

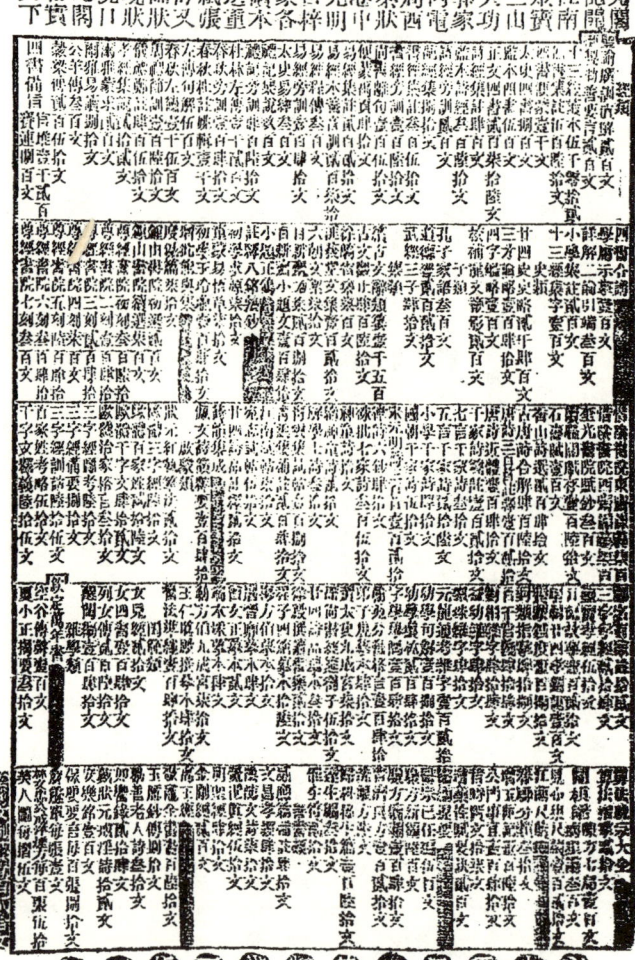

經類

聖諭廣訓直解貳百文
[illegible]勸善要言貳百文
十三經注疏[illegible]伍千零[illegible]拾貳[illegible]
[illegible]書集註[illegible]百[illegible]拾文
四書便蒙壹千文
四書[illegible]捌百文
太史四書伍百文
臨本四書貳百柒拾陸文
正文四書肆百文
詩經集註[illegible]百[illegible]拾文
監本詩經[illegible]
詩經旁訓[illegible]
[illegible]
書經[illegible]
[illegible]
易經[illegible]
易經旁訓[illegible]
太史易經[illegible]
禮記[illegible]
禮記旁訓[illegible]
杜林[illegible]
春秋[illegible]
春秋[illegible]
左傳[illegible]
周禮[illegible]
儀禮[illegible]
孝經[illegible]
爾雅[illegible]
爾雅[illegible]
公羊傳叁百文
穀梁傳[illegible]百伍拾文
四書備旨[illegible]壹千貳百文

四書[illegible]
學庸示蒙[illegible]百文
詳解二論引端叁百文
小學集註貳百文
十三經[illegible]字壹百文
史類
廿四史[illegible]
三才略[illegible]
四字鑑略壹百文
綱鑑補[illegible]
孔子家語叁百文
近思錄[illegible]
武經三子[illegible]
古文[illegible]
古文[illegible]
[illegible]
[illegible]
六朝文絜[illegible]
[illegible]
[illegible]
小題[illegible]
[illegible]
[illegible]
[illegible]
[illegible]
[illegible]書院[illegible]
[illegible]書院[illegible]
[illegible]書院[illegible]
[illegible]書院[illegible]
[illegible]書院[illegible]
[illegible]書院[illegible]
[illegible]書院[illegible]
學[illegible]書院[illegible]

[illegible]
[illegible]
石[illegible]
香山詩選[illegible]
古唐詩合解[illegible]
唐詩三百首[illegible]
唐詩[illegible]
千家詩[illegible]
七言千家詩[illegible]
五言千家詩[illegible]
小學千家詩[illegible]
國朝[illegible]
宋元明詩[illegible]
[illegible]
神童詩[illegible]
[illegible]
[illegible]
[illegible]
[illegible]
[illegible]
[illegible]
詩韻集成[illegible]
[illegible]
[illegible]
[illegible]
[illegible]
[illegible]
[illegible]
三字經[illegible]
三字經訓詁[illegible]
百家姓考略[illegible]
千字文[illegible]

[illegible]
[illegible]
[illegible]
[illegible]
[illegible]
[illegible]
[illegible]
[illegible]
[illegible]
幼學[illegible]
[illegible]
[illegible]
[illegible]
[illegible]
[illegible]
[illegible]
[illegible]
[illegible]
[illegible]
[illegible]
女兒經[illegible]
女四書[illegible]
列女傳[illegible]
閨閣[illegible]
欽定萬年書
[illegible]
夏小正[illegible]

[illegible]
[illegible]
[illegible]
[illegible]
[illegible]
[illegible]
[illegible]
[illegible]
[illegible]
[illegible]
[illegible]
[illegible]
[illegible]
[illegible]
[illegible]
[illegible]
金剛經[illegible]
[illegible]
[illegible]
玉歷[illegible]
[illegible]
[illegible]
[illegible]
[illegible]
[illegible]
[illegible]
[illegible]
[illegible]

以上價目一律制錢不折不扣

《蒙學叢刊》跋

徐晉如

蒙學古爲小學之一，魁士碩儒或輕之。然山下出泉，不爲蒙壓，君子取以爲果行育德之象，蒙之義亦大矣，又豈但小道可觀也哉。《管子》一書，治國之要具焉，而專列《弟子職》第五十九，鏗鏘叶韻，便於記誦，其蒙學之始者歟？唐李翰著《蒙求》之篇，列古人言行美惡，範以聲律，以授童蒙，典故翰藻，隨而釋之，比其終始，李華以爲經史百家之要，十得其四五矣。又稱其推引源流，易於諷誦，則訓蒙之軌則也。自梁周興嗣撰組《千字文》，宋人復麗以《三字經》《百家姓》，號三百千，蒙學之著蜂出，多能依本經史，啓心牖而發蒙昧，春風時雨，化成於不覺。惟新文化運動以還，教育群效泰西，務爲實用，而土苴國故，鄙棄辭章，人文化成之道，奄然不復。梁溪王公星，久掌庠序，篤古志學，好集蒙學之著，取室號啓軒，蓋取啓牖發蒙之義耶？慨人文之廢弛，思救世弊，遂出其所藏，交浙江大學出版社景印梓行。助之者陳公志俊也。予樂見其成，亦望童蒙求我，引以爲業焉。

傳古樓景印

圖書在版編目（CIP）數據

龍文鞭影 / 王星主編. -- 杭州 : 浙江大學出版社，2020.7（2024.6 重印）
（狀元閣蒙學叢書）
ISBN 978-7-308-20255-8

Ⅰ. ①龍… Ⅱ. ①王… Ⅲ. ①古漢語—啟蒙讀物 Ⅳ. ① H194.1

中國版本圖書館 CIP 數據核字（2020）第 093607 號

狀元閣蒙學叢書

叢書策劃	陳志俊
叢書主編	王　星
責任編輯	王榮鑫
責任校對	蔡　帆
封面設計	温華莉
出版發行	浙江大學出版社 （杭州市天目山路 148 號　郵政編碼 310007） （網址：http://www.zjupress.com）
排　　版	杭州尚文盛致文化策劃有限公司
印　　刷	浙江海虹彩色印務有限公司
開　　本	850mm×1168mm 1/32
印　　張	28.5
字　　數	242 千
印　　數	3401—3900
版 印 次	2020 年 7 月第 1 版　2024 年 6 月第 5 次印刷
書　　號	ISBN 978-7-308-20255-8
定　　價	164.00 元（全三册）